Thea Leitner
Skandal bei Hof
Habsburgs Goldene Bräute

Zu diesem Buch

Wahnsinnige Ehemänner, grausamste körperliche und seelische Qualen – solchen »Skandalen bei Hof« waren manche europäische Fürstendamen des 17. und 18. Jahrhunderts ausgesetzt, darunter Sophie Dorothea, die Gemahlin des englischen Königs Georg I., Wilhelmine, die Schwester Friedrichs des Großen, und Liselotte von der Pfalz. Anschaulich und mit feinem psychologischen Gespür erzählt Thea Leitner auch von »Habsburgs Goldenen Bräuten«, die den großen Herrschern des Hauses Habsburg Macht und Einfluß brachten: Maria von Burgund und Bianca Maria Sforza, Johanna, die angeblich Wahnsinnige, und Maria Tudor – um sie alle ranken sich Geschichten von Liebe und Verrat, Machtkämpfen und gemeinen Intrigen. Eine Sammlung ergreifender und mitreißender Porträts von Frauen an europäischen Fürstenhöfen.

Thea Leitner, geboren in Wien, studierte Malerei, Kunstgeschichte und Sprachen und arbeitete als Journalistin. Nach zahlreichen Kinder- und Jugendbüchern gelang ihr mit »Habsburgs verkaufte Töchter« und weiteren Büchern zur österreichischen Geschichte der Sprung auf die Bestsellerlisten. Thea Leitner lebt heute als freie Autorin in ihrer Geburtsstadt.

Thea Leitner

Skandal bei Hof
Habsburgs Goldene Bräute

Frauenschicksale an Europas Fürstenhöfen

Mit 58 Abbildungen

Piper München Zürich

Von Thea Leitner liegen in der Serie Piper vor:
Habsburgs verkaufte Töchter (1827)
Fürstin, Dame, Armes Weib (1864)
Habsburgs vergessene Kinder (1865)
Skandal bei Hof (2009)
Die Männer im Schatten (2324)
Spiele nicht mit meinem Herzen (3004)
Habsburgs Goldene Bräute (3525)
Jugendzeit damals (3840)
Skandal bei Hof / Habsburgs Goldene Bräute (Doppelband, 4165)

Den Lebensfreunden
Brigitte und Friedel
und für Dr. Marion Pongracz,
die mich angeregt und
ermutigt hat, anderes
und mehr zu schreiben
als Zeitungsartikel,
Kinder- und Jugendbücher

Taschenbuchsonderausgabe
1. Auflage Juli 2004
2. Auflage April 2005

Umschlag / Bildredaktion: Büro Hamburg
Isabel Bünermann, Friederike Franz,
Charlotte Wippermann, Katharina Oesten
Umschlagabbildung: akg-images, Berlin (»Elisabeth Charlotte,
Herzogin von Orléans«, Gemälde)
Satz: Ueberreuter Buchproduktion, Korneuburg
Druck und Bindung: Clausen & Bosse, Leck
Printed in Germany ISBN 3-492-24165-4

www.piper.de

Skandal bei Hof

SERIE PIPER

Inhalt

GESAMTÜBERBLICK

Kapitel »Mord im Schloß« Sophie Dorothea 1666–1726

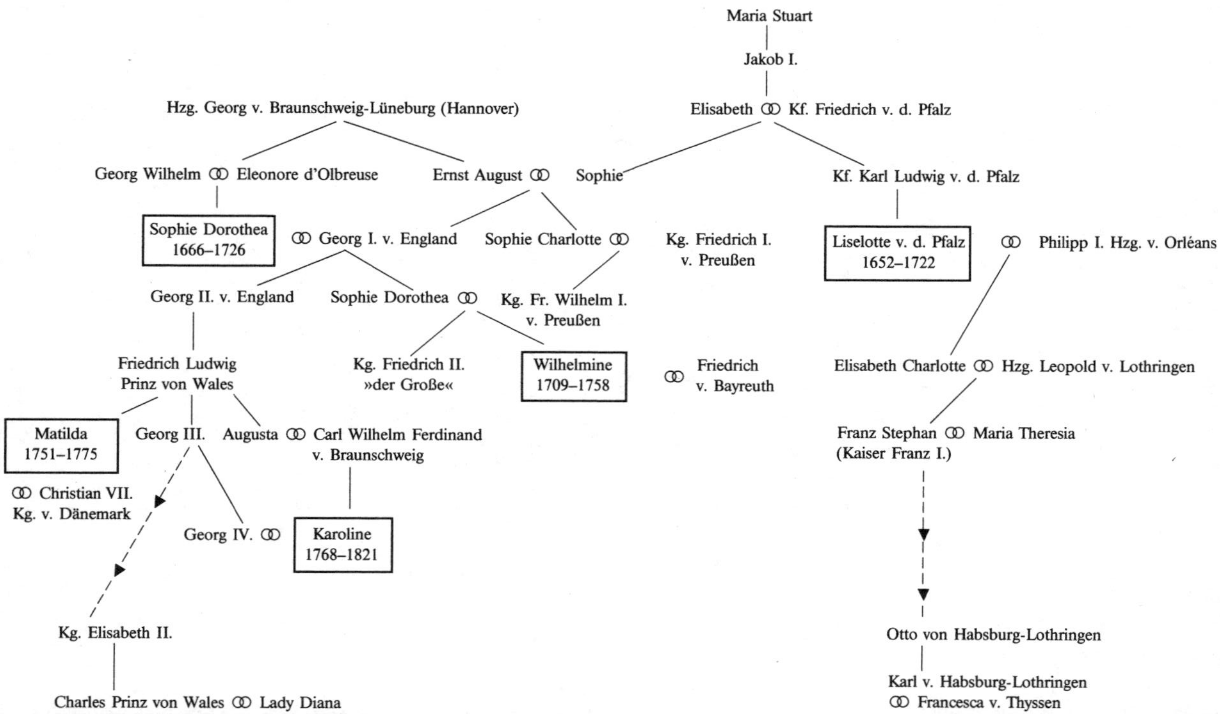

»Die Geschichte ist wenig mehr
als ein Register der Verbrechen,
Torheiten und Mißgeschicke der Menschheit.«
Edward Gibbon,
englischer Historiker, 1737–1794

Als Liebe noch das Leben kostete . . .

Wenn im Lauf der letzten Jahre und Jahrzehnte immer wieder Schand- und Schundgeschichten über das englische Königshaus durch die Gazetten geisterten, habe ich manchmal den Kopf geschüttelt und klammheimlich gedacht: Mein Gott, wenn sie wüßten . . .

Bis dann in mir die Idee reifte, mein (damals noch rudimentäres) Wissen nicht länger für mich zu behalten, sondern, nach ausgiebigen Recherchen, einem interessierten Publikum mitzuteilen, daß die sogenannten Skandale unseres Jahrhunderts ein laues Lüftlein sind, gemessen an den Stürmen vergangener Zeiten, als Liebe noch das Leben kosten konnte; dies allerdings nur dann, wenn es Frauen betraf. Männern ließ man augenzwinkernd alles durchgehen.

Am Beispiel von fünf Fürstentöchtern aus dem Zeitraum zwischen 1666 und 1821 soll nun versucht werden, die Chronique scandaleuse von anderthalb Jahrhunderten ausschnittsweise nachzuzeichnen und die menschlich berührenden psychologischen Wurzeln dieser Sensationsgeschichten aufzuspüren.

Nicht irgendwelche Fürstinnen wurden ausgewählt, sondern Blutsverwandte aus dem weitmaschigen Beziehungsnetz zwischen Maria Stuart und Maria Theresia, das sich über ganz Europa spannte.

Unsere Protagonistinnen gehören – und das macht ihre Biographien reizvoll – zum engsten Familienkreis der Windsors. So bietet sich ein anschaulicher Vergleich zwischen den echten Tragödien verblichener »Ahninnen« und den lachhaften Wehwehchen der heutigen Generation an.

Um komplizierte Zusammenhänge zu verdeutlichen, müssen wir uns kurz mit der englischen Geschichte befassen, die dem übrigen

Europa – sofern nicht überdurchschnittlich gebildet oder speziell interessiert – ein Buch mit sieben Siegeln ist. Wilhelm der Eroberer und die Magna Charta fallen spontan zum Thema ein, selbstverständlich Maria Stuart und Königin Elisabeth I., Cromwell und sein König Karl I., der unter dem Fallbeil endete. Anschließend ein großes Loch bis zu Königin Victoria. Bei Elisabeth II. gewinnt man endlich festen Boden unter den Füßen.

Fragen Sie einmal, wieso ein Prinz von Hannover, nämlich Georg I., auf den englischen Thron gelangte, der fortan fest in deutscher Hand blieb. Die Antworten werden, ich wette, überwiegend verschwommen bis ausweichend sein.

Sie brauchen keine Angst zu haben: Das vorliegende Buch befaßt sich nur am Rand mit englischer Geschichte. Sie ist aber wichtig für den Lebenslauf unserer fünf Fürstinnen. Eine sechste Dame, Sophie von Hannover (1630–1714), gesellt sich ihnen zu. Sie spielt zwar keine Haupt-, aber eine bedeutende Nebenrolle als Schlüsselfigur in den nachfolgenden Biographien.

Das Schicksal der Sophie von Hannover, geborene Prinzessin von der Pfalz (Details im folgenden Kapitel nachzulesen) wurde weitgehend von ihrer Herkunft aus dem Hause Stuart bestimmt. (Siehe Stammtafel.)

Maria Stuart darf ich als bekannt voraussetzen, ebenso Königin Elisabeth I., die ihre Cousine Maria um eine Krone ärmer und einen Kopf kürzer gemacht hat. Als Elisabeth nach ruhmreicher Regierungszeit für immer die Augen schloß, war es letzten Endes doch ein Stuart, der ihr auf dem Thron nachfolgte: Marias Sohn Jakob I.

Jakobs Herzblatt, sein liebreizendes Töchterchen Elisabeth (Kosename: »The Heart of England«), heiratete sechzehnjährig den gleichaltrigen Friedrich V., Kurfürsten von der Pfalz, trotz seiner Jugend im Zentrum der heranbrechenden Auseinandersetzung zwischen Katholiken und Protestanten, die im Dreißigjährigen Krieg ihren schaurigen Höhepunkt fand. Friedrich ließ sich von seinen protestantischen Glaubensbrüdern, vor allem aber von seiner ehrgeizigen Frau, dazu überreden, 1619 die böhmische Krone anzunehmen, die der Habsburger Kaiser Ferdinand II. als Familienbesitz ansah.

Statt sich nun auf den unvermeidlichen Konflikt gewissenhaft vorzubereiten, feierten Friedrich und Elisabeth, beide 24 Jahre jung und unfaßbar sorglos, auf dem Hradschin ausgelassene Feste. Sie feierten noch immer, als sich die Kaiserlichen bereits zur Eroberung Prags formierten. Atemlos stürzte sich Friedrich, viel zu spät, ins Kampfgetümmel; er wurde 1620 in der Schlacht am Weißen Berg geschlagen und aus dem Land gejagt. Da er nur wenige Monate regiert hatte, ging er als lächerliche Figur unter dem Spottnamen »Winterkönig« in die Geschichte ein.

Auch sein Stammland, die Pfalz, war inzwischen von den Katholischen besetzt. Niemand wollte den Winterkönig, seine Winterkönigin, eine Schar kleiner Winterprinzen und Winterprinzessinnen haben – nicht einmal Elisabeths eigener Vater. Holland erbarmte sich schließlich der Flüchtlinge und bot ihnen Unterschlupf. Im ärmlichen Exil wurde, als vorletztes Kind des Paares, 1630 Sophie geboren, wenig beachtet und schon gar nicht geliebt von ihrer verbitterten Mutter, die sich nichts weniger wünschte als ein zwölftes Kind.

Sophie war nicht besonders hübsch, dafür gescheiter als für ein Mädchen eigentlich erlaubt. Sie besaß keine Mitgift, keine Verbindungen, ihre Zukunftsaussichten waren mehr als trüb. Stab und Stütze ihres Selbstbewußtseins war lediglich das Wissen um ihre königliche Abstammung aus dem Haus Stuart. Die Idee, daß sie einmal den englischen Thron erben könnte, war das absurdeste aller vorstellbaren Hirngespinste, dem nicht einmal sie selbst nachhing.

Wie überall in Europa ging es derweilen auch in England drunter und drüber. Neben den allgemein üblichen Glaubenskämpfen gab es auch noch mörderische Auseinandersetzungen zwischen Parlament und Krone, Anhängern und Gegnern der Stuarts, ganz zu schweigen von ungezählten Revolten in Irland.

König Karl I., Bruder der Winterkönigin Elisabeth, verlor sein Leben auf dem Schafott, ihr Neffe, Karl II., lebte im holländischen Exil, ehe er, nach dem Interregnum durch Cromwell, an die Macht kam. Karls Bruder, Jakob II., wurde gestürzt und floh nach Frankreich. Es regierten dann Wilhelm III. von Oranien, der mit einer Stuart verheiratet war, und schließlich eine weitere Stuart, Königin Anna. Ihre Erbin wurde, nach den unwahrscheinlichsten und unvorhersehbaren Kapriolen des Schicksals, die nun schon betagte einstmalige »Winterprinzessin« Sophie von Hannover, Urenkelin der Maria Stuart, Mutter des späteren Königs Georg I. von England.

Soweit, in gröbsten Umrissen, der Hintergrund, vor dem sich das Leben unserer fünf Prinzessinnen abspielt, die allesamt mit Sophie von Hannover verbunden sind.

Was auf diesen wenigen Seiten bislang zu lesen war, ist Weltgeschichte – die wir alle brav gelernt und zumeist, ihrer datenüberfluteten Trockenheit wegen, vergessen und verdrängt haben. Was auf den nächsten paar hundert Seiten folgt, ist Familiengeschichte – in all ihren intimen und dramatischen Verästelungen. Ich hoffe, daß sie meinen Lesern ebenso unter die Haut geht wie mir selbst.

Thea Leitner

Mord im Schloß

Sophie Dorothea 1666–1726

Sie war ein Kind der Liebe, und sie wurde von beiden Elternteilen gleichermaßen vergöttert, verwöhnt und verzogen. Dazu war sie außergewöhnlich schön, außergewöhnlich impulsiv, herzlich und – kokett. Die Katastrophe im Leben der Prinzessin Sophie Dorothea war unausweichlich, denn neben den vielen guten standen auch drei böse Feen an ihrer Wiege. Sie trugen die Namen »Verschmähte Liebe«, »Verbotene Liebe« und »gekränkte Ehre einer adelsstolzen Fürstin«.

Ihr Vater war Herzog Georg Wilhelm von Braunschweig-Lüneburg aus dem edlen Geschlecht der Welfen. Er und sein jüngerer Bruder Ernst August regierten, voneinander getrennt, nach einem komplizierten Erbteilungssystem, das für unsere Geschichte ohne Belang ist, über das Herzogtum Lüneburg (später hieß es Herzogtum Hannover). Sophie Dorotheas Vater residierte in dem damals bedeutenderen Celle, sein Bruder in Hannover.

Georg Wilhelm und Ernst August, einander herzlich zugetan, scherten sich wenig um ihr kleines Reich. Während Deutschland, ausgeplündert, ausgepowert, ausgebrannt, unter den Nachwehen des Dreißigjährigen Krieges litt, reisten die beiden jungen Herren durch halb Europa, zerstreuten sich bei Kartenspiel und Karneval, bei Fest und Tanz, und das immer in Begleitung ansehnlicher und williger Frauenzimmer.

Die beiden hätten ihr lustiges Leben vermutlich bis zum Sankt-Nimmerleins-Tag fortgeführt, wären die Landstände von Celle nicht rebellisch geworden: Sie stellten Georg Wilhelm, den älteren der beiden Brüder, vor die Wahl, entweder standesgemäß zu heiraten und für Nachwuchs zu sorgen, wie es seine herzogliche Pflicht war, oder auf weitere Apanagen zu verzichten. Georg Wilhelm besaß zwar ein beträchtliches Privatvermögen – die Staatseinkünfte wollte er aber auch nicht missen. Er sagte ja und amen, als man ihm auch gleich die scheinbar passende Braut anbot: Sophie von der Pfalz, stolze, aber mittellose Nachfahrin der Maria Stuart (siehe Einleitung »Als Liebe noch das Leben kostete«).

Er reiste nach Heidelberg, wo Sophie in der Residenz ihres Bruders Karl Ludwig, Kurfürst von der Pfalz, unauffällig lebte. Sophie war fast achtundzwanzig, langnasig, schmallippig, dünnhaarig, und sie hatte außer einer spitzen Zunge auch etliche Pockennarben. In den Augen allerdings blitzte wache Intelligenz.

Meist war sie damit beschäftigt, für die Kinder ihres Bruders zu sorgen, einen Jungen und ein Mädchen, die unter den ständigen Reibereien der Eltern zu leiden hatten und darum der Liebe ihrer Tante Sophie besonders bedurften. Sophies bevorzugter Liebling war die kleine Elisabeth Charlotte, ein vergnügter Pausback – später die berühmte Liselotte von der Pfalz, der das folgende Kapitel dieses Buches gewidmet ist.

Sophie mußte ihrem Schöpfer auf den Knien danken, den stattlichen Georg Wilhelm zum Mann und damit die Würde einer Herzogin zu bekommen, nachdem sich das bislang einzige Heiratsprojekt mit ihrem Vetter, dem späteren Karl II. von England, zerschlagen hatte. Daß Georg Wilhelm sie nicht aus Liebe heiraten würde, wußte sie nur zu gut, daß er aber einfach das Hasenpanier ergriff und sie buchstäblich verkaufte – das war schier unerträglich. Da wurde Haß fürs Leben gesät . . .

Wie Georg Wilhelm es anstellte, seinen Bruder Ernst August zu beschwatzen, an seiner Statt in den Ehekontrakt einzutreten, ist nicht überliefert. Finanzielle Argumente dürften eine wesentliche Rolle gespielt haben. Georg Wilhelm sagte dem Bruder erhebliche regelmäßige Einkünfte zu, schriftlich verpflichtete er sich, ». . . keineswegs in einige Heirath mit niemand einzulassen und die noch übrige Zeit meines Lebens in Coelibatu gänzlich hinzubringen«. Ernst August und seine Nachkommen sollten Georg Wilhelm beerben, Celle und Hannover würden in einer Linie vereint.

Ernst August und Sophie heirateten 1658. 1660 wurde ihr erster Sohn Georg Ludwig geboren, fünf weitere Knaben und ein einziges Mädchen folgten rasch hintereinander.

So weit, so gut. Georg Wilhelm war die ungeliebte Braut los – aber zum Leben in Keuschheit war er nun einmal nicht geschaffen. Er flüchtete zunächst nach Venedig, erholte sich in den Armen einer langjährigen Geliebten von dem ausgestandenen Schrecken, ehe er sein Wanderleben wieder aufnahm.

Es führte ihn eines Tages ins holländische Breda, eine alte Festungsstadt, wo es damals kaum weniger hoch herging als in Venedig. Breda war der Treff- und Sammelpunkt der großen Welt, sofern sie gezwungen war, ihr Dasein im Exil zu verbringen. Abgetakelte, aber wohlsituierte Adlige aus England lebten dort ebenso wie verarmte Hugenotten aus Frankreich, und da man sonst nichts zu tun hatte, amüsierte man sich Tag und Nacht.

Der spätere englische König Karl II., dessen Vater hingerichtet worden war, führte in Breda ein aufwendiges Schein-Hofleben. Viel lieber besucht wurden allerdings die großartigen Gesellschaften der Prinzessin von Tarent, Gemahlin eines Hugenotten. Ihre Erste Hofdame, Eleonore d'Olbreuse, ebenfalls aus Frankreich vertriebene Hugenottin, war das Ziel vieler lüsterner Männerblicke. Mit ihren braunen Mandelaugen, der phantastischen Fülle kastanienfarbenen Haares und biegsamer Schlankheit erweckte sie Wünsche und Träume, allerdings keineswegs Heiratswünsche – denn außer sich selbst hatte sie nicht das geringste zu bieten. Aber dieses Selbst, ihr einziges Kapital, das verteidigte sie mit der Entschlossenheit einer Jeanne d'Arc.

Auch Georg Wilhelm war unter ihren Anbetern, und ihm, dem ehernen Junggesellen, der auf die Vierzig zuging, widerfuhr, was ihm noch nie widerfahren war: Er verliebte sich rettungslos, und er war zu allem bereit, wobei es über das Ausmaß dieses »Alles« erhebliche Unterschiede in der Auslegung gab. Georg Wilhelm meinte eine morganatische Ehe, Eleonore d'Olbreuse wollte die volle Anerkennung als ebenbürtige Herzogin.

Sie zögerte lange, dann stimmte sie doch einer Ehe zur Linken zu: Georg Wilhelm vermachte ihr sein gesamtes Privatvermögen und versprach, für Eleonores Vater, einen Marquis am Bettelstab, standesgemäß zu sorgen.

Ernst August und Sophie waren außer sich über Georg Wilhelms offensichtlichen Vertragsbruch, besiegelten dann aber doch nolens volens ein weiteres Dokument: Georg Wilhelm bekam, mit der Zustimmung von Bruder und Schwägerin, seine Eleonore (»die Kanaille«, »das Stück Fleisch« nannte sie die empörte Sophie) – aber die Kinder aus dieser Verbindung würden niemals erbberechtigt sein, alles sollte den Nachkommen von Ernst August und Sophie zufallen.

So weit, so gut! Aber was ist schon ein Fetzchen Papier gegen den kämpferischen Willen einer Mutter? Als Eleonore am 15. September 1666 ihr erstes Kind, Sophie Dorothea, gebar, begann ihr langes, zähes Ringen um die volle Anerkennung für sich und ihre Tochter. (Immerhin hatte ein von Georg Wilhelm reichlich entlohnter Genealoge herausgefunden, daß Eleonore in direkter Linie von Karl dem Großen abstammte!)

Der Kampf sollte volle zehn Jahre dauern, ehe, nach zahlreichen Intrigen und Interventionen bis zu Kaiser Leopold I., Eleonores großer Tag anbrach: Sie trat zum zweiten Mal vor den Traualtar, und als sie die Kirche verließ, war sie Herzogin und Sophie Dorothea eine Prinzessin Braunschweig-Lüneburg. Ernst August und Sophie blieben der Vermählung demonstrativ fern. Sophie, die Stuart-Nachkommin, die sich sehr viel auf ihre feine englische Art zugute hielt, höhnte über die neue kleine Prinzessin, sie sei ein »Mausdreck im Pfeffer«. (Um den Schimpf vollkommen zu begreifen, muß man wissen, daß Pfeffer damals fast ebenso kostbar war wie Gold.)

Übrigens: Einen Vertrag zwischen den Brüdern, den Sophie mitunterzeichnete, gab es auch diesmal. Weitere Kinder aus der Verbindung zwischen Georg Wilhelm und Eleonore sollten weder erb- noch nachfolgeberechtigt sein, auch die Titel von Prinzen und Prinzessinnen wurden ihnen abgesprochen. Diese letzte unter den kuriosen brüderlichen Vereinbarungen hatte ausnahmsweise Aussicht, eingehalten zu werden: Herzogin Eleonore war nach drei schweren Fehlgeburten unfruchtbar.

All ihre Liebe richtete sich auf Sophie Dorothea, ein hübsches, lebhaftes Kind, jedermanns Liebling im behäbigen Schloß und in der kleinen Stadt mit ihren heimeligen Fachwerkhäusern. Da Eleonore in den ersten Jahren ihrer Ehe keinerlei offizielle Verpflichtungen auferlegt waren, hatte sie mehr Zeit als andere Damen ihres Standes, sich dem Kind zu widmen. Es entstand eine vollkommene Einheit zwischen Mutter und Tochter. Sophie Dorothea empfing mehr Zärtlichkeit, mehr Aufmerksamkeit als andere Fürstenkinder ihrer Zeit.

Eleonore d'Olbreuse

Sie war es von Anfang an gewöhnt, geliebt und bewundert zu werden, nicht nur von Vater und Mutter, sondern von ganz Celle und Umgebung. Eleonore versäumte es nicht, den guten Bürgern ihr kostbares Kind vorzuführen und nahezubringen. Regelmäßig fuhr sie mit der Kleinen, einem entzückend herausgeputzten Püppchen, durch die Straßen der Stadt. Mutter und Tochter winkten und nickten freundlich, sprachen gelegentlich auch mit den Passanten. Damals schon begann sich das Charakterbild Sophie Dorotheas zu formen: ihre Unbefangenheit gegenüber den Menschen von »niederem Stand« und ein leichter Hang zum Narzißmus.

Sie entwickelte eine leidenschaftliche Liebe für schöne Garderobe, und sie verbrachte mehr Zeit vor dem Spiegel als bei allen anderen langweiligen Beschäftigungen wie Beten und Lernen. Über ihren Bildungsweg ist nicht allzuviel bekannt; Sophie Dorothea erhielt die übliche Schulung eines Mädchens von hohem Adel ohne sonderlichen Tiefgang. Ihre rasche Auffassungsgabe war bemerkenswert. Tanz und Musik waren ihre Stärken, die eigentliche Muttersprache, Französisch, beherrschte sie makellos.

Eleonore sehr ähnlich und zu einer vollendeten Schönheit heranreifend, hing ihr, ebenso wie der Mutter, bald der Beiname »die Französin« an – später nicht nur einmal als Schimpfwort gemeint.

»Ich muß bekennen, daß man ihresgleichen in Deutschland nicht findet«, heißt es im Brief einer Zeitzeugin. »So klug und artig ... Enfin, es ist ein recht bijou ... Bereits mit zwölf Jahren wurde sie mannbar, welches stracks der ganze Hof hat wissen müssen ...«

Dies war tatsächlich ein aufsehenerregendes Ereignis, denn die Mädchen damaliger Zeit wurden erst mit durchschnittlich siebzehn Jahren »mannbar« – auch darin also unterschied sich »die Französin« merkbar von deutschen Altersgenossinnen.

Die Männer ihrer Umgebung begannen sehr bald, sie mit anderen Augen anzusehen, die Jungen bei Hof waren samt und sonders in sie verliebt. Sophie Dorothea genoß es sichtlich. Meist hielt sie zwar durchaus Abstand zu den jungen Männern, wie man es von einer Prinzessin erwarten durfte – aber ihre Art zu blicken und sich zu bewegen war eine einzige Verlockung.

Sie war gerade zwölf, als man geräuschlos einen jungen Pagen aus ihrem Dienst entfernte, weil seine Verliebtheit allzu offensichtlich geworden war. Als Vierzehnjährige flirtete sie so heftig mit einem Sechzehnjährigen, der mit seiner Mutter zu Besuch in Celle weilte, daß man die Dame bat, ihre Visite früher als vorgesehen abzubrechen und mit dem Jüngling abzureisen. Er hieß Philipp Christoph Graf Königsmarck.

Seit ihrem zehnten Lebensjahr war Sophie Dorothea nicht nur eine den Herrscherhäusern ebenbürtige, sie war auch eine pekuniär überaus erstrebenswerte Partie. Der Vater hatte ihr im Lauf der Zeit große Vermögenswerte übertragen. Schon als sie ein Kind war, meldete sich der erste Freier, Prinz August Friedrich von Wolfenbüttel, ein Sohn aus der Nachbarschaft also, aber der blieb bald auf dem sogenannten Feld der Ehre.

Weitere Kandidaten waren, unter anderen, der Herzog von Württemberg, der Bayernherzog Max Emanuel und der König von Schweden. Den Zuschlag erhielt ihr Vetter Georg Ludwig, Herzogin Sophies Erstgeborener, sechs Jahre älter als Sophie Dorothea.

Herzogin Sophie hatte zuvor einen ganz anderen, sehr ehrgeizigen Heiratsplan ausgeheckt. Georg Ludwig sollte Prinzessin Anna, die zukünftige Königin von England, zur Frau nehmen, aber bei seinem ersten Besuch in London erlitt er eine eisige Abfuhr. Abgesehen davon, daß er, im Gegensatz zu seiner Mutter, kein einziges Wort Englisch sprach, war er linkisch, kalt, abweisend, mißtrauisch und kontaktarm. Er sei »drucken wie kalt Eise«, charakterisierte ihn seine Cousine Liselotte von der Pfalz.

Einerseits pedantisch ordentlich und sparsam bis zum Geiz, war er andererseits maßlos in sexueller Hinsicht. Bereits als Fünfzehnjähriger lebte er seine Triebe hemmungslos aus – mit ausdrücklicher Genehmigung seines Vaters: ». . . de coucher avec qui il vouloit, pourvu qu'on n'en sceut rien«. (Er darf schlafen, mit wem er will, vorausgesetzt, daß niemand etwas erfährt.) Mit sechzehn hat er seinen ersten Bastard gezeugt.

Wenig später nannte er eine offizielle Maitresse sein eigen, Catharina von Busche, geborene Gräfin Meissenburg. Deren Schwester, Clara Elisabeth von Platen, die Maitresse von Georg Ludwigs Vater, hatte die beiden miteinander verkuppelt. Vater und Sohn veranstalteten mit ihren Gefährtinnen im Sommerschloß Linsburg »Parties carrées«. Nicht nur Lord Cresset, englischer Gesandter am Hof zu Hannover, der dies schockiert nach London berichtete, wird es gewußt haben.

Die Schwestern Meissenburg waren Töchter eines vazierenden Haudegens und Hochstaplers, der die auffallend hübschen Mädchen dem Höchstbietenden zu vermarkten trachtete. Nachdem er in Versailles abgeblitzt war, zog er an den Hof des Herzogs Ernst August. Die beiden Komtessen, von denen Clara Elisabeth die weitaus schlauere und skrupellosere war, angelten sich die Prinzenerzieher Platen und Busche als Ehemänner. Die Platen errang darüber hinaus die Gunst des Herzogs und übte mächtigen Einfluß auf ihren Liebhaber aus. Herr von Platen machte sehr rasch Karriere, er wurde Ministerpräsident und zum Grafen erhoben. Seine Frau war schließlich eine der einflußreichsten Personen des Landes; die Fäden der Politik liefen über die diversen Betten.

Das Hofleben orientierte sich immer mehr an dem von Ludwig XIV., äußerst kostspielig mit endlosen Vergnügungen, Tänzen, Festen, Redouten, Schäferspielen, Galaabenden in Theater und Oper. Ernst August konnte es bezahlen. Mit dem Verkauf von Soldaten hatte er eine ständig sprudelnde Geldquelle erschlossen. Das Beispiel machte bald in den meisten deutschen Fürstentümern Schule.

Verschieden wie Tag und Nacht war dazu das Hofleben in Celle. Georg Wilhelm, nun in den Fünfzigern, kannte nur drei Leidenschaften: die Jagd, das Reiten und seine Familie. Nichts liebte er so sehr wie bequeme Häuslichkeit. Celle war ein gemütlicher kleiner Hof in des Wortes bester Bedeutung.

Aus dieser ruhigen Atmosphäre familiärer Geborgenheit sollte Sophie Dorothea nun hinausgestoßen werden in den Sündenpfuhl von Hannover: ein zauberhaftes Mädchen, witzig, schlagfertig in der Konversation, mit Neigung zu großen Gefühlsausbrüchen und gelegentlichen Depressionen, niemals daran gewöhnt, im richtigen Augenblick den Mund zu halten. Sie konnte ihren Cousin nicht ausstehen, sie kannte seine schlechten Manieren, wußte von seiner ungezügelten Lebensweise, und sie verabscheute seine Mutter, die Herzogin Sophie, die stets nur schlecht und abfällig über Sophie Dorothea und Herzogin Eleonore sprach.

Herzogin Sophie hatte jedoch entschieden, daß ihr Ältester den »Mausdreck im Pfeffer« heiraten sollte, nachdem Georg Ludwig am

Herzog Georg Wilhelm von Braunschweig-Lüneburg

Londoner Hof durchgefallen war. Es lockte die reiche Mitgift, es lockte die Aussicht, Celle und Hannover zu vereinigen. »Es ist [zwar] eine bittere Pille, aber wenn sie mit 100 000 Talern vergoldet wird, macht man die Augen zu und schluckt sie hinunter«, heißt es zynisch in einem Brief Sophies. Die Sorge um das Wohl ihrer Kinder überwog die Abneigung gegen den Mann, der ihren Stolz tödlich getroffen hatte, gegen seine Frau, »die Kanaille«, und gegen Sophie Dorothea, die in ihren Augen mit Sicherheit noch immer nichts weiter war als ein Bastard aus einer sündhaften Beziehung.

Was Georg Wilhelm bewogen haben mag, seine geliebte Tochter sehenden Auges in die Schlangengrube von Hannover zu schicken, bleibt unklar. Er, der selbst einer ungewünschten Ehe entwichen war, mußte die Gefühle Sophie Dorotheas zumindest erahnen können. War es ein Rest von schlechtem Gewissen gegenüber der Frau, die er verraten hatte? War es die noch immer enge emotionale Bindung an den Bruder, den Gefährten seiner tollen Jugendzeit? Die spärlich vorhandenen Unterlagen geben keinen Aufschluß.

Georg Wilhelm ließ sich weder von den Einwendungen seiner Frau noch vom Entsetzen seiner Tochter umstimmen. Als Sophie Dorothea das Miniaturbildnis ihres zukünftigen Mannes überreicht wurde, warf sie es wütend an die Wand, so daß der kostbare Brillantrahmen zersplitterte.

Am Abend ihres sechzehnten Geburtstags wurde die Verlobung bekanntgegeben. Während der Bräutigam, auch er mit allen Anzeichen des Widerwillens, den Saal betrat, flüchtete Sophie Dorothea weinend in die Arme ihrer Mutter.

Die Vertragsverhandlungen über die Höhe der Mitgift und die Gestaltung der Hochzeitszeremonie zogen sich über einige Wochen. Das Ergebnis war denkbar schlecht für Sophie Dorothea: Ihr zukünftiger Mann bekam die Verfügungsgewalt über ihr ganzes Vermögen, ihr selbst blieb nicht die Spur eines eigenen Einkommens. Das einzige, was sie durchsetzte, war die Zusage, daß Georg Ludwig sich von seiner Maitresse Catharina von Busche trennen mußte. Sie schuf sich damit von Anfang an zwei erbitterte Feinde in Hannover: ihren eigenen Mann und Catharinas Schwester, die Gräfin Platen, Geliebte des Schwiegervaters in spe und Ehefrau des Ministerpräsidenten.

Am 18. November 1682 fand in der Kapelle des Schlosses von

Celle die Trauung des unglückseligen Paares statt, und die Vorzeichen standen von Anfang an auf Sturm. Ein für diese Jahreszeit ungewöhnliches Unwetter übertönte den Klang der Orgel, die Worte des Geistlichen, und die Braut erweckte den Eindruck eines Opferlamms kurz vor der Schlachtung.

Überraschenderweise ließ sich der Anfang dieser Ehe einigermaßen erträglich an. Der Erotomane Georg Ludwig erlag – zumindest vorübergehend – den Reizen seiner bezaubernden Kindfrau. Sie erfüllte auch brav ihre erste und oberste Pflicht, indem sie am 30. Oktober 1683 den erwünschten Sohn gebar, der auf den Namen Georg August getauft wurde.

Da der junge Vater bereits wenig später dem Ruf der kaiserlichen Fahnen zum Kampf gegen die Türken folgte, konnte die Siebzehnjährige unbeschwert das Leben genießen. Allerdings hatte sie Mühe, sich der steifen, an Versailles orientierten Etikette zu unterwerfen. Man sah es ihr, der Mutter des Thronerben – noch – nach, wenn sie einmal über die Stränge schlug, munter mit Leuten schwatzte und lachte, denen in der strengen Hierarchie des Hofes nicht mehr zustand als ein huldvolles Kopfnicken.

Sophie Dorothea bewohnte das »Alte Palais«, ein unauffälliges, zweigeschossiges Steingebäude zwischen Fachwerkhäusern, nahe dem wuchtigen Leineschloß, das dem Herzogspaar (allerdings meist nur bei offiziellen Anlässen) als Wohnsitz diente. Herzog Ernst August und Herzogin Sophie lebten lieber auf dem eine gute halbe Wegstunde vom Zentrum entfernten Landsitz Herrenhausen, einem eleganten, langgestreckten Bau inmitten eines riesigen Parks. (Der Park existiert noch heute, das Gebäude fiel den Bomben zum Opfer).

Sophie Dorothea pflegte lange zu schlafen. Nach der Katzenwäsche folgte die Zeremonie des Ankleidens, denn nach wie vor war es vor allem schöner Putz, der sie interessierte. Einmal pro Woche nahm sie – sehr fortschrittlich! – ein Wannenbad, Unikum an einem Hof, an dem es mit der Hygiene anscheinend nicht allzu weit her war: Wie wir den noch vorhandenen Personalverzeichnissen entnehmen können, gab es zwar Hunderte Bedienstete aller Ränge, aber nur zwei Wäscherinnen.

Das Mittagessen nahm die ganze Familie gemeinsam ein. Es folgte eine ausgedehnte Ruhepause – im Bett.

Nachmittags unternahm Sophie Dorothea bei schönem Wetter kleine Spazierfahrten, bei Schlechtwetter las sie, erledigte ihre Korrespondenz oder empfing Besuche. Täglich rund eine Stunde verbrachte sie mit ihrem Sohn.

Nach dem Diner unterhielt man sich im Kreise des Hofes, spielte Karten, musizierte, tanzte, wenn nicht gerade Bälle, Galadiners oder Theaterbesuche angesagt waren.

Das größte Ereignis dieser Art fiel in die ersten Oktobertage des Jahres 1684, als Sophie Charlotte, einzige Tochter des Herzogspaares, mit allem nur denkbaren Pomp dem Kurfürsten Friedrich von Brandenburg vermählt wurde. Er war ein schmächtiges Männchen, verwitwet schon, aber ein Herrscher mit Zukunft: Der Kurfürst sollte sich 17 Jahre später selbst zum ersten König von Preußen krönen.

Sophie Dorothea war nicht unglücklich, daß ihre Schwägerin ins ferne Berlin zog, denn die jungen Frauen konnten einander nicht ausstehen; ständig gab es Gezänk und Reibereien zwischen den beiden, weil Sophie Charlotte auf die viel anmutigere, lebhaftere und herzlichere Frau ihres Bruders eifersüchtig war.

Ein aufregendes Abenteuer brachte das Jahr 1686 für Sophie Dorothea: Sie durfte mit ihrem Schwiegervater – begleitet von der unvermeidlichen Gräfin Platen – nach Venedig reisen, um dort ihren vom Türkenfeldzug heimkehrenden Mann zu treffen. Abgesehen von Herzogin Sophie, die in Herrenhausen blieb, vergnügte sich der halbe Hof im Karneval. Der Herzog warf mit dem Geld nur so um sich. Er hatte leicht werfen, denn soeben hatte er den Venezianern 2400 Soldaten verkauft.

Zwar verstand sich Sophie Dorothea mit ihrem Mann viel weniger als vor der Trennung – »sie hat schon übel gelebt mit ihm in Venedig und haben sich gar scheiden wollen«, notiert die Hofdame Eleonore von dem Knesebeck –, doch die junge Frau nahm es leicht. Sie war zwanzig, sie war schön, und die Männer lagen ihr zu Füßen. Besonders der Herzog von Mantua hatte sich an ihre Fersen geheftet sowie – bei einem Abstecher der Hannoveraner nach Rom – ein Marquis Armand de Lassays, fast berufsmäßiger Don Juan und Herzensbrecher. Der Marquis hat später in seinen Memoiren behauptet, nicht weniger als dreizehn Liebesbriefe von der Prinzessin erhalten zu haben – gezeigt hat er die Schriftstücke niemandem.

Wie dem auch sei: Sophie Dorothea dürfte nicht ganz unschuldig an den Annäherungen des Marquis und anderer Mitglieder der italienischen Jeunesse dorée gewesen sein, denn in einem Brief der Liselotte von der Pfalz steht – zwar bösartig, vielleicht aber nicht ganz ohne Grund: »Ich kann nicht begreifen, wie oncle [gemeint ist Sophie Dorotheas Schwiegervater, Herzog Ernst August] sie nicht gleich nach der italienischen Reise hat einsperren lassen, denn sie hat es ja dermalen genug verdient, so ein doll Leben geführt zu haben ...«

Doch das »doll Leben«, das die Männer der Hofgesellschaft bis zur Neige auskosteten, den Damen indes verwehrt war, hatte schnell wieder ein Ende. Nach Hannover zurückgekehrt, schenkte Sophie Dorothea am 26. März 1687 einer Tochter das Leben. Wir werden diesem Kind, das wie die Mutter Sophie Dorothea hieß, im übernächsten Kapitel wieder begegnen. Da ist sie bereits Königin von Preußen und Mutter des späteren Friedrich des Großen sowie einer Tochter namens Wilhelmine, der dann unsere besondere Aufmerksamkeit gelten wird.

So schön, so unbeschwert es in Italien gewesen war, so unerquicklich gestalteten sich die folgenden Jahre in Hannover: endlose Familienquerelen. Herzog Ernst August war mit den meisten seiner sechs Söhne übers Kreuz; jeder intrigierte gegen jeden, und alle Fäden wurden von der Gräfin Platen gezogen. Die saß wie eine Spinne im Netz in ihrem Schlößchen Monplaisir, auf halbem Weg zwischen Leineschloß und Herrenhausen. Niemand gelangte von da nach dort, ohne daß es die Gräfin registrierte, und viele machten nur zu gern bei ihr Station. Es ging immer fidel zu, und in einem verschwiegenen Salon konnte man beim Kartenspiel astronomische Summen gewinnen oder verlieren. Meist verlieren. Den Schmerz darüber linderte die Gräfin mit kleinen Gefälligkeiten.

Die Platen mischte sich in alles und jedes ein, und wehe dem, den sie aufs Korn genommen hatte. Wehe der armen Sophie Dorothea, welche die Schwester der Platen aus dem Bett des Prinzen Georg Ludwig vertrieben hatte. Gräfin Platen ließ keine Gelegenheit ungenützt, um einen Keil zwischen Sophie Dorothea und ihren Schwiegervater, zwischen die Prinzessin und ihren Mann zu treiben.

Was immer Sophie Dorothea tat oder sprach – die Platen wußte es ins schlechte Licht zu rücken. Die Beziehung zwischen Sophie Dorothea und Georg Ludwig wurde immer gespannter, die Geburt der Tochter änderte nichts daran.

Lange hatte die Gräfin versucht, ihre Schwester wieder auf den prinzlichen Maitressenthron zu heben. Als ihr dies nicht gelang, führte sie Georg Ludwig ein blutjunges Hoffräulein zu, Ermengarda Melusine von der Schulenburg, zwar einen halben Kopf größer als der Prinz, aber gut gewachsen, mit wunderbarem Blondhaar gesegnet, sehr anschmiegsam und von schlichtem Gemüt.

Nachdem es durch Wochen und Monate zwischen dem Prinzenpaar zu lautstarken Auseinandersetzungen gekommen war, nachdem, wie der Hofklatsch genüßlich weitertrug, Sophie Dorothea hin und wieder auch eine Tracht Prügel bezogen hatte, kehrte der junge Ehemann dem häuslichen Herd immer häufiger den Rücken, um sich mit seiner neuen Favoritin zu vergnügen. Sie gebar ihm auch bald eine Tochter.

Zu guter Letzt kam er fast überhaupt nicht mehr nach Hause, und wenn, dann wurde er mit wilden Vorwürfen empfangen. So merkwürdig es klingt: Sophie Dorothea traktierte den ungeliebten Mann mit Eifersuchtsszenen!

Sie unterschied sich darin grundsätzlich von ihrer Schwiegermutter. Herzogin Sophie ignorierte das Verhältnis ihres Mannes mit der Gräfin Platen in stoischer Gelassenheit. Sie hatte weitgestreute geistige Interessen und war eng mit dem großen Philosophen Wilhelm Leibniz befreundet, von dem es heißt, daß er das letzte Universalgenie auf dem Gebiet der Natur- wie der Geisteswissenschaften gewesen sei.

Sophie Dorothea war keine Intellektuelle, mit dem hochgelehrten Leibniz wußte sie nichts anzufangen. Sie war so jung, sie war so heißblütig, daß sie wohl auch mit ihrem Mann vorliebgenommen hätte – wäre er nur nachts daheim gewesen.

Und dann kam Königsmarck.

Philipp Christoph Graf Königsmarck, ein Globetrotter, ein Kriegsheld, ein ansehnliches Mannsbild – Traum romantischer Mädchen und reifer Frauen, Objekt der Begehrlichkeit für Mütter heiratsfähiger Töchter.

Philipp Christoph Graf Königsmarck. Wir sind ihm auf den ersten Seiten dieses Kapitels kurz begegnet, als er, sechzehnjährig, sich samt Mutter in Celle aufhielt und mit Sophie Dorothea bedeutungsvolle

Sophie Dorothea mit ihren Kindern

Blicke tauschte. Nun kreuzt er den Weg der Prinzessin ein zweites Mal. Sie werden ein Stück gemeinsam wandern – direkt in ihrer beider Lebenskatastrophe.

Philipp Christoph Graf Königsmarck – wer war er eigentlich?

Sein Großvater, aus altem brandenburgischen Geschlecht stammend, wurde am Hof eines Braunschweig-Lüneburgschen Herzogs in Celle erzogen, ging dann nach Schweden und war ein vorzüglicher Feldherr Gustav Adolfs im Dreißigjährigen Krieg. Auch Philipps Vater bewährte sich hervorragend im schwedischen Kriegsdienst. Beide wurden mit Ehren aller Art, immensen Gütern und Gold überhäuft. Philipp war einer der reichsten Erben Europas.

Er hatte drei Geschwister: einen älteren Bruder namens Karl Johann und zwei jüngere Schwestern, Amalia Maria und Aurora. Erstere heiratete einen Grafen Lewenhaupt, der später im Dienst des Hofes zu Celle stand. Aurora blieb unvermählt, wurde aber als Geliebte des sächsisch-polnischen Königs August des Starken eine Persönlichkeit der Weltgeschichte. Voltaire nannte sie »die berühmteste Frau zweier Jahrhunderte«.

Die Brüder Königsmarck verbrachten einige Jugendjahre in England. Sie studierten in Oxford und erhielten in London ihre militärische Ausbildung, gern gesehene Gäste bei Hof und in den großen Adelssitzen. Kein Wunder: Einer sah besser aus als der andere, und daß sie keine armen Burschen waren, ließ sich schon daran ermessen, mit welcher Nonchalance sie Unsummen verspielten.

Karl Johann, der Wildere und Hemmungslosere von beiden, vor dem kein Weiberrock sicher war, mußte sich sogar einmal wegen einer dunklen Affäre vor Gericht verantworten: Der Ehemann einer seiner Geliebten war einem Mordanschlag zum Opfer gefallen. Die beiden Täter wurden überführt, verurteilt und hingerichtet. Karl Johann, der als Auftraggeber galt, wurde unter dünnem Vorwand »aus Mangel an Beweisen« freigesprochen, mußte aber England verlassen. Er fand später den Soldatentod, Philipp beerbte ihn.

Nach Abschluß seiner Studien ging Graf Königsmarck auf die für junge Edelleute übliche Kavalierstour, ließ in Versailles und in Dresden seinen Charme spielen und knüpfte wichtige Verbindungen an, unter anderem mit dem sächsischen Thronfolger, der später August der Starke heißen sollte.

Philipp Christoph von Königsmarck

Noch als Philipp in England weilte, zog der schwedische Staat Teile der Königsmarck-Güter ein. Der Staat brauchte Geld und fand, daß Gustav Adolf seine Generale allzu großzügig entlohnt hatte. Philipp hätte nun eigentlich seine Lebenshaltungskosten einschränken müssen, aber er dachte nicht daran. Er verkündete, daß jährlich tausend Pfund das mindeste seien, das er brauchte – nach heutigem Wert ein vielfaches Millionenvermögen.

1684, er war noch nicht zwanzig, trat er in den Dienst des Kaisers Leopold I. und kommandierte ein Regiment im Kampf gegen die Türken. Hochdekoriert und ruhmbeladen kehrte er zurück – in Begleitung einer türkischen Sklavin und für den Rest seines Lebens von der Malaria gequält.

Er verlobte sich mit der außerordentlich vermögenden Gräfin Charlotte Rantzau, löste aber die Verbindung aus unbekannten Gründen. Einige Monate später starb die Komtesse, aus Liebeskummer, wie es hieß.

Anfang 1688 kam er nach Hannover. Das genaue Datum ist unbekannt, sein Name scheint zum ersten Mal am 12. März auf der Gästeliste eines Balles auf, den Georg Ludwig und seine Frau Sophie Dorothea veranstalteten. Die Prinzessin habe den Grafen Königsmarck »wie einen alten Bekannten begrüßt«, heißt es. Ein sicheres Zeugnis gibt es dafür nicht.

Die Freundschaft aus Kindertagen konnte jedenfalls nicht gleich erneuert und vertieft werden, denn Philipp verdingte sich in den Dienst des Herzogs Ernst August und nahm sogleich als Oberst der Leibgarde an einem Feldzug gegen Frankreich teil.

Ludwig XIV. hatte, aus heiterem Himmel, einen Krieg gegen die Pfalz begonnen, nachdem der Pfalzgraf gestorben war und der »Sonnenkönig« darauf pochte, daß seine Schwägerin, Liselotte von der Pfalz, die legitime Erbin sei. Der »Pfälzische Erbfolgekrieg« hielt Europa bis zum Jahre 1697 in Atem.

Eine gesamteuropäische Allianz gegen den Franzosenkönig versuchte, mit wechselndem Glück, dessen räuberische Ansprüche zu vereiteln. Nur mit Mühe ließ sich Herzog Ernst August zur Teilnahme an dem Bündnis überreden; er trat erst bei, nachdem der Kaiser ihm die Kurwürde in Aussicht gestellt hatte.

Oberst Graf Königsmarck kehrte, umstrahlt von der Gloriole eines

Kriegshelden, nach Hannover zurück und etablierte sich in einem feudalen Stadtpalais, das er vom Keller bis zum Dachboden aufs kostbarste einrichtete, mit französischen Möbeln, flämischen Gobelins, englischem Silber, und er umgab sich mit einer angemessenen Dienerschaft von 29 Mann, Haushofmeister und Sekretär mit eingeschlossen. Seine hervorragend bestückten Stallungen erregten beträchtliches Aufsehen, nicht weniger als 52 Rassepferde nannte er sein eigen.

Aufwendige Feste in einem großen Haus zu führen fiel ihm nun nicht allzu schwer, denn er hatte mittlerweile nicht nur den Bruder, sondern auch seinen Vater beerbt, der in Venedig an der Pest gestorben war. Die Beschlagnahmung der schwedischen Güter war offenbar verschmerzt.

Als Oberst der Leibgarde gehörte er zum engsten Kreis der herzoglichen Hofhaltung, und er wurde überall mit offenen Armen aufgenommen. Auch im Schlößchen Monplaisir, wo er nächtelang am Spieltisch saß und mehr verlor, als er eigentlich verantworten konnte.

Die Herrin von Monplaisir, Clara Elisabeth Gräfin von Platen, nun schon ein wenig in die Jahre gekommen, aber trotz üppiger Leibesfülle eine noch immer anziehende Frau, konnte sich dem Charme des siebzehn Jahre jüngeren Lebemanns nicht entziehen. Offensichtlich wollte sie es auch nicht, denn die Gemeinschaft mit einem ältlichen Ehegespons und ihrem ältlichen Liebhaber, dem Herzog Ernst August, war auf die Dauer ziemlich langweilig geworden. Erlag Philipp dem gekonnten Liebeswerben der erfahrenen Frau – oder ließ er sich nur in kalter Berechnung mit der mächtigsten Dame Hannovers ein? Wer weiß?

Ob die Platen an den Orgien teilgenommen hat, die Philipp gelegentlich in seinem Haus veranstaltete, ist vorstellbar, aber nicht dokumentiert. Daß solche Lustbarkeiten stattfanden, kann in einem Bericht an den Ministerpräsidenten von Celle, Graf Bernstorff, nachgelesen werden: Nur mit Perücken bekleidete Damen und Herren tanzten auf den Tischen, um sich nachher »im Takte der Musik zu vermengen«.

Der Kontakt zwischen dem Grafen Königsmarck und Sophie Dorothea war anfangs lose und sporadisch. Sophie Dorothea verschwand zunächst überhaupt aus dem öffentlichen Leben. Ihre Ehe war immer brüchiger, ihr Mann immer rücksichtsloser und rüder geworden. Die Prinzessin befand sich in einer bedenklichen seelischen Krise und wurde körperlich krank. Sie habe »Nervenfieber«, meinten die Ärzte und verordneten ihr wochenlange Bettruhe. Schwiegermutter Sophie nahm sich der Patientin an und holte sie samt ihren Kindern nach Herrenhausen.

Wieder nach Hannover zurückgekehrt, nahm Sophie Dorothea die Routine des höfischen Alltags erneut auf, wozu auch der tägliche Empfang von Besuchern gehörte. Stets gerne gesehener Gast im »Alten Palais« war Prinz Karl, ein Schwager Sophie Dorotheas – erst gelegentlich, dann immer öfter in Begleitung seines neuen Freundes, des Grafen Königsmarck.

Sophie Dorothea begrüßte die beiden Herren, züchtig und ehrbar, im Kreis ihrer Hofdamen, das Gespräch war allgemein und unverfänglich. Daß Königsmarck und die Prinzessin von Anbeginn harmonierten, lag in beider Naturell. Sie waren einander überaus ähnlich: temperamentvoll, spontan, großzügig, den Menschen zugewandt, warmherzig, quecksilbrig, mit leichtem Hang zu nervöser Exaltiertheit. Beide liebten Luxus, elegantes Leben, Tanz und Spiel.

Wann der Funke endgültig übersprang, ist schwer zu sagen. Vielleicht damals, als Sophie Dorotheas Eltern zum Staatsbesuch nach Hannover kamen, ein Ereignis, das mit einer Reihe von Galadiners, Bällen und Empfängen zelebriert wurde.

Einen der Bälle eröffnete Sophie Dorothea mit ihrem Vater. Nachdem sie die vorgeschriebenen Pflichttänze hinter sich gebracht hatte, schritt sie mit Königsmarck aufs Parkett, und fast alle nachfolgenden Tänze gehörten ihm. Sie war ganz in Weiß und Silber gehüllt, einen Kranz lebender Blumen im üppig flutenden, ungepuderten Haar; sein Kostüm war in Rosa und Silber gehalten – ein Paar wie aus einem Märchentraum.

In welche Richtung sich Königsmarcks Gefühle entwickelten, erhellt eine winzige Episode am Rande eines Herrenabends. Philipp erzählte in plastischen und drastischen Worten von den Reizen des Dresdner Hoflebens, und Georg Ludwig fragte ihn, warum er denn nicht dort geblieben sei, wenn es ihm doch so gut gefallen hätte. Königsmarck entgegnete, er habe es nicht mehr länger mit ansehen können, wie ein Fürst das Leben einer schönen und guten Frau zerstörte, indem er sie wegen einer nichtswürdigen Maitresse vernachlässigte. Schallendes Gelächter in der Männerrunde. Jeder wußte, daß Königsmarck nicht nur auf den Kurfürsten von Sachsen anspielte, jeder erfaßte den Doppelsinn der Anekdote. Georg Ludwig hatte Mühe, seine Wut zu verbergen.

Philipps Beziehung zur Gräfin Platen war noch immer aufrecht. Sicher war er ihrer längst überdrüssig, und ebenso sicher stand ein Skandal knapp bevor, denn jeden Augenblick konnte Herzog Ernst August erfassen, was längst alle wußten: daß ihm nämlich der grüne Junge ein Paar gewaltiger Hörner verpaßt hatte.

Dem Dilemma entfloh der Graf, indem er sich in ein neues Kriegsabenteuer stürzte. Zusammen mit seinem Freund, dem Prinzen Karl, zog er auf den Peloponnes, um dort wieder einmal gegen die Türken zu kämpfen.

Im April 1690 kam er zurück – allein. Prinz Karl, der Lieblingssohn der Herzogin Sophie, war gefallen. Hannover versank in monatelanger Hoftrauer. Alle großen gesellschaftlichen Veranstaltungen waren untersagt, man traf einander nur im kleinsten Kreis.

Im kleinsten Kreis ihrer Hofdamen empfing Sophie Dorothea Königsmarck zu den gewohnten Nachmittagsbesuchen, sehr betrübt, denn Prinz Karl war nun nicht mehr mit von der Partie. Sie kümmerte sich nicht darum, daß Prinz Georg Ludwig auf einem Feldzug in Flandern war: Die Prinzessin hätte in Abwesenheit ihres Gemahls keine Herrenbesuche empfangen dürfen, gleichgültig, wie viele Zeuginnen zugegen waren.

Sie hätte selbstverständlich den Grafen nicht so ungeniert und herzlich ansprechen sollen, als sie ihn eines Tages, mit ihrer kleinen Tochter aus dem Park kommend, im Treppenhaus traf. Sie hätte es schon gar nicht zulassen dürfen, daß er das jauchzende Mädchen hochhob und über seinem Kopf im Kreis drehte. Statt zu lachen, hätte sie dem Grafen einen Verweis erteilen müssen.

Der Hof war entsetzt über diesen unverzeihlichen Bruch der Etikette. Zum Eklat hochstilisiert wurde der Zwischenfall durch die Gräfin Platen, die sich am meisten von allen erregte.

Königsmarck ging bei der Prinzessin aus und ein; eine Einladung der Platen hatte er abgelehnt. Wurde ihm bei seiner Erziehung zum Kavalier nicht beigebracht, daß es lebensbedrohend sein kann, die rasende Eifersucht einer verlassenen Geliebten zu provozieren – noch dazu, wenn diese Frau die graue Eminenz eines Staates ist?

Königsmarck bekam die Folgen seiner Handlungsweise fürs erste nicht zu spüren, denn er wurde erneut in den Krieg gegen Frankreich kommandiert, während Sophie Dorothea wieder die Gegenwart ihres Mannes ertragen mußte. Privat ließ sich Georg Ludwig nicht mehr bei ihr blicken, er war vollauf mit seiner Ermengarda Melusine beschäftigt. Die Ehe des Prinzenpaares war so gut wie tot.

Am 1. Juli 1690 schrieb Philipp seinen ersten Brief an Sophie Dorothea aus Aht im Hennegau, einer Festung zwischen Brüssel und Tournai:

»Ich bin außer mir, das einzige, das mich retten kann, sind ein paar Zeilen von Ihrer unvergleichlichen Hand. Wenn ich das Glück habe, sie zu erhalten, werde ich geheilt sein. Ich hoffe, Sie werden nicht so grausam sein, mir diese Gunst zu verweigern, denn Sie allein sind es, die mein Leiden verursacht und nur Sie können mich heilen ... Ich flehe Sie an, mich nicht zu vergessen, und glauben Sie mir, daß ich immer Ihr Sklave bin ...«

Aus einem undatierten Brief erfahren wir, daß sie sein Flehen erhört hat: »... Ich erhielt heute Ihre Antwort. Wie verzweifelt war ich die ganze Zeit! Meine Krankheit dauerte so lange, weil ich fürchtete, Sie hätten mich ganz vergessen ... Nun schöpfe ich wieder Mut und hoffe, Sie bald zu sehen ...«

Wie durch ein Wunder sind 282 Briefe der Liebenden erhalten geblieben, 209 von ihm, 73 von ihr. Sie geben nicht nur Auskunft über das ständig schwankende Gefühlsleben der beiden, sondern spiegeln auch die Reaktionen ihrer Umwelt wider, in groben Umrissen lassen sie den Ablauf ihrer Tage rekonstruieren. Es sind Dokumente von hohem zeitgeschichtlichem Wert, die Generationen von Historikern beschäftigt haben.

Das Schicksal dieser Briefe ist eine Geschichte für sich.

Wie leichtsinnig Sophie Dorothea und Philipp waren, erhellt die Tatsache, daß sie die verräterischen Papiere überhaupt aufgehoben haben. Sie wurden ursprünglich von Philipp verwahrt, auch seine eigenen. Als die Affäre brenzlig zu werden drohte, übergab er die Briefe seinem Schwager, dem schwedischen Grafen Carl Gustaf Lewenhaupt.

Der Hannoveraner Historiker Georg Schnath, bester Kenner der Materie, hat anhand der vorhandenen Briefe, die selten datiert, oft aber numeriert sind, ausgerechnet, daß es ursprünglich 340 von seiner und 320 von ihrer Hand gegeben haben muß. Die fehlenden sind nach Auffliegen des Skandals beschlagnahmt und vernichtet worden. Überhaupt gibt das Archiv zu Hannover über die kritischen Jahre keinen Aufschluß. Es liegt auf der Hand, daß zahlreiche Unterlagen beiseite geschafft wurden. Selbst der Briefwechsel zwischen Herzogin Sophie und ihrer Nichte Liselotte von der Pfalz, der manches erhellen könnte, wurde offensichtlich im nachhinein zensuriert.

Die in seinem Besitz befindlichen Briefe Sophie Dorotheas und Philipps wurden von Lewenhaupt nach Schweden gebracht. Seine Erben haben das verfängliche Material später Hannover zum Kauf angeboten. Sie verlangten aber einen so hohen Preis, daß der Hof abwinkte und sich aufs wütende Ableugnen der Echtheit verlegte, als die Briefe in der Mitte des vorigen Jahrhunderts publik wurden.

Der Großteil der Briefe befindet sich heute im Besitz der schwedischen Universität Lund, einige wenige gelangten in die Hände von Sophie Dorotheas Enkelsohn, Friedrichs des Großen. Angeblich wurden sie auf Veranlassung von Friedrichs Schwester Louise Ulrike, Königin von Schweden, gestohlen. Friedrich der Große hat das Päckchen mit eigener Hand versiegelt und signiert: »Lettres D'Amour de la Duchesse d'Allen au conte Königsmarc.« (Mit »Allen« ist Ahlen gemeint, wo Sophie Dorothea jahrzehntelang gefangengehalten wurde.)

Nach Friedrichs Tod kam das Faszikel ins Preußische Geheime Staatsarchiv; es liegt jetzt im Deutschen Zentralarchiv in Merseburg. Die Authenzität der Briefe steht heute nach genauer wissenschaftlicher Analyse zweifelsfrei fest.

Sophie Dorothea schreibt auf feinem, sahnefarbenem Bütten mit zartem Goldrand, Philipp verwendet verschiedenes Papier, meist minderer Qualität, manchmal sind die Zeilen auch hastig auf ein Fetzchen hingeworfen. Die Sprache ist Französisch, ihres ist leicht, elegant, seines zwar flüssig, die Orthographie aber haarsträubend; manche Wörter schreibt er unbekümmert phonetisch. Zum Beispiel: »Cela resamble bien un roman et en le recontamps, bien de jans ne vous croirent pas.« (Das [unsere Affäre] gleicht einem Roman, und wenn man es erzählt, werden es die Leute nicht glauben.)

Adressiert wurden die Botschaften an Mittelsleute, zum Beispiel an die Hofdame Eleonore von dem Knesebeck oder ihre Schwester Sibylle von Metzsch, die ebenfalls in Hofdiensten stand.

Manchmal wurde Geheimtinte verwendet, manchmal tauchen sehr leicht zu entziffernde Chiffren auf; die Namen Dritter sind auf durchsichtige Weise geändert. So wird Sophie Dorotheas Mann als »l'incommode« (der Unbequeme) bezeichnet, Fräulein von dem Knesebeck als »confidente« (Vertraute) oder »Mademoiselle Krumbugeln« (die Knesebeck hatte einen leichten Höcker).

Die meisten Briefe Königsmarcks wurden auf seinen diversen Feldzügen verfaßt. Die Liebenden ließen einander aber auch seitenlange Ergüsse zukommen, wenn sie am gleichen Ort weilten. So erklärt sich der (geschätzte) beachtliche Umfang der Korrespondenz von fast 700 Schreiben im Laufe von nur vier Jahren.

Nach diesem kurzen Abstecher in die Geschichte der Briefe wenden wir uns wieder unserem Liebespaar zu, das nach Philipps Rückkehr aus dem Feld seine Gewohnheiten wieder aufnahm: Philipp besuchte seine Herzdame, aber immer waren viel zu viele Menschen dabei, er gewann den Eindruck, daß Sophie Dorothea versuchte, ihn auf Distanz zu halten: »Ich bin zutiefst verzweifelt, daß ich so wenig Gelegenheit habe, mit Ihnen zu sprechen. Ich flehe Sie an, darf ich Sie allein treffen, um Ihnen vier Worte zu sagen, nur vier Worte . . .«

Über diese vier Worte dürfen wir rätseln, denn im Französischen wie im Deutschen sind die gewissen Worte nur drei an der Zahl: »Je t'aime«, in seinem Fall wohl »je vous aime . . .« Drei oder vier – ob er diese Worte angebracht hat, erfahren wir nicht.

Die nächsten Briefe kamen aus Braunschweig, wo Philipp sich auf Dienstreise befand: »Kein Sterblicher war jemals so glücklich wie ich, seit ich bei meiner Ankunft Ihren Brief vorfand. Ich weiß mich jetzt in Ihrer Gnade und alle Zweifel, die mir das Herz gebrochen haben, sind wie weggewischt. Gott ist mein Zeuge, ich habe niemals so geliebt, wie ich jetzt liebe . . .«

Wieder in Hannover, wurde er enttäuscht. Sophie Dorothea, verunsichert und im Zweifel, wie sie sich weiter verhalten sollte, flehte Philipp an, sich für einige Zeit aus der Stadt zurückzuziehen. Sie brauchte Zeit zum Nachdenken, um mit sich ins reine zu kommen. Gerade zur rechten Zeit warf ihn ein Malariaanfall aufs Krankenbett, mit matter Hand schrieb er ihr endlose, überschwengliche Briefe: »... Sie sprechen von Leidenschaft. Oh, meine Liebe, meine Liebe, meinen Sie, Sie lieben mich mit derselben Leidenschaft wie ich Sie ... Damit Sie wissen, wie sehr ich Sie liebe, unterzeichne ich mit meinem Blut, – Königsmarc« (Der Namenszug ist tatsächlich mit Blut geschrieben!)

Bald wurde das heimliche Paar wieder getrennt. Sophie Dorothea fuhr zu ihrem Vater nach Schloß Eppsdorf, Königsmarck zeigte aufs neue alle Anzeichen von Krankheit und leichter Sinnesverwirrung – allerdings nicht hervorgerufen durch ein tropisches Fieber, sondern durch ungestillte Sehnsucht. Er schloß sich in sein Zimmer ein, unterließ jeden Verkehr mit Freunden und machte allgemein den Eindruck eines Mondsüchtigen.

Aus dieser Zeit liegt eine neue Briefflut von seiner Hand vor, die der Prinzessin sind nicht erhalten. Aber es scheint, daß sie ihm nur gelegentlich und dann eher zurückhaltend geantwortet hat. Seine diesbezüglichen Klagen klingen steinerweichend.

Dann das erste böse Vorzeichen. Herzogin Eleonore dürfte von dem Briefwechsel Wind bekommen haben. Sophie Dorothea versuchte, sich aus der Affäre zu ziehen und machte dem Geliebten einen bestimmten Vorschlag. Seine schockierte Reaktion liegt vor: »Der Tag, den ich fürchtete, ist herangebrochen. Ich muß also heiraten, weil Sie es wünschen. Ich werde Ihren Wünschen gehorchen ... Mein Todesurteil ist von der Hand unterzeichnet, die ich anbete ... Ihre Grausamkeit geht zu weit, wenn Sie mich nicht absichtlich verwunden wollten, hätten Sie mich nicht so behandelt ... Sie wollen, daß ich heirate, um mich vor Unheil zu bewahren, aber Sie denken nicht daran, daß eine Heirat mich zerstört ... Sie lieben mich nicht mehr. Ihr Kopf hat über Ihr Herz gesiegt. Es genügt Ihnen nicht, daß Sie mich nicht mehr lieben, Sie verlangen auch noch, daß ich Sie nicht mehr liebe ... Nein, Madame, trotz allem werde ich Sie ewig anbeten. Meine Liebe wird nur mit meinem Leben verlöschen ...«

Wie bei Sophie Dorotheas impulsiver und leidenschaftlicher Veranlagung nicht anders zu erwarten, hat sie es sich doch anders überlegt. Keine Rede mehr davon, daß Philipp heiraten sollte. Ganz im Gegenteil. Er schreibt: »Ich bin der glücklichste Mensch der Welt ... Ihre Augen sagten mir mehr als ich zu hoffen wagte, gestern abend, wie ihr Herz empfand ...«

Es blieb dann nicht beim Augenspiel, wie wir seinem hingestammelten Französisch entnehmen können: »Quelle enchantement naje poin santis entre vos bras! Dieux quell Nuit aje passée . . .« (Welches Entzücken in Ihren Armen! Welch eine Nacht habe ich verbracht . . .)

In das Glück schleichen sich allerdings bald Vorahnungen, vorerst noch ausgedrückt in einem Vers des damals populären Dichters Benjamin Neukirch: »Und also lebe ich mein Verderben/ und häge ein Feuerlein in meiner Brust,/ daran zulest mus sterben./ Mein Untergang ist mir wohl bewust!/ Das magst: ich habe lieben wollen,/ Was ich viel mehr anbeten sollen.« (Man sieht, auch in der deutschen Rechtschreibung war der junge Herr Graf nicht ganz sattelfest.)

Bitterkeit und Eifersucht traten an die Stelle der Befürchtungen, als Georg Ludwig im Oktober 1691 erkrankte – an Masern! Die Kunst der Ärzte brachte ihn fast zu Tode. Sophie Dorothea folgte dem Impuls ihres weichen Herzens (oder schlechten Gewissens?) und übernahm mit Hingabe die Pflege ihres Mannes. Philipp reagierte betroffen: »Schmerzvoll muß ich erfahren, daß Sie in anderen als meinen Armen gelegen sind . . . Gibt es in der Hölle ähnliche Qualen?«

Möglicherweise hat sich das Ehepaar nach der Krankheit des Prinzen besser verstanden. Vielleicht war es aber nichts weiter als Vorsicht, die Sophie Dorothea veranlaßte, sich ihren Liebhaber ein wenig vom Leibe zu halten. Ein entsprechender Dialog ist in einem seiner Briefe wörtlich zitiert: Er bat sie, ihm »um Gottes willen« zu sagen, was eigentlich los sei. Sie: »Lassen Sie mich in Ruhe.« Er: »Nein, ich will es wissen, koste es, was es wolle.« Sie: »Gehen Sie endlich.«

Der Rest des Briefes ist eine Explosion eifersüchtigen Zorns. Es setzt Vorwürfe, daß sie zu Bällen und Opernabenden gehe, zu denen er nicht geladen war; er ließ sich sogar dazu hinreißen, an Sophie Dorotheas Vertraute, Fräulein von dem Knesebeck, zu schreiben, um sich bei der Dienerin weinerlich über deren Herrin zu beklagen!

In seiner Verzweiflung drohte Philipp, sich neuerlich für den Kampf gegen die Türken anwerben zu lassen: »Ich habe den Untergang vor Augen, aber ich werde den Heldentod suchen . . . Wenn ich nicht mit Ihnen leben kann, will ich überhaupt nicht mehr leben . . . Vielleicht bewahren Sie mir ein gutes Angedenken . . .«

Sophie Dorothea fiel prompt auf die durchsichtige Erpressung herein und flehte ihn an, sich keinen Gefahren auszusetzen. Gleich war er wieder obenauf: »Sie wissen genau, daß ich nur auf Ihren ausdrücklichen Wunsch fortgehen würde, und wenn Sie wünschen, daß ich hierbleibe, dann tue ich es mit Freuden ... Ich würde lieber mein Haupt unter dem Fallbeil lassen, als einen Ihrer Wünsche zu mißachten ... Mut, Madame! Treffen Sie mich nur für eine halbe Viertelstunde ... Aber riskieren Sie nichts ... Es ist leichter, für kurze Zeit zu leiden als für immer ...«

Sie scheint dann doch einiges riskiert zu haben – alles oder nichts ... Unmittelbar vor dem Rendezvous schwelgt er in Vorfreude: »Die Augenblicke sind wie Jahrhunderte ... Ich werde heute abend die schönste aller Frauen umarmen. Ich werde ihren Mund küssen ... Ich werde von ihren Lippen hören, daß sie mich liebt ... Glauben Sie mir, Madame, ich werde vor Glück sterben ...«

Riskierte Sophie Dorothea doch zuviel? Herzogin Eleonore hatte allerlei Gerüchte aus Hannover gehört und bestürmte die Tochter, den Umgang mit dem Grafen zu unterlassen. Vorsichtshalber teilte sie Sophie Dorothea dies nicht persönlich mit, sondern ließ es durch ihre Hofdame, Fräulein von dem Knesebeck, ausrichten.

Philipp, in seiner unnachahmlichen Mischung aus Zerknirschung und Überheblichkeit: »Ich bin höchst überrascht, von La Confidente [Knesebeck] zu erfahren, was geschehen ist ... Ich bin unglücklich, daß ich die Ursache all dieser Unruhe bin. Aber Sie sind so süß und reizend, es ist nicht meine Schuld. Sie selbst sind schuld ... Ich flehe Sie an, alle jene zu hassen, die gegen mich stehen ... Alle sind gegen mich, Menschen und Dämonen und alte Weiber sind die schlimmsten ...«

Die Liebenden scheinen nun doch ein wenig Abstand gehalten zu haben. Sie sahen einander nur bei hochoffiziellen Gelegenheiten. »Aber«, schreibt er, »welch glückliche Augenblicke, welch Entzücken, ma petite, wenn wir uns dennoch im Angesicht Tausender [durch die Augensprache] verständigen.« Welch eine Naivität! Niemals noch konnte das somnambule Verhalten Liebender, das »Schmachten« mit den Augen, einer mißtrauischen Öffentlichkeit entgehen.

Wenig später hat ihm Sophie Dorothea einen gewagten Plan vorgetragen, dessen Einzelheiten wir nicht kennen. Anscheinend ging es darum, daß sie, wie wir seinem Antwortschreiben entnehmen, »ohne Pomp und Glanz« mit ihm »im letzten Winkel der Welt« leben wollte. Und weiter: »Ich nehme Ihr Angebot mit Freuden an. Sie müssen mir nur ein Wort sagen ... Warum fliehen wir nicht heute nacht?«

Aus dem Fluchtplan ist nichts geworden, vielleicht war es auch nur eine Gedankenspielerei. Philipp überschüttet Sophie Dorothea weiterhin mit leidenschaftlich exaltierten Briefen, vibrierend vor Erotik, ehe er wieder in den Krieg kommandiert wird, um unter dem Oberbefehl von Sophie Dorotheas Mann an der flandrischen Front eingesetzt zu werden. Das Paar wurde für sechs lange Monate getrennt. Von da an sind auch Briefe Sophie Dorotheas erhalten.

Ihr erstes Schreiben kam, ohne Datum, aus Hannover: »In der Nacht kann ich nicht schlafen, und den ganzen Tag muß ich über unsere Trennung weinen ... Könnte ich mich doch ganz zurückziehen, während Sie weg sind, denn ohne Sie ist das Leben schrecklich und unerträglich ... Ich bin krank, aber meine Krankheit ist die Liebe zu Ihnen, ich möchte niemals davon geheilt werden ... Nur der Tod kann mich von Ihnen trennen, keiner Menschenkraft kann das gelingen ...«

Seiner latenten Eifersucht kam sie durch genaue Schilderung ihres Tagesablaufs zuvor: »Ich zog mich nach dem Essen sofort zurück. Am Abend wurde musiziert, ich spielte ein wenig – das ist alles.«

Auch sie wurde, nicht ganz ohne Grund, von Eifersucht geplagt. Zu viele Damen der Gesellschaft hatten sich immer wieder an Philipp herangemacht, unter anderen die bildschöne Herzogin von Sachsen-Eisenach, und auch die Gräfin Platen ließ nichts unversucht, Philipp erneut an sich zu ziehen. Was mag er in Flandern treiben, hat sich Sophie Dorothea wohl gefragt, wenn sie schreibt: »Vergessen Sie nicht, daß Sie mir Liebe geschworen haben, denn ich liebe Sie bis zum Wahnsinn ... Aber vor allem bleiben Sie mir treu, oder ich sterbe ...«

Marschall Graf Podewils, Philipps Freund und unmittelbarer Vorgesetzter, mischte sich nun ein: Er warnte den Grafen, auf der Hut zu sein und sich nicht durch seine Liebe ins Unglück treiben zu lassen. Was Podewils anbelangte, war Sophie Dorothea ohne Sorge; von ihm sei nichts Böses zu erwarten. Sie fürchtete nur einen Menschen wirklich – die Gräfin Platen: »Alle Mißlichkeiten kommen von ihr!«

Von einem Besuch bei den Eltern berichtet Sophie Dorothea: »Meine Eltern sprechen oft mit mir, aber ich höre sie nicht, denn mein

Herz und meine Gedanken sind weit fort ... Ich bin in tiefer Melancholie, und ich kann es nicht verbergen. Ich habe schlimme Vorahnungen. Ich habe Angst, daß man uns für immer trennen wird.« Ach, Sophie Dorothea – hätte sie nur den Eltern ein wenig aufmerksamer zugehört! Aber was tat sie? »Ich war den ganzen Tag mit meiner Mutter zusammen, die mir unentwegt vorhielt, wie gefährlich es sei, sich selbst einer Neigung wegen aufzugeben. Ich sagte darauf Amen ...«

Sophie Dorothea mühte sich mit ihren Eltern ab – und Philipp mit seiner Eifersucht. Obwohl sie täglich schrieb, erhielt er wenig Post, sein Mißtrauen erwachte neuerlich: »Sie behaupten, nur in Ihrem Zimmer zu bleiben. Ihr Zimmer war die Oper, und Sie weinten Tränen – vor Lachen, und statt meine Briefe zu lesen, erhörten Sie die Schmeicheleien anderer Männer ...«

Sein Kummer erreichte ein für Männer höchst ungewöhnliches Ausmaß. Er schloß sich ein, blieb zu Bett, begann sich zu vernachlässigen, rasierte sich nicht einmal. Jedem, der es hören wollte, erzählte er, daß er krank sei.

Sophie Dorothea war tief getroffen: »Ich mußte weinen über all die schlimmen Dinge, die Sie mir schreiben. Welchen Anlaß, welches Recht haben Sie, eine solche Meinung von mir zu haben? ... Ist das die Liebe? Lieben Sie mich überhaupt noch, oder suchen Sie einen Vorwand, mich zu verlassen?« Später kam ihr ein arger Verdacht: »Ich leide Höllenqualen, ich halte Ihre ungerechten Verdächtigungen nicht aus ... Kann es nicht sein, daß jemand meine Briefe zurückgehalten hat, um uns Schwierigkeiten zu machen?«

Sie hatte, das geht aus fast jedem ihrer Briefe hervor, panische Angst, daß die Liebschaft entdeckt werden könnte, aber: »... mehr als Tod und Unglück fürchte ich, daß Sie mich verlassen könnten. Wenn Sie es tun, gibt es kein Glück mehr für mich ...« Und: »Ich bin zutiefst niedergeschlagen – vielleicht Vorahnungen kommenden Unglücks ...«

Tatsächlich wären die Liebenden um ein Haar enttarnt worden. Durch ein Versehen geriet ein Brief Philipps an Sophie Dorothea in die Hände ihres Ehemannes. Er öffnete ihn, bemerkte sofort, daß er nicht für ihn bestimmt war, las nicht weiter und gab ihn dem Boten zurück, der ihn gebracht hatte. Noch einmal davongekommen ...

Die nächsten Briefe, für den Außenstehenden bereits reichlich ermüdend und langweilig zu lesen, strotzen von gegenseitigen Beschuldigungen der Untreue. Sophie Dorothea hat allerdings Momente der Einsicht und erkennt die Konturen einer gezielten Kampagne: »... unsere Feinde scheuen keine Mühe, uns auseinander zu bringen, und ich flehe Sie an, ihren Einflüsterungen nicht zu glauben ... Ich zweifle nicht mehr, daß die Gräfin Platen hinter all dem steckt ... Glauben Sie nicht den dummen Gerüchten ...«

Statt der Vernunft zu folgen und gemeinsam vor den zahllosen Gegnern auf der Hut zu sein, zerfleischten sie sich gegenseitig mit Vorwürfen, sobald keine Post kam, wenn irgend jemand Klatschgeschichten aus Hannover ins Feld und aus dem Kriegslager nach Hannover getragen hatte. Besessen von den Dämonen der Liebe, der Eifersucht, der Angst und des Zweifels, war jeder in sich selbst gefangen und dennoch einer des anderen Kerkermeister.

Eleonore von dem Knesebeck konnte den Jammer nicht länger mehr mitansehen. Sie setzte sich hin und schrieb dem Grafen: »Ihre Hoheit fürchtet, Sie seien ihr untreu geworden. Obwohl ich ihr sage, daß das nicht wahr sei, will sie mir nicht glauben ...«

Wie kam eine einfache Hofdame dazu, sich in die Liebesangelegenheiten der hohen Herrschaften zu mischen?

Eleonore von dem Knesebeck, aus niedrigem Landadel stammend, war zehn Jahre älter als Sophie Dorothea. Sie kannte und betreute die Prinzessin seit deren Kindheit. Zwischen den beiden Frauen hatte sich eine freundschaftliche Beziehung, aber auch so etwas ähnliches wie ein Mutter-Tochter-Verhältnis entwickelt, seit die sechzehnjährige Sophie Dorothea schutzlos nach Hannover verheiratet worden war. Später gesellte sich noch eine weitere Dimension hinzu: Die Knesebeck war klein, häßlich und hatte einen verkrümmten Rücken. Sophie Dorothea stellte all das dar, was die alte Jungfer nie erhoffen durfte, und das Glück, das ihr verwehrt war, sollte wenigstens ihrem Liebling beschert werden. So glitt sie, wissentlich oder nicht, allmählich in die Rolle der Kupplerin, ein Phänomen, das häufig bei Frauen zu beobachten ist, die zeitlebens im Schatten stehen.

Die irreale Angst, den Geliebten an eine andere Frau zu verlieren, wich realen Todesängsten um dessen Leben. Am 3. August 1692 wurden die Alliierten in der Schlacht von Steenkerke durch die Franzosen besiegt, mindestens 14000 Männer kamen dabei um.

Sophie Dorothea wußte um Philipps Draufgängertum und wurde von Sorgen gepeinigt: »Ich kann nicht schlafen, bis ich weiß, daß Sie nicht mehr in Gefahr sind. Ich habe das Gefühl, daß jede einzelne Kugel Ihnen gilt... Wenn Sie verwundet wären, würde ich sofort zu Ihnen eilen, Sie pflegen und Sie nie mehr verlassen... Wenn es wahr ist, wenn Sie mich lieben, bleiben Sie den Rest Ihres Lebens bei mir...«

Endlich die erlösende Nachricht: »Da bin ich wieder. Ich bin noch einmal davongekommen... Ich habe Ihre Briefe über dem Herzen getragen, sie haben mir das Leben gerettet...«

14000 Tote auf dem Schlachtfeld – aber in Hannover wurde getafelt und gefeiert, als herrschte tiefster Frieden. Anlaß war der Besuch des Kurfürstenpaares von Brandenburg. Aber unter der glatten, heiteren Oberfläche braute sich Unheil zusammen, es schwirrte von Gerüchten, feine Intrigen wurden gesponnen, nichts war jedoch wirklich faßbar.

Sophie Dorotheas Schwägerin, die Kurfürstin von Brandenburg, mischte sich in der Maske der wohlmeinenden Freundin ein, und sie flüsterte Sophie Dorothea ins Ohr, daß die Absicht bestünde, den Grafen Königsmarck für immer vom Hofe zu entfernen, sie hätte es von der Gräfin Platen erfahren. Sophie Dorothea war verunsichert, denn das angebliche Mitgefühl der Schwägerin konnte nichts weiter sein als versteckte Bosheit, vielleicht sogar ein Falle.

Die beiden jungen Frauen hatten, wie wir bereits wissen, einander zu keiner Stunde leiden können; Sophie Charlotte war immer im Schatten Sophie Dorotheas gestanden, und gewiß hatte sie niemals vergessen, was ihr Königsmarck einst angetan: Während eines gefährlichen Brandes in der Oper stürzte der Graf im allgemeinen Tumult auf sie zu, packte sie und wollte sie ins Freie zerren. Als er merkte, daß er dabei war, nicht Sophie Dorothea, sondern Sophie Charlotte das Leben zu retten, ließ er sie einfach los und schrie: »Rettet die Prinzessin.« Nachdem er Sophie Dorothea endlich gefunden hatte, brachte er sie in Sicherheit. Sophie Charlotte konnte sehen, wo sie blieb...

Und diese Frau sollte Sophie Dorothea zur Seite stehen? Mit Recht sorgte sich die Prinzessin: »Wenn Kummer töten kann, werde ich sicher sterben... Ich sehe viel Leid und Unglück voraus...«

Noch zwei Zeichen an der Wand: Herzog Ernst August ließ Königsmarcks Schwester Aurora, die Hannover besuchen wollte, ausrichten, daß ihre Visite unerwünscht sei. Königsmarck selbst wurde zur Truppe nach Charleroi versetzt, ohne den nach einer großen Schlacht verdienten Urlaub antreten zu dürfen. Unglücklich schreibt er: »Ich kann meine Angst nicht verbergen, daß man uns für immer trennen wird ... Sie können sehen, wie weit die Macht dieser Frau [Gräfin Platen] geht ...«

Die Platen stand auf dem Gipfel ihres Einflusses. Aus der Feder des englischen Gesandten Lord Cresset erfahren wir, »... daß eine große Kälte von Minister Platen und seiner Ehefrau [ausgeht], die hier alles beherrscht ...«

Königsmarck steigerte sich in absurde Rachephantasien: »Mein größter Haß gilt der Platen, an der will ich mich rächen, denn sie ist schuld an meinem Unglück. Ich werde einen Streit mit ihrem Sohn suchen und ihn ins Jenseits befördern. Dann werde ich allen Leuten erzählen, wie sie mich verfolgt hat, und ich werde auch all die verrückten Dinge erzählen, die sie mit mir getrieben hat ... Aber wie winzig ist solch eine Vergeltung im Vergleich zu dem, was sie mir angetan hat ... Ich flehe Sie an, dulden Sie nicht, daß man uns trennt, tun Sie alles, um das zu verhindern, und wenn es sein muß, dann gehen Sie mit mir fort ... Es ist für uns der einzige Weg ins Glück ...«

Inzwischen war der Graf ins Winterquartier eingerückt, noch immer hoffte er vergeblich auf Urlaub. Alle seine Kameraden durften für kurze Zeit heimkehren. Und dann ritt er doch los – ein glatter Fall von Desertion! Sophie Dorothea hatte ihm geschrieben, daß sowohl ihr Schwiegervater wie auch ihr Mann verreist wären, die Gelegenheit für ein Treffen sei günstig wie schon lange nicht. Er war selig: »Seit Sie mich gebeten haben zu kommen, habe ich beschlossen, sofort abzureisen, ohne auf die Urlaubsbewilligung zu warten. Das ist nicht sehr gescheit, denn es gibt ihnen den Vorwand, den sie schon lange suchen ...«

Das riskante Abenteuer ging noch einmal gut aus. Marschall Podewils verzieh Königsmarck die unerlaubte Entfernung von der Truppe, die Liebenden genossen ungestörte Stunden der Wonne. Königsmarck: »Die vergangene Nacht hat mich zum glücklichsten und zufriedensten Mann der Welt gemacht. Ihre Umarmungen bewiesen

Herzog Ernst August von Braunschweig-Lüneburg

Ihre Zuneigung, und ich brauche nicht mehr an Ihrer Liebe zu zweifeln . . .«

Sophie Dorothea heckte einen neuen Plan aus, der nur den Schönheitsfehler hatte, daß er ihr von ihrer Schwägerin eingegeben worden war: Sie wollte versuchen, sich mit der Gräfin Platen zu arrangieren, und Königsmarck riet sie, das gleiche zu tun.

Nachdem er heimgekehrt war, traf er sich, »zu Sophie Dorotheas Beruhigung«, wie er schreibt, mit der Gräfin. Sie habe viel geweint, aber »ich fand einen Weg, [die Tränen] in liebende Blicke zu verwandeln«. Wie er das angestellt hat, teilt er nicht mit, das Gespräch sei aber »eine große Beleidigung für meine Liebe zu Ihnen« gewesen.

Kaum hatte sich die Lage einigermaßen beruhigt, war die Liebe der beiden nicht mehr unmittelbar bedroht, wurde Königsmarck wieder vom Teufel der Eifersucht geplagt.

Ernst August hatte endlich die Kurwürde erhalten. (Wir werden ihm in der Folge als »Kurfürst Ernst August«, seiner Gemahlin Sophie als »Kurfürstin«, Sophie Dorothea als »Kurprinzessin« und Georg Ludwig als »Kurprinz« begegnen). Die Erhöhung des Herzogs bot aufs neue reichlich Gelegenheit für endlose Festivitäten, denen Sophie Dorothea an der Seite ihres Mannes wohl oder übel beiwohnen mußte. Philipp war nicht immer geladen.

Mit beleidigender Schärfe schreibt er: »Kurprinzessin! Man kann Sie ja nun so nennen, denn offensichtlich hat der Kurprinz Ihnen in der vergangenen Nacht diesen Ehrentitel verliehen. Die Umarmungen sind doch viel reizvoller, wenn man diesen Rang erworben hat! . . . Ich kann vor Wut nicht schlafen, daß der Kurprinz mir die Freude raubt, meine bezaubernde Geliebte zu sehen . . .«

Eifersucht gegen Eifersucht, Vorwurf gegen Vorwurf, Zweifel gegen Zweifel an der Liebe und Treue des anderen. Es ist, als suchten verdeckte Lebens- und Todesangst ein banales Ventil. Anders ist nicht zu erklären, warum die Liebenden einander immer wieder peinigten, obwohl jeder des anderen längst sicher sein mußte.

Besonders unlogisch erscheint nüchtern Denkenden die Reaktion Sophie Dorotheas auf einen Besuch Philipps bei der Gräfin Platen – nachdem sie selbst ihn kurz zuvor gedrängt hatte, die alte Intrigantin zu versöhnen. Aber Sophie Dorothea und Philipp bewegten sich bereits jenseits aller Ratio . . .

Clara Elisabeth von Platen

Die Kurprinzessin schreibt: »Nichts kann Ihr Verhalten entschuldigen. Sie hätten genügend Ausreden gehabt, nicht zu diesem Abendessen [bei der Platen] zu gehen, aber Sie gingen dennoch ... Adieu, Monsieur. Ich wünsche Ihnen viel Vergnügen, zweifelsohne werden Sie täglich neue finden und mich ganz vergessen ...«

Königsmarck antwortet: »Ich habe es ja gern, wenn Sie ein bißchen eifersüchtig sind, aber ich bin verzweifelt, wenn Sie glauben, daß ich mich ... mit einer Person wie der Platen getröstet habe. Was ich getan habe, geschah nur aus Liebe zu Ihnen, aber Sie sind nicht gewillt, Diplomatie als Entschuldigung gelten zu lassen ...«

Neuerlich macht Sophie Dorothea eine Kehrtwendung, bestürmt den Grafen, die Platen bei Laune zu halten: »Darum, um unserer Liebe willen, gehen Sie hin zu ihr.«

Inzwischten tauchten neue, schwer zu identifizierende Gefahren auf. Sophie Dorothea: »Die Kurfürstin spricht viel über Sie ... Sie lobt Sie über alles und meint, wäre sie jünger, hätte ich Grund zur Eifersucht ... Die Sache behagt mir nicht.« Sophie Dorothea hatte nun den eindeutigen Beweis, daß Kurfürstin Sophie nur zu gut über ihre Schwiegertochter und deren Liebhaber Bescheid wußte. Wenn wir annehmen, daß die Kurfürstin den »Mausdreck im Pfeffer« nicht vernichten wollte, dann muß aus ihren Worten zumindest eine scharfe Warnung hervorgehört werden.

Die Liebenden, eingesponnen in ihre persönlichen Nöte, wurden wieder einmal von der Geschichte überrollt. Ein neuer Krieg stand bevor, ein neuer Kriegsschauplatz wurde eröffnet. Dänemark und Schweden hatten sich aus der europäischen Allianz gegen Ludwig XIV. zurückgezogen und machten gemeinsame Sache gegen das Herzogtum Lüneburg, wo sie Gebietsansprüche zu haben glaubten. Königsmarck wurde befohlen, sich für diesen Krieg einsatzbereit zu halten, meinte aber: »Jemand will mich offensichtlich loswerden.«

Die neue Gefahr von außen vor Augen, setzte das Paar alles daran, ein intimes Wiedersehen zu bewerkstelligen. Diese Begegnung in der Nacht vom 28. zum 29. Juni 1693 ist aufgrund der Briefe genau rekonstruierbar.

Von Sophie Dorothea kommen aus dem Jagdschlößchen Linsburg exakte Regieanweisungen: »Ich sehne mich von Herzen, Sie wiederzusehen, ich glaube, es ist ganz einfach. La Confidente [Knesebeck] schläft in einer Kammer neben mir. Sie können durch die Hintertüre kommen und 24 Stunden ohne das geringste Risiko bei mir bleiben. Ich gehe jeden Abend mit der Confidente ums Haus herum spazieren. Ich werde von 10 Uhr bis 2 Uhr nach Ihnen Ausschau halten. Sie kennen das übliche Signal ... Die Hintertür ist immer offen. Sie müssen das erste Signal geben ... Ich bin sehr traurig, daß Sie nicht mehr zur Gräfin Platen gehen [sic!], es wäre wichtig, daß Sie gingen ...«

Kaum in Linsburg angekommen, schreibt Philipp einige hastige Zeilen: »Ich beeile mich, Ihnen mitzuteilen, daß ich hier bin ... Welch eine Freude für mich, den unglücklichen Liebhaber ... Ich habe mich seit unserem traurigen Abschied nicht mehr rasiert, aber heute bin ich glatt rasiert und präsentabel ... Ich sterbe vor Freude und Erwartung. Morgen um 10 Uhr werde ich zum Rendezvous kommen ... Ich werde die ›Folies d'Espagne‹ pfeifen ...« (das war ein Gassenhauer jener Tage).

»Millionen Dankeschön für Ihre süße Zärtlichkeit und die Beweise Ihrer Zuneigung«, sendet Philipp der Geliebten dann wieder aus Hannover – verschweigt allerdings nicht, daß, um Haaresbreite, alles schiefgelaufen wäre. Beim heimlichen Verlassen von Sophie Dorotheas Boudoir stand plötzlich ein Kammermädchen mit einer Kerze in der Hand vor ihm. Er konnte schnell den Kopf abwenden und glaubte, daß sie ihn nicht erkannt hätte. Genau wissen konnte er es nicht.

Als er in den Park kam, bemerkte er in einiger Entfernung Männer, die sich sofort an seine Fersen hefteten. »... ich sehe jetzt, daß ich es meinen schnellen Beinen verdanke, daß sie mich nicht erwischt haben.« Dann verlief er sich auch noch im dichten Wald, und es dämmerte bereits, ehe er sein Pferd wiederfand, das er an einer Lichtung an einen Stamm gebunden hatte. Schlechte Nachrichten fand er bei seiner Heimkehr vor: Marschbefehl!

Noch einmal konnten sich Tristan und Isolde von Hannover kurz sehen. Königsmarck: »Welche Wonne! Welch Entzücken! Welche Glut! Welcher Taumel! Oh, könnte ich diese Augenblicke noch einmal erleben ...« Dann mußte er endgültig einrücken.

Die nun folgenden Briefe sind eine Mischung aus kopflosem Liebesrausch, kleinlicher Eifersucht und Angst vor Entdeckung. Marschall Podewils drang immer häufiger, immer nachdrücklicher in Philipp, mehr Vorsicht walten zu lassen, er sei von Spitzeln und Spionen umgeben. Philipp versprach, »sehr diskret« zu sein – als ob Diskretion in diesem Fall noch zu irgend etwas nütze gewesen wäre!

Hinzu kamen schwere Geldsorgen. Philipp hatte sich restlos verausgabt. In vier Jahren hat er, wie sein Verwalter bestürzt feststellte, 100 000 Taler verschleudert. Seine Einnahmen aus den ihm verbliebenen deutschen Besitzungen betrugen lediglich 6 850 Taler jährlich, als Oberst bezog er eine Jahresgage von 1 160 Talern im Frieden, 1 200 im Kriegsfall. Seine Verbindlichkeiten beim Hofjuden Lefmann Berens waren gigantisch, die Spielschulden ruinös.

Auswege aus der Misere hätte es gegeben – aber Philipp war an Hannover fixiert, und er schlug die lukrativen Angebote, in dänische, schwedische, englische oder bayerische Militärdienste zu treten, aus, obwohl er genau wußte, daß er einen Großteil seiner Güter zurückerhalten hätte, wäre er nach Dänemark oder Schweden gegangen.

Königsmarcks Briefe atmen Verwirrung und Mutlosigkeit, stellenweise Resignation. Nicht so die von Sophie Dorothea. Sie versuchte die Situation in den Griff zu bekommen und das augenblicklich Wichtigste zu beschaffen: Geld!

Sophie Dorothea wurde es nun erst richtig bewußt, daß sie bar aller finanziellen Mittel war: »Ich habe meinen Ehevertrag noch einmal durchgelesen. Der Prinz ist der absolute Herr über alles, ich kann über nichts verfügen ... Meine Mutter ging so weit, den Verkauf ihres Schmuckes vorzuschlagen, um mir ein Einkommen zu sichern. Dann beschlossen wir, zuerst mit meinem Vater zu sprechen ...«

Die Unterredung mit dem Vater verlief enttäuschend, es kam sogar zu Streitigkeiten zwischen Herzogin Eleonore und Herzog Georg Wilhelm. »Er ist unvorstellbar hart geworden«, klagt Sophie Dorothea. Philipp glaubte den Grund für die Unnachgiebigkeit des Herzogs zu kennen: Der Ursprung allen Übels liege, wie immer, bei der Gräfin Platen, die auch über den Celleschen Ministerpräsidenten Graf Bernstorff »regiere«. Bernstorff seinerseits übte großen Einfluß auf den Herzog aus.

Herzogin Eleonore versuchte den direkten Weg. Sie wandte sich an Bernstorff mit der Bitte, ihrer Tochter eine jährliche Apanage von 30 000 Talern zu ermöglichen. Wie nicht anders zu erwarten, lehnte er unter fadenscheinigem Vorwand ab.

Noch immer war Sophie Dorothea nicht völlig mutlos. Sie werde, schreibt sie, nicht nachlassen, um ein Einkommen zu kämpfen, aber selbst wenn Philipp bettelarm wäre und sie auch, sie würde ihm überall hin folgen ...

Kein Geld, keine Zukunft! Eine letzte, tollkühne Hoffnung knüpfte Sophie Dorothea an die Möglichkeit, die Gräfin Platen auf ihre Seite zu ziehen, und tatsächlich kam es zu einer mehr als dreistündigen Aussprache zwischen den beiden Frauen. Die Platen troff förmlich vor zuckersüßer Freundlichkeit: Nie, niemals hätte sie ein böses Wort gegen Sophie Dorothea und gegen Königsmarck gesagt, es sei vielmehr die Kurfürstin Sophie, die ständig gegen die Schwiegertochter intrigiere. Die Leute, habe die Platen des weiteren gemeint, beschwerten sich, daß Sophie Dorothea so abweisend sei, natürlich versuchten alle, den Grund dafür herauszufinden. »Sie sprach mehrmals über Sie«, erzählt Sophie Dorothea, »sie ist sehr zufrieden mit Ihnen. Schließlich schieden wir in größtem Einverständnis; keine Freundschaft hätte besser durch mehr Versprechungen besiegelt werden können, als sie mir machte ...«

Wahrscheinlich hat Philipp entsetzt den Kopf geschüttelt, als er diesen Brief las. Konsterniert antwortet er: »Wenn Sie meinem Rat gefolgt wären, hätten Sie der Platen keine Erklärungen gegeben. Sie hätten nur kurz antworten müssen: ›Ich tue, was mir gefällt‹ – das wäre besser gewesen ... Gott beschütze Sie vor ihr. Sie ist Ihre größte Feindin ... Ich bin gar nicht überrascht, daß sie mit Ihnen über mich gesprochen hat – sie ist unverschämt in allem, was sie tut. Ich hätte Sie beide gerne zusammen gesehen – eine hochmütige Maitresse und ein argloses Kind ...«

Weitere gute Ratschläge folgen: »Achten Sie bitte darauf, daß der Prinz Sie nicht allzu abweisend findet – obwohl dieser Rat meinen innersten Gefühlen zuwiderläuft. Sie müssen sich gegen die Gefahr wappnen, die Ihnen droht ... Schmeicheln Sie dem Mann, von dem ich wünsche, daß Sie ihn hassen ... Seien Sie eingedenk, daß ich nicht weniger leide als Sie.«

Am Ende des Briefes teilt Philipp mit, daß er Marschall Podewils um drei Tage Urlaub gebeten hat, und er will sofort aufbrechen: »Ich komme verkleidet. Erwarten Sie mich übermorgen bei der kleinen Stiege ... ich warte auf das Signal.«

Ob das heimliche Stelldichein stattgefunden hat, ist nicht nachweisbar. Gewiß ist, daß Königsmarck sich im Oktober 1693 für einige Wochen in Hannover aufhielt.

Plötzlich bekommen die Briefe eine völlig andere Qualität: »Sie meinen, daß Ihre Liebe zu mir Sünde sei«, lesen wir bei Königsmarck. »Lieber Gott, was für Gedanken ... Sie wissen doch, daß unsere Beschlüsse, unsere Wünsche im Einvernehmen mit den göttlichen Gesetzen stehen, und es hängt von IHM im Himmel ab, ob er uns von dem Leben, das wir führen, abberuft. Ich gelobe IHM, daß ich nachher niemals mehr gegen das sechste Gebot verstoßen werde, und ich will ein frommes Leben führen. Machen Sie IHM dasselbe Gelöbnis, vielleicht erhört er unsere Gebete.« Sophie Dorothea ist getröstet: »Alles, was aus Liebe geschieht, wird vergeben ...«

Deutlich zeichnet sich ab, daß das zunächst fast ausschließlich auf sexueller Anziehung beruhende Verhältnis zu einer tiefen menschlichen Bindung reift. Immer öfter träumen die Liebenden davon, einander für immer anzugehören und ein ruhiges Familienleben zu führen. Er wünscht sich »einen Ort, wo ich mein Leben mit Ihnen beschließen kann«. Ihr einziges Ziel ist es, »immer mit Ihnen vereint zu sein ... alles will ich dafür tun ... auch wenn ich dadurch in tiefstes Elend stürzen müßte ... Ich bin geboren, Sie zu lieben ... so lange Sie leben«.

Im Januar 1694 reiste Königsmarck nach Hamburg. Vergeblich versuchte er, Geld aufzutreiben. Niedergeschlagen kam er nach Hannover zurück. Fühlbare Kälte schlug ihm am Hof entgegen, teilweise wurde er sogar geschnitten. Der loyale Podewils unterrichtete ihn, daß jeder seiner Schritte überwacht, jedes Wort, das er mit der Kurprinzessin wechselte, registriert würde. Auch Prinz Ernst August, ein Schwager der Kurprinzessin, mahnte Philipp zu größter Vorsicht. »Vielleicht erwarten mich Gefängnis oder Tod ... Ich bin zutiefst betroffen, daß unsere Affäre offenbar in aller Munde ist ...« Philipp ahnt genau, was ihm bevorsteht – aber er läßt den Dingen ihren Lauf.

Selbst die allzeit getreue Knesebeck bekam es mit der Angst zu tun, auch sie sah eine Katastrophe voraus, und sie versuchte eine lächerliche kleine Erpressung: Wenn Sophie Dorothea weiter an Königsmarck festhielte, werde sie den Hof verlassen. Sie blieb selbstverständlich, den eigenen Untergang vor Augen.

Aus der allgemeinen Verunsicherung versuchte die Platen Kapital zu schlagen. Philipp möge ihre Tochter Charlotte heiraten, dann würde sie beim Kurfürsten für gut Wetter sorgen. Philipp lehnte einigermaßen diplomatisch ab. Er sagte nicht, daß er nicht daran denke, von Sophie Dorothea zu lassen, er sagte auch nicht, daß er die dicke Charlotte selbst dann nicht heiraten würde, wenn er ungebunden wäre. Er sagte vielmehr, daß einer solchen Verbindung ein zu großes Hindernis im Wege stünde. Schließlich sei bekannt, daß Charlotte wahrscheinlich die Tochter des Kurfürsten sei. Die Kluft zwischen der Platen und dem Grafen war tiefer denn je und ab nun unüberbrückbar.

Plötzlich kursierten Gerüchte, daß die Verhaftung Königsmarcks unmittelbar bevorstünde. Der vorgebliche Anlaß: Er habe seine Spielschulden in Flandern noch immer nicht bezahlt, er schade dadurch dem Ansehen der Armee.

In diesem kritischen Augenblick trat ein Ereignis ein, das Philipp wieder Hoffnung schöpfen ließ. Sein Freund August der Starke war Kurfürst von Sachsen geworden (1697 wird er noch zusätzlich König von Polen), und August hatte noch immer 40 000 Taler Spielschulden bei dem Grafen.

Philipp hastete nach Dresden, und er wurde überaus herzlich empfangen. Leider, sagte August, verfüge er im Augenblick über kein flüssiges Geld, aber er war bereit, den Freund zum Generalwachtmeister (Generalmajor der Kavallerie) zu machen, mit einer Jahresgage von 2 400 Talern. Weitere Bezüge in unbekannter Höhe als Inhaber eines Kürassierregiments wurden ihm zugesagt. Philipp schlug ein.

Im übrigen ließ er sich ohne spürbaren Widerstand in den Trubel des derben Dresdner Hoflebens ziehen. Höhepunkt eines Festes: Die Gäste bombardierten einander mit rohen Eiern, Philipp verlor dabei fast ein Auge.

Der junge Graf war bester Stimmung und erwies sich als vorzüglicher Alleinunterhalter mit allerlei pikanten Histörchen vom Hof in Hannover. Johlendes Gelächter erntete er zum Beispiel mit der karikierenden Beschreibung des bohnenstangendürren Fräuleins Ermengarda Melusine von der Schulenburg, der Maitresse des Kurprinzen.

Der zwischen den Höfen üppig sprießende Klatsch trug derlei Geschichten nach Hannover, und der beleidigte Kurprinz schlug den

Sack, wenn er den Esel meinte. Im Laufe eines Streits mit seiner Frau wurde er handgreiflich und brüllte, er werde sich scheiden lassen, nie mehr wolle er seine Frau wiedersehen. Ein Wort, auf das Sophie Dorothea nur gewartet hatte. Sie packte auf der Stelle die Koffer und reiste zu ihren Eltern nach Celle.

Wenn sie gehofft hatte, daß ihr Vater ein Einsehen haben und auch in die Trennung des Kurprinzenpaares willigen würde, dann hatte sie sich schmerzlich geirrt. Georg Wilhelm, der die Hauptlast im Krieg gegen Dänemark und Schweden trug, war auf die Hilfe des Hannoveraner Bruders angewiesen. Einen Familienzwist konnte er sich nicht leisten. Er befahl Sophie Dorothea, sofort nach Hannover zurückzukehren. Der Bruch mit dem Vater war endgültig.

Sophie Dorothea wurde von einem neuerlichen »Nervenfieber« aufs Krankenlager geworfen, wenige Wochen später, Mitte Juni 1694, war sie so weit wieder hergestellt, daß sie die Heimreise antreten konnte. Ihr Mann weilte zum Glück in Berlin, die Schwiegermutter befahl ihr, nach Herrenhausen zu kommen.

Alles war für ihren Empfang vorbereitet – doch sie ließ zur allgemeinen Überraschung die Kutsche am Schloß vorbeibrausen und fuhr direkt nach Hannover. Ein eilig ausgesandtes Bulletin kaschierte diesen unerhörten Affront mit der lahmen Ausrede, daß der Kurprinzessin plötzlich übel geworden und sie krankheitshalber nach Hannover gefahren sei.

Wenig später kam Königsmarck aus Dresden zurück, womöglich in der Absicht, mit Sophie Dorothea nach Sachsen zu entweichen.

Bei der Schilderung der nun folgenden Geschehnisse befinden wir uns auf unsicherem Boden, denn es gibt kaum schriftliche und stichhaltige Unterlagen – schon gar keine Briefe des Paares –, nur Hinweise aus zweiter und dritter Hand, Gerüchte, Fehlinterpretationen ungezählter Historiker und solcher, die es meinten zu sein, sehr viele Spekulationen – allerdings auch einige deutliche Indizien.

Sicher ist, daß Sophie Dorothea zu dieser Zeit im Leineschloß wohnte, sich krank fühlte und kaum öffentlich in Erscheinung trat. Sicher ist ferner, daß auch Philipp nur selten das Haus verließ, im Arbeitszimmer Papiere ordnend. Seltsamerweise hat er es unterlassen, den Abschied aus Hannoveraner Diensten einzureichen, obwohl er bereits in jene des sächsischen Kurfürsten getreten war. Nichts weist darauf hin, daß er mit Sophie Dorothea in Kontakt war, auszuschließen ist es allerdings nicht.

Wer ihn unter welchem Vorwand am Abend des 11. Juli 1694 aus dem Haus gelockt hat, wird nie mehr zu eruieren sein. Er verließ es kurz vor Mitternacht. Nur mit einem leichten Sommeranzug – helle Leinenhose, dunkelbraune Jacke – bekleidet und höchstwahrscheinlich unbewaffnet, schlug er die Richtung zum Schloß ein. Er ist nie mehr zurückgekehrt. Daß er ermordet wurde, steht fest. Wie es geschah, ist nur in Konturen zu ahnen.

Der englische Historiker W. H. Wilkins, Professor an der Universität Cambridge, der Anfang des 20. Jahrhunderts die erste große, mit Akribie recherchierte Biographie der Sophie Dorothea geschrieben hat, gibt eine ausführliche Schilderung der Tat. Vier Männer und eine Frau, nämlich die Gräfin Platen, hätten Philipp auf dem Weg zu Sophie Dorothea in einem finsteren Gang überfallen und niedergemetzelt. Wilkins, der sonst selbst unbedeutende Details belegt, bleibt hier jeglichen Beweis schuldig.

Die einzigen halbwegs glaubwürdigen schriftlichen Unterlagen scheinen ihm nicht bekannt gewesen zu sein. Sie befinden sich in Kopenhagen und entstammen der Feder des als seriös und zuverlässig geltenden dänischen Gesandten am Hof zu Wolfenbüttel, Otto Mencken.

Mencken berichtet, daß Königsmarck im Schloß von drei Männern überfallen, niedergeschlagen und von einem vierten Mann erstochen worden sei. Den Leichnam habe man in einen Sack gesteckt, mit Steinen beschwert und in die Leine geworfern. Der Tote wurde nie gefunden.

Die vier Täter waren: Oberkammerjunker Wilken Klencke, Hofkavalier Philipp Adam von Eltz (beide enge Freunde von Königsmarck), Kammerjunker Hans Christoph von Stubenvol (er war mit einer außerehelichen Tochter des Kurfürsten verheiratet), und der italienische Geistliche Nicoló Montalban, ein erbitterter Gegner Königsmarcks. Er soll die tödlichen Stiche geführt haben.

Von wem der Mordauftrag stammte, ist ungewiß. Daß der Tod des Grafen dem Hof nicht ungelegen kam, läßt sich einwandfrei beweisen. Der bei Lefmann Berens mit 8 000 Talern verschuldete italienische Priester erhielt unmittelbar nach Königsmarcks Verschwinden ein »Darlehen« von 10 000 Talern aus der Hofkasse und zahlte den Hofjuden aus. Über Empfehlung des Kurfürsten wurde ihm das Archediakonat der Hofkirche zu Mantua verliehen, wo er wenig später starb. Der Rest des »Darlehens« samt Zinsen ging an seine Erben nach Italien.

Zwangsläufig stellt sich hier die Frage, was ein katholischer Geistlicher an einem protestantischen Fürstenhof zu suchen hatte.

Kurze Zeit nach dem dreißigjährigen Glaubenskrieg waren die Grenzen zwischen den verfeindeten Religionsrichtungen noch immer fließend. Kurfürstin Sophie (ihre Schwester war zum Katholizismus konvertiert und lebte als Äbtissin nahe Paris) träumte immer davon, die beiden Bekenntnisse einander wieder näherzubringen. Sie gab keinem von beiden den Vorzug.

Kurfürst Ernst August hingegen hat mehrmals, aus Gründen politischer Opportunität, erwogen, Katholik zu werden. So hoffte er, eine Aussöhnung mit Ludwig XIV. herbeizuführen. Beider Tochter, Sophie Charlotte, wurde überhaupt konfessionslos erzogen, um ihr alle Chancen für eine Heirat mit einem katholischen oder protestantischen Fürsten offen zu lassen. Erst als sie den Kurfürsten von Brandenburg heiratete, trat sie der protestantischen Glaubensgemeinschaft bei.

Die Tat Montalbans wurde in diplomatischen Kreisen bald publik. Der Gesandte von Celle beim Reichstag in Regensburg schreibt, in Hannover seien »rechte italienische Streiche . . . vorgegangen«, man habe »Königsmarck in einem Turm des Schlosses poignadiret« (erdolcht).

George Stepney, englischer Gesandter in Dresden, berichtet nach London: »Gift und Dolch werden hier so allgemein wie in Italien.« Wahrscheinlich sei es Königsmarck nicht viel besser ergangen als dem Esquire Thinn – das war jener Mann, der einstmals im Auftrag von Königsmarcks Bruder gemeuchelt worden war. Wörtlich heißt es bei Stepney: »Möglicherweise hat eine gewisse Lady, von der es heißt, daß er sehr gut mit ihr war, einigen Anteil an seinem Unglück . . .«

Während allerorten Mutmaßungen über das Verschwinden des Grafen angestellt wurden, war Sophie Dorothea die Letzte, die irgend etwas erfuhr – doch ahnungslos war sie nicht: Schreckliches, Unheimliches, Bedrohliches war im Gange. Ihr Zimmer wurde ohne Angabe von Gründen durchsucht; hinter Gardinen versteckt, unter Spielkarten gemischt, wurden Papiere aufgestöbert, vermutlich Briefe. Sie durfte ihre Kinder nicht sehen, die Knesebeck wurde verhaftet.

Königsmarcks Dienerschaft wartete drei volle Tage auf die Rückkunft ihres Herrn, denn er pflegte manchmal für kurze Zeit unterzutauchen, ohne zu sagen, wann er zurückkäme. Als sein Geschick aber bereits in aller Munde war, ließ sich sein Sekretär, ein gewisser Hildebrand, bei Marschall Podewils melden: Sein Herr sei abgängig; stimmte es, daß der Graf verhaftet worden wäre? Podewils erklärte, er wisse von nichts – wahrscheinlich war er wirklich nicht informiert.

Am nächsten Tag erschien eine amtliche Kommission im Hause Königsmarcks und durchsuchte es gründlich. Aus dem Arbeitszimmer schaffte man einen Koffer mit Papieren fort. Dann wurde das Haus versiegelt. Auch Graf Lewenhaupt, Königsmarcks Schwager, der nach Hannover geeilt war, um nach dem Verbleib Philipps zu forschen, wurde nicht eingelassen. Schwester Aurora durfte die Stadt erst gar nicht betreten.

Richtig peinlich wurde die Sache erst, nachdem nicht nur Verwandte, Diplomaten und das »gemeine Volk« darüber zu rätseln begannen. König Ludwig XIV. erkundigte sich bei seiner Schwägerin Liselotte von der Pfalz nach Einzelheiten, doch sie gab vor, ahnungslos zu sein. Daraufhin schickte der französische König Agenten aus. Sie konnten ebensowenig Licht in das Mysterium bringen wie August der Starke, der wochenlang nach seinem verschwundenen General fahnden ließ.

Königsmarcks Sekretär hatte einen Boten zum sächsischen Kurfürsten geschickt – postwendend erschien ein sächsischer Sondergesandter in Hannover und bat um Aufklärung. Der Kurfürst empfing den Abgesandten aus Dresden, gab sich aber ahnungslos. Auf die Frage, warum man denn Königsmarcks Haus durchsucht und versiegelt hätte, wurde ihm beschieden, dies sei logisch gewesen. Schließlich war Königsmarck Oberst der Leibgarde und als solcher Geheimnisträger; für den Fall, daß ihm etwas zugestoßen sei, habe man Vorkehrungen treffen müssen.

August der Starke war mit dieser Auskunft nicht zufrieden – und mit einemmal geriet die Angelegenheit zur Staatsaffäre. Kurfürst Ernst August und Herzog Georg Wilhelm wandten sich mit einer Beschwerde an den Kaiser. Falls Leopold I. nicht verhindere, daß der sächsische Kurfürst weiterhin »unfreundliche Akte« gegen Hannover und Celle setzte, würden sie ihre Truppen von den Alliierten Streitkräften abziehen.

Obwohl nun der Kaiser wie auch der Kurfürst von Brandenburg Druck auf August ausübten, bohrte dessen Gesandter weiter und sagte dem Grafen Platen auf den Kopf zu, daß Königsmarck entweder gefangen oder getötet worden wäre. Falls der Graf nicht auftauche, werde Sachsen mit Indizien und Zeugen aufwarten, »daß die Welt nur so staunt«.

All diese Vorgänge sind durch keinerlei amtliche Unterlagen abgesichert, sie finden sich nur in den Berichten des englischen Gesandten am Dresdner Hof beschrieben. Nach Stepneys weiteren Schilderungen hätte Hannover nun seinerseits einen Sondergesandten nach Dresden geschickt, der versicherte, daß in Hannover wirklich nichts über das Schicksal Königsmarcks bekannt sei, vermutlich wäre er aber noch am Leben. Man werde die Nachforschungen verstärken und alle Erkenntnisse sofort nach Dresden weitergeben. Wieso August der Starke, der zuerst so wild aufgetrumpft hatte, sich plötzlich mit dieser nichtssagenden Zusicherung zufrieden gegeben hat, das bleibt ein Rätsel – wie so manches in der großen Politik.

In Hannover selbst gab es täglich neue Versionen über Königsmarcks Schicksal. Manche Leute wollten ihn – lebendig! – im Leineschloß gesehen haben, andere behaupteten, er werde in Monplaisir von der Gräfin Platen gefangengehalten, dann hieß es wieder, der Kurprinz habe ihn »irgendwo im Harz« versteckt. Die Flut der Informationen schwoll immer weiter, solange Königsmarcks Verwandte für jeden Hinweis reiche Belohnung versprachen und auch bezahlten.

Aber selbst nachdem Graf Lewenhaupt und Gräfin Aurora Königsmarck längst aufgehört hatten, jede auch noch so unsinnige Nachricht zu honorieren, war der Spekulationen kein Ende. Jahrelang, jahrzehntelang, jahrhundertelang. 1698 hieß es, Königsmarck sei in einem tiefen Loch gelegen und dann mit einem bis zur Brust reichenden wirren Bart aufgetaucht, um gleich wieder in unbekannte Richtung zu verschwinden. Er war 1701 angeblich gesehen worden. König Georg II. von England, Sophie Dorotheas Sohn, schließlich habe das Skelett des Grafen unter dem Boudoir seiner Mutter gefunden.

Wann immer man im Schloß oder in dessen unmittelbarer Umgebung bei Bauarbeiten auf menschliche Knochenreste stieß – sie wurden Königsmarck zugeordnet. Das Leineschloß wurde im letzten Krieg bombardiert – prompt fand sich beim Wegräumen der Trümmer Anno 1949 der »authentische« Königsmarck-Schädel!

Zurück ins Jahr 1694.

Zwischen Hannover und Celle setzten aufgeregte Verhandlungen ein. Kein Wort über Königsmarck, der in der Folge totgeschwiegen wurde, als hätte er nie existiert. Vielmehr wurde diskutiert, wie die Ehe zwischen Sophie Dorothea und Georg Ludwig ohne allzugroßes Aufsehen zu trennen wäre. Der Weg, den man wählte, war so dilettantisch und albern, daß sich schließlich doch jedermann den Mund darüber zerriß. Es wurde eine »Flucht« Sophie Dorotheas inszeniert, um ihr solcherart böswilliges Verlassen des Ehemannes ankreiden zu können.

Selbstverständlich mischte die Gräfin Platen im Hintergrund mit. Ein Brief, den sie an den Celler Ministerpräsidenten Graf Bernstorff geschrieben hat und der wohl aus Versehen nicht eliminiert wurde, gibt Zeugnis davon. Die Gräfin schreibt, daß es schwierig sein werde, die Legende eines überstürzten Aufbruchs aufrechtzuhalten, da die Kurprinzessin darauf bestehe, ihre gesamte Garderobe mitzunehmen.

Am 27. Juli 1694 ging die »Flucht« über die Bühne, und sie endete in dem kleinen Flecken Ahlden auf Celler Territorium – der Ort, wo Sophie Dorothea den Rest ihres unglücklichen Lebens verbringen sollte.

Anfang August wurden in Celle und Hannover gleichlautende Bulletins an die akkreditierten Diplomaten ausgegeben, auch die Gesandten von Celle und Hannover im übrigen Europa wurden über die angebliche Eskapade der Kurprinzessin informiert.

In dem Papier, das vorgab, die »Species facti« darzulegen, wird des langen und breiten erörtert, daß »böse Menschen« durch allerlei Intrigen Zwietracht zwischen Sophie Dorothea und Georg Ludwig gesät und damit eine »froideur« (Kälte) hervorgerufen hätten. Aufgestachelt durch Eleonore von dem Knesebeck, die somit als Verursacherin allen Übels gebrandmarkt wurde, hätte sich in der Kurprinzessin der Widerwille gegen den Kurprinzen dermaßen gesteigert, daß sie nicht mehr mit ihm leben wollte. Sie sei zu ihrem Vater gereist, um ihm ihren Entschluß mitzuteilen, dieser hätte sie jedoch nach Hannover zurückgeschickt. Gegen seinen ausdrücklichen Willen hätte sie Hannover wieder verlassen, um nach Bruchhausen zu fahren, wo sich ihre Eltern zu dieser Zeit aufhielten. Herzog Georg Wilhelm hätte von dem Plan erfahren und seine Tochter in Ahlden aufhalten lassen. Eleonore von dem Knesebeck sei verhaftet worden.

Keine Erklärung, warum Sophie Dorothea nicht die direkte Route gewählt, sondern einen Umweg von zwanzig Meilen gemacht haben soll. Wer zwei und zwei zusammenrechnen konnte, wußte sich einen Reim auf das merkwürdige Dokument zu machen.

Bei ihrer Ankunft in Ahlden wurde Sophie Dorothea von den Ministern Bernstorff (Celle) und Bülow (Hannover) empfangen, die stundenlange Gespräche mit ihr führten und ihr Anweisungen gaben, was sie im bevorstehenden Scheidungsprozeß auszusagen hätte. Sie habe, liest man in den Protokollen, »größte Reue« gezeigt, sich selbst »condamniret« (verurteilt), aber bestritten, »au crime« gehandelt, das heißt, die Ehe gebrochen zu haben. Sie war bereit, die Flucht einzugestehen, und erklärte sich mit der Scheidung einverstanden.

Die Kurprinzessin wurde in Ahlden wie eine Gefangene gehalten. Jeder Kontakt mit der Außenwelt war unterbunden. Von einem Geistlichen abgesehen, durfte sie keine Besuche empfangen; nur unter militärischer Begleitung war es ihr erlaubt, im Garten des Amtshauses von Ahlden frische Luft zu schöpfen. Die Dienstboten benötigten Passierscheine zum Verlassen und Betreten des Hauses, die Unterhaltung mit Fremden war ihnen untersagt.

Während Sophie Dorothea auf den Prozeß wartete, wurde Eleonore von dem Knesebeck endlosen Verhören durch den Hannoveraner Ministerrat unterzogen. Selbst unter Androhung der Folter gab sie lediglich zu, einige wenige Briefe von einem Verehrer an die Kurprinzessin weitergeleitet zu haben, zu »unziemlichen Vertraulichkeiten« sei es zwischen den beiden nicht gekommen.

Ohne ordentliches Gerichtsverfahren, ohne die Möglichkeit, sich zu verteidigen, wurde Eleonore von dem Knesebeck im Amtshaus von Springe, später im Staatsgefängnis auf der Festung Scharzfels im Harz eingesperrt.

Die von der Knesebeck verbreitete Version, daß es zwischen Sophie Dorothea und ihrem »Verehrer« zu keinen »unziemlichen Vertraulichkeiten« gekommen sei, wurde noch bis zum Ende des 19. Jahrhunderts, als der Briefwechsel des Paares längst bekannt war, von offizieller Seite aufrechterhalten. In der »Allgemeinen deutschen Biographie« (Leipzig 1892) heißt es: »Da ihr [Sophie Dorothea] das Leben in Hannover durch den Haß ihrer Schwiegermutter und die Lieblosigkeit ihres Gemahls verleidet war, geschah es, daß sich die Vereinsamte von einem verwegenen Lüstling, dem Grafen Königsmark umgarnen ließ ... Daß das Verhältnis ein unsittliches gewesen sei, wie die schmutzige Legendenliteratur angibt, widerspricht den authentischen Dokumenten: der angeblich originale Briefwechsel der Prinzessin mit Königsmark, der sowohl in der Bibliothek zu Lund wie im Geheimen Staatsarchiv zu Berlin sich vorfindet, ist eine freche Fälschung. Das einzige, was aus den im Staatsarchiv zu Hannover vorhandenen Fragmenten der Untersuchungsacten erhellt, ist, daß sie die Flucht aus dem Lande geplant hat. Indessen das Vorhaben wurde entdeckt, Königsmark ward ... im tiefsten Geheimnis beseitigt ...«

»Wen die Frau ihren Mann nicht leiden kann ist sie besser von ihm als bei ihm ... Weil die Kurprinzessin ihren Herrn nicht hat leiden können, haben beide Väter gut gefunden sie von ihm zu tun ...« schreibt Kurfürstin Sophie, Sophie Dorotheas Schwiegermutter, am 13. August 1694, und sie trifft mit zehn dürren Worten den Kern der Sache: Die Väter bestimmten, der sogenannte Scheidungsprozeß war nichts als eine üble Farce.

Lange ehe das Gericht – mit vier Geistlichen, vier Laien und je einem Vorsitzenden aus Celle und Hannover paritätisch besetzt – überhaupt zusammentrat, haben Herzog Georg Wilhelm und Kurfürst Ernst August in einem am 1. September 1694 unterzeichneten Vertrag das Schicksal Sophie Dorotheas besiegelt, genau wissend, daß die Verhandlung wunschgemäß ausgehen würde.

Die Brüder verpflichteten sich, zu gleichen Teilen für den Unterhalt Sophie Dorotheas zu sorgen, 8 000 Gulden jährlich. Ab dem 40. Lebensjahr, »wenn ihr die Follien aus dem Kopf kommen«, wird sie 18 000 Gulden im Jahr erhalten. Sie soll nach der Scheidung weiter »unter gehöriger Bewachung bleiben«. Das heißt, sie wird lebenslänglich eingesperrt für ein Verbrechen, das niemals auch nur ansatzweise erwähnt wurde. »Lebenslang« für »Follien« (Dummheiten) – selbst ein Hühnerdieb wurde damals besser und gerechter behandelt.

Am 10. September brachte man Sophie Dorothea ins Amtshaus nach Lauen auf Hannoveraner Gebiet, weil Hannover für den Prozeß zuständig war.

Die von Georg Ludwig eingebrachte Klage lautete auf böswilliges Verlassen, eine Gegenklage war Sophie Dorothea nicht gestattet, obwohl – oder weil – sie zu ihrer Rechtfertigung den vielfachen Ehebruch ihres Mannes hätte vorbringen können.

Eine Panne ist in dem raffiniert ausgeklügelten Szenario dann doch passiert. Der Gerichtshof unternahm so etwas wie einen Versöhnungsversuch. Vor versammeltem Tribunal hielt Richter Molan Sophie Dorothea einen langen Vortrag über die Pflichten einer Ehefrau, zitierte den Apostel Paulus, um dann schärfere Töne anzuschlagen. Offenbar sollte Sophie Dorothea sich überwinden und um Gnade flehen. Molan hielt ihr vor, daß sie nach einer Scheidung nie mehr heiraten dürfe, sie würde für immer von ihren Kindern getrennt sowie Rang und Titel einer Kurprinzessin von Braunschweig-Lüneburg verlieren. Daß ihr lebenslanger Kerker drohte, das sagte er nicht, vermutlich wußte es der gute Mann selbst nicht.

Molans Vorhaltungen glitten an Sophie Dorothea ab wie Wasser am polierten Stein. Was immer passierte, sagte sie, sie würde unter keinen Umständen zu ihrem Mann zurückkehren.

Ähnlich reagierte Georg Ludwig auf einen Vermittlungsversuch. Er hätte alles getan, um mit seiner Frau in Frieden zu leben, auch die Bemühungen seines Vaters und seines Schwiegervaters, die Ehe zu retten, seien fruchtlos geblieben. Er bestehe auf Scheidung.

Das Urteil wurde am 7. Januar 1695 gefällt, Kopien davon erhielten sämtliche wichtige Diplomaten. Demnach wurde Sophie Dorothea wegen böswilligen Verlassens ihres Ehemannes geschieden. Sie war der allein schuldige Teil, eine neue Ehe war ihr untersagt. Ihr Name wurde aus allen offiziellen Dokumenten eliminiert, in den Gebeten nicht mehr erwähnt, der Titel einer Kurprinzessin aberkannt. Sie durfte sich dann später nach ihrem neuen Wohnort »Prinzessin von Ahlden« nennen. In dem Urteil steht kein Wort davon, daß sie den Rest ihres Lebens hinter Mauern verbringen müßte. Dennoch geschah es so.

Kommentar der Liselotte von der Pfalz: Sophie Dorothea sei ein elendes Wesen gewesen, das alles Unglück verdiente, eine frivole Person, die das leichte Blut der französischen Mutter geerbt hätte.

Sophie Dorothea kehrte im Februar 1695 nach Ahlden zurück – genauer gesagt: Sie wurde zurückgebracht, unter schärfster militärischer Bewachung – wie ein gefährlicher Staatsfeind.

Ahlden: ein trostloses Dörfchen inmitten kargen Marschlandes, lange Pappel- und Lindenalleen, rundherum verstreut ein paar Windmühlen.

In vielen Berichten über die Gefangene von Ahlden heißt es, sie habe im dortigen Schloß gelebt – eine euphemistische Umschreibung für einen einstöckigen, behäbigen Fachwerkbau, 1613 errichtet, ohne die geringsten Annehmlichkeiten, wie sie Sophie Dorothea ein Leben lang gewöhnt war.

Im Haupthaus, dessen Eingang zwei Figuren säumten (unpassenderweise die Gerechtigkeit und die Frömmigkeit darstellend), residierte der Wachkommandant. Der linke Seitenflügel war der Prinzessin zugewiesen, im rechten war die Wachkompanie, 40 Mann stark, untergebracht.

Sophie Dorothea bewohnte zwei Räume mit schlichtem Bretterboden, ein Schlafzimmer und ein Wohnzimmer, beide zweifenstrig und nicht besonders groß. Vom Schlafzimmer schweifte der Blick über den Garten ins Dorf, das Wohnzimmer ging ins Marschland, und man konnte auch die Aller sehen. Anschließend ein geräumiges Eßzimmer, in dem das gehobene Personal und die Offiziere speisten. Wenn sie es wünschte, konnte Sophie Dorothea dort ihre Mahlzeiten einnehmen.

Am Anfang ihrer Gefangenschaft machte die Prinzessin selten von dieser Gnade Gebrauch. Sie saß meist stumpf am Wohnzimmerfenster. Unter schwerer Bedeckung ging sie sonntags zur Kirche; auch wenn sie im Garten promenierte, war immer ein Wachposten dabei.

Nach Monaten wurde ihr gestattet, in der Kutsche auszufahren, aber nur auf einer genau vorgeschriebenen Route, eine Viertelmeile (zirka zwei Kilometer) bis zu einer Brücke und zurück. Bei schönem Wetter benützte sie einen leichten, offenen Landauer, den sie selbst lenkte, und sie raste wie eine Besessene auf der schmalen Straße hin und her, hin und her, daß der sie begleitenden Hofdame Hören und Sehen verging. Im gleichen Tempo donnerten die Wächter auf ihren Pferden hinter der Kutsche her, stundenlang.

Es muß ein gespenstischer Anblick gewesen sein: Eine schöne

junge Frau auf dieser Geisterfahrt durch öde Gegend, herausgeputzt, nach neuester Pariser Mode gekleidet, mit Schmuck behängt von oben bis unten, im flatternden Haar ein glitzerndes Diadem, als gälte es, zum Hofball zu gehen.

Langsam beruhigte sie sich, langsam hörte sie auf, sinnlos aus dem Fenster zu starren. Sie begann, sich ihres kleinen Hofstaates persönlich anzunehmen (zwei Hofdamen, zwei Kavaliere, zwei Kammerfrauen, zwei Pagen, zwölf weibliche Bedienstete, drei Köche, ein Bäkker, ein Haushofmeister, allesamt sorgfältig nach ihrer Loyalität für Hannover ausgewählt, jeder einzelne ein Spitzel). Sie kümmerte sich um die Armen des Dorfes, soweit das in ihrem beschränkten Radius möglich war, und sie begann Interesse für die Schule zu zeigen.

Später war es den Kindern erlaubt, gelegentlich ins Gefängnis zu kommen, um von der Prinzessin Geschenke oder Anerkennungsurkunden entgegenzunehmen. An wenigen Tagen durfte sie die Honoratioren und Adligen der Umgebung empfangen – selbstverständlich nur im Beisein des Wachoffiziers und ihrer Hofdamen. Die Konversation muß dementsprechend seicht und harmlos gewesen sein.

Ihre Korrespondenz war vielfältig und umfassend. Sophie Dorothea war über alle Tagesereignisse ausgezeichnet informiert – das heißt, soweit heikle Stellen nicht der Zensur zum Opfer gefallen waren. Die meisten Briefe wechselte sie mit ihrer Mutter, Kontakt mit den Kindern gab es natürlich nicht.

Eine der zahllosen Restriktionen, denen Sophie Dorothea unterworfen war, hätte sie das Leben kosten können, denn eines der Gebote lautete, nachts stets im Hause zu bleiben, was auch immer geschehe. Als einmal ein Feuer ausbrach, wagte sie es nicht, den ihr zugewiesenen Teil des Gebäudes zu verlassen. Kopflos lief sie den langen Gang vor ihren Zimmern auf und ab, die Kassette mit ihren Juwelen an die Brust gedrückt. Erst als der Kommandant erschien, verließ sie das Haus.

Anfang 1698 starb ihr Schwiegervater, Kurfürst Ernst August, ihr geschiedener Mann Georg Ludwig bestieg den Thron. Er griff mit harter Hand durch. Graf Platen blieb zwar Premierminister, aber die Gräfin Platen hatte ausgespielt. Grollend zog sie sich für immer auf ihr Schlößchen Monplaisir zurück. Auch Kurfürstin Sophie ging mehr oder minder freiwillig aufs Altenteil nach Herrenhausen.

Der neue Kurfürst heiratete nicht mehr. Neben einer Reihe wechselnder Maitressen war er mit seiner Ermengarda Melusine hoch zufrieden. Das Los seiner geschiedenen Frau erfuhr durch den Thronwechsel keine Veränderung.

War sie in den ersten Jahren apathisch und schicksalsergeben, versuchte sie nun, eine Wende herbeizuführen – durch bedingungslose Unterwerfung. In einem demutsvollen Kondolenzbrief zum Tode seines Vaters beteuerte sie, jeden Tag für Georg Ludwig zu beten, und sie flehte ihn »auf den Knien und mit ganzem Herzen« an, ihre Fehler zu verzeihen. Ewig würde sie ihm dankbar sein, falls er ihr gestattete, die Kinder zu sehen. Auch an Kurfürstin Sophie wandte sie sich mit einem Beileidsschreiben, und sie wünschte nichts mehr, als »die Hände Ihrer Hoheit zu küssen, ehe ich sterbe«.

Wenn es je eine Antwort auf diese beiden Briefe gegeben hat, dann wahrscheinlich nur mündlich durch subalterne Personen. Jedenfalls war sie negativ.

Die einzige Vergünstigung, die Sophie Dorothea zugestanden wurde: Die Mutter durfte sie in Ahlden besuchen. Sie kam immer häufiger, blieb immer länger, so daß man ihr ein eigenes Zimmer einrichtete.

Ein weiteres Ereignis sorgte allerorten für Aufregung, sicher auch in Ahlden: Eleonore von dem Knesebeck war auf abenteuerliche Weise aus der Bergfestung Scharzfels entwichen! Vergeblich hatte ihre Familie immer wieder versucht, ein ordentliches Gerichtsverfahren über die ehemalige Hofdame herbeizuführen, vergeblich war eine Kaution von 100 000 Talern für ihre Freilassung geboten worden. Eleonore blieb in einer winzigen Kammer eingesperrt, und sie sah nur täglich einmal eine alte Wärterin, stumm durch den Raum geisternd.

Dann sah sie – es war wenige Wochen vor dem Tod des Kurfürsten – den Dachdecker Veit Rentsch: Der von der Familie Knesebeck bestochene Mann bohrte ein Loch durch die Zimmerdecke der Gefangenen, holte sie mit einem Strick nach oben und seilte sich mit ihr, Körper an Körper gefesselt, über eine mehr als zwanzig Meter hohe steile Felswand ab. Dort wartete bereits der Schwager der Hofdame mit einer Handvoll Berittener und brachte sie in Sicherheit.

Über das weitere Schicksal der Knesebeck gibt es nur spärliche Nachrichten. Sie reiste nach Wien, erwirkte – unter welchen Voraussetzungen ist unbekannt – einen kaiserlichen Schutzbrief, wenig später war sie in Braunschweig. Sie soll 1717 in einem Dorf nahe Braunschweig gestorben sein – wenig beachtet und schlecht bedankt. Von der Familie Sophie Dorotheas erhielt sie einmal 780, einmal 1 200 und schließlich hundert Taler an Unterstützung. Ein schäbiger Bettel angesichts eines verpfuschten Lebens . . .

Durch ihre Mutter dürfte Sophie Dorothea relativ gut über den Werdegang ihrer Kinder unterrichtet gewesen sein. Sie kamen häufig zu den Großeltern nach Celle, und Herzog Georg Wilhelm soll geradezu vernarrt in seinen Enkelsohn Georg August gewesen sein. Der Junge besaß nicht nur das heitere Gemüt seiner Mutter, er war ihr auch äußerlich sehr ähnlich, mit seinem vollen Haar und den mandelförmigen Augen, die dem Gesicht etwas Exotisches verliehen.

Häufig nahm der Herzog den Enkel zur Jagd mit, und während eines solchen Ausfluges soll der Junge – er war damals ungefähr sechzehn – versucht haben, zu seiner Mutter zu gelangen. Er entfernte sich zu Pferd von der übrigen Gesellschaft und machte sich auf den Weg in Richtung Ahlden. In einem Wald bei Reitlagen hätten ihn seine Begleiter eingeholt und zurückgebracht. Nach einer anderen Darstellung ist er bis Ahlden gelangt, wurde aber am Betreten des Amtshauses gehindert.

Sein Vater, der Kurfürst, soll außer sich vor Wut gewesen sein. Was immer an der Geschichte wahr ist oder nicht – es ist historisch mehrfach belegt, daß der Junge den Vater gehaßt hat und bis zu dessen Tod mit ihm auf Kriegsfuß stand.

Endlich, 1700, eine kleine Abwechslung! Der Krieg gegen Dänemark war noch immer nicht entschieden, feindliche Truppen kamen Ahlden bedenklich nahe. Aus Sicherheitsgründen verlegte man die Prinzessin nach Celle. Der Transport geschah in größter Heimlichkeit, mitten in der Nacht, denn noch immer besaß Sophie Dorothea unter »ihren« Cellern eine große Anhängerschaft, und es kam auch während des Aufenthalts in ihrer Heimatstadt zu mehreren kleinen Demonstrationen für »unsere Prinzessin«.

Sie wurde im Schloß mit seinen vier wuchtigen Ecktürmen untergebracht und soll ihre ehemaligen Mädchenzimmer bewohnt haben. Manchmal sah man die Prinzessin im Freien spazieren – in eleganter Pariser Robe, das Gesicht mit einer Maske verdeckt. Als ob nicht jeder in der Stadt gewußt hätte, wer diese einsame Spaziergängerin war!

Sie blieb fast ein Jahr lang in Celle. Den Vater hat sie nicht gesehen.

Während ihres Aufenthalts in Celle ereignete sich in London ein Todesfall von einschneidender Bedeutung. Es starb der kleine Sohn und Erbe der Anna von England – eben jener Anna, die Georg Ludwig einstmals vergeblich umworben hatte. Anna selbst war kränklich und hinfällig, sie durfte kaum mehr auf Nachwuchs hoffen.

Dies war die »Stunde der Geier«: Es gab, weit verstreut, noch immer Nachfahren der Stuarts, jeder und jede glaubte, Ansprüche auf das britische Weltreich zu haben. Ihre Zahl schrumpfte auf eins, nachdem 1701 das englische Parlament die »Bill of Succession« erlassen hatte, die alle katholischen Thronprätendenten ausschloß. Sophie von Hannover war die einzige protestantische Stuarttochter, ihr oder ihren direkten Nachkommen würde nach dem Tod der Königin Anna der englische Thron in den Schoß fallen.

Anna von England war sechsunddreißig, Sophie von Hannover 71 Jahre alt – aber sie war wesentlich robuster als die Londoner Verwandte. Die Chancen, ihr so armselig und kärglich begonnenes Leben als glorreiche Königin von England zu beenden, standen gar nicht so schlecht. Sie war, nach dem Bericht einer Zeitzeugin, ». . . bei außerordentlich guter Gesundheit. Sie geht aufrecht wie eine junge Frau, hat keine Falte im Gesicht, alle Zähne im Mund und liest ohne Brille«.

Sophie fühlte sich im Grunde ihres Herzens immer als Engländerin. Sie beherrschte fünf Sprachen perfekt, aber sie redete am liebsten englisch. Sie umgab sich mit englischem Personal, sie las englisch, und warum sie ihren ältesten Sohn nicht in dieser Sprache unterrichten ließ, das ist heute so unverständlich wie damals.

Mit Entzücken registrierten die zahlreichen Besucher, die nun in lauterer oder weniger lauterer Absicht an den Hof der »Erbin von England« strömten, daß ihre zukünftige Königin »very, very british« war, in ihrer Haltung, in ihren Neigungen und in ihrem Humor.

»Not amused« hingegen war Königin Anna von der Aussicht, daß sie ausgerechnet von Sophie beerbt werden könnte. Sie mochte Sophie nicht – vielleicht, weil sie deren Sohn so wenig gemocht hatte, und der englische Hof winkte diskret ab, als Sophie den Willen bekundete, England zu besuchen.

Wohl wissend um die Animositäten im Hause Stuart, wandte sich Herzogin Eleonore an die Königin Anna mit der Bitte, ihren Einfluß geltend zu machen, um Sophie Dorotheas Geschick zu erleichtern.

Wie Anna reagiert hat, ist nur auf Umwegen bekannt geworden. Liselotte von der Pfalz schrieb ihrer Tante Sophie, daß in Versailles Gerüchte kursierten, wonach Lord Marlborough nach Hannover reisen werde, um eine Versöhnung zwischen Sophie Dorothea und Georg Ludwig herbeizuführen. Marlborough hätte auch die Absicht, eine seiner Töchter mit Sophie Dorotheas Sohn Georg August zu verloben.

Über Marlboroughs Aufenthalt in Hannover gibt es keine Nachrichten. Wenn er wirklich dort war, um zwischen Sophie Dorothea und Georg Ludwig Frieden zu stiften, dann ist seine Mission offensichtlich gescheitert.

Herzogin Eleonore gab niemals auf. Solange sie lebte, kämpfte sie für die Befreiung der Tochter, und sie wandte sich sogar an König Ludwig XIV., der sie und ihre hugenottische Familie einst aus dem Land getrieben hatte. Sie war zu jedem, das heißt, fast zu jedem Opfer bereit, falls der Sonnenkönig gewillt wäre, sie und ihre Tochter aufzunehmen. Ludwig war nicht abgeneigt – unter einer Bedingung. Es war eine Bedingung, die Eleonore nicht erfüllen konnte und wollte, nämlich zum Katholizismus zu konvertieren.

Sophie Dorotheas Mutter und letzten Endes wohl auch der Vater müssen insgeheim daran geglaubt haben, daß ihre Tochter eines Tages doch aus der Haft entlassen werden könnte. Wozu hätten sie denn sonst im Januar 1705, kurz vor des Herzogs Tod, ein gemeinsames Testament verfaßt, das die Prinzessin zu einer der reichsten Frauen Europas machte? Was sollte sie im Gefängnis mit den Gütern Ahlden, Rethem und Walrode anfangen, mit den übrigen ausgedehnten Besitzungen in Frankreich und Celle, mit dem Riesenvermögen des Vaters und der legendären Schmucksammlung der Mutter?

Als Sterbender endlich äußerte Herzog Georg Wilhelm den Wunsch, sein Kind zu sehen und sich mit ihm auszusöhnen. Der alte Mann bat den Grafen Bernstorff vergeblich. Der Ministerpräsident machte geltend, daß es zu diplomatischen Verwicklungen mit Hannover kommen könnte. Georg Wilhelm besaß nicht mehr die Kraft, sich durchzusetzen.

Sophie von Hannover, die »Erbin von England«

Celle fiel an die Hannoveraner Linie, Herzogin Eleonore mußte sofort nach dem Hinscheiden ihres Mannes Celle verlassen; sie wurde auf einen Witwensitz nach Wienhausen verbannt. Sophie Dorothea unternahm einen letzten Anlauf, das Herz ihres geschiedenen Mannes zu erweichen: Er möge sie aus Ahlden entlassen, sie wollte, völlig zurückgezogen, bei ihrer Mutter in Wienhausen leben. Die Antwort war, wie immer, »nein«!

In all dem Dunkel schimmerte ein winziger Lichtstrahl. Herzog Georg Wilhelm hatte den Grafen Heinrich Sigismund von Bar zum Verwalter von Sophie Dorotheas Gütern bestimmt. Der Graf war zwölf Jahre älter als die Prinzessin, ein gutaussehender, hochgebildeter und feinfühliger Herr. Wie aus fragmentarisch vorhandenen Unterlagen ersichtlich, hat Sophie Dorothea eine tiefe Neigung (vielleicht auch ein bißchen mehr) für den Grafen empfunden, die nicht unerwidert blieb. In ihrem Testament hat sie ihn überreichlich bedacht, aber er starb fünf Jahre vor ihr. Sein Sohn und Nachfolger im Amt scherte sich kaum um seine Aufgaben, so daß die Prinzessin freie Hand hatte, im Rahmen ihrer beschränkten Möglichkeiten selbständig über ihr kleines Reich zu herrschen – ohne es je selbst in Augenschein nehmen zu dürfen. Sie tat es mit Lust, Akribie und gesundem Geschäftssinn.

Kurz nach Sophie Dorotheas Vater starben die beiden Frauen, die nicht unwesentlich zu ihrem Verhängnis beigetragen hatten: ihre Schwägerin Sophie Charlotte, Königin von Preußen, und die Gräfin Platen. Nach deren Tod zirkulierten Abschriften eines Geständnisses, das sie auf dem Totenbett gemacht haben und worin sie ihre Mitschuld am Tode Königsmarcks zugegeben haben soll. Das Originaldokument ist nie aufgetaucht.

1705 war nicht nur das Jahr des Todes, 1705 war auch das Jahr einer großen Hochzeit: Georg August, Sophie Dorotheas Sohn, heiratete Karoline von Ansbach, ein schönes und kluges Mädchen, das in nicht allzuferner Zukunft eine hochangesehene und beliebte Königin von England werden sollte.

Sophie Dorothea wurde weder von der Heirat des Sohnes offiziell unterrichtet noch von der ihrer Tochter Sophie Dorothea im Jahre 1706. Sophie Dorothea die Jüngere wurde mit ihrem Cousin, dem preußischen Kronprinzen Friedrich Wilhelm, vermählt. Wir werden

Sophie Dorothea die Jüngere und ihr Mann, Kronprinz Friedrich Wilhelm von Preußen, der spätere König Friedrich Wilhelm I.

im übernächsten Kapitel viel über sie erfahren: 1709 gebar sie die Tochter Wilhelmine, der dieses Kapitel gewidmet ist, 1712 einen Sohn mit Namen Friedrich. Als Friedrich der Große wird er Geschichte machen.

Ein mittleres politisches Beben in den protestantischen Fürstentümern Deutschlands gab es 1710, als Herzog Anton Ulrich von Braunschweig-Wolfenbüttel, bislang ein aufrechter Bekenner des lutherischen Glaubens, in öffentlicher Zeremonie zum katholischen Glauben übertrat, nachdem seine Tochter Elisabeth Christine ins Haus Habsburg eingeheiratet hatte und darum konvertiert war. Anton Ulrich sollte dadurch der Großvater der späteren Kaiserin Maria Theresia werden.

Die Konversion des Herzogs Anton Ulrich wird Sophie Dorothea unberührt gelassen haben. Zu Anton Ulrich als Schriftsteller hat sie jedoch eine wesentlich emotionalere Bindung besessen. Sein nicht weniger als sechsbändiger Roman »Römische Octavia« erlebte bis ins späte 18. Jahrhundert mehrere Auflagen – vermutlich nicht wegen seiner literarischen Qualitäten, sondern weil darin eine Episode unter dem Titel »Geschichte der Prinzessin Solane« enthalten war – eine kaum verschlüsselte Biographie der Sophie Dorothea:

Prinzessin Solane (Sophie Dorothea) ist darin allerdings eine überaus tugendhafte junge Dame, die den Anträgen des Senators Aequilius (Königsmarck) standhaft widersteht. Dennoch metzelt ihr abscheulicher Ehemann Prinz Cotys (Georg Ludwig) den Verehrer seiner Gemahlin nieder, läßt sich von ihr scheiden und sperrt sie lebenslang ein. Bis auf Prinzessin Solane und Senator Aequilius sind alle Figuren der Erzählung wahre Monster.

Der Roman hat Sophie Dorothea sicher weniger genützt als geschadet, aber Anton Ulrich dürfte die Geschichte kaum als Rechtfertigung für sie geschrieben haben, sondern vielmehr um seinem verhaßten Vetter in Hannover eins auszuwischen.

Kurfürst Georg Ludwig wird sich nicht allzulang gekränkt haben. Es dauerte nur ein Weilchen, da stand er so hoch über dem schriftstellernden Cousin, daß er die kleine Laus gar nicht wahrzunehmen brauchte.

1714 starb seine Mutter, Kurfürstin Sophie, buchstäblich bereits auf der ersten Stufe des englischen Throns, ohne ihn je zu erreichen.

Königin Anna verschied wenige Wochen später. Sophie Dorotheas geschiedener Mann war mit einem Schlag König Georg I. von England, ihr Sohn Georg August wurde zum Prinzen von Wales.

Der Traum vom Thron, der war es, der die letzten Lebensjahre der Kurfürstin Sophie erhellt hatte. Ihr Sohn hatte niemals echte Ambitionen gehegt. Der neue Herrscher machte sich nicht einmal die Mühe, die Sprache seiner Landeskinder zu erlernen. Bei Hof wurde nur deutsch gesprochen, mit seinen Ministern verhandelte er in mühsamem Latein.

Nach London zog er mit dem ganzen Hannoveraner Hof samt umfangreichem Anhang, und er nahm auch seine Ermengarda Melusine (sehr bald wurde sie zur Herzogin von Kendal erhoben) sowie eine Gräfin Kielmannsegg mit – jene Tochter der Gräfin Platen, die möglicherweise den Kurfürsten Ernst August zum Vater hatte und die Königsmarck von der Platen als Gemahlin angeboten worden war.

Beide Damen waren nun Mittfünfzigerinnen, und rein äußerlich glichen sie veritablen Schießbudenfiguren. Die eine war erschreckend mager, die andere enorm fett. Als sie an Georgs Seite in London einzogen, gab es in den Reihen der Zuschauer Hohngelächter, Pfiffe und Buh-Rufe.

Sophie Dorothea war nun de jure, nicht aber de facto, Königin von England, lesen wir in ihrer Biographie des englischen Historikers W. H. Wilkins. Wörtlich meint er: »Sophie Dorothea war nun fast fünfzig Jahre alt und zwanzig Jahre lang eingesperrt. Sie war noch immer schön, ihre vielfachen Talente, ihre Anmut und ihre Würde hätten dem langweiligen Hof von St. James Reiz verliehen, das Regime der Hannoveraner volkstümlich gemacht . . .« Statt dessen, schreibt Wilkins weiter, wurde Georg I. immer unbeliebter, vor allem auch wegen der ständigen Reibereien mit seinem Sohn, die so heftig waren, daß sie der Öffentlichkeit nicht verborgen bleiben konnten.

Die Existenz Sophie Dorotheas wurde verschleiert; von seiten des Hofes wurden die widersprüchlichsten Gerüchte über sie in Umlauf gesetzt. Einmal hieß es, der König sei Witwer, dann, daß seine Gemahlin verrückt sei; nach einer dritten Fassung war sie katholisch und darum als englische Königin untragbar.

Bald sickerte jedoch die Wahrheit durch – von des Königs Gegnern aus dem Lager der katholischen Stuarts gezielt lanciert, wodurch der

Haß der Engländer gegen den ihnen aufgezwungenen Deutschen weiter angeheizt wurde. Am Todestag der Königin Anna kam es sogar zu Demonstrationen gegen den Herrscher.

Die Reaktion Georgs war typisch für ihn. Aus Angst, seine Frau könnte entkommen und gegen ihn aussagen, ließ er ihre Bewachung weiter verstärken. Es ist durchaus möglich, daß Sophie Dorothea versuchte, ihre Sicht der Dinge für die Nachwelt festzuhalten, denn in den letzten Jahren ihres Lebens hat sie viele Stunden schreibend verbracht. Sie arbeitete an ihren Memoiren, wurde gemutmaßt. Die hatten allerdings nicht die geringste Chance, ans Licht der Öffentlichkeit zu gelangen.

1722 starb die Mutter. Sophie Dorothea war nur noch von Feinden und Spionen umgeben, hilflos der Kälte ausgesetzt. Dennoch glomm ein Fünkchen Hoffnung in ihr, die Hoffnung, wenigstens ihre Tochter noch einmal zu sehen. (Wilkins behauptet sogar, daß es heimliche Briefkontakte mit der Tochter gegeben hätte, die neuere Forschung will allerdings nichts davon wissen.)

Sophie Dorothea die Jüngere, Königin von Preußen, kam 1726 nach Hannover, um sich mit ihrem Vater, dem König von England, zu treffen. Was Sophie Dorothea veranlaßt hat, zu glauben, daß die Tochter sie bei dieser Gelegenheit besuchen würde, das bleibt unklar. Sie kleidete sich täglich noch sorgfältiger an als sonst, sie saß unbewegt am Fenster, wartend, daß eine Kutsche vorführe. Es kam keine Kutsche, es kam keine Tochter.

Verzweifelt und resigniert schrieb die Prinzessin ihrem Verwalter »um drei Uhr früh«, wie sie ausdrücklich vermerkte: »Ich habe keine Ahnung [mehr], was in der Welt vorgeht, abgesehen von dem, was ich aus den allgemeinen politischen Berichten erfahre. Ich bin bewacht, mehr und mehr hält man mich davon ab, irgend etwas zu erfahren.«

Zuletzt scheint sie nur noch ein einziges Vergnügen gekannt zu haben. Sie aß maßlos und wurde immer korpulenter, bis fast hin zur Bewegungslosigkeit. Ihre Abwehrkräfte schwanden im gleichen Ausmaß dahin wie ihre Körperfülle zunahm, sie litt häufig unter fiebrigen Erkältungen, Verdauungsstörungen kamen hinzu und machten ihr das Dasein zur Hölle.

Im August 1726 legte sie sich mit heftigen Koliken zu Bett, das sie von da an nicht mehr verließ. Ärztliche Hilfe lehnte sie ab, das Essen

König Georg I. von England

verweigerte sie von einem Tag auf den anderen, so daß sie binnen weniger Wochen bedrohlich abmagerte. Sie starb am 13. November 1726 kurz vor Mitternacht, im einundsechzigsten Lebensjahr und im dreiunddreißigsten ihrer Gefangenschaft. Die Obduktion ergab Leberversagen und Gallenverschluß durch sechzig Steine.

Das offizielle England nahm keine Notiz vom Hinscheiden seiner ungekrönten Königin. Lediglich in der »London Gazette« erschien eine dreizeilige Notiz, die »Herzogin von Ahlden« sei gestorben. Kein Hinweis, daß sie die ehemalige Frau des Königs und die Mutter des Prinzen von Wales war.

Georg I. untersagte Hannover ausdrücklich jegliche Trauerbezeugung, und er war wütend, als er erfuhr, daß seine Tochter in Berlin Hoftrauer angeordnet hatte.

Der Tragödie folgte das Satyrspiel auf dem Fuß!

Da die Wachmannschaft in Ahlden keinerlei Anweisungen für das Begräbnis Sophie Dorotheas erhalten hatte, wurde der Leichnam zunächst in einen Bleisarg gelegt und im Keller deponiert. Erst im Januar 1727 kam der Befehl aus London, die Tote ohne größere Zeremonie auf dem Friedhof zu Ahlden beizusetzen – ein Ding der Unmöglichkeit! Wochenlange schwere Regenfälle hatten den Boden verschlammt, die Grabgrube füllte sich kniehoch mit Wasser.

Man schaffte den Sarg erneut in den Keller und schüttete ihn mit Sand zu. Es sollte bis zum Mai währen, ehe Sophie Dorothea endlich ihre letzte Ruhestätte in der Familiengruft in der Kirche zu Celle fand. Die Beisetzung fand mitten in der Nacht statt. Celle schlief, niemand wußte, daß die geliebte Tochter der Stadt endlich für immer heimgekehrt war.

Vier Wochen später, am 22. Juni 1727, verschied auch Georg I. von England und Hannover während eines Aufenthalts in Osnabrück. Sophie Dorotheas Sohn wurde als Georg II. inthronisiert.

Horace Walpole, Graf von Oxford, Sohn des Ersten Schatzkanzlers von Georg I. und Georg II., ein berühmter Schriftsteller und bedeutender Historiograph, der intimste Einblicke in das englische Hofleben genoß, schreibt in seinen Memoiren: »Der zweite George liebte seine Mutter so, wie er seinen Vater haßte; wenn sie überlebt hätte, hätte er sie nach dem Tod des Vaters [nach England] gebracht und zur Königin Mutter erklärt. Lady Suffolk erzählte mir, wie überrascht

Sophie Dorothea, die Gefangene von Ahlden,
de jure Königin von England

sie war, nach den Tode Georgs I. im Ankleidezimmer [Georgs II.] das lebensgroße Bild einer Dame in königlichem Gewand und im Schlafzimmer ein Porträt derselben Dame vorzufinden, das sie bisher noch nie gesehen hatte. Es waren die Bilder seiner Mutter.« In den Lebenserinnerungen eines weiteren Hofkavaliers, Lord John Harvey, liest es sich ganz anders: Georg II. habe niemals den Namen seiner Mutter auch nur erwähnt.

Was ist Geschichte? Geschichte ist zu einem erheblichen Teil hearsay – Hörensagen . . .

Sündenbabel an der Seine

Elisabeth Charlotte 1652–1722

Die Küchenmagd war faßdick. Ein Urschrei entrang sich ihrem gewaltigen Brustkorb, als die Pfeilspitze, kaum gebremst durch Unterröcke, sie ins mächtige Hinterteil traf. Die kleine Bogenschützin indes schüttete sich aus vor Lachen. Es wäre nun fällig gewesen, sie mit der Rute zu »streichen« (hauen), doch sie wurde lediglich »gefilzt« (gescholten). Das Streichen war erstens nicht angebracht, weil die Kleine, jähzornig, manchmal zurückschlug, zweitens ließ man ihr gegenüber größte Nachsicht walten, denn sie tat allen leid.

Elisabeth Charlotte war, nach heutigen Begriffen, eine Scheidungswaise. Die Eltern, Karl Ludwig von der Pfalz aus dem Geschlecht der Wittelsbacher, und Charlotte von Hessen-Kassel, lebten in Zank und Hader, bis der Vater sich der ungeliebten Ehefrau entledigte. Kraft seines Amtes als Fürst und Kirchenoberer verfügte er die Scheidung. Er heiratete die zwanzigjährige Louise von Degenfeld, eine Hofdame, auf die er schon lange ein Auge geworfen hatte.

Bis heute schiebt man die Schuld an dem Ehefiasko der Charlotte von Hessen-Kassel in die Schuhe. Sie sei zu oft geritten, zu häufig auf der Jagd, zu putz- und vergnügungssüchtig gewesen und hätte den Ehemann nach der Geburt zweier Kinder aus dem Schlafgemach gewiesen.

Frauen waren damals immer der Sündenbock, wenn etwas schieflief, und niemand hat sich seither die Mühe gemacht, herauszufinden, ob Charlotte wirklich so unerträglich war, wie es der in eine andere Frau verliebte Ehemann darstellte. Soviel ist unbestritten: Charlotte war eine Person mit starkem eigenem Willen, Louise von Degenfeld hingegen – zumindest bis zur Heirat – sanft und unterwürfig, darum auf jeden Fall die »bessere« Lebensgefährtin.

Übrig blieben zwei Kinder: Karl und die am 27. Mai 1652 geborene Elisabeth Charlotte, Liselotte gerufen. Sie war sechs Jahre alt, als der Vater selbstherrlich die Scheidung verfügte. Statt, wie erwartet, nach Kassel zurückzukehren, zog sich die verstoßene Gemahlin in einen Seitenflügel des Schlosses Heidelberg zurück, immer hoffend, daß sich noch einmal alles zum Guten wenden werde.

Liselotte hing innig an der Mutter und besuchte sie regelmäßig in Begleitung ihrer Hofmeisterin. Der darob erzürnte Vater verbannte die Siebenjährige samt Erzieherin aus Heidelberg und schickte sie zu seiner Schwester, Sophie von Hannover, mit der wir uns im vorangegangenen Kapitel ausführlich beschäftigt haben.

»Gott erhalte Dich und lasse Dich groß und fromm werden, damit ich noch einst Trost möge an Dir erleben anstatt des Leides, so Deine Beraubung mir jetzt verursacht«, schreibt die verzweifelte Mutter dem Kind. Es ist fraglich, ob Liselotte diesen Brief je zu Gesicht bekommen hat.

Gewiß ist, daß die Kleine blaß, verängstigt, tränenüberströmt in Hannover ankam und sich zunächst nicht einmal von ihrer Tante trösten ließ, die sie schon längst kannte. Sophie von Hannover hatte die Kinder ihres Bruders betreut, als sie, noch unverheiratet, am Hof Karl Ludwigs in Heidelberg lebte.

»Die größten Freuden dieser Welt sind von Kindheit an, bis man die Welt kennt, aber hernach finden sich keine Vergnügungen mehr«*), schreibt Liselotte später einmal über ihre erste Jugendzeit – damit sind eindeutig jene wenigen Jahre gemeint, die sie am Hof ihrer Tante Sophie verbringen durfte.

Jeder bedauerte das traurige kleine Mädchen, jeder verwöhnte und verhätschelte es. Sie genoß Freiheiten, die anderen Fürstenkindern verwehrt waren, und sie entwickelte sich, nachdem sie den Schock der Vertreibung aus der Heimat überwunden hatte, zu einem unbekümmerten Wildfang mit stetig steigender Lust zu übermütigen Streichen: Sei es, daß sie ihren Lieblingshund »Türk« vor ein Wägelchen spannte, um damit unter lautem Hü und Ho durch den Park zu kutschieren; sei es, daß sie mit ihren Spielgefährten Vögel fing und über offenem Feuer röstete; sei es, daß sie das Gesicht mit weißer Farbe

*) Alle Zitate der Liselotte von der Pfalz sind aus ihrem altertümlichen, oft schwer verständlichen Deutsch in die heutige Umgangssprache übertragen bzw. aus dem Französischen übersetzt.

anstrich, in Bettücher gehüllt durch die dunklen Gänge des Schlosses wandelte und Gespenst spielte – zum kreischenden Entsetzen von Kammerfrauen und Hausmädchen.

Keine Minute konnte sie stillsitzen, auch nicht in der Kirche, wo sie kichernd zwischen den Bänken umherkroch. Sie erhielt die Spitznamen »dolle Hummel« und »Rauschenblatterknecht«, ein Wort, dessen Bedeutung heute im dunkeln liegt.

Als Tante Sophie ihr erstes Kind erwartete – den kleinen Georg Ludwig, der, wie wir im vorigen Kapitel gehört haben, dermaleinst König von England werden sollte –, machte man dem Mädchen weis, daß Babys im Rosmarinstrauch wüchsen. Von unstillbarer Neugier getrieben, hielt sie im Garten Nachschau. Weil sie dort keine Spur eines kleinen Kindes entdecken konnte, versuchte sie, der Sache anderweitig auf den Grund zu gehen. Sie schlich sich, im allgemeinen Trubel unbemerkt, ins Kreißzimmer, wo Tante Sophie gottserbärmlich schrie. Hinter einem Wandschirm verborgen, wurde sie staunende Zeugin höchst aufregender Vorgänge. Nachdem sie entdeckt worden war, sah man davon ab, sie kräftig zu »streichen« – zu groß war die Freude über die glücklich überstandene Geburt eines Stammhalters.

Einige Monate verbrachte Liselotte in Holland bei ihrer englischen Großmutter aus dem Hause Stuart, der legendären »Winterkönigin« (siehe Einleitung). Die trübsinnige alte Frau, die sonst niemals auch nur lächelte, fand viel Gefallen an ihrer munteren Enkelin, und sie spendete ihr allerhöchste Anerkennung: »She is not like the house of Hesse [gemeint ist die mütterliche Familie Liselottes], she is like ours.« (Sie gleicht nicht dem Hause Hessen, sie gleicht dem unseren).

Im Sommer 1663 mußte die Elfjährige nach Heidelberg zurückreisen. Ihre Mutter hatte die Hoffnung aufgegeben, das fest installierte ehemalige Fräulein von Degenfeld zu verdrängen, sie verließ die Pfalz.

Wie unmenschlich die gegen ihren Willen Geschiedene behandelt wurde, entnehmen wir einem Brief an Liselottes Hofmeisterin: »Wenn es Euch nicht allzu große Mühe macht, so schreibt mir doch ein wenig, ob Liselotte lebe oder tot sei, weil ich sonst nicht das Allergeringste von ihr höre . . .«

Liselotte kam ebenso verheult nach Heidelberg zurück, wie sie es vier Jahre zuvor verlassen hatte. Der neuen Frau des Vaters, inzwischen zur Raugräfin erhoben, brachte sie trotzige Ablehnung entgegen; die vom Vater befohlene Anrede »Madame« kam ihr kaum hörbar über schmale Lippen. Um so zärtlicher liebte sie ihre zahlreichen Halbgeschwister, mit denen sie lebenslang in Verbindung blieb.

Da sich ihre Hofmeisterin in Hannover verheiratet hatte, wurde mit der Erziehung Liselottes ein Fräulein Kolb von Wartenburg betraut, deren pädagogische Maxime lautete: »Von Natur aus sind alle Kinder böse, drum muß man sie kurz halten.« Natürlich erreichte sie genau das Gegenteil dessen, was sie angestrebt haben mag. Liselotte wurde aufsässig und widerborstig, sie brachte ihre Lehrer durch kecke Zwischenfragen ständig in Verlegenheit. Wie war, so wollte sie etwa wissen, der erste Sündenfall möglich, da der Mensch doch vollkommen, nach Gottes Ebenbild, erschaffen wurde?

Über diese naseweisen Unarten hinaus war Liselotte auch im übrigen ein unmögliches Mädchen. Kleidung war ihr gleichgültig, meist trug sie achtlos zusammengestoppeltes Zeug; sie machte stundenlange Fußmärsche über Land, wobei sie sich ausgiebig und ungeniert mit allen Leuten unterhielt; sie kletterte auf Bäume, um, im Geäst verborgen, ihrer Lieblingsbeschäftigung, dem Lesen, nachzugehen; zu allem Überdruß war sie sommers auch noch braungebrannt wie ein Bauernweib.

Am meisten wünschte sie sich, reiten und jagen zu dürfen wie ihr Bruder, doch das verbot der Vater in Erinnerung an seine verflossene Ehefrau, die diesen Sportarten exzessiv gefrönt hatte.

Liselotte haßte es darum, »ein Weibsmensch« zu sein. Viel lieber wäre sie ein »Mannsbild« gewesen – und das nicht nur wegen der ihr versagten männlichen Vergnügungen, denn ihr fehlte das Wichtigste für eine Frau: Schönheit. Sie war zwar gut gewachsen, ein bißchen zu kräftig vielleicht, doch das Antlitz ließ zu wünschen übrig. »Dachsnase« nannte sie der Bruder Karl. Der liebevolle Vater spottete über ihr »Bärenkatzenaffengesicht«.

Nicht nur anderen gegenüber war Liselotte zeitlebens erbarmungslos kritisch, sie beobachtete sich auch selbst mit schonungsloser Genauigkeit: »Ich muß wohl häßlich sein, kleine Augen, kurze dicke Nase, platte lange Lefzen, das kann kein Gesicht formieren . . .«

Dennoch: Heiraten mußte sie, als die Zeit reif war. Über den Kopf der Neunzehnjährigen hinweg wurde eifrig verhandelt und gefeilscht, um eine für die Kurpfalz möglichst einträgliche Verbindung zustande

Liselotte wurde vom Vater als »Bärenkatzenaffengesicht« verspottet.

zu bringen. Sie selbst hätte am liebsten in ein abgelegenes, stilles Landschloß geheiratet – aber sie wurde erst gar nicht gefragt.

Der Vater entschied, sie mit Philipp, Herzog von Orléans, zu vermählen, dem Bruder Ludwigs XIV., und er erhoffte sich dadurch Schutz vor der kriegerischen Landgier des Sonnenkönigs. Daß Liselotte, gegen ihren ausdrücklichen Willen, zum Katholizismus übertreten mußte, spielte nicht die geringste Rolle.

Anfang November 1671 brach die unaufhörlich schluchzende Liselotte in Begleitung ihres Vaters und ihrer Tante Sophie nach Straßburg auf. Dort übernahm sie eine französische Delegation. Was immer die Franzosen beim Anblick der deutschen Braut gedacht haben mögen – sie ließen es sich nicht anmerken. Vermutlich waren sie mit dem berühmten Portraitisten der Pariser Gesellschaft Hyacinthe Rigaud einer Meinung, der einmal lakonisch erklärt hat: »Sie hat das Gesicht und die Bäuerlichkeit eines Schweizers.«

Liselotte weinte noch immer, als sie am nächsten Tag in die Kutsche stieg, um nach Metz gebracht zu werden, wo am 16. November 1671 die Trauung per procurationem vollzogen wurde. Dann weinte sie nicht mehr, denn sie hatte begriffen: »Heirat ist wie der Tod, Stunde und Zeit sind uns dazu bestimmt, daß man nicht entgehen kann, wie unser Herrgott verlangt, so muß es geschehen.«

In Châlons traf sie zum erstenmal mit ihrem Ehemann zusammen. »Ich machte die beste Miene so möglich war«, und sie nahm sich vor, »wohl mit meinem Gemahl zu leben«.

Der Herr Gemahl empfing sie höflich und freundlich. Er hatte ebenmäßige Züge mit schönen dunklen Augen, der sinnliche Mund war leider durch häßliche braune Stummelzähne verunziert. Im übrigen beschreibt ihn ein Zeitgenosse so: »Er war ein kleiner, untersetzter Mann, der wie auf Stelzen ging, so hoch waren seine Absätze, stets herausgeputzt wie eine Frau, über und über voller Ringe, Armbänder, Geschmeide, mit einer . . . schwarzen und gepuderten Perücke und Schleifen überall, wo er sie nur anbringen konnte.«

Es ist fraglich, ob Liselotte vor ihrer Ehe mit Philipp von Orléans über das physische Geschehen zwischen Mann und Frau aufgeklärt worden war. Ganz bestimmt aber hat sie niemand über den Lebenslauf ihres Angetrauten unterrichtet. Langsam erst wurde ihr die volle, die schreckliche Wahrheit bewußt.

Philipp I., Herzog von Orléans

Philipp I., Herzog von Orléans, stand von Geburt an im Schatten des älteren Bruders. Ludwig war der Liebling seiner verwitweten Mutter, Anna von Österreich, einer Habsburgerin aus der spanischen Linie. Philipp war nicht so robust, so draufgängerisch wie der Bruder. Eher zart und scheu, wurde er dennoch vom Älteren und von der Mutter mit stetigem Mißtrauen beäugt: Mehr als einmal hatten in der französischen Geschichte jüngere Brüder versucht, dem Erstgeborenen die Krone streitig zu machen. Der Letzte in dieser langen Reihe war Gaston gewesen, der Bruder Ludwigs XIII., des Vaters von Ludwig XIV. und Philipp.

Philipp war, wie sein Erzeuger, bisexuell – die homoerotische Seite überwog allerdings bei weitem – und, wie auch der Vater, dem verderblichen Einfluß machthungriger und intriganter Lustknaben ausgesetzt. Da Mutter wie Bruder ihn von allen politischen Aufgaben fernhielten, verzettelte er sich im Arrangieren von Festen, Feuerwerken und Schäferspielen, im aufwendigen Aus- und Umbau seiner verschiedenen Domizile. Über Fragen der Garderobe konnte er sich tagelang den Kopf zerbrechen. »Er hat mehr weibliche als männliche Manieren« – das war der erste Eindruck, den die neunzehnjährige Liselotte von ihrem zwölf Jahre älteren Gemahl gewann.

Philipp von Orléans war verwitwet und Vater zweier Töchter; sie zählten zur Zeit seiner neuerlichen Eheschließung neun und zwei Jahre. Seine erste Frau war Henriette Stuart, Tochter des unglücklichen englischen Königs Karl I., der sein Leben auf dem Schafott ausgehaucht hatte. Da ihre Mutter eine Schwester Ludwigs XIII. gewesen war, wuchs Henriette in Frankreich auf. Mit siebzehn kam sie an den Hof und eroberte mit Charme und Schönheit das Herz Ludwigs XIV., der zu seinem Leidwesen allerdings bereits verheiratet war. Die bezaubernde Cousine vermählte er mit seinem Bruder Philipp, um sie immer in seiner Nähe zu haben.

Vielleicht wäre Philipp das Malheur, mit einer Frau leben zu müssen, leichter erträglich gewesen, hätte Henriette nicht die Verbannung des Chevalier de Lorraine vom Hof durchgesetzt. Lorraine war Philipps Favorit, wobei völlig klar war, daß der gemeine, skrupellose und korrupte Mensch die beherrschende Rolle in dieser Männerpaarbeziehung spielte. Philipp war Wachs in seiner Hand, Lorraine nützte ihn schamlos aus; alle bei Hof, außer natürlich Philipp selbst, atmeten auf, als der Chevalier in Richtung Rom verschwand.

Wenig später war Henriette tot – gestorben innerhalb von Stunden nach einer heftigen Fieberattacke und dem Genuß von eiskaltem Zichorienwasser, dem man fiebersenkende Wirkung zuschrieb. Da die Ärzte ratlos waren, wucherten sofort die gemeinsten Gerüchte: Philipp selbst hätte seine Frau vergiftet; andere hielten ihn dessen nicht für fähig, vermuteten aber, daß Lorraine seine Hand im Spiel gehabt hätte. Herausgekommen ist, wie üblich, nichts – es wurde auch nicht weiter nachgeforscht.

Die arme Henriette war kaum begraben, als Ludwig XIV. den Bruder drängte, wieder zu heiraten und baldmöglichst männlichen Nachwuchs zu zeugen. Dem König war von sechs Kindern nur ein einziger Sohn geblieben – das war in diesen Zeiten der katastrophalen Kindersterblichkeit zu wenig für die gesicherte Thronfolge.

Philipp wehrte sich verzweifelt gegen den furchterregenden Gedanken, sein Lager nochmals mit einer Frau teilen zu müssen – bis Ludwig ihm einen Vorschlag machte, dessen Verlockung er nicht widerstehen konnte: Nach vollzogener Eheschließung dürfe der Chevalier de Lorraine an den Hof zurückkehren.

Im November 1671 wurden Philipp I. von Orléans und Elisabeth Charlotte von der Pfalz ein Paar. Drei Monate später feierte Lorraine seine triumphale Rückkehr nach Paris.

Liselotte, das naive Kind aus der deutschen Provinz, war selbstverständlich nicht imstande, die dubiosen Zusammenhänge sofort zu durchschauen. Sie hat zunächst nichts geargwöhnt, als plötzlich der Chevalier de Lorraine in Paris auftauchte, in seinem Schlepptau ein Marquis d'Effiat. Die beiden scharwenzelten pausenlos um Philipp, sie bewohnten prunkvolle Räume, sie wurden mit Geschenken verwöhnt, und sie wurden sehr rasch sehr reich. Denn kein Weg zum Herzog von Orléans führte an den beiden vorbei, wer etwas von ihm wollte, mußte den zwei Gaunern Tribut entrichten. Dieses Trio infernal, bei dem unklar blieb, wer eigentlich wessen Herzallerliebster war, sollte Liselotte viel Gram bereiten – doch noch war der Himmel blau über Paris.

Er war blau über dem Palais Royal, dem ebenso prächtigen wie düsteren Winterdomizil des Paares, er war besonders blau über dem Sommersitz Saint-Cloud, den Philipp inmitten eines 400 Hektar großen Parks mit Wunderwerken von Seen und Wasserspielen hatte errichten lassen. »Zufluchtsort der verrufensten Vertreter beiderlei Geschlechts«, nannte Louis de Rouvroy, Herzog von Saint-Simon, der bedeutendste Historiograph jener Zeit, das Schloß Saint-Cloud, und er berichtet nicht ohne leisen Hohn, daß Philipp sich sogar eine Maitresse hielt – nur aus dem einzigen Grund, weil eben jeder Herr von Rang und Bedeutung eine Maitresse haben mußte. Was alle mit perfider Schadenfreude registrierten – Liselotte konnte es nicht wahrnehmen, weil es über ihren Horizont und ihr Vorstellungsvermögen ging.

Anfangs amüsierte es sie vielmehr, wie Philipp sich als Pygmalion aufspielte und aus ihr, dem Heidelberger Kleinstadtmädchen, eine Pariser Modepuppe zu machen versuchte. Er wählte ihre Toiletten aus, er gustierte Beschaffenheit, Farben und Muster der Stoffe, und er wohnte so kritisch wie fachkundig stundenlang den Anproben bei. Ihr wildes Haar ließ er zu Löckchen ondulieren.

Nur einmal muckte sie auf. Die Paste, die er ihr gegen vorzeitiges Altern der Haut verschrieb, wies sie zurück: »Will lieber sein mit meinen Runzeln, als weiße Sachen auf mein Gesicht schmieren.« Einen Hauch von Schminke mußte sie allerdings ertragen. Eine braungebrannte »Madame« – dies ihr offizieller Titel – war schlichtweg unmöglich.

Auch wenn Liselottes Äußeres sich sachte dem ihres aufgedonnerten Mannes anglich – charakterlich waren sie so verschieden, wie es zwei Menschen nur sein konnten. »Monsieur« – so sein Titel – war schwach, ängstlich, übertrieben höflich und intrigant. Madame war aufrichtig, stark, offen, gelegentlich scharfzüngig. Er haßte frische Luft und Bücher. Sie fühlte sich nur im Freien wohl, Lesen war ihr größtes Vergnügen. Er war verschwenderisch bis an den Rand des Bankrotts, sie sparsam, fast knausrig – und das mit gutem Grund: Ihr Mann hielt sie kurz, denn er brauchte das Geld vor allem, um seiner Spielleidenschaft zu frönen. Kein Wunder, daß Liselotte nichts so verabscheute wie das Spiel, und da sie auch eine miserable Tänzerin war, fühlte sie sich unter all den Spielern und Tänzern, die den Hof mit seinen immerwährenden Festlichkeiten bevölkerten, verloren und unbehaglich.

Glücklich war sie vor allem in Saint-Cloud, glücklich mit ihren beiden kleinen Stieftöchtern, denen sie Mutter und Schwester zugleich war und mit denen sie tollte und spielte, wie sie es mit ihren jüngeren Halbgeschwistern in Heidelberg getan hatte. Die Hofgesellschaft sah

Liselotte zur Zeit ihrer Hochzeit

es mit Verwunderung, ja Abscheu – aber die Hofgesellschaft war mundtot, denn Liselotte hatte von Anfang an einen mächtigen Schutzpatron, den mächtigsten überhaupt: Es war der Sonnenkönig selbst, der die Schwägerin unter seine Fittiche nahm.

Ludwig XIV. und Liselotte von der Pfalz – eine endlose Affäre, die Generationen von Voyeuren beschäftigt und zu allerlei Mutmaßungen veranlaßt hat: Haben sie oder haben sie nicht? Sie haben mit allergrößter Wahrscheinlichkeit nicht!

Ludwig war mit seiner Cousine Maria Teresa, einer spanischen Habsburgerin, verheiratet, einem rundlichen Persönchen, das ständig an irgend etwas kaute oder knabberte, ein liebes kleines Dummerchen, hoffnungslos in ihren Sonnenkönig verliebt. Er seinerseits begegnete ihr mit einer gewissen Zuneigung; sein Liebesleben aber spielte sich bekanntlich in vielen anderen Betten ab.

Er mochte Liselotte, das Naturkind aus Deutschland; er schätzte ihre Frische und Spontaneität, er nahm sie zu stundenlangen Jagden und Ausritten mit (endlich, endlich durfte sie nach Herzenslust jagen und reiten). Eine Hofdame berichtet: »Der König zeigt einen Eifer, Madame zu unterhalten, wie er ihn für die andere Madame [die verstorbene erste Frau Philipps] nicht mehr gehabt hat.«

Als Liselotte bei einem Jagdausflug schwer vom Pferd stürzte, war Ludwig als erster bei ihr, beugte sich mit allen Anzeichen tiefster Besorgnis über sie, tastete sie nach Verletzungen ab und wich nicht von ihrer Seite, bis er sicher sein konnte, daß sie wohlauf war.

Die beiden beschäftigten sich stundenlang mit ihrem gemeinsamen Steckenpferd, dem Sammeln von Münzen, Medaillen und Gemmen, sie teilten die Leidenschaft für Komödien und Opern, und Liselotte verwöhnte den Schwager mit Delikatessen aus der Heimat. Wie ihm die pfälzischen Leberwürste und die sauren Heringe geschmeckt haben, die sie ihm servieren ließ, ist allerdings nicht überliefert.

Nach außen war die Hofkamarilla beeindruckt: »Alles, was ich sage und tue, es sei gut oder überzwerch, das admirieren die Hofleute, denn ich bin à la mode«, berichtet Liselotte in einem ihrer Briefe.

Hinter ihrem Rücken allerdings wurde hämisch getuschelt, das Wort »Königshure« machte bald die Runde, bösartig und wahrheitswidrig. Ludwig schätzte Liselotte als Menschen, aber er liebte sie nicht als Frau – dazu war diesem Connaisseur ihre erotische Aus-

Ludwig XIV., der »Sonnenkönig«

strahlung zu gering. Liselotte hingegen hat für den schönen, kraftstrotzenden König sicher mehr empfunden als verwandtschaftliche Zuneigung. Diese junge, blutvolle Frau, an einen widerwilligen Homosexuellen gefesselt, konnte gar nicht anders, als Ludwig, einem Urbild der Virilität, zu verfallen. Berichte an die deutsche Verwandtschaft über ihre Begegnungen mit ihm klingen zwischen den Zeilen atemlos, aufgeregt, überschwenglich. Um so grausamer war der Sturz, als sie aus der Gnade des Königs fiel.

Der erste Haarriß in der Beziehung zwischen Ludwig und Liselotte zeigte sich 1679, als Marie Louise, die älteste Tochter aus der ersten Ehe von Monsieur, gezwungen wurde, den debilen Habsburger Karl II. von Spanien zu heiraten. Sie wehrte sich hysterisch schreiend, Liselotte stand eisern an der Seite der geliebten Stieftochter. Sie versuchte den König zu überreden, Marie Louise mit seinem einzigen Sohn, dem Dauphin, zu verheiraten. Ludwig reagierte gereizt: Madame möge sich gefälligst nicht in die Politik einmischen. Marie Louise wurde nach Spanien verschleppt, im Jahr darauf gab man dem Dauphin die bayerische Prinzessin Maria Anna zur Frau. »Sie ist entsetzlich häßlich und immer kränklich«, schreibt Liselotte.

Obwohl nach außen immer heiter und selbstbeherrscht, war sie tief betrübt über das Unglück ihrer Stieftochter. Sie konnte sich darüber und über all das andere Ungemach, das ihr inzwischen widerfahren war, an der Brust ihrer Tante Sophie ausweinen, die im selben Jahr zu Besuch nach Paris kam.

Sophie reiste mit ihrer Tochter Sophie Charlotte an, und Liselotte brach in einen Strom von Tränen aus, als sie die beiden in die Arme schloß. Sie war unfähig, ein einziges Wort hervorzubringen. Beim Abschied von Tante und Cousine schluchzte sie, als hätte sie deren Tod zu beklagen.

Kummer vielerlei Art überschattete die ersten Ehejahre, persönlicher und politischer, wobei die Politik oft ihr persönliches Geschick beeinflußte.

1673 erwartete Liselotte ihr erstes Kind. Ein Knabe wurde nach sechzehn Stunden unsäglicher Qualen geboren: Alexander war so groß und so schwer, daß er »eher einem Deutschen und Westfäler gleicht als einem Franzosen«, verkündet Liselotte. Die Entbindung war durch die ununterbrochene Anwesenheit des Königs keineswegs erleichtert worden; dagegen war Liselotte machtlos, das Protokoll schrieb es so vor.

Alexander wurde nicht einmal drei Jahre alt – ruiniert von der »Kunst« der Ärzte: »Als hätten sie ihm mit der Pistole durch den Kopf geschossen«, schreibt die todunglückliche Mutter.

Mehr als jede Krankheit fürchtete Liselotte die französischen »Quacksalber«, deren Behandlungsmethoden vor allem die jüngsten Patienten in großer Zahl dahinrafften. Erschütternde Beispiele dafür gab es ausgerechnet im Königshaus. Von den sechs kerngesund geborenen Kindern Ludwigs XIV. kam nur ein Sohn mit dem Leben davon. Eine der Töchter lag fünfjährig mit schweren Bauchkrämpfen darnieder. Da Brech- und Abführmittel nichts fruchteten, wurde das Kind mit glühenden Eisen und ätzenden Säuren traktiert, die das Leiden »über die Haut ableiten« sollten! Das Mädchen ging an der Prozedur zugrunde.

Noch zweimal wurde Liselotte Mutter. 1674 gebar sie den Sohn Philipp, 1676 die Tochter Elisabeth Charlotte, letztere so überdurchschnittlich groß und stark, daß sie die gleichen Geburtskomplikationen verursachte wie Alexander. Am liebsten hätte die ängstliche Mutter die Kleinen fürs erste nach Deutschland gebracht, wo sie ihrer Meinung nach bessere Aussichten hätten, das erste Kindesalter zu überstehen. »Ich bin sicher, daß sie dort nicht sterben würden.«

Kaum war das dritte Kind zur Welt gekommen, brach Monsieur jeden intimen Kontakt mit Madame ab; er hätte seine dynastischen Pflichten mehr als erfüllt. Liselotte war gerade vierundzwanzig, nie mehr hat ein Mann sie berührt, sie war zur ewigen Keuschheit verdammt. Gibt es eine bessere Erklärung für die Idolisierung ihres Schwagers Ludwig?

Sie war erschüttert, als der König einen Krieg gegen Holland vom Zaun brach und bei dieser Gelegenheit zum ersten Mal gegen die Pfalz losschlug – doch ihre Proteste blieben merkwürdig lahm. Die Zuneigung für den König überdeckte den Schmerz über das Unglück der Heimat.

In diesem bis 1678 währenden Krieg stand Monsieur zum ersten und zum letzten Mal in seinem Leben im Feld, und er bewährte sich besser, als nach seiner bisherigen Lebensführung zu erwarten gewesen wäre. 1677 gelang ihm sogar ein entscheidender Sieg, der ihm große

Sympathien bei der Armee und in der Bevölkerung eintrug. Schlagartig hatte sich Philipp als ein möglicher Rivale entpuppt, und Ludwig zog daraus die Konsequenzen: Nie mehr bekam Philipp ein Kriegskommando, für immer versumpfte er im sinnentleerten Lotterleben.

Was der Krieg nicht schaffte, brachte eine Frau zuwege: die Entfremdung zwischen Ludwig und Liselotte. Ein vollständiger Bruch wurde nur durch die Etikette und dynastische Zwänge notdürftig verhindert.

Frauen sonder Zahl säumten die Bahn des Sonnenkönigs. In die erste war er dermaßen verliebt, daß er, da sie nicht standesgemäß war, ihretwegen auf Krone und Thron verzichten wollte. Doch da war er noch ein halber Knabe, die ehrgeizige Mutter trieb ihn rasch auf den Pfad der Pflicht zurück. Er heiratete wunschgemäß seine spanische Cousine, und von da an begann der Reigen der wechselnden Maitressen.

Als Liselotte nach Paris kam, war Françoise Marquise de Montespan an der Reihe. Die Tochter eines Herzogs diente der Königin als Hofdame, ehe sie die Herzdame des Königs wurde. Da der gehörnte Ehemann nicht bereit war, sich mit seinem Schicksal widerspruchslos abzufinden, wurde er unter fadenscheinigem Vorwand in die Bastille geworfen.

Die Marquise war eine üppige Schönheit mit hervorragenden geistigen Gaben. Nicht einmal sieben Schwangerschaften innerhalb von neun Jahren hatten ihrer Anziehungskraft etwas anhaben können. Sie kleidete sich so geschickt in fließende Gewänder, daß niemand auf die Idee gekommen wäre, sie für dick zu halten.

Hinter der glänzenden Fassade verbargen sich ein eiserner Wille sowie ein nicht ganz einwandfreier Charakter. »Sie herrscht dröhnend und triumphierend«, findet Liselotte, die sich dennoch dem Charme und dem Esprit der Favoritin nicht entziehen konnte.

Die glänzendste Leistung vollbrachte die Marquise, indem sie den König dazu bewog, ihre Kinder zu legitimieren – ein Schritt, der für Liselotte, vor allem aber für ihren Sohn, dermaleinst fatale Folgen haben sollte.

Jeden Samstag hielt die Maitresse in ihrem Palais hof, die Spitzen der Gesellschaft hatten geschlossen zu erscheinen, selbstredend auch der Herzog und die Herzogin von Orléans. Die »Nebenkönigin« saß

Françoise Marquise de Montespan

so fest im Sattel, daß an die Entthronung dieser Herzensmajestät nicht im entferntesten zu denken war.

Und dennoch geschah es – erst langsam, schleichend, dann schmerzhaft abrupt. Die Montespan wurde zunächst ins Badehaus in einem Seitenflügel des Versailler Schlosses umquartiert, wo sie sich halb zu Tode fror, ehe gnadenhalber die Marmorplatten durch Holzbohlen ersetzt wurden, schließlich warf man sie ganz aus dem Schloß und verbannte sie aus Paris. In einem Kloster verbrachte sie den Rest ihres Lebens.

Wer sie gestürzt hat? Natürlich wieder eine Frau, zart, klein, anmutig, fromm und gescheit. Wenn die Montespan über einen eisernen Willen verfügte, so war der, mit dem die Neue begabt war, aus Stahl. Auch sie hieß Françoise, aber sie war kein Adelssproß, sondern kleiner Leute Kind, nach Martinique vertriebener Hugenotten. In jungen Jahren kam sie nach Paris, konvertierte zum Katholizismus, war von fundamentalistischem Glaubenseifer beseelt, und heiratete den Dichter Paul Scarron.

Früh verwitwet, war sie ganz allein auf sich gestellt und genötigt, Geld zu verdienen. So kam sie als Erzieherin der Montespan-Kinder an den Hof, und sie machte mit diesen Kindern Karriere. Als Ludwig seine illegitimen Sprößlinge zu Prinzen und Prinzessinnen »von Geblüt« erhob, war eine einfache Witwe nicht mehr gut genug für die Königskinder, es mußte eine Dame von hohem Adel sein. Françoise Scarron wurde zur Marquise de Maintenon und, mehr noch, zur ersten Hofdame der Marquise de Montespan.

Wie die Maintenon, die längst den ersten Schmelz der Jugend verloren hatte – sie war drei Jahre älter als der König – sich in dessen Herz geschlichen hat, das war und das ist ein nicht gelöstes Rätsel. Ihr Einfluß auf ihn war jedenfalls enorm: 1680 erhielt sie den Status einer offiziellen Maitresse mit weitreichenden Machtbefugnissen. Drei Jahre später, nach dem Tod seiner Frau, hat Ludwig sie heimlich geheiratet.

Die »Dame in Schwarz« – seit dem Tod ihres Mannes trug sie niemals mehr helle Kleidung – wachte mit strengem Blick über Sitte und Moral. Den Damen und Herren bei Hof, an lustiges, lockeres Leben gewöhnt, blieb nichts anderes übrig, als sich zähneknirschend in endlose religiöse Exerzitien zu fügen.

Françoise Marquise de Maintenon, die »Dame in Schwarz«

Ein besonderer Dorn im Auge war der Maintenon die fröhliche, offenherzige Liselotte, die ungeniert ihre Kommentare zu langweiligen Priestern und öden Messen abgab und überhaupt einen lockeren Umgang mit dem König pflegte. Die neue Favoritin hielt Liselotte für eine durch und durch schamlose Person, die den König zu »seichten« Komödien verführte, schallend über seine Witze lachte und selbst manchmal nicht ganz stubenreine Histörchen zum besten gab.

Das Klima zwischen dem König und Liselotte wurde immer frostiger, Liselotte wußte nur zu gut, wer daran schuld war.

Aller Vernunft zum Trotz dachte sie nicht daran, aus ihrem Herzen eine Mördergrube zu machen: Sie hörte nicht auf, in Briefen über die Maintenon zu lästern, obwohl sie doch wissen mußte, daß ihre Post geöffnet und gelesen wurde.

Sie nannte die Maintenon »die alte Zott«, »die Alte«, »die Hexe«, »die Pantokrat« (eine, die über alle regieren will), oder, noch ätzender, »Pantokrot«. Einmal schreibt sie: »Ich muß wohl gestehen, daß ich von Herzen böse bin über den König, mich wie eine Kammerfrau zu traktieren, welches einer Maintenon besser ankommt, denn sie ist dazu geboren, ich aber nicht.« Und dann, wie zum Hohn: »Sollte man aber auf der Post so neugierig sein, diesen Brief zu öffnen und zu lesen, so werden sie meine Meinung sehen und ich also der Mühe enthoben sein, ihnen selbige mit der Zeit zu sagen.«

Was sie nicht sagt, was man aber als Grundton jener Briefe deutlich spürt: Sie ist bohrend eifersüchtig auf die »Dame in Schwarz«, die sie um die Gunst des Königs gebracht hat. Er war ihr »Sonnenkönig«, die Maintenon ist die »Sonnenfinsternis« ...

»Wenn das Unglück einen einmal überfällt, klettet's an wie Kletten, man wird es nimmer los ...« variiert Liselotte die alte Volksweisheit von dem einen Unglück, das selten allein kommt.

Da Madame nun so offensichtlich der königlichen Huld verlustig gegangen war, witterte die Clique um Philipp von Orléans, allen voran dessen Günstling Lorraine, ihre Chance, sich der Deutschen ein für allemal zu entledigen und die Herrschaft über den herzoglichen Haushalt uneingeschränkt zu übernehmen. Lorraine und seine Spießgesellen streuten das Gerücht aus, Liselotte hätte einen Liebhaber, einen jungen Offizier der Leibgarde. Liebesbriefe soll sie geschrieben und ihm 500 Louisdor geschenkt haben.

Ihre erste Reaktion: »Ich habe doch nie soviel Geld in meinem Vermögen, außer am ersten Tag im Jahr.« Ihre zweite, und zugleich die von den Intriganten erwartete und erhoffte: Sie wollte aufgeben, sich stehenden Fußes in ein Kloster zurückziehen.

Diesem Wunsch schob der König einen Riegel vor. Er bat, er beschwor die Schwägerin, er befahl, an ihre Pflichten als Ehefrau und Mutter zu denken; er zitierte Philipp herbei und erklärte: »Ich lege meine Hand dafür ins Feuer, daß Madame unschuldig ist.« Dem Wort des Königs hatte Philipp nichts entgegenzusetzen; es blieb ihm nichts anderes übrig, als der Aufforderung des Bruders zu folgen: »Nun wollen wir uns alle drei umarmen.«

Der mühsam arrangierte Friede währte nicht lange. Es kam zu nicht enden wollenden Streitigkeiten zwischen dem Herzogspaar. Einmal schrie Liselotte ihren Mann an, er habe seine erste Frau ins Grab gebracht, nun werde er bald auch sie unter die Erde zwingen. Der König grollte ihr wegen dieser unbedachten Äußerung, die man ihm natürlich sofort hinterbracht hatte.

Dem Groll des Königs setzte Liselotte heiligen Zorn entgegen, als am 28. August 1680 ihr Vater, der Kurfürst von der Pfalz, starb: »Ich fürchte, daß Papa aus Kummer und Verzweiflung gestorben ist.« Sie gibt »dem großen Mann«, ihrem Schwager, die Schuld: »Ehe er Papa so verfolgt hatte, gestehe ich, daß ich ihn sehr lieb hatte und gerne bei ihm war, seitdem kann ich versichern, daß es mir sauer aufgekommen ist.«

1683 verblich Königin Maria Teresa, still und unauffällig, wie sie gelebt hatte, an den Folgen eines Insektenstichs. »Das ist der erste große Kummer, den sie mir bereitet«, klagte der König, doch er war nicht untröstlich. Die Marquise von Maintenon band ihn noch fester in ihre Frömmelei ein – neuerlicher Anlaß für Liselotte, über die verhaßte Rivalin herzuziehen: »Der König ändert sich in allem schrecklich, daß ich ihn nicht mehr kenne, ich sehe aber wohl, wo alles herkommt, allein, es ist kein Mittel davor.« Und: »Der König bildet sich ein, er sei gottesfürchtig, wenn er macht, daß man nur brav Langeweile hat und gequält ist.«

Langeweile war indes das Letzte, worüber sich Liselotte nach dem Tod der Königin zu beklagen hatte. Zur Ersten Dame des Landes mit ungezählten protokollarischen Pflichten stieg nun des Königs Schwiegertochter, die bayerische Prinzessin Maria Anna, auf. Die Dauphine war neun Jahre jünger als Liselotte, krankhaft schüchtern, dauernd von Ohnmachtsanfällen und allerlei Magen- und Darmkrankheiten geplagt. Sie klammerte sich mit fast peinlicher Unterwürfigkeit an Liselotte, die einzige Person, mit der sie in der kalten Fremde wenigstens deutsch sprechen konnte.

Wegen Maria Annas häufiger Unpäßlichkeiten war Liselotte in die Rolle gezwungen, die ihr am allerwenigsten behagte. In Vertretung Maria Annas mußte sie als Erste Dame des Landes repräsentieren und in jeder Situation Haltung bewahren.

Statt mit der ihr eigenen Heftigkeit reagierte sie denn auch mühsam gefaßt, als der Dauphin in den Krieg zog und großspurig versprach, ihr die ganze Pfalz zu Füßen zu legen. Ihre Antwort: »Ich gestehe, daß ich nur Schmerz davon habe, wie man sich meines Namens bedient, um mein armes Heimatland zugrunde zu richten.«

Die Rede ist vom »Pfälzischen Erbfolgekrieg«, dem für Liselotte schmerzlichsten aller Eroberungsfeldzüge Ludwigs XIV.

1685 war ihr Bruder, Kurfürst Karl von der Pfalz, kinderlos gestorben – im selben Jahr übrigens auch Liselottes Mutter, die nach dem Tod des Vaters in Ehren und Ehrfurcht wieder im Schloß zu Heidelberg aufgenommen worden war.

Obwohl Liselotte bei ihrer Eheschließung auf alle Rechte an der Pfalz verzichtet hatte, erhob Ludwig im Namen der Schwägerin Erbansprüche, die vom Kaiser zurückgewiesen wurden. 1688 kam es zum Krieg gegen den Kaiser und seine Verbündeten, »ein schlauer Vorwand [Ludwigs XIV.], um wieder einmal halb Europa in Brand zu stecken«, lesen wir in einem zeitgenössischen Kommentar.

Wie die Hunnen fielen die Franzosen über die Pfalz her. Innerhalb nur eines Jahres verwandelten sie die blühende Landschaft in ein rauchendes Ruinenfeld. Sie mordeten, sie plünderten, sie vergewaltigten. Endlose Kolonnen hungernder Flüchtlinge irrten umher.

Zum ersten Mal in der modernen Geschichte praktizierte eine Armee das Prinzip der »verbrannten Erde«, deutlich erkennbar an einem einzigen Tagesbefehl des Kriegsministers Louvois: »Ich sehe, daß der König gewillt ist, die Zitadelle von Mannheim vollkommen schleifen zu lassen, und in diesem Fall auch die Häuser vollkommen schleifen zu lassen, so daß kein Stein auf dem anderen bleibt.«

So wurde auch Heidelberg dem Erdboden gleichgemacht, zuerst das Schloß niedergebrannt, dann jedes Haus demoliert, und sicherheitshalber legten die Soldaten noch allerorten Feuer. Die Brücken wurden gesprengt, die Felder und Weinberge systematisch verwüstet.

Worms, Speyer, Bingen, Oppenheim – Geisterstädte. Auch die Dörfer blieben nicht verschont: zuerst ausgeplündert, dann in Brand gesteckt.

Noch fünf Jahre später schreibt ein Reisender aus der Pfalz: »Alles war vom Feuer vernichtet . . . die wenigen Einwohner, die noch da waren, hausten in den Ruinen oder in den Kellern.«

Es ist ein unerklärliches Phänomen, daß der »Sacco di Roma«, die Verwüstung der Ewigen Stadt durch die Truppen Karls V., soviel eindringlicher im Gedächtnis der europäischen Geschichte haften geblieben ist als die Auslöschung eines ganzen deutschen Landes.

»Der Krieg ist ein häßlich Ding«, schreibt Liselotte einmal. »Mir kommt es ganz abscheulich vor, daß man 1200 [Tote] für nichts und einen kleinen Verlust hält, ein jeder hat doch entweder Vater und Mutter, Bruder, Weib oder Freunde, so es von Herzen beweinen. Alle, die die Ihrigen verlieren, jammern mich, wer es auch sein mag.«

Am Anfang des Krieges hatte Liselotte mehrfach bei ihrem Schwager um Gnade für die Heimat gefleht, aber immer vergeblich, bis sie es aufgab und resignierte.

Elf Jahre währte der Wahnsinn, und zuletzt gab es nur Verlierer. Die Pfalz war zerstört, Frankreich am Ende seiner Kräfte. Die Steuern wurden erhöht, das Geld entwertet, ganze Landstriche verarmten.

Der endlich ausgehandelte Friede klang wie ein makabrer Scherz: Ganze 300000 Taler wurden als Entschädigung für Liselottes Ansprüche bezahlt – sie flossen in die Staatskasse. Die beweglichen Werte aus dem Heidelberger Schloß eignete sich Monsieur an, das Familiensilber der pfälzischen Kurfürsten ließ er einschmelzen, um den Erlös mit seinen Buben durchzubringen. »Er hat den ganzen Ertrag in seinen Beutel geschoben«, zürnt Liselotte brieflich.

Ab 1690 hatte Liselotte eine weitere Last ständig zu tragen. Maria Anna, Ehefrau des Dauphin, starb, kaum betrauert von ihrem dicken, geistig wie gefühlsmäßig trägen Mann, der nichts als die Jagd im Kopf hatte. Die Herzogin von Orléans war nun unausweichlich und für lange Zeit die »Erste Dame« des Landes.

Maria Anna starb plötzlich, nachdem sie ihr ganzes Leben lang entweder schwanger oder, einmal mehr, einmal weniger, krank gewesen war, bis man in ihr nichts anderes sah als eine hypochondrische Person, die niemand wirklich ernst nahm. Um so überraschender kam ihr Tod, denn Dreißigjährige pflegten auch damals nicht so ohne weiteres zu sterben. Maria Anna hinterließ drei Söhne im Alter von acht bis vier Jahren: Louis, Philipp und Charles.

Liselotte tat es um die einzige Landsmännin am französischen Hof von Herzen leid, dennoch konnte sie sich beim Begräbnis der Dauphine – wieder einmal – das Lachen nicht verkneifen. Und das kam so: Nach der Totenmesse überreichte sie in der Kirche von Saint-Denis dem Bischof einige Goldmünzen. Ehe der geistliche Herr die Opfergabe den Priestern der königlichen Grabeskirche überreichen konnte, stürzten einige Mönche des Klosters von Saint-Denis herbei, um dem Bischof die Beute zu entreißen. Liselotte erzählt weiter: »Sie warfen sich auf den Bischof, dessen Stuhl zu wackeln begann, die Mitra fiel ihm vom Kopf. Hätte ich noch einen Augenblick gewartet, wären der Bischof und all die Mönche auf mich gefallen. Deswegen sprang ich eilends die vier Stufen vom Altar herunter . . . und sah der Schlacht zu. Es war mir unmöglich, das Lachen zu lassen, und alle Menschen lachten.«

Ihre Grundstimmung allerdings war düster, denn noch tobte der Pfälzische Erbfolgekrieg, aber sie bemühte sich um Haltung: »Damit die, die mir übel wollen, nicht zu froh sein mögen, wenn sie mich traurig sehen, so laß ich mir nichts merken und stelle mich gar lustig an.«

Vielleicht hat sie sich ein wenig überanstrengt und mehr »Lustigkeit« vorgespielt, als ihrer Stellung angemessen war – die Marquise de Maintenon, »die alte Zott«, jedenfalls nahm wieder einmal Anstoß am Benehmen der Herzogin von Orléans, und wieder fand sie beim königlichen Liebhaber ein offenes Ohr. Über ihren Beichtvater ließ Ludwig XIV. seiner Schwägerin bestellen, daß er sie, egal ob sie die Erste Dame sei oder nicht, vom Hofe weisen würde, falls sie ihr loses Mundwerk nicht im Zaum hielte.

Liselotte nahm nun ihre gesellschaftlichen Verpflichtungen nur im absolut unerläßlichen Ausmaß wahr und versuchte, sich so weit wie möglich in die Privatheit zurückzuziehen.

Sie ging sehr viel auf die Jagd, schon längst nicht mehr mit dem König, sondern mit seinem Sohn, dem unersättlichen Nimrod. Sie ritt ihre verschiedenen Steckenpferde, das Sammeln von Münzen, Medaillen, Gemmen und Kupferstichen. Sie las mehr denn je, sie versäumte keine interessante Theateraufführung – Molière, Corneille und Racine waren ihre Lieblingsautoren –, und sie stillte, so oft es ging, ihren Wissensdurst über fremde Länder und Menschen. Wann immer ein Gesandter oder Weltreisender in Paris auftauchte, sie lud ihn ein und hing gebannt an seinen Lippen. Das bei Damen ihres Standes übliche Handarbeiten war ihr von Herzen zuwider: »Wer an Jagen gewöhnt ist, kann sich mit Weiberarbeit nicht behelfen noch Spaß daran haben.«

Zentraler Punkt ihres Lebens waren die Kinder, Philipp und Elisabeth Charlotte, die sie herzlich liebte und mit strenger Hand erzog. Sie fand die Tochter »doll wie einen Buben«, den Sohn »gesetzt und ehrbar wie ein Mädchen ... Er ist ein gutes Kind, fügsam und tut alles, was man von ihm will«. (Das sollte sich radikal ändern!)

Sie hat die Kinder niemals geohrfeigt, denn »Maulschellen sind gefährlich, indem sie dem Kopf schädlich sein können«. Hingegen hat sie die Kinder wiederholt eigenhändig »mit der Rute brav gestrichen«.

Als die beiden dem ersten Kindesalter entwachsen waren, wurden sie zum ständigen Zankapfel zwischen den Eltern. Dies war die Gelegenheit für Monsieur, seine Frau zu quälen und an ihrem empfindlichsten Punkt zu treffen: »[Er] hetzt meine eigenen Kinder täglich gegen mich auf. Meinem Sohn läßt er alle Ausschweifungen zu und erhält ihn darin. Wenn ich meinem Sohn raten will ... von den Lastern abzustehen, lacht mich Monsieur mit meinem Sohne aus ... Meines Sohnes Anlagen sind gut und er könnte etwas rechts werden, wenn Monsieur ihn nicht verdürbe ... Meine Tochter führt er immer, wo ich nicht bin ... Zudem so predigt er ihr einen solchen Haß gegen die Deutschen, daß sie schier bei mir selbst nicht dauern kann, weil ich eine Deutsche bin ...«

Die frühkindliche Erziehung und Prägung durch Liselotte trug dann letzten Endes doch ihre Früchte. Der Sohn war im Kern gefestigt genug, um als Erwachsener nicht völlig ins Lotterdasein abzugleiten wie der Vater. Elisabeth Charlotte wurde überhaupt ganz »normal«.

Der junge Philipp allerdings blieb sein ganzes Leben ein Wüstling. Daß seine erotischen Abenteuer sich auf der »richtigen« Seite abspielten und nicht auf der des Vaters, hatte er mit größter Wahrscheinlichkeit dem energischen Eingreifen seiner Mutter zu verdanken.

Philipp, der den Titel eines Herzogs von Chartres führte, war ein bildschöner Bengel, in vielerlei Richtungen hochbegabt und überirdisch faul. Als er sechzehn war, starb sein Hofmeister und Erzieher, der dem Eigenwillen seines Schützlings stets hilflos gegenübergestanden war.

Der Vater suchte ihm einen neuen Mentor aus, ausgerechnet den Marquis d'Effiat, den zwielichtigen Gefährten von Monsieurs Liebhaber, Chevalier de Lorraine, und da riß Liselottes Geduldsfaden endgültig. Sie schrie und tobte, nie, niemals werde sie zulassen, diesem »ehrvergessenen, ausschweifenden Kerl« ihren Sohn zu überlassen, diesem »Sodomiten«, dessen Wohnung im Palais Royal »voller Huren und Buben ist«.

Sie stürmte zum König – und er gab ihr recht. Ludwig bestimmte für den Neffen einen hervorragenden Pädagogen, dem es gelang, den Lerneifer und den Ehrgeiz des Jünglings zu wecken. Philipp wurde ein Musterschüler.

Das nächste Malheur im Leben des Sohnes zu verhindern war Liselotte dann doch nicht möglich, denn die höchste Instanz, an die sie sich um Intervention hätte wenden können, war für dieses Malheur in eigener Person verantwortlich. Ihre ohnmächtige Wut darüber ließ Liselotte dann am unschuldigen Opfer aus.

Aus der Verbindung mit der Marquise de Montespan hatte Ludwig eine Tochter Marie Françoise, 1692 gerade fünfzehn Jahre alt, groß und plump, gefräßig und so träge, daß sie angeblich nur drei Worte in der Minute von sich gab. »Sie ist erschreckend kränklich und hat stets blöde Augen«, schildert Liselotte das Mädchen, in das Ludwig aus unerfindlichen Gründen vernarrt war – und das er ausgerechnet seinem achtzehnjährigen Neffen zur Ehefrau ausersehen hatte.

Der König ließ seinen Bruder nebst Sohn zu sich rufen und eröffnete den beiden überrumpelten Männern: »Lieber Neffe, ich habe den Plan gefaßt, Sie zu vermählen, und ich möchte Ihnen zu einer Ihrem Rang . . . würdigen Heirat verhelfen . . . Ich kann Ihnen meine Zärtlichkeit nicht besser beweisen, als indem ich Ihnen meine Tochter

Liselotte mit ihren Kindern

anbiete ... Doch sosehr ich diese Ehe auch befürworte ... so will ich Sie doch nicht zwingen und lasse Ihnen alle Freiheit.«

Der junge Philipp war so verdattert, daß er nur stumm nickte. Sofort ließ der König Liselotte holen, teilte ihr mit, daß ihr Sohn seine Tochter heiraten werde, sie habe doch gewiß nichts dagegen einzuwenden. »Wenn Monsieur und mein Sohn das wollen«, erwiderte sie, »so habe ich nichts dazu zu sagen.«

Was sie wirklich zu sagen hatte, kann man in ihren Briefen nachlesen, wo sie in schöner pfälzischer Direktheit über die zukünftige Schwiegertochter, »diesen Bastard aus doppeltem Ehebruch«, diesen »Mausdreck im Pfeffer«, vom Leder zieht.

Beim großen Verlobungsempfang kam es zum Eklat. Als ihr Sohn ihr die Hand küssen wollte, schlug sie ihn mitten ins Gesicht. Saint-Simon, Zeuge dieses unerhörten Vorfalls, schreibt, der arme Junge sei »tief beschämt«, die Zuschauer seien »höchst erstaunt« gewesen.

Noch größer war das Staunen der Mitwelt über die Höhe der Mitgift: zwei Millionen Livres in bar, 150 000 Livres Jahresapanage für die junge Frau, 200 000 für den Ehemann. (Von 40 000 Livres jährlich konnte man damals im äußersten Luxus leben.) Marie Françoise erhielt darüber hinaus noch vier »vollständige Geschmeide« aus Brillanten, Perlen, Rubinen und Saphiren, jede Garnitur aus fünfzig Einzelstücken bestehend.

Es wurde die aufwendigste Hochzeit, die Paris seit Jahren erlebt hatte. Die große, hochbusige Braut erschien in Weiß und Silber, sie trug das perlübersäte Kronkollier. Philipp, der neben der imposanten Braut ein wenig verloren wirkte, war in schwarzen Samt gekleidet, dieser jedoch so dicht mit Goldfäden und Brillanten bestickt, daß man den Stoff kaum sehen konnte. Liselotte bewahrte steinerne Ruhe. Sie sprach kein Wort, sie rührte keinen Bissen an, obwohl ihr der König persönlich die Platten reichte.

Wenig später zog der junge Ehemann in den Krieg – den Krieg um die Pfalz, und Liselotte war in größter Sorge. Er wurde verwundet – allerdings nur leicht –, aber er führte im Feld ein so ausuferndes Liebesleben, daß die Mutter schlaflose Nächte hatte vor Angst, er könnte eine »böse Krankheit« davontragen.

In einer Julinacht des Jahres 1693 war es nicht die Angst um den Sohn, die ihr den Schlaf raubte, sondern heftiges Erbrechen, begleitet von ebenso heftigen Durchfällen. Den stracks herbeigeeilten Ärzten fiel nichts anderes ein, als ihr Aderlässe und Abführmittel zu verordnen, doch sie hatte noch Kraft genug, sich dagegen zur Wehr zu setzen. Vor langer Zeit hatte sie wegen einer Erkältung 72 Einläufe innerhalb von vier Wochen über sich ergehen lassen müssen; seit damals lehnte sie derartige Brachialmethoden dickschädelig ab.

Sie hatte fünfundzwanzig Stürze vom Pferd und ungezählte Operationen von Schweißabszessen in der Achselhöhle ohne den unvermeidlichen Aderlaß und das übliche Purgierrohr überstanden – sie würde auch diese Krankheit ohne die gängigen Therapien hinter sich bringen.

Es war keine gewöhnliche Krankheit – es waren die Pocken! Und ausgerechnet in Versailles wurde Liselotte von der gefürchteten Seuche befallen. Binnen weniger Stunden waren der König, der Dauphin, die drei Enkel, Monsieur samt der schwangeren Schwiegertochter Marie Françoise aus dem Palast geflohen.

Nur das »gewöhnliche« Personal mußte bleiben, und nicht weniger als sechs Hofdamen Liselottes weigerten sich, ihre Herrin im Stich zu lassen; sie harrten tapfer an ihrem Lager aus.

Ruhig und gefaßt bereitete sich Madame auf den Tod vor, denn es war, nach ihrer und der Zeitgenossen Meinung, ein »guter Tod«, dem sie entgegensah. Nichts fürchtete sie so sehr wie einen »schlechten Tod«. Ein schlechter Tod, das war der plötzliche, der unerwartete, der keine Zeit ließ, Abschied zu nehmen, den Haushalt zu bestellen und ausgiebig seine Sünden zu bereuen.

Hilflos und entsetzt standen die Ärzte um ihr Krankenbett, denn sie forderte Unfaßbares: Sie ließ sich ein aus der Heimat mitgebrachtes Pulver in ein Getränk rühren. Nach dessen Genuß brach ihr der Schweiß aus allen Poren. Mindestens viermal täglich ließ sie sich umkleiden und das Bett frisch beziehen, obwohl doch jeder gute Arzt wußte, daß nichts gefährlicher war: Leib- und Bettwäsche durften bis zum Ende einer Krankheit unter keinen Umständen gewechselt werden. Und überhaupt: Pulver schlucken ohne Aderlaß! »Madame ist schon so gut wie tot«, orakelte ein Arzt.

Sie starb nicht, sie genas binnen kürzester Zeit, und auch die drei Hofdamen, die sie angesteckt hatte, kamen mit dem Leben davon. Ob sie nach Liselottes Methode oder nach der althergebrachten behandelt wurden, ist nicht überliefert.

Allem höfischen Trubel fern, verbrachte Liselotte dann beschauliche Wochen der Erholung in Saint-Cloud. Ab September war sie wieder ins Hofleben eingebunden. Jedermann war freundlich zu ihr, niemand schien zu bemerken, daß ihr ohnedies nicht besonders anziehendes Gesicht nun zusätzlich durch Pockennarben entstellt war.

Ungefähr um diese Zeit – sie war jetzt vierzig Jahre alt und kam vermutlich in die Wechseljahre – begann sie abnormen Appetit zu entwickeln. Sie wurde unförmig »wie ein Würfel« (Selbstbeschreibung), so, wie wir sie von vielen Bildern kennen. Die Freßsucht dürfte aber noch andere als hormonelle Gründe gehabt haben: »Wenn ich unglücklich bin, werde ich dick«, schreibt sie. Im modernen psychologischen Sinn war Liselotte eine »Kummeresserin«.

Kummer über Kummer!

Unruhe kam in Liselottes Leben mit dem Auftauchen eines zwölfjährigen Mädchens am Hof zu Versailles, Marie Adelaide von Savoyen, eine Enkelin von Monsieur. Sie sollte den ältesten Enkelsohn des Königs heiraten und später einmal Königin von Frankreich werden. »Ein recht Püppchen, das eine artige schmale Taille hat . . . und schönes blondes Haar in großer Menge . . .«, findet Liselotte, jedoch: »Ein recht österreichisch Maul und Kinn.«

Der König war bezaubert von dem Kind. Marie Adelaide erhielt sofort eine monatliche Apanage von 500 Livres, wertvollste Juwelen, eine kleine Menagerie, ein Marionettentheater, kurz alles, was sie sich nur wünschte.

»Sie verwöhnen sie ganz«, ärgert sich Liselotte. »Sie bleibt keinen Augenblick auf einem Platz, setzt sich auf alle Knie und schwärmt immer herum wie ein Äffchen . . . Man läßt ihr alles zu.«

Auch die Maintenon war angetan von dem Mädchen und nahm sie sofort unter ihre Fittiche. Ein neuer Triumph für die Maitresse, denn mit dem Erscheinen Marie Adelaides war Liselotte ihres Status als »Erste Dame« des Hofes verlustig geworden. Dies ein Umstand, der sie nicht weiter gestört hätte, wäre er nicht Anlaß gewesen, sie noch mehr zurückzusetzen als bisher. Die Maintenon wurde ihr gegenüber immer unverschämter: »Sobald ich zum König komme, geht Frau Zott fort. Wenn ich sie bitte zu bleiben, antwortet sie nicht und geht fort mit einem höhnischen Maul . . .«

Mit dem untrüglichen Gespür eines frühreifen Fratzen erfaßte Marie Adelaide, daß Liselotte nicht hoch in der Huld des Königs stand, und behandelte die viel ältere Frau einfach schandbar. Liselotte sprach sie freundlich an, aber die Kleine würdigte sie keiner Antwort, grinste süffisant und sagte zu ihrer Begleitung: »Meine Damen, unterhalten Sie mich, ich langweile mich . . .«

Kummer über Kummer!

Philipp von Orléans zog sich vollkommen von seiner Frau zurück. Monsieur wollte, so sagte er, die Jahre, die ihm noch gegeben waren, bis zur Neige genießen; das hieß, seinen Gefährten noch mehr Geld in den nimmersatten Rachen zu werfen, das hieß, noch mehr Zeit am Spieltisch zu verbringen, um immer höhere Summen zu verlieren. Schließlich verkaufte er sogar das ganze Silber des Hauses Orléans.

Kummer über Kummer!

Liselottes Schwiegertochter wurde zur Gewohnheitstrinkerin. »Sie säuft sich alle Woche drei- oder viermal sternvoll«, klagte Madame über die junge Frau, welche die meiste Zeit im Bett verbrachte und auch sonst absolut nichts tat.

Abgestoßen von dieser gräßlichen Frau wurde Liselottes Sohn vollends zum Hedonisten. »Mein Neffe ist ein Ausbund von Laster«, grollte der königliche Schwiegervater. Er fand selbstverständlich nichts dabei, daß Philipp sich Maitressen hielt; doch daß der junge Mann fast keine Nacht daheim verbrachte, um sich durch halb Paris zu schlafen, das verzieh er ihm nicht. Wenn Liselotte dem Sohn Vorhaltungen machte, lachte er sie aus: Sie sollte doch froh sein, daß er es mit Frauen trieb und nicht mit Männern wie der Vater.

Einziger Lichtblick in diesen düsteren Jahren war für Liselotte die Tochter Elisabeth Charlotte. Deren Gesicht war zwar durch eine Knollennase und schlechte Zähne verunziert, doch die Figur war ohne Tadel, der Teint schimmerte wie Opal. Sie war, allen Versuchen des Vaters zum Trotz, sie ins liederliche Treiben des Hofes einzubeziehen, frisch und natürlich geblieben, und sie besaß eine große Portion an Hausverstand.

Kopfzerbrechen bereiteten Liselotte die Heiratschancen des Mädchens. Einen Versuch des Königs, die Nichte mit seinem ältesten Sohn aus der Verbindung mit der Marquise de Montespan, dem Herzog von Maine, zu vermählen, hatte Madame glücklich vereitelt. Der Kronprinz von Dänemark bewarb sich vergeblich – er war zu minder.

Liselotte bemühte sich erfolglos um eine Verbindung mit dem österreichischen Erzherzog Joseph (dem späteren Kaiser Joseph I.). Einerseits wehrte sich Elisabeth Charlotte gegen den »Deutchen«, andererseits tendierten die Heiratspläne des Wiener Hofes für den Thronfolger nach Deutschland.

Letzten Endes fiel die Wahl auf Herzog Leopold von Lothringen, der war allerdings nicht ganz so vornehm wie erwünscht, doch er war kein Deutscher – was Elisabeth Charlotte befriedigte –, und seine Mutter war immerhin die Schwester Kaiser Leopolds I. – worüber Liselottes Standesbewußtsein beruhigt war.

Die Trauung wurde per procurationem vollzogen. Elisabeth Charlotte weinte heftig, ehe sie in ein unbekanntes Land zog, um einem unbekannten Manne anzugehören. Doch Ende gut, alles gut: Die jungen Leute fanden Gefallen aneinander, und sie sollen sich sogar ein bißchen ineinander verliebt haben. Liselotte registrierte es mit Erleichterung.

Knapp ein Jahr später gebar Elisabeth Charlotte ihr erstes Kind, doch der Junge starb, nicht einmal sieben Monate alt, angeblich an »Krämpfen«. Die bekümmerte Großmutter wußte es wohl besser: »Des Herzogs Doktor hat das Kind ums Leben gebracht . . . Es war ein groß stark Kind . . . Der Doktor gab ihm in 12 Stunden 4 Klistiere, ein Pulver gegen die Gicht, gar viel vom starken Melissenwasser und englische Tropfen. Das muß das arme Kind erstickt haben . . .«

Liselotte selbst begann wieder zu kränkeln. Da sie beharrlich keinen Arzt an sich heranließ, läßt sich über die Art dieses Leidens nicht einmal mutmaßen: stets wiederkehrende und immer heftiger werdende Fieberstöße im Dreiwochenrhythmus.

Dennoch war sie dann einigermaßen ausgeglichen und zufrieden. Monsieur, nun fast sechzig Jahre alt, wurde seines sinnlosen und flatterhaften Daseins zunehmend überdrüssig. Wahrscheinlich war er bereits impotent, und er jagte seine Gefährten, die Schleicher und die Schmeichler, einen nach dem anderen aus dem Haus, wandte sich wieder der eigenen Frau zu. Eine Gnade des Himmels für Liselotte, deren letztes Ehejahr das ruhigste und erfüllteste war.

Am 7. Juni 1701 – Liselotte lag wieder einmal darnieder – speiste Philipp allein mit dem König. Dabei kam es zu einer lärmenden Auseinandersetzung zwischen den Brüdern. Streitobjekt war, wie es in Hofkreisen hieß, wieder einmal Philipps Sohn, den der König eines skandalösen Lebenswandels bezichtigte. Philipp soll aufgesprungen sein und gebrüllt haben, dies käme nur davon, weil Ludwig den Neffen gezwungen hätte, die schreckliche Marie Françoise zu heiraten. Der Herzog lief blaurot an, schnappte nach Luft und schwankte. Doch schon wenige Minuten später fühlte er sich wieder besser.

Am nächsten Abend verabschiedete sich Monsieur wohlgelaunt von seiner kranken Frau: »Ich werde soupieren . . . denn ich habe großen Hunger.«

Kurze Zeit später stürzte eine Hofdame in Liselottes Zimmer: »Kommen Sie schnell, Monsieur geht es nicht gut.«

Während der Mahlzeit war Philipp, einige unverständliche Worte lallend, vornüber gefallen. Mit anderen Herren trug der junge Philipp seinen Vater in dessen Schlafzimmer. Er wurde sofort zur Ader gelassen und bekam, unter größten Schwierigkeiten, ein Brechmittel eingeflößt.

Philipp I., Herzog von Orléans, kam nicht mehr zu sich. Im Kreis seiner Familie – auch der König war herbeigeeilt – verschied er am späten Vormittag des 9. Juni 1701.

Während seiner Agonie war Liselotte, leise weinend, am Bett gesessen, doch kaum hatte er den letzten Atemzug getan, sprang sie auf und schrie in Panik: »Nicht ins Kloster. Ich will nicht ins Kloster!«

Buchstäblich mit Monsieurs letztem Herzschlag hatte sie ihren Rang und alle Privilegien verloren. Sie war nun nichts mehr als die Witwe Orléans. Dem Protokoll gemäß hätte sie sich schleunigst auf einen kleinen Witwensitz oder ins Kloster zurückziehen müssen.

Der König ließ Gnade vor Recht walten. Er bestimmte, daß Liselotte fürs erste nach Versailles ziehen sollte, alles andere werde man später sehen. Die beiden hatten eine lange Unterredung, und Liselotte gestand ihrem Schwager freimütig: »Wenn ich Sie nicht so geliebt hätte, hätte ich Madame de Maintenon nicht so gehaßt, von der ich glaube, daß sie mir Ihre Gnade entzogen hat.« Der König legte seine Arme um die Schwägerin und hielt sie lange lächelnd fest.

Die Maintenon ließ sich sogar zu einem Kondolenzbesuch herbei. Die beiden alten Rivalinnen versöhnten sich, wie es heißt, »unter Tränen« – aber erst nachdem die Maitresse Liselotte ein ganzes Paket von Gemeinheiten an den Kopf geworfen hatte. Es war keine Versöhnung, es war bestenfalls ein Waffenstillstand.

Vierzig Tage lang war Liselotte so gut wie eingesperrt und mußte eine hochgeschlossene schwarze Trauerrobe tragen, das Haupt mit einem dichten Schleier verhüllt – so war es Tradition. Doch wieder war der König barmherzig: Er erließ ihr, da sie wieder hoch fieberte und über Paris ein tropischer Hitzehimmel hing, den schwarzen Panzer, und nach 40 Tagen fuhr er mit ihr spazieren.

Die Testamentseröffnung muß für Liselotte ein Schock gewesen sein. Der Verblichene heischte 6 000 Seelenmessen, bedachte alle Verwandten und viele Freunde mit üppigen Legaten – Liselottes Name wurde in dem Letzten Willen nicht einmal erwähnt.

Sie hatte zwar Anspruch auf eine Rente aus dem Vermögen ihres Mannes sowie auf Rückgabe ihrer Mitgift in der Höhe von 600 000 Livres – aber Bares war nicht vorhanden, und ihre bewegliche Habe hatte Monsieur längst zu Geld gemacht und verjubelt. Der König und ihr Sohn, nun Philipp II., Herzog von Orléans, sprangen hilfreich ein. Sie erhielt eine Jahresrente, die ihr Auskommen ausreichend sicherte.

Dennoch setzte Liselotte einen Akt der Pietät gegenüber dem Verstorbenen, der sie so schmählich übergangen und seltsamerweise keine Verfügung über seine private Korrespondenz getroffen hatte. Eines Nachts schlich sie zu seinem Schreibtisch, nahm all die vielen verfänglichen Liebesbriefe seiner Gefährten an sich und verbrannte sie.

Um die Schulden seines Vaters begleichen zu können, mußte Philipp dessen Schmuck verkaufen. Es dauerte drei Wochen, bis alle Stücke gesichtet und sortiert waren. Juwelenhändler aus ganz Europa strömten nach Paris, um sich auf die größte Schmucksammlung, die je auf den Markt gekommen war, zu stürzen: Ringe, Armbänder, Ketten, Schuhschnallen aus Gold, mit Diamanten geziert, Ohrgehänge, Broschen, goldene Knöpfe mit hochkarätigen Steinen gekrönt. Infolge des Überangebots war der Erlös schmal – nur eine halbe Million Livres, Monsieurs Schulden waren erheblich höher.

Alle gesellschaftlichen Verpflichtungen des Hauses Orléans gingen nun an Liselottes Schwiegertochter über. Sie hatte plötzlich viel Zeit für sich, inmitten ihres radikal verkleinerten Hofstaates: »Ich bin den ganzen Tag allein, aber mir wird die Zeit nicht lang«, schreibt sie. Sie schreibt und schreibt und schreibt.

Die Flut ihrer Briefe an rund 70 Partner in ganz Europa nahm sprungartig zu. An die 4 000 Epistel sind bis jetzt bekannt, die wichtigsten, nämlich die an ihre Tochter, sind leider verschollen. Manche Briefe waren bis zu 30 Seiten lang, meist schrieb sie deutsch. Ihre französischen Briefe sind nur mit viel Phantsie zu verstehen, denn: »Es ist nicht schwer, französisch zu schreiben, man braucht nur schreiben wie man spricht.« Madame schrieb also rein phonetisch. Ganz natürlich – mon diöh!

Zu Anfang des neuen Jahrhunderts sinniert sie: »Ich finde, daß der Krieg eine häßliche Sache ist ... Wenn man meinem Rat folgen wollte, würde man immer Frieden halten.« An anderer Stelle: »Ich habe längst gesagt, daß man die zwei spanischen Könige sollte miteinander schlagen lassen ... Ich würde es christlicher finden, daß die zwei Könige sich um ihr Königreich schlügen als soviel Christenblut vergießen zu machen ...«

Mit den zwei spanischen Königen sind Philipp, der zweitälteste Enkel Ludwigs XIV., und Karl, jüngerer Sohn des deutschen Kaisers Leopold I. gemeint; ein französischer Bourbone und ein österreichischer Habsburger, die nach dem Tod des kinderlosen Karl II. (1700) Anspruch auf Spaniens Thron und dessen umfangreiche europäische und außereuropäische Besitzungen erhoben.

Bis 1714 tobte der Spanische Erbfolgekrieg, den manche Historiker auch den »Allerersten Weltkrieg« nennen. Jeder der Prätendenten hatte eine Anzahl von Alliierten, und die Kriegsfurie tobte dreizehn Jahre lang durch halb Europa. Es wurde in Italien gekämpft, in Süddeutschland, in Tirol, in den Niederlanden und in Spanien. Die Verluste auf beiden Seiten gingen in die Abertausende.

Letzten Endes behielt der Bourbone den spanischen Thron – aber die Spanischen Niederlande, Oberitalien und Neapel gingen an Österreich. Spanien mußte Gibraltar an England abtreten, und England heimste dazu noch einen Teil der französischen Überseekolonien in Nordamerika ein.

Nicht nur das Kriegsglück war Frankreich abhold, auch die Natur machte den Franzosen schwer zu schaffen. 1709 brach über das Land ein sibirischer Winter herein, der nicht enden wollte. Die Seine fror zu, selbst auf dem Atlantik trieben Eisschollen, am Rand von Paris heulten die Wölfe. Versailles war eingeschneit, niemand wagte sich aus dem Haus. Die Mühlen konnten nicht mahlen, weil die Bäche zugefroren waren. Allein in Paris starben einige tausend Menschen, da sie nichts zu essen hatten.

Im darauffolgenden Sommer kam es zu Hungerkrawallen. Die Bürger rotteten sich zusammen, errichteten Barrikaden und schleuderten Steine, Soldaten erhielten Schießbefehl, es gab mindestens 40 Tote zu beklagen – ein kleiner Vorgeschmack auf das, was achtzig Jahre später geschehen und das Königreich aus den Fugen heben sollte. »Mein Leben habe ich keine so traurige Zeit gesehen«, seufzt Liselotte.

Begreiflicherweise bereitete ihr das persönliche Schicksal des Sohnes die größte Sorge. Philipp stand häufig im Feld, wurde einmal lebensgefährlich verwundet, errang einige kleinere Siege in Spanien und erlitt in Turin eine spektakuläre Niederlage durch den Prinzen Eugen.

Über die Qualitäten des Prinzen Eugen als Feldherr ließ sich nicht streiten – aber wenigstens das Aussehen des Savoyers veranlaßt Liselotte zu hämischer Kritik: »Eine gute Miene hat der nie gehabt, noch nobles Aussehen. Die Augen hat er nicht häßlich, aber die Nase verschandelt sein Gesicht, und daß er allzeit den Mund über zwei große Zähne offen hält, allzeit schmutzig ist und fette Haare hat, die er nie frisiert . . .«

1704, mitten im Krieg und angesichts einer niederschmetternden französischen Niederlage bei Höchstädt, kam es zu einem aufsehenerregenden Familienereignis, wie es noch niemals zuvor in der Geschichte des französischen Königshauses eingetreten war – und es wurde dementsprechend gefeiert: Ludwig XIV. wurde im Alter von 72 Jahren Urgroßvater!

Es gab nun nicht weniger als drei Dauphins, die Erbfolge war mehrfach gesichert – scheinbar. Ludwigs verwitweter Sohn war der erste, der »Grand Dauphin«. Dessen Sohn, selbstverständlich auch ein Ludwig, verheiratet mit dem ehemals gräßlichen Kind Marie Adelaide, war der zweite Dauphin und nun Vater des neugeborenen dritten Dauphins. Der wurde nicht einmal ein Jahr alt: Erkältung – Aderlaß – Brechmittel – tot. Die alte Geschichte . . .

Glücklicherweise schenkte Marie Adelaide 1707 wieder einem Sohn das Leben. Am 15. Februar 1710 kam dann noch ein Knabe zur Welt.

Auch eine weitere Hochzeit unter nächsten Verwandten wurde, kriegsbedingt in bescheidenstem Rahmen, am Königshof gefeiert. 1710 heiratete Liselottes älteste Enkelin Marie Louise Elisabeth den jüngsten Enkel Ludwigs, Charles, Herzog von Berry.

Liselotte mochte ihren Schwiegerenkel gut leiden, er war ein charmanter Bursche, und sie verübelte es ihm kaum, daß er »nichts [tut] als im Ballhaus spielen, wohl essen und trinken«. Man konnte es sehen: Der junge Mann neigte deutlich zum Fettansatz, obwohl er als passionierter Jäger und Reiter viel körperliche Bewegung machte. Daß er kaum lesen und schreiben konnte, das störte die wenigsten.

Seine junge Frau Marie Louise Elisabeth zählte knappe fünfzehn Lenze. Sie war, das gaben alle neidlos zu, das schönste Mädchen am Hof; ihre Taille so schmal, daß man sie mit zwei Händen umspannen konnte, der Busen dennoch schwellend, das füllige Haar außergewöhnlich hellblond. Aber: Sie war bereits ein schamloses kleines Luder, und sie soff, kaum den Kinderschuhen entwachsen, wie ein alter Kutscher. Dennoch war sie ihrem Vater das liebste von sieben Kindern. Beide, Sohn wie Enkelin, sollten in den folgenden Jahren dunkle Schatten auf Liselottes Gemüt werfen.

Wie eng die Verstrickung zwischen Vater und Tochter damals bereits war, ist ungewiß. Sollten die beiden das Tabu schon damals gebrochen haben, dann wußte es sicher nur ein winziger Kreis Nächststehender. Das Volk indes starrte mit gebanntem Schauder auf den Todesengel, der über Versailles schwebte und binnen vierer Jahre fast die gesamte königliche Familie vernichtete. Nur ein kleiner Junge blieb verschont.

1711 starb der erste, der »Grand Dauphin«, an den Schwarzen Blattern. Liselotte hüllte sich, wie vorgeschrieben, in Hoftrauer, aber sie war kaum berührt: »Ich kann nicht betrübt über jemand sein, der mich so garnicht lieb hatte . . .« Viel mehr ergriff sie der Tod dreier ihrer Enkelkinder in Lothringen, die im selben Jahr ebenfalls ein Opfer der Pocken wurden.

Der neue »Grand Dauphin«, ältester Enkel des Königs, war das weiße unter den vielen schwarzen Schafen in Versailles. Er spielte nicht, er trank nicht, er hatte keine Maitresse. Er las, er dachte nach, er war fromm und mildtätig. Ludwig XIV. zog den begabten Enkel bereits zu den Regierungsgeschäften bei; besonders gerühmt wurden sein Scharfblick und seine Gerechtigkeit.

Er starb 1712, nur neun Monate nach seinem Vater. Es starb seine Frau Marie Adelaide, es starb sein ältester Sohn Ludwig. Sie starben alle drei innerhalb von nur vier Wochen an einer Krankheit, die in zeitgenössischen Berichten als »eine Art Röteln« bezeichnet wird. Masern? Scharlach? Man weiß es nicht. Viele Historiker schreiben, wohl der Einfachheit halber, »Pocken«. Nur ein einziges Kind überlebte die Katastrophe: Ludwig XV., damals zwei Jahre alt.

Der Hof war wie gelähmt, der König schier untröstlich – Liselotte versuchte es dennoch: »Ich mache es auf mein Bestes, den König an nichts Trauriges gedenken zu lassen, spreche von allerlei Bagatellen. Es ist aber schwer, etwas vorzubringen, was unterhalten möge, wenn ein Unglück über das andere kommt.«

Soviel Unglück auf einmal – das konnte nicht mit rechten Dingen zugehen. Sofort hieß es, daß Gift im Spiel gewesen wäre. Cui bono? Ludwig XIV. hatte nur noch drei überlebende legitime Nachkommen: den Enkel Philipp, der zum König von Spanien deklariert worden war, den Enkel Charles, Herzog von Berry, Liselottes Schwiegerenkel, und den Urenkel Ludwig. Für die Thronfolge kamen nur Berry und das Baby Ludwig in Frage. An dritter Stelle in der Thronfolge rangierte nun also bereits Liselottes Sohn, Philipp II., Herzog von Orléans. Ob nicht er . . .?! Wußte man nicht, daß er, zusammen mit Wissenschaftlern, chemische Experimente durchführte? Könnte da nicht auch ein bißchen Gift gemischt worden sein?

Die Obduktion brachte eindeutige Klarheit, daß der Dauphin und seine Familie eines natürlichen Todes gestorben waren, und die böse Nachrede hörte, wenn auch zögernd, auf.

Sie verstummte bis zum Jahre 1714: Da kam der Herzog von Berry nach einem Jagdunfall ums Leben. Zwischen Philipp und dem Thron stand nur noch der jetzt vierjährige Ludwig, und manche Leute begannen um das Leben des Kindes zu zittern.

Andere glaubten es besser zu wissen: Berry sei aus dem Weg geräumt worden, weil er seinem Schwiegervater in die Quere kam. Längst war es kein schamhaft gehütetes Geheimnis mehr, daß Philipp für seine Tochter mehr als väterliche Gefühle hegte.

Nicht genug des Schmerzes für die schwergeprüfte Liselotte. Im selben Jahr verblich auch die angebetete Tante Sophie von Hannover, an deren Hof sie die einzig glücklichen Jahre ihres Lebens verbracht und mit der sie Hunderte inniger, zärtlicher, geschwätziger Briefe gewechselt hatte: »Sie war all mein Trost in allen Widerwärtigen, so mir so häufig zugestoßen sein ... Nun bin ich also ganz alleine auf der Welt ...«

Im nächsten Jahr, genau am 1. September 1715, dann der donnernde, der finale Paukenschlag: Der »große Mann«, der König selbst, wurde vom Todesengel heimgeholt. Wochenlang quälte er sich mit einem brandig gewordenen Bein, dessen Amputation er ablehnte. Er war 77 Jahre alt, er wollte nicht mehr leben. Zum Neffen Philipp sagte er: »Ich mache Sie zum Regenten des Königreiches. Sie werden einen König im Grab und einen in der Wiege sehen. Hegen Sie stets das Andenken des einen und die Interessen des anderen.«

Ludwigs Todeskampf währte Tage. Etliche Male schien es, als sollte sich der Zustand des Patienten bessern. Die Hofkamarilla war zutiefst verunsichert. Ging es dem König schlecht, stürzten alle zum zukünftigen Regenten, um sich ihm genehm zu machen, schöpften die Ärzte Hoffnung für den Kranken, dann versammelten sie sich sofort erneut in dessen Schlafgemach. Das widerliche Spiel widerholte sich einige Male.

Liselotte hielt sich fast ständig in der Nähe des Königs auf, erschüttert, aufgelöst, tränenüberströmt. Als er seine letzten Worte an sie richtete, glaubte sie in Ohnmacht sinken zu müssen – vor Schmerz und vor Glück, denn er sprach: »Ich habe Sie immer geliebt, Madame, mehr als Sie selbst glauben. Es tut mir leid, wenn ich Ihnen manchmal weh getan habe ...«

Tage und Nächte harrten Menschenmassen schweigend vor dem Schloß aus. Alle wußten, was es zu bedeuten hatte, als ein schwarzgekleideter Mann mit schwarzem Hut und einer mächtigen schwarzen Feder darauf einen Balkon betrat. Noch ehe er den Mund auftat, begann großes Jammern und Klagen. Der Mann brüllte: »Der König ist tot.« Für einen Augenblick zog er sich ins Innere des Gebäudes zurück. Bei seinem neuerlichen Erscheinen wurde er mit enthusiastischem Geschrei empfangen. »Es lebe der König!« verkündete der Hofbeamte. Des Jubels war kein Ende.

Mit dem Sonnenkönig erstarb fast alles Leben in Versailles. Der fünfjährige Ludwig XV. wurde, der »besseren Luft« wegen, nach Vincennes verfrachtet, Philipp, der neue Regent, zog für immer ins Palais

Royal – er hatte Versailles nie ausstehen können. Das große Schloß verödete. Nur ein paar Bedienstete und Gärtner hielten Haus und Park notdürftig instand – bis vielleicht einmal der neue König einziehen würde.

Nach Ludwigs XIV. Tod machte Liselotte im »Grand Habit«, wie es der Witwe eines Königs gebührte, der Marquise de Maintenon einen Kondolenzbesuch. Teile des Dialogs zwischen den beiden Frauen sind in Liselottes Briefen festgehalten.

Mainteon: »Madame, was wollen Sie hier?«

Liselotte: »Ich will meine Tränen mit denen des Menschen vermengen, den der König, dem ich tief nachtrauere, am meisten geliebt hat.«

Mainteon: »Oh, gewiß, er hat mich sehr geliebt, aber er hatte auch Sie sehr lieb.«

Liselotte: »Er hat mir die Ehre erwiesen, mir zu sagen, daß er meine Freundschaft immer bewahrt hat, obwohl man alles getan hat, mich ihm verhaßt zu machen.«

Liselotte fügt in ihrem Schreiben hinzu: »Ich habe hiemit weisen wollen, daß ich alles weiß, aber doch, weil ich eine Christin bin, meinen Feinden vergeben kann. Hat sie das geringste Blut im Herzen, so muß es sie schmerzen, Gutes zu empfangen von denen, so all ihr Leben verfolgt haben.« – Die subtile Rache einer Frau an der Person, die sie jahrelang gequält und gedemütigt hat.

Die Maintenon hatte für immer und ewig ausgespielt. Als sie starb, registrierte Liselotte nicht ohne Befriedigung, daß die alte Zott nun endlich »verreckt« sei.

Liselotte selbst stand nach dem Tod Ludwigs XIV. wieder unangefochten mit an der Spitze der höfischen Hierarchie. Sie war die Mutter des Regenten, die Mutter des mächtigsten Mannes im Staat.

Des mächtigsten Mannes? Dies war zunächst nichts als Illusion. Ludwig XIV. hatte dem Neffen, dem er offenbar seines, gelinde gesagt, lockeren Lebenswandels wegen nicht über den Weg traute, zwar offiziell die Regentschaft übertragen; der eigentliche Herr im Hause Frankreich indes war, nach dem Letzten Willen des Verblichenen, Louis Auguste Herzog von Maine, ältester Sohn aus des Sonnenkönigs Liaison mit der Marquise de Montespan und zugleich Philipps Schwager. Diesem so machtgierigen wie intelligenten Menschen hatte

Ludwig die Oberhoheit über den Hofstaat des minderjährigen Ludwig XV. und die Befehlsgewalt über die Leibgarde zugesprochen, »so daß der Regent nicht mehr den leisesten Anflug von Autorität besaß und sich in ständiger Gefahr befand, verhaftet zu werden, wann immer es dem Herzog von Maine gefiel«, schreibt Saint-Simon.

Die Machtverhältnisse kehrten sich innerhalb von 24 Stunden um. Am Tag nach Ludwigs Tod verjagte Philipp den gefährlichen Konkurrenten mit Hilfe des Parlaments in einer Art Staatsstreich von oben aus allen seinen Ämtern. Später erklärte er die Legitimierung des Bastards für null und nichtig, schließlich ließ er ihn 1718 in die Bastille werfen, nachdem Maine eine Revolte gegen den Regenten angezettelt hatte, mit dem erwiesenen Ziel, ihn zu stürzen und zu ermorden. Auch Liselottes Leben war damals gefährdet.

Maine besaß vor allem unter dem Adel eine starke Anhängerschaft, die im Verein mit Philipps zahlreichen anderen Feinden und Neidern keine Gelegenheit ausließ, gegen ihn zu hetzen und zu schüren.

Aber das Volk hatte er, zumindest am Anfang der Regentschaft, geschlossen hinter sich. Es geriet in einen Freudentaumel, als sein erster Erlaß publik wurde – die Enthaftung aller politischen Gefangenen.

Offensichtlich hatte er die Absicht, weniger autoritär zu regieren als sein Onkel, denn er schuf einen zwölfköpfigen Regentschaftsrat, der allerdings weniger Fachleute als treue Anhänger des Regenten umfaßte.

Es hätte der klügsten Experten der ganzen Welt bedurft, um den de facto bankrotten Staat zu sanieren. Ludwig XIV. hatte mehr als fünfzig Jahre lang regiert und vierzig davon Kriege geführt. Sein aufwendiger Lebensstil hatte Unsummen verschlungen, der Steuerdruck war unerträglich, Korruption herrschte von ganz oben bis ganz unten. Die Inflation zehrte die letzten Reserven des kleinen Mannes auf, die Staatseinnahmen waren auf Jahre im voraus verpfändet, Beamte und Soldaten konnten längst nicht mehr regelmäßig entlohnt werden.

Sparsamkeit hieß die Devise des Regenten, und er ging mit gutem Beispiel voran. Drei Viertel des Etats für den höfischen Aufwand wurden gestrichen – worüber nun auch wieder von allen Betroffenen großes Wehklagen anhob. Nicht weniger Feinde schuf sich der Regent, indem er der Korruption den Kampf ansagte. Wer in den begründeten Verdacht geriet, sich am Staat zu bereichern, verlor sein gesamtes Vermögen und wurde obendrein noch eingesperrt.

Zum Leidwesen aller Schmarotzer schaffte Philipp Teile des höfischen Zeremoniells ab. Statt des großen Levers erschallte um fünf Uhr der Weckruf, ab sechs begann der Regent mit der Arbeit, die mittägliche Hoftafel fiel aus. Er selbst trank nur hastig eine Tasse Schokolade. Nachmittags Regentschaftsrat, dann Rapport beim kleinen König, und anschließend machte er fast täglich der Mutter seine Aufwartung.

Selbst der gefürchtete spitzzüngige Voltaire mochte dem Regenten Respekt nicht versagen: »Vom ganzen Geschlecht Heinrichs IV. ähnelt Philipp von Orléans ihm am meisten. Er hatte dessen Tapferkeit, Güte, Nachsicht, Heiterkeit, Umgänglichkeit und Offenheit, dazu einen höchst kultivierten Geist . . .«

In der Tat war Philipp außerordentlich am wissenschaftlichen Fortschritt interessiert und diskutierte, von gleich zu gleich, mit den hervorragendsten Gelehrten seiner Zeit. Er komponierte – drei seiner Opern wurden noch lang nach seinem Tod aufgeführt –, und er besaß einen sicheren Kunstverstand. Seine Gemäldesammlung war legendär. Er begründete die Universitäten von Dijon und Lau, aus seiner Bibliothek, die er, ein absolutes Novum, der Öffentlichkeit zugänglich machte, ist die französische Nationalbibliothek hervorgegangen.

Philipps Popularität erreichte ihren Höhepunkt, nachdem er den schottischen Finanzfachmann John Law nach Paris geholt und ihm unumschränkte Vollmachten eingeräumt hatte.

Der Wundertäter verhalf der französischen Wirtschaft zu einem ungeahnten (ungesunden) Aufschwung durch die ungehemmte Ankurbelung der Notenpresse und Emmission von Aktien. Papiere für die neugegründete »Compagnie d'Occident« (später hieß sie »Compagnie des Indes«) wurden wie verrückt gekauft.

Law sah mit Recht in den französischen Überseekolonien den Schlüssel für wirtschaftliche Impulse. Er forcierte den Ausbau der Handelsflotte, das Straßen- und das Kanalnetz wurden modernisiert und erweitert. In Amerika wuchs die Großstadt Nouveau Orléans – so genannt nach dem Regenten – aus dem Boden, der Handel mit Übersee begann Früchte zu tragen.

Auch Liselotte war anfänglich von dem Finanzgenie beeindruckt, vor allem nachdem infolge steigender Staatseinnahmen ihre Apanage kräftig erhöht wurde: »Monsieur Law ist ein guter Mann. Ich halte

Philipp II., Herzog von Orléans

viel von ihm . . . Er stiehlt nicht wie alle anderen getan, so die Finanzen regierten. Was er profitiert, ist mit Ehren und öffentlich.«

Ein bißchen unheimlich war ihr der neue Segen aber doch: »Zettel wird man die Menge haben, aber kein Gold.«

Jedermann griff die Gelegenheit beim Schopf, im Handumdrehen Geld zu verdienen, mancher arme Mann, manche arme Frau wurde buchstäblich über Nacht reich.

Einmal traf Liselotte in der Oper eine fette, schmuckbehängte Person, deren Züge ihr irgendwie bekannt vorkamen. Die Frau lachte übers ganze Gesicht: »Jaja, ich bin Ihre Köchin Marie, ich bin reich geworden und niemandem etwas schuldig.« Drehte sich um und enteilte.

Die größten Namen fanden sich in der Liste der Spekulanten, die bald auch Geschmack am puren Geschäftemachen fanden. Ein Herzog begann mit importierter Seide zu handeln, ein Marschall mit Kaffee, Marquis wurden mit Porzellan, Glas und Schnäpsen reich. »Das ist stinkende Eier und faule Butter«, erregt sich Liselotte.

Im überhitzten Klima begannen dann plötzlich die Kurse zu fallen, riesige Kapitalmengen wurden ins Ausland verschoben, die Inflation raste, die Kriminalität explodierte. Kommentar Liselottes: »In Frankreich hat nun niemand weder Heller noch Pfennig, aber, mit Verlaub auf gut Pfälzisch zu sagen, Arschwische von Papier genug.«

Die Wut der Massen richtete sich gleichermaßen gegen Law wie gegen den Regenten, und auch Liselotte blieb nicht verschont: »Es geht keine Woche vorbei, daß ich nicht abscheuliche Drohbriefe bekomme.« In einem der eher noch harmlosen heißt es: »Madame ist nicht die Mutter des Regenten / dieser infame Schuft ist nicht von ihrem Blut. / Die Hölle hat das Ungeheuer ausgespien, / ein schrecklicher Tyrann, der sich zuviel erlaubt . . .«

An anderer Stelle klagt sie: »Wollte Gott, der König lebte noch! Ich hatte mehr Trost, mehr Vergnügen an einem Tag, als ich in den sechs Jahren meines Sohnes Regentschaft habe.« Die alten Zeiten verklärten sich, wie oft in jedem Menschenleben, zu den guten . . .

Am 17. Juli 1720, fast auf den Tag genau 69 Jahre vor der großen französischen Revolution, brach die Börse zusammen, die mit des Regenten Zustimmung aus der Lawschen Privatbank hervorgegangen war. Eine tobende Menge stürmte auf das Palais Royal zu, erregte

Sprechchöre forderten die Absetzung des Regenten sowie die Todesstrafe für John Law. Liselotte wollte eben ausfahren, sie wurde in ihrer Equipage eingekeilt, doch sie kam mit heiler Haut davon. Ihre gelassene Haltung hatte sichtlich Eindruck gemacht.

Law, der noch verzweifelt versucht hatte, den Aktienmarkt mit seinem gesamten Privatvermögen zu stützen, konnte dennoch entkommen. Er starb bettelarm in Venedig. Erst lange nach seiner Flucht konsolidierte sich die Lage, die Währung wurde stabil, die Wirtschaft florierte, weil Laws weit in die Zukunft orientierte Maßnahmen im Grunde richtig gewesen waren. Doch da war auch der Regent längst nicht mehr im Amt.

»Mein Sohn jammert mich oft, daß ich bitterlich darüber weinen muß«, schreibt Liselotte. Er hatte »soviel [zu] arbeiten, um zu reparieren, was der König oder vielmehr seine schlechten Minister verdorben haben . . . Man hat ihm das Königreich in einem erbärmlicheren, abscheulicheren Zustand hinterlassen, als man sich vorstellen kann.«

Liselotte weinte jedoch nicht nur wegen Philipps übergroßer Beanspruchung im politischen Tagesgeschäft – es war die Nachtseite seines Charakters, die ihr Herzweh bereitete.

Voltaire hatte recht: Der Regent war ein beispielhafter Fürst der Güte, der Tapferkeit, der Nachsicht, und über seinen kultivierten Geist bestand nicht der geringste Zweifel. Aber: Philipp war ebenso lebens- und lustgierig, zügel- und schamlos, und wenn ihm die Mutter wegen seines »dollen Lebens« Vorwürfe machte, dann zuckte er die Achseln und erwiderte: »Von sechs Uhr früh bis in die Nacht muß ich mich zu langer und anstrengender Arbeit zwingen. Wenn ich mich danach nicht ein bißchen amüsieren kann, würde ich es nicht aushalten und vor Melancholie sterben.«

Abends, nach dem obligaten Besuch bei der Mutter, stürzte er sich ins Pariser Nachtleben, inkognito und oft maskiert, und fast jede Nacht beendete er mit einer anderen Frau, die er irgendwo aufgelesen hatte – beide oft sturzbetrunken. Wie er es schaffte, am nächsten Morgen punkt sechs wieder am Schreibtisch zu sitzen und zügig zu arbeiten, bleibt ein Rätsel.

Wie er so viele so schöne Frauen in sein Bett locken konnte, war seiner Mutter schleierhaft, denn sie fand ihn »gar nicht schön«; er hätte »ein viereckig Gesicht und einen schweren Gang«, sei »zu dick für seine Länge«. Aus diesen Zeilen spricht unbegreifliche Naivität. Daß sein Charme auf die Frauen wirkte, erfaßte sie ebensowenig wie die erotisierende Ausstrahlung der Macht.

Seine Abendgesellschaften – hin und wieder kochte er den Gästen selbst auf – begannen honett und zivilisiert, um in Orgien auszuarten, sobald die »seriösen« Teilnehmer des Mahles, wie Künstler und Wissenschaftler, sich verabschiedet hatten.

An oberflächlichen Erklärungen für dieses wüste Dasein hat es nie gemangelt. Die Hauptschuld wurde unweigerlich dem schlechten Beispiel durch den Vater sowie auch Philipps Frau zugeschoben, die trinkend und naschend im Bett lag und deren einzig nennenswerte Leistung im Gebären lag – sechs Mädchen und ein Knabe.

Es mag aber auch sein, daß Philipp ständig auf der Flucht war – auf der Flucht vor der eigenen Tochter Marie Louise Elisabeth, einer trunksüchtigen, eitlen Person. Sie residierte im Palais Luxembourg. Nach dem Tod ihres Mannes, des Herzogs von Berry, war sie die lustigste Witwe von Paris.

Oft brachte Philipp tagelang die Kraft auf, die Nähe der Tochter zu meiden, um dann zwanghaft zu ihr zurückzukehren, an ihren skandalösen Festen teilzunehmen und sich von ihr en canaille behandeln zu lassen. Er war ihr hörig, darüber besteht kein Zweifel, und sie genoß es, den Vater zu beherrschen.

Offen wurde in Paris über das blutschänderische Treiben im Palais Luxembourg gelästert, und kreischendes Gelächter erhob sich im Theater, als bei der Premiere von Voltaires Ödipus-Drama der Darsteller des Titelhelden in der Maske Philipps auftrat. Liselotte war Zeugin dieser offenen Verhöhnung des Regenten, und auch sie konnte die Augen nicht vor der bitteren Wahrheit verschließen. In einem Brief gesteht sie, daß ihr Sohn »mit seiner Tochter wie Lot lebt«.

Von einem Tag zum andern ließ die Tochter den Vater fallen. Sie geriet in die sexuelle Abhängigkeit eines ihrer Hofkavaliere, eines windigen, durch und durch verderbten Menschen, der ihr das Blut aus den Adern und das Geld aus der Tasche sog. Sie hat sich sogar in aller Stille mit ihm vermählt – zum unsäglichen Schmerz des Vaters, denn »sie ist, was er auf der Welt am liebsten hat«, weiß Liselotte.

Im Sommer 1719, sie war gerade 24 Jahre alt, fiel sie bei einem üppigen Diner wie ein Klotz vom Sessel, lag dann drei Stunden lang in totenähnlicher Starre. Der erste Befund der Ärzte lautete: Schlaganfall. Sie kam dann doch wieder zu sich, war keineswegs gelähmt, aber so schwach, daß sie das Bett nicht mehr verlassen konnte.

Liselotte vermutete die Ursache des Leidens in der Körperfülle ihrer Enkelin: »Sie ist so fett wie eine gemästete Gans«. Kein Wunder, denn nicht nur einmal »saß [sie] drei bis vier Stunden in der Seine, fraß Pasteten, Kuchen, Salat, Schinken, Wurscht . . . Nach Mitternacht setzte sie sich wieder an die Tafel und fraß aufs neue bis drei Uhr morgens . . .«

Nach einigen Tagen kamen die Ärzte zu dem Schluß, daß die junge Frau an Gicht litte. Sie hatte entsetzliche Schmerzen an Füßen und Beinen, und sie konnte nicht einmal das Gewicht einer leichten Decke ertragen. Dann begann sie hoch zu fiebern.

Marie Louise Elisabeth wurde gräßlich mager, durch die Haut konnte man Rippen und Wirbel zählen. Nur der Bauch war aufgebläht wie bei einer Hochschwangeren. Zuletzt hatte sie nur noch den Wunsch, so rasch wie möglich zu sterben. Er ging nach unendlichen Qualen in Erfüllung.

Im Obduktionsbefund werden »Geschwüre« im Magen, an der Leber, in der Milz, an den Hüftgelenken und im Hirn aufgelistet. Heute vermutet man, daß die junge Frau einer von einer Gallenblaseneiterung ausgehenden allgemeinen Sepsis zum Opfer gefallen ist.

Immer neue Einzelheiten über ihr schamloses Leben wurden nach ihrem Hinscheiden publik, und Liselotte schreibt verbittert: »Wollte Gott, ich hätte weniger Ursach gehabt, mich ihres Todes zu trösten. Es ist ärger als Ihr es Euch Euer Leben einbilden könnt.« Der Ruf der jungen Frau war dermaßen ruiniert, daß ihr zwar das Begräbnis und die Totenmesse in der Grabkirche der Bourbonen nicht verweigert wurden, aber es gab zum ersten Mal in der Geschichte der königlichen Pompes funèbres keine Trauerrede. Die alte Regel »de mortuis nil nisi bene« (über die Toten soll man nur Gutes sagen) war in diesem Fall beim besten Willen nicht anwendbar.

Marie Louise Elisabeth war tot, aber das süße Lasterleben von Paris ging unverändert weiter. Nicht minder arg als die Verstorbene trieb es deren Schwester Charlotte Aglaë, über die wir aus Liselottes Feder erfahren: »Sie betet ihr Leben nicht . . . hat kein gut Gemüt, fragt nicht nach Mutter und Vater und will ihn regieren [sic!]. Mich haßt sie ärger als den Teufel, ihre Schwestern haßt sie alle. Sie ist falsch in allen Stücken und spart oft die Wahrheit, kokett abscheulich . . .«

Von ihren sieben französischen Enkelkindern waren nur zwei sozusagen aus der Art geschlagen. Ein Mädchen wurde Nonne (sie war bereits mit 21 Äbtissin), der einzige Junge »ist zu allen Tugenden bereit und hat kein Laster«. In der Pubertät schlug er zeitweilig über die Stränge, der Vater schleppte ihn zu den berüchtigten Opernbällen, und dort ist er, laut Liselotte »den Hürchen in die Hände gefallen«. Doch nahm die Großmutter den Knaben für eine Weile zu sich, führte lange, ernsthafte Gespräche mit ihm, schenkte ihm viel Liebe. Von da an war sein Lebenswandel untadelig, unauffällig.

Entsetzt über den moralischen Sumpf von Paris war Liselottes Tochter Elisabeth Charlotte, als sie, in Begleitung ihres Mannes und zweier Kinder, die Mutter besuchte.

Die Herzogin von Lothringen war hager geworden, gezeichnet von zehn Schwangerschaften. Daß der kleinen lothringischen Reisegesellschaft auch die Maitresse des Herzogs angehörte, schien sie kaum zu stören. Maitressen gehörten dazu wie das Salz zur Suppe. »Meine Tochter ist so fest in ihren guten Maximen befestigt, daß sie mit allen Menschen umgehen kann . . .«

Eines Abends besuchten die beiden Damen die Oper, und Elisabeth Charlotte war schockiert, als sie bemerkte, daß selbst Mädchen und Frauen des Hochadels in aller Öffentlichkeit »intime Zärtlichkeiten« mit ihren Liebhabern austauschten.

»Madame, Madame . . .« flüsterte Elisabeth Charlotte der Mutter konsterniert zu. Die zuckte die Achseln: »Was soll ich machen, meine Tochter, das sind eben die Manieren von heute.« Die Jüngere darauf: »Die sind aber widerwärtig.« Madame wußte es längst: »Die [Damen der Gesellschaft] sind ärger als in den Hurenhäusern . . . man schämt sich recht zu hören, was man über sie erzählt.«

Wehmütig dachte Liselotte an die Zeiten des Sonnenkönigs zurück, da nach außen hin wenigstens das Dekorum der Anständigkeit gewahrt wurde: »Vor diesem [dem König] geschahen die Sachen noch in Galanterien und ernstlich, aber ehrliche Passionen, aber nun ist alles pure Ausschweifung und nirgend keine Schamhaftigkeit mehr . . .«

Da gab es eine Herzogin, die sich eines Tages, nur so und weil es ihr Spaß machte, nackt an die Tafel setzte. Da waren die zwei Gräfinnen, die sich öffentlich rühmten, Huren zu sein, und da waren die jungen Paare, die »Sodomiterei« im Park trieben, »im Beisein vieler Leute, so im Garten spazieren gingen«.

Nein – ihre Zeit war dahin. An die neuen Unsitten mochte sie sich nicht gewöhnen.

Sobald sie nicht mehr Gefahr lief, im schlecht heizbaren Sommersitz Saint-Cloud zu erfrieren, entfloh sie der Stadt, entfloh sie dem Palais Royal mit seinem umtriebigen Leben zwischen Politik, Repräsentation und Laster.

Umgeben von mancherlei Getier – allen voran der zärtlich verwöhnte Hund „Mopscherl" sowie zwei Spaniels und dreißig Kanarienvögel in einer riesigen Volière – hielt sie sich meist in zwei bescheiden ausgestatteten Zimmern auf. Im Wohnraum standen ein altmodischer Schrank, ein mit grünem Filz bespannter Spieltisch, einige Sessel und Stühle, ein paar kleinere Tische. Die Vorhänge waren längst zerschlissen.

Das Prunkstück ihres Arbeitszimmers war ein mächtiger Schreibtisch, ansonsten war es angefüllt mit allerlei nachlässig herumstehendem und -liegendem Krimskrams – Nippes, Schächtelchen mit undefinierbarem Inhalt, achtlos gestapelte Bücher, eine mit rotem Leder bezogene Truhe, in der sich die Münzsammlung befand, Weidenkörbe für die Hunde, ein Fernrohr, ein Mikroskop.

Ihren Tagesablauf hat sie, zum Vergnügen einer neugierigen Nachwelt, minutiös geschildert: »Ich bin gestern früh schlafen gegangen ... um halb 5 erst wach geworden, habe geschellt, Feuer machen lassen, Kammer zurechtmachen ... Nach halb 6 bin ich aufgestanden, habe mich angezogen, ein Paar gute Strümpfe angetan und einen tuchenen Unterrock und über dies alles einen guten wattierten Nachtrock, welchen ich mit einem großen breiten Gürtel festmachte. Wie das geschehen ist, laß ich zwei Lichter anzünden und setze mich an meinen Tisch. Ich schreibe bis halb 11, dann laß ich mein Honigwasser bringen, wasche mich so sauber als ich kann, reibe meine schmerzhaften Knie und Schenkel mit Eau Vulneraire [Wundwasser] ... Lasse dann alle meine Kammerweiber kommen, setze mich à la toilette, wo alle Leute, Manns- und Weibspersonen hereinkommen, unterdessen man mich kämmt und frisiert. Wenn ich frisiert bin, gehen alle Mannsleute, außer mein Doktor, Barbier und Apotheker hinaus, ziehe Schuhe, Strümpfe und Unterhosen an, wasche die Hände. In der Zeit kommen meine Damen, mich zu bedienen . . . und kommt mein Schneider herein mit meinem Kleid, das ziehe ich gleich an . . . Wenn ich geschnürt bin, kommen alle Mannsleute wieder herein . . . Nachdem ich ganz angezogen, welches üblicherweise um 3 Viertel auf 12 ist, gehe ich in die Kapelle. Die Messe währt fünfviertel Stunden, gleich hernach kommt Junker Wend und ruft mich zur Tafel. Unser Essen währt eine gute Stunde . . .«

Wie Liselotte weiter berichtet, fährt sie nachmittags auf Besuch zu einer ehemaligen Hofdame, mit der sie befreundet ist, oder ins Palais Royal, um mit der Familie ihres Sohnes zu speisen. Mittwochs und samstags geht sie abwechselnd in die französische und italienische Komödie. An zwei Wochentagen bleibt sie daheim, um ihre umfangreiche Korrespondenz zu erledigen. Regelmäßig absolviert sie Spazierfahrten im Park, regelmäßig liest sie in der Bibel, und einmal in der Woche macht sie dem kleinen König ihre Aufwartung.

Wie wir diesem detaillierten Bericht entnehmen, war sie vermutlich eine der wenigen überlebenden Personen aus dem Gefolge des Sonnenkönigs, die das »Lever«, das zeremonielle Aufstehen im Kreise ihres Hofstaates, noch einhielten, so bescheiden der Haushalt auch ansonsten gewesen sein mag.

Trotz des ruhigen, zurückgezogenen Lebens ging es mit ihrer Gesundheit allmählich bergab, obwohl ihr Leibarzt immer behauptet hatte: »Sie haben die Natur eines Pferdekutschers.« Auch Pferdekutscher können krank werden und sterben . . .

Es waren nicht die Beine allein, die ihr Beschwerden bereiteten und die sie täglich mit Eau vulneraire einrieb. Das eigentliche Leiden saß tiefer, genauer gesagt: höher. Sie war offensichtlich herzkrank, die geschwollenen Beine dürften eine Folge davon gewesen sein. Hinzu kam, Anfang 1721, eine böse Bronchitis, die man mit Chinin behandelte – worauf ihr Magen revoltierte: »Ich nehme sehr ab und bin so matt, daß ich kaum meine Feder halten kann.«

Täglich kam der Sohn ans Krankenlager der Mutter geeilt, die Angst um sie stand ihm ins Gesicht geschrieben. »Seine Visiten sind mir gesünder als das Chinin, sie tun mir nicht wehe im Magen und er-

Eines der letzten Portraits Liselottes

freuen das Herz.« Endlich halbwegs genesen, schreibt sie: »Ich bin verwundert, wie in meinem hohen Alter [sie war 69] ich wieder von so abscheulicher Krankheit kurieren [habe] können.«

Die Sorgen um Madame verblaßten in dem Augenblick, da der kleine König, nun elf Jahre alt, ernstlich erkrankte.

Ludwig XV. war ein schönes Kind im Strahlenkranz seiner goldenen Seidenhaare, die ihm bis über die Schultern flossen. Er war aber auch ein schwieriger Knabe, meist übellaunig und verschlossen. Nur Liselotte brachte ihn gelegentlich zum Lächeln, wohl darum, weil sie in ihm nicht die gottbegnadete Respektsperson sah, sondern ein Waisenkind in der äußerst schwierigen Lage zwischen unantastbarer Autorität und kindlichem Unvermögen. Sie war die einzige, die es wagte, ihn auch einmal zurechtzuweisen. »Die Wahrheit zu sagen«, meint sie, »so ist er ein ungezogenes Kind, man läßt ihm alles, aus Furcht, er möchte krank werden.«

Nun war er wirklich krank, und sie marterten ihn mit Aderlässen und Brechmitteln. Liselotte wurde von zweifachen Ängsten gepeinigt: Angst um »das Kind von Europa«, Angst aber auch um ihren Sohn. Sollte, Gott behüte, der kleine König sterben, dann würde man dem Herzog von Orléans die Schuld ankreiden, denn dann fiele ihm die Krone Frankreichs in den Schoß.

Zur allgemeinen Erleichterung genas der Knabe – und schon kam eine neue Heimsuchung auf ihn zu: Der Elfjährige mußte sich mit seiner erst vierjährigen Cousine, der Infantin Maria Victoria, verloben, Tochter des spanischen Bourbonen-Königs Philipp V. Die Heirat sollte erst in acht Jahren stattfinden, doch die Infantin wurde bereits jetzt nach Paris geschickt, um sie auf ihre Rolle als künftige Königin Frankreichs vorzubereiten.

Gleichzeitig wurde der spanische Infant mit einer Enkelin Madames verlobt, Louise Elisabeth, zwölf Jahre alt, ein freches, rotznasiges Mädchen, über deren Unarten die Großmutter sich in ihren Briefen des langen und breiten erregt. Kein Wort der Kritik allerdings an der wechselweisen Verschacherung von kleinen Kindern.

Die beiden Prinzessinnen wurden an der spanisch-französischen Grenze wie Warenstücke ausgetauscht, und bald kamen ärgerliche Nachrichten aus Madrid: Louise Elisabeth verhielt sich in der neuen Heimat genauso ungezogen wie in der alten. Ein Gesandter berichtete, wie er sie angesprochen und Grüße der Familie bestellt habe. Das Mädchen schwieg und würdigte den Diplomaten keiner Antwort. Wörtlich schreibt er: „Sie sah mich an und rülpste dann. Vor Überraschung war ich ganz bestürzt. Ein zweiter Rülpser, noch lauter als der erste ... Schließlich brachte ein dritter, noch kräftigerer Rülpser alle Anwesenden aus der Fassung und ich floh mit meiner Begleitung ...«

Sehr mißmutig, ächzend und stöhnend, weil wieder von mannigfachen Beschwerden geplagt, machte sich Liselotte auf den Weg, der spanischen Prinzessin entgegenzureisen. Sie war noch immer die Erste Dame des Landes, darum vom Protokoll ausersehen, die zukünftige Königin zu empfangen.

Die Mutter Maria Victorias hatte deren Begleitern eingeschärft, alles daranzusetzen, daß die Prinzessin Spanien baldmöglichst vergessen möge. Das vierjährige Mädchen hielt sich großartig. Geduldig ließ sie stundenlange Triumphzüge, Jubelveranstaltungen und Festmessen über sich ergehen, in tadellosem Französisch machte sie perfekte Konversation. »Sie hat Gedanken wie ein Mensch von dreißig Jahren«, wundert sich Liselotte.

Keine Dreißigjährige hätte sich so kindlich gefreut über die Puppen, die ihr der zukünftige Gemahl überreichte. Am meisten mochte sie allerdings eine Puppe aus der Hand von Liselotte, vielleicht darum, weil die alte Dame der einzige Mensch war, der das kleine Mädchen mit ungezwungener Aufrichtigkeit und zarter Liebe behandelte.

Wann immer sie einander trafen, das Mädchen lief auf Liselotte zu und warf sich in ihre Arme. Einmal saß Liselotte in einem Lehnstuhl, das Kind schob sich einen Hocker daneben und flüsterte: „Hören Sie, Madame, ich muß Ihnen etwas sagen.« Liselotte beugte sich zu der Kleinen, die hängte sich lachend an ihren Hals und küßte sie herzhaft auf beide Backen.

Wenig begeistert hingegen war der Bräutigam von seiner Braut. Er ging ihr aus dem Weg, wo er konnte, war abweisend und mundfaul. Einen Ball, den er zu Ehren des Mädchens geben mußte, erduldete er mit deutlicher Leidensmiene, die so gar nicht zu seinem strahlenden Äußeren paßte; er trug einen über und über mit funkelnden Diamanten bestickten Anzug.

Vermutlich war er von Herzen froh, als man Maria Victoria drei

Jahre später wieder nach Spanien zurückschickte, weil der Staatsrat eine politisch interessantere Partie, eine polnische Prinzessin, für ihn gefunden hatte.

Liselottes Leiden verschlimmerten sich indessen. »Ich werde bald ein vollständiger Krüppel sein«, klagt sie.

Zusehends wurde sie melancholischer, manchmal gar lebensüberdrüssig. Selbst das Essen machte ihr keine Freude mehr. Nur mittags nahm sie eine winzige Mahlzeit zu sich, abends begnügte sie sich mit ein paar Löffeln Weinchaudeau. Sie trank kaum Alkohol, Tee und Kaffee verabscheute sie, und auch dem Nikotin, das eben in Mode kam, konnte sie keine Reize abgewinnen. Die Damen, die vom vielen Tabakschnupfen schwarze Nasenlöcher bekamen, fand sie widerwärtig.

Sie wurde von Erstickungsanfällen heimgesucht, und eine Gelbsucht brachte sie fast ums Leben. Einmal ließ sie sich zu einem Aderlaß überreden. Dabei wäre sie fast verblutet, weil der behandelnde Arzt in Ohnmacht fiel und ihre Hilfeschreie erst gehört wurden, als es fast zu spät war.

Keinen Spaß an seinem bisherigen Leben hatte auch ihr Sohn Philipp. Seine exzessive Lebensweise forderte dem erst Siebenundvierzigjährigen Tribut ab. Nach einigen Herzanfällen begriff er den Wink des Schicksals. Plötzlich gab er sein Lotterdasein auf, plötzlich sah man ihn regelmäßig in der Kirche, am liebsten wäre er »ausgestiegen«, um sich aufs Land zurückzuziehen und Kohl zu bauen. Die Läuterung des Sohnes war Liselottes letztes Glück.

Noch eine große Aufgabe hatte sie zu bewältigen, ehe sie sich ruhigen Gewissens zum Sterben bereitmachen konnte: die Krönung des zwölfjährigen Ludwig XV. in der Kathedrale zu Reims am 25. Oktober 1722, zugleich aber auch freudiger Anlaß, die Tochter und deren Kinder noch einmal zu sehen – gewiß zum letzten Mal.

Gottergeben machte sie sich auf den Weg. Schließlich sei es herzlich gleichgültig, ob sie in Paris oder in Reims sterbe, meinte sie.

Liselotte, deren Tochter und Enkel hatte man in der Abtei von Saint-Pierre einquartiert. Als Elisabeth Charlotte die Mutter sah, brach sie in haltloses Schluchzen aus. Sie hatte nicht glauben wollen, daß es der alten Dame so schlecht ging, und nun wurde sie mit der grausamen Wahrheit konfrontiert, daß die Mutter wohl nur noch kurze Zeit zu leben hätte.

Liselotte war freudig überrascht über die fünf wohlgeratenen Enkelkinder. »Ich fürchte aber«, schreibt sie, »der Älteste wird ein Riese werden, denn er ist schon 6 Schuh hoch und doch nur 15 Jahre alt ... Der hübscheste in meinem Sinn von den 3 Buben ist der Mittelste [Franz Stephan, der spätere Kaiser Franz I. und Gemahl von Maria Theresia].« Zu ihrer Befriedigung sprachen die »wohlgeschaffenen« Kinder ebenso gut deutsch wie französisch. Elisabeth Charlotte hatte nun doch letzten Endes ihre Vorbehalte gegen alles Deutsche aufgegeben.

Herzog Leopold von Lothringen, Liselottes Schwiegersohn, hielt sich nur kurz, und noch dazu inkognito in Reims auf: Der streng hierarchisch ausgerichteten Krönungszeremonie hätte er, da nicht aus königlichem Geblüt, nur als passiver Zuschauer in den hinteren Rängen beiwohnen dürfen. So zog er es vor, erst gar nicht zu erscheinen. (Sein Sohn Franz Stephan wird dermaleinst eine ähnliche Herabsetzung erfahren, wenn er die Krönung Maria Theresias zur Königin von Ungarn nur aus der Ferne miterleben darf. Siehe: Thea Leitner, Habsburgs vergessene Kinder.)

Liselotte, die Tochter und die Enkel nahmen auf einer Ehrentribüne unmittelbar neben dem Altar Platz und konnten alle Einzelheiten des großen Ereignisses hautnah miterleben. Madame brach in Tränen aus, als ihr Sohn bei der Heiligen Handlung, der Krönung und Salbung des neuen Souveräns, an der Spitze der ausgewählten Akteure den Treueid leistete und das »Vivat Rex in aeternum« anstimmte. Er hatte damit die größte und die schwerste Aufgabe seines Lebens, die Erziehung des Königs und die Regentschaft für ihn, abgeschlossen.

Ein Augenblick von historischer Bedeutung, das war Liselotte gewiß bewußt. Für uns Nachgeborene ist es reizvoll, unsere Aufmerksamkeit zwei Jungen zuzuwenden: dem kindlichen König Ludwig XV. und dem Knaben Franz Stephan von Lothringen. Der Nachfolger des einen, Ludwig XVI., wird nur wenige Jahrzehnte später die Tochter des anderen, Marie Antoinette, heiraten, und uns wird bewußt, wie gut es ist, daß den Sterblichen der Blick in die Zukunft verwehrt ist. Liselotte hatte genug Leid erfahren. Sie brauchte nicht zu wissen, daß ihre Urenkelin dermaleinst unter der Guillotine enden würde, so wie ihre Ur-Urgroßmutter Maria Stuart ihr Leben unter dem Beil des Scharfrichters lassen mußte ...

An dem der Krönung folgenden Festbankett konnte Madame nicht teilnehmen, weil sie sich dieser weiteren Anstrengung nicht gewachsen fühlte. Auch dem nächsten großen Ereignis blieb sie fern, dem Empfang von 2000 Kranken im Garten eines Klosters. Nach mittelalterlichem Mysterienglauben wohnte den Händen des Gesalbten wunderbare Heilkraft inne. Die Kranken sollten genesen, sobald Ludwig sie anfaßte und die durch Jahrhunderte tradierte Formel sprach: »Der König berührt dich, und Gott wird dich gesund machen.« In der Tat sind im Lauf der Geschichte einige Fälle solcher Spontan-Heilung bekanntgeworden, denn immer schon hat der Glaube Berge versetzt.

Liselotte konnte kein König und kein Gott mehr helfen. Am 5. November 1722 erreichte sie Saint-Cloud in »einem unerwünschten Zustand . . . Aber in Ängsten bin ich gar nicht, sondern sehr ruhig, was der Allmächtige mit mir machen will . . . Bin glücklich genug, da mich Gott der Allmächtige aus diesem Schmerzens- und Jammertal erlösen wird.«

»Ihre königliche Hoheit ist in St.-Cloud sehr krank und befürchtet man, daß es die Wassersucht geben wird; sie ist sehr abgeschlagen«, berichtet einer ihrer deutschen Neffen nach Hause, und sie selbst weiß: »Ohne ein sonderlich Mirakel kann ich nicht genesen . . . ich nehme stündlich ab, leide Nacht und Tag, was man mir braucht hilft nichts.«

Ein keuchendes Bündel Elend, so lag sie im Bett, an ihrer Seite saß der hilflos schluchzende Sohn. »Warum weinen Sie?« fragte sie. »Muß man denn nicht sterben?« Einer Hofdame, die sich über ihre Hand beugte, um sie zu küssen, flüsterte sie zu: »Sie dürfen mich umarmen, ich gehe in ein Land, wo alle gleich sind.«

Sie starb am 8. Dezember 1722 nachts.

»Wir haben eine gute Fürstin verloren – eine gute Fürstin ist eine Seltenheit«, heißt es in einem Nachruf.

Niemand trauerte so um die gute Fürstin und die gute Mutter wie ihr Sohn Philipp. In den letzten Tagen seines Lebens – er starb nur zwölf Monate nach der Mutter im Alter von 49 Jahren – beschäftigte ihn vor allem die Frage: »Gibt es einen Gott, gibt es eine Hölle und ein Paradies nach diesem Leben?« Vielleicht mit dem gedanklichen Zusatz: »Gibt es ein Wiedersehen mit der Mutter?«

Martyrium eines Kindes

Wilhelmine 1709–1758

»Die Kronprinzessin gebar am 3. Juli 1709 eine Prinzessin, die sehr ungnädig empfangen wurde, da alle leidenschaftlich einen Prinzen wünschten. Diese Tochter ist meine Wenigkeit.«

»Es verging kein Tag, an dem sie [die Erzieherin] nicht die gefürchtete Kraft ihrer Fäuste an mir erprobte.«

»Der König ließ mich und meinen Bruder beinahe Hungers sterben.«

Szenen einer Kindheit am preußischen Hof. Zum Unterschied von ihrer Großmutter Sophie Dorothea und ihrer Großtante Liselotte von der Pfalz, deren Lebenslinien in den beiden vorangegangenen Kapiteln nachgezeichnet wurden, waren die Jugendjahre der Wilhelmine von Preußen, Schwester Friedrichs des Großen, eine nicht abreißende Kette von Erniedrigungen und Schikanen, die eine weniger starke Persönlichkeit vermutlich zerstört hätten. Wirklich froh wurde sie indes niemals, die Beschädigungen der Psyche drückten sich zeit ihres Lebens in mannigfachen Leiden des Körpers aus.

Erst ab ungefähr ihrem fünfunddreißigsten Lebensjahr hat Wilhelmine begonnen, sich die Jugendtraumata von der Seele zu schreiben, wobei sie ausdrücklich betont, daß diese Memoiren keineswegs zur Veröffentlichung bestimmt seien.

Als die Autobiographie dennoch, 52 Jahre nach dem Tod der Fürstin, erstmals, und zwar in deutscher Sprache, publiziert wurde, hielt man sie zunächst für eine plumpe, antimonarchistische Fälschung. Zu unglaublich schienen die haarsträubenden Schilderungen des Berliner Hofes als eine Vorhölle, lodernd von menschenverachtender Bosheit und Intrige, von Laster und Gewalt. 1848 tauchte durch Zufall das französische Original auf. Die Zweifel wandelten sich zu fassungslosem Staunen über die Zustände in den von ihren Untertanen stets Ehrfurcht heischenden Herrscherhäusern.

Beim ersten Überfliegen der Memoiren meint man, die Auslassungen einer Paranoikerin vor sich zu haben. Doch da bislang keine wissenschaftlich fundierte Gegenstimme hörbar wurde, muß man die Horrorgeschichten wohl für bare Münze nehmen, vor allem, da Wilhelmine niemals Anklage gegen die Peiniger in ihrer Familie erhebt, sondern – zuweilen vielleicht überspitzt und drastisch – meist kommentarlos Tatsachen festhält.

»Nichts kommt von nichts«, weiß schon der Volksmund, und es bedurfte nicht erst der Erkenntnisse der Tiefenpsychologie, um klarzustellen, daß unglückliche Kinder unglückliche Eltern haben. Und wie unglücklich sie waren, Wilhelmines Eltern!

Ihr Vater war König Friedrich Wilhelm I. von Preußen, Kronprinz zur Zeit ihrer Geburt. Ihr Großvater, König Friedrich I., war mit Sophie Charlotte von Hannover verheiratet, Wilhelmines Urgroßmutter war also die legendäre Sophie von Hannover, der wir im ersten und zweiten Kapitel dieses Buches mehrfach und ausführlich begegnet sind. Sie war der stärkste »Mann« in der Familie, sie bestimmte das Schicksal ihrer Kinder, Schwiegerkinder und Enkel.

Sophie von Hannover befand es für richtig, den kleinen Friedrich Wilhelm für einige Zeit an ihren Hof nach Hannover zu holen und ihn zusammen mit ihren Enkeln Georg August und Sophie Dorothea zu erziehen. Auch diesen beiden sind wir schon begegnet: Es waren die Kinder der bejammernswerten Sophie Dorothea, deren Leben in der Gefangenschaft von Ahlden verdämmerte.

Friedrich Wilhelm und sein Vetter Georg August waren einander schon in der gemeinsamen Jugend nicht grün. Auch für seine Base Sophie Dorothea empfand Friedrich Wilhelm keinerlei Zuneigung, sie war ihm gleichgültig.

Später lebte Friedrich Wilhelm wieder bei seinen Eltern, dem eitlen und verschwenderischen König Friedrich I. von Preußen und der hochgebildeten, eigenwilligen Sophie Charlotte, Erbauerin des Schlosses Charlottenburg. Der Berliner Hof war einer der glänzendsten seiner Zeit, sowohl den Prunk des Königs als auch die intellektuellen Ambitionen der Königin betreffend, die den berühmten Leibniz nach Berlin zu locken vermochte.

Friedrich Wilhelm muß seine Eltern sehr gehaßt haben, denn sein Lebensstil stand dem ihrigen diametral entgegen. Sein Hof sollte

Friedrich Wilhelm I., der »Soldatenkönig«

einer der kärglichsten, kunst- und wissenschaftsfeindlichsten des gesamten Kontinents werden.

Aus der Feder seiner Tochter Wilhelmine erhalten wir eine scharfe Charakteristik Friedrich Wilhelms, die mit anderen Zeugenaussagen im wesentlichen übereinstimmt: Er war fleißig, von natürlicher Güte (wenn es ihm in den Kram paßte), jähzornig, mit gelegentlichen Ausbrüchen von Gewalttätigkeit, übertrieben sparsam. Nur für die einzige echte Passion seines Lebens, das Militär, floß ihm das Geld locker aus der Hand. »Soldatenkönig« wurde sein Beiname. Er war stark gegenüber der Familie, gefügig dem Einfluß von Günstlingen und ständig eifersüchtig auf seine Frau, obwohl sie ihm nie den geringsten Anlaß dafür bot und ihm zehn Kinder gebar – die zahlreichen Fehlgeburten nicht eingerechnet.

Gewiß war er nicht eifersüchtig, weil er Sophie Dorothea liebte. Sein Herz gehörte einer anderen, Karoline von Ansbach, aber seine Mutter wie seine Großmutter hatten andere Pläne mit dem Mädchen: Sie bekam – ausgerechnet! – Georg August zum Mann, den Vetter, den Friedrich Wilhelm von Kindesbeinen an verabscheute. Friedrich Wilhelm wurde kurzerhand und ungefragt mit seiner Cousine Sophie Dorothea verheiratet – und er hat diese Niederlage lebenslang gerächt – an seiner Frau, an seinen Kindern.

Sophie Dorothea war, nach der Beschreibung ihrer Tochter, niemals schön gewesen, von Pockennarben übersät, aber die vielen Schwangerschaften hatten ihre gute Figur nicht beeinträchtigt. An Kunst und Wissenschaft – ohne wirklichen Tiefgang – interessiert und außerordentlich weltgewandt, waren Ehrgeiz und Hochmut ihre hervorstechendsten Eigenschaften. Der Stolz auf ihre hannoveranisch-englische Abkunft bestimmte, wie wir bald sehen werden, die für ihre Kinder gesteckten Lebensziele. Die Mutter wurde, laut Wilhelmines Beobachtungen, vom Vater stets »unbillig« behandelt, weil er befand, daß »die Frauen in Zucht gehalten werden müßten, sonst tanzen sie ihren Männern auf der Nase herum«.

Wilhelmine war das zweite Kind ihrer Eltern. Ein vor ihr geborener Knabe starb, und als Sophie Dorothea erneut schwanger wurde, hoffte sie inbrünstig, »einen kleinen Grenadier« zur Welt zu bringen. Dies schrieb die Zweiundzwanzigjährige ihrem einundzwanzigjährigen Mann ins Feld. Friedrich Wilhelm kämpfte unter dem Kommando des Prinzen Eugen im Spanischen Erbfolgekrieg an der flandrischen Front.

Am 3. Juli 1709 wurde dann doch kein kleiner Grenadier, sondern ein »ungnädig empfangenes« Mädchen geboren: Wilhelmine. König Friedrich I. meldete die betrübliche Tatsache in nicht eben begeisterten Worten seiner Schwiegermutter Sophie von Hannover. Die frischgebackene Urgroßmutter tröstete pragmatisch: Auch Prinzessinnen seien nötig, »um Allianzen zu machen«. Wilhelmines Tragödie um wechselnde »Allianzen« begann mit der Stunde ihrer Geburt.

Sophie Dorothea wagte in den ersten Briefen an ihren Mann die Worte »Tochter« oder »Mädchen« nicht zu verwenden. Da ist, schamhaft, immer nur von »dem Kinde« die Rede.

»Das Kind« hatte von Anfang an nur einen einzigen Freund und Bewunderer, ihren Großvater König Friedrich I. Er verwöhnte die »artliche« Kleine bereits zum ersten Geburtstag mit einem Ohrgehänge aus Gold, Brillanten und Perlen.

Die Liebe des Großvaters, der sich oft stundenlang mit dem Säugling beschäftigte, erlitt auch keinen Abbruch, als 1710 endlich der erhoffte »kleine Grenadier« zur Welt kam und sofort in den Mittelpunkt des allgemeinen Interesses rückte. »Die kleine Prinzeß ist ganz eifersüchtig«, erfahren wir aus der Feder der Mutter.

Bald gab es keinen Grund zur Eifersucht mehr. Der Prinz starb – und ein weiteres Brüderchen, das am 24. Januar 1712 geboren wurde, liebte sie von der ersten Stunde an inbrünstig. Vorsichtshalber schenkte der Großvater dem kleinen Mädchen sofort eine prächtige Kinderkutsche – aber derlei »Bestechung« hätte es gar nicht bedurft. Wilhelmines Liebe zum Bruder Fritz war leidenschaftlich, ehern, unwandelbar von seiner Geburt bis zu ihrem Tod.

Fritz war ein Jahr alt, Wilhelmine zählte vier, als der Großvater einem Lungenleiden erlag. Beide Kinder standen am Sterbebett. Fritz verstand natürlich nicht, was da eigentlich vorging, um so unglücklicher war Wilhelmine. Friedrich I. sollte für lange Zeit der letzte Mensch gewesen sein, der auf das kleine Wesen behutsam und zärtlich eingegangen war.

Wilhelmine war zu dieser Zeit bereits so gut wie verlobt. Ihre Mutter und ihre Urgroßmutter – die Großmutter war lange vor Wilhelmines Geburt gestorben – hatten beschlossen, daß sie und Friedrich

Ludwig, der Sohn von Georg August und Karoline von Ansbach, ein Paar werden sollten. Friedrich Ludwig war bei Wilhelmines Geburt zwei Jahre alt, und »er fragt mich alle Tage nach seiner Braut«, berichtet Sophie Dorothea beglückt aus Hannover, wohin sie kurz nach der Niederkunft gereist war, um ihre Großmutter Sophie zu besuchen.

Friedrich Wilhelm stand diesem neuerlichen Heiratsprojekt zwischen Preußen und Hannover, dem dritten in ununterbrochener Reihenfolge, mit gemischten Gefühlen gegenüber. Einerseits haßte er es, daß schon wieder »die Weiber« hinter seinem Rücken Politik machten, andererseits schmeichelte ihm die Aussicht, daß seine Tochter dermaleinst Königin von England werden sollte, nachdem Sophie von Hannover seit 1701 die »Erbin von England« war. (Siehe das Kapitel »Mord im Schloß«.)

Noch hatte er nicht die Kraft und die Macht, diese Pläne zu durchkreuzen, aber er versuchte mit allen Mitteln zu verhindern, daß Wilhelmine durch die Mutter die großspurige Erziehung einer zukünftigen englischen Königin erhielt. Der Vater wollte nichts als ein bescheidenes und allzeit gehorsames Preußenmädel aus ihr machen, und so begann der elterliche Zwist um »das Kind«, ehe es überhaupt noch sprechen und laufen konnte.

Die großen Veränderungen, die der Tod Friedrichs I. mit sich brachte, hat Wilhelmine mit einem Satz treffsicher charakterisiert: »Unter Friedrich I. war Berlin das Athen des Nordens, unter Friedrich Wilhelm I. wurde es zum Sparta.«

Der Aufwand für die Hofhaltung wurde drastisch gekürzt, das meiste Dienstpersonal entlassen, Kunst und Wissenschaft wurden vergrault, alles Geld, das nur zur Verfügung stand, floß in den Aufbau der Armee.

Frau und Kinder sahen den Vater selten. Er verbrachte die meiste Zeit in Potsdam und widmete sich seiner Lieblingstruppe, den »langen Kerls«, riesenhaften Burschen von mindestens 1,80 Meter (damals eine Rarität, wenn nicht gar ein Kuriosum), für deren Rekrutierung er weder Raub noch Erpressung scheute. Wer sich den König geneigt machen wollte, verschaffte ihm, mit welchen Mitteln immer, Nachschub für diese Spezialeinheit.

Soldatische Zucht und Ordnung hatten auch in der Kinderstube zu herrschen; man dürfe den Kleinen keinen eigenen Willen lassen, weil »der menschliche Wille ... von Natur aus zu allem Bösen geneigt ist«. Kinder, so lautete des Königs Credo, seien nicht zum Spielen und nicht zu ihrem Vergnügen auf der Welt, sie hätten ausschließlich zu gehorchen und zu lernen. Söhne müßten von kleinauf zu Soldaten gedrillt werden. Demgemäß war der älteste Sohn Fritz mit vier Jahren ein geschickter Schütze, der Sechsjährige nahm bereits Paraden ab, täglich mußte er exerzieren ...

Was für die ältesten Kinder galt, war auch Richtschnur für alle folgenden: 1714 Friederike, 1716 Charlotte, 1717 Wilhelm (er starb zweijährig), 1719 Sophie, 1720 Ulrike, 1722 August Wilhelm, 1723 Amalie, 1726 Heinrich und 1730 Ferdinand.

Sowohl von ihrer ursprünglichen Konstitution als auch vom Wesen her waren Wilhelmine und ihr drei Jahre jüngerer Bruder Fritz sehr verschieden. Wilhelmine war als kleines Kind kerngesund, lebhaft, herzlich, offen, wißbegierig und von flinker Auffassungsgabe – dazu prädestiniert, das Lieblingskind ihres Vaters zu werden.

Fritz hingegen, zart gebaut und häufig kränkelnd, hatte anfangs Lernschwierigkeiten, überlegte peinigend lang, ehe er eine Antwort hervorpreßte. Seine Gemütsart war »finster«, beschreibt ihn später die Schwester. Der introvertierte Junge, in den er all seine Hoffnungen gesetzt hatte, machte den Vater rasend, und Friedrich Wilhelm versuchte, den vermeintlichen Versager durch immer härtere Erziehungsmethoden wachzurütteln. Im Grunde konnte er den Kronprinzen nicht ausstehen – und der merkte das nur zu gut.

Wilhelmine, ihrem Lieblingsbruder bedingungslos zugetan, mag sich wohl als Beschützerin des Kleinen gefühlt haben – je mehr der Vater gegen ihn wütete, desto zärtlicher nahm sie ihn in ihre schwesterlich-mütterliche Obhut, und sie wurde ihm sogar zur Helfershelferin gegen den Vater.

Zunächst nur von einer Amme und einer Kinderfrau betreut, erhielt Wilhelmine als Dreijährige ihre erste Erzieherin, Fräulein Leti, eine Dame von zweifelhafter Abkunft: Ihr Vater war ein entsprungener italienischer Mönch, die Tochter, nach Wilhelmines Beschreibung, mit typisch »italienischem Geist und Herzen« behaftet: schön, blenderisch, kokett, boshaft und ränkesüchtig. Wilhelmine hatte unter dieser Person fast ebensoviel zu leiden wie an Vater und Mutter, die einander spinnefeind wurden und ihren Ehekrieg auf dem Rücken der Kinder auszutragen pflegten.

Gegen den ausdrücklichen Willen des Vaters gab die Mutter Wilhelmine nach ihrem achten Geburtstag einen eigenen Hauslehrer, der Sophie Dorotheas hochgeschraubten Ansprüchen vollauf entsprach: Maturin de La Croze beherrschte dreizehn Sprachen, darunter Syrisch und Armenisch, und er stand im Ruf, eine »lebende Bibliothek« zu sein. Da er darüber hinaus ein vom Geist der Aufklärung beflügelter, freundlicher Mensch und ein feinfühliger Pädagoge war, drang Wilhelmine an seiner Hand mühelos in die Welt des Wissens ein, und sie war vermutlich die gebildetste Prinzessin ihrer Zeit.

Dem Bruder war es natürlich streng verboten, an diesem »unnützen und überflüssigen« Unterricht teilzunehmen – er tat es dennoch, gedeckt von der Mutter und der Schwester. Die geistige Aufgeschlossenheit des späteren Friedrich des Großen geht sicher auch auf das segensreiche Wirken La Crozes zurück, so wie seine Musikalität in den heimlichen Musikstunden mit der Schwester gebildet und vertieft wurde.

Auch wenn Fritzens Eskapaden in das Reich der Musik und der höheren Bildung dem Vater zumeist verheimlicht werden konnten, schikanierte er den Sohn bis an die Grenze des Erträglichen, wodurch er ihn zwangsläufig in die Arme der Mutter trieb.

Wilhelmine stand ursprünglich auf seiten des Vaters – »er liebte mich mit Leidenschaft« –, und die Zuneigung zum Bruder, der immer mehr zur Mutter strebte, stürzte das Mädchen in ständige Loyalitätskonflikte, umsomehr, als die Mutter mit brutalsten Mitteln des Liebesentzugs arbeitete, um auch dieses Kind auf ihre Seite zu ziehen.

Nachdem die Zehnjährige einer lebensbedrohenden Scharlacherkrankung mit knapper Not entronnen war, stellte ihr der überglückliche Vater spontan einen Wunsch frei. Sie erbat die Gnade, nicht mehr Kinderkleider tragen zu müssen. Lachend willigte der Vater ein, und sie bekam eine, wie sie meinte, ihr vorteilhaft zu Gesicht stehende Erwachsenengarderobe. Selig drehte sie sich, in hingerissener Selbstbewunderung, vor dem Spiegel.

Jauchzend lief sie zur Mutter, um sich in ihrem neuen Staat zu zeigen, doch die pfauchte: »Du siehst aus wie ein Zwerg.« Nicht genug damit, überhäufte sie das Kind mit Vorwürfen: Unerhört! Den Vater

Friedrich und Wilhelmine als Kinder

um eine Gunst bitten! Ihr, der Mutter, ihr allein hätte Wilhelmine »anzuhängen«, und sie würde sehr, sehr böse, wenn sie es noch einmal wagen sollte, sich »zu irgend einem Zweck« an den König zu wenden. Der Kampf zwischen Vater und Mutter war in vollem Gang. Das Schlachtfeld war die Seele eines Kindes.

Der Vater, die Mutter: die natürlichen Feinde des Mädchens. Als dritte im teuflischen Bund: die Erzieherin Leti!

Wilhelmine war kaum von einer Scharlacherkrankung genesen, als in Preußen eine Typhusepidemie zu wüten begann, die auch den König nicht verschonte. Aus Gründen, die heute nicht mehr nachvollziehbar sind, wurde Wilhelmine tagsüber zu dem Patienten gesperrt. Draußen herrschte »Hitze wie in Italien«, dennoch setzte man das Kind vor einen lichterloh flammenden Kamin und hielt es zum ständigen Stillsitzen und Stillschweigen an.

Nachts durfte sie in ihrem Zimmer verweilen, das sie mit ihrer Erzieherin teilte, und Wilhelmine wurde häufig von Alpträumen geplagt. Immer wieder wachte sie schreiend auf. »Zur Beruhigung« verordnete ihr die Leti das Auswendiglernen von Psalmen, aber die Buchstaben tanzten dem Kind vor den Augen. Sie konnte sich kein einziges Wort merken, und die Leti beschuldigte sie, nicht gottesfürchtig zu sein.

Auch Wilhelmine wurde ein Opfer der Krankheit. Ihre Genesung brauchte wesentlich länger als die des Vaters, denn »tagsüber mißhandelte [die Leti] mich, nachts konnte ich nicht schlafen, denn sie schnarchte wie ein Dragoner«.

Die Leti!

Nicht ihr »italienischer Geist« animierte sie, das Kind zu terrorisieren – wie Wilhelmine vermutete –, es gab einen triftigen, realen Grund; Politik in ihrer garstigsten Form: Bestechung. Die Leti war, von zwei Ministern des Königs durch klingende Münze leicht überzeugt, aufs Karussell der Heiratsintrigen aufgesprungen.

Zwei Todesfälle hatten 1714 die politischen Konstellationen Europas entscheidend verändert. In diesem Jahr starben, kurz hintereinander, zuerst Sophie von Hannover, die »Erbin Englands«, und dann ihre Cousine, Königin Anna von England. Sophie war es nicht mehr vergönnt, ihr englisches Erbe anzutreten, dafür wurde ihr Sohn, Sophie Dorotheas Vater, als Georg I. inthronisiert – derselbe Georg, den wir im ersten Kapitel dieses Buches als Ehemann der später von ihm verstoßenen »Gefangenen von Ahlden« kennengelernt haben. Beider Sohn, Georg August, Bruder von Wilhelmines Mutter, stieg zum Prinzen von Wales auf; Wilhelmines »Bräutigam« seit ihrer Geburt, Friedrich Ludwig, zum Herzog von Gloucester.

Die Familie übersiedelte nach London, mit dabei eine jüngere Schwester Friedrich Ludwigs namens Amalia, auch sie schon »Braut« – und zwar ihres Cousins Fritz in Berlin. Sophie Dorothea und ihr Vater König Georg I. hatten eine Doppelhochzeit ins Auge gefaßt; der englisch-hannoveranische König mit dem Hintergedanken, Preußen in seinen Einflußbereich zu bekommen; Sophie Dorothea hatte keine politischen Ambitionen, sie wollte für ihre Kinder einfach hoch hinaus. Bereits zu seinem zweiten Geburtstag erhielt Fritz einen »Verlobungsring«, geflochten aus dem flaumigen Blondhaar seiner in den Windeln liegenden »Braut«.

Friedrich Wilhelm stand dem Projekt mit wachsender Skepsis gegenüber, denn er begann die englisch-hannoveranische Übermacht zu fürchten, und zwei seiner Minister, Friedrich von Grumbkow und Feldmarschall Fürst Leopold von Anhalt-Dessau (der »alte Dessauer«) bestärkten ihn nachdrücklich in seinen Zweifeln. Der eine aus politischen, der andere aus persönlichen Gründen.

Grumbkow hatte Preußens Vormachtstellung im Norden Deutschlands vor Augen, der Fürst von Anhalt-Dessau spekulierte auf eine Heirat seines Neffen, des Markgrafen Friedrich von Schwedt, mit Wilhelmine.

Der Markgraf, ein enger Verwandter des preußischen Herrscherhauses, war der nächste Anwärter auf den Thron, falls die königliche Linie im Mannesstamm erlöschen sollte, und das schien so unwahrscheinlich nicht: das Lebenslicht des Kronprinzen Fritz flackerte von Zeit zu Zeit bedrohlich. Nach ihm wurden zunächst nur Mädchen geboren; ein weiterer Junge starb im Kleinkinderalter, erst 1722 kam wieder ein Prinz zur Welt.

Zu diesem Zeitpunkt aber war der Markgraf von Schwedt längst ein fixer Anwärter auf die Hand Wilhelmines. Schon Jahre vor der glücklichen Geburt eines weiteren Sohnes begann der Kampf zwischen Sophie Dorothea und ihrem Mann um die Zukunft Wilhelmines, in dem die Leti, von Grumbkow und dem Fürsten von Anhalt-Dessau bestochen, eine ebenso wichtige wie unrühmliche Rolle spielte.

Ohne Unterlaß bearbeitete sie bereits die Zehnjährige, schilderte ihr die Vorzüge des Markgrafen von Schwedt in den lebhaftesten Farben. Nebenbei ließ sie auch einfließen, welch hervorragender König Schwedt sein würde, so, als wäre Fritz schon gestorben und Schwedt stünde als künftiger Herrscher unwidersprochen fest. Je mehr die Leti den Markgrafen pries, desto wilder wuchs Wilhelmines Abscheu gegen den Jungen. Er zählte zwar erst fünfzehn Jahre, aber war schon »grausam, brutal und von rohen Manieren«. Diese Weisheit hatte das Kind wiederum von seiner ehemaligen Amme, die sich ihrerseits für die englische Heirat stark machte. Alle, alle, ob hoch oder niedrig, fühlten sich berechtigt und berufen, ihren Senf zu der Angelegenheit zu geben, bis Wilhelmine, verwirrt und verstört, überhaupt nichts mehr begriff.

Dann wurde sie auch noch von der Mutter unter Druck gesetzt. Ganz sanft begann diese das Kind auszuhorchen, wen es denn lieber heiraten würde, den Herzog von Gloucester oder den Markgrafen von Schwedt? Nein, nein, den Schwedt, den wollte sie nicht, sagte das Mädchen, das sei ein böser Mensch. Aber die Leti, fuhr die Mutter fort, die sei doch sehr wohl für Schwedt – oder? Wilhelmine bestätigte es zögernd. Die Königin bohrte weiter. Ob es wahr sei, daß die Leti alles herauszubekommen versuchte, worüber der König und die Königin in Wilhelmines Gegenwart sprächen? Die Kleine wand sich eine Weile, dann gestand sie unter Tränen, daß dem so sei.

Sophie Dorothea war hoch zufrieden. Sie trug der Tochter auf, der Leti niemals mehr auch nur ein Sterbenswörtchen von dem zu verraten, was sie von den Gesprächen der Erwachsenen aufgeschnappt hatte. Wilhelmine fragte verängstigt, wie sie sich denn verhalten sollte, wenn die Leti sie ausfragte. Ach, das sei doch ganz einfach, meinte die Mutter leichthin. Wilhelmine sollte nur sagen, sie hätte nicht auf die Unterhaltung geachtet. Das Kind nickte stumm und verängstigt. »Du mußt mir ganz ergeben sein«, schärfte die Mutter Wilhelmine ein, dann werde sie die Tochter wie eine Erwachsene behandeln und ihr volles Vertrauen schenken.

Und nun erzählte Sophie Dorothea Wilhelmine eine Schauergeschichte, die ihr das Blut in den Adern stocken machte: Grumbkow und der Fürst von Anhalt-Dessau hätten vor, den König und Fritz zu ermorden, um den Markgrafen von Schwedt an die Macht zu bringen.

Es war ein komplizierter Plan, dessen Einzelheiten Wilhelmine nicht verstand, sie begriff nur soviel, daß es dem vergötterten Bruder ans Leben gehen sollte. Auch die Leti sei in das Komplott verwickelt, betonte die Mutter, und Wilhelmine wurde von Entsetzen gepackt.

Zuckersüß und schmeichlerisch fragte die Leti sie am Abend aus, was es denn bei der Mutter gegeben hätte. Wilhelmine drückte sich in verlegener Pein um eine Antwort, aber sie hielt dicht, auch als die Leti sie zu beschimpfen und zu bedrohen begann. Voller Wut versetzte sie der Kleinen einen Stoß, und sie stürzte über eine Estrade.

»Am nächsten Tag dieselbe Szene, aber noch viel schlimmer«, berichtet Wilhelmine in den Memoiren. »Sie schleuderte mir einen Leuchter an den Kopf, ich hatte Blut im Gesicht ... Ich hatte keinen Tag Ruhe, und mein armer Rücken erhielt jeden Tag seinen Anteil ... Hiebe und Schläge waren mein täglich Brot ... Dabei erging sich die Leti in Beschimpfungen über die Königin ...«

Als sie die körperlichen und seelischen Martern nicht länger ertragen konnte, es aber nicht wagte, sich der Mutter anzuvertrauen, brach Wilhelmine mit einer Gallenkolik (!) zusammen, eine nachfolgende Gelbsucht warf sie für Monate aufs Lager.

Und die Mutter? Sie hat von alledem nichts gemerkt? Sie hat wirklich nicht gewußt, daß ihr Kind täglich mißhandelt wurde? Was hat sie empfunden? Was hat sie gedacht? Was, um Gottes willen, ging in diesem Kopf vor? Wir wissen es nicht, wir können es nicht einmal ansatzweise vermuten.

Erst als der Skandal zu offensichtlich wurde, als eine der Prinzenerzieherinnen, eine Madame de Roucoulles, Sophie Dorothea auf den Kopf zusagte, daß Wilhelmine wahrscheinlich eines Tages ganz zum Krüppel geschlagen würde, erst dann wurde die Leti vom Hofe entfernt.

An ihre Stelle trat eine vierzigjährige edle Dame, Fräulein von Sonsfeld, später zärtlich »Sonsine« genannt, die vom ersten Augenblick an in unerschütterlicher Loyalität zu ihrem Schützling stand – und das über Jahrzehnte. Die ruhige, noble Frau gewann allmählich das Vertrauen des Kindes: Es war anfangs so verschüchtert, daß es kaum zwei Worte hervorbrachte, wenn Fräulein von Sonsfeld sie ansprach. Später weihte Wilhelmine die Sonsfeld ungefragt in die tiefsten Geheimnisse ihres Herzens ein. Die Erzieherin, dann Haushofmeisterin, wurde allmählich zu der Mutter, die Wilhelmine nie gehabt hatte.

Sophie Dorothea hörte keinen Augenblick lang auf, die englische Heirat zu betreiben, und nach einem langen, klärenden Gespräch mit seinem gerade in Hannover weilenden Schwiegervater begann sich auch Friedrich Wilhelm neuerlich ein wenig für den Plan zu erwärmen.

Die Königin bekam wieder festen Boden unter den Füßen. Sie beeilte sich, ihrem Vater ein Bild der jetzt vierzehnjährigen Wilhelmine zu übersenden. Die Antwort war merkbar kühl, Georg I. schrieb lediglich: »Die Prinzessin scheint wohlgebildet.«

Sie scheint wohlgebildet – Sophie Dorothea wußte, was sie zwischen den Zeilen zu lesen hatte: Die Anti-Preußen-Partei am englischen Hof hatte nämlich die Mär ausgestreut, Wilhelmine sei mit einem Buckel behaftet. Die Gerüchte verstummten erst, nachdem eine englische Hofdame nach Berlin gekommen war und das Mädchen begutachtet hatte.

Wie ein Stück Vieh wurde Wilhelmine der Besucherin vorgeführt. Sie mußte ein paar Tanzschritte vollführen – damit aber nicht genug! Verbargen sich unter dem gebauschten Kleid nicht vielleicht doch gekrümmte Körperformen? Ausziehen mußte sich Wilhelmine! Ausziehen vor aller Augen. Die Revisorin zeigte sich zufrieden, der Rücken der Probandin war kerzengerade. Was sich im Inneren der Vierzehnjährigen gekrümmt haben mag, das blieb verborgen.

Das letzte Urteil behielt sich die englische Majestät selbst vor, die sich für den Oktober 1723 zu einer Visite in Berlin ansagte. Bereits Wochen vorher war Wilhelmine einem Dauerbombardement mütterlicher Ratschläge ausgesetzt: Tu das nicht – mach jenes anders – bemüh dich, das Wohlwollen des königlichen Großvaters zu erringen. Niedergeschlagen klagte sie dem Fräulein von Sonsfeld, daß die Mutter sie vor allen Leuten zurechtwies, dabei ausschließlich die Wünsche des Herzogs von Gloucester bedachte, niemals die ihrer Tochter. »Bin ich denn nicht soviel wie er?« fragte sie verzweifelt. Die Antwort der »Sonsine« kennen wir nicht. Sie wird wohl, so gut wie möglich, versucht haben, dem Kind klarzumachen, daß Prinzessinnen von Natur aus oder göttlichem Willen folgend einen geringeren Wert hatten als Prinzen. C'est la vie . . .

Am 8. Oktober 1723 wurde die Kleine, geschnürt bis zur Ohnmacht, aufgeputzt wie ein Weihnachtsbaum, dem englisch-hannoveranischen Großvater vorgeführt. Er nahm bedächtig eine Kerze zur Hand, betrachtete die Enkelin, eine kalkbleiche Statue, genauestens von oben bis unten, von vorn nach hinten, und er sagte kein einziges Wort. Dann stellte er, noch immer schweigend, die Kerze beiseite und wandte sich an Fritz, den er sogleich in ein freundliches Gespräch verwickelte.

Die schreckliche Prüfung war noch immer nicht zu Ende! Sophie Dorothea führte das Mädchen in einen Nebenraum, wo einige Herren aus dem Gefolge Georgs I. ihrer zu einer weiteren Examination harrten. »Sprechen Sie englisch mit meiner Tochter, Sie werden sehen, daß sie es gut beherrscht«, prahlte Sophie Dorothea – und ging fort. Die Abwesenheit der Mutter gab Wilhelmine neuen Mut, sie begann drauflos zu parlieren, »und alle schienen entzückt«, erinnert sie sich später nicht ohne Genugtuung. Sie sehe englisch aus, schmeichelten ihr die Herren, und sie sei geboren, dermaleinst ihre Königin zu werden.

Auch vor den Augen Georgs I. scheint Wilhelmine letzten Endes Gnade gefunden zu haben, er soll seinem Enkel, dem Herzog von Gloucester, erzählt haben, die preußische Braut sei »anmutig und geistvoll«.

Zu Ende des Berliner Aufenthalts von Georg I. gab es einen alarmierenden Zwischenfall: Während eines Herrenabends, an dem wie üblich fest gebechert wurde, stürzte er, hochrot im Gesicht, ohnmächtig vom Sessel, die Perücke flog ihm im weiten Bogen vom Haupt. Nach einer Stunde war er allerdings wieder wohlauf, niemand maß der Episode besondere Bedeutung bei. So manch einer ist schon während eines Saufgelages besinnungslos vom Stuhl gefallen . . .

Am nächsten Morgen unterzeichnete Georg I. ein Papier über das Verlöbnis Wilhelmine – Friedrich Ludwig, Fritz – Amalia.

Schlagflüssig war er, der König von England, und 1727, während einer Reise von London nach Hannover, fiel er während eines Aufenthalts in Osnabrück wieder um, aber nun kam er nicht mehr zu sich. Georg August, Sophie Dorotheas Bruder, trat die Nachfolge des Vaters als Georg II. an, sein Sohn, Wilhelmines ewiger Bräutigam, rückte vom Herzog von Gloucester zum Prinzen von Wales auf.

Der Tod des Großvaters war gar nicht gut für Wilhelmine, denn Georg II. hatte – aus verschiedenen politischen Erwägungen – keine Eile, die Hochzeit der vier Königskinder endgültig festzuschreiben. Hinzu kam, daß das Vorhaben, ebenfalls aus politischen Gründen, von Österreich nicht gebilligt wurde. In der Person des österreichischen Gesandten Reichsgraf Friedrich Heinrich von Seckendorff wuchs den Anti-Engländern Grumbkow und Anhalt-Dessau willkommene Verstärkung zu.

Seckendorff brachte auch die Versöhnung zwischen Friedrich Wilhelm I. und König August dem Starken von Sachsen-Polen zustande, die einander bis dahin wenig Sympathie entgegengebracht hatten – eine Versöhnung, die für Wilhelmine um ein Haar katastrophale Folgen gehabt hätte.

1728 reisten Friedrich Wilhelm I. und sein bald siebzehnjähriger Sohn Fritz zum Staatsbesuch nach Dresden, wo der sinnenfreudige Sachse seine Gäste nicht nur mit üppigen Festen, sondern auch mit üppigen Schönheiten versorgte.

Friedrich Wilhelm I. wies eine ihm buchstäblich auf dem Tablett servierte nackte Kokotte entrüstet zurück, Fritz hingegen hatte das Pech, sich in eine Gräfin Orzelska zu verlieben, die den Knaben zum Manne machte. Der kleine Schönheitsfehler war, daß die Orzelska nicht nur die Maitresse, sondern auch die Tochter Augusts war, der gleich zweifachen Grund hatte, auf den Preußenprinzen eifersüchtig zu sein – als Liebhaber und als Vater. Er beruhigte sich erst, als Fritz seine neuerworbenen Kenntnisse in der Ars amandi mehrfach an anderen Damen auszuprobieren begann. Fritz fand soviel Gefallen an diesem neuen Vergnügen, daß er ernstlich in Gefahr geriet, ein ebenso unersättlicher Casanova zu werden wie August, der angeblich so viele Bastarde in die Welt gesetzt hat, wie das Jahr Tage zählt.

Neben all den Amouren blieb Fritzens Liebe zur Schwester unerschütterlich. Trotz aller »Zerstreuungen« denke er beständig an sie, schrieb er, und er werde sie »erst mit dem Tode vergessen«. »Lieben Sie mich, wie ich Sie liebe . . .« (Die Geschwister korrespondierten in französischer Sprache, daher das steife »Sie« statt des vertraulichen »Du«.)

Wie Wilhelmines kenntnisreicher und einfühlsamer Biograph, Heinrich Thiel, wohl mit Recht vermutet, war es den ernsten Vorhal-

Friedrich von Seckendorff

tungen und dem energischen Dazwischentreten Wilhelmines zu danken, daß der Junge sein weiteres Leben nicht mit sinnlosen »Zerstreuungen« vertat; Fritz, der spätere König Friedrich II., hat es selbst in Gedichtform einbekannt: »Oft, wenn durch Listen und Fallen bedroht, hat sie mir den Weg gewiesen. / Selbst das Laster, dem ich verfallen, / wurde unter ihren Augen vertrieben.« Noch Jahre später sagte er, daß er der Schwester einen großen Teil seines »Wertes« verdanke; sie hätte ihn dazu gebracht, »sein allzu lebhaftes Temperament« zu zügeln.

Um die Dresdner Staatsvisite rankt sich ein Geheimnis, das bislang nicht gelöst ist. Wilhelmine behauptet in ihren Memoiren, daß ihr Vater die Absicht gehabt hätte, sie mit dem 39 Jahre älteren August, dem alten Wüstling, zu vermählen. Die historische Forschung hat noch keine Hinweise auf diesen absurden Plan entdeckt, der so absurd nicht scheint, zieht man Friedrich Wilhelms I. krause Gedankengänge ins Kalkül. Nach dem Gegenbesuch Augusts in Berlin ist von dieser Idee nicht mehr die Rede.

August zählte damals achtundfünfzig Jahre, und war, wie Wilhelmine bemerkt, »für sein Alter sehr gebrechlich. Seine furchtbaren Ausschweifungen hatten ihm ein Leiden am rechten Fuß zugezogen, sodaß er kaum gehen und nicht lange stehen konnte.« (Syphilis?)

Das englische Heiratsprojekt wurde mit der Zeit immer nebuloser, zum Teil wegen sich stetig verschiebender Allianzen im Dreieck Preußen – Österreich und England – Hannover, zum Teil aber auch aus persönlichen Animositäten: Georg II. und Friedrich Wilhelm I. konnten einander als längst Erwachsene noch immer so wenig leiden wie in fernen Kindertagen. Georg II. schimpfte den preußischen Vetter »mein Bruder Korporal«, Friedrich Wilhelm I. giftete über den englischen König »mein Bruder Komödiant«.

Nachdem Friedrich Wilhelm I. unter dem Einfluß von Seckendorff und dem von diesem kräftig bestochenen Minister Grumbkow mit Österreich einen Beistandspakt geschlossen hatte (der England empörte), ließ sich der König bei einer abendlichen Tafel ausführlich über den vorteilhaften Vertrag aus. Den Blick fest auf seine vor Wut fast zerplatzende Frau gerichtet, ließ er eine Orgie von Beschimpfungen über seinen englischen Schwager los.

Hinter dem Rücken ihres Mannes spann Sophie Dorothea weiter

allerlei Ränke mit dem englischen Bruder, die auf die Hochzeit der Königskinder abzielten, bekam aber nur Ausflüchte und Phrasen zur Antwort. Ihre Ungeduld und ihren Zorn ließ sie – an wem? – natürlich an der Tochter aus. Sie beschuldigte das Mädchen allen Ernstes, einzig und allein am Zögern Englands schuld zu sein. Wäre sie netter, gefälliger und wohlerzogener (?), dann wäre sie wohl schon längst als Prinzessin von Wales dort.

Reichlich makaber mutet an, wie Sophie Dorothea nicht müde wurde, der Tochter den englischen Vetter schmackhaft zu machen. Sie wußte, daß Wilhelmine den Prinzen von Wales verabscheute, denn sein Ruf als Wüstling hatte längst in Europa die Runde gemacht. Sophie Dorothea gab sich auch gar keine Mühe, das Bild des »Bräutigams« zu schönen: »Er ist gutherzig, aber von sehr geringem Verstand, eher häßlich wie schön und sogar etwas verwachsen.« Aber: Wenn sie sich ihm nur gefällig mache und sein wüstes Leben ertrüge, würde sie ihn ganz beherrschen, und sobald sein Vater tot wäre, würde sie »der König« sein und nicht ihr Mann.

Verwundert es, wenn wir in Wilhelmines Memoiren lesen: »Ich hatte immer eine entsetzliche Abneigung gegen die Ehe.« Das Bild der elterlichen Hölle vor Augen, die Aussicht auf ähnliche »Beglükkung« durch welchen ungeliebten Mann immer, lassen diese Einstellung mehr als verständlich erscheinen.

Fast täglich aufs neue kam es zu wüstem Zank zwischen Friedrich Wilhelm I. und Sophie Dorothea – und immer wegen der vermaledeiten Heirat. Einmal »schrie und weinte und flehte« – laut Wilhelmines Erinnerungen – die Mutter so lang, bis der Vater endlich ein wenig einlenkte. Er verlangte aber von seiner Frau, daß sie die Heirat endlich perfekt machte, »denn ich [will] mich nicht länger narren lassen«, brüllte er. »Ich bin der Herr, ich kann meine Tochter verloben, wie es mir gefällt.« Und dann, noch heftiger: »Kein Pardon für Ihr Fräulein Tochter ... und glauben Sie nicht, daß ich Ihren Herrn Sohn mit einer Prinzessin von England vermählen werde ... Dem Flegel von Sohn werde ich eher die Peitsche geben als eine Ehefrau.« Fritz sei ihm ein Greuel, aber er werde sich den Flegel schon zurechtbiegen ...

Auf Sophie Dorotheas Drängen reagierte London neuerlich nur mit ausweichenden Antworten. Friedrich Wilhelm I. fand es daraufhin nicht einmal der Mühe wert, seine Frau persönlich über die neuesten Entschlüsse zu unterrichten. Statt dessen schickte er Minister Grumbkow und ließ ihr mitteilen, daß Wilhelmine entweder den Markgrafen von Schwedt oder aber den Prinzen Johann Adolf von Weißenfels zu heiraten hätte. Der Königin (nicht Wilhelmine!) wurde die Wahl freigestellt. (Der neue Überraschungskandidat war 29 Jahre älter als die Prinzessin, unglaublich fett und hatte, so behauptet es wenistens Wilhelmine, einen abgrundtief schlechten Charakter.)

Grumbkow brachte die Botschaft seines Herrn in so süffisanter Weise vor, daß Sophie Dorothea die Fassung verlor. Sie herrschte den Minister an, er allein sei an all dem Unglück schuld, Fluch solle ihn und seine Familie treffen. Ruhiger geworden, erklärte sie, keiner von beiden Männern komme für sie als Schwiegersohn in Frage, Schwedt sei ein elender Bursche, Weißenfels arm und bedeutungslos. Worauf Friedrich Wilhelm I. seiner Frau drohte, er werde sie verstoßen und sich scheiden lassen.

Anderntags wurde Wilhelmine ungewollt Ohrenzeugin einer dröhnenden Auseinandersetzung zwischen Vater und Mutter. Atemlos lauschte sie hinter der Tür, und jedesmal zuckte sie zusammen, wenn ihr Name fiel. Er fiel sehr oft.

Nach eineinhalb Stunden stürmte der Vater, hochrot und blind vor Wut, an ihr vorbei aus der Tür. Die Mutter teilte Wilhelmine mit, daß der Vater sie nun endgültig dem Herzog von Weißenfels zu vermählen wünschte, »einem lumpigen Niemand«. Dann fuhr sie die Tochter an, sie würde es nicht überleben, wenn Wilhelmine sich »dazu erniedrige«.

Auch Fritz beschwor sie, in diese Ehe keinesfalls einzuwilligen, denn: »England ist unser einziger Rückhalt!« Wenn die Heirat mit dem Prinzen von Wales nicht zustande käme, wäre das »unser aller Unglück«.

So tief die Kluft zwischen den Eheleuten auch gewesen sein mag, der Mechanismus von Zeugung und Geburt funktionierte weiterhin klaglos. Jedes Jahr – kam eine Fehlgeburt dazwischen, dann nur jedes zweite – brachte Sophie Dorothea ein Kind zur Welt, und das Gebären im konstanten Rhythmus wurde fast so selbstverständlich wie der Schnupfen im Winter. Einmal hatte sie eine Schwangerschaft so lange nicht beachtet, daß es zu spät war, Hilfe zu holen, als die Wehen plötzlich mitten in der Nacht einsetzten. Der König und eine Kammerfrau leisteten Beistand, und sie brachten ein Mädchen unbeschädigt zur Welt.

Hart war die Mutter im Nehmen, sie war fast nie krank, darum stand sie Wilhelmines oftmaligen Leiden mit krassem Unverständnis gegenüber. Das Mädchen, sie war damals sechzehn, litt unter Kopfschmerzen, daß sie glaubte, verrückt zu werden, aber die Mutter warf ihr vor, nur »Theater« zu machen und zwang sie zum Aufstehen. Erst als sich hohes Fieber einstellte und die Schmerzen so schlimm wurden, daß Wilhelmine röhrte und schrie wie ein Tier, durfte sie im Bett bleiben. Dann gab es eine mörderische Explosion in ihrem Schädel, und aus dem Ohr spritzte Eiter wie aus einer Fontäne.

Die Genesungsphase dauerte überdurchschnittlich lang, Friedrich Wilhelm I. zeigte sich ernstlich besorgt um das Wohl seiner Tochter – worüber sich hinwiederum die Mutter erregte. »Ich wurde täglich malträtiert, und die Königin warf mir fortgesetzt die Liebenswürdigkeiten des Königs vor«, schreibt Wilhelmine. »Mit meinem Bruder ging es ebenso. Sobald der König ihm etwas befahl, pflegte sie es ihm zu verbieten. Wir wußten uns oft nicht mehr Rat, da wir es beiden nicht recht machen konnten.«

Zum Unterschied von seiner Frau war Friedrich Wilhelm I. häufig krank – oder er bildete es sich ein, denn er besaß einen starken Hang zur Hypochondrie. Er war ein schwieriger, ein unerträglicher Patient. Wenn ihn die Gicht plagte, war er an den Rollstuhl gefesselt. Zorn und üble Laune ergossen sich gleichermaßen über beide Kinder. »Den ganzen Tag überhäufte er mich und meinen Bruder mit Schmähungen. Der König nannte mich die englische Canaille, und mein Bruder hieß der Schuft von einem Fritz. Er zwang uns, Dinge zu essen und zu trinken, die uns widerstanden ... was uns manchmal nötigte, in seiner Gegenwart alles von uns zu geben, was wir im Magen hatten.«

Ein anderes Mal legte der König den um die Tafel Sitzenden persönlich die Gerichte vor – nur die Teller der Kinder blieben leer. Sie mußten warten, bis alle anderen gegessen hatten, dann durften sie sich die Reste nehmen. Kaum wollten sie zulangen, spuckte ihnen der Vater in die Speisen.

Eines Morgens kamen Sophie Dorothea und die beiden Geschwister in sein Zimmer, doch er brüllte sie an: »Hinaus, hinaus, ich will allein sein.« Verschreckt flüchteten die drei ins Gemach der Königin, als ein Diener hereinstürzte und um Hilfe schrie: Der König sei dabei, sich zu erhängen. Alles rannte zu ihm, und tatsächlich hatte er einen Strick um den Hals. Niemand weiß, ob er sich wirklich umbringen wollte ...

Eine weitere Szene aus dem königlich-preußischen Familienalbum zeigt den König, wie er Wilhelmine und Fritz unter ordinären Beschimpfungen und Schmähungen mit Tellern bewirft.

Oder: Der König kurvt auf seinem Rollstuhl hinter der laut schreienden Wilhelmine durch die Flure des Schlosses und versucht, sie mit der Krücke zu verprügeln.

Wilhelmine entkam zur Mutter und fiel in Ohnmacht. Als sie erwachte, war ihr Gesicht über und über mit Flecken bedeckt. Sie fieberte, aber sie durfte sich nicht hinlegen. Der Vater zitierte sie zu sich, und er zwang sie, weil dies so gesund sei, einen Humpen Wein zu leeren. In der Folge stieg das Fieber weiter, bis endlich allen klar war: Wilhelmine hatte die Pocken. Man sperrte sie in ihrem Zimmer ein, verklebte alle Türen bis auf eine; Fräulein von Sonsfeld und eine – bedauerlicherweise ständig betrunkene – Kammerfrau pflegten sie. Niemand durfte sie besuchen. Neun Tage lang schwebte Wilhelmine zwischen Leben und Tod, und als die Krisis endlich vorüber war, hatte sich ein Wunder ereignet: Nicht eine einzige Pockennarbe war in ihrem Gesicht zurückgeblieben!

Um das Glück vollkommen zu machen, war der König in den folgenden Wochen verreist, und so konnte Wilhelmine lange Stunden mit dem Bruder verbringen. »Wir lasen zusammen und suchten unseren Geist zu bilden«, erinnert sie sich. Hingebungsvoll musizierten die beiden jungen Leute miteinander, er spielte Flöte – meisterhaft! –, Wilhelmine begleitete ihn auf der Laute. Wenn es je Momente der Entspannung, der Gelassenheit und des Friedens im Leben der Geschwister gegeben hat, dann war es in diesen kurzen Wochen.

Natürlich kam der Vater hinter die »Unbotmäßigkeit« der Kinder. Er vernichtete die kleine Bibliothek, die Fritz sich heimlich zugelegt hatte – Literatur war »unsoldatisch« und führte zwangsläufig zur Verweichlichung, wenn nicht zu Schlimmerem! Das Flötenspiel wurde dem Jungen strengstens untersagt, und damit er sich auch alle väterli-

Fritz, ungefähr zur Zeit der geplanten Flucht

chen Gebote gut merkte, wurden sie ihm eingeprügelt – allerdings nicht in der Abgeschlossenheit der königlichen Gemächer, sondern im Beisein des halben Hofes. Wilhelmine, die »Verführerin«, kam mit einem wortgewaltigen Donnerwetter noch vergleichsweise glimpflich davon.

Endlich kam der Punkt, da Fritz nicht mehr aus noch ein wußte. In einem heimlichen Brief berichtete er der Mutter, der Vater hätte ihn am Kragen gepackt und mit dem Stock verprügelt, »bis ihm der Arm erlahmte«. Er, Fritz, sei in größter Verzweiflung und »entschlossen, auf diese oder andere Weise ein Ende zu machen«.

Wilhelmine bekam den Brief zu lesen, und sie wußte nur zu gut, was er zu bedeuten hatte. Längst schon hatte Fritz sie eingeweiht, daß er irgendwann einfach durchbrennen werde. Sie überlegte lange hin und her, dann kam ihr die Einsicht, daß der Vater nur zu versöhnen wäre, wenn sie in die Heirat mit dem Herzog von Weißenfels einwilligte. Die Mutter, mit diesem Entschluß konfrontiert, erlitt einen hysterischen Anfall – sie war gerade wieder schwanger – und drohte, das Mädchen zu verfluchen und aus ihrem Herzen zu reißen, falls es dem Vater nachgäbe. »Ich würde meine Tochter lieber im Grab sehen als im Unglück.« Wilhelmine verzichtete auf ihren Plan.

Auch der Vater schien sich in einer Phase permanenter Raserei zu befinden, er schlug und peinigte Fritz mehr denn je, und der Tochter versprach er, sie mit dem Herzog von Weißenfels zusammen einzusperren, hernach würde sie froh sein, wenn der Herzog sie überhaupt noch nehmen wollte.

Der Markgraf von Schwedt hatte inzwischen – auf Anraten seiner Mutter – die Bewerbung zurückgezogen, denn vernünftigerweise wollte er nicht länger in den königlichen Familienkrieg verwickelt werden. Dies war der Anlaß für einen neuerlichen Ausbruch von Furor teutonicus; Friedrich Wilhelm I. fiel über seine Tochter her, schleifte sie an den Haaren, und zwar so nahe beim Kamin, daß ihre Kleider Feuer fingen. Da erst ließ er von ihr ab, nicht ohne vorher zu versprechen, sie bis an ihr Lebensende in Spandau einzukerkern.

Am Vorabend einer Reise nach Dresden, die Fritz mit dem Vater unternehmen sollte, kam er aufgeregt, euphorisch, zu Wilhelmine und erklärte, daß er die Gelegenheit zur Flucht nützen und die Schwester baldmöglichst nachkommen lassen werde. Zu Tode erschrocken warf sie sich ihm vor die Füße und bestürmte ihn, keine Dummheiten zu machen. Er versprach es.

Kaum gen Dresden aufgebrochen, rief eine Eil-Stafette den König und seinen Sohn nach Berlin zurück. Sophie Dorothea war so schwer erkrankt, daß die Ärzte das Schlimmste befürchteten. Schluchzend nahm die Königin Abschied von der Familie, flehte um Gnade für Wilhelmine und Fritz, weinend knieten die beiden vor dem Vater und stimmten in die Bitten der Mutter ein. Auch der Alte schien tief gerührt, umarmte Weib und Kinder, sagte, er werde allen vergeben – vorausgesetzt, daß sie sich in Zukunft bedingungslos seinem Willen beugten!

Sophie Dorothea starb nicht, aber kaum war sie genesen, »zeigte [der Vater] meinem Bruder und mir den alten Haß«. Fritz, am Ende seiner Kräfte, vertraute der Schwester an, daß er nun unwiderruflich zur Flucht entschlossen sei, komme, was da wolle. Das Mädchen versuchte neuerlich, ihn von seinem verrückten Plan abzuhalten, doch Fritz wurde zornig und beschuldigte sie, mit dem Vater unter einer Decke zu stecken. Erst als er ihr erzählte, daß der König versucht hätte, ihn zu erwürgen, gab sie den Widerstand auf und erflehte Gottes Segen für den einzig geliebten Bruder, der sich inkognito nach Holland durchschlagen wollte, um von dort nach England zu gelangen. Sein bester Freund, Leutnant Hans Hermann Katte, war in das Vorhaben eingeweiht, aktiv an den Vorbereitungen beteiligt, und er sollte mit Fritz nach England gehen.

Im August 1730 kam es zur Katastrophe.

Fritz hatte während einer Reise, die ihn mit dem Vater nach Ansbach führen sollte, einen Brief an Katte geschrieben, in dem er letzte Anweisungen gab. Ausgerechnet dieser Brief war in falsche Hände gelangt – in die eines anderen Katte, der ebenfalls Leutnant war.

Am 10. August 1730, noch im Morgengrauen, schlich Fritz in Zivilkeidern aus seinem Quartier nahe Frankfurt am Main. Sein Kammerdiener, zugleich ein Spion des königlichen Vaters, alarmierte die Wachen. In dem Augenblick, da der Junge sein Pferd besteigen wollte, umringten sie ihn und brachten ihn zurück. Fritz redete sich aus, er habe nur einen Spazierritt machen wollen.

Am nächsten Morgen erreichte ein Stafette mit dem verräterischen Brief den König, und er fiel wie ein Berserker über den Sohn her, fuhr ihm mit beiden Händen an die Gurgel. Auf die Frage, warum er fliehen wollte, entgegnete Fritz: »Weil Sie mich wie einen Sklaven behandeln.« Friedrich Wilhelm I. zog seinen Degen und ging mit blanker Klinge auf den Sohn los – mit Mühe gelang es einigen Offizieren, den Rasenden zu bändigen.

Ahnungslos gab Sophie Dorothea am 16. August einen Ball, ahnungslos amüsierte sich Wilhelmine, aber sie erschrak bis ins Mark, als ein Bote den Saal betrat, die Königin beiseite nahm und ihr einen Brief des Königs überreichte, dessen Inhalt Wilhelmine nur zu schnell erfuhr: »Ich habe den Schurken von einem Fritz verhaften lassen ... ich erkenne ihn nicht mehr als meinen Sohn an ... dieser Elende verdient nicht mehr zu leben.«

Sophie Dorothea unterzog Wilhelmine einem scharfen Verhör, und schließlich gestand das Mädchen, von Fritzens Absichten gewußt zu haben. Sie wußte noch mehr: Fritz bewahrte seine gesamte Korrespondenz bei Katte auf, auch die Briefe der Mutter, auch die Briefe Wilhelmines, in denen beide mit geradezu fahrlässiger unbekümmerter Offenheit über den König gelästert hatten.

Was, wenn Katte verhaftet würde? Was, wenn Katte die Existenz dieser Briefe verriete? Große Verzweiflung, kein Ausweg. Kein Ausweg?

Die Rettung erschien in der Person eines maskierten Mannes, der wortlos eine Schatulle übergab – Kattes Schatulle mit den verräterischen Briefen. Wilhelmine hat in ihren Memoiren die ganze Begebenheit ein wenig mysteriös dargestellt. Soviel steht fest, daß sie und die Mutter rund 1 500 Briefe vernichteten, indem sie sie ins Feuer warfen. Darunter befand sich ein Schreiben von Fritz an Katte, mit allen Einzelheiten des Fluchtplanes.

Drei Tage und drei Nächte lang saßen Mutter und Tochter, schrieben, schrieben in angsterfüllter Hast Briefe mit belanglosem Inhalt, verstauten sie wieder in der Kassette. Wohin sie das Corpus delicti brachten und wie das geschah, wie es gefunden wurde und an den König gelangte, geht aus den Aufzeichnungen Wilhelmines nicht hervor. Sie berichtet lediglich, daß der Vater die Kassette zertrümmert und daß Grumbkow ein langes Gesicht gemacht hätte.

Am 27. August war der König wieder daheim, und als er seiner Tochter begegnete, wurde er »vor Zorn und Wut ganz schwarz im Gesicht und brüllte: Fort mit ihr. Sie mag ihrem Schurken von Bruder Gesellschaft leisten«. Er beschuldigte Wilhelmine der Komplizenschaft mit Fritz und Katte – und letzterer sei ihr Liebhaber gewesen.

Ehe ihn jemand daran hindern konnte, schlug er ihr mit der Faust das Gesicht blutig. Sie stürzte, und er trat mit den Füßen nach ihr. Sophie Dorothea rannte schreiend, händeringend im Zimmer umher, Wilhelmines Geschwister, das jüngste vier Jahre alt, umklammerten des Vaters Knie, wimmernd, winselnd.

Weitere Einzelheiten verdanken wir einem Geheimbericht des englischen Gesandten Guy Dickins: »[Der König] belegte sie mit Namen, die zu wiederholen ich mich schäme . . ., wand ihr Haar um seine Hand, schleppte sie durch die Stube und schlug sie so heftig auf den Kopf, Gesicht und Brust, daß sie seither das Bett hüten muß. Das ganze Schloß war in Schrecken über das Geschrei, die Wachen, welche von der Ursache nichts wußten, griffen zu den Waffen.«

Wilhelmines Leib war geschunden, ihre Seele gebrochen, sie flüchtete in Gottergebenheit und Resignation: » . . . Wenn ich keinen Halt an Gott fände, ich wüßte nicht, was aus mir werden sollte«, schrieb sie einer ihrer Schwestern. Eine schwere Lungenentzündung brachte sie für einige Wochen aus der väterlichen Schußlinie.

Fritz, in der Festung Küstrin gefangengehalten, ließ ihr – Lichtstrahl in der Finsternis – einen Kassiber zukommen, um ihr zu versichern, daß »Schloß und Riegel« ihn nicht hindern könnten, ihr zu sagen, wie herzlich er ihr zugetan sei. Unterschrift: »Der Gefangene.«

Fritz und Leutnant Katte wurden von einem Militärgericht zum Tode verurteilt, und erst als ein Aufschrei der Entrüstung durch Europa ging, als aus fast allen Herrscherhäusern scharfe Proteste einlangten und vor allem Kaiser Karl VI. sich für den preußischen Kronprinzen einsetzte, wurde Fritz begnadigt. Das Urteil über Katte blieb aufrecht.

In der Festung Küstrin drangen eines Morgens Büttel in die Zelle von Fritz, rissen ihn aus dem Bett, schleppten ihn ans Fenster, von wo aus er zusehen mußte, wie im Hof seinem Freund der Kopf mit einem Schwert abgeschlagen wurde. Ohnmächtig sank der Prinz zu Boden. Erst nach einigen Stunden kam er zu sich, und aufs neue zwangen sie ihn ans Fenster: Im Hof lag, in einer riesigen Blutlache, der kopflose Leichnam Kattes. Der achtzehnjährige Fritz verlor erneut die Besinnung, bald nach seinem Erwachen setzte ein heftiges Nervenfieber ein. Nach mehreren Wochen entließ man ihn aus der Festung, er wurde aber angewiesen, Küstrin nicht zu verlassen.

Merkwürdigerweise wurde hingegen Wilhelmines Stubenarrest nicht aufgehoben. Sie war sicher, daß der Vater sie zum Hungertod verurteilt hätte. Nur »Wassersuppe und ein Ragout von alten Knochen« wurden ihr vorgesetzt. Gänzlich abgemagert, vermochte sie sich kaum auf den Beinen zu halten.

Sophie Dorothea schickte herzzerreißende Hilferufe nach London. Sie erhoffte eine Erleichterung von Wilhelmines Los, falls Georg II. sich doch noch dazu durchringen könnte, offiziell um die Hand Wilhelmines für den Prinz von Wales anzuhalten.

Doch Friedrich Wilhelm I., immer gut für spontane Entschlüsse, hatte plötzlich ganz anderes im Sinn: Wilhelmine sollte den Erbprinzen von Bayreuth heiraten. (Die Markgrafen von Bayreuth entstammten einer Hohenzollern-Nebenlinie, ihr kleines Ländchen war von strategischer Bedeutung für Preußen). Daß der Erbprinz Friedrich bereits mit Wilhelmines zehnjähriger Schwester Sophie so gut wie verlobt war, hatte für den König keinerlei Bedeutung.

Minister Grumbkow wurde ausgesandt, Fräulein von Sonsfeld zu informieren, auf daß sie ihre Schutzbefohlene entsprechend bearbeite. Wilhelmine würde auf jeden Fall, kraft väterlicher Autorität, gezwungen werden, den Bayreuther zu heiraten, täte sie es freiwillig, so würde »durch diese Heirat die Ungnade, so ihr allerliebster Bruder empfunden hätte, leichtlich wiederum in völlige Gnade verwandelt werden können«, heißt es im Protokoll einer diesbezüglichen Resolution des Kabinetts. Ferner wurde beschlossen, Wilhelmine so lange einzusperren, bis sie ihr Jawort gäbe, widrigenfalls sie in die Festung Spandau verbannt würde. Der Sonsfeld wurde angedroht, sie im Spinnhaus für öffentliche Huren einzukerkern, falls es ihr nicht gelänge, Wilhelmine zur Räson zu bringen.

Die Freiheit des Bruders vor Augen, unterwarf sich Wilhelmine auf der Stelle, bereit, sich »in zärtlicher Liebe«, wie sie dem Vater beteuerte, dessen Befehl zu fügen – so schwer ihr das auch fiele. In einem Brief an die Mutter bettelte sie: »Ich hoffe, sie wird mir verzeihen, wenn ich etwas Mißfälliges tue, und sie wird meinen grausamen Kummer nicht durch ihre Ungnade vermehren . . .«

Natürlich vermehrte Sophie Dorothea den »grausamen Kummer«, indem sie der Tochter »Bosheit des Herzens und niedrige Gesinnung« vorwarf, sie verfluchte und als ihre »ärgste Feindin« apostrophierte. »Ich schwöre ewigen Haß und werde niemals verzeihen.«

Die Mutter verzieh niemals, der Bruder indes blieb Wilhelmine in lebenslanger Dankbarkeit verbunden: »Mir opferst Du die Ruh, Herz und Hand, als Deiner Freundschaft sich'res Unterpfand«, schrieb er ihr.

Wilhelmines zukünftiger Ehemann war zwei Jahre jünger als die damals Zweiundzwanzigjährige, ein unausgegorenes Bürschchen, aber freundlich und gut geartet. Ob er statt der ihm versprochenen blutjungen Sophie die älteste der preußischen Königstöchter haben wollte, die schon mit drei oder vier anderen Bräutigamen im Gerede gewesen war, hatte man ihn gar nicht gefragt. Dem kleinen, unbedeutenden Vetter aus der Provinz blieb wohl nicht viel anderes übrig, als freudig ja zu sagen.

Schnurstracks brach der Erbprinz auf, folgte dem Ruf aus Berlin, um sich mit Wilhelmine zu verloben. In Leipzig wurde er von Seckendorff abgefangen, dem eigentlichen Drahtzieher hinter den Kulissen, denn Österreich war stark an dieser Heirat interessiert. Der Erbprinz mußte sich auf Anraten Seckendorffs von all dem französischen Modetand trennen, den der Junge so liebte, und er wurde in ordentliche »preußische« Kleidung gesteckt: dunkel, streng, unauffällig und schlicht.

Am Abend des 17. Mai 1731, Sophie Dorothea ging eben mit ihren Töchtern zu Tisch, kam eine Kalesche im Berliner Schloßhof an. Aufgebracht erkundigte sich die Königin, wer denn das sei – schließlich durften nur Angehörige regierender Häuser direkt ins Schloß fahren. Friedrich Wilhelm I. hatte es nicht für nötig befunden, das Kommen des künftigen Schwiegersohnes anzukündigen. Als sie erfuhr, wer der späte Gast war, »stand [sie] ganz verwirrt und wechselte so oft die Farbe, daß wir alle eine Ohnmacht befürchteten«, schreibt Wilhelmine. »Das Medusenhaupt hat nie einen schreckensvolleren Eindruck erweckt, als diese Nachricht bei der Königin hervorrief.«

Erst am nächsten Tag wurden die jungen Leute miteinander bekannt gemacht. Wilhelmine hatte die ganze Nacht nicht geschlafen, nichts gegessen; schwindelig im Kopf, ging sie wie auf Watte. Bei der

Vorstellung des Erbprinzen brachte sie keinen Ton hervor, nur ein mattes Nicken zustande. Sophie Dorothea maß den jungen Mann von oben bis unten und wandte sich wortlos ab.

Dennoch: Der Junge gefiel Wilhelmine vom ersten Augenblick an. Sein Gesicht sei zwar nicht schön, beschrieb sie ihn später, doch sei er heiter und ein angenehmer Gespächspartner. Daß er lispelte, störte sie nicht weiter. Er war herzensgut, freigebig, mildtätig – nur ein wenig leichtsinnig. Über seine geistigen Qualitäten hat sie, die im heutigen Sinn eine Intellektuelle war, niemals Auskunft gegeben.

In ohnmächtigem Grimm legte sich Sophie Dorothea bald darauf zu Bett und erklärte sich für krank, und sie gab der Tochter die Schuld an ihrem Leiden. Streng untersagte sie Wilhelmine, mit dem Erbprinzen auch nur ein einziges Wort zu wechseln, auf Schritt und Tritt schickte sie ihr Hofdamen nach, um die Einhaltung des Verbots überwachen zu lassen. Wie immer gehorchte Wilhelmine – aus Angst.

Die Verlobung war für den Abend des 3. Juni 1731 im großen Saal des Schlosses und im Beisein des gesamten Hofes sowie des diplomatischen Korps angesetzt. Wilhelmine war aufs höchste erregt und bedrückt zugleich: Die Mutter hatte den ganzen Tag nicht mit ihr gesprochen, ihre Augen blitzten in kaltem Zorn.

Auch der König war bewegt. Vor Nervosität vergaß er, das Verlöbnis offiziell kundzutun. Stumm führte er die Braut dem Bräutigam zu und befahl den beiden, die Verlobungsringe zu wechseln. Wilhelmine machte Anstalten, dem Vater die Hand zu küssen, doch er zog sie an sich, umarmte sie unter Tränen, und Wilhelmine begann ebenfalls heftig zu schluchzen. Vater und Tochter hielten einander so lange schweigend umschlungen, bis die übrigen Anwesenden verlegen von einem Fuß auf den anderen zu treten begannen. »Der König weinte den ganzen Abend, er umarmte Fräulein von Sonsfeld und sagte ihr viele Verbindlichkeiten«, erzählt Wilhelmine.

Beim anschließenden Ball war Friedrich Wilhelm I. übermütig, ausgelassen und tanzte wie ein Junger. Die Königin hielt sich eisern aufrecht, aber wenn der österreichische Gesandte Seckendorff, der an dieser Verlobung ja nicht ganz unschuldig war, in ihren Gesichtskreis trat, drehte sie ihm brüsk den Rücken.

Nun waren die beiden verlobt – aber groteskerweise hatten sie noch immer kein einziges Wort miteinander gewechselt. Der Erbprinz war

Friedrich von Bayreuth zur Zeit der Verlobung mit Wilhelmine

pfiffig genug herauszufinden, wann die Braut frühmorgens, unbewacht, im Garten spazierenzugehen pflegte. Keine lästigen Zeugen und Spione waren in Sicht, als er sie eines Tages ansprach und rundheraus fragte, ob sie ihn überhaupt heiraten wollte, oder ob er ihr ganz zuwider sei. Er sprach ruhig, freundlich, mit sichtlicher Zuneigung, und sie wußte nicht, wie ihr geschah, denn »ich war solche Reden nicht gewöhnt und war über und über rot geworden«. Endlich fand sie Fassung und Worte wieder und stammelte: »Ich werde mein Wort halten, Sie können sich auf mich verlassen.« Es war zwar keine eindeutige Antwort, der junge Mann schien es dennoch zufrieden zu sein.

Er sandte ihr von da an aufmerksame, aber keineswegs zudringliche Briefe, er ließ ihr die Noten neuer Musikstücke zukommen und zu ihrem 22. Geburtstag, am 3. Juli 1731, machte er ihr ein königliches Präsent: eine Brosche aus Brillanten und Smaragden. Sie hatte weit mehr gekostet als er sich eigentlich leisten konnte. Kein Zweifel: Erbprinz Friedrich hatte Feuer gefangen. Wilhelmine erwiderte diese Liebe, wenn sie auch nicht wagte, es einzugestehen.

Indessen tat der Erbprinz alles, um sich dem zukünftigen Schwiegervater angenehm zu machen. Fröhlich nahm er an dessen ausgedehnten Trinkgelagen teil und verschaffte sich höchste Anerkennung, indem er sich partout nicht unter den Tisch saufen ließ. (Heimlich vertauschte er die Gläser und trank nur harmlosen Saft, der Schlaumeier.) Scheinbar freudig nahm er das Angebot des Königs an, Chef eines preußischen Dragonerregiments zu werden – ausgerechnet in Pasewalk bei Stettin, rund hundert Kilometer von Berlin entfernt.

Am 20. November 1731 wurde, endlich, geheiratet; so lange dauerte es, bis der Ehevertrag mit all seinen Spitzfindigkeiten ausgearbeitet war, und Friedrich Wilhelm I. festigte dabei aufs neue seinen Ruf als Geizhals. Er gewährte den hochverschuldeten Bayreuthern ein Darlehen, dessen pünktliche Rückzahlung er in den folgenden Jahren erbarmungslos einforderte. Wilhelmine bekam 40 000 Taler als Aussteuer, der Markgraf von Bayreuth verpflichtete sich, dem jungen Paar 14 000 Taler jährlich zu zahlen, doch davon mußte der gesamte Hofstaat finanziert werden – reichlich wenig, wenn man bedenkt, daß allein Wilhelmine einen Oberhofmeister, eine Oberhofmeisterin, zwei Kammerfrauen, zwei Kammerdiener, zwei Pagen, vier Mägde, fünf Lakaien, einen Kutscher und einen Vorreiter zu unterhalten hatte.

Am Vorabend der Hochzeit nahm Sophie Dorothea ihre Tochter beiseite und beschwor sie, wie »Bruder und Schwester« mit ihrem Mann zu leben – dies wäre die einzige Möglichkeit, die Ehe später zu annullieren: Die Königin hatte noch einmal heimlich Kontakt mit England aufgenommen, in der aberwitzigen Hoffnung, Wilhelmine eines Tages doch noch auf dem Thron von England zu sehen.

Preußisch-spartanisch war das Hochzeitsfest, der alte Brauch des öffentlichen Beilagers wurde peinlich genau eingehalten. Nach dem letzten Tanz führte man die Braut zu einem riesigen Prunkbett, zeremoniell wurde sie für die Nacht aus- und umgekleidet, eine Aufgabe, die traditionsgemäß der Brautmutter zufiel. Doch Sophie Dorothea weigerte sich, und so übernahm eine von Wilhelmines Schwestern dieses Ehrenamt; lediglich das Nachthemd überreichte die Mutter der Tochter mit spitzen Fingern. Nachdem Wilhelmine einen Augenblick lang im Prunkbett gelegen war, führte sie der Vater in ihr eigentliches Schlafgemach und schloß sich mit ihr ein. Sie mußte vor ihm niederknien, gemeinsam mit ihm das Vaterunser und das Glaubensbekenntnis sprechen. Der Vater ging ab, der Ehemann durfte endlich die Szene betreten . . .

Der Erbprinz hatte am nächsten Morgen das Schlafgemach bereits wieder verlassen (müssen), als der König in Begleitung einiger Generale erschien, um seiner Tochter ein silbernes Tafelservice zu überreichen. Silbernes Geschirr war fast das letzte, was Wilhelmine sich wünschte. Sie wollte nur das eine und einzige: Daß der Vater sein Versprechen einlöste und endlich den Bruder freiließ. Drei volle Tage mußte sie hangen und bangen, hin- und hergerissen zwischen Hoffnung und Verzweiflung – und dennoch glücklich wie nie zuvor!

Niemand konnte sich erinnern, die Prinzessin so gelöst, so ausgelassen gesehen zu haben wie am Abend des 23. November während eines Balles, den der König für 1 400 Gäste im Schloß gab. Die Wangen gerötet, die Augen strahlend, ließ sie keinen Tanz aus, und sie tanzte fast ausschließlich mit ihrem jungen Gemahl, auch er in freudigem Taumel, und ein Blinder mußte sehen, daß zwischen den beiden die Funken sprühten. O nein, Madame Königin, Ihre Tochter hat die drei letzten Nächte mit dem Erbprinzen Friedrich von Bayreuth keineswegs wie Bruder und Schwester sittsam verschlafen!

Wilhelmine tanzte gerade wieder mit ihrem Mann, als sie plötzlich eine seltsame Gestalt am Saaleingang erblickte. Der blasse, leicht aufgedunsene Mann im dunklen Tagesanzug glich unter all den festlich gekleideten Gästen einer deplacierten grauen Maus. Wer war denn das? Wer wagte in diesem Aufzug beim Königsball zu erscheinen? Wilhelmine rümpfte die Nase und wunderte sich – aber dann: Großer Gott! Es war Fritz! Sie stürzte zu ihm, fiel ihm um den Hals, weinte und lachte zugleich, stieß unzusammenhängende Worte hervor. In stummer Ergriffenheit bildeten die Gäste einen Kreis um die beiden, die Damen schneuzten sich, die Herren hüstelten, und einige fuhren sich verlegen über die Augen.

Befremdlich das Benehmen von Fritz. Er war »eiskalt«, bemerkte Wilhelmine, als sie ihm ihren Mann vorstellte. Auch am nächsten Tag, da die Geschwister einander unter vier Augen begegneten, wurde Wilhelmine aus dem Bruder nicht klug. Hölzern dankte er ihr, in mühsam höflichen Floskeln, für seine Errettung, doch es kam keine Herzlichkeit zwischen ihnen auf: »Ich erkannte diesen teuren Bruder, für den ich mich aufgeopfert hatte, nicht wieder.«

Weder sie noch er selbst konnten sich auch viel später sein merkwürdiges Gebaren erklären. Vielleicht hat ihn Wilhelmines offen zur Schau getragenes junges Eheglück irritiert, vielleicht war er schlicht eifersüchtig auf den »Tölpel« wie er den Mann seiner Schwester zu bezeichnen beliebte.

Wenige Wochen später war das Einvernehmen wieder hergestellt. Fritz war voll rehabilitiert, er erhielt seinen Degen zurück, und der Vater übertrug ihm das Kommando eines Regiments in der kleinen Garnison Ruppin – weit fort von Berlin, weit fort von Wilhelmine und ihrem Mann. In überschwenglich-romantischen Briefen dankte Fritz der Schwester für das Opfer, das sie ihm gebracht, niemals werde er ihrer Güte wert sein, immer zu jedem Opfer für sie bereit.

Ende gut, alles gut? Waren nun alle zufrieden und glücklich? Sie waren es nicht, vor allem nicht Wilhelmine, denn »der König sah mich seit meiner Verheiratung nicht mehr an, und die großen Vorteile, die er mir in Aussicht gestellt hatte, gingen alle in Rauch auf«. Statt der ohnehin nicht üppigen Mitgift wollte der alte Pfennigfuchser nur mehr 800 Taler Jahresapanage herausrücken, und die Mutter hörte nicht auf, gegen den Schwiegersohn zu sticheln und zu hetzen: »Sie ließ kein gutes Haar an ihm . . .«

Wilhelmine als Braut

In schönster Harmonie allerdings verbrachten die Jungvermählten die Stunden des Alleinseins, die man ihnen vergönnte. Beide zählten die Tage, bis der König ihnen erlauben würde, nach Bayreuth aufzubrechen. »Berlin war mir ebenso verhaßt, wie es mir [einst] teuer war«, schreibt Wilhelmine, die sich dazu noch körperlich elend fühlte. In den ersten Tagen des Jahres 1732 brach sie während eines Gottesdiensts ohnmächtig zusammen, und bald stand fest, daß sie nicht krank, sondern schwanger war – ein tiefe Enttäuschung für Sophie Dorothea, deren Traum vom englischen Thron nun für immer zerbarst.

Der König hingegen, sichtlich erfreut über die Aussicht, Großvater zu werden, schlug nun wieder mildere Töne an. Wilhelmine nutzte die Gunst der Stunde, um von ihm einen Gefallen zu erbitten – eigentlich einen Gefallen für Fräulein von Sonsfeld, der zukünftigen Oberhofmeisterin Wilhelmines in Bayreuth.

Sonsine wollte die drei Töchter ihrer frühverstorbenen Schwester mitnehmen, um die mutterlosen Mädchen zu betreuen und zu erziehen. Wilhelmine von Marwitz war mit vierzehn die Älteste, und sie war ein bildschönes Kind. Die Töchter des Generals von Marwitz hätten ohne weiteres ausreisen dürfen, wären sie nur arm genug gewesen, doch dem war leider nicht so. Nach dem Tod ihres Vaters würden sie zu den reichsten Erbinnen des Landes zählen, und es gab ein königliches Dekret, wonach wohlhabende Mädchen Preußen nicht verlassen durften – das Geld hatte im Lande zu bleiben! Der König willigte ein, die drei ziehen zu lassen, Wilhelmine mußte eben nur versprechen, daß die Mädchen sich nicht im Ausland verheiraten würden. Leichtherzig, leichtfertig sagte sie zu – und sie handelte sich damit für die Zukunft eine Menge Ärger ein.

Noch im Januar 1732, mitten im Hochwinter, machten sie sich auf die Reise, die schwangere Wilhelmine, ihr Mann, Haushofmeisterin Sonsfeld samt Nichten und das übrige Gefolge, dazu allerlei Möbel, Gepäck und Ausrüstungsgegenstände, insgesamt neun Wagen. Die Fahrt verlief – zeitgemäß – abenteuerlich und strapaziös, immer wieder durch gebrochene Achsen und verlorene Räder verzögert. Manchmal blieb der ganze Konvoi im Schnee stecken und mußte mühsam ausgeschaufelt werden.

Der gefährlichste Zwischenfall ereignete sich bereits kurz nach dem

Aufbruch. Wilhelmines Kutsche stürzte um, zwei Koffer fielen auf sie und klemmten sie ein. Bis sie ausgegraben war, mußte sie buchstäblich losgehackt werden, denn die Schuhsohlen waren am Wagenboden festgefroren. Sie weinte vor Kälte und vor Angst, ihr Mann trug sie auf seinen Armen in eine andere Kutsche.

Hof war die erste Station auf Bayreuther Staatsgebiet; die neue Erbprinzessin wurde mit Kanonendonner und Glockengeläute empfangen. Ein buntgemischtes Komitee aus Mitgliedern des heimischen Adels harrte ihrer: »Sie sahen alle aus wie Knecht Ruprecht. Statt der Perücken ließen sie ihre Haare tief ins Gesicht hinein fallen, und Läuse hatten in diesen Strähnen seit urdenklichen Zeiten ihren Sitz aufgeschlagen. Ihre sonderbaren Figuren waren mit Gewändern behangen, deren Alter hinter dem der Läuse nicht zurückstand«, erinnert sich Wilhelmine.

In Gefrees, kurz vor Bayreuth, erwartete der Markgraf Georg Sohn und Schwiegertochter in einer verlotterten Schenke, tröstete die irritierte junge Frau aber, daß in diesem Lokal einstmals schon Kaiser Joseph I. geweilt hätte.

Der Einzug in Bayreuth war lärmend wie der in Hof, doch nichts vermochte die entsetzte Wilhelmine darüber hinwegzutrösten, daß man sie offenbar in ein Armenhaus verheiratet hatte. Das Schloß war schon äußerlich heruntergekommen, seine Räume wiesen Anzeichen von Verwahrlosung auf: hängende Tapeten, zerschlissene Vorhänge und Polstermöbel, aus deren zerfetzten schmutzigen Bezügen die Roßhaare quollen.

Das Essen war fast ungenießbar. Gleich nach der ersten Mahlzeit mußte Wilhelmine sich heftig übergeben, und sie wankte in ihr ungeheiztes Zimmer, dessen Fenster zum Teil zerbrochen waren. Zitternd vor Kälte lag sie auf dem Bett und dachte über ihre mißliche Lage nach, denn »die Armut herrschte überall«, aber »der Prinz suchte mich zu trösten, ich liebte ihn leidenschaftlich«, das Land der Liebe »war die einzige Linderung aller meiner Leiden«.

Kein Trost konnte ihr hingegen der Schwiegervater sein, der ihr von Anfang an unsymphathisch war. Sie schildert den Dreiundvierzigjährigen: mager, krummbeinig, beschränkt, egoistisch, falsch, eifersüchtig, hochfahrend – und meist betrunken.

Die Antipathie beruhte auf Gegenseitigkeit. Markgraf Georg malträtierte die ihm von Berlin aufgezwungene Schwiegertochter kaum weniger, als es ihre Eltern zeitlebens getan hatten. Zynisch unterstellte er ihr, die Schwangerschaft nur vorzutäuschen, um sich wichtigzumachen. Als ihr Zustand dann doch offensichtlicht war, schnauzte er sie an, er wünschte, sie bekäme eine Tochter, denn laut Heiratsvertrag müßte er für einen Prinzen sorgen, für eine Prinzessin jedoch nicht. Der Erbprinz ergriff die Partei seiner Frau, da schlug der Markgraf – durch allzuviel Wein und Bier in höchste Rage versetzt – mit seinem Stock auf den Sohn los. Doch der Erbprinz, nicht so verschüchtert wie Fritz, der sich von seinem Vater alles gefallen ließ – der Erbprinz schlug zurück. Vater und Sohn prügelten sich wie Bierkutscher.

Kein Trost für Wilhelmine auch von den beiden Schwestern ihres Mannes. Die eine, Amalie, war schizophren und nymphomanisch, die andere, ebenfalls Wilhelmine mit Namen, hatte gehofft, die Braut des preußischen Kronprinzen zu werden, und sie gab ihrer Schwägerin die Schuld, daß diese Verbindung nicht zustande gekommen war. Ihren Vater hetzte sie ständig gegen Wilhelmine auf, so daß er ihr »viele schlechte Streiche spielte. – Mein Leben war eine greuliche Sklaverei. Ich wagte ohne Erlaubnis weder auszugehen noch das geringste vorzunehmen.«

Auch die finanzielle Lage des jungen Paares war erbarmungswürdig. Wilhelmine machte Schulden bei ihren Hofdamen, es dauerte nicht lange, bis sie die ersten Bettelbriefe nach Berlin schrieb. Nur magere 500 Taler schickte ihr der Vater, stellte aber in Aussicht, daß sie bald nach Berlin kommen und auf seine Kosten leben dürfte.

Am 30. August 1732 gebar Wilhelmine ihre Tochter Friederike. Bruder Fritz war Taufpate aus der Ferne. Er lebte, wie er schrieb, »in Ruhe und Frieden bei seinem Regiment«, und nichts wünschten die Geschwister sehnlicher als ein baldiges Wiedersehen.

Im Oktober wurde der Erbprinz zu seinem Regiment nach Pasewalk einberufen; um ein Haar hätte er sich der Fahnenflucht schuldig gemacht: Vater Georg verweigerte ihm das Reisegeld. Der Sohn hat es sich bei seinen Kammerherren zusammengebettelt.

Einen Monat später folgte ihm Wilhelmine nach – auch sie mußte sich in Schulden stürzen, um überhaupt fahren zu können. Sie bat zwar den Schwiegervater, ihr zu helfen, doch der herrschte sie an, im Ehevertrag stünde nichts von Vergnügungsreisen.

Weder Vater noch Bruder noch Ehemann waren in Berlin, als Wilhelmine endlich dort anlangte. Kein bekanntes Gesicht ließ sich bei ihrer Ankunft im Schloßhof blicken. Die junge Frau stolperte, tränenblind, und fiel der Länge nach hin. Ein Kammerherr erbarmte sich ihrer.

Frostig, mit einem Schwall von Beschimpfungen und Beleidigungen, empfing sie die Mutter: Wilhelmine sollte sich gefälligst schämen, einen Hungerleider geheiratet zu haben, sie wäre besser in Bayreuth geblieben, sie werde mit ihren Klagen allen in den Ohren liegen und »uns allen zur Last fallen«.

Endlich kam der Erbprinz aus Pasewalk nach Berlin, und das junge Paar amüsierte sich – nach Friedrich Wilhelms I. Geschmack zuviel – bei Musik und »seichten Komödien«. Vor allen Leuten machte der König dem Schwiegersohn eine Szene, nannte ihn einen Esel, einen Tropf und einen Dummkopf.

Dennoch bestand er darauf, daß die ganze Familie sich um den Mittagstisch versammelte, und eine solche Tafel schildert Wilhelmine recht anschaulich: »Das Essen war so schlecht und karg, daß man nicht davon satt werden konnte.« Nachdem der Hofnarr aus der Zeitung vorgelesen hatte . . . »schlief der König in seinem Lehnstuhl ein, wir alle saßen herum und hörten zu, wie er schnarchte, worauf er ausritt . . . Ich mußte den ganzen Nachmittag bei der Königin bleiben und ihr vorlesen . . . Dabei regnete es Vorwürfe und Verweise . . . Den Prinzen [Ehemann Friedrich] sah ich fast gar nicht. Die Königin wollte es nicht haben. Wenn ich ihm nur einen Blick zuwarf, galt es für ein Verbrechen und ich wurde blutig dafür verspottet.«

Die häusliche Atmosphäre wurde vollends unerträglich, als der Erbprinz erkrankte und nicht zu seinem Regiment zurückkehren konnte – Anlaß für einen neuerlichen Wutausbruch des preußischen Königs. Auch Wilhelmine wurde von einem geheimnisvollen Magenleiden geplagt (Gastritis?), sie schrieb dem Bruder verzweifelte Briefe nach Ruppin, und er riet ihr, schleunigst aus Berlin zu verschwinden.

Diese Aussicht war um so verlockernder, als Wilhelmine angenehme Neuigkeiten aus Bayreuth erhalten hatte: Der Markgraf war ernstlich erkrankt, »die Nachrichten waren zufriedenstellend«, frohlockte sie. Nach dem Tod des Markgrafen, so hoffte sie, würde sie endlich Herrin im eigenen Haus, Herrin über ihr eigenes Leben sein.

Auch ihrer drückenden Geldsorgen war sie ledig. Der österreichische Gesandte Seckendorff spendierte ihr tausend Golddukaten – später eine fixe monatliche Pension –, dreimal soviel hatte ihr Bruder Fritz erhalten. Österreich ließ sich das Wohlwollen des zukünftigen preußischen Königs etwas kosten. Hinausgeworfenes Geld! König Friedrich II. würde sich dereinst durchaus nicht der ihm von Österreich erwiesenen Wohltaten entsinnen, denn Dankbarkeit war – und ist – keine politische Kategorie.

Im Juni 1733 setzte sich der halbe preußische Hof nach Braunschweig in Bewegung, wo Fritz die Prinzessin Elisabeth von Braunschweig heiraten mußte, eine Cousine seiner künftigen Erzfeindin Maria Theresia. Die Bayreuther wurden auf diese Reise nicht mitgenommen. Aus Bosheit? Um Kosten zu sparen? Wir erfahren darüber nichts aus Wilhelmines Erinnerungen. Wir erfahren nur, daß sie genau zu diesem Zeitpunkt aufs neue erkrankte: »Schleichendes Fieber und beginnende Verhärtung des Magens« – was immer das gewesen sein mag. Eifersucht auf die neue Schwägerin war bestimmt nicht die tiefere Ursache des Leidens, denn bereits in der Hochzeitsnacht setzte sich Fritz hin und schrieb seiner Schwester: »Soeben ist die ganze Zeremonie vorüber. Gott sei gelobt, daß sie überstanden ... Hoffentlich sehe ich Sie bald wieder und kann Ihnen versichern, daß ich ganz der Ihre bin ...« (Die arrangierte Ehe war sowohl politisch wie auch menschlich ein Desaster: Bald wurde die Bindung an das österreichische Herrscherhaus brüchig, und in dem Augenblick, da Fritz, dann schon König Friedrich II., über österreichische Erblande herfiel, trennte er sich von seiner Frau. Er begegnete ihr nur bei offiziellen Anlässen.)

Kaum nach Berlin heimgekehrt, stellte Fritz die junge Gemahlin der Schwester vor, »die ich über alles liebe«, wie er nachdrücklich betonte. Er befahl Elisabeth, nichts zu unternehmen, ohne die Schwägerin zuvor gefragt zu haben. Beiseite zischelte er Wilhelmine zu : »Zum Teufel mit der Gans ...«

Es versteht sich von selbst, daß Wilhelmine an Elisabeth kaum ein gutes Haar ließ: Sie sei zu groß, zu schwer, der Kopf »zwar kindlich und reizend, ihre blonden Haare fallen in natürlichen Locken«, aber »sie hat schwarze Stummelzähne ... weder Manieren noch Anstand.«

Am 27. August 1733 ließ Friedrich Wilhelm Tochter und Schwiegersohn endlich ziehen. Seine Verabschiedung war mürrisch und kalt, aber Sophie Dorothea »brach in Tränen aus, als ich mich von ihr trennte, und ich riß mich ebenfalls weinend los«. Dem Bruder schrieb Wilhelmine: »Nach Berlin zurückzukehren hieße für mich Selbstmord, denn ich weiß, was ich dort gelitten habe ...«

Das Ungemach der Heimreise mit den alltäglichen Zwischenfällen (Kutsche umgestürzt, Kopf mehrmals blutig geschlagen) ertrug Wilhelmine mit stoischer Gelassenheit, die Heimkunft allerdings rüttelte an ihren Nerven: Der Schwiegervater war nicht, wie erwartet und heimlich erhofft, dem Jenseits näher als dem Diesseits; er war gesund wie ein Fisch im Wasser, in ungewisse Fernen gerückt die Aussicht auf Freiheit und Selbstbestimmung.

Ihre einjährige Tochter Friederike hätte Wilhelmine fast nicht wiedererkannt. »Man hatte ihr allerlei Fertigkeiten beigebracht, und man kann sagen, es war das schönste Kind, das man sich denken konnte.« Ein bißchen Stolz, aber keine Spur von Zärtlichkeit spricht aus diesen Zeilen, eine der raren Gelegenheiten, da Wilhelmine auf die Tochter zu sprechen kommt. Sie, die selbst so unter der Kälte der Mutter gelitten hatte, scheint ihrem Kind auch nicht viel mehr Zuneigung entgegengebracht zu haben. Vielleicht hatte die Kleine eine bessere Erzieherin, als es seinerzeit die Leti war – darüber erfahren wir aber nichts.

Anfangs hat sich der Erbprinz häufig mit Friederike abgegeben: »Er ist den ganzen Tag bei dem Kinde und steht zwei Stunden früher auf, um zu ihm zu gehen ... [es] ist ihm das Geschrei des Kindes lieber als die schönste Musik.« Aber auch er scheint mit der Zeit das Interesse an dem Mädchen verloren zu haben, denn in den kommenden Jahren wird der Vaterliebe keine Erwähnung mehr getan.

Andere Dinge fesselten Wilhelmine mehr als der Nachwuchs: Sie betrieb umfangreiche Studien auf den verschiedensten Wissensgebieten und erwarb profunde philosophische Kenntnisse, die sich in blitzgescheiten brieflichen Diskursen mit dem Bruder niederschlugen. Später wurde sie sogar Voltaire zur geschätzten Briefpartnerin, der nicht müde wurde, ihren Geist und ihr Talent zu rühmen. Ihr Lesehunger war enorm, und sie widmete sich ernsthaft der Musik. Ihr Lautespiel wurde mit der Zeit perfekt, auf dem Gebiet der Kompositionslehre machte sie so hervorragende Fortschritte, daß die von ihr komponierten Opernarien einen durchaus professionellen Eindruck hinterließen.

Dazwischen aber auch immer wieder alle möglichen Krankheiten, vor allem häufige Kopfschmerzen (wahrscheinlich Migräne). Wochenlang ernährte sie sich, des revoltierenden Magens wegen, von Gerstenschleim, immer wieder wurde sie zur Ader gelassen, fühlte sich so miserabel, daß sie »kaum die Feder halten« konnte, wähnte sich »dem Tode nahe«, und zeitweise vermuteten die Ärzte, daß sie schwindsüchtig sei, denn allabendlich war ihre Körpertemperatur leicht erhöht. Die Geschichte ihrer unterschiedlichen Leiden zieht sich wie ein roter Faden durch die Memoiren; gesund dürfte sie nur in seltenen Phasen ihres Lebens gewesen sein.

Viel mehr als mit ihrer Tochter befaßte sich Wilhelmine mit der ältesten Nichte ihrer Haushofmeisterin Sonsfeld. Sie nahm Wilhelmine von Marwitz ganz unter ihre Fittiche, wurde der neun Jahre Jüngeren zur mütterlichen Freundin und machte sie schließlich zu ihrer Ersten Hofdame: »Ich hatte viel Sympathie für diese Person, die mir äußerst anhänglich war ... [sie] suchte mir, wo sie konnte, Freude zu bereiten.«

Die kleine Marwitz scheint Wilhelmine bewundert und angebetet zu haben, Balsam auf die nie verheilenden Wunden einer Frau, die in ihrem bisherigen Leben soviel Erniedrigung und Mißachtung ertragen hatte.

Die Marwitz war ein frühreifes, gewitztes Kind, dem so gut wie nichts von dem entging, was sich an dem kleinen Hof im verborgenen anbahnte. Als erste kam sie dahinter, daß der glückliche genesene und urplötzlich vom Johannistrieb befallene Markgraf sich in Flora von Sonsfeld, die Schwester der Haushofmeisterin, verliebt hatte und diese sogar zu heiraten beabsichtigte – für Wilhelmine eine Schreckensvision, und das aus zwei einleuchtenden Gründen: Der Gedanke an eine Mesalliance in der eigenen Familie war der Königstochter ebenso unerträglich wie die Aussicht, daß eine neuerliche Eheschließung des Markgrafen das ohnehin schon schmale Budget des Erbprinzenpaares weiter verringern könnte. Durch genügend schlechte Beispiele in ihrer unmittelbaren Umgebung von Kindesbeinen an geschult, erwies sich Wilhelmine als geschickte Intrigantin, der Markgraf bekam seine Flora nicht.

Wilhelmine von Marwitz

Mögen des alten Markgrafen Eskapaden Wilhelmine irritiert haben – wirklichen Schmerz empfand sie, als ihr Mann ins Feld ziehen mußte: Europa stand, im sogenannten Polnischen Erbfolgekrieg, wieder einmal im Zeichen des Mars. August der Starke war gestorben, sowohl Sachsen wie auch Frankreich meldeten Ansprüche auf den polnischen Thron an, Preußen stand auf Sachsens Seite, und der Erbprinz war Inhaber eines preußischen Regiments.

Wilhelmine brach fast das Herz, als sie sich von ihrem Geliebten losreißen mußte: »Nur wer so stark zu lieben weiß wie ich, wird es nachfühlen können. Ein tausendfacher Tod ist mit dem Schmerz nicht zu vergleichen, den ich erlitt . . .« An anderer Stelle lesen wir: »Nichts war mir so teuer auf Erden wie er; wir waren ein Herz und eine Seele, wir hielten einander nichts geheim, und ich glaube, nie schlugen zwei Herzen so innig vereint wie die unseren . . .« Bei der Heimkehr aus dem Krieg brachte der Erbprinz seiner Frau beunruhigende Nachrichten mit: Ihr Bruder Fritz hätte sich »bis zur Unkenntlichkeit verändert«. Was Wilhelmine vorerst nicht glauben wollte, bekam sie mit eigenen Augen zu sehen.

Fritz behandelte die Schwester bei einem kurzen Besuch im Oktober 1734 »wie eine Fremde«, sprach bei Tisch kaum und wenn, dann nur, um sich über den »kleinen Fürsten«, Wilhelmines Mann, lustig zu machen oder über den »kleinen Hof« zu spotten.

Fritz bestand darauf, daß sein Busenfreund, ein blutjunger Leutnant, an der Tafel saß, obwohl, laut Protokoll, nur Offiziere vom Hauptmann aufwärts zugelassen waren. Die Einwände der Schwester wischte Fritz mit der Bemerkung beiseite, ein Leutnant des preußischen Königs sei allemal soviel wert wie ein Minister des Markgrafen, und Wilhelmine gingen die Augen auf – und über: »Das einzige Verdienst [dieses Leutnants] bestand in seiner Schönheit. Er war lasterhaft, hatte einen schlechten Charakter . . . Trotzdem wußte er sich bei meinem Bruder sosehr in Gunst zu setzen, daß er ihn zu den greulichsten Ausschweifungen verführte . . . Mein Bruder wurde ganz anders, als er bisher gewesen war . . .«

Unter vier Augen sprach Fritz vernünftig, wenn auch nicht übertrieben freundlich mit ihr, und die beiden gaben sich süßen Zukunftsvisionen hin, denn die »Alten«, der preußische König und der Bayreuther Markgraf, lagen wieder einmal malade darnieder. Fritz erging sich in geheimnisvollen Andeutungen über seine Pläne nach des Vaters Tod: Die Leute würden sich nur so wundern über einen König Friedrich II. Der Schwester riet er, nach dem Tod des Schwiegervaters »wie einfache Edelleute zu leben« und so oft wie möglich nach Berlin zu kommen. Am 19. Oktober verließ Fritz Bayreuth, eine ratlose Wilhelmine blieb zurück: »Ich wußte nicht, was ich von ihm halten sollte.«

Während Markgraf Georg langsam seinem Ende entgegensiechte, genas Friedrich Wilhelm I. zur allgemeinen Überraschung. Aber Wilhelmine sprach dem Bruder Mut zu. Es ginge dem Markgrafen wirklich sehr schlecht, und da ihre und Fritzens Lebenslinien immer in »Sympathie« (Übereinstimmung) verliefen, könne sie sich gar nicht vorstellen, daß des Vaters Genesung von Dauer sein werde. Optimistisch prophezeite sie auch dem Bruder bald ein Trauerkleid, denn »ich bin sicher, unser Schicksal wird seine Sympathie nicht verleugnen«.

Der Markgraf verschied nach neuntägigem Todeskampf am 17. Mai 1735, Wilhelmines Mann Friedrich wurde Markgraf, Wilhelmine Markgräfin von Bayreuth. Der Kondolenzbrief von Fritz läßt an Zynismus nichts zu wünschen übrig: »Ich bin froh, daß er beim lieben Gott ist ... Da Sie mein halbes Ich sind, fühle ich mich schon halb glücklich ... Meine Glückwünsche an den Markgrafen! Wenn er meinem Rat folgt, muß er jetzt in allerbester Laune sein ...« Fritz hatte noch fünf Jahre zu warten, um »bester Laune« zu sein, erst dann starb Friedrich Wilhelm I.

Das langersehnte Hinscheiden des alten Markgrafen bewirkte zweierlei: Wilhelmine wurde plötzlich gesund wie lange nicht – und es kam zwischen dem jungen Markgrafenpaar zu ernstlichen Differenzen. Der Grund dafür war die absolute Unfähigkeit des Markgrafen, auch nur die einfachsten Aufgaben eines Souveräns zu bewältigen: Sein Vater und dessen Minister hatten ihn bewußt von allen Regierungsgeschäften ferngehalten, aus Sorge, Wilhelmine, die starke Tochter eines starken Königs, könnte ihn zu ihrem eigenen und zum Vorteil Preußens beeinflussen.

Labiler Charakter, der er war, beugte sich Markgraf Friedrich widerstandslos der Fuchtel seiner Berater, und Wilhelmines Gegenargumente stießen bei ihm auf taube Ohren. Nach einem häßlichen Ehekrach griff Wilhelmine zu einem altbewährten weiblichen Mittel: Sie fiel dramatisch in Ohnmacht, ihr Mann hielt sie für sterbenskrank: »Mein Zustand rührte [den Markgrafen] lebhaft. Er war in großer Angst ... nach einer langen Aussprache gestand er mir, daß man ihn auf das eindringlichste vor mir gewarnt hatte. Er bat mich tausendmal um Vergebung ... Er bat mich, meine Gedanken ohne Umschweife mitzuteilen ... Bei allem, was vorging, fragte er mich um Rat ...«

Wilhelmines Ratschläge fielen auf fruchtbaren Boden. Ein junger Sekretär, ein gewisser Philipp Ellrodt, der bald zum Ersten Minister aufstieg, nahm die Geschäfte in die Hand. Er durchforstete das Dikkicht eines verwobenen Klüngels von Ministern und Beamten, die jahrelang nach Gutdünken geschaltet und gewaltet hatten – zum Nachteil Bayreuths, zum Vorteil der eigenen Tasche. Ellrodt entdeckte wesentliche Mängel der Finanzgebarung, erschloß neue Einnahmequellen, trieb uralte, längst vergessene Schulden ein: Es ging bergauf mit dem kleinen Fürstentum, man konnte sich wieder einiges leisten. Wilhelmines Apanage wurde erhöht, und im Überschwang seiner Gefühle schenkte der Markgraf seiner Frau das Lustschlößchen Eremitage.

Eremitage, dann noch das Lustschloß Sanspareil, die Bayreuther Oper, Ausbau und Modernisierung der ganzen Stadt – von Wilhelmine mit Leidenschaft, sicherem Geschmack und eminentem Kunstverstand betrieben: Das sollte zu einem geschlossenen Lebenswerk werden, dessen Spuren im berühmten »Bayreuther Rokoko« noch heute vielfach sichtbar dokumentiert sind. Wer und was Wilhelmine wirklich war – bezeichnenderweise ging sie als »Wilhelmine von Bayreuth« in die Geschichte ein –, das bleibt zumeist im dunkeln hinter der strahlenden Fassade.

Das zumeist unfreiwillige Ausscheiden der alten Garde machte Platz für neue, junge Gesichter bei Hof, wo zum Entsetzen des Hofpredigers noch während der offiziellen Trauerzeit ausgelassene Feste gefeiert wurden. Im Mittelpunkt stand Wilhelmine, zum ersten Mal das Leben in lustvollen Zügen genießend.

Umkränzt wurde Wilhelmine von einem heiteren Damenflor, darunter die drei Marwitz-Schwestern, von denen die älteste, Wilhelmine, mittlerweile zu einer aufsehenerregenden neunzehnjährigen Schönheit erblüht war. »[Ich war] ihr leidenschaftlich zugetan«, berichtet die Markgräfin. »Wir hatten nichts voreinander geheim. Ich habe nie eine derartige Beziehung zwischen zwei Charakteren gesehen, nie konnte sie ohne mich leben ...«

Ständig träufelnde Wermutstropfen vergällten den Freudenbecher jener Tage: Bruder Fritz schrieb »gezierte« Briefe: »Man fühlte eine gewisse Verlegenheit heraus, die mich erkennen ließ, daß mir sein Herz nicht länger zugekehrt war.«

Wilhelmine irrte. Fritzens Herz war ihr durchaus zugekehrt, »gezierte Verlegenheit« entsprang einem ganz anderen Grund – er wußte etwas, das sie nicht wußte, nicht einmal im entferntesten ahnte: Ihr einziger, ihr angebeteter, ihr himmlischer Mann ging fremd!

Sie erfuhr es in Bad Ems, wohin man sie zur Kur geschickt hatte, in der Hoffnung, daß die Bäder ihr zu einer erneuten Schwangerschaft verhelfen könnten. Ein Doktor Eisenbart zwang sie in fast siedend heißes Wasser, ihre Proteste nahm er nicht zur Kenntnis. Hauptsache, sie bekäme einen Prinzen, und wenn sie stürbe, dann gäbe es eben eine Frau weniger ...

Die Roßkur zerrte an ihren Nerven, Kopfschmerzen machten ihr neuerlich zu schaffen. Und dann erzählte ihr auch noch ein Kammerherr ihres Bruders, daß sie in Berlin Gegenstand allgemeinen Mitleids sei, weil der Markgraf sich eine Maitresse hielte. Es fiel noch kein Name, und Wilhelmine wies das »verleumderische Gerücht« entrüstet zurück.

Schleichende Zweifel mögen sie dennoch befallen haben – und das »schleichende Fieber«, von dem sie bereits kuriert schien, kehrte wieder, hartnäckiger, kräftezehrender denn je zuvor. »Ich sah dem Tod gefaßt entgegen, seine Nähe schreckte mich nicht.« Aber sowohl der Bayreuther wie der Berliner Hof waren ernstlich in Sorge.

Für den Preis eines »langen Kerls« trennte sich König Friedrich Wilhelm I. von seinem tüchtigen Leibarzt Superville, der die Patientin binnen sechs Wochen kurierte. Man weiß nicht, welche Therapien er anwandte, vermutlich war er selbst die Medizin, denn er war ein einfühlsamer Mensch, der Ruhe und Geborgenheit ausstrahlte, von großer geistiger und seelischer Kraft. Er blieb in Bayreuth, er wurde ihr Freund und Ratgeber und, da er auch ein brillanter Wissenschaftler war, später der erste Rektor der vom Markgrafenpaar gegründeten Universität Erlangen. Im Nachlaß Dr. Supervilles fanden sich denn auch Jahrzehnte später die geheimen Memoiren der Wilhelmine von Bayreuth.

Dr. Superville half ihr über die nächste einschneidende seelische Krise hinweg, nachdem Wilhelmine endlich zu bemerken begann, was in Berlin bereits die Spatzen von den Dächern pfiffen: Der Markgraf war Wachs in den Händen der Wilhelmine von Marwitz. »Ich war blind gewesen ein ganzes Jahr hindurch, hatte auf tausend kleine Dinge, die mir jetzt auffielen, nicht geachtet.«

Wilhelmine vertraute sich ihrer guten Sonsine an – und die scheint dem Markgrafen erfolgreich ins Gewissen geredet zu haben. »In der Tat war er wieder so zärtlich gegen mich wie zuvor. Ich meinerseits zeigte mich liebevoll gegen die Marwitz, daß ich ihr den Verdacht, den sie geschöpft, wieder nahm.« Wohlan, eine Farce nahm ihren Anfang – die Tragödie war früher oder später unausweichlich.

Das Drama der drei wurde kurzzeitig unterbrochen durch Hiobsbotschaften aus Berlin: Friedrich Wilhelm I. war wieder auf den Tod krank, man gab ihm höchstens vier Wochen zu leben. Wilhelmine schickte eine Stafette nach Berlin und fragte bei der Mutter an, ob sie ans Sterbebett des Vaters eilen sollte. »Was zum Kuckuck wollen Sie auf dieser Galeere?« antwortete Sophie Dorothea. »Man wird Sie wie einen Hund empfangen und wird Ihnen für Ihre Sentiments keinen Dank wissen. Freuen Sie sich der Ruhe und des angenehmen Daseins in Bayreuth und kommen Sie nicht in diese Hölle, wo nur gejammert wird und wo alle unglücklich sind und gepeinigt werden . . .«

Der alte Tyrann starb am 31. Mai 1740 – »heldenhaft«, wie Wilhelmine notiert.

Zwar sei ihr der Tod des Vaters nahegegangen, obwohl er nicht immer in väterlicher Liebe gegen sie gehandelt habe, schrieb Wilhelmine dem Bruder Fritz – jetzt König Friedrich II., als den wir ihn nun bezeichnen werden –, ». . . doch meine Freude, Sie aus Ihrer traurigen Lage befreit zu sehen, beruhigt meinen Geist«.

Drei Monate nach des alten Königs Tod reisten Wilhelmine und ihr Mann zu einem Staatsbesuch nach Berlin. Wilhelmine fand den Bruder zerstreut, distanziert, mit seinen Gedanken offensichtlich anderweitig beschäftigt – aber wo? Niemand konnte es ahnen.

Die Stimmung im Land war schlecht, das Volk murrte über seinen neuen König. Sein Argwohn, seine Heftigkeit, seine Kälte, sein Stolz

Daniel de Superville

wurden bemäkelt, und außerdem entpuppte er sich als genauso geizig wie der verblichene Vater, bemerkte Wilhelmine bekümmert.

Einige Tage weilte die Hofgesellschaft in Schloß Rheinsberg, wo Wilhelmine interessante Menschen, Künstler und Gelehrte – unter ihnen Voltaire –, kennenlernte, doch Friedrich zeigte sich selten. Gelegentlich nahm er an musikalischen Abenden teil und spielte so schön die Flöte, »daß er die größten Meister dieses Instruments übertraf«. Der König hielt sich meist, mit geheimnisvollen Dingen beschäftigt, in seinem Arbeitszimmer auf, Wilhelmine befürchtete wieder einmal, »daß er sich nichts aus mir macht«.

Am meisten kränkten sie die unverblümten Anspielungen auf das Verhältnis des Markgrafen mit der kleinen Marwitz, doch Wilhelmine ließ sich noch einmal einlullen. Die Marwitz, mit den neuerlichen Verdächtigungen konfrontiert, spielte gekonnt die unschuldig Verfolgte, brach in Ströme von Tränen aus – und Wilhelmine glaubte, was sie so schmerzlich glauben *wollte.* Sie tröstete ihre falsche Freundin: »Und es gelang mir endlich, sie zu beruhigen ... Wie konnte ich auf eine solche Unterredung hin dieser Person mißtrauen? Konnte ich denken, daß sie mich grausam verraten würde, indem sie mir das Teuerste raubte, was ich besaß, nämlich das Herz meines Gatten?« Hat sie das Herz dieses oberflächlichen Schwächlings je wirklich besessen? Wir kennen nur ihre Version der Geschichte, die seine kennen wir nicht.

Im Dezember 1740 – Kaiser Karl VI. war wenige Wochen zuvor gestorben, seine Tochter Maria Theresia hatte die österreichische Erbfolge angetreten – überfiel Friedrich II. das zu Österreich gehörende Schlesien – und Wilhelmine sah sich plötzlich in das politische Geschehen verstrickt.

Anfang 1741 machte ihr der Gesandte Maria Theresias, Carl Graf Cobenzl, seine Aufwartung und überreichte ihr ein Handschreiben von Maria Theresias Mutter, der Kaiserin-Witwe Elisabeth; mit bestürzender Offenheit schilderte sie die traurige Lage ihrer Tochter. Die junge Herrscherin verfüge weder über Geld noch über Truppen und sehe sich »unversehens angegriffen«. Das Schreiben gipfelte in der unverhüllten Bitte, Wilhelmine möge auf Friedrich II. einwirken, auf daß er Frieden schließe. Laut Wilhelmines Memoiren habe sie selbstverständlich jede Intervention empört abgelehnt, ihrem Bruder nicht einmal von dem Besuch des Grafen Cobenzl berichtet.

Wilhelmines Mutter Sophie Dorothea als Witwe

Mag schon sein, daß sie dem königlichen Bruder das Wiener Memorandum verschwieg, aber die Empörung über den Grafen und seine hochgestellte Auftraggeberin hielt sich in Grenzen. Cobenzl gewann das Vertrauen, die Freundschaft des Markgrafen, in dessen Freimaurerloge er brüderlich aufgenommen wurde. Auch Wilhelmine mochte den charmanten Österreicher, der sie mit kleinen Aufmerksamkeiten verwöhnte. »Die Frau Markgräfin hat mir zu verschiedenen Malen vom König von Preußen ganz vertraulich gesprochen«, berichtet der Graf seiner Herrscherin nach Wien.

Wie vertraulich die Gespräche Wilhelmines mit Cobenzl gewesen sein mögen – wirklich verraten hat sie den Bruder gewiß nicht, es sei denn, man wollte das langsame Einsickern dieses oder jenes österreichischen Aristokraten am Bayreuther Hof schon als Treubruch ansehen; aber wieso denn? Diese netten jungen Leute – unter ihnen ein reizender Graf Burghauß – waren doch völlig harmlos und trugen mit ihren lustigen Einfällen zur Bereicherung des Hoflebens bei.

Im Januar 1742 reiste das Markgrafenpaar mit kleinem Gefolge nach Frankfurt am Main, wo der bayerische Kurfürst Karl Albrecht zum Deutschen Kaiser Karl VII. gekrönt wurde – und da begann die Affäre Marwitz zu eskalieren. Wilhelmine von Marwitz und ihre Schwester Albertine benahmen sich wie die aufgescheuchten Gänse, sie klatschten und kicherten, machten sich über jeden und alles lustig, und der Markgraf war hingerissen von der schrillen Fröhlichkeit. Stundenlang steckte er mit den beiden Mädchen zusammen, albernd, lachend; wenn Wilhelmine unversehens dazustieß, schwiegen die drei wie ertappte Schulkinder, mühsam ein Prusten unterdrückend.

Wilhelmine verlor die Nerven, stellte die Marwitz zur Rede, doch die antwortete mit aufreizendem Trotz. »Sie machte mir regelrecht eine Szene. Wollte Gott, ich hätte es damals zum endgültigen Bruch kommen lassen. Wieviel Kummer wäre mir erspart geblieben . . .«

Wenige Wochen danach erhielt Wilhelmines Tochter Friederike, gerade zehn Jahre alt, einen Heiratsantrag. Die Herzogin von Württemberg bat für ihren zwölfjährigen Sohn Karl Eugen um die Hand der Prinzessin. Sie tat es mit Wissen und Zustimmung Friedrichs II., dem diese Verbindung ins politische Konzept paßte, was er auch seiner Schwester mitteilte. Sie und ihr Mann willigten ein, »da [dieser Antrag] sehr vorteilhaft für uns war«.

Wilhelmine, die vielseitig Gebildete

Eines Tages erschien die verwitwete Herzogin von Württemberg – sie führte für ihren minderjährigen Sohn die Regierungsgeschäfte – persönlich in Bayreuth. Sie war, so schreibt Wilhelmine, eine kokette, gefallsüchtige Person, befleißigte sich eines sehr »freien Tones« und »lockerer Sitten, die sie für französisch hält«. In allem äffte Wilhelmine von Marwitz die Herzogin nach, wirkte auch auf den Markgrafen ein, und »es wurde jetzt Mode, sich zu schlagen, sich Servietten an den Kopf zu werfen, wie ausgelassene Pferde hintereinander herzulaufen, endlich zweideutige Lieder zu singen und sich zu küssen ... Sie trieb den Markgrafen zur Vergnügungssucht an ... Ihr Einfluß auf den Markgrafen wurde endlich so groß, daß sie Gnaden und Ämter verteilte ... Ihre Herrschsucht ließ alle anderen Rücksichten außer acht. Sie hatte seine Neigung für sie wahrgenommen und nützte sie aus, um nach Willkür zu gebieten.«

Wenige Zeilen später brechen Wilhelmines Memoiren ab. Sie besaß vermutlich nicht mehr die Kraft, das Ungeheuerliche, das niemals für möglich Gehaltene nieder- und sich solcherart davon freizuschreiben. Die Marwitz raubte ihr nicht nur das Herz ihres Mannes, sie hätte sie auch fast um die Liebe des Bruders gebracht ...

Im September 1743 war Friedrich II. in Bayreuth gewesen – in seiner Begleitung der göttliche Voltaire, tief beeindruckt von Wilhelmines scharfem Intellekt –, und kein Wölkchen trübte den hellen Himmel geschwisterlicher Harmonie. Bereits sechs Monate später kam es zu ernstlichen Verstimmungen, zur Entzweiung, fast zum Bruch.

Der Anlaß war eher nichtig: Karoline, die jüngste der drei Marwitz-Schwestern hatte in Bayreuth einen mittellosen Grafen Schönburg geheiratet. Barsch forderte Friedrich II. die sofortige Heimkehr der beiden anderen Schwestern. (Wir erinnern uns: Wilhelmine hatte dem Vater ihr Wort gegeben, daß die zukünftigen Erbinnen großen Vermögens sich nicht außerhalb Preußens verehelichten.)

Wilhelmines Reaktion auf den Befehl des Bruders ist um so verblüffender, lasen wir doch gerade aus den letzten Zeilen ihrer Memoiren von der Verzweiflung über die Affäre des Markgrafen mit Wilhelmine von Marwitz und wie sehr sie diese schreckliche Person verabscheute. Und nun beschwor sie den Bruder, Wilhelmine von Marwitz in Bayreuth zu lassen, von der sie sich nur »mit tödlichstem Kummer« zu trennen vermöchte. Außerdem: Die Marwitz sei entschlossen, überhaupt nicht zu heiraten, und sie, die Markgräfin, verbürge sich dafür, daß die Hofdame in Bayreuth keine Liebschaft hätte.

War unsere Wilhelmine blind? War sie taub? War sie verrückt? Spürte sie nicht mehr, was um sie herum vorging? Wurde ihr der Brief an den königlichen Bruder unter Versprechungen und Drohungen diktiert? Oder gab sie sich trügerischen Hoffnungen hin, das Verhältnis zu ihrem Mann wieder ins Lot zu bringen, indem sie sich dem Bruder einerseits verbürgte, daß Wilhelmine von Marwitz niemals heiraten werde – das Mädchen andererseits bereits drauf und dran war, eine Ehe einzugehen? So oder so – Wilhelmine hat den Bruder angelogen, hinters Licht geführt, um einem krausen, in seinen tieferen Motiven nicht mehr nachvollziehbaren Plan folgend, ihre Ehe zu retten. Wenn die Liebe im Spiel ist, verlieren die klügsten Frauen den Kopf, und da hilft keine Philosophie . . .

Während sie dem Bruder vorgaukelte, daß die Marwitz *niemals* heiraten werde, schrieb sie dem Vater des Mädchens und bat ihn um die Einwilligung für eine Ehe seiner Tochter mit dem Grafen Otto Burghauß.

Ausgerechnet Burghauß! Ausgerechnet ein Österreicher!

General von Marwitz antwortete nicht. General von Marwitz, der seine Tochter mit dem Neffen von Friedrichs Kabinettschef zu vermählen wünschte, wandte sich an den König, und auch der rührte die Feder nicht selbst an. Durch seinen Sekretär ließ er der Schwester bestellen, er erwarte, daß Wilhelmine sich dieser Heirat mit Burghauß widersetze, »die mir aufs höchste mißfällt«. Sollte die Marwitz dennoch und gegen seinen ausdrücklichen Willen den Grafen Burghauß heiraten, »so kann sie darauf rechnen, daß ich sie für unwürdig und unfähig erkläre, die beträchtliche Erbschaft des Vaters anzutreten«.

Zu spät, zu spät. Wilhelmine von Marwitz war zur Gräfin Burghauß geworden, noch ehe Friedrichs Schreiben die Schwester in Bayreuth erreichte.

Nachdem er es erfahren hatte, teilte Friedrich frostig mit, er breche jetzt zu einer Kur auf, von dort zu schreiben, sei ihm verboten. Ihre flehenden Bitten um Vergebung, Verzeihung, Versöhnung gingen ins Leere. Für längere Zeit gab es keinen Briefwechsel mehr.

Die Gräfin Burghauß war und blieb, was sie als Wilhelmine von Marwitz gewesen war: die Maitresse des Markgrafen mit starken politischen Ambitionen, die nach Österreich tendierten, und ihr Einfluß auf den Markgrafen war so stark, daß Bayreuth auf dem besten Weg war, nicht nur in leisen Anklängen pro-österreichische, sondern strikt anti-preußische Politik zu betreiben.

Vielleicht war Wilhelmine wirklich so überirdisch tolerant und großherzig, daß sie die Verräterin an ihrem Hof behielt, weil sie es der plötzlich Verarmten zugesagt hatte, wahrscheinlich aber hatte es der Markgraf durchgesetzt. Wilhelmine war auf jeden Fall die Betrogene, Düpierte, schamlos Hintergangene.

Der Bruder hatte sie fallengelassen, der Tod hatte ihr die einzig verbliebene Vertraute, die Haushofmeisterin von Sonsfeld, genommen – Wilhelmine war einsam wie selten in ihrem Leben.

Trotzig ging sie eigene Wege, trotzig traf sie sich am 20. September 1745 in Emskirchen mit Maria Theresia, die sich auf dem Weg nach Frankfurt zur Kaiserkrönung ihres Mannes Franz Stephan von Lothringen befand. (Kaiser Karl VII. Albrecht war nach nur dreijähriger Regierungszeit gestorben.) Über die Begegnung der beiden Frauen erfahren wir nur von dritter Seite in einem Bericht eines Freiherrn von Hagen: »Es ist nicht zu beschreiben, mit was für Verehrung und Hochachtung sie [Wilhelmine von Maria Theresia] gesprochen, bei welcher Gelegenheit die Markgräfin sagte, obwohl sie wüßte, daß der König von Preußen wegen dieser Unterredung ihr empfindlich schreiben würde, sie doch untröstlich sein würde, die Gelegenheit mit [Maria Theresia] bekannt zu werden, versäumt haben.« (Ein grammatikalisch nicht einwandfreier, in der Aussage jedoch eindeutiger Satz . . .)

Die Antwort Friedrichs auf diesen Affront war keineswegs »empfindlich«, sie drückte vielmehr hämische Genugtuung aus: »Soeben haben wir die Österreicher geschlagen oder Ihre Kaiserlichen, wie Sie sie nennen wollen.« Und dann, zu Jahresende 1745, noch ein Schäufelchen drauf: »Liebe Schwester! Der Anteil, den Sie an allem nehmen, das die Königin von Ungarn betrifft, gibt mir Gelegenheit, Ihnen mitzuteilen, daß wir Frieden miteinander geschlossen haben. Ich hoffe, das wird Ihnen umso angenehmer sein, als Ihre Vorliebe für die Fürstin nicht mehr durch einen Rest alter Freundschaft behindert wird, den Sie mir vielleicht bewahrt haben. Ich wünsche Ihnen zum Neuen Jahr viel Glück und Segen.«

Gereizt entgegnete Wilhelmine, sie achte die Königin von Ungarn als eine Frau mit vielen Vorzügen »und halte es für erlaubt, alle Menschen zu schätzen, die solche besitzen«.

Das war das vorläufige Ende einer lebenslangen geschwisterlichen Gemeinschaft. Der Neu-Anfang sollte nicht allzu lange, die endgültige Aussöhnung jedoch fast zwei Jahre auf sich warten lassen.

Von Kummer, Schmerz, schlechtem Gewissen und endlosen Migräne-Anfällen gemartert, schrieb Wilhelmine dem Bruder demütige und unterwürfige Briefe und versicherte ihn ihrer unverbrüchlichen Liebe und Freundschaft. Friedrich ging auf die offen gezeigte Zuneigung nicht näher ein, schob aber alle Schuld an den Unstimmigkeiten »auf die Unselige, die Ihr Vertrauen mißbraucht und eine boshafte Freude daran findet, Sie mit Menschen zu entzweien, die Sie zärtlich geliebt haben«.

Welchem inneren oder von außen kommenden Druck war Wilhelmine ausgesetzt, daß sie dem Bruder gegenüber zu einer Verteidigung der Burghauß ansetzte? Angst? Kleinmut? Stolz, die Niederlage endgültig zuzugeben, indem sie sie in Worte faßte?

Ein Ausbruch von Haß war die Folge. Friedrich beschuldigte die Schwester, der Burghauß gegenüber blind zu sein, und bei dieser Gelegenheit warf er ihr noch einmal das Treffen mit »meiner Todfeindin, der Königin von Ungarn« vor.

Nach langen Wochen einer nicht näher eruierbaren Krankheit reiste Wilhelmine im Juni 1747 überraschend, unangemeldet, nach Berlin. Einzelheiten des kurzen Besuchs sind aus erster Quelle nicht überliefert, doch der österreichische Diplomat Baron Widmann scheint nichts Gutes geahnt zu haben. Er berichtete Maria Theresia, daß sich die Markgräfin von Bayreuth und der König von Preußen vollkommen ausgesöhnt hätten. Für den Einfluß Österreichs auf den Bayreuther Hof sei das Schlimmste zu befürchten, denn Wilhelmine sei »über ihren Gemahl äußerst erbittert«.

Die düsteren Vorahnungen des Österreichers bewahrheiteten sich. Kaum nach Bayreuth zurückgekehrt, jagte Wilhelmine die einstmals gehätschelte Freundin nach einem »Teufelskrach« aus dem Schloß – aber die Burghauß ging nicht weit fort. Ihr Liebhaber, der Markgraf, brachte sie im nahegelegenen Gästehaus unter, er ließ sie und ihren Mann aus der Schloßküche verpflegen. Zwischen dem markgräflichen Ehepaar kam es zu einem erbitterten Kleinkrieg, der Wilhelmine erneut aufs Krankenlager warf. Sie sei, so schrieb sie dem Bruder kryptisch, dem Tode nahe gewesen, »habe ihn aber gar nicht so schrecklich gefunden, wie man ihn schildert«.

Und dann, endlich, ein klares Wort: Sie beschwor den Bruder »mit gefalteten Händen«, sie »aus dem Labyrinth zu retten, in das ich lächerlich hineingetappt bin . . . Ich habe die verhängnisvolle Ehe gestiftet, die ich so bitter bereuen muß . . . Sie können meinem Geist und meinem Herzen die Ruhe wiedergeben, indem sie [der Burghauß] das zahlen, was ihr Vater ihr vermacht hat.«

Friedrich hatte ein Einsehen und wohl auch das vorrangige Interesse, den österreichischen Störenfried am Bayreuther Hof loszuwerden – zumal die Staatskasse dafür nicht herhalten mußte. Die Gräfin bekam ihr väterliches Erbe – *nicht* zugesprochen, doch konnte sie frei über die Zinsen verfügen. Daß nicht mehr herauszuholen war, muß ihr klar gewesen sein: Das Ehepaar Burghauß setzte sich nach Österreich ab und ward nie mehr gesehen.

Von Floskeln wie »Retter«, »wahrer Freund«, »Schutzengel«, strömt Wilhelmines langer Dankesbrief über, doch ist er auch geprägt von nachdenklichen Einsichten in das Wesen der wahren Liebe und Freundschaft, die weitaus höher zu stellen seien als schnöde Eigenliebe. »Solange noch ein Tropfen Blut in meinen Adern rinnt, werde ich Sie lieben und Ihnen meine Anhänglichkeit und Hingabe weihen.« Es überrascht nicht, daß sich ihre Gesundheit in der folgenden Zeit ein wenig festigte.

Am 26. September 1748 wurde mit großem Pomp die Hochzeit von Wilhelmines Tochter Friederike – Casanova hat sie das schönste Mädchen Deutschlands genannt – mit dem Herzog von Württemberg zelebriert. Weinend bestieg die Sechzehnjährige mit ihrem Gemahl am 30. September die Kutsche, um dem unausweichlichen Schicksal aller Fürstentöchter entgegenzureisen: Gebärerin von Kindern und Erdulderin frecher Maitressen. Wilhelmine scheint ihre Tochter nicht sehr vermißt zu haben, das Band zwischen Mutter und Kind war zu keiner Zeit besonders fest. Erst in den letzten Wochen vor der Hochzeit »begannen wir uns näherzukommen«.

Mit königlichen Ehren empfangen, mit ungezählten Festen gefeiert wurde das Markgrafenpaar im August 1750 anläßlich seines Staatsbesuchs in Berlin. Wilhelmine schätzte das Zusammensein mit der gei-

Wilhelmines Tochter Friederike als Braut

stigen Elite des Landes, aber sie genoß vor allem die intimen Soupers, ganz allein mit dem Bruder. Kaum rückte der Abschied näher, schon wurde sie wieder krank, solchermaßen die Heimreise um Wochen verzögernd. Als die lange Periode des Fiebers, verbunden mit Delirien und zeitweiligen Absencen, abgeklungen war, halfen kein König und kein Arzt und kein Gott – Wilhelmine mußte wieder nach Bayreuth.

Zurück blieb ein kleines, herzzerreißend holpriges Abschiedsgedicht: »Du, den ich liebte von der ersten Jugend, / o Bruder, den ob aller seiner Tugend / ich doppelt lieben und verehren muß, / Du, den der Himmel schuf, die Herzen zu regieren, / nimm diesen tränenfeuchten Abschiedsgruß . . .«

Noch einmal wurde Wilhelmine von ihrer trostlosen Vergangenheit eingeholt: Im April 1751 starb in London ihr Cousin Friedrich Ludwig Prinz von Wales, mit dem sie im Säuglingsalter verlobt worden war. Wilhelmine wäre also niemals Königin von England geworden. Der Prinz von Wales war schließlich mit Augusta von Sachsen-Gotha verheiratet worden, vier Monate nach seinem Tod kam sein letztes Kind, Matilda, zur Welt. Diese Nichte Wilhelmines wird die Hauptperson unseres nächsten Kapitels sein.

Zum Tod ihres verflossenen Bräutigams sinniert Wilhelmine: »Der Prinz von Wales ist also gestorben! Sein Tod hat mich mancherlei Betrachtungen anstellen lassen. Die Menschen quälen sich meistens mit recht nichtigen Dingen; wenn alles so käme, wie sie es wünschten, es wäre oft zu ihrem Unglück.«

Die Krankheit hielt Wilhelmine fest in ihren Klauen: Fieber – Kopfschmerzen – Fieber, ein Leiden löste das andere in beängstigend kurzen Spannen ab. Im Januar 1753 war sie dem Tode näher denn je – aber nicht das Übel, an dem sie gerade laborierte, war die Ursache, sondern eine Brandkatastrophe.

An vier Stellen zugleich brach das Feuer im Schloß aus, Brandstiftung war mehr als wahrscheinlich. In letzter Minute konnte Wilhelmine aus ihrem bereits von den Flammen umzingelten Zimmer herausgeholt werden.

Weder aus Wilhelmines Memoiren noch aus ihrer Korrespondenz mit dem Bruder erfahren wir schlüssig, wie das Markgrafenpaar mit und zu seinen Untertanen stand. Der einzige Hinweis findet sich in einem Brief Wilhelmines nach dem großen Feuer – und der spricht Bände: »Am schmerzlichsten war uns der böse Wille der hiesigen Leute, die gar nicht helfen wollten, sich versteckten und fortliefen . . .«

Der Verdacht, daß der Brandstifter aus den Reihen der eigenen Leute gekommen sein könnte, läßt sich nicht von der Hand weisen. Aber es gibt auch eine zweite Vermutung: Obwohl Teile des Schlosses nach dem Feuer erhalten blieben und ein Wiederaufbau leicht möglich gewesen wäre, ließ der Markgraf die Brandruine rasch abtragen und einen neuen Palast errichten. Den alten hatte er nie leiden können. Lange wurde gemunkelt, er selbst hätte das Feuer gelegt oder legen lassen.

Ein halbes Jahr nach dem Brand war Wilhelmine soweit wiederhergestellt, daß sie den Bruder in Potsdam besuchen konnte. Aus dieser Zeit stammt eine genaue und, wie es scheint, ziemlich objektive Beschreibung Wilhelmines durch den preußischen Kammerherrn Graf Ernst Lehndorff: »Ich finde sie mit viel aufgelegtem Weiß und Rot, viel Steinen und sehr geputzt, ihrem Aussehen nach eine Person von 26 Jahren. [Wilhelmine war damals vierundvierzig.] Trotzdem behauptet sie, sie sei krank. Es ist eine ganz eigen beanlagte Prinzessin. Ich glaube, daß sie auf einem Thron eine berühmte Frau geworden wäre; ihr ganzes Denken ist auf eine tüchtige Wirksamkeit gerichtet, während sie jetzt nichts Großes findet, womit sie sich beschäftigen könnte. Sie gibt sich einer Pracht hin, die für ihr Land zu groß ist und es ruiniert . . . Sie ist freigiebig, eine Gönnerin der Gelehrten . . . aber sie spielt gern die Witzige, dünkt sich erhaben über die übrige Menschheit und beweist nur gegen ihre Familie wirkliche Achtung; so ist sie immer bereit, dem König Altäre zu errichten.«

Damals hat Wilhelmine die Mutter zum letzten Mal gesehen, die beiden Frauen hatten einander weniger zu sagen denn je, und als Sophie Dorothea vier Jahre später starb, hielt sich die Trauer der Tochter in konventionellen Grenzen.

Das letzte Zusammentreffen der Geschwister fiel auf den Juni 1754, leise Melancholie durchweht Friedrichs ersten Brief nach dem Abschied von Bayreuth: »Mein Ich verläßt Sie, aber Ihnen bleibt das Herz dessen, der bis an sein Ende verbleiben wird Ihr getreuer Diener . . .«

Noch im Herbst desselben Jahres brach das Markgrafenpaar, nun in einer Ehe auf höfliche Distanz lebend, zu einer Reise südwärts auf, weil die Ärzte vom milderen Klima eine Besserung von Wilhelmines hartnäckigem »Brustleiden« erhofften. (Wir dürfen vermuten, daß sie schon seit längerer Zeit an Tuberkulose litt.) »Ich möchte Sie auf meinen Händen hintragen, damit Sie wieder hergestellt werden«, schreibt Friedrich.

Anfang Oktober machten sich die Bayreuther auf den Weg, die erste Station war Stuttgart, wo sie Tochter und Schwiegersohn besuchten und Zeugen eines latenten Ehekriegs wurden, in dem Friederike soeben einen Etappensieg errungen hatte: Die Maitresse des Herzogs war vom Hof gewiesen worden. (Lange nach Wilhelmines Tod trennte sich das Ehepaar.)

Inkognito, als Graf und Gräfin von der Mark, reisten Wilhelmine und ihr Mann nach Avignon, aber statt des erhofften Sonnenscheins erwarteten sie Kälte, Nässe und Wind. Dennoch erholte sich die Markgräfin so weit, daß beschlossen wurde, Italien zu besuchen, da man nun schon einmal unterwegs war.

In Monaco empfing der dort regierende Graf Grimaldi das Paar. Genua, Pisa und Florenz waren die nächsten Etappenziele. Wilhelmine fand Florenz »sehr groß, aber sehr häßlich«, um so besser gefiel ihr Siena: »[Der Dom] ist sehr schön, obwohl er gotisch ist, nichts anderes bleibt als Erschütterung.«

Rom beeindruckte die Markgräfin, Neapel fand sie enttäuschend: »Man glaubt sich in einem Tollhaus. Das Volk, äußerst zahlreich, schreit Tag und Nacht derart, daß man nicht schlafen kann und im Kopf ganz wirr wird.«

Die Heimreise ging über Rom, Rimini, Ferrara. Am 15. Juli 1755 traf Wilhelmine erschöpft, ausgelaugt und von den vielfältigen Reiseeindrücken überfordert in Venedig ein: »Ich habe [Venedig] verlassen, ohne das geringste gesehen zu haben . . .« Am Ende ihrer Kräfte erreichte sie im August wieder Bayreuth. Ihr waren nur mehr drei Jahre gegeben.

Am 29. August 1756 marschierte Friedrich II. in Sachsen ein, der Siebenjährige Krieg begann, und mit ihm setzten die alten Leiden Wilhelmines wieder ein: »Kopfweh und Krämpfe machen mich ganz stumpfsinnig und setzen mich außerstande, mich der geringsten Sache zu widmen ...« Und nach einer empfindlichen Niederlage des Bruders klagt sie Voltaire: »Ich bin in einem erbarmungswürdigen Zustand, ich werde den Untergang meines Hauses nicht überleben, das ist der einzige Trost, der mir bleibt. Sie werden an uns Stoff zu einer Tragödie haben.«

Neuen Auftrieb gaben ihr Friedrichs Siege bei Roßbach über die Franzosen und bei Leuthen über die Österreicher (November und Dezember 1757). Die kleine Bayreuther Welt lag im Siegestaumel, jedermann schmückte sich mit eilig hergestellten »Siegesbändern« in den Farben Preußens, die an Hüten, Mänteln, Westen und Degen getragen wurden; Wilhelmine stellte die ihrigen bei jeder Gelegenheit mit Stolz zur Schau.

Es war das letzte Glück in ihrem Leben. Bald darauf wurde Bayreuth von der Reichsarmee besetzt. Übel scheint die Soldateska gehaust zu haben: »Ich wähnte alle Gewalttat, Grausamkeit und Verräterei aus der menschlichen Gesellschaft verbannt«, schreibt Wilhelmine. »Leider erlebe ich das Gegenteil und empfinde, offen gestanden, einen unbezwingbaren Ekel vor der Welt.«

Der Ekel der Welt hinterließ Spuren an ihrem Leib: »Rheumatismus im Körper und auf der Brust, man befürchtet den Brand ... eine Hämorrhoidalkolik ist zu dem Rheumatismus hinzugekommen«, berichtet sie dem Bruder, und am 18. April 1758 schreibt sie: »Dies ist vielleicht der letzte Brief, den ich Ihnen schreiben kann. In Bayreuth ist ein Lager angelegt, unsere Festung gehört uns nicht mehr. Wir werden schmachvoll behandelt und völlig zugrunde gerichtet ... Ich bin so schwach, daß ich mich kaum aufrechthalten kann ...«

Noch zweimal führte sie die Feder selbst, zitternd, das Geschriebene fast unleserlich und in Passagen unverständlich. Den letzten Brief konnte sie nur mehr diktieren: »Wie ein armer Lazarus liege ich seit sechs Monaten im Bett ... Man trägt mich im Tragsessel und fährt mich im Rollstuhl ... Ich leide an heftigem, trockenem Husten ... Ich habe mich in mein Schicksal ergeben, ich werde zufrieden leben und sterben, wenn Sie nur glücklich sind.«

Verzweifelt, der Schwester nicht selbst beistehen zu können, schickte Friedrich seinen Bruder Heinrich nach Bayreuth, und er bettelte ihn förmlich an, ihm einen Hoffnungsschimmer zu geben, »... das einzige Hilfsmittel der Unglücklichen«. Ein Leben ohne Wilhelmine sei undenkbar und unmöglich, da »wir getrennte Körper, aber nur eine Seele haben«.

Am selben Tag, da Friedrich die katastrophale Niederlage bei Hochkirch erlitt, am 14. Oktober 1758 also, einem winterkalten Herbsttag, keuchte Wilhelmine ihr Leben aus. Sie verlangte nach der Mutter, nach der Tochter und immer wieder nach dem Bruder. Dann ist sie erstickt.

Zu ihrem zehnten Todestag ließ Friedrich II. im Schloßpark zu Sanssouci einen kleinen Gedächtnistempel errichten, geziert mit dem Marmorbildnis der Schwester.

Staatsstreich nach dem Maskenball

Matilda 1751–1775

»Wenn eine Frau einen Mann wirklich liebt – sie sollte ihm überallhin folgen, und wäre es die Hölle«, sprach einmal Königin Matilda von Dänemark, die damals fast noch ein Kind war, und der Mann, den sie meinte, war gewiß nicht ihr eigener. Dorthin, wohin der Mann ihres Herzens schließlich gehen mußte, konnte sie ihm nicht folgen. Sie saß gefangen in Hamlets Schloß, während man ihm auf dem Schafott zuerst die rechte Hand abschlug, dann den Kopf, worauf sie ihn vierteilten, den zerfetzten Körper auf ein Rad flochten, Hand und Kopf auf Stangen steckten und »zur ewigen Abschreckung« auf dem Galgenhügel zur Schau stellten. So endete eine Liebe, so endete ein kurzer Traum von Freiheit, Toleranz und Menschenwürde in einer absolutistischen Monarchie.

Matilda – ihr voller Name Carolina Matilda scheint nur auf offiziellen Papieren auf –, war die »Rose von England«, eine Prinzessin aus dem deutschen Geschlecht der Hannoveraner. Sie blühte volle fünfzehn Jahre im verborgenen, denn sie war eine ganz uninteressante Halbwaise. Ihr Vater hatte es nicht bis zum König gebracht.

Friedrich Ludwig hieß der Sohn von Georg II., König von England, Kurfürst von Hannover. Wir sind ihm im vorangegangenen Kapitel mehrfach begegnet als »ewiger Bräutigam« der Wilhelmine von Preußen. Statt Wilhelmine bekam er Augusta von Sachsen-Gotha, ein herbes Mädchen, das kein Wort der Landessprache verstand, als es siebzehnjährig nach England kam.

Ehe wir uns dem Prinzenpaar von Wales und seiner Tochter Matilda widmen, müssen wir uns ganz kurz mit Friedrich Ludwigs Schwester Luisa befassen, denn sie spielt posthum eine wichtige Rolle im Leben unserer Heldin, obwohl diese ihre Tante nie persönlich gekannt hatte. Als Matilda zur Welt kam, war Luisa längst mit dem dänischen König Frederick V., Beiname »der Gute«, verheiratet, ein erstaunlich liberaler Mensch, der mit milder Hand regierte, Kunst und Wissenschaften förderte – inspiriert und sanft gelenkt durch seine kluge, liebenswürdige Frau. Die Dänen liebten und verehrten sie als den guten Geist ihres Landes. Sie starb jung, und je länger sie tot war, desto mehr verklärte sich ihr Bildnis zu dem einer Heiligen – eine Hypothek, an der Matilda später einmal schwer zu tragen haben sollte.

Zurück zu Friedrich Ludwig, Prinz von Wales, den wir bisher nur aus den Memoiren Wilhelmines kennen. Das Konterfei, das sie von ihm zeichnet, ist wenig schmeichelhaft. Tatsächlich wurde er seiner Frau Augusta ein halbwegs annehmbarer Ehemann, seinen Kindern ein vorzüglicher Vater, gutmütig und impulsiv, freigebig und von dem Wunsch beseelt, es möglichst allen recht zu machen – Charaktereigenschaften, die seine Tochter Matilda von ihm erbte.

Da Friedrich Ludwig mit seinem Vater nicht harmonierte, lebte er mit Weib und Kindern meist auf seinem Landsitz Kew, einem schönen alten Schloß inmitten einer weitläufigen Parklandschaft. Jedes Kind war angehalten, ein kleines Stück Garten zu pflegen, und alle liebten es, sich bei Spiel und Sport im Freien aufzuhalten, wann immer es die Witterung zuließ. An den Londoner Hof kam das Prinzenpaar selten, die Kinder kannten den königlichen Großvater kaum.

Friedrich Ludwig war der erste echte »Engländer« aus dem Hause Hannover, und er war stolz darauf. In der Familie wurde ausschließlich Englisch gesprochen.

Die Idylle zerbrach am 20. März 1751 mit Friedrich Ludwigs Tod, dessen Ursache nicht genau bekannt ist. In manchen Berichten heißt es, er sei einer Lungenentzündung nach einem hitzigen Tennistournier erlegen, in anderen, daß er an einem Abszeß starb, das sich genau an der Stelle befand, wo ihn Wochen zuvor ein Cricketball getroffen hatte.

Seine Witwe Augusta war zweiunddreißig Jahre alt, sie hatte acht Kinder, das neunte war unterwegs, nicht länger war sie die zukünftige Königin, sondern nur die Prinzenwitwe. Aber ihr ältester Sohn Georg, wenig jünger als dreizehn Jahre, stieg zum Prinzen von Wales auf, ein scheuer, in seiner geistigen Entwicklung zurückgebliebener Junge, der erst zwei Jahre zuvor mühsam lesen und schreiben gelernt hatte.

Augusta kam am 22. Juli 1751 mit ihrem letzten Kind nieder, und nur eine einzige Zeitung, die »London Gazette«, nahm von dem Ereignis kurz Notiz: »Mittwoch ging die Prinzessin [Augusta] im Garten spazieren, speiste abends und ging in guter Gesundheit zu Bett. Um sechs Uhr morgens am Donnerstag wurde sie krank und gebar eine Prinzessin. Beide sind wohlauf.« Das Kind wurde auf den Namen Carolina Matilda getauft, Patin war ihre älteste Schwester Augusta, gerade vierzehn Jahre alt.

Den größten Teil ihrer Kindheit verbrachte Matilda in Kew, einerseits ziemlich ungebunden im Stil englischen Landlebens, andererseits streng gehalten von ihrer puritanischen Mutter. Augusta ließ ihren Kindern mehr Zucht und Ordnung als Liebe angedeihen. Matildas Bildung war ausgewogen und umfassend, das Schwergewicht lag auf Sprachen (Französisch, Italienisch – seltsamerweise nicht Deutsch) und Musik. Sie spielte ausgezeichnet Cembalo und entzückte durch einen süßen, sicheren Sopran. Ihre Haare waren weißblond, ihre großen Augen von tiefem Veilchenblau, und schon als ganz kleines Mädchen versprach sie dereinst recht hübsch zu werden.

Nur wenigen Menschen war es vergönnt, das Heranreifen dieses Liebreizes mitzuerleben, denn Augusta nahm ihre Kinder niemals an den Hof von St. James mit. Sie selbst zeigte sich dort nur, wenn es aus Gründen der Etikette und der Höflichkeit nicht zu vermeiden war. Zwar wäre ihr nach dem Tod der Königin der Platz einer Ersten Dame des Landes zugestanden, der wurde aber von Georgs II. Schwester Amalia eisern gehalten – jener Amalia, welche die längste Zeit als Friedrichs des Großen Braut galt. Ein Glück, daß er sie nicht bekommen hat. Sie war erschreckend häßlich, fast taub und so kurzsichtig, daß sie halb blind durch die Gegend tappte. Überdies war sie dem Spielteufel verfallen.

Am 25. Oktober 1760 verschied Georg II. nach einem Herzschlag. Matildas ältester Bruder bestieg, zweiundzwanzigjährig, als Georg III. den Thron, und bald darauf heiratete er Charlotte von Mecklenburg, eine engstirnige, hochnasige Person, die sich weder mit ihrer Schwiegermutter noch mit sonstjemandem vertrug.

Matildas erster öffentlicher Auftritt erfolgte 1761 bei der Krönung Georgs III., und das zehnjährige Mädchen mit dem silberhellen Haar, das zaghaft lächelnd am Arm ihres Bruders William, Herzog von Gloucester, einhertrippelte, erregte beträchtliches Aufsehen. Ob sie schon damals den Beinamen »Rose von England« erhielt oder erst drei Jahre später, anläßlich der Hochzeit ihrer Schwester Augusta mit Carl Wilhelm Ferdinand, dem Erbprinzen von Braunschweig-Wolfenbüttel, ist nicht gewiß. Da war sie dreizehn, aber bereits mehr als nur ein Versprechen blühender Weiblichkeit. Sie fungierte als Brautjungfer ihrer Patin und Schwester. (Wir sollten das frischvermählte junge Paar nicht aus den Augen verlieren, denn wir werden ihm im nächsten Kapitel als Eltern der höchst bemerkenswerten Prinzessin Karoline wiederbegegnen.)

Vom Status einer Brautjungfer zum Status einer Braut ist nur ein winziger Schritt – und Matilda war gerade dreizehneinhalb, als der königliche Bruder ihre Verlobung mit dem dänischen Kronprinzen Christian kundtat. Matilda, die selbstverständlich niemand um ihre Meinung gefragt hatte, war vor Schrecken wie gelähmt. In den folgenden Monaten beängstigend still, in sich gekehrt, hatte sie meist verweinte Augen: Der hochgerühmte Joshua Reynolds zeigte sich lange Zeit außerstande, ein Portrait der Prinzessin anzufertigen, weil ihr Gesicht ständig rot verschwollen war.

»Ich möchte viel lieber hierbleiben, als so weit fort von daheim einen Prinzen zu heiraten, den ich noch nie gesehen habe«, vertraute sie ihrer Tante Amalia an, die nur matten Trost anzubieten hatte: Die Hochzeit mit dem fremden Dänenprinzen würde frühestens in drei Jahren stattfinden, und drei Jahre sind im Leben einer Dreizehnjährigen eine unermeßliche Ewigkeit. Bis dahin mochte sich manches zum Besseren wenden. Oder zum Schlechteren – das aber konnte Matilda nicht ahnen. Tapfer ließ sie die Ausbildung zur künftigen Königin über sich ergehen, und sie, die Tochter aus dem Hause Hannover, erhielt nun vor allem Deutschunterricht, denn Deutsch war die offizielle Sprache am dänischen Hof.

Was dort in Kopenhagen vor sich ging, was früher dort geschehen war, das erfuhr Matilda, wenn überhaupt, nur bruchstückhaft. Niemand hat sie auf das ihrer harrende Schicksal vorbereitet, niemand ihr gesagt, was und wer der zukünftige Gemahl war.

Vor allem war er ein armer Kerl, der sechzehnjährige Christian, Kronprinz von Dänemark. Dreijährig verlor er seine zärtliche Mutter, die er abgöttisch geliebt hatte. Von da an kümmerte sich niemand so richtig um ihn.

Matilda, die »Rose von England«

König Frederick V., auch er schier untröstlich über den Tod der guten Luisa, heiratete dennoch bald darauf erneut, und zwar Juliana von Braunschweig-Wolfenbüttel, Schwägerin von Friedrich dem Großen. Die neue Königin Juliana war eine kalte, ehrgeizige Person, nur das eigene sowie das Wohl ihres Sohnes Frederick vor Augen. Für ihren Stiefsohn Christian konnte und wollte sie weder Gefühle noch Anteilnahme aufbringen – schließlich war er es, der zwischen dem Thron und ihrem eigenen Sohn stand.

Frederick V., zutiefst unglücklich in der zweiten Ehe, verfiel in Melancholie und wurde zum Trinker; er begann sich zu vernachlässigen, döste faul vor sich hin, und mit der Zeit entglitt ihm das Steuer des Staatsschiffs. Sein schüchterner, sensibler, überdies zu epileptischen Anfällen neigender Sohn war ihm gleichgültig geworden. Christian befand sich in den Klauen seines Erziehers Graf Reventlow. Dieser Sadist ruinierte den Charakter des Knaben durch Mißhandlungen und stundenlanges Einsperren in finsteren Kammern.

Rüde reagierte Christian auf die Ankündigung, daß er mit seiner englischen Cousine Matilda verlobt sei. Aber auch er tröstete sich mit dem Gedanken, erst drei Jahre später unters Ehejoch gezwungen zu werden.

Sein Vater hatte dieses Verlöbnis eingefädelt und betrieben – in wehmütiger Erinnerung des Glücks an der Seite seiner englischen ersten Frau. Mit überschwenglicher Freude reagierte das dänische Volk auf die Ankündigung, daß wieder eine Engländerin ihre Königin werden sollte – inbrünstig erhofften sie den Anbruch eines neuen Goldenen Zeitalters wie zu Zeiten der Königin Luisa. Kaum je hat eine Prinzessin mehr Vorschußlorbeeren erhalten als Matilda, die »Rose von England«.

Am 13. Januar 1766 starb Frederick V. an Leberzirrhose im Delirium tremens. Sein Sohn bestieg, siebzehnjährig, den Thron als Christian VII., »von Gottes Gnaden König von Dänemark und Norwegen, der Goten und Wenden, Herzog von Schleswig-Holstein, Stormann und der Dittmarschen, Graf von Oldenburg und Delmenhorst«. – »Von der Schulbank auf den Thron«, heißt es in einem schwedischen Bericht.

Was immer Christian auf der Schulbank gelernt haben mochte – die Staatskunst war es nicht. Aber das mit 26 Millionen Talern verschuldete Land, das in Fredericks letzten Lebensjahren in Armut, Elend und Korruption versunken war, hätte viel mehr als eines Staatsmanns bedurft, es hätte eine harte Hand und einen eisernen Besen gebraucht.

Christian, vorübergehend von jugendlichem Machtrausch befallen, nahm manchen Anlauf, die Dinge zum Besseren zu wenden, aber was immer er anfing, die Minister der alten Regierungsriege fielen ihm in den Arm. Seine Kraft erlahmte bald, sein Interesse am Regieren erlosch. Lustlos unterschrieb er die Papiere, die man ihm vorlegte, ohne sich um deren Inhalt zu kümmern.

Unmittelbar nach dem Tod des Vaters bewegte er sich noch im innersten Hofkreis, langweilte sich in Gesellschaft seiner Großmutter Sophia Magdalena, seiner Stiefmutter Juliana und seines Halbbruders Frederick, und manchmal vertrieb er sich dabei die Zeit mit kindischen Albereien – indem er etwa seiner Großmutter Puderzucker über die Perücke stäubte oder unter der Tafel umherkroch, um den Damen in die Waden zu beißen.

Von einem Tag auf den anderen wandte er dem faden Hofleben den Rücken zu und machte mit einer Schar wilder Kumpane die Stadt unsicher. Saufend und grölend zogen die jungen Männer durch die Straßen, warfen Fensterscheiben ein und jagten brave Bürgermädchen vor sich her, wobei Christian durch Jähzorn und Brutalität selbst seine abgebrühten Gefährten erschreckte.

Zeitweise aber verfiel der junge König in schwere Depressionen, suchte, ein düsterer Dänenprinz, in langen Gesprächen mit seinem Vetter Karl von Hessen nach dem Sinn des Lebens und nach Gott, versank in entrückte Gebete.

Der Hof, die Regierung, das Volk, waren ratlos und verwirrt, und alle sahen nur einen einzigen Ausweg: Christian müßte so bald wie möglich heiraten. Die Ehe mit der Prinzessin von England, von der man sich Wunderdinge erhoffte, ein geregeltes Familienleben würden Christian von seiner unheimlichen Rastlosigkeit heilen. Doch was niemand ahnen konnte: Nicht jugendlicher Übermut trug Schuld an Christians beängstigendem Verhalten, vielmehr zeigten sich bereits die ersten Schübe einer Geisteskrankheit.

So wurde denn Matilda, kaum fünfzehnjährig, ein Jahr früher als erwartet und befürchtet, ins Unglück gestoßen. Am 1. Oktober 1766 fand in London die Trauung per procurationem statt, einen Tag später wurde Matilda, nun Königin von Dänemark, auf die Reise geschickt. Um halb sieben Uhr früh verabschiedete sie sich steif von ihrer Mutter und brach nach Harwich auf. Neugierige hatten sich vor dem Haus eingefunden, aber sie sahen keine stolze Königin, sondern ein schluchzendes Kind, das schattengleich in die Kutsche glitt.

Das Schiff, das sie von Harwich nach Rotterdam bringen sollte, konnte heftiger Stürme wegen nicht auslaufen, und zwei Tage später, als es endlich in See stach, herrschte noch immer hoher Wellengang. Dennoch harrte Matilda, an einen Mast geklammert, auf Deck aus, solange noch ein Küstenstreifen der heimatlichen Insel in Sicht war. Sechs Tage dauerte die orkangepeitschte Überfahrt, und Matilda schwankte mehr tot als lebendig in Rotterdam von Bord.

Über Hannover – dem Staatsgebiet ihres Bruders, wo sie herzlich begrüßt wurde – und Westfalen ging die Reise nach Harburg an der Elbe, dann zu Schiff nach Altona. Matilda betrat dort zum ersten Mal dänischen Boden. Der Statthalter empfing die junge Königin an der Spitze ihres neuen Hofstaates: Haushofmeisterin Frau von Plessen, Hofdamen, Kavaliere.

Auf Wunsch des dänischen Hofs mußte sich Matilda von ihrer gesamten englischen Begleitung verabschieden. »Die arme Königin von Dänemark«, lesen wir in einem Bericht aus der damaligen Zeit, »ist in die weite Welt hinausgeschickt worden, keine bekannte Seele bei sich . . . Das ist schlimmer als der Tod.«

Matildas Haushofmeisterin, eine dürre Witwe von Anfang Vierzig, schien kaum geeignet, das arme kleine Herz ein bißchen aufzurichten. Die Plessen war eine strenge, tief religiöse Dame mit höchsten moralischen Ansprüchen und sah scharf auf die Einhaltung der Etikette. Erst später sollte Matilda erkennen, daß die wenig anziehende Dame im Innersten gutmütig war. Und niemand hätte ahnen können – schon gar nicht die Kreaturen, die Frau von Plessen zur Aufpasserin der kindlichen Königin auserwählt hatten –, daß Matilda ihre Haushofmeisterin bald ganz für sich gewinnen würde.

In Röskilde, der ehemaligen dänischen Hauptstadt, begegnete Matilda nach einmonatiger strapaziöser Reise zum ersten Mal ihrem Ehegemahl, dessen Anblick sie fast aus der Fassung brachte: Der kaum mittelgroße, aber wohlproportionierte blonde Junge schien ein

Christian VII. von Dänemark

Zwilling ihres Bruders König Georg III. zu sein. Noch mehr frappierte sie der Empfang durch Christian: Er starrte sie einen Augenblick mit offenem Maul an, dann stürzte er sich, jede Etikette mißachtend, auf sie, riß sie in die Arme, küßte sie schmatzend auf beide Wangen und den Mund.

Christians Großmutter Sophie Magdalena und seine beiden Schwestern – eine von ihnen mit Karl von Hessen verheiratet, die andere bereits Braut des schwedischen Kronprinzen – nahmen Matilda herzlich auf. Selbst Christians Stiefmutter, Königin-Witwe Juliana, rang sich ein gequältes Lächeln ab, obwohl ihr klar war, daß mit dem Auftauchen der kleinen Königin und der Aussicht auf einen durch sie geborenen Thronerben ihr Sohn Frederick seine (und ihre) Ambitionen auf die Krone für immer begraben mußte.

Beängstigend und berauschend zugleich gestaltete sich für Matilda der feierliche Einzug in Kopenhagen unter Kanonendonner und Glockengeläute, durch Fahnenwälder, unter Triumphbogen in einer weißen Kutsche: Hysterischer Jubel unübersehbarer Menschenmassen umbrandete die weißgesichtige, weißblonde kleine Königin im weißen Hermelin unter dem weißglitzernden Feuer eines Diamantdiadems. Eine rührend schöne und zugleich unwirkliche Erscheinung, gewann sie die Herzen und beflügelte die Phantasie des Volkes.

Am 8. November 1766 fand die offizielle Trauungszeremonie statt, und niemand vermochte der Anmut dieses in weiße Spitze gehüllten Kindes zu widerstehen. Niemand – außer dem eigenen Ehemann, der schon vor der Hochzeit verkündet hatte, er werde eine »Ehe à la mode« führen – das heißt, von seiner Frau möglichst wenig Notiz nehmen.

Am ersten Tag lächelte Matilda, am zweiten trug sie eine steinerne Miene zur Schau, und ab dem dritten Tag konnte, wer ein Herz besaß, Verzweiflung aus ihren Zügen lesen. Christian zuckte die Achseln, als man ihn auf die offensichtliche »Melancholie« seiner Frau ansprach: »Was kümmert es mich. Es ist nicht meine Schuld, sie ist eben launenhaft.«

Der französische Botschafter berichtet nach Paris: »Die englische Prinzessin hat keinerlei Eindruck auf des Königs Herz gemacht ... aber wie kann sie einem Mann gefallen, der ernsthaft glaubt, daß es sich für einen Ehemann nicht gehört, seine Frau zu lieben?«

Wir besitzen keine Zeile von der Hand der Königin, aber wir können uns vorstellen, welch schockierenden Eindruck das Leben am dänischen Hof auf sie gemacht haben muß, das sich unter der erst kurzen Herrschaft Christians radikal verändert hatte. Sie, die bis dahin abgeschieden und wohlbehütet im Kreis ihrer Familie meist auf dem Land gelebt hatte, sah sich plötzlich in einen Strudel von Laster und seichten Vergnügungen versetzt. Grelle Kleidung und pfundweise Schminke verwandelten die Mitglieder der Hofgesellschaft in gespenstische Lemuren, die Tag und Nacht neuen Genüssen nachjagten. Langeweile war der einzig gefürchtete Feind, derber Witz und blanker Zynismus waren die Hauptcharakteristika einer zügellosen Gesellschaft.

Matilda war so verlassen, so ausgegrenzt, wie es in einem Kerker nicht schlimmer hätte sein können. Die ihr wohlgesinnte Großmutter Christians hatte sich vom Hof zurückgezogen, seine Stiefmutter Juliana und deren Sohn Frederick begegneten ihr zunächst mit Kälte, später mit unverhohlener Feindseligkeit. Nicht einmal der englische Botschafter durfte sie besuchen – sie sollte, sie mußte vergessen, daß sie Engländerin war.

Der einzige Mensch, der tagtäglich um sie war, ihre Haushofmeisterin Frau von Plessen, wurde allmählich zur Vertrauten, der sie sich öffnete, die sie zur Mitwisserin ihrer Nöte machte. Die Plessen, ursprünglich zur Aufpasserin ausersehen, wurde ihr zur Ratgeberin, zur Freundin. Was die Ältere ihr anempfahl, das befolgte sie, ein ratloses Kind, blindlings.

Die Eingebungen der Plessen, sie mögen gut gemeint gewesen sein, folgten einer verqueren Amateurpsychologie, und sie machten alles nur noch schlimmer als besser. Christian, einer seiner unvorhersehbaren Launen folgend, bemühte sich plötzlich um seine Gemahlin. Eine Frau, so belehrte die Haushofmeisterin die verunsicherte Matilda, könne einen wetterwendischen Mann nur dann ganz für sich erobern, wenn sie seinen Werbungen zunächst spröde begegnete.

Begierig, die Zuneigung des Gatten zu gewinnen, tat Matilda, wie ihr geboten: Christian legte seine Hand auf ihren Arm – sie stieß ihn zurück; Christian wollte in ihr Schlafzimmer kommen – sie war müde und hatte heftige Kopfschmerzen; er hatte Lust, sich mit ihr zu unterhalten – sie widmete sich konzentriert dem Kartenspiel mit ihren Hofdamen und beachtete den König nicht, bis der junge Mann, kochend vor Zorn, aus dem Zimmer stürmte.

Ehe die brave Plessen und die unglückliche Matilda es sich versahen, hatte Christian es satt, um die Gunst seiner Frau zu buhlen, hatte es ebenso satt, an den immer gleichen Vergnügungen des Hofes teilzunehmen. Er begann wieder Ablenkung in der Stadt zu suchen, begleitet von seinen derzeitigen Favoriten. Dem Grafen Enevold Brandt fielen immer neue Zerstreuungen für den König ein, und Graf Conrad Holck war ein intelligenter Erfinder böser Späße und makabrer Scherze. Christian und sein Anhang randalierten in den Straßen, suchten verrufene Kneipen und Hurenhäuser heim – zum Mißbehagen der Bürger und selbst der Stadtpolizei.

Eines Nachts nahmen Wachleute den volltrunken tobenden König fest; sie verprügelten ihn, und sie taten sehr erstaunt und zerknirscht, daß ihr Opfer, bei Licht besehen, der Monarch höchstpersönlich war: Scheinheilig, aber offenbar glaubwürdig beteuerten sie, ihn nicht erkannt zu haben; Kopenhagens Straßen waren unbeleuchtet, und finsteres Gesindel gab es genug, nicht wahr?

Da ihr naiver Versuch, den Gemahl durch Kälte kirre zu machen, so kläglich gescheitert war, versuchte Matilda nun durch Hingabe und Unterwürfigkeit zu gefallen – mit dem Ergebnis, daß sie schwanger wurde, Christian allerdings sein Verhalten ihr gegenüber nicht änderte. Zu ihrem sechzehnten Geburtstag, am 22. Juli 1767, ließ er sich nicht einmal blicken, über ihren immer stärker werdenden Leibesumfang machte er geschmacklose Witze.

Er trieb es noch schlimmer. Hatte er sich zuvor begnügt, regelmäßig in Bordellen zu verkehren, legte er sich nun eine Maitresse zu, ein munteres Mannweib namens Anna Caterina Benthaken. (Gelegentlich zog es den König auch zu willigen Knaben.) In einschlägigen Kreisen war Caterina besser bekannt als »Gamaschen-Käthe«, denn ihr erlernter Beruf war der einer Gamaschenmacherin. Zur Baronin geadelt, residierte sie in einer vornehmen Villa, wo Christian sie häufig besuchte. Ebensooft war sie im Schloß geladen und dominierte die Feste, die nicht selten in Orgien ausarteten. Matildas Zustand erlaubte es ihr, dem tollen Treiben fernzubleiben.

Am 28. Januar 1768 kam sie mit einem Knaben nieder, der auf den Namen Frederick getauft wurde. Während das Land von der bei solchen Anlässen üblichen Thronfolgereuphorie erfaßt wurde, nahm Christian von seinem Sohn so gut wie gar nicht Notiz. Er verließ das Königsschloß Christiansborg und zog sich mit seiner Geliebten auf das Sommerschloß Fredericksborg zurück. Dort setzte er einen Staatsakt der besonderen Art: Er unterzeichnete die Entlassungsurkunden für Matildas gesamten Hofstaat. Frau von Plessen wurde angewiesen, das Schloß auf der Stelle zu verlassen, es war ihr nicht einmal erlaubt, sich von der Königin zu verabschieden. Sie ging nach Celle ins Exil, wo wir ihr etliche Jahre später wieder begegnen werden.

Zum ersten Mal seit ihrer Ankunft in dem verfluchten Dänemark brachen sich Wut und Zorn Bahn: Matilda schrie, tobte, weinte, sie schlug um sich, als sie vom Hinauswurf der Plessen erfuhr. Nie, niemals in ihrem Leben werde sie Christian verzeihen.

Dann verfiel sie in eine Art kataleptische Starre. Teilnahmslos ließ sie die Vorstellung des neuen Gefolges über sich ergehen, das die Grafen Brandt und Holck nach eigenem Ermessen zusammengestellt hatten: Frau von Berkentin, Holcks Schwester, wurde Haushofmeisterin, Erste Hofdame eine Frau von der Lühe, die Erste Ehrendame war Fräulein von Eyben.

Es war Matildas »Glück«, daß eine ihrer Schwestern in London starb. Unter dem Vorwand, tief zu trauern, zog sich die Königin gänzlich in ihre Privaträume zurück, während Christian und seine »Gamaschen-Käthe« weiter ihren obszönen Zerstreuungen nachgingen. Der Feste bei Hof überdrüssig geworden, verlegten sie ihre Ausschweifungen wieder in die Stadt, und die Maitresse erfand einen neuen Nervenkitzel für den unersättlichen Christian: Als Offizier verkleidet, begleitete sie ihn auf seinen nächtlichen Sauf- und Rauftouren, und er kreischte vor Vergnügen, wenn ihm der junge »Leutnant« sogar in schummrige Lasterhöhlen folgte.

»Gamaschen-Käthes« Glück war von kurzer Dauer: So blitzartig sie in seiner Gunst gestiegen war, so plötzlich wurde Christian ihrer überdrüssig und jagte sie von einem Tag auf den anderen aus dem Land.

Keine Käthe. Kein Spaß. Große Leere, immer dasselbe. Der König langweilte sich und sann auf neue Reize. Reisen? Reisen wäre nicht schlecht. Also: Auf nach England, auf nach Frankreich. Matilda erwachte aus ihrer Erstarrung. Nach England wollte sie mit, unbedingt. Christian erlitt einen Tobsuchtsanfall und brüllte sie an, sie habe nichts, absolut nichts an seiner Seite verloren. Sie möge sich nach Fredericksborg zurückziehen und gefälligst auf seine Wiederkehr warten. Wann? Irgendwann, sie werde es schon rechtzeitig erfahren.

Matilda fügte sich. Mit ihrem Kind und allen sie umgebenden Feinden und Spionen übersiedelte sie ins Jagdschloß, und dort blieb sie, um in ländlicher Abgeschiedenheit eine Spanne der Besinnung und relativer Zufriedenheit zu erleben, vor allem mit ihrem Sohn beschäftigt. Sie entzog das überzarte Kind der Obhut aller Betreuerinnen, um es ganz allein zu pflegen und zu hätscheln.

Ruhe, Sammlung und endlich wieder erwachende Anteilnahme an der Umgebung, der Drang, nicht mehr untätig herumzusitzen! Sie begann in dem Dörfchen Hilleröd die Menschen wahrzunehmen, zu besuchen, mit ihnen zu sprechen. Sie kümmerte sich um Arme, Alte und Kranke, wie es ihre Mutter in Kew getan hatte, und sie gewann Ansehen und Respekt nicht nur bei der Bevölkerung, sondern auch in den Reihen ihres Gefolges, vor allem ihrer Hofdamen. Die meisten wechselten auf ihre Seite – bis auf Fräulein von Eyben.

Matilda hat in dieser Zeit zahlreiche Briefe mit ihrer Lieblingsschwester Augusta in Braunschweig gewechselt, keiner ist bekannt geworden. Wäre dem nicht so, wir wüßten Entscheidendes über die seelische Entwicklung der Königin. Erhalten sind nur Bruchstücke der Korrespondenz zwischen Matilda und dem königlichen Bruder in London. Daraus erfahren wir, daß sie ihn mit ihrer schwierigen Situation vertraut machte, Georg aber nichts unternahm, der Schwester zu helfen. Vielmehr riet er ihr nur vage, das Beste aus ihrem Schicksal zu machen ...

Christian verließ Dänemark im Mai 1768. In Altona verpflichtete er den dortigen Stadtphysikus Friedrich Struensee als Reisearzt und nahm ihn mit auf die Fahrt: Hanau, Frankfurt, Amsterdam, Brüssel, Calais und über den Kanal nach Dover.

Georg III. empfing den Schwager gerade noch höflich. Christians Schwiegermutter überschüttete ihn mit Fragen nach Matilda, aber er ließ sie einfach stehen und sagte laut vernehmlich: »Die gute Frau langweilt mich tödlich.«

Christian reiste monatelang durch England, zeigte sich von seiner angenehmsten Seite und wurde überall gastfreundlich aufgenommen. Stolzgebläht, als wäre er selbst der Geehrte, nahm er in Oxford und Cambridge an der Verleihung der Ehrendoktorwürde an seinen Arzt Dr. Struensee teil, der sich längst einen Namen als Pionier moderner Medizin gemacht hatte.

Mitte Dezember fuhr Christian samt seinem 58köpfigen Gefolge nach Paris, amüsierte sich am Hof Ludwigs XV. Anfang 1769 kehrte die Gesellschaft nach achtmonatiger Abwesenheit in die Heimat zurück.

Die lange Trennung hat dem Königspaar offensichtlich gutgetan: Matilda schien, dem Rat ihres Bruders folgend, bereit, einen neuen Anfang zu machen, sie kam ihrem Mann offen entgegen. Christian, sichtlich erfreut und in einer latenten Phase seiner Krankheit, erwiderte ihr Entgegenkommen gleichermaßen liebenswürdig. Er hätte sich, so heißt es, sogar in seine Frau verliebt.

Der König, schon immer gut für überraschende Wendungen in seinem Lebensstil, ließ ab von all seinen sinistren Vorlieben. Das Hofleben gestaltete sich sittsam-harmlos, man tanzte, man spielte Karten, man besuchte das Theater. Tagsüber widmete sich Christian ernsthaft den Regierungsgeschäften, und er nahm Matilda auf seine Fahrten über Land mit, sogar zu militärischen Inspektionen.

Im Sommer konnte Matilda ihren Bruder, den Herzog von Gloucester, beseligt in die Arme schließen. Ihr Geburtstag, bis dahin ignoriert, wurde festlich gefeiert, der Herzog mußte den Eindruck behaglicher Harmonie am Kopenhagener Königshof mit nach Hause nehmen.

Nichts als Illusion! Kaum war der Schwager abgereist, wurde Matilda wieder brutal zur Seite geschoben. Der König, von rastloser Unruhe getrieben, vergaß all seine Pflichten und stürzte sich ins wüste Lotterleben. Diese Phase wurde fast übergangslos von der nächsten abgelöst: Er verfiel in düsteres Schweigen und sperrte sich in sein Schlafzimmer. Als er wieder zum Vorschein kam, war die geistige Verwirrtheit unübersehbar: Er brüllte unzusammenhängende Sätze, feierte sich als den Herrscher der Welt und saß schon im nächsten Augenblick, finster schweigend, unansprechbar in einem Winkel. Die epileptischen Anfälle, an denen er seit Kindertagen litt, häuften sich.

Diesem Wechsel von hochfliegender Hoffnung und abgrundtiefer

Enttäuschung nicht länger gewachsen, erlitt Matilda einen Nervenzusammenbruch. Nachdem sie tagelang, beständig am ganzen Leib zitternd, leise vor sich hingewimmert hatte, ging sie zu Bett, drehte sich zur Wand und wollte mit niemandem mehr sprechen. Sie wollte ihr Kind nicht mehr sehen, sie wollte die Hofdamen nicht sehen, einen Arzt wollte sie schon gar nicht sehen. Entsetzt berichtete der englische Botschafter nach London, daß am Aufkommen der Königin gezweifelt werde.

Dem deutschen Arzt Dr. Friedrich Struensee, den Christian auf seiner Reise verpflichtet hatte, gelang es endlich, zu der Kranken vorzudringen. Der Vorhang hob sich zum Vorspiel der Tragödie ...

Mehr als eine Stunde lang weilte der Arzt bei der Königin, auf seinen ausdrücklichen Wunsch unter vier Augen. Am nächsten Morgen wurde er wieder empfangen, dann jeden Tag, immer länger währten die Visiten.

Bereits nach einer Woche verließ Matilda das Bett, blaß und schwankend zwar, aber, dem Rat des Arztes folgend, hielt sie sich viel im Freien auf, ritt und machte mit ihren Hofdamen lange Fußmärsche. »Dank, Matilda, daß Sie unseren Frauen wieder den Gebrauch der Beine gelehrt haben«, jubelt die Kopenhagener Zeitung »Merkur«.

Die Königin fügte sich dem Hofleben ein, die Beziehung zum nun wieder halbwegs friedlichen König war störungsfrei – nur die Position Matildas hatte sich verändert. Nicht nur körperlich gesundet, zeigte sie sich standfest und selbstbewußt. Allmählich rückte sie vom Rand ins Zentrum des höfischen Lebens – ob aus eigener Kraft oder insgeheim von einer starken Hand gestützt, das war zu diesem Zeitpunkt noch nicht erkennbar.

Diese starke Hand, sie gehörte niemand anderem als Friedrich Struensee. Ein Wunderheiler?

Ein Wunderkind war er einst, das steht fest. Als Sohn eines evangelischen Professors der Theologie sowie wortgewaltigen Predigers und einer Arzttochter am 5. August 1737 in Halle an der Saale geboren, wurde er bereits als Vierzehnjähriger (!) zum Medizinstudium zugelassen, noch nicht einmal neunzehn Jahre alt, erwarb er den Doktorhut.

Schon ein Jahr später wurde er als Stadtphysikus und Armenarzt nach Altona berufen, schuf ein Krankenhaus für Mittellose, führte die systematische Seuchenbekämpfung und Hygienemaßnahmen ein, kämpfte verbissen gegen Aberglauben und Kurpfuscherei.

Von Patienten überlaufen, konnte er es sich leisten, ein großes Haus zu führen, in dem sich nicht nur die Spitzen der Gesellschaft, sondern auch die Leuchten des Geisteslebens wohlfühlten. Seine Diskussionsrunden waren weit über die Grenzen der Stadt hinaus berühmt, auch Lessing gehörte zu seinem Freundeskreis.

Das Heim Struensees, dessen Lieblingsautoren Voltaire und Rousseau waren, wurde zum Zentrum aufklärerischen Ideenguts, das er in zwei von ihm herausgegebenen Zeitschriften verbreitete und popularisierte. Besonders seine sozialkritischen Essays erregten Aufsehen – aber auch das Mißfallen der Zensurbehörde. Mehrfach wurden seine Zeitschriften beschlagnahmt, später sogar verboten.

Mehr noch als durch Bildung, Eloquenz und Reichtum neuer Ideen wirkte er durch die Kraft seiner Persönlichkeit. Der dänische Oberst Falckenskjold beschreibt ihn so: »Ein junger Mann, blond, vollkommen schön gewachsen, von regelmäßiger Gesichtsbildung . . . angenehmes Lächeln, Augen voller Lebhaftigkeit, Gewandtheit von körperlichen Übungen, er war ein ausgezeichneter Tänzer und kühner Reiter, doch ohne Anspruch, damit zu glänzen, von angenehmen, freien Manieren, feinem Benehmen in der Gesellschaft. Mit diesen äußeren Vorzügen vereinigte Struensee einen großen Schatz von Kenntnissen, sehr beharrlichem Fleiß und das Verlangen, sich zu belehren . . .« Aus anonymer Quelle erfahren wir, daß er »den Degen so geschickt wie das Tanzbein führt« und ». . . ein schöner Mann [ist] mit dem Ruf, Erfolg bei den Frauen zu haben«.

Die Kunde von dem tüchtigen Arzt war längst bis Kopenhagen gedrungen und weckte Hoffnungen, daß er vielleicht des Königs Krankheit heilen könnte. Auf Drängen des Grafen Brandt und des Grafen Schalck von Rantzau, eines Freundes Struensees in Altona, engagierte Christian diesen zunächst als Reisearzt, und er machte ihn nach seiner Heimkehr zum königlichen Leibarzt mit einem Jahressalär von 1 000 Talern.

Matilda lehnte anfänglich die nähere Bekanntschaft mit Struensee ab – zu odios waren ihr all die Freundchen ihres Gemahls. Erst neun Monate nach seiner Ankunft in Kopenhagen, anläßlich ihrer geheimnisvollen Erkrankung, drang der deutsche Arzt bis zu ihr vor.

Ende Januar 1770 war die Königin vollkommen genesen, sie bestand jedoch darauf, den Arzt ständig um sich zu haben, und ließ ihm im Schloß Christiansborg eine Wohnung einrichten.

Der Einfluß Struensees auf die Königin war so offensichtlich, daß nicht nur die Hofkamarilla aufgestört wurde. Sowohl der englische wie der russische Botschafter, die fürchteten, daß Struensee auf dem Umweg über die Königin politisches Gewicht gewinnen könnte, intervenierten bei Premierminister Graf Bernstorff. Rußlands Botschafter Filosofow ging noch einen Schritt weiter und alarmierte den König. Der lachte ihn nur aus.

Der erste Eklat ereignete sich bei einer Operngala Filosofows zu Ehren der Majestäten. Struensee war ausdrücklich nicht geladen – dennoch erschien er mit dem Königspaar in der Ehrenloge. Der russische Botschafter, aus der Fassung gebracht, spuckte Struensee an. Der Arzt wischte den Speichel gelassen von seinem Rockaufschlag, als sei alles nur ein Versehen gewesen. Daraufhin spie der Russe gezielt ins Antlitz des Deutschen. Angesichts atemlos gespannter Zuschauer blieb Struensee nichts anderes übrig, als den Beleidiger zum Duell zu fordern. Der Russe maß den Arzt von oben bis unten und sagte kalt, er schlage sich nicht mit der Dienerschaft. Wortlos verließ Struensee die Loge.

Wenige Wochen später geriet Struensee erneut ins Kreuzfeuer der Kritik, vor allem Adel und Klerus wetterten gegen den unheimlichen Mann, den »Kurpfuscher«, der es wagen wollte, Hand an den Kronprinzen Frederick zu legen! In Kopenhagen wütete eine Pockenepidemie, deren Opfer vor allem Kleinkinder wurden: 1200 waren bereits gestorben. Der Kronprinz müßte sofort geimpft werden, forderte Struensee, der diese neueste Methode der Seuchen-Vorbeugung in Altona längst routinemäßig durchgeführt hatte. In Kopenhagen wußte man darüber nicht viel mehr, als daß der Patient mit einem Messer geritzt wurde, und man schloß daraus, daß der Arzt dem Kronprinzen ans Leben trachtete. Struensee überzeugte die Königin, und die brachte den König dazu, seine Einwilligung zur Impfung zu geben. Und was passierte? Der kleine Frederick begann leicht zu fiebern. Hinterhältige Schadenfreude machte sich breit.

Eine Woche lang wachten Matilda und Struensee gemeinsam am Bett des Knaben, Tag und Nacht, Nacht und Tag – vielleicht in aller

Unschuld, vielleicht nicht in aller Unschuld: willkommenes Futter für die böswilligen Klatschmäuler.

Nach des Kronprinzen Genesung war unübersehbar, daß die Königin und der Arzt einander nahestanden. Struensee war häufig an ihrer Seite, beide unternahmen, ohne Begleitung, Spaziergänge in den Parks, Wanderungen über Land. Struensee speiste an der königlichen Tafel, er saß neben Matilda im Theater, und wenn sie nur einige Meter voneinander getrennt waren, folgte die junge Frau dem großen Mann unablässig mit den Augen.

Sie war schöner, heiterer, lebhafter denn je – eine Jammergestalt hingegen der König: Erst einundzwanzig Jahre alt, wirkte er greisenhaft, seine glanzlosen Augen sahen wie tot aus. Er war von steinerner Ruhe – und eifersüchtig war er auf keinen Fall.

Struensee wurde zum Konferenzrat ernannt, zum persönlichen Vorleser des Königs, zum Privatsekretär der Königin. Er gewann zunehmend Einfluß auf sie, und sie gewann zunehmend Einfluß auf ihren Mann, der kein einziges Aktenstück unterschrieb, ohne sie vorher zu fragen.

»Ihr Verhalten hätte den Ruf jeder anderen Frau ruiniert«, heißt es im Brief eines Zeitzeugen. Sogar bis Berlin drangen Berichte über die Zustände am dänischen Hof: »Der Einfluß, den der Arzt auf die Königin nimmt, steht einem Mann seiner Herkunft nicht zu«, schreibt Friedrich der Große, und er berührt damit die eigentliche Wurzel des allgemeinen Mißbehagens, das in allen Berichten aus der damaligen Zeit immer wieder durchscheint: Man hätte Matilda und Struensee vieles nachgesehen, wäre der Mann nur ebenbürtig und Däne gewesen; aber das Verhältnis der beiden – wenn es denn je eines war – wurde als skandalös empfunden, denn er stammte aus einer »niedrigen« Schicht, noch dazu war er Ausländer und verkehrte ungeniert mit Juden!

Bezeichnend ist eine Geschichte, die nach dem Tod von Christians Großmutter, der alten Königin Sophia Magdalena, kolportiert wurde: Matilda sei im Reitdreß und am Arme Struensees im Sterbezimmer erschienen. Die Szene ist nirgendwo glaubhaft belegt, aber es spricht für sich, daß sie für wahr gehalten wurde.

Im Sommer 1770 begab sich die Hofgesellschaft auf eine Reise durch das Reich, und sie war einige Zeit lang Gast auf Schloß Gottorp in Holstein, der Residenz von Christians Vetter und Schwager Karl von Hessen.

Irritiert hält Karl von Hessen in seinen »Mémoires de mon temps« fest, daß Struensee auf das Königspaar starke Wirkung ausübe. Matilda scheine im Bann des Arztes zu stehen und gar nicht zu bemerken, wenn er sie »despektierlich« behandle: Ungezwungenes Verhalten mußte natürlich einem Mann wie Karl von Hessen bereits als Insubordination erscheinen.

Karl schreibt über einen Abend beim Kartenspiel: »Ich bin nicht imstande, zu beschreiben, wie sich Struensee der Königin gegenüber verhielt, wie er mit ihr sprach, während sie neben ihm saß – eingehängt! ›Warum spielen Sie nicht aus‹, fragte er scharf. ›Hören Sie nicht, was ich sage?‹ – und so weiter. Ich muß gestehen, das Herz wurde mir schwer beim Anblick einer so guten Fürstin, sie so sehr in schlechten Händen zu sehen . . .«

Es geschah auf dieser Reise, daß Christian (oder wer immer?) plötzlich den Entschluß faßte, seinen Freund, den Grafen Holck, dessen Schwester Frau von Berkentin, einen Pagen, Fräulein von Eyben und zwei weitere Ehrendamen der Königin zu entlassen. Graf Brandt, inzwischen ein Freund Struensees, rückte als oberster Zeremonienmeister an Holcks Stelle. Auch Struensees Gefährte aus den Jugendtagen in Altona wurde an den Hof geholt – entgegen den ausdrücklichen Warnungen von Premierminister Bernstorff: Rantzau hatte sich einige Zeit in Rußland aufgehalten, dort eine zwielichtige Rolle gespielt und war bei Katharina der Großen in Ungnade gefallen. Bernstorff fürchtete diplomatische Verwicklungen.

Bereits im Frühjahr 1770 war der englische Hof über die merkwürdigen Vorgänge in Kopenhagen unterrichtet worden, und Georg III. beschloß, daß seine Mutter nach dem Rechten sehen müßte. Der Plan war fein ausgedacht: Augusta sollte nicht als offizieller Staatsgast nach Kopenhagen reisen, sondern das Treffen von Mutter und Tochter auf neutralem Boden arrangiert werden, um ihm beiläufigen und privaten Charakter zu geben.

Als die dänischen Herrscher sich für längere Zeit in Holstein aufhielten, fuhr Augusta zu Tochter und Schwiegersohn nach Braunschweig, von wo eine Einladung an Christian und Matilda erging. Die beiden sagten auch zu, der Termin war festgelegt, Braunschweig be-

Matilda, Königin von Dänemark

reitete sich auf das große Ereignis eines königlichen Besuches vor – aber wer nicht kam, das waren die Dänen. Statt ihrer erschien ein Bote, um mitzuteilen, die Königin sei plötzlich schwer erkrankt, es täte ihr leid, sie könne nicht kommen.

Matilda war durchaus nicht krank, sie war so gesund und munter, wie es eine kräftige junge Frau nur sein konnte, aber sie, die einst vor Heimweh fast vergangen wäre, zog es vor, einer Begegnung mit der strengen Mutter lieber aus dem Weg zu gehen.

Doch nicht dieser Mutter! Postwendend ließ sie ausrichten, sie werde der Tochter ein gutes Stück entgegenkommen; sie schlug ein Treffen in Lüneburg vor und machte sich schon auf den Weg.

Matilda blieb nichts anderes übrig, als der mütterlichen Einladung, die eher ein Befehl war, zu folgen, und eines Tages standen Mutter und Tochter einander nach vierjähriger Trennung in einer einfachen Herberge gegenüber, fremd und kalt. Augusta war allein erschienen, Matilda kam in Begleitung Struensees, die beiden Damen plauderten einige Minuten über belanglose Dinge, dann verabschiedete sich Matilda.

Augusta gab nicht auf: Sie befahl die Tochter für den nächsten Tag noch einmal zu sich, und sie sollte allein kommen. Matilda wagte nicht zu widersprechen. Viel weiß man nicht über dieses Gespräch, man weiß nur, daß es laut und heftig geführt wurde. Matilda verließ das Zimmer mit hocherhobenem Haupt. Die Mutter reiste blaß, mit verkniffenen Lippen, auf der Stelle ab.

Schlag auf Schlag ging es nun in Kopenhagen weiter: Graf Bernstorff wurde entlassen und schrittweise jedes Mitglied seiner Regierung ausgetauscht. Graf Rantzau wurde Staatssekretär im Außenministerium. Er hatte zwar den Sessel des Außenministers gefordert, der wurde ihm aber wegen seiner offen zur Schau getragenenen Russenfeindlichkeit verweigert – eine Demütigung, die er ebensowenig vergessen sollte wie die Weigerung Struensees, ihm bei der Tilgung seiner gigantischen Schulden unter die Arme zu greifen.

Struensee, dem Namen nach nur Staatsrat, Vorleser des Königs und Sekretär der Königin, vereinigte hinter den Kulissen praktisch alle Macht des Landes in seiner Hand. Er war es, der die Briefe an den König las und beantwortete – Christian hatte nichts anderes zu tun, als zu unterschreiben, was man ihm vorlegte. Persönliche Vorsprachen beim König waren nicht mehr möglich. Wer etwas von ihm begehrte, wurde angewiesen, dies schriftlich zu tun. Wäre jemand tatsächlich bis zum König vorgedrungen, er hätte ohnehin nur eine verwirrte Jammergestalt zu Gesicht bekommen.

Struensee schuf nun für sich ein neues Ministerium »für öffentliche Angelegenheiten«. Er hatte somit die Funktion einer Art von Ombudsmann inne. Die aus allen Landesteilen einfließenden Bitten, Anregungen und Beschwerden gaben ihm den Vorwand, in jedes Ministerium hineinzuregieren: So konnte er seine Ideen eines modernen Staates im Sinne der Aufklärung verwirklichen.

Noch heute scheiden sich die Geister an Struensee: War es purer Machthunger, der ihn vorantrieb, oder waren es hehre Ideale, aus den Quellen eines Jean-Jacques Rousseau gespeist, dessen 1762 geschriebenes Werk: »Vom Gesellschaftsvertrag« zur Bibel des deutschen Arztes geworden war: Rousseau forderte, ein Schreckgespenst für die Herrschenden, volle Souveränität des Volkes. Auch seinen Adam Smith, den Begründer der neuzeitlichen Nationalökonomie, dürfte Struensee genau studiert und sich dessen Leitsatz tief eingeprägt haben: »Beseitigt man alle Systeme der Begünstigung und Beschränkung, so stellt sich von selbst das einfache und klare System der natürlichen Freiheit ein.«

»Von der Parteien Gunst und Haß verwirrt, schwankt sein Charakterbild in der Geschichte.« Dieser von Schiller auf Wallenstein gemünzte Satz gilt ebenso trefflich für Struensee. Gewiß hat er die Gunst der Königin und die Krankheit des Königs genutzt, um an die Spitze zu gelangen, aber ebenso gewiß hatte er das Ziel vor Augen, den besten aller Staaten zu schaffen.

Sein kapitaler Fehler, den zehn Jahre später auch Kaiser Joseph II. begehen sollte, bestand darin, daß er seine Reformen rücksichtslos und in größter Eile durchzupeitschen versuchte, ohne des den meisten Menschen innewohnenden Trägheitsprinzips zu achten. Letzten Endes machte er sich alle zu Feinden: diejenigen, die er ihrer Vorrechte beraubte, und schließlich auch die meisten derer, die aus seinen umwälzenden Maßnahmen Nutzen zogen. Dem »Hosianna« folgte das »Kreuziget ihn« auf dem Fuß. Erst Jahre nach seinem Tod sollten die Menschen begreifen, was sie an ihm besessen hatten.

Nichts und niemand entging dem Feuersturm der Reformen, alles passierte de facto gleichzeitig; es grenzt an ein Wunder, daß der Staat nicht im Chaos versank, als im Königreich eine bürgerliche Revolution von oben angezettelt wurde.

Dem Adel ging es an den Kragen, indem viele seiner Privilegien, vor allem auf steuerlichem Gebiet, gestrichen wurden. Nicht länger besetzten aristokratische Protektionskinder, sondern bürgerliche Fachleute die wichtigsten Verwaltungsposten. Großgrundbesitzern wurde die lukrative Ausfuhr von Getreide untersagt, solange im Lande Mangel herrschte – der Brotpreis sank dramatisch. Im Gegenzug wurden alle Einfuhrbeschränkungen abgeschafft.

Selbst an so nebensächliche Dinge wie das Tragen von Fackeln in den unbeleuchteten Straßen, das allein Standespersonen erlaubt war, dachte das neue Regime und gestattete jedermann die Benützung von Fackeln. Gleich darauf erhielt Kopenhagen ohnedies eine öffentliche Beleuchtung, die Straßen bekamen Namen, die Häuser fortlaufende Nummern.

Der Klerus mußte schwere Machteinbußen hinnehmen, Feiertage wurden auf die nachfolgenden Sonntage verlegt, allgemeine Religionsfreiheit proklamiert. Gipfel der Blasphemie: eine ungenutzte Kapelle verwandelte sich in ein Spital für Geschlechtskranke! Die Polizei durfte nicht länger gewaltsam in Bürgerhäuser eindringen, um nachzusehen, ob an Sonntagen das strenge Feiertagsgebot – kein Spiel, kein Tanz – eingehalten wurde. Das Königspaar ging sonntags nur noch selten zur Kirche, und am Tag des Herrn durften nun die Theater spielen.

Professor Oeder, ein hervorragender Wirtschaftsfachmann, übernahm das Finanzministerium, zu dessen Staatssekretär berief Struensee seinen Bruder Carl, einen Professor der Mathematik und Ökonomen von hohen Graden. Carl war übrigens der einzige von Struensees Verwandten, dem ein Posten übertragen wurde.

Steuern, die vor allem die wirtschaftlich Schwächeren belasteten, wurden abgeschafft, dafür mußten die Wohlhabenden tiefer in die Tasche greifen: Wer sich Reitpferde, Kutschen und Dienstpersonal leisten konnte, hatte einen entsprechenden Obolus an die Staatskasse abzuliefern.

Sparsamkeit war das Gebot der Stunde – und das bekamen die höheren Ränge der Höflinge (sofern sie nicht überhaupt entlassen wurden) wie auch die Diplomaten schmerzlich zu spüren, deren Einkommen reduziert wurden. »Wirksamkeit« und »Wirtschaftlichkeit« waren die Schlagworte, die Struensee am häufigsten im Munde führte, und er regierte nach dem Prinzip »der größte Nutzen für die größte Zahl der Menschen«.

Allgemein bejubelt wurde die Aufhebung der Zensur. Dänemark war das erste Land der Erde, das unumschränkte Pressefreiheit genoß, und der große Voltaire schrieb eine Hymne auf »das Licht aus dem Norden«. Auf breiten Widerstand stieß hingegen die grundlegende Reform des gesamten Justizwesens (Abschaffung der Folter eingeschlossen), denn sie rüttelte an gesellschaftspolitischen und moralischen Grundwerten: Daß von nun an alle Menschen vor dem Gesetz gleich sein und einer landesweit einheitlichen Rechtssprechung unterliegen sollten, das leuchtete – abgesehen von den Standespersonen – den meisten Menschen noch ein. Aber die Entrüstung war allgemein, nachdem die unehelichen Kinder den ehelichen gleichgestellt worden waren.

Ledige Mütter sollten nicht länger wegen ihrer »Lasterhaftigkeit« an den Pranger gestellt und öffentlich ausgepeitscht werden, die Väter wurden gezwungen, für außereheliche Kinder Alimente zu zahlen. Staatliche Findelhäuser wurden errichtet. Kindsmord und Abtreibung gingen zwar merklich zurück, doch die Öffentlichkeit schrie empört: Unmoral, Unmoral! Wie, so fragte die unzensurierte Presse keck, kämen ehrbare Bürger dazu, mit ihren sauer verdienten Groschen dem liederlichen Lebenswandel Vorschub zu leisten? Über das Thema wurde auch mit Heftigkeit von den Kanzeln herab gewettert.

Bis auf die Leibeigenen, deren Los er wesentlich erleichterte, gab es bald keine Gesellschaftsschicht mehr, die nicht Einwände gegen den Reformer vorzubringen gehabt hätte.

Auch das radikal veränderte Hofleben wurde mißtrauisch beäugt: »Lockere Sitten« rissen ein, aber nicht im alten Stil, als Kopenhagen ungerügt Versailles nachahmte, vielmehr war die Etikette so gut wie aufgehoben. Am Hof ging es zu wie in einem biederen Bürgerhaus, leger, freundschaftlich, und seitdem der Adel sich grollend aus der Hauptstadt zurückgezogen hatte, bevölkerten Bürger und Bankiers, Handelsherren und Universitätsgelehrte, Künstler und ihre Frauen die Festsäle von Christiansborg. Man tafelte und schwatzte ungezwungen.

Schwedens Kronprinz Gustaf mokierte sich bei einem Besuch in Kopenhagen über die gemischte Gesellschaft an dem »verödeten Hof« und bemerkte spitz: »Es fehlt nur noch, daß er [Struensee] ein paar Juden einlädt.«

Gerüchte, daß bei Hof Orgien gefeiert würden, erhielten dadurch Nahrung, daß Christian sich immer seltener zeigte, und wenn er erschien, dann hatte er ganz offensichtlich nicht alle Sinne beisammen. Er stünde unter Drogen, hieß es sofort, Matilda und Struensee trachteten ihm nach dem Leben – aber sicher war genau das Gegenteil der Fall: Der Arzt mußte alles daransetzen, seinen Patienten einigermaßen bei Gesundheit zu halten, denn nur solange der König als zurechnungsfähig galt, blieb Struensees Einfluß auf den Staat ungeschmälert.

Die Presse machte von ihrer jungen Freiheit ausgiebig Gebrauch und sparte nicht mit schmähenden Artikeln und böswilligen Karikaturen, die allesamt Struensee und Matilda im Visier hatten.

Um die Königin-Witwe Juliana und ihren Sohn Frederick sammelte sich ein gefährlich großer Kreis von Oppositionellen. Beide waren niemals wirklich beliebt gewesen, doch nun schienen sie manchem verbitterten Bürger, manchem kaltgestellten Adelsmann als Hort der wahren Werte. Die Residenz der beiden wurde zum dumpfen Nest, aus dem die Schlangenbrut offener Lügen und hinterhältiger Unterstellungen hervorkroch.

Das übelste dieser Gerüchte betraf den Kronprinzen Frederick. Es hieß, der Dreijährige würde vernachlässigt, er wüchse wie ein wildes Tier auf.

In der Tat waren die pädagogischen Maßnahmen so ungewöhnlich, daß nur finstere Absichten dahinter vermutet werden konnten. Und dennoch: Allein das Wohl des kleinen Prinzen lag Matilda am Herzen; aber unter der Anleitung Struensees, der sich seinerseits an Rousseau orientierte, war der Knabe scheinbar hemmungslosem Wildwuchs ausgesetzt. Rousseau lehrte, daß Kinder, aufs einfachste und bescheidenste gehalten, sich frei und von außen unbeeinflußt entwickeln sollten. Sie seien von Natur aus gut, nur durch harsche Erziehung verändere sich ihr Charakter zum Bösen. Ließe man sie ungeschoren, so entwickelte sich das Gute in ihnen von allein zur höchsten Blüte.

Der stets kränkelnde Frederick war bis dahin verwöhnt und verzärtelt worden, stand ständig, sozusagen in Wollflocken gepackt, unter einem Glassturz, und dabei war er immer hinfälliger geworden. Plötzlich wurde alles anders: Statt Breichen und Küchelchen bekam er Brot und viel Gemüse, Käse und Milch. Fleisch war gestrichen. Bisher in Seide und Samt gekleidet, trug er Gewänder aus einfachem Leinen. Zweimal täglich wurde er warm und kalt geduscht, und bei jeglicher Witterung mußte er im Garten laufen und springen – barfuß.

Fredericks Spielgefährte war der Sohn eines Arztes, beide Knaben wurden gleich behandelt. Für den Prinzen gab es keinerlei Bevorzugung. Einmal schlug er den Freund – sofort wurde er angehalten, sich zu entschuldigen.

Allen Unterstellungen zum Trotz, entwickelte sich der Knabe aufs prächtigste, er wurde kerngesund. Als Erwachsener vermochte er mehr Strapazen auszuhalten als jeder andere Mann, und er behielt seine einfache Lebensweise bei.

Im Gegensatz zu seinem Sohn wurde Christians Gesundheit immer labiler. Es war schwer abzuschätzen, wann er halbwegs bei sich war und wann sein Zustand wieder kippte. An manchen Tagen machte er einen zufriedenstellenden Eindruck, von einer Minute auf die andere konnte er in eine Art Trance verfallen. Einmal stand er mitten während des Essens auf, warf die Serviette zur Seite und deklamierte mit vollem Mund seinen Lieblingsdichter Klopstock, hörte abrupt auf und stürmte schreiend aus dem Raum, um wahllos Möbel, Bilder und Porzellan zu zerhauen.

Ganz ruhig und freundlich lächelnd verhielt er sich an seinem 22. Geburtstag, dem 29. Januar 1771. Aus diesem Anlaß wurden die königlichen Gärten und Parks »für ewige Zeiten« für jedermann geöffnet, ein Ereignis, das mit einem Volksfest gefeiert wurde. Das Freibier sprudelte, König und Königin wurden lautstark bejubelt, als sie sich auf dem Balkon des Schlosses zeigten.

Im folgenden Sommer etablierten sich Buden in den Parks, man konnte dort Speis und Trank kaufen. Militärkapellen konzertierten jeden Sonntag – am Tag des Herrn, an dem man früher nicht einmal in seinen eigenen Wänden Flöte blasen durfte. Wieder einmal sahen die Moralapostel das Ende von Sitte und Anstand gekommen, und es gab der Entrüstung kein Ende, als dann, offensichtlich einer Eingebung des Teufels folgend, eine staatliche Lotterie gegründet wurde. Daß die Erträgnisse Wohlfahrtseinrichtungen zugute kamen, milderte die Verwerflichkeit dieser neuen Institution keineswegs.

Matilda wurde abermals schwanger – aber die Frohbotschaft erntete nichts als Mißbilligung und Argwohn. Trug die Königin wirklich ein Kind des Königs? Trug sie nicht vielmehr einen Bastard unter dem Herzen? Viele Geistliche verweigerten die gesetzlich vorgeschriebenen Fürbitten, und wo dennoch für das Heil der Königin gebetet wurde, verließen zahlreiche Gläubige die Kirche.

Matilda gebar am 7. Juli 1771 eine Tochter, Struensee war bei der Geburt anwesend – neben einem zweiten Arzt und einer Hebamme –, eine Tatsache, die mit Abscheu und Entsetzen aufgenommen wurde. Das Mädchen, als »Prinzessin Struensee« verunglimpft, erhielt den Namen Luise Augusta, der König selbst hielt das Kind übers Taufbecken. Christians Halbbruder Frederick und dessen Mutter Juliana waren zu Paten erkoren. Sie wagten keinen Widerstand, noch war Struensee zu mächtig.

Er war mächtiger denn je: Zum »privaten Kabinettsminister« des Königs ernannt, war er quasi dem Monarchen gleichgestellt, seine Unterschrift wog ebensoviel wie die des Herrschers – alles lief auf einen Thronverzicht Christians hinaus.

Wie würde der nächste Schritt aussehen? War es nicht mehr als wahrscheinlich, daß der König eines Tages auch physisch aus dem Weg geräumt würde, daß der inzwischen in den Adelsstand erhobene Graf Struensee die Königin heiraten und sich selbst zum König von Dänemark machen würde?

Im Augenblick war Struensees Position so gefestigt, daß das diplomatische Korps bereit war, sich mit dem Status quo abzufinden.

Der englische Botschafter Gunning schlug seinem König vor, die Lage zu nützen und durch Matilda auf Struensee einzuwirken, seine Politik besonders englandfreundlich zu gestalten. »Dies wäre klüger, als auf seinen [Struensees] Sturz hinzuarbeiten, ein Unternehmen, das im Hinblick auf seine gefestigte Stellung nicht ungefährlich wäre«, schreibt Gunning. Georgs III. Antwort war eindeutig: Gunning wurde nach Berlin versetzt, an seine Stelle kam Generalleutnant Murray Keith. Eine Privataudienz bei der Königin wurde dem neuen englischen Botschafter nicht gewährt.

Naturereignisse, an denen er schuldlos war, leiteten den Untergang des bis dahin allmächtigen Ministers ein. Der Winter 1770/71 war extrem hart gewesen, der Sommer 1771 brachte Dauerregen, auf den Feldern verfaulte das Getreide, Hungersnöte drohten. Von den Kanzeln herab sparten die Pfarrer nicht mit Erklärungen: Selbst der Himmel setze ein Zeichen, Gottes Strafe sei dem Tyrannen gewiß. Struensees großzügig gewährte Pressefreiheit schlug gegen ihn selbst zurück, kraß formulierten die Zeitungen des Bürgers Unmut.

Während die meisten Minister abwartend stillhielten, schlug sich Struensees Jugendfreund Graf Rantzau, noch immer verschuldet, noch immer verbittert, daß ihm das Außenministerium vorenthalten worden war, auf die Seite der Opposition. Insgeheim knüpfte er Verbindungen zu Juliana und deren Sohn Frederick.

Graf Enevold Brandt, Struensees engster Mitarbeiter, besorgt um die Zukunft des Freundes, verfaßte ein umfangreiches Memorandum, in dem er dessen unübersehbare Fehler bei den überstürzten Reformen aufzeigte und ihn beschwor, sich zu mäßigen. Ausführlich widerlegte Struensee Brandts Ausführungen. Er habe nichts zu befürchten, »die Reinheit meiner Absichten ist mein bester Schutz«.

Dann begannen die Ereignisse sich zu überstürzen. In Kopenhagen machte sich Unruhe unter norwegischen Matrosen breit, die einige Wochen lang ihren Sold nicht erhalten hatten. Ein paar Dutzend Mann marschierten zum Schloß Hirschholm, wo sich der Hof aufhielt, und sie wollten eigentlich nichts weiter als die Fürsprache des Ministers bei den zuständigen Stellen. Vorsichtshalber wich der Hof ins nahe gelegene Sophienborg aus.

Struensee, nach einem schweren Sturz vom Pferd mit gebrochenem Arm und mehrfach gebrochenen Rippen ans Bett gefesselt, sandte einen hohen Marineoffizier zur Verhandlung mit den Seeleuten nach Hirschholm. Der Mann bekam es mit der Angst zu tun und ließ eine Kompanie Soldaten aufmarschieren, worauf die Seeleute in Rage gerieten und schrien, sie seien entschlossen, mit ihrem Blut für ihre Rechte einzutreten. Der Offizier versprach, alle ihre Forderungen zu erfüllen; zufrieden trotteten die »Meuterer« davon. Der Zahlmeister, der die Löhnung verschleppt hatte, wurde seines Amtes enthoben.

Ermutigt durch den Erfolg der Matrosen, versuchte einige Tage später eine starke Abordnung von Seidenwebern, deren nicht mehr gewinnbringende Manufaktur geschlossen werden sollte, ihr Glück. Unter lautem Geschrei und mit heftigen Drohgebärden strömten sie nach Hirschholm. Auch ihre Anliegen wurden auf der Stelle bewilligt.

Am Weihnachtsabend kam es sogar zu einer Meuterei der Palastgarde, die aufgelöst werden sollte, weil sie nur repräsentativen und keinen militärischen Zwecken diente. Ursprünglich bestand die Absicht, die stolzen Gardisten auf »gewöhnliche« Regimenter aufzuteilen – doch Struensee erfüllte ihre Wünsche und schickte sie »ehrenvoll« und mit vollem Sold in die Pension: eine Geste, die ihm als Schwäche angekreidet wurde.

Es lag soviel Unsicherheit in der Luft, soviel Angst vor offenem Aufruhr, daß Struensee Schloß Hirschholm wie eine belagerte Festung durch loyale Armee-Einheiten bewachen ließ. Nun auch wegen Feigheit vor dem eigenen Volk verhöhnt, schränkte Struensee die Pressefreiheit wieder ein. Direkte Angriffe hörten auf, hetzerische Leitartikel gab es nicht mehr, Karikaturisten mußten andere Themen finden.

Was aber war gegen scheinbar harmlose Leserfragen einzuwenden, deren Beantwortung doch nichts weiter als Ausdruck allgemeingültiger Moralvorstellungen war? Frage: »Ist es möglich, daß der Liebhaber einer Frau zugleich der Freund des betrogenen Ehemanns sein kann?« Antwort: »Nein, das ist nicht möglich, denn eine Sünde zieht die andere nach sich, dem Treubruch folgt der Verrat auf dem Fuß.« Frage: »Wenn der Ehemann den Ehebrecher als Freund akzeptiert, welche Folgen hat das für die Kinder?« Das hätte natürlich schwerwiegende Folgen, abgesehen davon, daß ja nicht einmal feststünde, um wessen Kinder es sich dabei handle, um die des Ehemannes oder jene des Ehebrechers . . .

Der Presse waren die Hände gebunden, um so angriffslustiger wurden anonyme Flugblätter und im Dunkel der Nacht angebrachte Maueranschläge, worin Struensee für vogelfrei erklärt wurde: »Der Mann, der das Leben dieses Verräters auslöscht, erhält eine Belohnung von 500 Talern, sein Name wird geheimgehalten, eine Begnadigung durch den König wird ihm zugesichert.« Tatsächlich wurde kurz darauf ein Komplott aufgedeckt, wonach Struensee während eines Volksfestes ermordet werden sollte.

Bei Hof herrschte Untergangsstimmung, die Matilda und ihre

Freunde durch makabre Scherze zu vertreiben suchten. Sie malten sich aus, wie sie einer Revolution entkommen und sich dann ihren Lebensunterhalt irgendwo in Europa verdienen könnten. Matilda meinte, sie würde ihr Fortkommen als Sängerin und Cembalospielerin finden, Struensee wollte sich auf einen weit entlegenen Bauernhof zurückziehen, von der Arbeit seiner Hände leben und sich philosophischen Studien widmen.

Absolute Ruhe, Weisheits- und Wahrheitssuche als letzte Zuflucht eines Mannes, der mit seinen Kräften Raubbau getrieben hatte. Zwei Jahre lang hatte er, von berauschender Energie getrieben, gearbeitet, jede Entscheidung an sich gerissen, weil es ihm niemand gut und rasch genug machen konnte. Pausenlos versuchte er zu überzeugen, zu überreden, war oft ungeduldig, gereizt, immer auf der Hut, stets unter höchster Anspannung. Er trank zuviel, er aß zuviel, er gönnte sich nur wenige Stunden Schlaf, innerhalb zweier Jahre war er schwammig und bleich geworden, ein Schatten des schönen Mannes, der er einst gewesen . . .

Eines Tages kam es zu einem dramatischen Auftritt zwischen dem König und dem Grafen Brandt. Christian, mit seinem armen, irren Geist wieder einmal in einer anderen Welt, forderte Brandt zum »Zweikampf« Mann gegen Mann, und als der sich weigerte, fiel der König über ihn her, schlug den Überraschten zu Boden und stieß ihm den Zeigefinger tief in den offenen Mund. Brandt biß vor Schreck kräftig zu. Der König schrie auf, setzte sich auf den Boden, leckte seinen Finger und weinte bitterlich.

Gerüchte über den Zwischenfall kursierten in Kopenhagen. Auf Flugblättern wurde Struensee unterstellt, er hätte Brandt veranlaßt, den König zu attackieren, wenn nicht gar zu ermorden . . . Juliana und Frederick ließen sich nur zu gern überzeugen, daß das Leben Christians in Gefahr wäre.

Struensee, im Vollbewußtsein von Brandts Unschuld, reagierte haarsträubend undiplomatisch: Statt Brandt wenigstens vorübergehend ein wenig in den Hintergrund treten zu lassen, zeigte er sich bei einem Opernbesuch des Hofs demonstrativ an der Seite des Grafen. Es machte in der Öffentlichkeit auch keinen guten Eindruck, daß der Hof, von vierzig Mann Kavallerie eskortiert, nur für wenige Stunden in die Stadt kam, um anschließend sofort wieder aufs Land zurückzukehren.

König Georg III., aufs äußerste beunruhigt über die widersprüchlichen Meldungen aus Kopenhagen, schrieb seiner Schwester wiederholt und bat um Erklärungen – doch er bekam keine Antwort. Der englische Botschafter wurde weder vom König noch von der Königin empfangen. Nach verschiedenen Quellen soll Keith im Auftrag seiner Regierung Struensee eine gewaltige Summe in Aussicht gestellt haben, für den Fall, daß er Dänemark verließe. In den offiziellen Papieren finden sich allerdings keine Hinweise darauf.

Endlich, nach siebenmonatiger Abwesenheit und nach umfangreichen Sicherheitsvorkehrungen, zog der Hof am 8. Januar 1772 zurück in die Hauptstadt. Soldaten patrouillierten durch die Straßen, zwölf Kanonen standen feuerbereit, in Schloß Christiansborg wimmelte es von Wachmannschaften, jeder Besucher wurde sorgfältig überprüft.

Wenn das Königspaar, Brandt und Struensee in die wenige Schritte vom Schloß entfernte Oper gingen, begleiteten sie 36 Dragoner, die auch im Theater Posten bezogen. Sollte der König, der mehr denn je einer mechanischen Puppe als einem lebendigen Menschen glich, beschützt werden, oder war er schon gefangen – das fragte sich die Opposition.

Es verdichteten sich die Gerüchte, daß Christian beseitigt, Juliana und Frederick gefangengenommen, wenn nicht gar ermordet werden sollten, um Matilda den Weg für eine Ehe mit Struensee freizugeben, der dann die Macht gänzlich usurpieren würde.

Juliana erhielt ein Dokument zugespielt, aus dem scheinbar zweifelsfrei hervorzugehen schien, daß Struensee den Staatsstreich bereits minuziös vorbereitet hätte. Demnach würde Christian VII. am 28. Januar verhaftet und zur Abdankung gezwungen werden. Peter Suhm, der offizielle Hofberichterstatter, überreichte Juliana die Kopie des angeblichen Geheimpapiers aus Struensees Tresor, das, so weiß man heute, niemals existiert hat. Juliana war von der Authentizität des Dokuments überzeugt – oder zumindest gab sie es vor.

Unter ihrer Führung bildete sich ein zu allem entschlossener Ring von Verschwörern, dessen Haupt niemand anderer war als Struensees Intimus Graf Rantzau. Der Gruppe gehörten durchwegs Männer an, die aus den verschiedensten persönlichen Motiven Struensee übel gesinnt waren: Ove Guldberg, der Privatsekretär von Christians Halbbruder Frederick, Oberst Köller, Kommandant eines Infanteriegi-

Königin-Witwe Juliana

ments, Oberst Eickstedt, Chef des Dragonerregiments Seeland, sowie ein gewisser Bringskjold, Mitglied des dänischen Geheimdiensts. Der Kaufmann Jenssen, ehemals Page des verstorbenen Königs Frederick V., fungierte als Mittelsmann zwischen den einzelnen Konspiranten, deren Zusammenkünfte bei Pfarrer Abilgaard, dem Hausprediger der Holmenskirche, stattfanden. In diesem Pfarrhof wurde beschlossen, Matilda, Struensee und die wichtigsten seiner Mitarbeiter zu verhaften, sich des Königs zu bemächtigen und ihn zu zwingen, eine neue Regierung zu berufen. Eine Kabinettsliste aus bewährten Konservativen stand bereits fest.

Die Palastrevolution war für die Nacht vom 16. zum 17. Januar 1772, unmittelbar nach einem Maskenball, geplant. Köllers Regiment würde, zusammen mit einer Abteilung von Eickstedts Truppe, in dieser Nacht die Wache innehaben. Jenssen beschaffte eine exakte Planzeichnung des Schlosses, in der die Gemächer des Königs, der Königin und Struensees sowie sämtliche Dienstbotengänge und Geheimtüren eingezeichnet waren.

Der Maskenball, das erste größere gesellschaftliche Ereignis seit der Rückkehr des Hofs nach Kopenhagen, kam auf Struensees Initiative zustande. Rätselhaft bleibt, was den ständig von Feinden Umlauerten veranlaßt haben mag, ein solches Risiko einzugehen. Nirgendwo als unter Maskierten war die Chance für einen Attentäter günstiger, im Gewühl der Menge unauffällig an sein Opfer heranzukommen und ebenso unauffällig zu verschwinden. Mag sein, daß Struensee demonstrativ den Makel der Feigheit abstreifen wollte.

Zum Fest im Schloßtheater war der Zuschauerraum auf Bühnenhöhe gebracht worden und bildete solcherart eine riesige Tanzfläche. Im Bühnenhintergrund spielten abwechselnd mehrere Kapellen.

Punkt zehn Uhr hielt der Hof, angeführt vom Königspaar, seinen Einzug. Der Ball begann, nachdem die Majestäten Platz genommen hatten. Bereits wenige Minuten später zog sich Christian in eine Loge zurück und spielte Karten.

Er nahm keine Notiz von seiner Frau, strahlend schön in einem weißen, über und über mit Rosen bestickten Seidengewand. Sie schien heiter, aufgeräumt, später gar ausgelassen, und sie tanzte fast ausschließlich mit Struensee, auch er in bester Laune.

Nicht erschienen war Königin-Witwe Juliana, was keinen verwunderte, denn sie nahm niemals an Maskenbällen teil. Ihr Sohn, Prinz Frederick, ließ sich erst nach elf Uhr sehen, er wirkte fahrig und zerstreut.

»Sie kommen spät, lieber Bruder«, sprach ihn Matilda an.

Frederick küßte respektvoll ihre Hand: »Ich hatte noch verschiedenes zu tun, Madame.«

Lächelnd erwiderte Matilda: »Sie sollten an einem Abend wie diesem mehr an Ihr Vergnügen als an Ihre Geschäfte denken.«

Frederick gab keine Antwort, zog sich zurück und hatte gleich neuerlichen Anlaß zum Groll: In der königlichen Loge speisten zwar Struensee und Brandt – ihn, den Prinzen von Geblüt, hatte man nicht eingeladen. Wie alle anderen Gäste mußte er vor dem Buffet Schlange stehen. Sehr bald machte er sich unauffällig davon.

Kurz nach Mitternacht, noch während der allgemeinen Demaskierung, zog sich Christian zurück. Matilda und Struensee harrten aus. Sie tanzten und lachten wie schon lange nicht. Immer im dichtesten Gewühl heiterer Menschen, schienen sie sich ausgezeichnet zu amüsieren.

Um drei Uhr verließ Matilda das Fest, und sie gab damit das Zeichen zum allgemeinen Aufbruch. Eine der jungen Hofdamen bat noch einige Freunde und Freundinnen, darunter Struensee und Brandt, in ihre Wohnung. Doch eine der Damen hatte Kopfschmerzen, eine andere fühlte sich zu müde, die Nachfeier kam nicht zustande. So konnte das Unheil ungehindert seinen Lauf nehmen, weil die ausersehenen Opfer des Staatsstreichs sich genau an dem Platz befanden, an dem sie sich befinden mußten, um ihren Häschern sicher in die Hände zu fallen.

Eine letzte Chance, das Drama zu verhindern, war vertan, nachdem Struensees Bruder Carl es abgelehnt hatte, den Grafen Rantzau spät nachts zu empfangen. Rantzau hatte offenbar in letzter Minute Angst vor der eigenen Courage bekommen. Er blieb dem Maskenball fern und entschuldigte sich mit einem schweren Gichtanfall. Die gleiche Ausrede machte er seinen Mitverschwörern gegenüber geltend und blieb daheim. Später allerdings eilte er zu Carl Struensee, um ihn vermutlich vor der bevorstehenden Palastrevolution zu warnen, wurde aber nicht vorgelassen. Rantzau begab sich in seine Wohnung zurück, bandagierte das angeblich schmerzende Bein und lagerte es hoch, somit sichtbar außerstande, am Staatsstreich teilzunehmen. Doch seine mißtrauischen Mitverschwörer sandten ihm eine Sänfte und ließen ihn in den Palast zu Juliana tragen. Dort angekommen, fühlte er sich mit einem Male besser, stand auf und spielte die ihm zugeteilte Rolle.

Noch während der Maskenball im vollen Gang war, überreichte Oberst Eickstedt dem Kommandanten der Palastwache ein Handschreiben von Juliana und Frederick. Der verblüffte Offizier konnte darin lesen, daß Struensee und Brandt in dieser Nacht einen Anschlag auf den König planten, die beiden müßten daher rechtzeitig festgenommen werden. Nach dem Ende des Balls sollten sämtliche Ausgänge des Schlosses besetzt werden. Rechtlich besaß dieser Befehl nicht das geringste Gewicht, doch die Militärs, ohnehin zu Struensees Gegnern zählend, waren nur zu gerne bereit, ihn zu befolgen. Sie legten sofort einen Treueid auf Juliana und Frederick ab.

Zur gleichen Zeit machte Oberst Köller die Runde durch die Garnison von Kopenhagen. Er schwor Offiziere und Mannschaften auf denselben Befehl ein.

Ab vier Uhr morgens herrschte Ruhe im Schloß, die Lichter waren gelöscht. Nur in Julianas Wohnzimmer sanken acht Menschen auf die Knie und beteten laut für das Gelingen ihrer »heiligen Mission«. Dann schlichen sie, von Jenssen geführt, zu den Gemächern des Königs, ein Page öffnete ihnen die Tür. Christian erwachte, sah die vielen Menschen im flackernden Schein der Lichter und schrie auf.

»Majestät, mein lieber Sohn, wir kommen nicht als Feinde, wir kommen als treue Freunde. Wir ...« Juliana versagte die Stimme. Rantzau setzte fort, erklärte dem König, daß er sich in großer Gefahr befände. Eickstedt ergänzte, das Land stünde am Rande einer Revolution, und nur der König könnte es retten. Der Oberst legte Christian einen Tagesbefehl an die Truppe vor, worin Eickstedt zum Oberkommandierenden erklärt wurde. Christian las das Papier und schluchzte: »Mein Gott, das bedeutet doch Blutvergießen ...« – und er unterschrieb.

Eickstedt nahm den Befehl an sich und eilte davon. Inzwischen redete Juliana Christian so lange zu, bis er einen von ihr diktierten Brief an Matilda unterschrieb, in dem er ihr mitteilte, daß sie auf die Festung Kronberg gebracht werden würde. Des weiteren unterzeichnete Christian Haftbefehle gegen Struensee, Brandt und weitere fünfzehn

Männer. Schließlich führte Juliana den Willenlosen an der Hand aus seinem Zimmer, um ihn »aus Gründen der Sicherheit« in der Wohnung seines Halbbruders Frederick unterzubringen.

Köller, drei weitere Offiziere und etliche Soldaten begaben sich zu Struensees Tür. Der diensthabende Page öffnete sofort. Struensee schlief fest, das Buch, in dem er gelesen hatte, lag auf der Bettdecke. Köller rüttelte ihn wach.

Struensee sprang auf und schrie: »Um Gottes willen, was ist denn passiert?«

Köller: »Ich habe den Befehl, Sie zu verhaften.«

Struensee: »Was erlauben Sie sich? Wissen Sie nicht, wer ich bin?«

Köller: »Ich weiß ganz genau, wer Sie sind. Sie sind der Gefangene des Königs.« Der Oberst zog seinen Degen und richtete dessen Spitze auf Struensees Herz: »Ich habe Befehl, Sie tot oder lebendig zu nehmen. Was ist Ihnen lieber?«

Struensee ergab sich. Sie ließen ihm nicht einmal Zeit, sich ordentlich anzukleiden. So schlüpfte er in seinen Ballanzug: rosaseidene Bundhosen und eine hellblaue Samtjacke. An Händen und Füßen gefesselt, wurde er zu einem wartenden Wagen geführt. Man schleppte ihn in eine Zelle der Zitadelle, in der sich außer einem Strohsack nichts befand.

Nachdem ihm die Eisen abgenommen worden waren, riß sich der Gefangene von seinen Bewachern los und schlug mit dem Kopf mehrmals heftig gegen die Wand, offenbar in der Absicht, sich zu töten. Daraufhin wurde er wieder an der rechten Hand und am linken Fuß gefesselt, jede der beiden Ketten wog neun Kilo. Über den Kopf stülpte man ihm eine Eisenkappe, und später gaben sie ihm weder Messer noch Gabel zum Essen, nur einen Holzlöffel. Die Knöpfe seiner Kleider und die Schuhschnallen wurden abgerissen, um ihm jede Möglichkeit zu nehmen, sich ein Leid anzutun. Daß er sich weder waschen noch rasieren durfte, war dann pure Schikane.

Fast gleichzeitig mit Struensee wurden Graf Enevold Brandt und fünfzehn weitere Mitarbeiter Struensees verhaftet und zur Zitadelle verfrachtet.

Ahnungslos lag derweilen Matilda im Bett, konnte aber nicht einschlafen, weil sie laute Geräusche hörte. Sie nahm an, daß der Lärm aus dem Zimmer der Hofdame käme, wo die Nachfeier zum Ballfest stattfinden sollte, und schickte eine Kammerfrau hinüber mit der Bitte um ein bißchen Ruhe. Die Frau kehrte nicht zurück, der Lärm verstummte – Matilda nickte ein.

Aufgeregt stürzte wenig später eine Dienerin ins Schlafzimmer: Draußen stünden einige Herren und wünschten die Königin zu sprechen. Böses ahnend sprang Matilda aus dem Bett und eilte zu der Geheimtür, die (angeblich) zu Struensees Zimmern führte – aber da stand Graf Rantzau, hinter ihm einige Offiziere und ein Häuflein verschreckter Kammerfrauen.

»Ziehen Sie sich zurück«, herrschte Matilda den Grafen an. »Sie sehen doch, daß ich nicht präsentabel bin.«

Rantzau rührte sich nicht von der Stelle. Sie ging ins Schlafzimmer, kehrte kurze Zeit darauf angekleidet zurück. »Lassen Sie mich durch, ich will zum Grafen Struensee.«

»Es gibt keinen Grafen Struensee mehr, Sie können ihn nicht sehen«, erwiderte Rantzau barsch.

Er überreichte ihr das Handschreiben des Königs. Sie las es aufmerksam durch und schleuderte es zu Boden. Sie sei sicher, sagte sie, daß der König dieses Schriftstück unter Zwang verfaßt hätte: »Ich bin die Königin, ich folge nur einem Befehl, den der König mir persönlich erteilt.« Energisch ging sie an den Offizieren vorbei, und keiner wagte es, sie am Verlassen des Zimmers zu hindern. Sie rannte zur Wohnung Christians und rüttelte verzweifelt an der verschlossenen Tür.

Matilda stand einen Augenblick ratlos im Flur, dann lief sie zu einem Fenster, riß es auf und machte Anstalten, sich hinauszustürzen. Verbissen kämpfte sie mit dem Offizier, der sie zurückriß, bis ihr die Kleider in Fetzen vom Leibe hingen. Als ihre Kräfte erlahmten, wankte sie ins Schlafzimmer zurück, warf sich aufs Bett und weinte.

Rantzau gab den Befehl, die Königin festzunehmen, doch keiner der Männer rührte einen Finger. Erst der eilig herbeigerufene Außenminister konnte sie zum Mitkommen überreden. Sie würde nur zu ihrem eigenen Schutz nach Kronberg gebracht, eine Revolution stünde knapp bevor. »Was haben die Leute gegen mich, ich habe doch nichts getan«, schluchzte Matilda. Sie bestand darauf, ihre Kinder mitzunehmen. Nach einem heftigen Disput gestattete man ihr, die kleine Tochter bei sich zu behalten. Mit gezogenem Degen begleite-

Struensee vor seiner Hinrichtung

ten sie zwei Offiziere zu einer Kutsche und nahmen ihr gegenüber Platz. Neben ihr und dem Kind saß eine Kammerfrau. Dreißig Mann Kavallerie bildeten die Eskorte.

Gegen Mittag traf der traurige Zug in Helsingör ein, wo einst Hamlet gelebt haben soll. Im Schloß, das als Gefängnis für Schwerverbrecher diente, brachte man die Königin in eine ungeheizte, vergitterte Zelle, die so niedrig war, daß ein großer Mann darin nicht aufrecht stehen konnte. Auch hier gab es nur einen Strohsack. Matilda blieb so lange regungslos stehen, bis man ihr endlich einen Stuhl brachte. Das Kind wurde ihr weggenommen.

Zwei Tage und zwei Nächte lang verblieb die Königin wie gelähmt auf dem Sessel. Das Essen – die gleiche miserable Kost, wie sie alle anderen Gefangenen auch erhielten – lehnte sie ab. Matilda durfte den Raum nicht verlassen, ihr Kind nicht sehen. Es gilt als ziemlich sicher, daß Juliana persönlich diese entwürdigende Behandlung einer immerhin noch regierenden Königin veranlaßt hat.

Der Umsturz war binnen weniger Stunden in Kopenhagen ruchbar geworden, jedermann lief auf die Straße und schrie: »Lang lebe König Christian.« Abordnungen von Sympathisanten und Überläufern eilten in den Palast, um Juliana und Frederick zu gratulieren. Am Nachmittag fuhren Christian und Frederick durch jubelnde Menschenmassen, oft blieb der Wagen im Gewühl stecken. Starke Männer spannten endlich die sechs Schimmel aus und zogen das Gefährt.

Christian ließ nicht erkennen, ob er überhaupt begriff, was vor sich ging, um so eifriger grüßte, nickte und winkte Frederick huldvoll nach allen Seiten. Bis zum Abend war die Stadt beflaggt und illuminiert, Kanonenschüsse und Gewehrsalven kündeten von Julianas und Fredericks Triumph. In allen Kirchen wurden Dankgottesdienste abgehalten. Eilig gedruckte Flugblätter feierten den »Sieg des Lichtes« über den »finsteren Tyrannen« und »Judenfreund«.

Von Stund an war Christian damit beschäftigt, Gesetze und Erlässe zu unterzeichnen. Alle Regierungsmitglieder wurden ausgewechselt, die höchsten Ämter der Beamtenschaft neu besetzt. Der Adel kehrte in die Metropole zurück und wurde nicht müde, mit Juliana und Frederick zu feiern. Ihren Plan, den König abzusetzen und Frederick zu inthronisieren, ließ Juliana auf dringendes Anraten des Staatsrats fallen.

Frederick, der Stiefbruder Christians VII.

Englands Botschafter Generalleutnant Keith protestierte gegen die Verhaftung Matildas. Dann schloß er sich in seine Residenz ein und wartete auf Weisungen aus London. Er mußte sich einen Monat lang gedulden, denn Georg III. hatte im Augenblick andere Sorgen: Seine Mutter lag im Sterben. Nach ihrem Tod schickte er Keith eine Note, deren Inhalt nicht bekannt ist. Vermutlich enthielt sie keine Direktiven, energische Schritte zu setzen, denn gleichzeitig schrieb Georg seinem Schwager Christian und forderte nichts weiter als »faire Behandlung« Matildas. Georg hatte seine Schwester nie leiden können, und er hielt sie vermutlich, so wie seine Mutter, für schuldig. Noch auf dem Sterbelager hatte Augusta verboten, in ihrer Gegenwart den Namen der Tochter auch nur zu erwähnen.

Dennoch wurde Matildas Los ein wenig erleichtert, ihre Zelle geheizt und möbliert. Sie bekam warme Kleidung, Dienerschaft (sorgfältig ausgewähltes Personal!), aber sie durfte den ihr zugewiesenen Raum nur sonntags verlassen.

Seelisch wurde Matilda weiter terrorisiert, und das ausgerechnet beim Gottesdienst, dem sie, eingezwängt zwischen den anderen Gefangenen, beiwohnen mußte. Mit sichtlichem Behagen zitierten die Gefängnisgeistlichen Chemnitz und Hansen Bibelstellen, aus denen der Begriffsstutzigste die Anprangerung und Verurteilung der Königin heraushören konnte. Kreideweiß im Gesicht, aber sonst ohne das geringste Anzeichen einer Gemütsbewegung, saß Matilda in ihrer Bank und ließ den kübelweise auf sie gegossenen Unrat über sich ergehen. Sie verließ die Kirche mit hochgerecktem Kinn und weigerte sich, die beiden Pfarrer, die mehrfach um »Audienzen« ansuchten, zu empfangen.

Obwohl es ihm nicht gestattet war, sie zu sehen, berichtete Keith nach London: »Die Königin von Dänemark erfreut sich in Hamlets Schloß bester Gesundheit. Ich wünschte, Struensee und Genossen würden endlich bestraft, so daß sich die Lage Ihrer Majestät wieder bessern könnte.«

Ein einziges Mal fragte Matilda eine ihrer neuen Dienerinnen, eine Kammerfrau namens Arnsberg – die dies sofort nach Kopenhagen weitermeldete – über Struensee aus. Er sei festgenommen und befinde sich in der Zitadelle, erzählte die Frau. Matilda begann zu weinen: »Ist er in Ketten? Hat er genug zu essen? Weiß er, daß ich gefangengehalten werde?« Sie erhielt keine Antwort.

Struensee wurde Ende Februar zum ersten Mal einem Untersuchungsrichter vorgeführt, von der Haft so geschwächt, daß er zusammenzubrechen drohte und sich setzen durfte. An zwei Tagen hintereinander wurde er jeweils acht Stunden lang ununterbrochen einvernommen, und er bestritt, jemals einen Staatsstreich gegen den König geplant zu haben.

Beim dritten Verhör wurde er über seine Beziehung zur Königin befragt. Er beschwor, niemals intim mit ihr gewesen zu sein. Da er so nachdrücklich alle Anklagen bestritt, wurde ihm mit der Folter gedroht, doch er sagte, er hätte die Wahrheit und nichts als die Wahrheit gesagt, die Folter fürchte er nicht – aber urplötzlich gab es ein von ihm unterzeichnetes Geständnis, wonach er ein Verhältnis mit der Königin gehabt hätte, mehr noch, daß die Initiative von ihr ausgegangen wäre. Keine Folter?

Am 8. März 1772 wurde Matilda von einer aus vier Herren bestehenden königlichen Kommission ins Kreuzverhör genommen. Sie antwortete knapp, kühl und wies alle Vorwürfe zurück. Aber dann las ihr einer der Männer Struensees Geständnis vor und hielt es ihr unter die Nase, so daß sie die Signatur deutlich erkennen konnte. Sie schrie auf, sank in ihrem Stuhl zusammen und schlug die Hände vors Gesicht.

Ihr mußte auf der Stelle klar gewesen sein, daß Struensee mit diesem Bekenntnis sein Leben verwirkt hatte. Ohne lange zu zögern, fragte sie: »Wenn ich zugebe, daß Struensee die Wahrheit gesprochen hat, kann ich damit sein Leben retten?« Eilfertig wurde ihr versichert, daß dies durchaus möglich wäre, sie müsse nur, bitte hier, unterschreiben. Sie bekam die schon längst vorbereitete Selbstbezichtigung vorgelegt, warf nur einen kurzen Blick darauf und sagte tonlos: »Gut, ich unterschreibe.« Generalleutnant Keith hat bis an sein Lebensende die Echtheit dieser Signatur bezweifelt. Höchstens sei sie unter Drohung und Erpressung zustande gekommen.

Vor einem aus 45 Personen bestehenden Gerichtshof begann am 14. März 1772 der Scheidungsprozeß des Königspaares, alle Ratsmitglieder waren Anhänger von Juliana und Frederick. Dr. Bang nahm die Interessen des Königs wahr, Dr. Uldall (nach anderer Schreibweise Uhdall) war von Juliana zum Rechtsbeistand der Königin auserwählt worden. Christian, der vielleicht gar nichts von dem Scheidungsprozeß wußte, war nicht anwesend und Matilda *durfte* nicht aussagen. Das Urteil stand ohnehin schon zu Prozeßbeginn fest.

Dr. Bang ließ unzählige Zeugen aufmarschieren, Kammerfrauen, Zimmermädchen und anderes Personal – alles Menschen, die Matilda stets freundlich behandelt hatte und die nun gegen sie aussagten. Sie erzählten, wie sie durch Schlüssellöcher gespäht, Mehl ausgestreut, um Fußspuren zu sichern, und was sie aus »sicheren Quellen« erfahren hätten.

Matilda wurde besonders angelastet, daß sie unmittelbar nach ihrer Verhaftung als ersten Struensee sehen wollte, daß sie sich in Kronberg wohl nach Struensee, nicht aber nach dem König erkundigt hätte, daß sie noch immer eine Miniatur Struensees um den Hals trüge.

Hauptbelastungszeugin war die ehemalige Hofdame Fräulein von Eyben: Sie hätte die Königin einmal weinend angetroffen. Nach dem Grund befragt, hätte Matilda die Affäre mit Struensee eingestanden und sich bezichtigt, den ersten Schritt dazu getan zu haben.

Dr. Bang erhob im Namen seines Mandanten die Scheidungsklage gegen Matilda, und er stützte sich dabei vorwiegend auf die Geständnisse von Struensee und Matilda, fügte aber hinzu: Selbst wenn diese Schuldbekenntnisse durch Folter oder Erpressung zustande gekommen wären, genügten die Zeugenaussagen, Matilda zu verurteilen.

Nach einer einwöchigen Prozeßpause, während der Dr. Uldall sich täglich mit Matilda besprach, hielt er eine fulminante Verteidigungsrede, sehr zur Verwunderung aller Anwesenden, denn das Vertrauensverhältnis zwischen Uldall und Juliana war allgemein bekannt.

Punkt für Punkt zerpflückte der Anwalt die Anklage. Das Geständnis Struensees sei von einem körperlich und seelisch gebrochenen Mann gemacht worden, was aber das Geständnis der Königin beträfe, so sei er in deren Auftrag angewiesen, es ausdrücklich zu widerrufen. Das Hohe Gericht wisse wohl selbst am besten, daß die Schuld der Beklagten nun stichhaltig vom Kläger nachgewiesen werden müßte. Die sogenannten Beweise seien aber nichts anderes als Gerüchte, Verdächtigungen, Klatsch aus zweiter und dritter Hand, böswillige Unterstellungen.

»Wenn wir nach irgendwelchen Tatsachen fragen, um das Verhältnis zwischen der Königin und Struensee zu beweisen, dann lautet die

Antwort: Es gibt keine solchen Beweise«, rief der Anwalt in den Gerichtssaal. »Daß die Königin Struensee Zeichen der Zuneigung gezeigt hat, das kann nicht bestritten werden, aber niemand hat *selbst* gesehen oder gehört, daß diese Beziehung über die Grenzen der Ehrbarkeit hinausgegangen wäre. Kein einziger Zeuge war imstande, stichhaltig darzulegen, daß die Königin den Eid, den sie dem König geschworen, gebrochen hat.«

Und hätte er mit Engelszungen geredet, Uldalls Verteidigung war vergeblich. Nach viertägiger Beratung wurde die Scheidung ausgesprochen, die Bestrafung der Königin dem König anheimgestellt.

Einen bemerkenswerten Paragraphen enthielt dieses Urteil dennoch: Luise Augusta, von der es bis dahin immer geheißen hatte, sie sei das Kind Struensees, wurde als königliche Prinzessin anerkannt. Aber, so steht es im Urteil schwarz auf weiß, Matilda hatte zum Zeitpunkt der Zeugung bereits ein intimes Verhältnis mit Struensee –? Dennoch ist das Gericht überzeugt, daß das Mädchen Christians leibliche Tochter ist –? Irgend etwas stimmt da nicht . . .

Wenn es nach Juliana gegangen wäre, sollten *beide* Kinder Matildas für illegitim erklärt werden, um so Frederick zum dänischen König zu machen. Die Richter schlugen ihr ein doppeltes Schnippchen, indem sie nicht nur die Legitimität des Prinzen, sondern auch die der Prinzessin außer Frage stellten. Ein Rest von Zweifel an der Schuld der Königin ist somit auch im Spruch des Gerichts verewigt.

Daß Matildas Urgroßmutter mit dem Grafen Königsmarck ein intimes Verhältnis gehabt hat, steht heute eindeutig fest (siehe das Kapitel »Mord im Schloß«), die Briefe der Liebenden sprechen eine deutliche Sprache. Von Struensee und Matilda gibt es keine einzige Zeile. Die Meinung der Historiker gehen diametral auseinander – je nachdem, auf wessen Seite sie stehen, welche Beweise sie gelten lassen und welchen sie mißtrauen. Daß die beiden einander geliebt haben, ist nicht zu bezweifeln – wie weit die Verstrickung gegangen ist, läßt sich nur gefühlsmäßig beurteilen. Aber Gefühle haben kein Gewicht, wenn es um Fakten geht, zumindest sollten sie es nicht haben . . .

Eine ähnliche Farce wie der Scheidungsprozeß stellte das Hochverratsverfahren gegen Struensee dar; es begann am 21. April 1772. Nicht Tatsachen, sondern pure Gehässigkeiten leiteten die Anklageschrift ein. Struensee wurde »Grausamkeit« vorgeworfen, seine

»niedrige Geburt«, »niedrige Gesinnung«, Unfähigkeit als Arzt, Unkenntnis der dänischen Sprache, seine durch maßloses Essen und Trinken verursachte Korpulenz.

Endlich dann die wesentlichen Anschuldigungen: das sündhafte Verhältnis mit der Königin, Anmaßung königlicher Autorität, Bereicherung (Struensee hatte Teile des Kronschatzes zur Sanierung der Staatsfinanzen verwendet), Truppenkonzentration in Kopenhagen mit der Absicht, den König beseitigen zu lassen. Der Ankläger forderte die Todesstrafe.

Dr. Uldall war wieder als Pflichtverteidiger berufen, aber diesmal ermangelte es ihm des Feuers, sein Plädoyer war bestenfalls lauwarm. Mit scharfer Logik trat Struensee schließlich selbst für sich ein, zerpflückte jeden einzelnen Punkt der Anklage, bis nichts mehr davon übrig war, und entkräftete alle Zeugenaussagen. Nur zu seinem Verhältnis mit der Königin sagte er kein Wort.

Am 25. April 1772 wurde nach viertägiger Verhandlung das Urteil gesprochen: Schuldig! Niemand hatte es anders erwartet. Auch Graf Brandt, dessen Prozeß anschließend abgehandelt wurde, hatte sein Leben verwirkt, hauptsächlich wegen seines tätlichen Angriffs auf den König. Christian unterzeichnete die Verdikte ohne zu zögern. Am selben Abend ging er in die Oper und unterhielt sich königlich.

Die Exekution war für Montag, dem 28. April 1772, angesetzt. Verzögerungen gab es bei der Errichtung des Schafotts auf freiem Felde vor der Stadt, da kein Tischler zum Bau bereit war. Kein Handwerker wollte das Rad herstellen, auf das die Leichenteile geflochten werden sollten. Die Tischler machten sich erst an die Arbeit, nachdem man ihnen Folter und Kerker angedroht hatte, die Räder wurden von einer alten Kutsche abmontiert.

In der Nacht vor der Hinrichtung blieb das Osttor Kopenhagens geöffnet, um den vielen Schaulustigen Gelegenheit zu geben, rechtzeitig auf dem Richtplatz zu erscheinen. Ungefähr 30000 strömten herbei, Männer, Frauen, Kinder, die kleineren unter ihnen auf den Schultern getragen. Kopf an Kopf standen die Menschen auf dem Weg von der Zitadelle zum Stadttor, jedes Fenster, jeder Balkon war besetzt, junge Burschen erkletterten Gesimse und Dächer.

Vor Tagesanbruch ging Pastor Münter zu Struensee. Er fand ihn in die Lektüre von Johann Elias Schlegels »Sermon über die Leiden

Christi« vertieft, ruhig, unbewegt. Wärter nahmen dem Grafen die Ketten ab, führten ihn zu einem Wagen, legten ihm die Fesseln wieder an. Bewacht von zwei Offizieren, begleitet von hundert Mann Infanterie, unter Trommelwirbel und dem Geläut der Sturmglocken ging es auf zur letzten Reise.

In einer zweiten Kutsche folgte Graf Brandt, der vom maskierten Henker als erster exekutiert wurde. Von seiner Kutsche aus konnte (mußte) Struensee das blutige Ritual mit ansehen.

Man hatte Struensee, wie zum Hohn, in seine besten Staatskleider und einen Pelz gehüllt, aber als er auf dem Blutgerüst stand und sich selbst entkleiden sollte, war er dazu nicht fähig, weil ihm die gebrochene Hand den Dienst versagte. Maskierte Henkersknechte schälten ihn aus den Gewändern und machten seinen Oberkörper frei.

Auf dem Weg zum Richtblock, der noch naß und rot war von Brandts Blut, stolperte Struensee, und er wäre gestürzt, hätte ihn nicht ein Henkersknecht aufgefangen. Der Delinquent kniete nieder, hatte aber Schwierigkeiten, den Kopf auf der vorgeschriebenen Stelle zu plazieren.

Man zurrte ihm die rechte Hand auf einen kleinen Holzblock, und der Henker mußte dreimal zuschlagen, ehe sie endlich zu Boden fiel. Struensees Leib zuckte in wildem Schmerz, der Henker zielte zweimal daneben, ehe er Struensees Hals traf, das Haupt blieb an Haut- und Muskelfetzen schwebend hängen. In verzücktem Grauen sah das Volk zu, wie dem Toten die Eingeweide herausgerissen und in einen Eimer geworfen, die Leichenteile aufs Rad geflochten wurden.

Juliana beobachtete die Exekution durch ein Fernglas vom Stadtturm aus, und als Struensee gerichtet wurde, sagte sie, sie hätte gewünscht, Matilda wäre zusammen mit ihrem »Komplizen« dort oben gestanden.

Die Hinmetzelung Struensees brachte einen blitzartigen Umschwung der öffentlichen Meinung mit sich, zu offensichtlich waren die Mängel des Verfahrens gewesen, und Stimmen gegen Juliana und Frederick wurden unüberhörbar. Juliana reagierte geschmeidig: Alle übrigen Opfer des Staatsstreichs nach dem Maskenball wurden auf freien Fuß gesetzt, jedoch aus Kopenhagen verbannt. Struensees Bruder Carl ging nach Berlin und wurde zuletzt der hochangesehene Finanzminister des Preußenkönigs Friedrich des Großen.

Über Matildas Reaktion auf die Nachricht vom Tod Struensees gibt es zwei Versionen. Nach der einen sei sie in Tränen ausgebrochen und hätte gar nichts gesagt, nach der anderen soll sie ruhig bemerkt haben: »Armer Mann, er mußte für seine Ergebenheit dem König und mir gegenüber einen hohen Preis bezahlen.«

Und dann wäre es um Haaresbreite zum Krieg zwischen England und Dänemark gekommen, nachdem Julianas Absicht durchgesickert war, Matilda auf die ferne Festung Aalborg zu verlegen, wo sie bis an ihr Lebensende eingesperrt werden sollte – wie dermaleinst ihre Urgroßmutter Sophie Dorothea in Ahlden.

Auf der Britischen Insel schlug die Empörung über die entwürdigende Behandlung der »Rose von England« hohe Wogen. Die Presse übte so starken Druck aus, daß Premierminister Suffolk nach Dänemark signalisierte, die Flotte sei in Alarmbereitschaft gesetzt, um Kopenhagen zu bombardieren, falls Matilda nicht auf freien Fuß gesetzt würde . . .

Juliana machte eine scharfe Kehrtwendung: Matilda sollte nicht nur in allen Ehren freigelassen werden, sie würde auch eine großzügige Apanage erhalten. Die Kinder allerdings müßten in Dänemark bleiben.

Von diesem Augenblick an wurde Matilda nicht länger als Gefangene, sondern mit großer Ehrerbietung als Prinzessin von England behandelt. Sie konnte sich frei bewegen, und sie legte endlich die schwarze Kleidung ab, die sie während der letzten Monate getragen hatte, »aus Trauer über meinen ruinierten Ruf«, wie sie erklärte.

Juliana übersandte Matilda deren gesamte Juwelen, doch sie nahm nur diejenigen an, die sie selbst aus England mitgebracht hatte. Alle anderen, vorwiegend Geschenke ihres Mannes, wies sie zurück: Niemals mehr wollte sie an die Jahre der dänischen Sklaverei erinnert werden.

Ihr größter Wunsch war es, ins Heimatland zurückzukehren – der aber ging nicht in Erfüllung. Georg III. entschied, daß sie sich auf Hannoveraner Gebiet, und zwar in Celle, niederzulassen hätte. Celle! Der Ort, wo ihre Urgroßmutter Sophie Dorothea eine sorgenfreie Jugend verbracht hatte. Der Schicksalskreis über drei Generationen begann sich zu schließen . . .

Matilda saß am 27. Mai 1772 beim Mittagstisch, als sie Kanonensalute von der Festung herab vernahm, die aus einiger Entfernung erwidert wurden. Sie stürzte zum Fenster und brach in Tränen der Freude aus: Zwei englische Kriegsschiffe hatten vor Helsingör Anker geworfen. Sie waren gekommen, die »Rose von England« aus dem Hamlet-Schloß zu befreien.

Kapitän Macbride vom Flaggschiff »Southampton« meldete sich bei Matilda und fragte untertänigst, wann königliche Hoheit abzureisen wünschten. Sie starrte ihn einen Augenblick lang fassungslos an, dann bedeckte sie ihre Augen mit den Händen, stöhnte: »Oh, meine lieben Kinder« und stürzte aus dem Zimmer.

Drei Tage später war sie zur Abreise bereit, aber bis zur letzten Minute hielt sie ihre kleine Tochter so fest umklammert, daß man ihr das Kind mit Gewalt entreißen mußte. Der Gefängnisdirektor warf sich vor ihr auf die Knie und bat sie um Vergebung für alles, was er ihr angetan. Matilda verzieh und fügte hinzu, er könne ja nichts dafür, der arme Teufel. Sie ersuchte ihn eindringlich, die zurückbleibenden Gefangenen menschlich und milde zu behandeln.

Als Ausgestoßene war sie nach Kronberg gekommen, als freie Fürstin verließ sie die Festung. In dem Augenblick, da sie Fuß auf die »Southampton« setzte, wurde die englische Flagge gehißt, die Kanonen von Helsingör donnerten den Abschiedsgruß.

Am 5. Juni erreichte Matilda Stade an der Elbemündung, wo sie von ihrem neuen Hofstaat empfangen wurde. Mit ihm reiste sie auf dem Landweg zum Jagdschloß Görde, mitten in dichten Wäldern gelegen, wo sie blieb, bis Celle fertig adaptiert war.

Die Zeit wurde ihr nicht lang. Sie hatte genug zu tun, die einzelnen Mitglieder der neuen Hofgesellschaft kennenzulernen, und ihre Schwester Augusta, Herzogin von Braunschweig-Wolfenbüttel, kam samt Ehemann zu Besuch. Die Schwestern, die einander so viele Jahre nicht gesehen, hatten unendlich viel zu erzählen, und sicher wurde auch über die Kinder ausführlich gesprochen, darunter Augustas damals vierjährige Tochter Karoline. Im folgenden Kapitel werden wir uns eingehend mit ihr beschäftigen.

Halb Celle war am 20. Oktober 1772 auf den Beinen, um die neue Herrin des Schlosses willkommen zu heißen. Rosig leuchtete die Zukunft der verschlafenen kleinen Stadt, einstmals eine glänzende Residenz, die jedoch nach dem Tod von Herzog Georg Wilhelm für mehr als siebzig Jahre wie Dornröschen vor sich hindämmerte. »Die goldenen Tage kehren zurück . . .« begann eines der Huldigungslieder, mit denen die unverzichtbaren weißgekleideten Ehrenjungfern Matilda überschütteten. Ein Seufzer der Erleichterung entrang sich der Fürstin: »Gott sei Dank, die Untertanen meines Bruders halten mich nicht für schuldig.« Ob dem wirklich so war, bleibe dahingestellt. Schuldig oder nicht schuldig war ziemlich gleichgültig angesichts der erhofften wirtschaftlichen Blüte im Dunstkreis eines königlichen Hofstaats . . .

Flüchtig sah sich Matilda im prächtig renovierten Schloß um, hastig nahm sie ihr Essen ein. Dann trieb es sie hinaus auf die Straßen, trunken vom Gefühl der endlich wiedererlangten unumschränkten Freiheit. Nur von wenigen Damen und Kavalieren begleitet, schlenderte sie durch die wimmelnde Menge, lächelte, grüßte, winkte, blieb stehen, drückte Hände, plauderte – genau so, wie es ihre Urgroßmutter Sophie Dorothea hundert Jahre zuvor als junges Mädchen getan hatte.

Noch einmal gab es ein Wiedersehen mit dem allzeit getreuen Keith, der sie auf der Durchreise besuchte: In Anerkennung seiner Verdienste war er von dem wenig bedeutenden Botschafterposten in Kopenhagen auf den wichtigen nach Wien am Hof Maria Theresias versetzt worden.

Matilda war zu lange eingesperrt gewesen, um es mehr als ein paar Stunden hintereinander im Schloß auszuhalten. Täglich besuchte sie, in Gesellschaft von nur einer Hofdame, die Stadt, geradezu süchtig nach Kontakt mit den verschiedensten Menschen. Sie praktizierte in Celle, was sie in Kopenhagen von Struensee gelernt hatte: Ihr kleiner Hof stand allen Schichten weit offen, ihre Gesellschaften wurden durch interessante Persönlichkeiten aus der Bürgerschaft belebt. Und von Anfang an hatte sie eine gute Freundin: Frau von Plessen, ihre ehemalige Haushofmeisterin, die sich nach ihrer Verjagung aus Dänemark in Celle niedergelassen hatte.

Großen stetigen Schmerz bereitete ihr die Trennung von dem Sohn Frederick und vor allem von ihrer Tochter Luise. So lud sie denn immer häufiger Kinder aus der Stadt ein, spielte mit ihnen, veranstaltete Feste für sie, und schließlich adoptierte sie ein vierjähriges Waisenmädchen, Sophie von Benningsen, das sie mehr verwöhnte, als es dem Kind gutgetan haben mag.

Gleichmäßig, einem ungeschriebenen Programm folgend, war der Tagesablauf der entthronten Königin. Zwischen sieben und acht Uhr erhob sie sich. Nach dem Frühstück ging sie ein wenig spazieren, öfter war sie mit der Kutsche unterwegs, in der Stadt, in der Umgebung, mit Vorliebe aber im wunderschönen Französischen Garten. Nach Tisch zog sie sich in ihre Privaträume zurück, lesend, schreibend, handarbeitend.

Das Abendessen wurde im Kreis vieler Gäste eingenommen, mit denen Matilda anschließend am Kartentisch saß oder das kleine Schloßtheater besuchte, das eigens für sie zu neuem Leben erweckt worden war. Regelmäßig kamen Opern- und Schauspieltruppen aus Hannover, um, einem diskreten Wink des Hofmarschalls folgend, durchwegs nur heitere Stücke mit gutem Ausgang aufzuführen.

Matilda, die früher in Begleitung Struensees so oft und so viel gewandert und geritten war, machte so gut wie keine körperliche Anstrengung mehr, aber sie aß gern und viel. Binnen weniger Monate war sie so dick geworden, daß manch einer, der sie lange nicht gesehen, sie kaum wieder erkannt hätte.

»Sie war vergnügt und zeigte keine Anzeichen von Melancholie, aber für eine Frau ihres Alters war sie unglaublich fett«, heißt es in den Memoiren von Nathaniel Wraxall, eines vielgelesenen englischen Reiseschriftstellers.

Wraxall hielt sich 1774 einige Zeit in Kopenhagen auf, bestrebt, Einzelheiten über Matilda, Struensee und die Palastrevolution zu erfahren – fast wäre der so auffallend wissensdurstige junge Mann als Spion verhaftet worden –, und dann begab er sich nach Celle, Matilda zu befragen. Gleichaltrig mit der damals Dreiundzwanzigjährigen, besaß er die Gabe, eine einsame Frau geistreich zu unterhalten. Beide waren voneinander angetan und verbrachten einige Abende im angeregten Gespräch. So ergab es sich, daß Wraxall tatsächlich in die Rolle eines Agenten und Spions hineinschlitterte.

Von Celle reiste er nach Altona und suchte, von Neugier getrieben, Kontakt mit einem Kreis ehemaliger Struensee-Anhänger, die dort im Untergrund agierten. Mittelpunkt war ein Baron Bülow, vormals Matildas Oberstallmeister und einer ihrer ergebensten Gefolgsleute.

Aus Bülows Mund erfuhr Wraxall im einzelnen, was er selbst schon in groben Umrissen erfaßt hatte: Juliana war die bestgehaßte Frau

Dänemarks, der König weniger denn je sein eigener Herr. Die Steuern, vor allem für Minderbemittelte, stiegen unaufhörlich, Hochmut und Übermut der herrschenden Stände wurden immer unerträglicher. Kleinste Verstöße gegen Sitte und Moral wurden von einer unerbittlichen Geistlichkeit öffentlich angeprangert und rigoros geahndet.

Auf dem flachen Land herrschte die blanke Not. Leibeigene waren wieder in die Sklaverei zurückgeworfen, Bauern ihrer bescheidenen kleinen Rechte beraubt, das Bürgertum beiseite geschoben und schikaniert.

Die Dänen, die durch Struensee knapp zwei Jahre lang einen Vorgeschmack dessen erhalten hatten, was Freiheit und Menschenwürde bedeuteten und wert waren, stöhnten unter Einschränkungen, der Schnüffelei in ihrem Privatleben, strenger Zensur, der Rücknahme aller sozialen Errungenschaften. Selbst in Kreisen des Militärs, vor allem in den unteren Rängen, die Struensee von der Schinderei durch die Offizierskaste befreit hatte, trauerte man dem Verblichenen nach.

Struensee war tot – aber Matilda lebte! Verglichen mit der hartherzigen Despotin, schien sie plötzlich als ein Engel des Lichts, unschuldig verfolgt durch die Teufelin Juliana. Vergeben, vergessen die verabscheuungswürdige Figur einer ehebrecherischen Verräterin, als die man sie einst verunglimpft hatte.

Das diffuse Unbehagen bedurfte nur mehr einer ordnenden Hand – und eine Revolte, wenn nicht gar eine Revolution, schien unausweichlich. Es war nicht eine, es waren viele Hände in Altona, die gezielt auf einen Umsturz hinarbeiteten. Dazu brauchten sie einige wichtige Dinge: Matildas Einverständnis, das Wohlwollen des englischen Königs und, wenn möglich, finanzielle Unterstützung.

Wraxall, ein romantischer Jüngling, hingerissen von der Märtyrergestalt Matildas, war leicht zu gewinnen. So diente er in den kommenden Monaten als Verbindungsmann und Kurier mit Geheimbotschaften zwischen Celle, Altona und London.

Die Aussichten für das Gelingen des Komplottes standen gar nicht so schlecht, da Matilda – nach langem Zögern zwar, dann aber doch überwältigt von der Aussicht, ihre Kinder wieder in die Arme schließen zu können – sich bereit erklärte, nach Dänemark zurückzukehren und die Regierungsgeschäfte für ihren minderjährigen Sohn zu übernehmen. Auch Georg III., noch immer beleidigt über die schäbige

Behandlung seiner Schwester und wohl auch aus verschiedensten politischen Erwägungen, gab letzten Endes sein Placet. Allerdings machte er keine bindenden Zusagen über Geldzuwendungen und militärische Hilfe.

Ende April 1775 war der Plan so weit gediehen, daß auf ein Signal aus Altona die Erhebung in Kopenhagen schlagartig beginnen konnte. Der König würde vorübergehend festgenommen und zur Unterzeichnung einer Reihe von bereits vorbereiteten Dokumenten veranlaßt werden. Gleichzeitig wollte man Juliana und Frederick aus der Stadt bringen und in Fredericksborg unter Hausarrest stellen. Für sämtliche Kabinettsmitglieder war ein Haftbefehl fertiggestellt. Zur selben Stunde würde eine Delegation bei Matilda vorsprechen, um sie nach Kopenhagen zu holen.

Das Signal aus Altona kam nie. Die Konterrevolution fand nicht statt, denn ihre Galionsfigur, die einzige Person, die diesen Staatsstreich zum sicheren Erfolg hätte führen können – Königin Matilda starb plötzlich und unerwartet am 11. Mai 1775!

So plötzlich und unerwartet, daß sofort von Meuchelmord die Rede war. Niemand anderer als Juliana konnte die Auftraggeberin sein. Man glaubte auch zu wissen, wie das Verbrechen eingefädelt worden war: Ein von Julianas Agenten bestochener Schwarzer mit dem bezeichnenden Namen Mephisto, Küchengehilfe im Schloß Celle, hätte dem Lieblingspagen Matildas eine Tasse vergifteter Schokolade verabreicht, worauf der junge Mann tot umfiel. Nach der erfolgreichen »Generalprobe« sei dann Matilda auf die gleiche Weise umgebracht worden.

Das einzig Wahre an der Schauergeschichte war der Tod des Pagen. Doch der starb, ebenso wie ungezählte Menschen in diesem Frühjahr, im Gefolge einer geheimnisvollen Epidemie, die in Celle und Umgebung wütete. Ihre Opfer wurden, von Schüttelfrost und hohem Fieber gepeinigt, binnen weniger Stunden dahingerafft.

Der Tod des Pagen ging ihr nahe, die Erkrankung ihrer Adoptivtochter Sophie versetzte Matilda in Angst und Panik. Sie blieb den ganzen Tag über am Bett der Kleinen. Bei der Abendtafel wirkte sie geistesabwesend, stocherte, kaum ansprechbar, lustlos in den Speisen. Zu müde, um Karten zu spielen, zog sich Matilda sofort nach dem Essen zurück.

Am nächsten Morgen erwachte sie mit Halsschmerzen und Fieber. Gegen Abend ging es ihr besser, doch sie sagte: »Es ist an der Zeit. Ich werde sterben.« Sie verfiel zusehends, war aber bei vollem Bewußtsein, als sie den Schloßgeistlichen Lehzen rufen ließ. Ihm vertraute sie an, daß sie allen ihren Feinden vergeben habe.

Ein schwacher Seufzer der Erleichterung entrang sich ihrer Brust, als sie erfuhr, daß Sophie auf dem Weg der Besserung wäre: »Dann sterbe ich ruhig.« Der Tod ereilte sie zehn Minuten nach elf Uhr, am Morgen des 11. März 1775, zwei Monate vor ihrem 24. Geburtstag.

Wegen der Infektionsgefahr wurde der Leichnam sofort beigesetzt. Er ruht Seite an Seite mit dem letzten Herzog von Celle, Georg Wilhelm, seiner Frau Eleonore d'Olbreuse und Matildas Urgroßmutter Sophie Dorothea, deren Schicksal dem ihren so ähnlich war.

Nachdem die Nachricht von Matildas Ableben in Kopenhagen bekannt geworden war, steckte man ihre beiden Kinder in Trauerkleidung. Die übrige Familie begab sich – eine wahrhaft makabre Geschmacklosigkeit – noch am selben Abend auf einen Maskenball. Ein vergnügter Christian VII. war mit dabei.

Neun Jahre nach Matildas Tod entriß ihr sechzehnjähriger Sohn Frederick seinem schwachsinnigen Vater mittels eines neuerlichen Staatsstreichs die Macht, und ganz Dänemark jubelte ihm zu. Seine Regierung begann, behutsam und mit kleinen Schritten, wo Struensee so abrupt zum Aufhören gezwungen worden war. Frederick VI. hätte ein großer König werden können, wenn er nicht . . . Doch das ist eine ganz andere Geschichte.

Bigamie im Königshaus

Karoline 1768–1821

»Mein Vater war ein Held, mich hat man mit einer Null verheiratet«, soll Königin Karoline von England, geborene Prinzessin von Braunschweig, einmal geseufzt haben. Dieser Ausspruch ist entweder frei erfunden, oder Karoline hat sich mehr zurückgenommen, als es ansonsten ihre Art war. Normalerweise pflegte sie sich direkter, genauer und drastischer auszudrücken: Tatsächlich war ihr Gemahl, König Georg IV. von England, weniger als eine Null, sozusagen ein Minus-Mann mit vielen üblen Charaktereigenschaften.

Seine Frau hätte mehr als einmal gute Gründe gehabt, ihn hinterrücks zu erdolchen oder zu vergiften – was sie vielleicht auch getan hätte, wäre sie ein paar Jahrhunderte früher zur Welt gekommen. Damals herrschten – wie bei Shakespeare oder in der Geschichte der Renaissance nachzulesen – derart rigorose Sitten. Zu Karolines Zeiten ging es bereits wesentlich moderater zu. Ihr Ehedrama endete unblutig in einem Prozeß vor dem Oberhaus.

Wir sind Karolines Vater bereits im vorangegangenen Kapitel begegnet – allerdings nicht in der Rolle des Helden, sondern als Bewerber um die Hand von Matildas Schwester Augusta und, Jahre später, als unauffälligem Besucher Matildas in deren Hannoveraner Exil.

Erbprinz Carl Wilhelm Ferdinand von Braunschweig-Wolfenbüttel aus dem Geschlecht der Welfen war bereits weltberühmt, als er Augusta, die Schwester Georgs III., heiratete. Der Lieblingsneffe Friedrichs des Großen, dessen Schwester mit Carls Vater verheiratet war, galt trotz seiner Jugend als tüchtiger Feldherr. Mit bemerkenswertem Draufgängertum hatte er sich im Siebenjährigen Krieg geschlagen, »ebenso kühn wie glücklich in seinen Unternehmungen«, rühmte Voltaire und betonte »die Bescheidenheit, mit der er die Huldigungen für seine Verdienste entgegennimmt«.

Die Engländer waren begeistert von dem jungen Heros, sie erdrückten ihn fast mit ihrer Liebe. Bei seiner Ankunft in Harwich war das Gedränge so groß, daß dabei ein Holzhaus ins Wanken geriet. Weniger enthusiastisch wurde Carl bei Hof aufgenommen. Seine Schwägerin Königin Charlotte zeigte ihm überhaupt die kalte Schulter. Sie war auf Friedrich den Großen nicht gut zu sprechen, dessen Truppen ihre Heimat Mecklenburg-Strelitz sengend und brennend heimgesucht hatten.

Die Ehe zwischen Carl und Augusta war kein Erfolg, denn: »Nur Private können sich Glück vom Eheleben erwarten, weil sie frei sind in ihrer Wahl. Einer meines Standes jedoch muß aufgrund ganz anderer Erwägungen heiraten ... Bei diesen Heiraten spricht alles andere als das Herz, und das Resultat ist nicht nur geeignet, einem das Leben zu verbittern, es wirkt sich auch unglücklich auf die Nachkommen aus«, erklärte Carl, ließ seine Augusta links liegen und nahm sich eine Maitresse, mit der er dreißig Jahre lang glücklich und getrennt von seiner Frau lebte.

Dieses Fräulein von Hertzfeldt war »das schönste und geistreichste Geschöpf bei Hof«, meinte Karoline. »Allerdings konnte meine Mutter sich nicht in diese Verhältnisse finden, und die Folge war, daß ich nicht wußte, wie ich mich zwischen den beiden benehmen sollte. War ich nach der einen Seite freundlich, wurde ich von der anderen her ausgezankt, und so wurde ich es schließlich müde, zwischen beiden so eine Art Federball zu sein.« Die alte Geschichte. Wir kennen sie nur zu gut aus der Kindheit der Wilhelmine von Preußen ...

Sechs Kinder, zwei Töchter und vier Söhne, entsprangen der desolaten Ehe. Karoline war das dritte Kind, sie wurde am 17. Mai 1768 geboren und auf die Namen Karoline Amalie Elisabeth getauft. Zwei ihrer Brüder waren schwachsinnig, die beiden anderen kamen gewaltsam ums Leben; einer fiel im Krieg, der andere ertrank während eines Hochwassers.

Karolines ältere Schwester Charlotte wurde mit einem Herzog von Württemberg verheiratet, der als Diplomat am Hof Katharinas der Großen lebte. Eines Tages packte er seine beiden Kinder zusammen und kehrte nach Deutschland zurück, weil sein Frau ihn betrogen hatte – törichterweise mit einem Favoriten der Zarin. Charlotte verschwand als Staatsgefangene im baltischen Schloß Lode, wo sie bald hernach starb. Niemand hat je erfahren, wie sie zu Tode gekommen ist, und die Zarin verweigerte sogar die Herausgabe des Leichnams . . .

Karoline, hin- und hergerissen zwischen dem Vater, der sie verhätschelte, und der verbitterten Mutter, wuchs ziemlich ungezügelt heran, ein ewiges Kreuz für Lehrer und Gouvernanten, denen sie aufsässig und respektlos begegnete. Sie war wild und ungebärdig, burschikos und vorlaut, sie spielte lieber mit den Brüdern als mit Mädchen, Puppen konnte sie nicht ausstehen. Sie war außergewöhnlich mutig, manchmal unerschrocken bis zur Tollkühnheit, und berühmt geworden ist der Ausspruch der knapp Zehnjährigen, der man die Fahrt auf einem gefährlich schleudernden Karussell verbieten wollte: »Eine Braunschweigerin darf alles, Furcht ist ein Wort, das eine Braunschweigerin nicht kennt.«

Auf die Frage eines Lehrers, wo der Löwe vorkomme, antwortete sie: »Im Herzen eines Braunschweigers.« (Heinrich der Löwe war einer der Stammväter des Hauses.)

Alte Tanten beiderlei Geschlechts machten sich ernsthafte Sorgen über die Zukunft des eigenwilligen Mädchens, dem es vor allem auch am Wissen um die »wahren Werte« gebrach: Denn Karoline erhielt keinerlei religiöse Erziehung, um ihr alle Optionen für eine protestantische, katholische oder anglikanische Heirat offenzuhalten. Daraus könnte nichts Gutes erwachsen, orakelten die Tanten.

Die bösen Vorahnungen schienen wahr zu werden, als sich der Wildfang mit achtzehn Jahren in einen jungen Offizier verliebte und auch kein Hehl daraus machte. (»Eine Braunschweigerin darf alles. . .«) Sie durfte nicht. Der Offizier wurde ins Feld abkommandiert, Karoline in ein entlegenes Jagdschloß geschickt, wo sie »zur Vernunft kommen« sollte. Sie scheint die Verbannung genossen zu haben, denn sie konnte tun und lassen, was ihr behagte, marschierte über Land, pflegte mit Bauern und anderen »gewöhnlichen« Leuten leutseligen Umgang.

Bei ihrer Rückkehr nach Braunschweig wollte eine alte Hofdame sie über ihr verlorenes Glück trösten, doch sie erwiderte achselzuckend: »Was hin ist, ist hin und kehrt nicht wieder, und was kommen soll, das kommt von selbst.« Das Leben hat sie früh gelehrt, ihren Gefühlen einen Panzer anzulegen.

Nachdem die Klippe einer unmöglichen Liebe glücklich umschifft war, ließ man der Prinzessin relativ viel Freiheit. Sie reiste häufig und ungehindert über Land, kehrte in primitiven Herbergen ein, sah sich an, was sie zu sehen begehrte, hielt eifrigen Kontakt mit einfachen Menschen, von denen sie inbrünstig geliebt wurde. Das bißchen Geld, über das sie verfügen konnte, gab sie für arme Kinder aus. Auf Kinder war sie geradezu versessen, und die Kleinen liefen ihr in Scharen zu.

Mehrfach hat ihr Vater (seit 1790 regierender Herzog) Heiraten für sie erwogen, aber sie mochte weder den Herzog von Mecklenburg noch den Prinzen von Oranien, und schon gar nicht den Prinzen von Hessen. Wenn sie nicht den Mann heiraten durfte, den sie liebte, dann wollte sie wenigstens diejenigen ablehnen können, die nicht nach ihrem Geschmack waren. Der Vater ließ sie gewähren, sie war, wie gesagt, sein Liebling.

Dann hat sie es sich doch überlegt, und sie nahm, was sie noch bekommen konnte, denn sie war bereits fünfundzwanzig und, sieht man von ihren ausdrucksvollen Augen ab, mit ihrer spitzen Nase und dem starken Kinn nicht eben eine Schönheit. Die ersten Zähne hatten sich bereits verabschiedet.

Ohne Widerrede willigte sie in die Heirat mit ihrem Vetter, dem Prinzen von Wales, ein, obwohl sie bestimmt mehr über diesen jungen Mann wußte, als ein weniger robustes Mädchen hätte verkraften können. Aber: »Eine Braunschweigerin kennt keine Furcht . . .« Der ungewisse Ausgang eines Abenteuers hat sie schon immer gereizt.

König Georg III., ihr Onkel und zukünftiger Schwiegervater, war einer der am längsten regierenden Fürsten der europäischen Geschichte. In seiner Ära gewann England Kanada, Florida, Louisiana und Ostindien; wurden England und Irland vereinigt; gingen, nach blutigen Kämpfen, die amerikanischen Kolonien verloren.

Der König litt, wie man heute weiß, an einer seltenen Stoffwechselkrankheit, die seinen Geist verwirrte und schubweise auftrat. (Damals hielt man ihn für zeitweise verrückt.) Vielleicht war dieses Leiden der Grund, daß er die meisten seiner Kinder, fünfzehn an der Zahl, mit Härte und Grausamkeit verfolgte – vor allem die Söhne.

Sein Ältester, Georg Prinz von Wales, war ursprünglich nicht nur ein besonders hübsches, sondern auch ein überaus freundliches Kind, das alle mit seinem Charme betörte – den eigenen Vater ausgenommen, dessen Erziehungsmaximen in erster Linie auf körperliche Züchtigungen ausgerichtet waren: »Wenn [meine Söhne] Prügel verdienen, so sollen sie Prügel bekommen.« Sie wurden für die geringsten Bubenstreiche schwer mißhandelt. »Ich habe gesehen, wie meine beiden ältesten Brüder, damals dreizehn und vierzehn Jahre alt, an den Armen festgehalten und wie Hunde mit einer langen Peitsche geprügelt wurden«, berichtet später eine von Georgs Schwestern.

Die Prinzen mußten täglich acht Stunden, ohne Pause, in dumpfen, geschlossenen Räumen studieren, sie wurden fast ausschließlich vegetarisch ernährt und litten ständig Hunger. In ihrer »Freizeit« wurden sie zu schwerer körperlicher Arbeit angehalten.

Georg lernte leicht, beherrschte mehrere Sprachen, sang hübsch, spielte ausgezeichnet Cello und besaß einen gewissen »Touch of humour« – der allerdings leicht entgleiste. Mit sechzehn war er »schön wie ein Cherubim«, und er »tanzte besser Menuett, als ich es jemals tanzen sah«, schreibt die Hofdame Mrs. Delany. So strahlend sein Äußeres war, so sehr verfinsterte sich sein Wesen. Er wurde rüde und frech, er ließ sich nichts mehr gefallen – von niemandem. Der Haß auf den Vater wurde grenzenlos, nachdem ihm dieser eine militärische Laufbahn verwehrt hatte.

Die Berater des Königs meinten, es täte dem Prinzen vielleicht gut, wenn man ihm erlaubte, einen eigenen Haushalt zu führen. So wurde ihm zunächst ein Seitenflügel des Buckingham Palastes überlassen, später das Carlton House. Vom väterlichen Joch befreit, geriet der Junge vollkommen unter den Einfluß seines Onkels, des Herzogs von Cumberland, der seinen Bruder, den König, haßte. Nun fand er eine tiefe Befriedigung darin, den Neffen auf die schiefe Bahn zu lenken. Der Herzog »machte aus den Gemächern des Prinzen . . . eine Kombination aus Spielhölle, Leihhaus und Bordell«, schreibt ein Mr. Drinkwater.

Mit neunzehn war der Prinz ein ausgepichter Trinker, ein wüster Spieler und Weiberheld. Er erkor die einundzwanzigjährige Schauspielerin Mary Robinson zu seiner Geliebten, und als er ihrer überdrüssig wurde, ließ er sie einfach stehen. Erst als sie drohte, seine Liebesbriefe zu veröffentlichen, setzte er ihr eine jährliche Rente von 500 Pfund aus.

Die Schauspielerin hatte er gewonnen, indem er ihr 20 000 Pfund als Morgengabe versprach – nicht so leicht zu erringen war seine nächste Flamme, Mary Fitzherbert, eine schöne, tugendhafte und noch dazu streng katholische Witwe, die sechs Jahre älter war als er.

Da sie sich standhaft weigerte, seine Werbung zu erhören, täuschte er einen Selbstmordversuch vor – und Mary floh ins Ausland. Prinz Georg tröstete sich fürs erste mit anschmiegsameren Damen, machte fleißig Spielschulden, betrank sich regelmäßig, und wenn ihn der Katzenjammer überkam, »schwor er, er wollte das Land verlassen, der Krone entsagen, seine Juwelen verkaufen, sein Tafelservice auch ... um mit der leidenschaftlich Geliebten nach Amerika zu flüchten«, lesen wir in den Memoiren einer seiner abgelegten Maitressen.

Nachdem er eingesehen hatte, daß er anders nicht zum Ziel kam, beschloß Georg, die widerspenstige Schöne zu heiraten – ein Unterfangen, das dem Verbrechen des Hochverrats ziemlich nahe kam. König Georg III. hatte 1772 einen »Royal Marriage Act« erlassen, wonach Prinzen und Prinzessinnen von England aller Privilegien und Einkünfte verlustig gingen, wenn sie sich unter ihrem Stand vermählten und/oder katholische Ehepartner wählten. Priester, die eine derartige Ehe segneten, hätten hohe Strafen zu gewärtigen.

Für die beachtliche Summe von 500 Pfund fand Georg dennoch einen Reverend, Robert Burt, der bereit war, Mary und Georg zu trauen. Die beiden heirateten am 15. Dezember 1785 in Marys Wohnung, Trauzeugen waren ihr Bruder und einer ihrer Onkel.

Allerlei Gerüchte über die heimliche Hochzeit waren schließlich doch durchgesickert, »das Gemurmel reichte von London bis Rom«, heißt es in den Memoiren von Lord Horace Walpole, einem der witzigsten und geistreichsten Brief- und Memoirenschreiber seiner Zeit. In Flugblättern und Karikaturen wurde das Ereignis derb kommentiert, und es wurde sogar Gegenstand einer Anfrage im Unterhaus. Georg und Mary dementierten heftig, aber es war offensichtlich, daß die beiden wie Ehemann und Ehefrau miteinander lebten.

Erst Anfang des 20. Jahrhunderts gestattete der damalige englische König Eduard VII. die Öffnung eines Dossiers, in dem sich alle authentischen Unterlagen über diese gültig geschlossene Ehe befanden. Spätestens seit damals steht unwiderlegbar fest, daß Georg zum Bigamisten wurde, als er seine Cousine heiratete.

Georg, Prinz von Wales (später König Georg IV. von England)

Wie schön, wie gut, wie edel Mary Fitzherbert, wie unsterblich Georg in sie verliebt gewesen sein mag – an seinem Lebenswandel vermochte sie nichts zu ändern. Vielmehr gelang es ihm mit der Zeit, sie in den Strudel seiner Verschwendungen hineinzuziehen. Er spielte »Pharao« bis zum Umfallen, er hielt ständig wechselnde Nebenfrauen großzügig aus, und er war ein prunksüchtiger Bauherr.

Er ließ den berühmten Pavillon in Brighton errichten, aus Carlton House, einem bescheidenen Gebäude aus der Zeit der Queen Anne, machte er den prächtigsten Palast Londons (leider 1827 abgerissen), gefüllt mit exquisiten Möbeln und Tapisserien, an den Wänden die teuersten Gemälde, die nur aufzutreiben waren. Der Park des Schlosses war ein Kunstwerk für sich. »Die ganzen Minen von Cornwall zusammen können nur ein Viertel der Kosten [von Carlton House] abdecken«, schreibt Lord Walpole. (Die Silber- und Zinnminen von Cornwall waren damals die ergiebigsten Europas.)

Georg bezog ein fixes Einkommen von 65 000 Pfund im Jahr, doch das war nur ein Bettel für einen Mann, der mit einem Schlag 30 000 Pfund in einen neuen Rennstall investierte. Des Prinzen Schulden betrugen im April 1786 269 878 Pfund, 1792 waren es bereits 400 000. Es ist schwierig, diese Beträge in unsere Währungen umzurechnen. Grob geschätzt, entspricht ein damaliges Pfund ungefähr eintausend österreichischen Schilling oder 145 deutschen Mark von heute.

Besser läßt sich das gigantische Ausmaß von Georgs Verbindlichkeiten ermessen, wenn man sie mit den damaligen Löhnen und Preisen vergleicht. Ein Geistlicher von mittlerem Rang bezog ein Jahreseinkommen von rund hundert Pfund. Ein Diener – »der besten Kategorie«, wie es heißt – erhielt zehn Pfund im Jahr, plus Kost, Logis und Dienstkleidung. Das Gros der Bediensteten bekam jedoch viel weniger. Ein Weber verdiente wöchentlich zwischen vier und sechs Shilling (1 Pfund = 20 Shilling). Ein Ochse kostete sechs Pfund, ein Schaf 12 Shilling, ein Dutzend Hühner bekam man um neun Shilling.

Um einen Skandal zu vermeiden, zahlte Georg III. immer wieder, wenn auch murrend, die Schulden seines Sohnes. Als er aber einmal dahinterkam, daß der Prinz 54 000 Pfund für Marys Juwelen ausgegeben hatte, drehte er den Geldhahn zu. Kein Wucherer der Insel war bereit, dem Prinzen auch nur einen Penny vorzuschießen. Er mußte vorübergehend seinen Haushalt auflösen, sein Hab und Gut verstei-

Lady Mary Fitzherbert

gern, und er verließ London, um auf den Landsitzen von Freunden unterzuschlüpfen.

In seiner Geldnot landete der gerissene Prinz einen genialen Coup. Er ging den französischen Herzog Louis Philippe von Orléans, einen Nachfahren der verehrungswürdigen Liselotte von der Pfalz, um ein größeres Darlehen an. Der englische Prinz von Wales war bereit, dem französischen »Erbfeind« seine Seele zu verkaufen! Die Affäre schlug höchste Wellen, sie wurde aufgeregt im Parlament diskutiert – wobei auch wieder einmal das heikle Thema der heimlichen Ehe zur Sprache kam. Das Resultat war höchst befriedigend für den Bruder Leichtsinn. Gegen die vage Zusicherung Georgs, in Zukunft nicht mehr auszugeben, als er einnehmen würde, beglich der Staat seine Schulden.

Überflüssig zu erwähnen, daß Georg nicht daran dachte, seine Versprechungen zu halten. Der Schuldenberg wuchs und wuchs und wuchs – aber aus einem makabren Zwischenfall erglomm dem Verschwender ein neuer Hoffnungsschimmer: Der königliche Vater erlitt einen neuen Schub seiner Krankheit. Während eines Familientreffens in Schloß Windsor fiel er plötzlich über den ältesten Sohn her und begann ihn heftig zu würgen. Die Königin schrie, zwei Prinzessinnen fielen in Ohnmacht, Diener eilten herbei und befreiten den Prinzen von Wales aus der gefährlichen Umklammerung.

Eifrig angespornt und unterstützt von seinen schmarotzenden Anhängern, setzte der Prinz alle Hebel in Bewegung, um die Regentschaft zu erlangen. Sogar ein Staatsstreich wurde erwogen, mit dem Ziel, den König abzusetzen und den Jungen auf den Thron zu heben, der damit aller finanziellen Sorgen ledig gewesen wäre. Doch das Schicksal entschied anders. Georg III. nahm die Regierungsgeschäfte erneut auf, der Prinz von Wales konnte sehen, wie er mit seinen Geldnöten zurechtkam.

Georg ließ sich einen neuen Streich einfallen. Über skrupellose Makler und unter falschem Namen ließ er, zusammen mit zweien seiner Brüder, in Holland eine Anleihe über 350 000 Pfund auflegen, die mit sechs Prozent verzinst werden sollte. Es würde zu weit führen, hier die weiteren komplizierten betrügerischen Machenschaften nachzuzeichnen; jedenfalls wurden die Obligationen schließlich nicht anerkannt, 26 Anspruchsberechtigte sogar eingesperrt . . .

Im Sommer 1794 trafen zwei Ereignisse zusammen, die Georgs Leben grundlegend verändern sollten: Sein Schuldenberg hatte das kaum vorstellbare Ausmaß von 600 000 Pfund erreicht, und er war, seiner Mary überdrüssig, den Reizen einer Lady Jersey erlegen. Die war zwar schon Großmutter, aber »die faszinierendste und verführerischste Frau am Hofe«, wie es in einem zeitgenössischen Bericht heißt.

Marys entledigte er sich abrupt und wenig gentlemanlike, indem er ihr, nach immerhin neun Jahren harmonischer Ehe, einfach ein Billett schickte, des Inhalts, daß er sie nie mehr zu sehen wünschte. Auch war er nun um so leichter bereit, sich von seinen Schulden loszukaufen, indem er versprach, eine deutsche Prinzessin zu heiraten und »ein Leben zu führen, das mir Achtung verschaffen und somit die Prinzessin glücklich machen wird«.

Über die Person der Zukünftigen gab es noch interne Familienzwistigkeiten. Georg III. wollte seine Nichte Karoline von Braunschweig als Schwiegertochter haben, seine Frau Charlotte zog eine ihrer eigenen Nichten vor. Der König setzte seinen Willen durch – Charlotte würde diese Niederlage nie vergessen –, und der zukünftige Bräutigam, um seine Vorlieben befragt, meinte nur: »Von diesen verdammten deutschen Weibern ist eine so gut wie die andere.«

Wie »gleich« die »verdammten deutschen Weiber« zu seiner Zeit auch gewesen sein mögen – Karoline gehörte bestimmt nicht in dieselbe Kategorie. Vermutlich gab es keine einzige Prinzessin, die ihr nur annähernd ähnelte, denn sie besaß zwei für damals ungewöhnliche, sogar befremdliche Eigenschaften: Natürlichkeit und Spontaneität. Dadurch fiel sie auf, dadurch machte sie sich oft unbeliebt. Ein Mädchen, das – meist lachend – seine Meinung frei heraussagte, erregte Mißtrauen, Widerwillen, Abscheu.

Optisch machte sie auf den englischen Brautwerber James Harris Earl von Malmesbury – er traf am 20. November 1794 in Braunschweig ein – keinen allzu ungünstigen Eindruck. Er fand »das Gesicht hübsch, aber nichts Sanftes ausdrückend, helle Brauen, blondes Haar, Zähne einigermaßen, fallen aber schon aus, gute Büste, klein, ein wenig untersetzt ...« Mit ihrem Wesen indes mochte er sich anfangs gar nicht anfreunden: »Sie hat keine Tiefe, keinen gefestigten Charakter«, vermerkt er in seinem Tagebuch.

Karolines Aufmachung allerdings schockierte den englischen Edelmann. Sie legte offensichtlich kaum Wert auf ihre Garderobe, die nur aus grobem Zeug bestand. Wie, um alles in der Welt, sollte sie es mit den Schönheiten am Londoner Hof aufnehmen, die viele Stunden des Tages vor dem Spiegel verbrachten und deren Toiletten Lebensmittelpunkt und Lebensinhalt darstellten? Nicht genug damit: Es war für den Earl unübersehbar und wahrscheinlich auch »unüberriechbar«, daß »sie sich nicht mit der nötigen Sorgfalt wäscht ... und auch die Strümpfe werden niemals gewaschen«.

Malmesbury nahm die Kammerfrau der Prinzessin beiseite, wechselte ein paar ernsthafte Worte mit ihr, und zu seiner Befriedigung schien Karoline lernbereit. Am nächsten Tag schon, notierte er, »war die Prinzessin *allüberall* gewaschen«.

Weniger leicht als die Probleme der Hygiene waren die rund um Karolines Auftreten zu korrigieren. Sie lachte zu laut, sie machte zu viele offenherzige Bemerkungen über in Gesellschaft Anwesende und Abwesende, sie mogelte ungeniert beim Kartenspiel, »sie redet ohne Überlegung ... spricht die Damen, auch die, die sie kaum kennt, mit ›mein Herz‹, ›meine Liebe‹, ›meine Kleine‹ an ...« (Malmesbury).

Es ist schwer abzuschätzen, wieviel Malmesbury aus eigener Anschauung festgehalten hat und was ihm von Karolines Umgebung suggeriert wurde. Menschen, die sich kaum jemals um die Entwicklung und Heranbildung des Mädchens gekümmert hatten, fühlten sich plötzlich berufen, dem englischen Gesandten ausgerechnet deren negative Eigenschaften zu schildern. Fräulein von Hertzfeldt, die Maitresse des Herzogs, meinte: »Wenn sie in die Welt hinausgestoßen wird ohne feste Zügel, wird sie das Gleichgewicht verlieren. Sie ist gutherzig, sie hat niemals etwas Böses getan, aber die Worte rennen vor ihren Gedanken her.«

Herzog Carl vertraute dem Fremden an, seine Tochter sei nicht dumm, es fehle ihr aber an Urteilskraft, und er bat den Engländer, »ihr anzuempfehlen, Diskretion zu üben, keine Fragen zu stellen und vor allem nicht ihre Meinung über Dinge und Personen laut zu äußern«. Der Herzog versuchte solcherart, eigene Versäumnisse übergehend, dem Gesandten die Rolle des Erziehers einer Fünfundzwanzigjährigen aufzuzwingen.

Je näher Malmesbury seine zukünftige Königin kennenlernte, desto mehr löste er sich von den gegen sie gehegten Vorurteilen. Er fand sie »munter, vergnügt und mit natürlichen Empfindungen begabt«, entzückt registrierte er, wie beliebt Karoline bei der Bevölkerung war: »Sie besitzt die königliche Gabe, des Volkes Liebe zu gewinnen, ohne sie zu suchen.«

Zutiefst beruhigte ihn die illusionslose, nüchterne Einstellung Karolines im Hinblick auf ihren zukünftigen Gemahl, über dessen Vorleben und Vorlieben sie erstaunlich gut unterrichtet war. Sie bestürmte den Gesandten, ihr *alles* über die derzeitige Maitresse des Prinzen, die schöne Lady Jersey, zu erzählen, und Malmesbury winkte erschrocken ab: Sie möge um Gottes willen nicht auf albernes Geschwätz achten. Doch Karoline erwiderte gelassen, sie wisse, daß der Prinz meist allzu »leger« sei, aber das störe sie nicht. Sie denke nicht daran, eifersüchtig zu sein.

Die Trauung per procurationem fand ohne größeren Aufwand am 8. Dezember 1794 statt, aber erst am 26. Dezember kam aus England die Anweisung, die Prinzessin ins holländische Texel zu bringen, wo sie von einem englischen Schiff erwartet würde. Und noch ein Poststück brachte der Bote: Ein Handschreiben des Prinzen von Wales, in dem er Karoline ausdrücklich untersagte, ihre Freundin und Sekretärin Fräulein von Rosenzweig nach England mitzubringen. Noch ehe Georg seine junge Frau überhaupt zu Gesicht bekommen hatte, fügte er ihr, gezielt, den ersten Harm zu. Sie weinte – aber sie gehorchte.

Karolines Brautfahrt war gleichermaßen erfreulich wie unerquicklich. Erfreulich wegen der warmen Sympathie, die ihr allerorten entgegenschlug – überall wurde ihr »God save the King« entgegengetrommelt, -gestrichen, -geblasen und -gesungen –, unerquicklich durch die weit über das übliche Maß hinausgehenden Zwischenfälle, Schrecknisse, Aufregungen. Es herrschte Krieg mit Frankreich, die ganze lange Reise war ein lebensgefährliches Unterfangen.

Natürlich begann Karoline die Fahrt mit einem Fauxpas. Sie forderte Malmesbury, den sie inzwischen sehr mochte, auf, im Wagen neben ihr Platz zu nehmen, und er mußte sie belehren, daß dies die Etikette nicht zuließe. Richtig ärgerlich wurde er, nachdem sie, von Schmerzen geplagt, sich einen Zahn ziehen ließ – um ihn dem Earl, säuberlich in ein Spitzentaschentuch gewickelt, als Andenken zu übersenden. »Sie ist einfach kindisch«, liest man in seinem Tagebuch.

Großen Respekt flößte ihm dann wieder ihre Kaltblütigkeit ein, nachdem die Reisegesellschaft – bei siebzehn Grad unter Null – in die Nähe einer gefährlichen Schießerei geraten war. Die Damen erblaßten und kreischten, und auch die Mienen der Herren waren nicht gerade von mutiger Entschlossenheit geprägt. Karoline aber sagte ungerührt: »Ich fürchte mich nicht vor Gewehren.« Am Abend war sie »reizend, lustig, sie versteht einen Spaß und versteht Späße zu machen«.

Die Reise dauerte viel länger als vorgesehen. Wochenlang saß die Gesellschaft in Hannover fest, weil die Franzosen in Holland eingefallen waren und die Route darum geändert werden mußte. Erst am 6. März kam Weisung aus London, den Konvoi nach Stade zu bringen, von dort nach Cuxhaven, wo das englische Kriegsschiff »Jupiter« wartete.

Inzwischen traf Karolines Erste Hofdame, Mrs. Harcourt, ein, sehr beeindruckt von ihrer neuen Herrin: »Ich bin sicher, der Prinz wird sie lieben, sie ist so herzlich ... so offenherzig und keine Spur von stolz.« Mrs. Harcourt sollte sich als miserable Prophetin erweisen.

Mit Ehrerbietung wurde Karoline von Offizieren und Mannschaft an Bord der »Jupiter« empfangen, »sie [waren] tief beeindruckt von ihrem Wesen und ihrer guten Laune«, schreibt Malmesbury, um schließlich in einen Hymnus auszubrechen: »Unmöglich, fröhlicher, angepaßter [zu sein] ... Keine Schwierigkeiten, keine Ängstlichkeit, in bester Stimmung – immer!«

Armer Malmesbury – nur wenige Tage noch, und er wird bekümmert feststellen müssen, daß das scheinbar glückliche Ende einer Brautfahrt zugleich der Beginn eines endlosen Unglücks sein wird ...

Am 4. April 1795 traf die »Jupiter« an der Themsemündung in Gravesend ein, empfangen von Tausenden begeisterter Menschen. Karoline stieg in die königliche Yacht »Augusta« um, die sie nach Greenwich brachte, auch dort herzlich begrüßt von einer großen Schar ihrer künftigen Untertanen.

Nicht erschienen war der junge Ehemann. Um genauer zu sein: Keine einzige Hofkutsche ließ sich blicken. Malmesbury, peinlichst berührt, Karoline und das übrige Gefolge standen volle zwei Stunden ratlos herum, ehe die Wagenkolonne endlich ankam. Dem ersten Fahrzeug entstieg, betörend schön, betörend hochmütig, Lady Jersey, die Geliebte des Ehemanns und von diesem als Hofdame seiner Gemahlin ausersehen.

Sie war es, welche die Abfahrt der Kutschen mit voller Absicht verzögert hatte, um von der ersten Stunde an ihre Macht zu demonstrieren. Und sie sagte ihrer neuen Herrin auf den Kopf zu, daß deren Kleid für den Empfang bei Hof unpassend sei. Natürlich hatte sie das vorausgesehen, ein neues Gewand mitgebracht, und sie verlangte, daß Karoline sich umkleide. Malmesbury protestierte, doch Karoline wechselte gleichmütig die Garderobe. In dem zu engen weißen Satinkleid, auf dem Kopf ein lächerliches Hütchen mit überbordenden Straußenfedern, wirkte sie plump, unelegant und »overdressed«.

Wenige Stunden später trat Karoline im St. James Palast zum ersten Mal ihrem Ehemann gegenüber. Der Prinz gab ihr, wortlos, einen flüchtigen Wangenkuß. Dann drehte er sich, sichtbar schwankend, um und verlangte lauthals ein großes Glas Brandy. Taktvoll zischelte ihm Malmesbury zu: »Sir, sollten Sie nicht besser ein Glas Wasser trinken?« Doch Georg schrie: »Verdammt nochmal, ich will einen Brandy und gehe jetzt zur Königin« und stürmte davon.

Karoline war verdattert, hatte sich aber – was Malmesbury ihr hoch anrechnete – in der Gewalt. Sie weinte nicht, sie zeterte nicht, sie fragte nur ruhig: »Mein Gott, ist er immer so? Ich finde den Prinzen schrecklich dick, er ist gar nicht so hübsch wie auf seinem Portrait.« In der Tat: Georg hatte das Aussehen eines Cherubs längst eingebüßt. Schwammig, bleich, gedunsen, stand dem Dreiunddreißigjährigen sein Lebenswandel auf Leib und Antlitz gezeichnet.

Nach dem festlichen Dinner, an dem die gesamte königliche Familie teilnahm, mußte Malmesbury seine gute Meinung über seinen Schützling erneut revidieren. »Sie war keck und vorlaut, machte bissige Bemerkungen über Lady Jersey ... Der Prinz war ganz offensichtlich abgestoßen von ihr, und dieses unglückselige Essen muß seinen Abscheu vertieft haben.«

Drei Tage später wurde das junge Paar in der überfüllten, unerträglich heißen Schloßkapelle getraut. Gereizte Spannung lag in der Luft. Der Bräutigam war so betrunken, »daß man ihn, obwohl man ihn stützte, kaum vor dem Hinfallen bewahren konnte«, berichtet ein Augenzeuge. Allein die Braut vermittelte den Eindruck unerschütterlicher Ruhe.

Als der Erzbischof von Canterbury zu der Trauungsformel kam: »Wenn irgend jemand einen Einwand gegen diese Verbindung hat . . .«, hielt er bedeutungsvoll inne und fixierte den Bräutigam sekundenlang. Atemlose Stille in der Kapelle. Der Prinz wich dem Blick des Erzbischofs aus, Tränen quollen ihm aus den Augen. Der Geistliche räusperte sich kurz, dann fuhr er in der Zeremonie fort.

Immer wieder sah sich der Prinz um, unruhig, gehetzt, suchte die Augen der Lady Jersey, und plötzlich sprang er auf, machte Anstalten, davonzulaufen. Der König hielt den Sohn fest, legte den Arm um seine Schulter, sprach leise, beschwörend, auf ihn ein. Mit gesenktem Haupt schlich Georg zum Altar zurück. »Der Prinz sah wie der Tod aus, ganz verwirrt, und es schien, als wollte er sich vor aller Welt verstecken. Er war sehr bemitleidenswert«, schreibt unser Gewährsmann. Vom Mitleiden mit der Braut steht nirgendwo etwas zu lesen.

Das Hochzeitsmahl glich eher einer Trauertafel, und nur der König, der seine Schwiegertochter zu mögen schien, versuchte ein wenig Konversation mit der jungen Frau zu machen.

Nachher begaben sich die Jungvermählten in ihre Residenz im Carlton House und zogen sich in ihre Gemächer zurück. Der Bräutigam »schlief, wo er hingefallen war und wo ich ihn liegen ließ«, vertraute Karoline später einer Lady Bury an. Die Prinzessin konnte es nicht fassen, als sie sich wenige Wochen später nicht wohl fühlte und der Arzt, den sie konsultierte, ihr eröffnete, daß sie schwanger sei. Dennoch: Es muß in dieser einzigen Nacht zum Vollzug der Ehe gekommen sein, denn seither hat der junge Ehemann das Schlafzimmer seiner Frau niemals mehr betreten. Niemals!

Kopfschüttelnd nahm Karoline die Neuigkeit zur Kenntnis: »Wie ist denn das möglich? Ich dachte, er wäre vollkommen impotent«, verkündete sie in ihrer beispiellosen Geschwätzigkeit jedem, der es hören wollte. Kaum waren die Worte ihrem Mund entwichen, wurden sie dem Prinzen hinterbracht. Selbst einen liebenden Mann überkommen Mordgelüste, wenn ihm dergleichen Schmach widerfährt . . .

Die sogenannten Flitterwochen verbrachten Georg und Karoline samt Gefolge in einem Landhaus in Hampshire: lauter Männer und als einzige weibliche Begleitung Lady Jersey. Georg war die meiste Zeit betrunken, »schlief und schnarchte in Stiefeln auf dem Sofa«, plauderte Karoline nachher aus.

Wenn Georg nicht mit seinen Kumpanen zusammen war, widmete er sich nachdrücklich seiner Geliebten. Karoline erduldete es scheinbar gelassen, als er ihr das Perlenkollier, das er ihr zu Hochzeit geschenkt hatte, vom Halse nestelte, um es seiner Maitresse anzulegen. Ein einziges Mal verlor sie die Fassung. Georg nahm der Lady das Weinglas aus der Hand und führte es mit schmachtendem Augenaufschlag an die Lippen. Da riß Karoline ihrem Sitznachbarn die Pfeife aus der Hand, tat einen tiefen Zug daraus und blies Georg den Rauch mit vollen Lungen mitten ins Gesicht. Lautes Gelächter, als wäre alles nur ein Spaß. Es war kein Spaß, es war die Eröffnung der Feindseligkeiten.

Nach Carlton House zurückgekehrt, verlangte Karoline die Entlassung der Lady Jersey aus ihrem persönlichen Dienst. Georg fuhr sie an, sie hätte vor ihrer Eheschließung sehr wohl gewußt, daß ihn mit der Lady »eine tiefe Freundschaft« verbinde, sie hätte es sich vorher überlegen sollen. Er denke gar nicht daran, die Dame zu entlassen.

Karoline wandte sich daraufhin an den König, der stets ein offenes Ohr für sie hatte, und der sprach ein Machtwort: Noch war die Bezahlung von Georgs Schulden nicht vom Parlament abgesegnet, noch besaß Karoline ein indirektes Druckmittel gegen ihren Mann. Georg lenkte ein. Lady Jersey wurde aus Karolines unmittelbarer Umgebung entfernt – am Hof blieb sie. Später kaufte ihr Georg ein elegantes Haus gegenüber seiner Residenz.

Eine lange, ungestüm verlaufene, in den Zeitungen ausführlich kommentierte Parlamentsdebatte über Georgs Schulden raubte Karoline die letzten Illusionen über ihren Mann und seine Beweggründe, sie zu heiraten. Vor versammelter Hofgesellschaft bemerkte Georgs Bruder, der Herzog von Clarence, maliziös: »Es ist ja allgemein bekannt, daß bei den Verhandlungen über die Heirat des Prinzen von Wales eine Klausel festgelegt wurde, wonach der Prinz von seiner Schuldenlast befreit werden sollte, falls die Verbindung zustande käme.« Karoline war, wie wir den Aufzeichnungen des Hofarztes Dr. Doran entnehmen, »sprachlos«.

Am 22. Juni 1795 übersiedelte das Paar nach Brighton, aber Karoline saß meist allein in dem noblen Badeort. »Während seine Frau sich sozusagen in Einzelhaft in Brighton befand, war der Prinz bei glänzenden Gesellschaften in London der geehrteste Gast.« (Dr. Doran)

Karoline trug ihr Los mit bemerkenswerter Haltung. Durch die Schwangerschaft sehr zu ihrem Vorteil verändert, rundlich und rosig, zeigte sie sich stets mit einem warmen Lächeln auf den Lippen. Selbst den Eltern scheint sie keine Andeutung über ihre beschämende Lage gemacht, sondern vielmehr junges Eheglück vorgegaukelt zu haben. Dies entnehmen wir einem Brief des Herzogs von Braunschweig, worin er dem Schwiegersohn gegenüber seine Freude ausdrückt, daß »Karoline so glücklich« sei.

Ganz anders liest es sich in einem Brief Karolines an eine Freundin in Braunschweig: »Ich hoffe sehr, bald Mutter eines Kindes zu sein. Ich weiß nicht, ob ich imstande sein werde, mich in meiner schweren Stunde zu behaupten, aber ich vertraue auf die Güte des Himmels ... Um mich herum herrschen elende und üble Zustände, und alles, was ich tue, wird mißdeutet und verdreht. Die Gräfin [Jersey] ist noch immer hier. Ich hasse sie und ich bin sicher, sie haßt mich nicht weniger. Mein Gatte ist ihr sehr zugetan. Das Übrige können Sie sich denken ...«

Nach zwölfstündigen Martern gebar Karoline am 7. Januar 1796 ihre Tochter Charlotte, »auf den Tag genau neun Monate nach der Hochzeit«, rechnete der »Morning Chronicle« einer interessierten Leserschaft vor. Fast alle waren glücklich, denn die Thronfolge war gesichert. Alle – bis auf Georg: Wie er sich fühlte, erfuhren die Abgeordneten der City of London, die dem Prinzen eine Gratulationsvisite machen wollten, von ihm aber abgewiesen wurden.

Erst Jahre später tauchte Georgs Testament auf, das er unmittelbar nach der Niederkunft seiner Frau in tiefster Niedergeschlagenheit abgefaßt hatte. Darin vermachte er überraschenderweise all seinen Besitz »Mary Fitzherbert, die mein Weib ist vor Gott und die immer ein solches für mich sein wird«.

Der König sollte demnach die alleinige Erziehungsgewalt über seine Enkelin erhalten, und im Falle von dessen Tod sollte sie an die Königin und die Geschwister des Prinzen gemeinsam übergehen. »Die Mutter dieses Kindes«, heißt es weiter, dürfe keinen Einfluß auf die Erziehung der Prinzessin nehmen, »um zu verhindern, daß das Kind in so widrige Hände fällt«. Die Juwelen, die er seiner Frau geschenkt, sollten ihr abgenommen werden. »Ihr, der sogenannten Prinzessin von Wales, hinterlasse ich nicht einen einzigen Shilling.«

Karoline mit ihrer Tochter Charlotte

Seiner Frau schrieb er, er sei nicht länger gewillt, die Ehe aufrechtzuerhalten, und er würde seine ehelichen Rechte selbst dann nicht in Anspruch nehmen, falls ihre gemeinsame Tochter, die Erbin des Thrones von England, sterben sollte. Dann begab sich Georg, der eben noch von Mary Fitzherbert, seinem Weib vor Gott, geschwärmt hatte, auf einen langen Erholungsurlaub nach Brighton – mit Lady Jersey.

Wieder in Carlton House, lehnte er es ab, seine Frau auch nur zu sehen: »Lieber würde ich Schlangen und Kröten über meinen Salat kriechen sehen, als mit ihr an einem Tisch zu sitzen.«

Sie wurde in einen Seitenflügel des Schlosses umquartiert, durfte nur Gäste empfangen, die Georg ausdrücklich gebilligt hatte, und er ordnete an, daß »die Mutter des Kindes dieses nur kurze Zeit sehen darf, entweder bevor oder nachdem das Baby an die frische Luft gebracht wird«. Die Mitglieder der königlichen Familie konnten Karoline selbstverständlich jederzeit und ohne ausdrückliche Genehmigung besuchen.

»Ich weiß nicht, wie ich die Einsamkeit aushalten soll«, schreibt Karoline ihrer Braunschweiger Freundin. »Die Königin besucht mich selten, meine Schwägerinnen verhalten sich gleichermaßen ›freundlich‹.«

»Sie ist eine sehr unglückliche Frau«, hält eine ihrer Hofdamen fest. »Die Lebhaftigkeit, die sie bei ihrer Ankunft zeigte, ist verschwunden, ihre Melancholie und Ängstlichkeit ist herzergreifend.«

Zu einer anderen Hofdame sagte Karoline: »Wenn mich jemand fragt, ob ich länger leben oder sterben will, ich würde den Tod wählen. Früher oder später müssen wir alle sterben, aber ein Leben in solchem Elend – o mein Gott, nein!«

Was hinter den dicken Mauern des Schlosses vor sich ging, konnte auf die Dauer nicht verborgen bleiben, und Karolines Los rührte die Herzen der Menschen – um so mehr, als Georg bei der Bevölkerung so gut wie keine Sympathien genoß. Wann immer Karoline in ihrer Kutsche ausfuhr, blieben die Menschen stehen, applaudierten, winkten und warfen ihr Kußhände zu. Georg hingegen wurde von Buhrufen begleitet, und einmal übergossen Passanten den Wagen der Lady Jersey mit Unrat.

Als Karoline eines Abends in Begleitung einiger Hofdamen in ihrer

Opernloge erschien, war, laut einem Bericht der »Times«, »... das Haus ›electrified‹ durch ihre Gegenwart. Ehe sie sich noch setzen konnte, begannen alle in die Hände zu klatschen, die Herren kletterten auf die Bänke, schwenkten die Hüte und schrien Hurra.«

Der Herzog von Leeds beobachtete von seinem Platz aus, daß Karoline tödlich erschrocken war, und eilte zu ihr. »Ich glaube, dafür werde ich guillotiniert«, klagte die Prinzessin.

Georg war überzeugt, daß diese Demonstration nicht spontan erfolgt, sondern von seinen Gegnern bewußt inszeniert worden war. Allen Ernstes fürchtete er, daß sich, nach dem Vorbild der Französischen Revolution, auch in England eine Volkserhebung anbahnte, inspiriert und unterstützt von seiner Frau, »diesem Monster an Unruhe«.

Endlich raffte sich Karoline auf und versuchte Klarheit zu schaffen. Sie bat ihren Mann um eine persönliche Aussprache, die er ihr nach einigem Zögern zugestand – allerdings nur im Beisein von Zeugen.

Nachdem er in Begleitung seines Adjutanten in ihrem Salon erschienen war, pflanzte sich seine Frau steif vor ihm auf und sprach ihren vorher offenbar genau einstudierten Text: »Seit ich in diesem Hause bin, haben Sie mich weder als Ihre Gemahlin noch als Mutter Ihres Kindes, noch als Prinzessin von Wales behandelt. Ich erkläre Ihnen, daß ich mich von diesem Augenblick an nicht länger als Empfängerin Ihrer Anordnungen und Befehle betrachte.«

Georg schwieg einen Augenblick, dann fragte er frostig: »Ist das alles, was Sie mir zu sagen haben?« Sie nickte stumm. »Damit ist das Gespräch beendet«, sagte er und verließ grußlos den Raum. Karoline hatte nicht das geringste erreicht, keine der Restriktionen wurde aufgehoben.

Wunderbar war die Wendung, die eine neue Schikane in Karolines Leben brachte. Unter dem Vorwand, daß ihre Wohnung in Carlton House renoviert werden müßte, wurde sie nach Blackheath am Rande der Stadt geschickt und im Montague House einquartiert. Es war ein hübscher kleiner Landsitz, den Georg einstmals für Mary Fitzherbert erworben hatte, inmitten ausgedehnter Gärten. Aus dem angeblichen Provisorium wurde eine Verbannung für volle elf Jahre. Dann erst konnte Karoline unter dramatischen Begleitumständen in die Stadt zurückkehren.

Anfänglich lebte sie zurückgezogen, immer nur auf das Wiedersehen mit Charlotte wartend, die ihre Mutter einmal in der Woche für wenige Stunden besuchen durfte. Regelmäßig war der Abschied von einer Tränenflut begleitet.

Karoline versuchte sich so gut wie möglich zu beschäftigen, zunächst passiv, indem sie, stundenlang regungslos sitzend, Berge von Romanen verschlang, und sich später selbst an einem Elaborat im romantischen Stil versuchte. Das Werk »Charlotte Bury« wurde allerdings nie veröffentlicht.

Langsam erwachten dann doch ihre Lebensgeister. Sie nahm Unterricht in Malerei und Musik, sie modellierte in Ton und entdeckte ihre Liebe und Begabung für den Gartenbau. Damit erschloß sie sich sogar ein beachtliches Zubrot, denn das in Montague House gezogene Gemüse verkaufte sich gut auf dem Wochenmarkt. Karolines Kartoffeln waren die begehrtesten weit und breit.

Allmählich schlüpfte sie aus dem Kokon hervor, den sie um sich gesponnen hatte, und suchte die Begegnung mit anderen Menschen. Ihr Haus wurde schließlich das gastfreundlichste in der ganzen Gegend; man erzählte sich erstaunliche Dinge über das ungezwungene Leben in Montague House. Es kamen nicht nur die Honoratioren der Umgebung, es kamen auch interessante Menschen aus London, durchaus nicht nur von Adel; jeder war willkommen, der Glanz und Abwechslung brachte, seien es Politiker aus dem Lager von Georgs Gegnern, sei es eine Berühmtheit wie Lord Byron, sei es Walter Scott. Der geschätzte Romancier schwärmt: »Sie ist eine bezaubernde Prinzessin, die in einem bezaubernden Haus wohnt, und ich kann den Gedanken nicht loswerden, daß der Prinz von einem bösen Dämon besessen sein muß, wenn er sich selbst ihrer Gesellschaft beraubt.« (Später, als Georg König geworden war, schlug sich der Dichterfürst auf die andere Seite ...)

»Ich bin entzückt darüber, daß die Prinzessin so heiter und angenehm lebt«, schreibt Mrs. Fanny D'Arblay. »Bis vor kurzem noch schien sie eingesperrt, nicht nur wie eine Einsiedlerin, sondern wie eine Verbrecherin ... Alle Welt ist sich einig darüber, daß die Prinzessin diejenige ist, der man Unrecht getan hat, obschon einige der Ansicht sind, sie habe es in ihrem Groll an Diskretion mangeln lassen.«

»Mangel an Diskretion« wurde ihr aus mannigfachen Gründen angekreidet: Die Etikette wurde bei ihr in höchstem Ausmaß ignoriert, die Feste dauerten manchmal die ganze Nacht über, und eine bunte Gesellschaft saß oft noch im Morgengrauen beim gemeinsamen Frühstück. Es wurde musiziert, diskutiert, getanzt, und selbst kindische Vergnügungen wie Pfänderspiele und Blinde Kuh verschmähte man nicht. Karoline legte sich keinen Zwang an, mit Leuten, die ihr gefielen, stundenlang zu plaudern und alle anderen links liegenzulassen. Wenn es ihr in den Sinn kam, zog sie sich schon einmal mit der einen oder *dem* anderen allein in ein Zimmer zurück. Gelegentlich flirtete sie ein bißchen, und es gab allerlei üblen Klatsch, nachdem der König, der seine Schwiegertochter bemerkenswert oft besuchte, einmal stundenlang an ihrem Krankenbett gesessen war – ganz allein mit ihr!

Je selbstsicherer sie wurde, desto unbekümmerter tat sie vor aller Ohren ihre abfällige Meinung über Georg kund – und wenn auch jedermann davon überzeugt war, daß sie im Grunde genommen recht hatte, wurde ihr dieser spezielle »Mangel an Diskretion« besonders nachgetragen – auch in London, auch in Carlton House. Noch hielt Georg still, noch sann er nicht auf Rache, denn im Augenblick war er mit allen Sinnen und Gedanken auf seine Mary Fitzherbert fixiert, mit der er einen zweiten Honigmond verbrachte.

Zum Verhängnis wurde Karoline dann nicht der »Mangel an Diskretion«. Zum Verhängnis wurden ihr die liebenswertesten Seiten ihres facettenreichen Wesens: Wohltätigkeit und Kinderliebe. Von einem anonymen Zeitgenossen erfahren wir: »Kleine Kinder pflegten sie ganz instinktiv aufzuspüren, kamen vertrauensselig herbeigelaufen, wenn sie in den Gärten spazierenging, und wurden von ihr mit Herzlichkeit und zärtlichen Liebkosungen empfangen.«

»Es ist unverzeihlich, daß eine Prinzessin ihre Liebe solchen kleinen Bälgern und Bettelgesindel schenkt«, entrüstet sich hingegen Lady Stanhope. Was und wen die Lady meint, schildert anschaulich Joachim Heinrich von Campe, der Karoline 1802 besuchte.

In seinem Buch »Reise durch England« widmet er ihr ein ausführliches Kapitel. Was Campe über Karoline schreibt, zählt um so mehr, als der Erzieher und zeitweilige Reisebegleiter der Brüder Humboldt zu den bedeutendsten Reformpädagogen der deutschen Aufklärung gehörte. Zu einer Zeit, da die Prügelstrafe das Hauptinstrument der

Erziehung war, schrieb er die »Kleine Seelenkunde für Kinder«, ein flammendes Plädoyer zugunsten der Jugend.

Campe äußert sich in Worten hohen Lobes über die Schule, die Karoline eingerichtet und aus eigener Tasche bezahlt, und er erzählt mit Bewunderung, daß sie die Pflege von neun Waisen übernommen hat: »Die Kinder waren einfach und sauber gekleidet und glichen in jeder Beziehung den Kindern besserer Landleute. Sie schienen sich des hohen Ranges ihrer Wohltäterin nicht im geringsten bewußt ... Die Prinzessin unterhielt sich mit ihnen ganz vertraulich und mütterlich. Erst sprach sie mit dem einen, dann mit dem anderen und schließlich mit einem Knaben von fünf oder sechs Jahren, der einen Ausschlag im Gesicht hatte.« Sie zeigte, so Campe weiter, keinerlei Abscheu vor dem ekelerregenden Ekzem, untersuchte das entstellte Gesicht sorgfältig, »dann gab sie dem Kind ein Stück Kuchen und ließ sich von ihm liebkosen«.

Am 11. Juli 1802 wurde Karolines zehntes »Kind« geboren, William Austin, Sohn des Werftarbeiters Samuel Austin. Die Familie zählte bereits mehr hungrige Mäuler, als der Vater stopfen konnte. In ihrer Verzweiflung wandte sich Sophie Austin an die mildtätige Herrin von Montague House mit der flehenden Bitte, für das Baby zu sorgen.

Karoline liebte ihre neun Waisenkinder, aber den kleinen William liebte sie aus unerklärlichen Gründen von Anfang an mehr als alle anderen. Während die neun nur tagsüber ins Haus kamen, nahm sie ihn ganz bei sich auf. Sie hegte und pflegte ihn, als wäre er ihr eigener Sohn, sie fütterte ihn selbst, sie küßte und koste ihn, nannte ihn ihren kleinen Prinzen; er schlief sogar bei ihr im Zimmer, und schließlich bat sie die Austins, ihn adoptieren zu dürfen. Die armen Leute gaben um so freudiger ihre Zustimmung, als Karoline ihnen erlaubte, den Knaben so oft und so lange sie wollten zu besuchen. Die Adoption wurde am 15. November 1802 perfekt gemacht.

Lady Townsend, einer Hofdame, war diese exaltierte Zuwendung Karolines zu dem kleinen »Willikin«, wie er zärtlich genannt wurde, nicht ganz geheuer, und sie meinte, ob es nicht besser wäre, wenn sich Ihre Hoheit von »diesem Kinde« trennte. Karoline, sonst eher von gleichmütigem Temperament, explodierte: »Ich habe niemals das Glück gehabt, meine eigene Tochter zu betreuen, und ich hatte immer arme Waisenkinder um mich ... Jeder Mensch auf dieser Welt muß etwas liebhaben dürfen ... Ich finde es grausam, daß ich die einzige Frau im Königreich sein soll, der es nicht erlaubt ist, ein Kind zu betreuen.«

Lady Townsend sollte recht behalten. Es wäre für Karoline klüger gewesen, sich von »diesem Kind« zu trennen. »Dieses Kind« lieferte Georg den willkommenen Vorwand, erneut aus dem Hinterhalt gegen seine Frau loszuschlagen.

Ausgelöst wurde der Skandal durch eine eifersüchtige Frau, Lady Charlotte Douglas, die mit ihrem Ehemann Sir John Douglas 1801 in Blackheath zugezogen war. Ein Kriegskamerad von Sir John wohnte mit den beiden unter einem Dach, und bald hieß es, daß die Lady und Sir Sidney Smith einander sehr nahe stünden.

Das Ehepaar Douglas und Sidney Smith wurden gerngesehene Gäste im Montague House, die Frauen sogar innige Freundinnen. Erst als Smith, ein unterhaltsamer Mensch und begabter Raumgestalter, häufiger in Montague House weilte als die Douglas, kühlte die Beziehung ab.

Karoline kam zu Ohren, daß Lady Charlotte sie eines intimen Verhältnisses mit Sidney Smith bezichtigte, und sie zog, spontan wie immer, ihre Konsequenzen. Eines Tages wurde Lady Charlotte ohne Begründung vom Portier des Montague House abgewiesen. Sie schrieb Karoline einen Brief – der kam ungeöffnet zurück.

Wer, nur ganz wenig später, dem Prinzen von Wales geflüstert haben mag, daß William Austin keineswegs ein adoptiertes, sondern das leibliche Kind Karolines wäre, läßt sich heute nicht mehr feststellen. Allerdings liegt die Vermutung nahe, daß Lady Charlotte die Urheberin der Verleumdung war, die Georg veranlaßte, eine geheime, bis in ihre Intimsphäre gehende Untersuchung gegen seine Frau (»Delicate Investigation«) einzuleiten. Eine vierköpfige Kommission unter dem Vorsitz des Premierministers Lord Grenville, die nach englischem Recht nicht den leisesten Hauch von Legalität besaß, nahm in Downing Street 10 ihre Arbeit auf. Überflüssig zu betonen, daß Karoline zunächst nichts von diesem Femegericht erfuhr, dessen Ziel nichts anderes sein konnte, als ihren Ruf zu ruinieren und ihre Existenz zu vernichten. Kein einziges Mal wurde sie persönlich vorgeladen, um Aussagen zu machen.

Als erstes wurde bezeichnenderweise das Ehepaar Douglas einvernommen. Lady Charlotte schwärzte die ehemalige Freundin nach Kräften an, nannte sie »eine Person ohne Erziehung und Charakter«. Sie sparte auch nicht mit gezielten Zweideutigkeiten: »Sie hat versucht, mich zu küssen, mich in die Arme zu nehmen, und sie sagte, sie hätte niemals zuvor eine Frau so geliebt wie mich.« Und dann schwor sie, Karoline hätte ihr den Fehltritt eingestanden. John Douglas bekräftigte die Aussage seiner Frau: Ja, er hätte die Schwangerschaft Karolines mit eigenen Augen wahrgenommen.

Wer der angebliche Vater des Kindes gewesen wäre, wußte Lady Charlotte nicht zu sagen, sie beschuldigte aber verschiedene Männer, Liebhaber der Prinzessin gewesen zu sein.

Es fanden sich Bedienstete, die erzählten, sie hätten gesehen, wie die Prinzessin den einen oder anderen küßte. Ein Diener »beobachtete einen Mann mit schwarzem Umhang«, der durch den nächtlichen Garten schlich, eine Hofdame begegnete »einem Unbekannten« im Treppenhaus, andere hatten »Wispern hinter verschlossenen Türen« vernommen. »Mr. Bogoods Frau erzählte mir, daß ihr Fanny Lloyd erzählt hätte, daß Mary Wilson gesagt hätte, sie hätte Sidney Smith eines Morgens im Schlafzimmer der Prinzessin angetroffen«, erklärte ein weiterer Zeuge.

Bei ihrer Einvernahme konnte sich das Stubenmädchen Mary Wilson an nichts dergleichen erinnern, erklärte aber bestimmt, von einer Schwangerschaft der Prinzessin nichts bemerkt zu haben: »Ich hatte niemals Anlaß zu der Vermutung, daß zwei Personen in ihrem Bett geschlafen haben.«

Als schließlich – endlich! – Sophie Austin, die Mutter »dieses Kindes« zu Wort kam und bezeugte, William sei ihr Sohn, den sie persönlich nach Montague House gebracht hatte, war der Fall eindeutig geklärt. Doch die Kommission entschied, »daß [Karolines] Verhalten im Hinblick auf ihren Rang Anlaß zu unerwünschten Interpretationen gegeben hat« – und tagte weiter!

Auch Karoline hatte letzten Endes Einzelheiten über die »Delicate Investigation« erfahren. Beraten und unterstützt von zweien ihrer Freunde, Lord Perceval und Lord Eldon, sandte sie dem König einen Brief, in dem sie, peinlich genau und juristisch einwandfrei, allen Anschuldigungen entgegentrat: »Vor dem Antlitz des Allmächtigen kann ich Ew. Majestät die Versicherung geben, daß Ihre Schwiegertochter unschuldig ist und über alle Zweifel erhaben, frei von all den Unanständigkeiten und Unschicklichkeiten, deren die Lords sie beschuldigen, und zwar auf das Zeugnis von Personen hin, die die Unwahrheit sagen, wie Sir John und Lady Douglas.« Beigelegt ein Attest ihres Hausarztes, wonach Karoline seit der Geburt ihrer Tochter Charlotte nicht mehr schwanger gewesen sei. Im selben Brief bat Karoline um eine persönliche Aussprache mit dem König, doch er antwortete ausweichend. Sie möge warten.

Lord Perceval und Lord Eldon waren in der Zwischenzeit nicht untätig: In einer Privatdruckerei ließen sie ein »Weißbuch« anfertigen, in dem alle ihnen erreichbaren Unterlagen über das schikanöse pseudo-juristische Verfahren enthüllt werden sollten.

In einem weiteren Brief an den König (eine Kopie ging an den Lordkanzler), der schon wesentlich schärfer formuliert war, erklärte Karoline, sie sei nicht länger gewillt, das »nichtswürdige und ehrabschneiderische Gerede« über sich ergehen zu lassen. Sie fühlte sich als »Opfer einer böswilligen Verschwörung« und bat den König, ihrer »gerechten Bitte um eine Zusammenkunft zu willfahren, ... damit peinlichste Enthüllungen all dessen, was mit dieser Ungerechtigkeit zusammenhängt«, vermieden werden.

Als der König noch immer nicht antwortete, stellte Karoline am 5. März 1807 ein Ultimatum: Das bewußte Buch stehe zur Auslieferung bereit, es werde am kommenden Montag erscheinen. Unterschrift: »Ihre sehr unglückliche, sehr gekränkte Schwiegertochter, Untertanin und Dienerin.«

Das Buch erschien nie. Für 10 000 Pfund wurde die gesamte Auflage von der Regierung Seiner Majestät aufgekauft. Ein ministerieller Beirat überprüfte die von der Untersuchungskommission zusammengetragenen Fakten und kam zu dem Schluß, daß nicht nur die Anschuldigungen des Ehepaares Douglas zweifelsfrei widerlegt wären, sondern daß auch »alles, was sonst noch gegen die Lebensführung der Königlichen Hoheit vorgebracht wurde und Gegenstand der Anklage bildete, insoweit es einer gerichtlichen Bestrafung unterliegt, hinreichend widerlegt wurde...« Die Zeugenaussagen seien von »derartiger Natur und unter derartigen Bedingungen gemacht, daß sie für das Urteil der getreuen Diener Seiner Majestät als unglaubwürdig nicht in Betracht kommen«. Um Karolines Sieg vollständig zu machen, legte der Ministerrat dem König nahe, seiner Schwiegertochter wieder eine Wohnung in einem Schloß in London zuzuweisen. Nach elf Jahren war Karolines Exil beendet, sie bezog einen Seitenflügel des Kensington Palastes.

Am 17. Mai 1807 erschien sie zum ersten Mal wieder in der Oper, jubelnd begrüßt. Kurz darauf nahm sie an einem Galaabend bei Hof teil, »alles erschien mit gekräuselter Perücke unter einem Gewicht von Puder«, schildert der irische Anwalt Jonas Barrington die Ereignisse. Karoline trat am Arm ihres Schwagers, des Herzogs von Cumberland, auf, sie trug »schlichtes Schwarz mit Pailletten bestickt«. Als sie auf den Schwiegervater zuschritt, »lief ein leises Geflüster durch den Raum ... Der König begrüßte seine Schwiegertochter freundlich ..., die Königin höflich, aber steif.« Nachher »bildete sich ein Kreis [um Karoline], und viele Leute ließen sich ihr vorstellen.« In einem Nebenraum stieß die Prinzessin um Haaresbreite mit ihrem Mann zusammen. Die beiden wechselten einige Worte, doch niemand stand nahe genug, um sie zu verstehen.

»Schlichtes Schwarz« trug die Prinzessin, weil sie seit sieben Monaten um ihren Vater trauerte. Am 14. Oktober 1806 war der alte Haudegen in der verhängnisvollen Schlacht bei Jena und Auerstedt schwer verwundet worden. Granatsplitter schlugen ihm beide Augen aus; er starb wenig später, aufopfernd gepflegt von einer jungen französischen Schauspielerin, die ihn in den Feldzug gegen Napoleon begleitet hatte.

Braunschweig wurde von den Franzosen besetzt, dann dem neugeschaffenen Königreich Westfalen einverleibt. Karolines Mutter entkam mit knapper Not der Gefangennahme und schlug sich nach Schweden durch. Dorthin entsandte Georg III. eine Fregatte, um seine Schwester heimzuholen.

Das Wiedersehen der Geschwister war herzlich, obwohl der König seine Schwester kaum wiedererkannte. Sie war monströs dick, kleidete sich seltsamerweise seit dem Tod ihres Mannes ganz in Weiß, ihr Englisch war langsam und holperig geworden.

Sie besaß keinen Penny, ebenso ihre drei Söhne (zwei davon schwachsinnig), die sie mitgebracht hatte. Alle mußten aus der königlichen Privatschatulle unterhalten werden, ein Umstand, der die

Flüchtlinge vor allem bei Königin Charlotte nicht besonders beliebt machte.

Karoline kümmerte sich wenig um die Mutter, zu der sie seit Kindheitstagen keine innige Beziehung hatte und die sie offen als »dumm und langweilig« bezeichnete. Sie amüsierte sich lieber in ihren eigenen vier Wänden, gab, wie schon in Montague House – auch an Sonntagen! – bunt gemischte Gesellschaften, worüber sich nicht wenige Leute erregten.

Die Prinzessin sei »eine Erscheinung, derart aufgeputzt, ausgeschnitten und mit so gemalten Augenbrauen, wie man sie noch nie gesehen«, mokiert sich Mary Berry nach ihrem ersten Besuch im Kensington Palast, um schon nach einer zweiten Begegnung ganz anders zu urteilen: »Sie war in bester Verfassung, und ihre Unterhaltung ist ungewöhnlich lebhaft, ungewöhnlich geistreich.« Mary Berry lobt die »bemerkenswert leichten und liebenswürdigen Umgangsformen ... natürliche Klugheit, wie man sie selten sieht«.

Von ihrem Mann blieb Karoline einigermaßen unbehelligt. Sie durfte ihre Tochter regelmäßig sehen – bis zum 6. Februar 1811, dem Tag, da der Prinz von Wales zum Regenten eingesetzt wurde. Georg III. hatte einige Tage lang so getobt, daß man ihn in eine Zwangsjacke stecken mußte, ehe er, leise wimmernd und apathisch, alles mit sich geschehen ließ. Die Ärzte gaben jede Hoffnung auf.

Karolines Befürchtungen, daß ihr Mann sie nun aus dem Kensington Palast verjagen würde, bewahrheiteten sich glücklicherweise nicht, aber sie geriet zusehends ins Abseits der »feinen« Gesellschaft, die sich nun liebedienerisch um den Regenten scharte. Es wurde wieder Mode, sich über sie lustig zu machen.

Dem trat der von Goethe hochgeschätzte Dichter Thomas Campbell, ein Schotte, entgegen: »Sie hat Temperament, ist gutherzig, scharfsinnig, naiv und unterhaltsam. Ihre Aussprache gibt ihr vielleicht etwas Komisches – doch das gilt auch für uns Schotten ... Ich verbrachte viele Stunden mit ihr ... sie verriet nichts von dem, was man an ihr tadelt ... Alle Berichte über ihr schlechtes Benehmen und ihre merkwürdigen Umgangsformen entstammen Skandalkrämern, die Boshaftes schreiben oder Verleumdungen weitergeben, entweder fahrlässig oder mit der ausgesprochenen Absicht, ihr zu schaden ...«

Karoline war jetzt Anfang Vierzig, eine dicke kleine Frau. Der Kopf ging scheinbar halslos in die runden Schultern über, und sie trug immer hochgeraffte Spitzenschals, um diesen Makel zu kaschieren. Sie versuchte ihre blasse Gesichtsfarbe mit viel Rouge zu überdecken, ihr Haar war noch immer blond, ohne eine graue Strähne, doch bedenklich schütter. Die fast weißen Wimpern gaben dem Antlitz eine gewisse Starrheit.

Ihre Heiterkeit begann zu schwinden. Sie wurde hart und bitter, nachdem Georg Charlotte aus Carlton House vertrieben und nach Schloß Windsor verschickt, die Zusammenkünfte zwischen Mutter und Tochter auf zweimal im Monat beschränkt hatte. Mehrmals hintereinander erschien das Mädchen überhaupt nicht zur vereinbarten Zeit, also fuhr Karoline nach Schloß Windsor hinaus – wurde aber abgewiesen.

»Den ganzen lieben Tag bringt sie damit zu, allen möglichen Leuten den Tod an den Hals zu wünschen«, schreibt eine Hofdame. »Wenn Schweigen Zustimmung bedeutet, dann bin ich mehr als einmal Mordkomplizin gewesen.« Manchmal nahm Karoline ein Sofakissen, gab ihm den Namen Georg und durchbohrte es nachdrücklich mit langen spitzen Nadeln . . .

Zusammen mit ihrem Anwalt Henry Brougham vergrub sie sich in die alten Geschichten, sammelte alles erreichbare Material über ihren »Fall«: Briefe, Dokumente, Zeitungsausschnitte. Dann setzte sie sich hin, schrieb einen Brief an ihren Mann, in dem sie ihm die nicht abreißende Folge ihrer Demütigungen vorhielt, um dann zum Kern der Sache zu kommen: ein heftiger Protest gegen die entwürdigende Behandlung Charlottes: »Sie, die bestimmt ist, die Herrscherin eines großen Landes zu werden, ist aller Rechte und Vorteile beraubt, die minderklassigen Leuten selbstverständlich zugestanden werden.«

Georg lehnte es ab, den Brief in Empfang zu nehmen, und Karoline wandte sich daraufhin an den Premierminister Lord Liverpool mit der Bitte, dem Regenten den Inhalt des Briefes vorzutragen. Der Premier tat, wie ihm geheißen, und berichtete Karoline in lapidaren Worten: »Seine königliche Hoheit hat nicht geruht, einen Kommentar abzugeben.«

Was Liverpool nicht mitteilte: Georg schäumte, eilte, den Lord im Schlepptau, nach Schloß Windsor, zitierte seine Tochter herbei, beschimpfte sie unflätig und brüllte: »Wäre ich nicht so ein grundgütiger Mensch, ich würde dich lebenslang einsperren.« Er würde sofort die »Delicate Investigation« gegen Karoline erneut ins Leben rufen, und die sollte sich nicht nur mit den alten Verdächtigungen befassen, sondern alle neuen Verfehlungen untersuchen, deren sich die Prinzessin während der letzten Jahre schuldig gemacht hätte. Solange die Untersuchung liefe, dürfte Charlotte die Mutter überhaupt nicht mehr besuchen.

Das Mädchen blieb stumm. Weinend legte sie sich zu Bett und erklärte, sie sei krank.

Karoline konterte mit einem Schlag, der erstaunliche Parallelen zu heutigen Gepflogenheiten aufweist. Sie spielte dem »Morning Chronicle« eine Abschrift des ominösen Briefes zu, der ihn im vollen Wortlaut abdruckte. Begierig griffen andere Zeitungen das Thema auf und publizierten, zum Entzücken einer sensationslüsternen Leserschaft, Passagen aus dem niemals zuvor veröffentlichten Weißbuch von 1806 über die erste »Delicate Investigation«.

Der Skandal uferte in wilde Mutmaßungen über Charlotte aus, die scheinbar vom Erdboden verschwunden war. Es hieß, sie sei von ihrem Cousin, dem Captain FitzClarence schwanger, mit dem sie mehrere Male ausgeritten war. Auf der Stelle genas Charlotte, legte die engste Corsage an, die sie finden konnte, und fuhr wiederholt im Hydepark spazieren. Dabei begegnete sie einmal ihrer Mutter. Die Damen ließen ihre Kutschen ganz nahe, Seite an Seite, anhalten. Mit langgestreckten Hälsen umarmten sie einander durch die herabgelassenen Wagenfenster, stumm und in Tränen gebadet.

Schließlich wurde die Affäre Gegenstand einer erregten Unterhausdebatte, wobei der Abgeordnete Worthley langanhaltenden Beifall erntete, als er ausrief: »Die königliche Familie scheint völlig unbekümmert um ihr Ansehen zu sein. Der Prinz möge nicht glauben, daß er ohne Schaden davonkommt.«

Georgs Ansehen sank von Tag zu Tag. Wo immer die einfachen Leute seiner ansichtig wurden, begrüßten sie ihn mit schrillen Pfiffen und Verwünschungen. Karoline hingegen wurde stürmisch gefeiert. Eine Delegation der City of London, angeführt vom Lord Mayor, die der Prinzessin ihre Ergebenheit beteuern wollte, hatte Mühe, durch eine Karoline huldigende Menschenmasse zum Kensington Palast vorzudringen.

Die Sympathien für Frau und Tochter nahmen solche Ausmaße an, daß Georg einen Aufruhr befürchten mußte. So beschloß er, die siebzehnjährige Charlotte zu verheiraten, mit dem wohlüberlegten, aber noch sorgfältig geheimgehaltenen Hintergedanken, sich ihrer dadurch zu entledigen. Sein Auserwählter war Prinz Wilhelm von Oranien.

Charlotte, von der Aussicht beglückt, der väterlichen Fuchtel zu entkommen, stimmte dem Plan zu, wenn sie auch einmal sinnierte, daß »eine unglückliche Ehe schlimmer als der Tod« sei.

Vorsichtig versuchte sie Näheres über ihren Zukünftigen zu erfahren. Sie war nicht allzu begeistert, als ihr der Informant mitteilte, der Prinz sei »dünn wie eine Nadel«, hätte schrecklich vorstehende Zähne, könnte aber gut Walzer tanzen.

Wilhelm von Oranien kam am 13. Dezember 1813 in London an. Bereits eine Stunde nachdem er die schüchternen und verlegenen jungen Leute einander vorgestellt hatte, flocht Georg beider Hände ineinander, gab ihnen seinen Segen und erklärte sie für verlobt. Charlotte war sprachlos, der Prinz begann haltlos zu weinen.

Am nächsten Tag plauderte Wilhelm aus, was der Vater Charlotte verschwiegen hatte: Als Wilhelms Ehefrau müßte sie nach Holland übersiedeln und dürfte nur zeitweilig ihren Wohnsitz in London nehmen. Hitzig entgegnete die Prinzessin, sie denke nicht daran, die Insel zu verlassen, und das schrieb sie dem Bräutigam auch immer wieder, nachdem er in seine Heimat zurückgekehrt war. Einer Hofdame vertraute sie an, sie hätte die Absichten des Vaters durchschaut: »Der Regent will nicht die aufgehende Sonne neben sich haben.«

Wilhelm von Oranien kam ein halbes Jahr später wieder, und ehe er es sich versah, löste Charlotte plötzlich, von sich aus, ohne jemanden zu Rate zu ziehen, das Verlöbnis. Das nicht nur, weil sie mit Wilhelm nach Holland gehen sollte: Beim Rennen von Ascot betrank sich der Bräutigam dermaßen, daß er von zwei Lakaien wie ein Sack in die Kutsche gehoben werden mußte.

Der Prinz entwich nach Holland, und Georg bekam einen seiner gefürchteten Wutanfälle. Er hetzte zu seiner Tochter nach Windsor, schloß sich mit ihr in einem Zimmer ein, und man hörte ein wildes Wortgefecht, spitze Schreie, lautes Wehklagen.

Die Tür wurde aufgerissen, Charlotte stürzte in ihr Schlafzimmer und erzählte einer Kammerfrau mit fliegendem Atem, alles sei verloren: Man werde die ihr ergebene Dienerschaft entlassen, neues Personal stünde schon bereit, und sie, Charlotte, solle für unbestimmte Zeit in das einsam gelegene Cranbourne Lodge inmitten der Wälder von Windsor in Verbannung gehen. »Der liebe Gott möge mir helfen«, jammerte sie und lief davon – hinaus durch die Hintertür. Auf der Straße hielt sie eine Mietkutsche an und ließ sich in den Kensington Palast bringen.

Karoline war nicht daheim, sie war nach Blackheath gefahren, aber es wurde sofort nach ihr geschickt. Charlotte verlangte auch, den Anwalt der Mutter, Henry Brougham, herbeizuholen, sowie ihren Onkel, den Herzog von Sussex, von dem sie wußte, daß er ihr wohlgesonnen war.

Es erschien Karoline, es erschien Brougham, und schließlich stellten sich nach und nach ein: der Anwalt ihres Vaters, der Premierminister, der Justizminister, der Herzog von York, der Bischof von Salesbury. Sie alle versuchten Charlotte zur Rückkehr nach Windsor zu bewegen.

»Ich bin durchgebrannt«, erklärte Charlotte dem Anwalt. Sie war »fröhlich wie ein Vogel, der seinem Käfig entkommen ist«, erinnert sich Brougham in seinen Memoiren. »Kehren Sie sofort zurück und verweilen Sie um Gottes willen keine einzige Nacht in diesem Haus«, riet der Jurist.

Er versuchte ihr zu erklären, daß der Regent im Recht sei, da er die Erziehungsgewalt über sie besäße. Charlotte entgegnete, lieber wollte sie sterben, als noch einmal dem Vater ausgeliefert zu werden. Sanft führte sie der Anwalt zum Fenster und sagte: »In wenigen Stunden werden zehntausende Menschen dort unten auf der Straße stehen. Sie müssen sich der Menge zeigen und ihr erzählen, was Ihnen widerfahren ist, und die Leute werden aufstehen wie ein Mann. Es wird zum Aufstand kommen und zu Blutvergießen. Carlton House wird angegriffen und angezündet, Soldaten werden in die Menge schießen. Und Sie, Königliche Hoheit, Sie würden nie vergessen, daß die Flucht aus Ihrem Vaterhaus die Ursache all des Unglücks war, und sollten Sie auch hundert Jahre alt werden.«

Charlotte begann zu weinen, und sie ließ sich von ihrem Onkel York aus dem Schloß führen. Er brachte sie nach Carlton House, von dort wurde sie unter starker militärischer Bedeckung nach Cranbourne Lodge eskortiert, Tag und Nacht aufs schärfste bewacht. Selbst das Schlafgemach mußte sie mit einer Kammerfrau teilen.

Karoline gab sich geschlagen. Sie sei, schrieb sie Brougham, »darauf bedacht, sofort abzureisen, da es schmerzlich wäre, zu sehen, wie ein Kind bei jeder Gelegenheit zum Gegenstand des Streites zwischen den Eltern gemacht wird«.

Brougham riet seiner Mandantin dringend ab, das Land zu verlassen: Sie könnte damit dem Regenten einen Vorwand für die Scheidung liefern. »Wenn Sie im Ausland sind, werden Sie von Spionen umgeben sein, die man Ihnen nachschicken wird. Wer weiß, was dann geschieht. In England können Spione und falsche Zeugen nichts ausrichten, im Ausland können sie alles mögliche anrichten«, fügte er prophetisch hinzu.

Karoline ließ sich nicht umstimmen. Am 25. Juli 1814 schrieb sie dem Premierminister Lord Liverpool: »Die Prinzessin von Wales hat sich entschlossen, in ihr Heimatland Braunschweig zurückzukehren. Sie wird später vielleicht Reisen nach Italien und Griechenland unternehmen, woselbst sie wahrscheinlich für einige Jahre einen ihr zusagenden Wohnsitz finden wird.«

Noch einmal, ein letztes Mal, durfte Charlotte ihre Mutter sehen. Wie eine Gefangene bewacht, kam sie in den Kensington Palast, um Abschied zu nehmen. Das Mädchen flehte die Mutter an, sie nicht zu verlassen, doch Karoline sagte resigniert, es bliebe ihr keine andere Wahl als zu gehen.

Mutter und Tochter waren niedergeschlagen und von Herzen betrübt – nicht so Georg: hoch erfreut, daß Karoline endlich aus seinem Gesichtskreis entschwand, und vermutlich schon von Anfang an zu finsteren Intrigen entschlossen. Er stellte ihr für die Überfahrt nach Cuxhaven ein Kriegsschiff zur Verfügung, das Parlament garantierte eine Jahresrente von 35 000 Pfund. Karolines Adoptivsohn durfte sie zusammen mit einem angemessenen Gefolge begleiten.

Die Prinzessin von Wales ging am 9. August 1814 an Bord der »Jason«. »Von ihren Gefühlen überwältigt, sank sie ohnmächtig in die Arme einer Begleiterin«, weiß die Zeitung »Sussex Adviser« zu berichten – ein Indiz dafür, daß sich schon damals so mancher Skandalreporter Neuigkeiten über die Interna des Hoflebens aus dem Finger gesogen hat, denn ein Journalist war gewiß nicht auf der »Jason«.

Karoline reiste zunächst unter dem Decknamen einer Gräfin Wolfenbüttel, dann aber ungetarnt, da sie ohnehin überall erkannt wurde. In der Heimatstadt Braunschweig war der Empfang enthusiastisch; aber sosehr sie auch gebeten wurde, sie blieb nur kurze Zeit, rastlos, unruhig und von überdrehter Fröhlichkeit ergriffen.

Ihr nächstes Ziel war die Schweiz. In Lausanne gab sie wieder einmal Anlaß zu übler Nachrede, als sie sich in die Vergnügungen eines ländlichen Balles stürzte und ausgelassen mit jedem tanzte, der sie aufforderte. »Sie hat die Ehre Englands in den Schmutz gezogen«, heißt es in einem Kommentar.

In Lausanne war es auch, daß sie mit der Kaisertochter Marie Louise, der Gemahlin des inzwischen geschlagenen und nach Elba verbannten Napoleon I. zusammentraf. Beide Frauen, jede auf ihre Weise einer Zwangsehe entronnen, unterhielten sich köstlich, kichernd und schwatzend wie die Schulmädchen, und sie sangen dann inbrünstig, laut und ein bißchen falsch populäre Lieder im Duett. Ein Baron Meneval fand zwar, daß Karoline – in weiße, wallende Spitze gehüllt, mit Diamanten behängt – reichlich aufgedonnert wirkte, ansonsten aber sei sie »eine vortreffliche Dame, einfach, offen, liebenswert . . . Wir alle behielten diese Frau, die die halbe Welt verurteilt, die andere Hälfte bewundert, in bester Erinnerung«.

Nicht so gut war der Eindruck, den Karoline bei einer späteren Begegnung mit Marie Louise in Parma hinterließ. Sie kippte hinterrücks von einem zu kleinen Schemel, die Beine himmelwärts gestreckt, die Röcke zurückgerutscht, und darüber lachte sie, bis ihr die Tränen über die Wangen rollten.

Sie konnte nicht anders als lachen, denn »ich bin so glücklich wie der Tag lang ist«, sagte sie während der Reise durch Italien, die sie im Eiltempo absolvierte, wobei sie »überall nur gerade so lange verweilte, um die Ehrungen als königliche Hoheit in Empfang zu nehmen«, schreibt einer ihrer Reisegefährten. Ein anderer schildert sie so: ». . . eine dicke kleine Dame mit hochrotem Gesicht . . . in einem weißen Mädchenkleid, sehr schwarzem Haar [sie trug eine Perücke] und finsteren schwarzen Augenbrauen [wahrscheinlich angemalt] und einem Kranz rosa Rosen auf dem Haupt . . .«

In den folgenden Jahren ihrer Reisewut durch Italien – später Nordafrika und den Vorderen Orient – verlor sie fast niemals ihre gute Laune, auch angesichts der aufregendsten Ereignisse. Sie wurde von Gewittern bis auf die Haut durchweicht, durch Orkane fast verweht, aus umstürzenden Fahrzeugen auf die Straße geschleudert, in sengender Hitze gedörrt. Sie schlief in der Kutsche auf nacktem Boden, sie marschierte über Felsgestein, bis ihr die Schuhe von den Füßen fielen.

Sie stürzte über ein Schiffstau, schlug sich das Gesicht blutig und machte gleich darauf, ziemlich derangiert, dem Papst ihre Aufwartung. Lachend sagte sie: »Was wird der Heilige Vater wohl von mir gedacht haben? Er wird geglaubt haben, ich wäre in eine Keilerei verwickelt gewesen.«

Nicht immer war sie ausgelassen. Mit Begeisterung und großer Sachkenntnis nahm sie an den neuesten archäologischen Forschungen Anteil, und sie fertigte hübsche Aquarelle von fast allem, das sie gesehen und bewundert hatte.

In Genua stieß einer ihrer Schützlinge zu ihr, den sie einst als kleines Kind in ihr Haus aufgenommen hatte: Joseph Hownam, nun bereits Leutnant der Marine und ihr bedingungslos ergeben – so ergeben, daß er nicht frei von Eifersucht war, wenn sie anderen mehr Gunst erwies, als er für sich beanspruchte.

Dem Tagebuch Joseph Hownams verdanken wir aufschlußreiche Einzelheiten über Karolines Jahre im Exil. Eine kleine Notiz in diesen Aufzeichnungen ist, wie wir bald sehen werden, besonders merkenswert: »Ein Baron Ompteda, den die Prinzessin am Hof von Neapel kennengelernt hat, ist jetzt in Genua, und er speist öfter mit Ihrer Königlichen Hoheit.« Hownam irrt: Karoline hatte den Baron – er war Hannoveraner Gesandter bei der Kurie – nicht erst in Italien kennengelernt, er war ihr längst vertraut.

Viele Mitglieder der Familie Ompteda waren im Dienste der Braunschweiger Herzöge gestanden, Karoline kannte Ompteda von Kindesbeinen an. Sie freute sich aufrichtig über das Wiedersehen mit dem Gefährten aus fernen Jugendtagen. Wie hätte sie ahnen können, daß Ompteda jetzt ihr schlimmster Feind war?

Der Baron stand im Sold des Hannoveraner Staatsministers Ernst Friedrich Reichsgraf von Münster, der zugleich Kabinettsmitglied in London war. Wir erinnern uns: England und Hannover wurden damals in Personalunion regiert. Münster war von Georg beauftragt worden, Karoline durch einen »geeigneten Mann« überwachen zu lassen und sofort zu vermelden, wenn ihr Benehmen zu wünschen übrig ließe oder sie gar einen Liebhaber hätte. Der von Münster auserwählte Spion war niemand anderer als Ompteda.

Die Weisungen an ihn lauteten: »Er soll sich so nahe wie möglich an die Prinzessin heranmachen mit dem Ziel, vor Gericht verwendbares Material über ihren Lebenswandel zu sammeln.« Er müsse »untadelige Augenzeugen auftreiben ... englische Zeugen bevorzugt ... keiner der im Dienste des Regenten Stehenden darf in die Sache mit hineingezogen werden. Die Beweise müssen direkt und unzweideutig sein und die Aussagen ... derart, daß es ausgeschlossen ist, die Zeugenschaft als ... unglaubwürdig hinzustellen ... Weiters ist derartiges Beweismaterial zu sammeln, daß aufgrund desselben der Prinzregent jederzeit im Recht ist, der Prinzessin die Rückkehr nach England zu verbieten und sie von dem Genuß aller Ehren und Vergünstigungen auszuschließen, auf die sie als Gattin bei einem Empfang bei Hof und in der Familie Anrecht hat.«

Seit 1815 lieferte Ompteda das gewünschte Material, das von der sogenannten »Mailänder Kommission« gesammelt und gesichtet wurde. Vorsitzender der Kommission war Sir John Leach, ein ehrgeiziger Mann mit Ambitionen auf die Lordkanzlerschaft.

In Omptedas Unterlagen taucht der Name Bartolomeo Pergami Anfang 1815 zum ersten Mal auf, nebst genauer Personenbeschreibung: »... [er ist] eine Art Apollo, eine prächtige, gebietende Erscheinung, über sechs Fuß groß. Seine physische Schönheit wendet ihm alle Blicke zu.« Auf Pergami konzentrierte sich nun die Aufmerksamkeit Omptedas, und schon bald wußte er triumphierend zu berichten, daß der Italiener mit Karoline ein Verhältnis hätte.

Bartolomeo Pergami, ein ehemaliger Offizier, war über ausdrückliche Empfehlung eines Grafen Gizzilieri als Kurier und Dolmetsch in Karolines Dienste getreten – und kurioserweise gehörte auch Gizzilieri zu Omptedas hochdotierten Zuträgern. Ob dieser der Prinzessin den Pergami zufällig oder mit gezielter Absicht eingeredet hat, ist bis heute nicht herausgekommen. Letzteres scheint aber eher unwahrscheinlich. Gizzilieri hätte die Prinzessin sehr genau kennen, übermenschliches psychologisches Einfühlungsvermögen und die Gabe der Hellsicht besitzen müssen, um vorauszuahnen, welche für die

Mailänder Kommission bedeutende Rolle Pergami im Leben Karolines spielen würde ...

Seit seinem Auftauchen gingen Karolines englische Begleiter einer nach dem anderen in die Heimat zurück, nicht im Bösen, keineswegs, aber den meisten waren die Strapazen der ständigen Reisen kreuz und quer durch Italien zuviel geworden (sagten sie), aber es müssen auch noch andere Gründe mitgespielt haben – zum Beispiel dieser: »Wir sprechen jetzt fast ausschließlich italienisch«, schreibt Karoline, »und ich genieße es.« Ihre Landsleute genossen es bestimmt nicht. Welcher Engländer kann und konnte schon Italienisch?

Nach und nach schleppte Pergami seinen halben Clan an. Zuerst seine Mutter, dann seine zweieinhalbjährige Tochter Vittoria – ein bezauberndes Mädchen, das augenblicklich das Herz der kindernärrischen Karoline eroberte –, dann seinen Bruder Luigi und noch einen Bruder namens Voloti. Schließlich kam Pergamis Schwester, eine Gräfin Oldi. Sie alle wurden Karolines Hofstaat zugesellt – Joseph Hownam, der bei seiner Herrin ausharrte, sah es mit Mißvergnügen.

Pergamis Ehefrau erschien nicht, angeblich lebte das Paar getrennt. »Apollo, die prächtige, gebietende Erscheinung« hatte Zeit und Muße, sich voll und ganz seiner Gebieterin zu widmen; unterwürfig, diensteifrig (Hownam nannte es schleimig und aufdringlich), versuchte Pergami ihr das Dasein so behaglich wie möglich zu machen. Es war ihr sichtlich nicht unangenehm.

Schlagartig verlor sie die Lust am Umherzigeunern, sehnte sich nach Häuslichkeit und erwarb die schöne Villa d'Este am Comosee. Doch sie sollte nicht zur Ruhe kommen. Allerlei seltsame Erscheinungen trieben sich um das Haus, Dienstboten berichteten, daß Fremde versuchten, sie auszuhorchen. Zweifelhafte Figuren klopften an und bewarben sich dringlich um Arbeit. Unter den Gästen des Hauses erschienen plötzlich Freunde von Freunden von Freunden und biederten sich an.

Obwohl Pergami ständig mit einer Waffe herumlief, obwohl er das Haus nachts streng überwachen ließ, fühlte sich Karoline zunehmend verunsichert, und so beschloß sie, ihr Wanderleben wieder aufzunehmen – mit Pergami und seiner Sippe, mit ihrem Adoptivsohn William, und auch Joseph Hownam war mit dabei. Man besuchte Elba, Palermo, Syrakus. Sie sahen Catania, wo Karoline nur mit Mühe da-

Bartolomeo Pergami

von abzuhalten war, den Ätna zu besteigen, der sich gerade in einer aktiven Phase befand.

In Catania erwarb Karoline einen kleinen Landsitz, der, undurchschaubaren italienischen Gebräuchen folgend, mit einer Baronie verbunden war, und schenkte ihn Pergami – dieser längst nicht mehr nur Kurier und Dolmetscher, sondern Kammerherr, Sekretär und persönlicher Vertrauter in einer Person. Er durfte sich nun Baron nennen – Hownam registrierte es mit zähneknirschender Empörung. Sein ohnmächtiger Grimm legte sich erst ein wenig, nachdem Karoline endlich wieder einen Engländer in ihre Entourage aufgenommen hatte, einen Marineleutnant namens Flynn, den Hownam »angenehm, offen und mit vorzüglichen Manieren begabt« fand.

Im April 1816 erreichte die Gesellschaft Tunis. Karoline wurde von Bey Mohammed »mit königlichen Ehren empfangen«, schreibt Hownam, »mit Kanonendonner, Gewehrsalven, und am Palasttor standen lauter verschleierte Frauen«.

Der Bey, ein dicker alter Mann mit bauchlangem weißem Bart, war hingerissen von der englischen Prinzessin, verwöhnte sie mit zahllosen orientalischen Festen, machte ihr kostbare Geschenke, darunter drei Araberhengste, zwei Löwenbabys und eine wundervolle römische Plastik, die in Karthago ausgegraben worden war. Schließlich gestattete er ihr sogar, ihn in den Serail zu begleiten. Befriedigt stellte Karoline fest, daß dort die Damen noch wesentlich dicker waren als sie selbst.

»Ich versichere Ihnen«, sagte sie zu Hownam, »daß mir hier diese sogenannten Barbaren viel lieber sind als all die zivilisierten Leute in Europa.« Sie hatte, bei Gott, ihre guten Gründe für diese Einschätzung.

Noch in Tunis erreichte sie die Nachricht, daß ihre Tochter Charlotte den Prinzen Leopold von Sachsen-Coburg geheiratet habe. Die Tatsache, daß man sie nicht zur Hochzeit eingeladen hatte, überging sie mit einem Scherz: »Ich gehe nach England zurück, wenn ich Großmutter bin.«

Dann weiter nach Palästina. Jaffa, Jerusalem, Bethlehem, Nazareth standen auf dem Programm. Überall erregte das Erscheinen der europäischen Fürstin Aufsehen. Hownam: »Männer, Frauen, Kinder, Juden, Türken, Araber, Griechen, Katholiken und Ungläubige schrien

›Willkommen‹ ... und viele Finger streckten sich auf die königliche Pilgerin, die Leute riefen ›das ist sie, das ist sie‹ . . .«

Von Jaffa aus ging es zurück nach Italien, durch tobende Orkane, vorbei an allerorten lauernden Piratenschiffen, in unerträglicher Hitze. Und in Syrakus dann die böse Überraschung: Die Passagiere durften nicht an Land, weil im Nahen Osten eine Choleraepidemie ausgebrochen war. Die Beteuerungen von Karolines Arzt, an Bord seien alle gesund, fruchtete nichts. Auch die Häfen von Messina und Neapel blieben den übermüdeten Touristen verschlossen. Erst aufgrund einer päpstlichen Sondererlaubnis durften die zu Tode erschöpften Reisenden – Wasser und Lebensmittel waren an Bord bereits knapp geworden – in Terracina auf päpstlichem Hoheitsgebiet an Land gehen.

Das große Abenteuer war zu Ende, Karoline abgekämpft, aber noch nicht kampfesmüde. Sie würde ihre Kräfte brauchen, denn noch schlimmere Stürme als die auf dem Mittelmeer standen ihr bevor.

Für einige Zeit kehrten Karoline und die Ihren nach Como zurück, aber unerklärliche Unrast trieb sie bald wieder aus dem Haus, diesmal nach Norden: München, Bayreuth und Wien, wo Fürst Clemens Metternich einen Galaempfang für die Prinzessin von Wales gab. Kaiser Franz I., der Vater von Napoleons Frau Marie Louise, empfing sie – eine besondere Auszeichnung – »en famille«.

Beunruhigende Nachrichten erwarteten sie bei ihrer Rückkunft in die Villa d'Este: Wieder waren Fremde an einzelne Mitglieder des Personals herangetreten, hatten hohe Belohnungen für Informationen aus Karolines Privatleben versprochen.

Von Gewissensbissen gequält, gestand der Kammerdiener Moritz Crede, dem Baron Ompteda gegen eine hohe Summe baren Geldes die Schlüssel zu Karolines Privaträumen überlassen zu haben. Sie entließ den Diener. Den Verrat des Jugendfreundes nahm sie mit verblüffender Gelassenheit zur Kenntnis, erwirkte aber dessen Ausweisung aus dem damals österreichischen Hoheitsgebiet. Obwohl sich Ompteda, entgegen den ihm gegebenen Anweisungen, aufs peinlichste kompromittiert hatte, blieb er weiterhin in Georgs Diensten. Von Rom aus versuchte er sein Spitzelnetz intakt zu halten und enger zu ziehen.

Der schöne Comosee war Karoline gründlich verleidet. Nach weiteren Reisen durch Italien verlegte sie ihr Domizil nach Pesaro, und endlich schlug sie ein gemächlicheres Tempo an. Spazierfahrten, Baden in den kristallklaren Fluten der Adria, besinnliche Gespräche mit neugewonnenen Freunden, Aufatmen: »Ich bin so ruhig und von allen hoch angesehen. Vielleicht sollte ich hier bis zu meinem Tode leben«, schreibt sie.

Entschieden trugen die Briefe von Tochter und Schwiegersohn zu ihrem Wohlbefinden bei. Vor ihrer Verheiratung hatte Charlotte nicht mit ihrer Mutter korrespondieren dürfen. Nun riß der Nachrichtenstrom zwischen England und Italien nicht ab.

»Ich habe reizende Briefe von meiner Tochter und meinem Schwiegersohn bekommen ... beide sind mir sehr zugetan«, freut sich Karoline. Und dann das große Glück: »Ich werde bald Großmutter sein, und ich hoffe zu Gott, daß dann alle Ränke um meine Person ein Ende haben werden. Ich bin dann eine achtbare alte Dame, niemand kann meiner armen Seele irgendwelche Skandale anhängen.«

Die arme Seele sollte so bald ihren Frieden nicht finden: Am 5. November 1817 brachte Charlotte ein totes Kind zur Welt. Wenige Stunden danach hauchte auch sie ihr junges Leben aus.

Erst drei Wochen später, früh am Morgen, traf ein königlicher Kurier mit einem schwarz versiegelten Brief in Karolines Villa ein. Hownam übernahm das Kuvert, warf einen Blick darauf und ging dann, schweren Herzens, seine Herrin zu verständigen.

»Was ist geschehen?« fragte sie ungehalten.

»Ich muß Ihnen etwas mitteilen, Madam.«

»Was ist es?«

»Ein königlicher Bote ist eingetroffen.«

»Ah! Prinzessin Charlotte ist niedergekommen.«

Hownam schwieg.

»Ist sie krank?«

»Ich fürchte, es ist so, Madam.«

»Sehr krank?«

»Soweit ich von dem Boten erfahren habe, denke ich ...«

Aus ihren Wangen wich das Blut. »Mein Gott, Hownam, was ist wirklich geschehen?«

Er antwortete nicht. Tränen begannen ihr über die Wangen zu rinnen, dann sagte sie: »Hownam, ich bin auf das Schlimmste gefaßt.«

Karolines Tochter Charlotte

Er übergab ihr den Brief, und als sie das schwarze Siegel sah, schrie sie: »Mein Gott! Sie ist tot!«

Sie weinte lang und heftig. Nachdem sie keine Tränen mehr hatte, schluchzte sie trocken: »Sie wird nie erfahren, welche Martern ihre arme Mutter ertragen mußte und zu ertragen haben wird ... Nicht nur meine letzte Hoffnung ist dahin – und was hat ganz England verloren!«

Karolines exaltierte Hinwendung zu Pergamis Tochter wird wohl die Folge von Charlottes tragischem Tod gewesen sein. Die unglückliche Mutter begann ihren Adoptivsohn William Austin zu vernachlässigen und verströmte ihre ganz Zuneigung an die nun fünfjährige Vittoria, die ihre Liebe stürmisch erwiderte und sogar »Mamma« zu ihr sagte.

Über das Kind bekam Pergami seine Herrin immer fester in den Griff – was sich letztlich unvorteilhaft auf deren Finanzen auswirkte. Pergami verwaltete Karolines Einkünfte; er durfte nach persönlichem Ermessen darüber verfügen. Gewiß nicht von seinem eigenen Geld hat er ein Haus erworben, dem er den Namen »Villa Vittoria« gab. Dort residierte er mit seiner Familie – samt der wieder aufgetauchten Ehefrau –, Vittoria blieb bei Karoline.

So eigensüchtig »Baron« Pergami gewesen sein mag, daß er das eminente Schutzbedürfnis Karolines befriedigte, ist ihm als Verdienst anzurechnen. »Sie vernmutet, daß Leute angeheuert werden, um sie zu vergiften oder anderweitig umzubringen. Ihre Küche wird sorgfältig überwacht, zwei Bedienstete patroullieren nachts durch das Haus, zusätzlich zu den Wachen außerhalb des Hauses.« (Hownam) All diese Vorsichtsmaßnahmen waren von Pergami aus gutem Grund getroffen worden. Es war zu augenscheinlich, daß Karolines Feind und Ehemann die Mailänder Kommission zu vermehrten Anstrengungen angefeuert hatte.

Längst waren in London die Umtriebe der Kommission bekannt geworden, und Karolines Anwalt Henry Brougham wurde nun seinerseits rührig, indem er eine Reihe von Spitzeln und Zuträgern anheuerte. »Die Mailänder Kommission ist des Dienstmädchens Dermont habhaft geworden«, schreibt er seiner Klientin, nicht grundlos besorgt, denn das Mädchen war verschiedener Unzukömmlichkeiten wegen gefeuert worden. Doch Karoline war überzeugt: »Die Dermont ist eine große H[ure], jeder kennt ihren Charakter, niemand wird ihr glauben.« Wieder einmal, wie so oft, ließ sie sich durch ihren ungerechtfertigten Optimismus irreleiten.

Am 29. Januar 1820 wurde der Onkel und Schwiegervater Georg III., gänzlich erblindet, von seinen Leiden erlöst, ihr Ehemann als Georg IV. zum Herrscher über sein Land und über ihr Schicksal. Auf dem Papier war sie nun Königin von England – was aber wog ein Titel gegen den unüberwindlichen Haß eines zu allem entschlossenen mächtigen Mannes?

Der König dürfte seiner Sache nicht zu sicher, das Material der Mailänder Kommission im großen und ganzen ärmlich gewesen sein, denn Georg IV. ließ seiner Frau bestellen, er sei bereit, ihr ein Jahreseinkommen von 50 000 Pfund zu garantieren, wenn sie auf den Titel einer Königin verzichtete und niemals wieder nach England zurückkehrte. Andernfalls würde im Unterhaus ein gegen sie gerichteter Gesetzesantrag eingebracht werden. Welcher Art dieses merkwürdige Gesetz sein sollte, erfuhr Karoline nicht.

Statt nun, wie es ihr Anwalt dringend riet, in Ruhe den weiteren Verlauf der Dinge abzuwarten, entschloß sich Karoline, nach England zurückzukehren und ihre Sache durchzufechten.

Oft und lange wurde darüber diskutiert, ob Karoline mehr als Chaotin oder als Märtyrerin anzusehen sei – nun, in diesem Fall ihrer kopflosen Heimreise betrug sie sich eher wie eine Chaotin, denn der Ausgang des Abenteuers war gänzlich ungewiß.

Sie löste überstürzt ihren Haushalt auf, trennte sich von Pergami, von Vittoria sogar, und begab sich auf die Flucht – nach vorne. Strapaziös die Reise durch Frankreich, auf Schleich- und Nebenwegen: Die Königin fürchtete, den Häschern ihres Mannes in die Hände zu fallen.

In St.-Omar traf sie mit Brougham zusammen, in dessen Begleitung ein Lord Hutchinson, der noch einmal die Vorschläge Georgs unterbreitete: ewiges Exil und 50 000 Pfund jährlich – oder nicht näher definierte legistische Maßnahmen.

Wieder lehnte Karoline ab. In Calais bestieg sie eine von Freunden gecharterte Fähre, mit der sie am 6. Juni 1820 in Dover eintraf – unter Kanonendonner. Festungskommandant Oberst Monroe verantwortete sich später, er hätte keine Weisung erhalten, den bei der Ankunft eines Mitglieds des Königshauses vorgeschriebenen Salut *nicht* abzufeuern.

Jubel, Jubel, Jubel Tausender, als Karoline Heimatboden betrat, Jubel entlang des ganzen Weges nach London. »Es ist unmöglich, die Gefühle zu beschreiben, welche dieses Ereignis auslöste – aber wie wird das enden?« fragt sich ein Augenzeuge. Noch dachte niemand an das Ende, noch kam Karolines Triumphzug nur stockend voran, immer wieder war die Kutsche in der Menge eingekeilt; mehr als einmal wurden die Pferde ausgespannt und begeisterte Männer zogen sie weiter. Ansprachen, Empfänge – ein ganz offizieller von den Stadtvätern Canterburys –, auch viele Soldaten mischten sich unter Karolines Bewunderer!

Zu Tode erschöpft kam die Zweiundfünfzigjährige im Haus eines Londoner Freundes an. Sofort ging sie in ihr Zimmer und bat, für eine Weile nicht gestört zu werden. Aber die Menge vor dem Haus tobte so lange, bis Karoline sich endlich auf dem Balkon zeigte. »Lang lebe die Königin«, schrien die Leute, »Hurra, hurra, hurra«, und dann »Lang lebe Königin Karoline und ihr Sohn König William Austin«. Das war schon mehr als Pöbelgeschrei, das war schon der Keim des Aufruhrs gegen den verhaßten König. Viele der für Karoline veranstalteten Demonstrationen waren im Kern gegen den König und die herrschenden Klassen gerichtet – zu einer Zeit, da sich auch in England eine Revolution anbahnte: die Industrielle Revolution.

Aus den Tagebüchern der Prinzessin Lieven erfahren wir, daß Vertreter der Staatsmacht häufig auf offener Straße attackiert wurden. Sogar dem Herzog von Wellington, dem Helden des Sieges über Napoleon I. bei Waterloo, wurde die Kutsche mit Steinen beworfen. Lord Exmouth mußte mit dem Degen in der einen und der Pistole in der anderen Hand den Mob verjagen, der drauf und dran war, sein Haus zu stürmen.

Der König zog es klugerweise vor, sich der kochenden Volkswut gar nicht auszusetzen. Er blieb, so wie alle anderen Mitglieder seiner Familie, in Schloß Windsor, unsichtbar, unangreifbar.

Pausenlos beriet er mit seinen Ministern, auf welche Weise er sich die Königin vom Hals schaffen könnte. Georgs Berater überzeugten ihn, daß ein Prozeß wegen Hochverrats nicht die geringste Aussicht auf Erfolg hätte. Auch eine Scheidungsklage vor einem ordentlichen

William Austin, Karolines Adoptivsohn

Gericht würde ins Leere gehen – einerseits wegen des dürftigen Beweismaterials der Mailänder Kommisson, andererseits weil Brougham sicher den Spieß umdrehen und im Namen seiner Mandantin die fortgesetzten Verletzungen des Ehesakraments durch Georg zur Sprache bringen würde. Möglicherweise, sogar sicher, stünde dann der König statt der Königin schuldig da.

Blättern wir zum ersten Kapitel dieses Buches, als 1694 Georgs IV. Ur-Urgroßvater den Scheidungsprozeß gegen seine Frau inszenierte. Hätte die arme Sophie Dorothea auch schon damals vor einem englischen Gericht eine fairere Chance gehabt als vor dem in Hannover? Vermutlich ja ...

Zurück ins Jahr 1820: Da Georg IV. von seiner fixen Idee, Karoline so oder so loszuwerden, nicht abzubringen war, suchte und fand man einen reichlich absurden dritten Weg: Im Oberhaus sollte ein Strafantrag (»Bill of Pains and Penalities«) eingebracht, in einer öffentlichen Verhandlung Karoline aufgrund der Unterlagen der Mailänder Kommission des Ehebruchs mit Bartolomeo Pergami überführt, und mit Schimpf und Schande aus dem Land gejagt werden. Das letzte Wort bliebe dann allerdings dem Unterhaus vorbehalten.

Diese Vorgangsweise war in höchstem Maße illegal, juristisch indiskutabel. Englands Rechtsgelehrte griffen sich an den Kopf, einen derartigen Fall hatte es noch nie gegeben. Doch Georg setzte sich über alle Bedenken hinweg, mißachtete die ehrwürdigen Gesetze seines Reiches und schuf seine eigene Version von Recht und Ordnung, indem er ein Tribunal berief, das ausschließlich aus seinen eigenen hochadeligen Parteigängern bestand. »Es war ein grausamer Schritt«, schreibt Karolines bislang kompetenteste Biographin, die amerikanische Historikerin Thea Holme, »aber das war ja kein ordentliches Gericht, das war der Höhepunkt eines fünfundzwanzigjährigen Krieges zwischen zwei erbitterten Feinden.«

Das Land war in zwei Lager gespalten. Vor allem das einfache Volk, aber auch die Mittelschicht und selbst Teile des Adels, standen auf Karolines Seite. Zu Georg hielten vor allem jene, die von seinem Wohlwollen abhingen, die aber auch den größten Einfluß in England besaßen. »Nicht nur der Pöbel steht auf ihrer Seite«, schreibt bekümmert Lord Lyttleton, »sondern auch Angehörige anderer Klassen, und ich glaube sogar die Armee ...«

Karoline war mittlerweile in ein standesgemäßes Quartier umgezogen, Hanover Square, ein elegantes Schlößchen an der Themse, das ihr die Markgräfin von Ansbach zur Verfügung gestellt hatte. In ihrer vorherigen Wohnung war der Königin keine ruhige Minute gegeben. Fortwährend lärmten und drängten Schaulustige und Sympathisanten vor ihren Fenstern.

Hanover Square war durch einen Park von der Straße abgeschirmt – dafür dümpelten jetzt Boote und Kähne am Flußufer, deren Insassen lange Hälse machten, um einen Blick auf die prominenteste Angeklagte des Landes werfen zu können.

Am 5. Juli 1820 brachte Lord Liverpool die »Bill of Pains and Penalities« im Oberhaus ein, am 17. August begann das Verfahren. In der Zwischenzeit ließ die Mailänder Kommission alle wichtigen Zeugen nach England bringen – jeder einzelne kostete die Staatskasse täglich viel Geld, und manche waren schon zuvor monatelang freigehalten worden. Es waren durchwegs Ausländer, vorwiegend Italiener, und die Engländer, ohnehin nicht berühmt für ihre Fremdenfreundlichkeit, verfolgten die Fremden mit offener Wut und gezielten Faustheben, wo immer sie ihrer habhaft werden konnten. Den Zeugen blieb nichts anderes übrig, als sich in ihren Quartieren zu verkriechen. Nur unter starkem Geleitschutz kamen sie ungeschoren ins Oberhaus.

Begeisterungsstürme und lauthals gebrüllte Glückwünsche begleiteten hingegen Karoline auf ihrem ersten schweren Gang nach Westminster am 17. August. Sie schien kaum Notiz davon zu nehmen. Ihre Miene war hart, verschlossen; sie trug Schwarz und wirkte dadurch noch älter, als sie tatsächlich war. Mit demonstrativer Höflichkeit half ihr ein Lord aus der Kutsche und geleitete sie fürs erste in den eigens für sie eingerichteten Salon, in dem sie sich erholen und erfrischen konnte.

Sie hatte die Ruhepausen oft bitter nötig, denn mit fortschreitender Prozeßdauer fühlte sie sich erschöpft, ausgelaugt. Bleich ließ sie sich häufig in einen Fauteuil sinken, von Magen- und Unterleibskrämpfen gemartert. Das war die Perfidie dieses »Prozesses«: sie durfte ihm beiwohnen, mußte aber nicht. Angehört wurde sie in keinem Fall. Dennoch war sie fast täglich, steigend angespannt, anwesend.

Die »Anklage« wurde von Generalstaatsanwalt Sir Robert Gifford,

Karoline von Henry Brougham und einem zweiten hervorragenden Anwalt namens Thomas Denman vertreten. Nachdem man sich zwei Tage lang um Verfahrensfragen gezankt hatte, begann der eigentliche Prozeß am 19. August.

Einer nach dem anderen marschierten die Zeugen der Anklage auf, einfache, zumeist ungebildete Leute, von denen man erwartete, daß sie sich an Jahre zurückliegende Ereignisse erinnerten. Keiner sprach oder verstand auch nur ein Wort Englisch. Zwei Dolmetscher, einer für die Anklage, einer für die Verteidigung, mischten sich ständig ein. Endlos stritten sie über die Auslegung oft eines einzigen Satzes, denn zu allem Unglück artikulierten sich die meisten Zeugen in kaum verständlichen Dialekten.

Teodore Majocchi, ehemals Kammerdiener, wurde als erster aufgerufen. Schockiert sprang Karoline auf und rief: »Teodore! No! No!« Andere wollten nicht »Teodore« vernommen haben, sondern »traditore« (Verräter) – eine nur zu verständliche Auslegung, denn bald stellte sich heraus, daß Majocchi von seiner Herrin nichts als Freundlichkeiten und Wohltaten empfangen hatte.

Des langen und breiten berichtete er, wie er in einem kleinen Vorraum zwischen den Schlafzimmern von Madam und Pergami die Nächte verbrachte. Zweimal sei Karoline in das Gemach Pergamis geschlichen. Wie lange sie dort verweilte, wollte der Ankläger wissen. Die Antwort kam schnell und verblüffend präzise: einmal fünfzehn Minuten, das andere Mal fünfzehn bis achtzehn Minuten. Unterdrücktes Gelächter im Auditorium: die Zeitspanne schien reichlich knapp für den Vollzug eines ordentlichen Ehebruchs.

Im Kreuzverhör gab Majocchi nach langem Zögern und Herumreden zu, daß Karoline Pergamis Zimmer bequem und ungesehen durch eine andere Tür hätte erreichen können. Immer öfter wurde Teodore in die Enge getrieben, und dann stotterte er stereotyp: »Non mi ricordo.« (Ich erinnere mich nicht). Er gab des weiteren an, Karoline und Pergami hätten längere Zeit allein in einem Zelt an Deck eines Schiffes verbracht, ein anderes Mal hätte er gesehen, wie Pergami in Karolines Badezimmer ging.

So exakt seine Behauptungen zunächst klangen, so unsicher und schwammig wurden seine Antworten, wenn die Anwälte nachbohrten, und er flüchtete immer öfter ins »Non mi ricordo.« Im nächsten

Karoline während der Verhandlung im Oberhaus

Kreuzverhör mußte er zugeben, daß er – damals an der englischen Botschaft in Wien beschäftigt – eine direkte Einladung der Mailänder Kommission erhalten hatte und daß er seither nebst Familie in angenehmen Verhältnissen lebte – als Privatmann. Das Wort »Bestechung« wurde nicht ausgesprochen, aber es lag in der Luft.

Der Koch Francesco Birollo wurde aufgefordert, zu wiederholen, was er vor der Mailänder Kommission beschworen hatte.

Frage: »Beschreiben Sie, was [Bey] Mohammed in Gegenwart der Prinzssin getan hat.«

Antwort: »Er machte so (Birollo vollführte einige eindeutige Körperbewegungen) und sagte ›dami, dami, dami.‹«

Frage: »Tat er dabei irgend etwas mit seinem Beinkleid?«

Antwort: »Er machte eine Geste, um etwas zu zeigen – ich weiß nicht, wie ich es dezent ausdrücken soll. Er nahm es in seine Hand und spielte damit herum.«

Der Zeuge wurde nach diesen interessanten Enthüllungen entlassen, da er zur Causa prima, dem vermuteten Ehebruch, nichts auszusagen hatte.

Einen Mantel, der dem von Karoline glich, will das Stubenmädchen Barbara Kresse im Schlafzimmer Pergamis gesehen haben. Andere ehemalige Bedienstete erzählten vage, sie hätten das Paar »immer zusammen« gesehen, manchmal die Hände ineinander verschlungen, Pergami sollte »mein Herz«, die Prinzessin »mein Prinz« gesagt haben.

Große Erwartungen setzte die Anklage in das Stubenmädchen Luise Dermont, die H(ure), wie Karoline sie bezeichnet hatte. Auch sie lebte nun in bemerkenswertem Wohlstand und nannte sich Gräfin Colombiera. Sie beteuerte, Pergami in Karolines Schlafzimmer gesehen zu haben, die Prinzessin nur mit einer Unterhose bekleidet. Ob die beiden allein gewesen wären, wollte die Verteidigung wissen. »Nein«, sagte die »Gräfin«, arglos in die Falle tappend, »allein waren sie nicht. Ich war ja dabei.«

Der Kutscher Giuseppe Sacchi berichtete, das Paar hätte in der Kutsche nebeneinander sitzend geschlafen – Karoline pflegte bei großer Hitze nachts zu reisen. »Die Königliche Hoheit hielt ihre Hand auf den privaten Zonen Pergamis, und Pergami hielt die seine auf denen der Königin.« Dies sei mehrmals vorgefallen.

Nach den Zeugenverhören wurde der Prozeß für einige Wochen unterbrochen, um Karolines Anwälten Zeit zu geben, sich auf ihre Verteidigung vorzubereiten.

Während der Verhandlungspause kam es zu zahlreichen Kundgebungen für Karoline und gegen den König, und der Funke sprang schließlich auch auf Armee und Marine über. »Da waren Tausende Matrosen, alle ordentlich gekleidet und nüchtern, die besten Männer, die man sich vorstellen kann . . . Sie alle trugen weiße Kokarden und Spruchbänder mit Losungen wie ›Schützt die Unschuldige‹ und so weiter . . .« heißt es in einem Bericht.

Am 3. Oktober wurde die Verhandlung wieder aufgenommen, und Brougham brillierte mit einem Meisterstück forensischer Kunst, »wie man es seit Jahren nicht gehört hat«, erzählt ein Zeuge.

»Ein Lagerhaus der Meineide« nannte Brougham die Mailänder Kommission, und er zerpflückte Wort für Wort die Aussagen der Zeugen: »Warum, bitteschön, schlich Ihre Majestät nicht durch den sicheren Seiteneingang in Pergamis Zimmer, sondern ging angeblich auf Tuchfühlung an einem Zeugen vorbei, um zu ihrem angeblichen Liebhaber zu gelangen? . . . Wie war es möglich, daß Pergami und die Prinzessin in der Kutsche schlafend die Hände aufeinander hielten, da doch jedermann weiß, daß man auf den verrotteten italienischen Straßen selbst in wachem Zustand Hände und Füße braucht, um halbwegs das Gleichgewicht zu halten?«

Brougham wies nach, daß viele der Zeugen Bargeld erhalten hätten, manchen wurden Pensionen und gute Stellungen zugesagt. »Das Bekanntwerden der Tatsache, daß da eine Kommission saß und Beweismaterial gegen die Königin sammelte, trieb auf dem italienischen Meineidmarkt den Wert derartiger Zeugenaussagen gewaltig in die Höhe. Glücklich war nun jeder, der einmal im Haus der Prinzessin gewesen war oder ihr persönlich hatte nahekommen dürfen.«

Und dann zog Brougham ein Papier hervor – wie der Zauberer das Kaninchen aus dem Hut –, das der Anklage endgültig den Garaus machte. Es war ein Attest von Karolines Reisearzt Dr. John O'Ryan (ein Engländer und daher auf jeden Fall glaubwürdiger als alle Italiener zusammen), aus dem sich einwandfrei herauslesen ließ, daß Pergami hoffnungslos impotent war!

Dr. O'Ryan schreibt: »Ich hatte mehrere Gespräche mit Mr. Pergami, und er erzählte mir von den Strapazen des russischen Winterfeldzuges. [Pergami hatte in der Grande Armée Napoleons I. gedient.] Insbesondere konsulierte er mich wegen seiner Schmerzen und der Schwäche im Rücken und an den Lenden. Er fühlte sich, so sagte er, als seien diese Körperpartien gefroren, und sie machten ihn Frauen gegenüber gleichgültig. Kurz gesagt, er hatte seit dem Rußlandfeldzug jedes Verlangen nach Geschlechtsverkehr verloren.«

Einen Augenblick herrschte Grabesstille im Auditorium, dann erhob sich aufgeregtes Gemurmel und Geflüster. Lord Erskin brach in Tränen aus und lief aus dem Saal. Vierzehn Jahre zuvor hatte er an der »Delicate Investigation« aktiv teilgenommen.

Es war nun eigentlich nur eine Formsache, daß die Zeugen der Verteidigung aussagten – durchwegs Engländer, denen man ohnehin blindlings traute. »Niemals sah ich die beiden Hand in Hand, niemals sah ich, daß sie einander küßten, niemals sah ich sie in ungehörigen, indezenten Haltungen«, sagte Leutnant Hownam, und auch Leutnant Flynn hatte nicht Negatives zu berichten.

Sir William Gell, ein hochangesehener Geologe, der für einige Zeit zur Reisegesellschaft Karolines gestoßen war, beschwor »bei meiner Ehre«, die Prinzessin und Pergami »nur über harmlose Dinge reden gehört« zu haben.

Lady Charlotte Lindsay, eine von Karolines Hofdamen, wurde, wie sie empört vermerkte, »einem Kreuzverhör unterzogen, als ginge es um einen Mordprozeß«, aber sie blieb dabei: »Das Verhalten Ihrer Majestät war während der Zeit, die ich mit ihr in Italien verbrachte, niemals unkorrekt.«

Das Schlußplädoyer der Verteidigung hielt Thomas Denman, und das letzte Wort war der »Angeklagten« vorbehalten. Sie sprach nicht selbst, sondern ließ eine Erklärung verlesen: »Sie beschwört vor Gott, daß sie vollkommen unschuldig ist, und sie erwartet vertrauensvoll das Ende dieser beispiellosen Untersuchung.«

Dennoch fällten die Lords, allesamt eingeschworene Parteigänger des Königs, am 10. November einen Schuldspruch. Aber das Ergebnis der Abstimmung fiel derart blamabel knapp aus (108 zu 99 Stimmen), daß es einem Freispruch gleichkam. Das Oberhaus verzichtete denn auch, die Causa an das Unterhaus weiterzugeben, wo erst die endgültige Entscheidung gefällt werden sollte: Das Resultat war vorhersehbar. Es war, letzten Endes, eine Niederlage für den König, ein Sieg für die Königin.

Eher einer Geschlagenen denn einer Siegerin ähnelte Karoline, als sie aus dem Saal wankte. Einer Schlafwandlerin gleich schien sie die Freudenkundgebungen, die sie auf der Straße erwarteten, nicht wahrzunehmen. »Eine ungeheure Menschenmenge folgte ihrem Wagen, sie hängten sich an die Räder, schrien Hurra und beglückwünschten die Königin begeistert«, schreibt Lady Lindsay.

Wildfremde Menschen fielen einander um den Hals, Bilder der Königin wurde in langen Prozessionen durch die Straßen getragen. Drei Tage und drei Nächte lang war die Stadt beflaggt und illuminiert. Wie mit Buschtrommeln kundgetan, verbreitete sich die Frohbotschaft eilends durch das ganze Land, und im immer unruhigen Norden, bei den wilden Schotten, kam es zu Ausschreitungen und Haßausbrüchen gegen den König.

»Wir sind das Volk, wir sind die Garde der Königin«, konnte man auf Spruchbändern lesen, als Karoline in die St. Pauls Kathedrale zum Dankgottesdienst fuhr; 50 000 säumten die Straßen. Lebensbedrohliches Gedränge herrschte im Gotteshaus, das zu betreten der König Karoline nicht gut hatte untersagen können. Georg, Oberhaupt der Anglikanischen Hochkirche, aber hatte jede Predigt verboten. Kein Geistlicher wagte es, zuwiderzuhandeln. Nach der Messe wälzte sich der Menschenstrom zur Residenz des Königs und brüllte seine Karoline-Parolen so lautstark, daß der Monarch sie selbst im abgelegensten Raum des Schlosses gehört haben muß.

Besucher drängten sich plötzlich wieder in Karolines Haus, sie gab Konzerte, Gesellschaften, und alle kamen, die geladen waren. Sogar ihr Schwager, der Herzog von Sussex. Wo immer sie erschien, im Theater, in der Oper, beim Galadiner, das der Lord Mayor der City of London für sie gab, wurde sie mit stehenden Ovationen empfangen.

Nicht lange: Bald leerten sich Karolines Salons wieder, nachdem Flugblätter, die den Titel »John Bull« trugen, zu kursieren begannen. Darin waren Listen all jener Persönlichkeiten abgedruckt, die bei der Königin verkehrten. Angst vor Repressalien des rachsüchtigen Königs machte sich breit – er war es schließlich, der die Macht innehatte, und nicht seine Frau. Einige furchtlose und unabhängige Freunde hielten ihr dennoch die Treue.

Georgs IV. Krönung – es sollte die pompöseste und aufwendigste der englischen Geschichte werden – war für den 19. Juli 1821 anberaumt. Schon Wochen vorher richtete Henry Brougham eine Note an den Ministerrat, in welcher er darauf hinwies, daß die Königin das Recht für sich beanspruche, der Zeremonie beizuwohnen. Erwartungsgemäß war die Antwort ablehnend. Der König verbat sich die Anwesenheit seiner Frau.

War es ein Anfall von kindischem Trotz, ein Rest ihres einstigen Löwenmutes (»Eine Braunschweigerin darf alles, eine Braunschweigerin kennt keine Furcht ...«), die Karoline veranlaßten, in feierliche weiße Seide gehüllt, einen ungeheuren Kopfputz aus weißen Straußenfedern auf dem Haupt, am 19. Juli dennoch zur Westminster Abbey zu fahren? Wer durchschaut schon diese seltsame Frau ...

Am Haupteingang wurde sie vom wachhabenden Offizier abgewiesen, an sämtlichen Nebeneingängen erging es ihr nicht besser. Aber drin in der Kathedrale saß, stolz wie eine Königin, Lady Elisabeth Conygham, die neueste Maitresse des Herrschers, auf einem Ehrenplatz.

Karoline kehrte nach Hanover Square zurück, wo bereits einige ergebene Freunde und Freundinnen auf sie warteten. Heiter ging sie zu Tisch und bemerkte leichthin, vielleicht werde sie sich wieder in Italien niederlassen: »Ich möchte in mein Paradies entfliehen ...«

Die wenigsten mögen den Doppelsinn dieses Ausspruches erfaßt haben. Karoline war bereits schwer krank, und sie ahnte vermutlich, daß sie, welchem Paradies auch immer, nahe war. Ein Unterleibsleiden – möglicherweise Krebs – behandelten die Ärzte mit gigantischen Dosen von Kalomel, einer Quecksilberverbindung, die gegen Entzündungen helfen sollte, angereichert »mit solchen Unmengen von Rizinusöl, die den Magen eines Pferdes umgedreht hätten«. (Lady Lindsay.) Nur die Ärzte wußten, daß lediglich hohe Gaben schwerer Opiate ihr das Leben überhaupt erträglich machten.

Am 30. Juli besuchte die Königin eine Vorstellung des Drury Lane Theaters, bereits vom Tod gezeichnet, kaum fähig, sich auf den Beinen zu halten. Die Bitte ihrer Begleiter, sich zurückzuziehen, wies sie ab. Sie wollte die Schauspieler und das Publikum, die sie mit soviel Wärme und Enthusiasmus begrüßten, nicht enttäuschen.

Tags darauf fühlte sie sich ein wenig besser. Brougham besuchte sie und sprach ihr Mut zu, doch sie schüttelte den Kopf: »O nein, mein lieber Brougham, ich werde nicht mehr gesund, und ich bin auch viel lieber tot, denn ich habe dieses Leben satt.«

Ihrem Leibarzt, der ihr eine neue Behandlungsmethode vorschlug, sagte sie klipp und klar: »Ich habe nicht den Wunsch zu leben. Ich möchte lieber sterben.«

Ihre letzten Worte waren: »Die Ärzte erkennen meine Krankheit nicht. Es sitzt hier« – wobei sie die Rechte aufs Herz legte. Es war am 7. August 1821.

Nicht in England, wo sie so viel gelitten hatte, wollte sie begraben werden, sondern in ihrer Geburtsstadt Braunschweig. Eine Kavallerieabteilung begleitete den Sarg zum Hafen von Harwich. Auf Befehl des Königs mußte der Kondukt, die City of London umgehend, über Nebenwege aus der Stadt geführt werden.

Die Stadtväter, von dieser Entscheidung nicht informiert, hatten in einer Trauersitzung – alle erschienen in Schwarz – beschlossen, dem Leichenzug bei der Durchquerung der City offizielles Geleit zu geben.

Zehntausende waren, strömendem Regen trotzend, auf den Beinen, um von ihrer Königin Abschied zu nehmen. Unruhe machte sich breit, als bekannt wurde, daß der Sarg einen anderen Weg nehmen mußte. Aber welchen? Hurtig wurden alle Schlupflöcher mit Barrikaden aus Karren und Wagen versperrt. Stellenweise hob man sogar Gräben aus. Beim ersten Hindernis erzwangen die Berittenen die Freigabe des Weges, indem sie zuerst in die Luft und, als das nicht fruchtete, in die Menge schossen. Ein Mann kam ums Leben, zahlreiche Menschen erlitten schwere Verletzungen.

Die nächste Barrikade war so hoch, die wütende Menge offenbar zum Äußersten entschlossen, daß ein fürchterliches Blutbad, eine Revolte gar, nicht mehr auszuschließen war. Darum faßte der Kommandant der Kavallerieabteilung den kühnen Entschluß, des Königs Befehl zu mißachten und den Leichenzug nun doch durch das Stadtinnere zu leiten. Schweigend standen die Massen. Unter einem gewaltigen Wolkenbruch zogen die Männer den Hut und hielten ihn ehrerbietig vor die Brust.

Karolines Leichnam traf am 24. August in Braunschweig ein, wo man ihn an der Seite ihres Vaters bestattete. Eine von Freunden der verblichenen Königin gestiftete silberne Sargplatte war während der

Überführung gestohlen worden; der darauf gravierte Text hatte gelautet: »Hier ruht Karoline von Braunschweig, Königin von England, der man Unrecht getan.«

König Georg IV. hat nicht mehr geheiratet. Ihm folgte 1830 sein Bruder Wilhelm auf den Thron und 1837 seine Nichte, die wohlbekannte Königin Victoria. Die war, zum Unterschied von ihren Vorgängern, so sittenstreng, daß ihre Ära das Etikett von muffiger Prüderie umgehängt bekam. Ihr lebenslustiger Sohn Eduard VII. streifte die puritanische Zwangsjacke sehr schnell ab. Was seine Nachfahren anstellen, das ist bereits Zeitgeschichte, die in diesem Buch nichts verloren hat. Dafür genügt die Lektüre der einschlägigen Presse. Sie hat allerdings bei weitem nicht soviel Aufregendes und Dramatisches zu bieten wie die Berichte aus jenen Tagen, da Liebe manchmal sogar das Leben kostete . . .

Kapitel »Sündenbabel an der Seine«
Elisabeth Charlotte 1652–1722

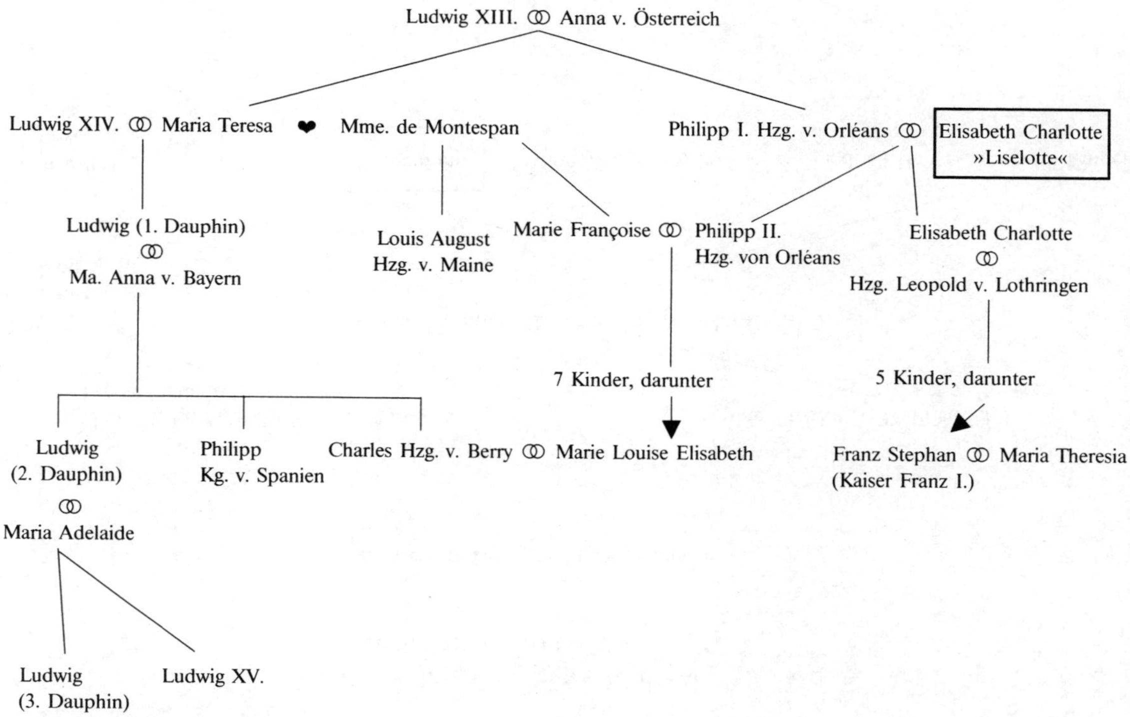

Kapitel »Martyrium eines Kindes«
Wilhelmine 1709–1758

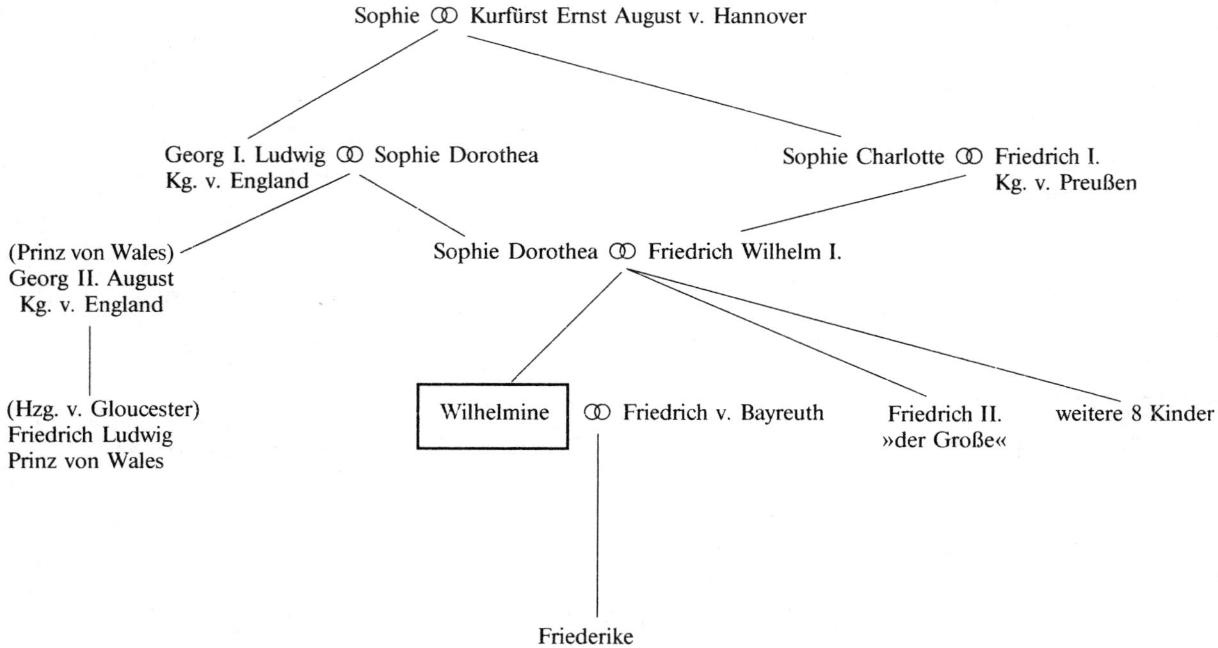

Kapitel »Staatsstreich nach dem Maskenball«
Matilda 1751–1775
»Bigamie im Königshaus«
Karoline 1768–1821

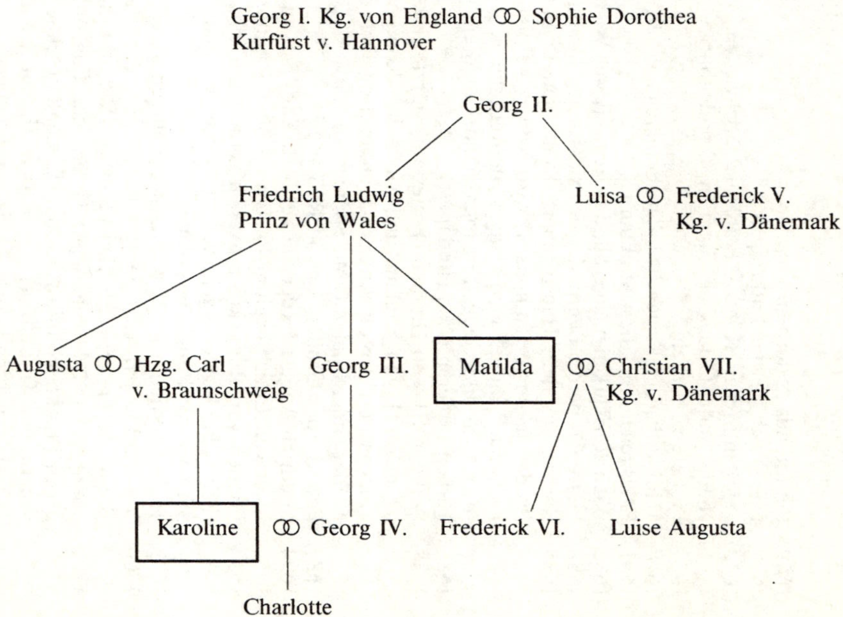

Zeit- und Kulturgeschichte von 1666 (Geburt Sophie Dorotheas) bis 1821 (Tod Karolines)

1669 Rembrandt gestorben.

1670 Frankreich besetzt Lothringen.

1672 »Holländischer Krieg«: Frankreich, Schweden, England gegen Niederlande, Österreich, Spanien, Brandenburg.

1673 Molière gestorben.

1678 »Holländischer Krieg« beendet, Frankreich erhält Südflandern.

1681 Frankreich annektiert Straßburg.

1683 Wien von Türken belagert und befreit – Erstes Wiener Kaffeehaus.

1684 Pierre Corneille, Begründer des klassischen Dramas, gestorben.

1685 Karl II. aus dem Hause Stuart, König von England, stirbt, sein Bruder Jakob II. (katholisch) wird König. – Edikt von Nantes in Frankreich aufgehoben, Hugenottenverfolgung. – Johann Sebastian Bach und Georg Friedrich Händel geboren.

1686 Türken verlieren Ofen (Budapest).

1688 Wilhelm III. von Oranien (Protestant) stürzt seinen Schwiegervater Jakob II. von England und wird selbst König von England. – »Pfälzischer Erbfolgekrieg«: Frankreich gegen Österreich, die Niederlande, England und Spanien.

1689 Peter I. (der Große) Zar von Rußland.

1694 Friedrich August I. (der Starke) wird Kurfürst von Sachsen. – Fischer von Erlach beginnt Bau von Schloß Schönbrunn.

1697 Frieden von Rijswyk: Frankreich verliert Lothringen und rechtsrheinische Eroberungen, verzichtet auf die Pfalz. – August der Starke wird König von Polen.

1699 Türken verlieren Ungarn und Siebenbürgen an Österreich.

1700 Mit Karl II. erlischt die spanische Linie der Habsburger. Der Bourbone Philipp V., Enkel Ludwigs XIV., erbt die Krone.

1701 »Spanischer Erbfolgekrieg«: Österreich, England, Niederlande gegen Frankreich und Bayern. – England beschließt die rein protestantische Thronfolge. – Friedrich III. von Brandenburg erklärt sich als Friedrich I. zum König von Preußen.

1702 Königin Anna (protestantisch), die letzte Stuart, besteigt englischen Thron.

1703 St. Petersburg wird Regierungssitz Rußlands. – Baubeginn des Buckingham-Palastes in London.

1705 Kaiser Leopold I. aus dem Hause Habsburg stirbt, sein Sohn wird als Joseph I. Nachfolger.

1707 Vereinigung Englands und Schottlands zu Großbritannien.
1711 Kaiser Joseph I. stirbt, sein Bruder folgt als Kaiser Karl VI.
1713 Friede von Utrecht: Neapel, Mailand und südl. Niederlande gehen an Österreich, König Philipp V. bleibt spanischer König. – Friedrich I. von Preußen stirbt, Nachfolger wird sein Sohn Friedrich Wilhelm I. (Soldatenkönig).
1713 Tod Ludwigs XIV., Nachfolger der minderjährige Urenkel Ludwig XV., Philipp II. von Orléans Regent.
1714 Königin Anna von England stirbt, Georg I. aus dem Hause Hannover wird ihr Nachfolger.
1717 Prinz Eugen erobert Belgrad. – Geburt Maria Theresias. – Pockenimpfung in England entdeckt.
1718 Frankreich gründet »Noveau Orléans« (später New Orleans).
1719 Georg Friedrich Händel wird Operndirektor in London.
1720 Zusammenbruch der Law-Bank in Paris.
1723 Johann Sebastian Bach Thomaskantor in Leipzig.
1724 Friedrich Gottlieb Klopstock geboren.
1725 Peter der Große gestorben. – Casanova geboren.
1727 Tod Georgs I. von England und Hannover, Nachfolger sein Sohn Georg II.
1732 George Washington geboren. – Joseph Haydn geboren.
1733 Tod Augusts des Starken.
1736 Tod des Prinzen Eugen. – Maria Theresia heiratet Herzog Franz Stephan von Lothringen.
1737 Franz Stephan verliert Lothringen, erhält zum Ausgleich die Toskana.
1740 Kaiser Karl VI. stirbt. – Bayernherzog wird als Karl VII. deutscher Kaiser (1742), Maria Theresia Königin von Ungarn, Erzherzogin von Österreich. – Friedrich II. (der Große) wird nach dem Tod seines Vaters Friedrich Wilhelm I. König von Preußen. – Abschaffung der Folter in Preußen und der Hexenprozesse in Österreich. – Erster Schlesischer Krieg: Preußen gegen Österreich.
1741 »Österreichischer Erbfolgekrieg«: Österreich, England und die Niederlande gegen Spanien, Preußen und Bayern. – Wiener Burgtheater gegründet (ab 1776 Nationaltheater).
1744 Zweiter Schlesischer Krieg Preußen gegen Österreich.
1745 Preußen erhält ganz Schlesien. – Kaiser Karl VII. (von Bayern) stirbt, Franz Stephan von Lothringen, Gemahl Maria Theresias, wird als Franz I. deutscher Kaiser.
1748 Österr. Erbfolgekrieg endet zugunsten Maria Theresias.
1750 Johann Sebastian Bach stirbt, Antonio Salieri wird geboren.
1755 Erdbeben vernichtet Lissabon, mehr als 30 000 Tote.
1756 Friedrich der Große beginnt Siebenjährigen Krieg gegen Österreich, Rußland, Frankreich, Kursachsen. – Wolfgang Amadeus Mozart geboren.

1759 Österreich und Russen besiegen Friedrich den Großen bei Kunersdorf. Friedrich Schiller geboren, Georg Friedrich Händel gestorben.
1760 Georg II. von England stirbt, sein Sohn Georg III. wird König.
1762 Katharina II. (die Große) wird Zarin.
1763 Ende des Siebenjährigen Krieges, Preußen behält Schlesien.
1765 Tod Kaiser Franz' I., Gemahl Maria Theresias, sein Sohn wird als Joseph II. deutscher Kaiser.
1768 Frankreich kauft Korsika von Italien.
1769 Geburt v. Napoleone Buonaparte, des späteren Napoleon I., in Korsika.
1770 Der französische Dauphin Ludwig heiratet Marie Antoinette, die Tochter Maria Theresias. – Ludwig van Beethoven geboren.
1774 Tod Ludwigs XV., sein Enkel besteigt als Ludwig XVI. den Thron.
1775 Englische Kolonien in Amerika beginnen Unabhängigkeitskrieg.
1776 Annahme der amerikanischen Unabhängigkeitserklärung im Kongreß, Erklärung der Menschenrechte.
1777 Heinrich von Kleist geboren.
1780 Maria Theresia gestorben, ihr Sohn, Kaiser Joseph II., wird Herrscher über die österreichischen Erblande.
1782 James Watt baut die erste Dampfmaschine.
1783 England anerkennt amerikanische Unabhängigkeit. – Rußland erobert die Krim. – Erster Heißluftballonflug.
1786 Tod Friedrichs des Großen, Friedrich Wilhelm II. König von Preußen.
1789 Beginn der Französischen Revolution. – George Washington erster Präsident der USA.
1790 Tod Kaiser Josephs II. Sein Bruder Leopold II. deutscher Kaiser. – Erstes Walzwerk mit Dampfkraft in England. Beginn des Industriezeitalters. – Joseph Haydn in London.
1791 Wolfgang Amadeus Mozart gestorben.
1792 Frankreich wird Republik und erklärt Österreich den Krieg. – Leopold II. gestorben, sein Nachfolger Franz II.
1793 Ludwig XVI. und Marie Antoinette hingerichtet. – England, Spanien, Holland an der Seite Österreichs im Krieg gegen Frankreich.
1796 Katharina die Große gestorben.
1797 Friedrich Wilhelm II., König von Preußen, gestorben, sein Sohn wird Nachfolger als Friedrich Wilhelm III. – Wilhelm I., deutscher Kaiser, geboren. – Franz Schubert geboren.
1799 Napoleon wird Erster Konsul in Frankreich. – Anti-Gewerkschafts-Gesetz in England: Beginn der modernen Arbeiterbewegung. – George Washington gestorben.
1801 Friede Frankreich – Österreich. – Thomas Jefferson dritter Präsident der USA. – Johann Nestroy geboren.

1804 Napoleon I. macht sich zum Kaiser von Frankreich. – Franz II. als Franz I. Kaiser von Österreich.
1805 Schlacht bei Austerlitz. Napoleon I. besiegt Österreich und Rußland. – Schlacht bei Trafalgar, Admiral Nelson besiegt die Franzosen.
1806 Schlacht bei Jena und Auerstedt, Napoleon I. besiegt Preußen und Russen. – Kaiser Franz II. legt Kaiserkrone zurück, Ende des »Heiligen Römischen Reiches Deutscher Nation«.
1809 Napoleon besetzt Wien, Scheidung von Josephine Beauharnais. – Aufstand in Tirol, Schlacht am Berg Isel. – Joseph Haydn gestorben, Felix Mendelssohn-Bartholdy und Charles Darwin geboren.
1810 Napoleon I. heiratet Marie Louise, Tochter Franz' I. – Andreas Hofer in Mantua erschossen.
1811 Freitod Heinrich v. Kleists, Franz Liszt geboren.
1812 Napoleon I. überfällt Rußland, Moskau brennt, französische Niederlage. – Erster Maschinensturm in Nottingham, England.
1813 Napoleon I. in der Völkerschlacht bei Leipzig geschlagen. – Giuseppe Verdi und Richard Wagner geboren.
1814 Napoleon I. wird nach Elba verbannt. – Beginn Wiener Kongreß. – Schweizer beschließen »ewige Neutralität«. – Erste Lokomotive von George Stephenson.
1815 Napoleon I. flieht von Elba, in der Schlacht bei Waterloo endgültig geschlagen, Verbannung nach St. Helena.
1818 Karl Marx geboren.
1819 Königin Victoria geboren.
1820 Tod Georgs III. von England, sein Sohn wird als Georg IV. Nachfolger.
1821 Tod Napoleons I.

Personenregister

Literaturverzeichnis (Auswahl)

Baemisch, Noel de: A Royal Scandal, London 1966
Baemisch, Noel de: The Unfortunate Queen Matilda, London 1971
Bodemann, E.: Briefwechsel der Herzogin Sophie, Leipzig 1885
Bracker, Elisabeth: Markgräfin Wilhelmine von Bayreuth und die geistige Welt Frankreichs, Erlangen 1940
Briefwechsel des Grafen Königsmarck und der Prinzessin Sophie Dorothea, Leipzig 1845
Brougham, Henry: Memoirs, London 1871
Davet, Michèle: La Margrave de Bayreuth, Paris 1937
Fester, Richard: Die Bayreuther Schwester Friedrichs des Großen, Berlin 1902
Fjelstrup, August: Ehescheidungsprozeß zwischen König Christian VII. und Königin Karoline Mathilde, Berlin 1908
Fulford, Roger: The Trial of Queen Caroline, London 1967
Funck-Brentano, F.: La Duchesse d'Orléans, Paris 1936
Greenwood, Alice: Lives of Hannoverian Queens of England, London 1911
Hibbert, Christopher: George Prince of Wales, London 1972
Hibbert, Christopher: George IV., London 1973
Kiesel, Helmuth: Briefe der Liselotte von der Pfalz, Frankfurt/Main 1981
Knoop, Mathilde: Kurfürstin Sophie von Hannover, Hildesheim 1964
Knoop, Mathilde: Madame, Stuttgart 1956
Köcher, A. (Hg.): Memoiren der Sophie von Hannover, Hamburg 1893
Lebrige, Arlette: Liselotte von der Pfalz, Düsseldorf 1988
Levron, Jacques: La vie quotidienne à la cours de Versailles, Paris 1965
Malmesbury, H. J. Earl of: Diaries and Correspondence, London 1844
Mémories et documents historiques sur la vie et le procès de la reine Caroline d'Angleterre, Paris 1821
Müller, Wilhelm (Hg.): Im Glanz des Rokoko, Bayreuth 1958
Parry, Sir Edward: Queen Caroline, London 1970
Plumb, J. H.: The Four First Georges, London 1957
Trevelyan, G. M.: English Social History, London 1951
Turberville, A. S.: English Men and Manners in the XVIII. Century, London 1926
Schnath, Georg: Sophie Dorothea und Königsmarck, Hildesheim 1976
Schnath, Georg: Der Königsmarck-Briefwechsel, Lax 1952
Soulé, Maurice: La reine scandaleuse, Paris 1928
Thiel, Heinrich: Wilhelmine von Bayreuth, München 1967
Wilhelmine von Bayreuth – Eine preußische Königstochter, Frankfurt am Main 1990
Wilkins, W. H.: A Queen of Tears, London 1904
Wilkins, W. H.: The Love of an Unkrowned Queen, London 1900
Winkler, Stefan: Johann Friedrich von Struensee, Stuttgart 1983

Bildnachweis
Bayerische Verwaltung der Staatlichen Schlösser, Gärten und Seen, München: Seite 191; Bildarchiv der Österreichischen Nationalbibliothek: Seite 15, 19, 43, 67, 69, 73, 75, 81, 83, 87, 89, 93, 95, 103, 119, 127, 141, 149, 181, 205, 217, 229, 235, 257, 259, 269, 293; Bildarchiv Preußischer Kulturbesitz, Berlin: Seite 45; Bomann Museum, Celle: Seite 25; National Portrait Gallery, London: Seite 301; Det Nationalhistoriske Museum på Frederiksborg: Seite 237; Staatliche Landesbildstelle Nordbayern, Bayreuth: Seite 163, 167, 175; Stiftung Schlösser und Gärten, Potsdam-Sanssouci: Seite 135, 155, 183, 185; The Mansell Collection, London: Seite 289, 297; The Royel Collection, © Her Majesty The Queen Elizabeth II, Windsor Castle: Seite 201; Aus: L. Gilde, Graf Königsmark, Eigenverlag, London 1967; Seite 27

Die Zitate aus den Tagebüchern der Wilhelmine von Bayreuth (Kapitel »Martyrium eines Kindes«) stammen aus: Ingeborg Weber-Kellermann, *Wilhelmine von Bayreuth. Eine preußische Königstochter,* (Übers. Annette Kolb), itb 1280, FfM 1981. Mit freundlicher Genehmigung des Insel Verlags, Frankfurt a. Main.

Habsburgs Goldene Bräute

SERIE PIPER

Inhalt

Die Geschichtsschreibung sollte nicht so kopflastig sein.
Es geht schließlich um Menschen und ihr Wirken.
Wenn die Geschichte so akademisch wird,
dass sie den Menschen nicht mehr erfasst,
dann hat sie ihr Ziel verfehlt.
Robert Goddard

Gold, Macht und Ehebruch

Von einem Habsburger auf Englands Thron und anderen merkwürdigen Geschichten aus der Chronik der berühmten Dynastie erzählt dieses Buch, vor allem im Hinblick auf die Wurzeln ihrer Macht und ihres Reichtums, die vorwiegend weiblich waren.

Zunächst aber wagt die Autorin noch einen Ausflug aufs spiegelglatte Eis der Spekulationen, der seriösen Historikern natürlich verwehrt bleibt. Wir, die kecken Laien jedoch, dürfen ungeniert fragen: Was wäre gewesen, wenn ...? Welche Zufälle haben den Gang der Weltgeschichte verändert?

Was wäre gewesen, wenn ein Provinzherzog nicht von der fixen Idee besessen gewesen wäre, eine Königskrone zu erlangen? Er wollte dieses Ziel erreichen, indem er einen bettelarmen Prinzen zum Schwiegersohn bestimmte, in der Hoffnung, dass dessen Vater, der immerhin Kaiser war, ihn zum König erheben würde. Die Krone bekam er nicht, aber Habsburg erheiratete das unermesslich reiche Burgund.

Was wäre gewesen, wenn nicht, kurz hintereinander, die drei ersten Anwärter auf den spanischen Thron gestorben wären? Kein Hahn hätte nach der Nummer vier gekräht, der dann plötzlich ganz Spanien und die Kolonien in den Schoß gefallen sind; ihr und damit ihrem habsburgischen Mann und ihren fünf habsburgischen Kindern, von denen zwei sogar Kaiser wurden.

Was wäre gewesen, wenn die Tochter Heinrichs VIII., vermählt mit ihrem Neffen aus dem Hause Habsburg, nur einen einzigen männlichen Erben geboren hätte? Ein riesiges Länder-Konglomerat bestehend aus England, Spanien samt Kolonien, den Niederlanden, Mailand und ganz Süditalien unter einem einzigen, dem habsburgischen Wappen vereint. Die Welt sähe heute wohl ganz anders aus.

Noch ein zweiter Aspekt soll in diesem Buch behandelt werden: die Stellung der Goldenen Bräute zu ihren Ehegesponsen, die uns Heutige in basses Staunen versetzt. Abgesehen von einer, die zu jung starb, um von ihrem liebestollen Mann nachweislich hintergangen zu werden, befanden sich die anderen stets in der demütigenden Lage der unverfroren vor aller Augen betrogenen Ehefrauen.

Das Gold, die Macht, die sie in die Ehe einbrachten, die wurden angenommen. Der Dank in Form von Liebe und Treue wurde ihnen nicht zuteil von den allerchristlichsten Herrschern, welche die Zehn Gebote offensichtlich nicht einmal vom Hörensagen kannten. Eines davon lautet: »Du sollst nicht ehebrechen.«

Die Heldinnen dieses Buches – und ungezählte vor ihnen und nach ihnen – haben ihr Los mit Geduld, Demut und niemals nachlassender Liebe für ihre Ehemänner ertragen. Sie haben die biblische Botschaft bis an den Rand der Selbstaufgabe verinnerlicht, wonach das Weib dem Manne untertan zu sein hat.

Eine von ihnen allerdings hat versucht, sich zu wehren. Johanna, die spanische Gemahlin von Kaiser Maximilians I. Sohn Philipp dem Schönen, brachte den historisch bedeutsamsten Machtzuwachs in die Familie. Sie wollte sich nicht unterwerfen, sie hat mit Wut, mit Aggressivität, sehr »männlich«, auf die beleidigenden Betrügereien ihres Mannes reagiert. Also musste sie wohl wahnsinnig sein – nach dem damaligen Verständnis des Frauenbildes.

Als sie sich, nach vergeblichem Kampf, resigniert in sich selbst zurückzog, wurde sie erst recht für verrückt erklärt – sehr zum Vorteil ihrer männlichen Familienmitglieder: Vater, Gemahl und Sohn, die von ihrem »Wahnsinn« ungeheuer profitierten ...

Ich wünsche allseits spannendes Lesevergnügen.

Thea Leitner

Mitgift schlau verhandelt

Maria von Burgund 1457–1482

⚭ Maximilian I. 1459–1519

Bianca Maria Sforza 1472–1510

Das kleine Mädchen war entzückt. Ein fremder Herr aus einem fernen Land, dessen Namen sie nicht einmal kannte, hatte ihr einen Papagei mitgebracht. Gerade ein Papagei hatte in ihrer kleinen Menagerie gefehlt, zu der Vögel, Hunde, Katzen und sogar einige Äffchen gehörten. Das Mädchen liebte Tiere über alles. Menschen zum Liebhaben gab es sehr lange Zeit nicht, und alle Leute, die sich ihr näherten, taten es mit gebeugtem Knie. Wie gesagt, nichts zum Liebhaben.

Sie hieß Maria, ihr Titel lautete »Erbprinzessin von Burgund«.

Sie war eines der reichsten, wenn nicht überhaupt das reichste Mädchen der damals bekannten Welt und damit, logischerweise, die begehrteste aller Partien. Rund ein Dutzend hervorragender Fürsten hatten im Laufe der Zeit um ihre Hand angehalten.

Einer von ihnen war der Mann mit dem Papagei: Herzog Sigmund von Tirol, der 1469 vorsichtig seine Fühler ausstreckte, ob sich eine Heirat seines Neffen Maximilian mit dem Goldmädchen anbahnen ließe. Maximilian war damals zehn, Maria zwölf Jahre alt. Eine Antwort bekam Sigmund nicht. Der Burgunderherzog war klug genug, sich die Optionen nach allen Seiten offen zu halten.

Burgund. Was wissen wir heute über Burgund?

Älteren Semestern, wie ich eines bin, fällt sogleich ein, was man uns im Deutschunterricht für ewige Zeiten ins Hirn gehämmert hat:

Uns ist in alten maeren / wunders vil geseit
von helden lobebaeren / von grozer arebeit ...

... der Anfang des in Mittelhochdeutsch verfassten »Nibelungenliedes«, dessen unvergessliche Helden Siegfried und Kriemhild waren sowie deren Brüder Gunther, Gernot und Giselher; Hagen und Etzel – Figuren aus einem fernen burgundischen Sagenreich, über die wir merkwürdigerweise im *Geschichts*unterricht so gut wie nichts erfahren haben.

Denn es hat sie doch wirklich und wahrhaftig gegeben, die Burgunder. Ihr Ursprung lag auf der Ostseeinsel Borgundarholm (heute das zu Dänemark gehörige Bornholm), von wo aus sie ihr blutrünstiges Raubhandwerk betrieben. Im 2. Jahrhundert n. Chr. wurden sie vorübergehend zwischen Weichsel und Oder sesshaft, wanderten dann aber nach Westen weiter und gründeten am Rhein ihr erstes Königreich mit Worms als Hauptsitz.

Von den Hunnen Mitte des 5. Jahrhunderts überrannt und dezimiert, zogen die Letzten ihres Stammes südwärts, um im Gebiet von Saône und Rhône ein neues Königreich zu errichten. Im Laufe einer turbulenten, wechselhaften Geschichte, da das Reich zerfiel, als Herzogtum wieder auferstand, durch Eroberungen und Heiraten weit über seine ursprünglichen Grenzen hinauswuchs, entstand ein fast unübersichtliches Flickwerk, das von der Nordseeküste (heute Niederlande) bis zum Südzipfel der jetzt französischen Bourgogne reichte.

Die Einwohner waren teils französischstämmig, teils Niederländer, Flamen und Deutsche, das Herzogtum war in manchen Gebieten der französischen, in anderen der deutschen Krone lehenspflichtig. Zwischen den »Oberen« und den »Niederen« Landen lag, ein ewiger Stachel im Fleisch, das Herzogtum Lothringen.

Es ist heute noch ein Rätsel, nein, besser, es mutet fast wie ein Wunder an, wie dieses Konglomerat für kurze Zeit zu einem der mächtigsten Länder Europas aufsteigen konnte; umso mehr, wenn man bedenkt, dass es vor allem in den Niederen Landen innerhalb der Bevölkerung – hier Handel und aufstrebende Industrie, dort Bauernschaft und konservativer Adel – ständig Reibereien gab; dass Frankreichs Könige stets waffenstarrend an den Grenzen lauerten, um beim Nachbarn reiche Beute zu machen.

Der erste Burgunderherzog, der weit über die Grenzen seines Landes hinaus bekannt war und der auch heute noch in Geschichtsbüchern zu finden ist, war Philipp, der den Beinamen »der Gute« führte, Großvater unserer Heldin Maria von Burgund. Er entstammte, wie sein Vetter, der französische König, dem Haus Valois, was allein schon einer der ausschlaggebenden Gründe für die ständigen Querelen zwischen Frankreich und Burgund war.

Wieso er zu dem Ehrennamen »der Gute« kam, ist nicht recht ersichtlich, denn er hatte neben erwiesenermaßen hervorragenden staatsmännischen Eigenschaften auch recht düstere Schattenseiten in seinem Charakterbild.

Philipp hatte die alten Residenzen im Süden aufgegeben und regierte vom reichen Norden aus, streng zentralistisch, wodurch es ihm gelang, die Fliehkräfte seines aus Dutzenden Ländern und Ländchen zusammengewürfelten Reiches zu bändigen. Es gelang ihm aber nicht, die latenten Spannungen zwischen seinem an französischen Sitten orientierten Hof und den reichen, mächtigen flandrischen Handelsherren und einflussreichen Gildenmeistern zu beseitigen. Dies umso weniger, als er sie Jahrhunderte alter Privilegien (Selbstverwaltung der Städte, Mitsprache bei Ernennung von Würdenträgern, gewisse Steuermonopole) beraubt hatte.

Mehr noch: Philipp zog die Steuerschraube immer brutaler an, presste das an sich reiche Land bis über die Schmerzgrenze aus. Man bedenke: Allein in Flandern gab es zwanzig große Städte, Gent, damals Regierungssitz, war wesentlich größer als Paris. Allein in Gent lebten 40 000 Wollweber und trugen durch ihrer Hände Arbeit wesentlich zum Reichtum ihrer Vaterstadt bei. Der internationale Handel konzentrierte sich auf Flandern, Brabant und Holland, selbstverständlich besaß das Bankhaus Medici in Brüssel eine lukrative Außenstelle im damals dichtest besiedelten Land des Kontinents.

Wie skrupellos Philipp vorging, wenn es galt, Geld zu beschaffen, erhellt sich aus einer Episode, die längst in Vergessenheit geraten ist:

Er war es, der die Auslieferung der Jungfrau von Orléans aus burgundischer Gefangenschaft an die Engländer veranlasste – und er strich seelenruhig den Judaslohn von 10 000 Goldtalern ein – für damalige Verhältnisse eine sagenhafte Summe.

Es war nun nicht so, dass Philipp das Geld nur für private Zwecke zum Fenster hinauswarf – das übrigens auch –, aber es floss sehr viel davon in die Infrastruktur des »Großen Herzogtums« zurück. Burgund war das erste Land mit einem straff organisierten Beamtenapparat, das erste, wo man bei Schlechtwetter nicht im Schlamm versank, weil die Straßen gepflastert waren. Philipp ließ eine Reihe von Schulen gründen und es gab einen gewissen sozialen Standard, sogar für die Armen und Alten.

So weit, so gut. Ein Großteil des Geldes allerdings kam dem pompösen Geschmack des Herrschers zugute. Seine über das ganze Land verstreuten Residenzen waren die modernsten, die elegantesten ihrer Zeit, ausgestattet mit den erlesensten Kunstwerken der Maler, der Bildhauer, der Tapisseure, der Silber- und Goldschmiede – wobei die Grenze zwischen Prunk und Protz manchmal sehr fließend war.

Dazu passend entwickelte Philipp einen Lebensstil, der ihn selbst in den Mittelpunkt eines raffiniert ausgeklügelten Zeremoniells stellte. Dutzende Hofschranzen hatten Hunderte Exerzitien zu vollziehen zum Ruhm und zur Ehre des allerdurchlauchtigsten Souveräns. Kälte muss an diesem Hof jeden Funken menschlicher Wärme erstickt haben. Dieses »burgundische Hofzeremoniell« wandelte sich später zum spanischen und hat noch bis ins 19. Jahrhundert auch am österreichischen Kaiserhof die Atmosphäre vergiftet.

Burgund war, aus militärischem und weltwirtschaftlichem Kalkül, lange Zeit eng mit England liiert, stand, wie wir gehört haben, im Hundertjährigen Krieg treu an der Seite des Verbündeten (Auslieferung der Jungfrau von Orléans) und übernahm vom Freunde jenseits des Kanals manche Sitten und Gebräuche. Was lag für den prestigehungrigen Philipp näher als auch in seinem Reich einen ebenso exklusiven Orden wie den des englischen Hosenbandes zu gründen.

So entstand der berühmte Orden vom Goldenen Vlies, in den nur die Tapfersten und Treuesten mit makelloser Ahnenreihe aufgenommen wurden, um gemeinsam die Werte des christlichen Abendlandes hochzuhalten. 24 Mitglieder umfasste der Orden zunächst, 24 Glieder hatte darum auch die massiv goldene Ordenskette, an der das Goldene Vlies baumelte. Böse Zungen wussten gleich zu berichten, dass die 24 Glieder die zwei Dutzend Mätressen des Herzogs symbolisierten und das goldene Schaffell nichts anderes als die blonde Lockenpracht seiner Favoritin Marie de Cambrugghe.

Zeremoniell hin oder her: Das Liebesleben des Herzogs verlief äußerst facettenreich und unkonventionell und er nahm sich nicht einmal die Mühe, es vor seiner Frau Isabella, einer Tochter des portugiesischen Königshauses, auch nur ansatzweise zu verbergen. In Scharen trieben sich Bastarde bei Hof herum, machten unter den wohlwollenden Augen des Vaters Karriere – und Isabella konnte sehen, wo sie blieb. Bis es ihr eines Tages zu viel wurde. Sie packte ihre Sachen und zog sich in ein Kloster zurück, um bis an ihr Lebensende zu beten und gute Werke zu vollbringen.

So lendenstark er sich außerhalb des Ehebettes erwies, so wenig erfolgreich waren Philipps Bemühungen, eine möglichst große Zahl an legitimen Kindern zu zeugen. Ein einziger Sohn, Karl mit Namen, ging aus der Verbindung mit der portugiesischen Königstochter hervor und gerade mit diesem gab es immer wieder Spannungen und sogar Zerwürfnisse.

Karl, der als Thronfolger den Titel eines Grafen von Charolais trägt (analog etwa dem englischen Prinzen von Wales und dem französischen Dauphin), heiratet, durchaus mit Billigung, vielleicht sogar über Weisung des Vaters, eine Tochter des Herzogs von Bourbon. Isabelle ist siebzehn, Karl einundzwanzig Jahre alt.

Die Ehe wird als glücklich beschrieben. Karl hat, im Unterschied zum Vater, niemals eine Mätresse gehabt, dennoch mutet es höchst merkwürdig an, dass er sich nicht in seinem Jagdvergnügen stören ließ, als seine Frau im Februar 1457 ihrer schweren Stunde entgegensah. Er blieb auch fern, nachdem Isabelle im Schloss zu Brüssel am 13. Februar von einer Tochter entbunden worden war: Maria!

Vierzehn Tage lang hielt man das arme Wurm, den damaligen Vorstellungen von Hygiene entsprechend, in einem vollkommen abgedunkelten Zimmer, wobei allerdings Tag und Nacht stinkende und rußende Fackeln loderten. Nachdem Maria dieses Martyrium glücklich überstanden hatte, wurde sie feierlich getauft, mit großem Aufwand, wie sich von selbst versteht, unter Anteilnahme zahlreicher hoher Gäste und der halben Bevölkerung von Brüssel.

Wer fehlte, das waren der Vater und der Großvater des Kindes. Karl soll einen veritablen Tobsuchtsanfall erlitten haben, als man ihm das Jagdvergnügen mit der Hiobsbotschaft vergällte, Vater einer *Tochter* geworden zu sein. Über die unmittelbare Reaktion Philipps ist nichts bekannt – seine Abwesenheit bei der Taufe spricht indes für sich.

Von allerhöchstem Interesse ist die Person des Taufpaten der kleinen Maria. Karl hat seinen Jagdkumpanen Ludwig für diese verantwortungsvolle Aufgabe gewonnen, gewiss nicht ohne ganz klare Hintergedanken: Ludwig ist der französische Dauphin, der Sohn Karls VII., jener Witzfigur auf Frankreichs Thron, der seinen Sieg über die Engländer Jeanne d'Arc, ausgerechnet einer Frau!, zu verdanken hatte.

Ludwig hat an einer Adelsverschwörung gegen seinen Vater teilgenommen und lebt nun im burgundischen Exil. Doch eines Tages wird er französischer König werden, eines Tages seine schützende Hand über seinem Taufkind halten statt, so wie alle seine Vorgänger, danach zu trachten, das blühende Burgund dem französischen Territorium einzuverleiben. So mag Karl gehofft haben – dies eine der unzähligen historischen Fehlspekulationen.

Maria lebt zunächst mit ihren Eltern in ziemlicher Abgeschiedenheit auf der Festung Quesnoy im südlichsten Zipfel des Hennegaus, wohl mehr oder weniger in der Verbannung, denn die Entfremdung zwischen Herzog Philipp und seinem Sohn, dem Grafen von Charolais, war dermaßen eskaliert, dass die beiden einander nicht einmal mehr sehen wollten.

Dann wurde das sechsjährige Kind, das nicht wusste, wie ihm geschah, von den Eltern getrennt. Philipp befahl den Sohn als Statthalter nach Holland. Widerspruchslos begaben sich Karl und seine Frau nach Gorkum (heute Gorinchen). Maria wurde nach Gent, dem Sitz der Grafen von Flandern, verfrachtet.* Und das ist eine höchst seltsame Geschichte, zumindest aus der Perspektive der heutigen Zeit.

Von »Kidnapping« zu sprechen mag vielleicht übertrieben sein, aber ein Hauch von Erpressung ist schon mit im Spiel, wenn die Bürgerschaft von Gent »untertänigst bittet«, die kleine Prinzessin in ihre Obhut nehmen zu dürfen (d'avoir en garde). Zwischen den Zeilen des devoten Ansuchens mag Karl sehr wohl deutlichere Worte gelesen haben: »Bekommen wir die Prinzessin nicht, dann gibt es Ärger.«

Nur zu gut ist noch in Erinnerung, dass die Genter Bürger vor gar nicht zu langer Zeit ein respektables Heer von 12000 Mann auf die Beine gestellt haben, um Herzog Philipp den Guten zu stürzen, der sie der meisten ihrer alten Stadtrechte beraubt hatte. Sie wurden zwar geschlagen (1453), die alte Wut aber schwelte unter der Oberfläche weiter und es würde ein Funke genügen, um den Brand wieder auflodern zu lassen.

Um des lieben Friedens willen wird Maria also geopfert und nach Gent geschickt. Wer letzten Endes die Entscheidung fällt, bleibt unklar: Vater Karl, dem auf seinem unfreiwilligen Außenposten die Hände gebunden sind, oder Großvater Philipp – er ist längst in die Jahre gekommen und daher mehr und mehr bereit, Kompromisse zu schließen.

Der »Prinsenhof« zu Gent, ein düsteres, festungsartiges Wasserschloss mit nicht weniger als 300 Zimmern und einem ausgedehnten Park, wird nun die neue Heimstatt der Prinzessin. Das Hofzeremoniell ist hier nicht so ausgeprägt wie in den Residenzen von Vater und Großvater, der Respektabstand aller Erwachsenen zu diesem einen Kind wird jedoch peinlich genau eingehalten.

Eine Madame d'Haleweyn leitet die Erziehung Marias und wir

---

* Die Herzöge von Burgund führten auch den Titel eines Grafen von Flandern.

wissen nicht viel mehr über sie, als dass sie über die schulische Ausbildung ihres Schützlings wacht.

Maria werden alle für eine Prinzessin wichtig scheinenden Wissensgebiete vermittelt – auf ihre Rolle als künftige Herrscherin wird sie nicht vorbereitet. Noch hoffen die Eltern auf einen Stammhalter.

Sie wächst zweisprachig auf, beherrscht beide Landessprachen, das Flämische und das Französische, perfekt, zieht aber zeitlebens Französisch vor. Es ist das Idiom der herrschenden Schicht.

Selbstverständlich lernt sie auch Latein, die internationale Diplomatensprache, sorgfältig ist der Religions- wie der Geschichtsunterricht. Musik ist ihr Lieblingsgegenstand. Nirgendwo in Europa wird so viel musiziert wie am burgundischen Hof. Die Hofkapelle, die zu allen Gelegenheiten aufzuspielen hat, besitzt einen legendären Ruf.

Auf Handarbeit wird großer Wert gelegt – alle feinen Damen der Gesellschaft stickten und stichelten damals wie besessen – aber ebenso auf Sport. Eine Burgunderin muss eine perfekte Reiterin und Jägerin sein – und so wird sie es auch. Das Reiten wird ihre große Leidenschaft, der sie schon als ganz junges Mädchen stundenlang frönt, und es ist heute noch unfassbar, dass ausgerechnet sie durch einen Sturz vom Pferd ums Leben kommen wird. Wenn in der Winterszeit Ausritte nicht möglich sind, jagt sie mit dem größten Vergnügen auf Schlittschuhen über die zugefrorenen Kanäle und Grachten von Gent und Umgebung.

Durch ihren häufigen Aufenthalt im Freien kommt sie, mehr als sonst bei adeligen Fräulein üblich, mit der Bevölkerung in Kontakt. Nicht sehr intensiv, denn sie ist ja immer von Höflingen und Aufpassern umringt, aber doch so weit, dass die Menschen merken: Sie ist nicht arrogant und auf striktesten Abstand bedacht wie Vater und Großvater. Sie strahlt eine unbekümmerte Freundlichkeit und Leutseligkeit aus und wird darum bald sehr populär – was ihr später, wenn wieder einmal die Bestie des Aufruhrs losstürmt, leider gar nichts nützen wird ...

1465 ist ein Schicksalsjahr für Maria – nur ist sie sich dessen gewiss nicht bewusst. Es stirbt die Mutter an einem Lungenleiden (Tuberkulose?), der Vater tritt zum ersten Mal ins Rampenlicht der Weltgeschichte.

Wie sehr der Mutter Tod Maria beeindruckt oder in Trauer versetzt hat, ist schwer einzuschätzen. Die nun Achtjährige hat die Mutter seit der zwei Jahre zurückliegenden Trennung nur ein einziges Mal kurz gesehen. Wir wissen auch gar nicht, ob es zwischen der Gräfin von Charolais und ihrer Tochter jemals eine stärkere emotionale Bindung gegeben hat.

Wesentlich größeren Eindruck muss ihr gemacht haben, dass der Name des Vaters plötzlich in aller Munde ist, dass jedermann von seinen glänzenden Heldentaten schwärmt und ihm von nun an der Beiname »der Kühne« wie ein brillanter Orden anhaftet – bis in unsere Tage. Wenn wir es recht besehen, gefiele uns eigentlich der Spitzname »der Tollkühne« wesentlich besser.

Nach langen Jahren der gegenseitigen Abneigung ist es zwischen dem alten Herzog Philipp und seinem Sohn Karl zur Annäherung, zur Versöhnung gar, gekommen und Karl erhält das Oberkommando über die burgundischen Streitkräfte.

Und schon in diesem Augenblick wird mit beklemmender Deutlichkeit sein wesentlichstes Charaktermerkmal sichtbar, das ihn in den schmählichen Untergang und sein Land an den Rand des Abgrundes treiben wird – für Maria ein erdrückendes Erbe.

Gewiss: Karl ist ein kühner Krieger, stets in vorderster Linie fechtend bis an die Grenze der Tolldreistigkeit. Aber was ihn in den Kampf treibt, ist meist nicht rationale Überlegung, sondern ein heftiger, kopfloser Impuls auf der Jagd nach Ruhm und Ehre.

Im Laufe der Jahre tritt ein deutlicher Zug hemmungsloser Großmannssucht hervor. Er träumt von einem burgundischen Großreich, dem die Schweiz ebenso zugehört wie Lothringen, das ganze südliche Frankreich, und selbst auf Savoyen und das Herzogtum Mailand richtet er sein begehrliches Auge. Ein Reich von der Nordsee bis an die Gestaden des Mittelmeeres schwebt ihm vor, in den Ausmaßen des legendären frühmittelalterlichen Austrien. Und wer wird dieses unzweifelhaft mächtigste Land Europas regieren? Karl. *König* Karl natürlich.

Bezeichnend für den Weg, den Karl einzuschlagen gedenkt, ist der erste Krieg, in den er sich sofort nach Übernahme des Oberbefehls über die burgundischen Truppen stürzt: Er zieht mit 26000 Mann gegen Frankreich und gelangt bis vor die Tore von Paris, nachdem er sich einem verschwörerischen Bund des französischen Adels (ligue du bien public) gegen den König angeschlossen hat.

Dieser König ist niemand anderer als sein ehemaliger Jagdgenosse Ludwig, jetzt Ludwig XI., der Patenonkel der kleinen Maria, den Karl sich eigentlich zu deren Schutzpatron erkoren hatte. Ludwig, seit vier Jahren auf dem Thron, hatte jedoch nichts anderes im Sinn als gegen Burgund zu intrigieren, das Land mit seinen Spitzeln und Agents provocateurs zu infiltrieren und die Stimmung gegen den regierenden Herzog aufzuheizen.

Statt auf diplomatischem Weg wenigstens eine Annäherung, einen Ausgleich, zu suchen zieht Karl gegen Ludwig ins Feld. Es kommt zu einer großen Schlacht bei Montléri, die zwar unentschieden endet, den König aber so geschwächt hat, dass er den meisten Forderungen seiner aufrührerischen Granden nachkommt. Und Karl kehrt als ruhmbedeckter Held nach Hause zurück.

Gut für den Vater, schlecht für seine Tochter. Maria steht seit dem Tod der Mutter de facto ohne Familie da. Der Vater ins Kriegshandwerk vertieft, der Großvater kümmert sich ohnehin nicht um die Enkelin und die Großmutter in ihrem Kloster ist damit beschäftigt, ein heiligmäßiges Leben zu führen. Kleine Mädchen haben darin keinen Platz.

Am 15. Juni 1467 stirbt Herzog Philipp der Gute im Alter von 71 Jahren. Logischerweise wird nun der 34-jährige Sohn Karl zu seinem Nachfolger – aber schon 13 Tage später kommt es zum bedrohlichen Eklat. Die Amtseinführungszeremonie Karls in Gent verläuft ruhig und in gewohnten Bahnen, nichts deutet darauf hin, dass sich an deren Ende jahrelange Wut und Frustration plötzlich gegen den neuen Souverän wenden werden.

Eine Abordnung von Genter Bürgern spricht bei ihm vor, verlangt ultimativ die Vorrechte zurück, die ihnen Herzog Philipp genommen hat. Der völlig überraschte Karl bittet um Bedenkzeit. Die wird ihm mit dem Hinweis, dass jeden Augenblick ein bewaffneter Aufstand ausbrechen könnte, verweigert. Unausgesprochen hängt die Drohung in der Luft, Maria als Geisel zu nehmen. Karl bleibt keine Wahl. Er muss nachgeben. Eine unerhörte Demütigung.

Was Karl in dieser fatalen Lage dringend braucht, das ist ein starker Verbündeter, einer, der ihm den Rücken decken kann sowohl gegen den stets sprungbereiten Nachbarn Frankreich als auch gegen die eigenen aufrührerischen Untertanen. Überdies: Einen Sohn hätte er noch immer lieber zum Erben als ein schwaches Frauenzimmer.

Also wird er heiraten und seine Wahl ist sehr wohl überlegt: Margarete von York, die Schwester des englischen Königs Eduard IV. Das ist genau jener Eduard IV., der in der düstersten Zeit Englands die Rosenkriege provozierte, der König Heinrich VI., seinen Gegenspieler, im Tower ermorden ließ und dessen kleine Söhne von Richard III. ebenfalls im Tower gemeuchelt wurden. Der Stoff, aus dem Shakespeare mit vollen Händen schöpfen konnte ...

Zurück zu Margarete. Sie trifft am 25. Juni 1468 in Brügge ein, wo bereits am 2. Juli Hochzeit gefeiert wird – eines der glanzvollsten Feste, das der an glanzvollen Festen nicht eben arme burgundische Hof je veranstaltet hat. Im Mittelpunkt steht – und das ist die allseitige freudige Überraschung – eine bildschöne und anmutige Braut von gerade 22 Jahren in silbernem, edelsteinbesetztem Brokat, lebhaft umjubelt von der Bevölkerung, staunend angehimmelt von der elfjährigen Maria.

Margarete bringt der Halbwaise Wärme und Zuneigung entgegen, sie behandelt Maria weniger wie eine Stiefmutter, sondern vielmehr wie eine liebevolle ältere Schwester. Maria wird in Margarete eine Freundin, eine Vertraute, eine energische Helferin in allen schwierigen Lebenslagen finden. Margarete, die, sehr zur Enttäuschung Karls, kinderlos bleibt, wird Maria mit allen Gefühlen beschenken, die sie ansonsten eigenen Kindern entgegengebracht hätte.

Die Fama will wissen, dass Margarete ihrem schwierigen Gemahl herzlich zugetan gewesen sei, in Liebe, die Karl offensichtlich nicht erwiderte. Nachdem sich herausgestellt hatte, dass Margarete nicht schwanger werden konnte, verlor er jegliches Interesse an ihr.

Seinen Schwager Eduard an der Seite, mit dem er gegen Frankreich manchen Strauß ausfocht, gab er sich ganz seinen politischen Traumbildern und teils sinnlosen Kriegsabenteuern hin: Schon wenige Wochen nach der Hochzeit legte er sich wieder mit Ludwig XI. an, den er – Triumph, Triumph! – sogar vorübergehend gefangen nehmen konnte. Von da an herrschte permanent Kriegszustand zwischen Frankreich und Burgund. Karl und Margarete trafen einander äußerst selten, und dann nur zu offiziellen Anlässen, meist in Prinsenhof zu Brügge.

Die Folge davon war, dass Margarete und Maria sich immer enger aneinander schlossen. Die junge Frau und das halbwüchsige Mädchen hielten sich Anfang 1469 in Schloss Hesdin, einem der von Philipp dem Guten errichteten Prunkbauten auf, als Herzog Sigmund von Tirol im Prinsenhof zu Brügge dem Herzog Karl seine Aufwartung machte, um die Möglichkeit einer Heirat zwischen Erzherzog Maximilian von Österreich (zehn Jahre alt) und Maria von Burgund (zwölf Jahre alt) zu sondieren. Unwahrscheinlich, dass man das Mädchen über den Besuch aus Tirol unterrichtet, sicher ist nur, dass sie sich über den mitgebrachten Papagei gefreut hat. Er wurde zum Paradestück ihres kleinen Zoos.

Es war nicht das erste Mal, dass eine Verbindung Habsburg – Burgund ins Auge gefasst wurde, und überhaupt gab es im Laufe der Jahre mehr Konkurrenten – insgesamt rund ein Dutzend – um die Hand der reichen Erbin, als jedem einzelnen von ihnen lieb sein konnte.

Am eiligsten hatte es König Johann II. von Aragón, der die damals fünfjährige Maria für seinen elfjährigen Sohn Ferdinand begehrte, aber nicht erhielt. Wir, die wir alle im Geschichtsunterricht gut aufgepasst haben, wissen (und amüsieren uns sehr), dass jener Ferdinand dafür Isabella von Kastilien ehelichen wird, beider Kinder werden in ferner Zukunft (und im nächsten Kapitel nachlesbar) die Kinder der Maria von Burgund heiraten – mit gigantischen Auswirkungen auf die Weltgeschichte und auf die des Hauses Habsburg ...

Schon wenige Monate später kam ein neuer Heiratsplan aufs Tapet, der fortan beständig durch Karls fantastische Wunschträume irrlichterte. Und das kam so:

Papst Pius II., einer der gelehrtesten und feinsinnigsten in der langen Reihe der Petrus-Nachfolger, versteifte sich gegen Ende seines Lebens immer mehr darauf, einen Kreuzzug gegen die Türken zu führen. Auf der Suche nach möglichst potenten Mitstreitern wandte er sich natürlich auch an Karl, den Souverän des wohlhabendsten europäischen Staates, und es war dem Heiligen Vater auch bewusst, wie er dem Herzog die Idee schmackhaft machen könnte – indem man ihm die heiß begehrte Königskrone in Aussicht stellte.

Es war nun nicht so, dass der Papst Königskronen wohlfeil zu vergeben hatte, das allein konnte der Kaiser des Heiligen Römischen Reiches Deutscher Nation, Friedrich III., und auf diesen hatte Pius II. einen nicht zu unterschätzenden Einfluss. Der Papst, mit bürgerlichem Namen Äneus Sylvius de Piccolomini, hatte als Kardinal einige Zeit dem Kaiser als Ratgeber gedient; das geistliche und das weltliche Oberhaupt des christlichen Abendlandes standen einander noch immer sehr nahe.

Pius' II. fein gesponnener Plan sah nun vor, Karl für den Türkenfeldzug zu gewinnen, indem er ihm die von Friedrich zu vergebende Königskrone in Aussicht stellte. Dazu wäre der Kaiser wohl gewillt, wenn Karls Tochter Maria Friedrichs Sohn Erzherzog Maximilian heiratete. Die mehrmals um die Ecke gedachte Idee scheint Karl denn doch zu vage gewesen zu sein. Weder ließ er sich für den Kreuzzug erwärmen – der dann sowieso nicht zustande kam – noch wollte er weiter über eine Verlobung der beiden Kinder verhandeln. Das Projekt wurde fürs Erste fallen gelassen. Der Gedanke an die Königskrone allerdings sollte ihn nie mehr loslassen.

Eine Königskrone, wenigstens für Maria – das wäre doch immerhin etwas. Es begannen Gespräche mit dem französischen König Ludwig XI., dem Patenonkel Marias. Der war kinderlos und es hatte den Anschein, dass sich dieser Zustand nicht ändern würde. Als nächster Anwärter auf den Thron fungierte Ludwigs Bruder, der Herzog von Guyenne, ein schwächlicher, abgrundtief hässlicher Jüngling, bekannt für sein ausschweifendes Leben – aber wen störte das schon, solange gute Chancen für eine Thronbesteigung bestanden. Karl sagte noch nicht Ja, aber auch nicht Nein – er wartete ab.

Er brauchte nicht lange zu warten, da erschien Herzog Sigmund von Tirol samt Papagei und dem neuerlichen Vorschlag einer burgundisch-habsburgischen Verbindung, allerdings ohne konkrete Zusagen für die Erhebung des Herzogs zum König von Burgund. Karl äußerte sich nicht.

Und schon stand der nächste Brautwerber vor der Tür, diesmal erneut Ludwig XI., dem, o Wunder, doch noch eine Erbe geboren worden war – der spätere Karl VIII. Er hing zwar noch an der Brust seiner Amme, dennoch wurde er allen Ernstes als Heiratskandidat vorgeschlagen. Karl lehnte – diplomatisch verbrämt, versteht sich – ab und Ludwig sollte sich nicht allzu sehr kränken. Eine Braut aus Burgund kriegt der Dauphin bestimmt – wenn auch nicht Maria, sondern deren kleine Tochter Margarete. Doch das ist ferne Zukunftsmusik ...

Maria ist bereits fünfzehn Jahre alt, als ihr ein potenzieller Bräutigam zum ersten Mal leibhaftig begegnet – und diesmal scheint es ernst zu werden. Karl hat, fürs Erste, die Schimäre der Königskrone zurückgestellt, weil ein wesentlich erträglicheres Geschäft möglich zu werden scheint: Nicolas, Herzog von Lothringen, tritt als Freier auf die Bühne.

Lothringen, das wie ein Keil zwischen den nördlichen und südlichen Landen Burgunds liegt, könnte, auf dem Weg über das Brautbett und nicht durch einen (seit langem heimlich ins Auge gefassten) Eroberungszug gewonnen werden. Mit allen Ehren und großer Freude wird Nicolas von Karl in Brügge empfangen, Maria vorgestellt und bleibt.

Nicolas war ein gut aussehender junger Mann, der, so erfahren wir aus zeitgenössischen Berichten, großen Eindruck auf die Damenwelt machte und der dies auch durchaus zu seinen Gunsten nutzte. Es hätte schon sehr widriger Umstände bedurft, wäre das Mädchen nicht in erster Liebe zu dem hübschen Jungen entbrannt, der mit ihr einen ganzen Monat lang unter einem Dach lebte und ihr täglich den Hof machte.

Die offiziellen Papiere, die bereits das Stadium ausgefeilter Verträge erlangt hatten, geben keine Auskunft über die Gefühlslage der Prinzessin – doch das ganze Projekt hat sich dann ohnehin zerschlagen: Nicolas wurde das Opfer einer in Lothringen grassierenden Typhusepidemie.

Lothringen – passé. Also doch wieder Habsburg und vielleicht die Königskrone dazu? Wie ernst es Karl mit seinen Plänen diesmal ist, beweist die Tatsache, dass er einen perfekt Deutsch sprechenden Sondergesandten nach Wien schickt um, so der wörtliche Auftrag, »Wuchs, Gewicht, Charakter und sonstige Eigenschaften« des »Monsieur Maximilien« zu erkunden. Die Auskünfte müssen befriedigend gewesen sein. Von nun an betreibt Karl die Verbindung mit Habsburg zügig.

Was genau Karl über seinen potenziellen Schwiegersohn erfahren hat, ist unbekannt. Die Dokumente, die darüber Auskunft geben könnten, sind verloren gegangen. Also müssen wird selbst versuchen, uns ein Bild vom jungen Maximilian zu machen.

Er wurde am 22. März 1459 in der Burg zu Wiener Neustadt, rund 40 Kilometer südlich von Wien, geboren. Wiener Neustadt, damals an einer wehrtechnisch wichtigen Stelle gelegen, war in jenen Tagen wichtiger und größer als Wien: Hier residierte Maximilians Vater, Kaiser Friedrich III., die meiste Zeit – was aber nicht bedeutete, dass die Wiener Neustädter Burg komfortabler und ansehnlicher gewesen wäre als die in Wien oder Graz, wo sich die kaiserliche Familie gelegentlich auch aufhielt: Geld für eine standesgemäße Ausstattung war nie vorhanden.

Der Kaiser war immer in Geldnöten, aber nicht nur das. Er musste sich zeitlebens mit einer schier unübersehbaren Meute von Gegnern herumschlagen, mit aufsässigen Böhmen und Ungarn, die unter ihrem König Matthias Corvinus zeitweise einen Großteil der österreichischen Erblande, inklusive Wien, besetzt hielten.

Friedrich wurde von seinem Bruder bekämpft, ganz zu schweigen von den eigenen Landsleuten, darunter sogar Männer aus dem Adelsstand, die wiederholt gegen ihn rebellierten. Unter Friedrichs Regentschaft herrschte überwiegend Aufruhr, Chaos und bittere Not. Es ist ein Witz der Weltgeschichte, dass es heute noch immer Leute gibt, welche die Buchstaben A.E.I.O.U. als »Alles Erdreich ist Österreich untertan« interpretieren. Tatsache ist, dass das Geheimnis der Buchstabenreihe, die Friedrich überall anbringen ließ, bis heute nicht enträtselt ist, die falsche Auslegung stammt, längst nachgewiesen, aus dem 16. Jahrhundert.

Nein, Friedrich war ein armer, vom Schicksal heftigst gebeutelter Mann, die Glorie des Hauses Habsburg, das einmal wirklich die halbe Welt beherrschen würde, konnte er nicht im Entferntesten voraus ahnen.

Friedrich war mit einer um viele Jahre jüngeren portugiesischen Prinzessin namens Eleonora verheiratet, die ihm fünf Kinder gebar, von denen zwei überlebten: Maximilian und die sechs Jahre jüngere Kunigunde.

Der Kaisersohn war kein viel versprechendes Kind, bis fast zum neunten Lebensjahr unfähig, sich artikuliert auszudrücken. Meist hielt er überhaupt den Mund und machte solcherart einen leicht blödsinnigen Eindruck. Vielleicht war ein Trauma aus der frühen Kindheit daran schuld: Drei Monate lang waren er und seine Eltern in der Wiener Burg eingeschlossen, als die Bürger, aufgehetzt durch des Kaisers Bruder, sich gegen den Herrscher erhoben.

Kaiserin Eleonora, das Kind Maximilian und alle in der Burg lebenden Frauen mussten tage- und nächtelang unter denkbar elenden Bedingungen im Kellergewölbe ausharren. Das Wasser war knapp, die Lebensmittel gingen aus, nachdem sämtliche in der Burg gehaltenen Haustiere – Rinder, Schweine, Hühner – verzehrt worden waren. Auf den kargen Tisch kamen dann gekochte Hunde, Katzen und Singvögel.

Es ist auch möglich, dass Maximilian unter den ständigen Spannungen seiner Eltern gelitten hat. Eleonora, im lässigen Überfluss eines heiteren Hofes im Süden aufgewachsen, konnte nie in der kargen Kälte der österreichischen Burgen heimisch werden. Dies umso mehr, als ihr stets griesgrämiger Mann ihr an allem und jedem, was in der Familie schief lief, die Schuld zu geben pflegte. Gleich, ob die erstgeborenen Kinder starben – die »portugallische süße Kost« war die Ursache; ob Maximilian sprachunfähig war – wie denn anders, wenn die Mutter nicht einmal deutsch sprechen lernte?

Die sehr geliebte Mutter starb, als Maximilian acht Jahre alt war – und merkwürdigerweise begann sich von diesem Zeitpunkt an seine Sprachfähigkeit zu normalisieren.

Der Junge wurde zusammen mit Söhnen aus angesehenen Adelsfamilien erzogen. Zwei von ihnen wurden ihm zu lebenslangen Freunden, ein Sigmund von Prünschek und ein Wolfgang von Polheim.

Die Knaben wurden in allen damals üblichen Disziplinen von ausgezeichneten Lehrern unterrichtet, die noch Eleonora ausgewählt hatte; dabei stellte sich zu jedermanns Überraschung heraus, dass Maximilian ein besonders intelligentes Bürschchen war, das den Lehrstoff schnell erfasste und selten vergaß.

In der ausgehenden Periode der Ritterzeit, da es im Kampf auf Ausdauer, schnelle Reaktion, Einsatzbereitschaft und große körperliche Kraft ankam, war es nur natürlich, dass auf die Leibesertüchtigung besonderer Wert gelegt wurde – und auch dabei war der Junge seinen Mitschülern stets ein ganzes Stück voraus.

Um das positive Bild abzurunden, sei noch erwähnt, dass Maximilian wohlgewachsen, wenn auch nicht überdurchschnittlich groß war, ein hübsch geschnittenes Gesicht hatte, das von einer Fülle langer blonder Locken wirkungsvoll umrahmt war; die stark gebogene, ein wenig heftig hervorspringende Nase störte nicht allzu sehr, sie gab ihm vielmehr frühzeitig ein männliches Aussehen.

Tatsache ist, dass der 14-Jährige schon wie 18 wirkte und sehr, sehr früh einen ausgeprägten Hang zu allerlei Tollheiten hatte, aber auch zu schönen Fräulein, zu ausgiebigen Trinkgelagen und zur maßlosen Geldvernichtung.

Der besorgte Vater wusste sich nicht anders zu helfen als einen befreundeten päpstlichen Vikar zu bitten, dem Jungen die Leviten zu lesen, was dieser auch ausführlich tat. In einer schriftlichen Philippika warf der Kirchenmann Maximilian »mangelnde Lernfreudigkeit, Leichtsinn und Maßlosigkeit« vor. Maximilian möge mehr auf den

Vater hören, brav studieren und erst dann seinem Tatendrang nachgeben. »Auch Cäsar, Alexander und Augustus haben erst mit 20 Jahren angefangen die Welt zu erobern«, heißt es weiter im Text. Dazu muss man wissen, dass Maximilian sich exzessiv an den kühnen Taten der antiken Heroen begeisterte, denen nachzustreben sein allerhöchstes Ziel war.

Wir können sicher sein, dass Karl der Kühne von diesem Teil der Maximilian-Biografie nichts wusste, als er nach Trier aufbrach, um dort den Kaiser samt Sohn zu treffen und das Verlöbnis seiner Tochter endgültig auszuhandeln. Maria war nicht mit von der Partie, wofür es zwei Erklärungen gibt: Entweder wollte Karl sein kostbares Schätzchen noch eine Weile unter totalem Verschluss halten – oder die Genter Bürger waren nicht bereit, es herauszurücken. Beide Varianten sind ebenso möglich wie plausibel.

Der äußere Anlass der historischen Begegnung war ein Reichstag. Die Reichstage, die in mehr oder minder großen Abständen in den wichtigsten Städten des Reiches stattfanden, versammelten die führenden weltlichen und geistlichen Würdenträger zur Erarbeitung gemeinsamer politischer und wirtschaftlicher Entscheidungen (Kriege, Steuern, Gesetze usw.). Die Granden des Reiches haben bei diesen Gelegenheiten so manchen König und Kaiser spüren lassen, wie gering im Grunde genommen deren Machtbefugnisse waren, wie viel mehr Einfluss Kurfürsten und Kardinäle als die Krone hatten. Maximilian wird das ein Leben lang schmerzlich spüren müssen.

Karl zieht in diesen Septembertagen 1473 nach Trier, als gelte es, eine Entscheidungsschlacht zu gewinnen. Im übertragenen Sinne mag er das wohl auch so empfunden haben und so bietet er alles auf, dem Kaiser seine Macht und seine Herrlichkeit zu demonstrieren: 3000 schwere Panzerreiter, 5000 leichte Reiter, 3000 Knechte, der gesamte Adel – jeder nach der neuesten Mode in Samt und Brokat gekleidet – Pagen, Herolde, Trompeter, natürlich die Ritter vom Goldenen Vlies in ihren purpurnen Prunkgewändern und an der Spitze, im vergoldeten Kürass, darüber ein aus echten Goldfäden gewirkter Mantel: Karl der Kühne, Karl der Prächtige.

Einziger Wermutstropfen: Karls als glänzende Schau geplanter Einzug in Trier ertrinkt fast in einem Wolkenbruch und Friedrich hat für das neureiche Spektakel nur einen kurzen, bissigen Kommentar: »Welsches Geprotze.«

Später sagt der Kaiser dann nichts mehr, denn das in den nächsten Tagen auf die Spitze getriebene Angebertum Karls verschlägt allen die Rede. In 400 Wagen hat der Burgunder seinen gesamten Hausschatz angeschleppt: Möbel und Bilder, Tapisserien, das komplette Tafelsilber, edelsteinbesetzte Sakralgeräte, zwölf Apostelstatuen aus massivem Silber, eine fast zwei Meter hohe Lilie aus purem Gold, das man aber kaum wahrnimmt, denn es ist über und über behaftet mit Brillanten, Smaragden und Perlen.

Karl dekoriert mit seinem Hausschatz die Kirche, in der die Fürsten beten, und die Hallen, wo er seine Gastmähler gibt (mindestens 40 Gänge!), begleitet von noch nie gehörter süßer Tafelmusik der burgundischen Hofkapelle. Karl platziert den Kaiser immer so, dass dieser fast mit der Nase auf die ausgestellten Schätze stoßen muss.

Der Kaiser hat diesen ins Auge springenden Äußerlichkeiten nichts entgegenzusetzen. Er war nicht einmal imstande gewesen, für sich und seine Begleiter eine dem Anlass entsprechende Garderobe aufzubringen, und es stand zu befürchten, dass die Kaiserlichen in abgetragenem, geflicktem Zeug nach Trier reisen müssten – bis Friedrich einen diskreten Wink bekam: Es gab in Augsburg einen reichen Kaufmann und Tuchhändler, der bereit war, die Österreicher auf Pump einzukleiden. Fugger hieß der Mann, Ulrich Fugger: Damit begann das legendäre Zusammenspiel zwischen einem rasch zu Reichtum gelangenden Krämer und der Krone des Heiligen Römischen Reiches.

Während die Großen des Reiches, zumindest hinter vorgehaltener Hand, dann doch zu lästern beginnen über die burgundische Großmannssucht, ist einer zutiefst beeindruckt: der 14-jährige Maximilian. Täglich streicht er mit großen Augen durch Karls Feldlager, bestaunt die Zelte und die Wagenburgen, die kostbar gezierten Geschütze, die schneidigen Ritter auf ihren mit goldenen Schabracken behängten Pferden. An allen Turnieren, Messen, Gelagen sowie sonstigen Festen darf der Junge teilnehmen und er begreift: Das ist Luxus! Das ist Eleganz! Das ist der wahre Ausdruck fürstlichen Lebens!

Ach ja – da gab es noch etwas: die Verhandlungen zwischen dem Kaiser und dem Herzog über die Verlobung zwischen Maria und Maximilian um den Preis einer Königskrone. Acht Wochen lang wird gefeilscht, was das Zeug hält. Ein ewiges Hin und Her zwischen Forderungen Karls, zögerndem Nachgeben Friedrichs, noch unverschämteren Ansprüchen, halb- und ganzherzigem Zurückziehen von Seiten des Kaisers.

Vor allem auch die Kurfürsten legen sich quer. Sie gönnen dem Parvenü die Königskrone nicht, sie fürchten um Beschneidung ihres eigenen Einflusses. Dann fasst Friedrich endlich doch einen Entschluss – um im nächsten Augenblick auf eine der kaiserlichen Würde ganz und gar nicht angemessene Weise zu kneifen: Während er schon Vorbereitungen zur Krönung treffen lässt, kommen aus Paris eindeutige Signale, dass man dort Karls Erhebung als unfreundlichen Akt empfände.

Friedrichs Reaktion löst bei Karl einen seiner gefürchteten Tobsuchtsanfälle aus: Der Kaiser entweicht samt Sohn und Gefolge in der Nacht lautlos aus der Stadt. Keine Erklärung, keine Entschuldigungen, keine Nachricht, nichts, absolut nichts hinterlassend – außer einem Berg von Schulden bei den Kaufleuten und Gastwirten von Trier.

Gewiss, Karl mag sich gekränkt, gedemütigt fühlen – dass er aber von nun an das Augenmaß für alles Mögliche vollkommen verliert, ist schwer begreiflich. Zunächst mischt er sich in einen Streit um den Bischof der Stadt Köln ein. Das Domkapitel hat einen Gegenkandidaten zum regierenden Kirchenfürsten aufgestellt und wird darin vom Kaiser unterstützt. Grund genug für Karl, augenblicklich die Partei des attackierten Bischofs zu ergreifen, nicht nur ideell, sondern mit der geballten Kraft seiner Armee und vermutlich mit dem Hintergedanken, das Bistum Köln seinem Herrschaftsbereich einzuverleiben, wie er es schon zuvor mit den Bistümern Lüttich und Tournai getan hat.

Monatelang belagert er die Stadt Neuß, eine Schlüsselstellung auf dem Weg nach Köln, und tritt, nebenbei, wieder in Verhandlungen um die Hand seiner Tochter Maria ein. Diesmal wirbt der Prinz von Tarent, der Thronfolger des Königs von Neapel, um die viel begehrte Prinzessin und steht dem zukünftigen Schwiegervater auch gleich mit einem Kontingent neapolitanischer Soldaten bei. Vergeblich – Neuß leistet so lange Widerstand, bis der Kaiser endlich in der Lage ist, der bedrängten Stadt Waffenhilfe zu leisten.

Auf der einen Seite rückt die kaiserliche Armee heran, auf der anderen Seite verweigern die flandrischen Stände ihrem Herzog weitere Geldflüsse zur Unterstützung eines sinnlosen Krieges, Karl muss sich zu einem Friedensschluss bequemen, »vor Wut schäumend wie ein Eber«, lesen wir in einem zeitgenössischen Bericht.

Unter diesen für ihn höchst unerfreulichen Umständen kommt es zu einem erneuten persönlichen Zusammentreffen mit dem Kaiser – und der ist es nun, der die Bedingungen für eine mögliche Hochzeit zwischen Maria und Maximilian diktiert: Von einer Königskrone ist nicht mehr die Rede.

Statt nun Ruhe zu geben und seine Wunden zu lecken, überfällt der Herzog Lothringen, nimmt handstreichartig die Hauptstadt Nancy, die er, nun inmitten burgundischen Gebietes liegend, zu seiner Metropole machen will, und verjagt den regierenden Herzog René. Der Kaiser ist beeindruckt und erhebt keinen Einspruch gegen den offensichtlichen Landraub. Karl bedankt sich artig: Am 17. November 1475 erklärt er zum ersten Mal mit Brief und Siegel, dass er die Heirat Marias mit Maximilian wünscht.

Noch etwas steht auf seiner Wunschliste: Nicht mehr und nicht weniger als die Schweiz, die er nach seinem Sieg über Lothringen überfällt – doch am 2. März 1476 erleidet er bei Grandson eine schwere Niederlage. Er verliert einen Teil seiner Truppe und, was noch viel schmerzlicher für ihn ist, die Hälfte seines Hausschatzes, den er immer mit sich herumschleppt. Und er verliert fast den Verstand. Tagelang schreit und tobt er, verweigert Essen, Trinken und Schlaf. Von nun an halten ihn alle für wahnsinnig.

Noch einmal fordert er die Schweizer zur Schlacht und wieder wird er, im Juni 1476 bei Murten, blutig geschlagen. Diesmal bleibt er ganz ruhig, wohl begreifend, dass es ihm nicht mehr viel nützen wird, »dem wegrollenden Ball nachzulaufen«, wie ein Zeitgenosse schreibt. Der Tochter lässt er bestellen, sie möge »frohen Herzens alles Nötige [für die bevorstehende Hochzeit] in die Wege leiten«.

Das Ende des tollkühnen Karl steht unmittelbar bevor – und es wird ein schreckliches sein. Herzog René hat sich mit den Schweizern verbündet, wird von Ludwig XI. aufs Tatkräftigste unterstützt und macht sich auf den Weg, sein Land zurückzuerobern.

Am 5. Januar 1477 kommt es im Weichbild von Nancy zur entscheidenden Schlacht und Karl scheint Böses geahnt zu haben. Ehe er in den Sattel steigt, befiehlt er, dass Maria im Falle seines Todes so rasch wie möglich den Kaisersohn heiraten solle.

Wie zu erwarten siegen die vereinigten Schweizer und Lothringer. Karl, der sich mit Berserkerwut in den Kampf geworfen hatte, bleibt zunächst verschollen. Erst am nächsten Tag findet ihn ein Page und schreit entsetzt: »O weh! Da ist unser guter Herr.« Ein Wunder, dass der Junge ihn überhaupt erkannt hat. Der Leichnam liegt ausgeplündert, nackt, das Gesicht von hungrigen Wölfen zerfleischt, im Eis eines Tümpels halb eingefroren.

Die Lothringer läuten im Siegestaumel die Sturmglocken, die Schweizer entfachen Freudenfeuer, Ludwig XI. ordnet sofort die Besetzung des südlichen Teils von Burgund an, der ja französisches Lehen ist. Herzog René lässt seinen Gegner mit allen militärischen Ehren in der St.-Georgs-Kirche beisetzen. Jahrzehnte später wird Karls Urenkel, Kaiser Karl V., die sterbliche Hülle seines Namenspatrons ins heimatliche Gent überführen lassen.

Während Karl auf den verschiedenen Kriegsschauplätzen seinem sicheren Untergang entgegentaumelte, hatte man im Prinsenhof zu Gent mit fröhlichen Festen den endgültigen Abschluss der Heiratsverhandlungen gefeiert. Maria hatte ein Bildnis des zukünftigen Gemahls erhalten und sei, so wird berichtet, dermaßen von ihm angetan gewesen, dass sie das Porträt »wohl zwanzig Mal am Tag betrachtet«, so ein Chronist. Was wahr daran ist, was höfische Legende, ist natürlich nicht überprüfbar.

Erhalten ist hingegen ein Brief, den Maria auf Geheiß ihres Vaters geschrieben und mitsamt ihrem eigenen Bildnis nach Wien geschickt hat.

»Erlauchter Prinz, viel geliebter Cousin*! Ich empfehle mich Ihnen bestens. Durch Ihren Gesandten Heßler habe ich Ihre reizenden Briefe erhalten, zusammen mit den schönen Schmuckstücken.**

Mit Gottes Hilfe werde ich frohen Mutes ... allen Befehlen folgen, die mein hochgeehrter Herr und Vater für mich gegeben hat (sic!).

Hochgerühmter Prinz, teurer, viel geliebter Cousin, der Heilige Geist bewahre Ihnen seine Huld.

Geschrieben in Gent am 26. November [1476] Ihre Cousine Maria.«

Beigelegt war dem Brief ein wertvoller Diamant – eine wohl mehr als willkommene Zugabe!

Maria erfährt, wenn auch mit wochenlanger Verspätung, von jeder einzelnen der desaströsen Kampfhandlungen, in die der Vater verwickelt war. Ob sie auf seinen Tod gefasst war, erfahren wir nicht.

Es ist Karls Kanzler Hugonet, der ihr, so schonend wie möglich, die Hiobsbotschaft beizubringen versucht. In vorsichtigen Worten hält er ihr einen Vortrag über das Kriegerleben und die damit verbundenen Gefahren. Noch ehe er zum Kernpunkt seiner Ausführungen gelangt, hat Maria begriffen, was er ihr eigentlich mitteilen will.

Es steht nirgendwo geschrieben, in welcher Weise Maria auf das plötzliche Erkennen der schrecklichen Wahrheit reagiert hat. Nur so viel ist bekannt: Hugonet hat sie seiner und aller Mitarbeiter bedingungslosen Loyalität versichert. Sie möge Gott vertrauen und nicht den Mut verlieren. Leicht gesagt zu einem noch nicht einmal 20-jährigen Mädchen, das man über die Aufgaben einer Herrscherin, noch dazu in schwierigsten Zeiten, völlig im Unklaren gelassen hat.

---

* In der Tat waren die beiden, wenn auch entfernt, verwandt. Marias Großmutter väterlicherseits und Maximilians Mutter entstammten beide dem portugiesischen Königshaus.

** Die zitierten reizenden Briefe gibt es nicht mehr; mit welchem Geld Maximilian oder sein Vater die »schönen Schmuckstücke« bezahlt hat, ist rätselhaft. Ob der brave Fugger wieder einspringen musste?

Der Trauergottesdienst, der in Gent zum Andenken des gefallenen Herzogs mit allem höfischen Aufwand abgehalten wird, findet kaum Anteilnahme unter der Bevölkerung. Zu streng war Karls Herrschaft gewesen, zu stark der ständige Steuerdruck, zu maßlos jedes seiner Ziele. Rasch ist vergessen, dass Karl auch durchaus seine positiven Seiten gehabt hatte.

Abgesehen davon, dass er ein hochgebildeter und äußerst kunstsinniger Mensch gewesen war, zeichnete er sich durch einen ganz unüblichen Gerechtigkeitssinn aus. Als einer seiner Höflinge im Rausch einen Bauern erschlagen hatte, wurde die Sache nicht, wie sonst üblich, vertuscht. Vielmehr wurde dem Übeltäter ein öffentlicher Prozess gemacht und man hat ihn auf dem Marktplatz in Brügge hingerichtet. Karls Krieger standen in Zucht und Ordnung. Plünderungen waren – auch das ein Unikum im Mittelalter – strengstens untersagt, auf Vergewaltigung stand die Todesstrafe.

Erwähnenswert ist auch Karls überdurchschnittlicher Fleiß. Immer und überall hatte er seine Berater und Sekretäre um sich und er arbeitete, selbst unter den miserabelsten Bedingungen im Felde, bis spät in die Nacht.

Man weiß nicht, welche Vorstellungen sich Maria vom Regierungsgeschäft gemacht hat. Dass es so schlimm werden würde, hat sie bestimmt nicht geahnt.

Die ersten Nachrichten, die vom Patenonkel Ludwig XI. kommen, sind auf jeden Fall niederschmetternd: Er hat das südliche Burgund besetzen lassen – und er drängt mit aller Macht, begleitet von unmissverständlichen Drohungen, auf ein Verlöbnis Marias mit dem nun siebenjährigen Dauphin.

Mit einer geharnischten Protestnote schickt Maria den Kanzler Hugonet nach Paris, aber der steht so gut wie auf verlorenem Posten: Längst haben sich die burgundischen Stammlande den Besatzern ergeben und sogar mit ihnen fraternisiert. Die frankophile und auch Französisch sprechende Bevölkerung hat es ihren Herzögen nie verziehen, dass sie ihre Residenz in den Norden verlegt haben.

Hugonet versucht zu feilschen. Maria werde, wenn der Dauphin das Mannesalter erreicht, noch einmal mit sich reden lassen. Doch die vage Zusage ist den Franzosen zu wenig. Sie zwingen den Kanzler, im Namen seiner Herrin auf die südflandrische Stadt und Festung Arras zu verzichten – deren Statthalter, ein enger Freund Karls und Ritter des Ordens vom Goldenen Vlies, ohnedies bereits mit fliegenden Fahnen ins gegnerische Lager übergelaufen ist. So viel über die geschworene Treue eines edlen Ritters ...

Auch Marias erster offizieller Auftritt bei der Eröffnung der Sitzung der Generalstände in Brügge gerät zum Verhängnis. Ihre Antrittsrede, in der sie auf ihre Rechte als Regentin hinweist, einen Überblick über die politische Lage gibt, nicht ohne ausdrücklich auf die Verhandlungen mit Frankreich hinzuweisen, hinterlässt keinerlei Eindruck.

Ganz im Gegenteil: In einer hitzigen Debatte fordern Stände und Gilden ihre alten, von Philipp und Karl beschnittenen Vorrechte zurück. Sie treiben die rat- und hilflose junge Frau so in die Enge, dass sie nicht nur die alten Privilegien bestätigt, sondern auch neue Auflagen hinnimmt, etwa die Kürzung des Heeresetats um die gigantische Summe von 500000 Talern.

Damit nicht genug: Am 11. Februar 1477 signiert sie einen »Grand Privilège«, ein ungeheuerliches Dokument, wie es in dieser Form noch nie zuvor gegeben hat. Es stellt eigentlich nichts anderes dar als eine Verzichtserklärung auf alle herrschaftlichen Ansprüche. Der Zentralstaat ist damit de facto aufgelöst, die einzelnen Provinzen werden in die Selbstständigkeit entlassen, ohne deren Zustimmung kann die »Princesse Générale« – ein neuer Titel ohne Macht und Mittel – praktisch nichts bewirken; keinen Beamten ernennen, keine außenpolitischen Verhandlungen führen, schon gar nicht einen Krieg erklären.

Wie zum Hohn wird ihr dennoch am 16. Februar die traditionelle Huldigung zur »Gräfin von Flandern« zugebilligt, mit der Farce einer Vereidigung und eines Festzuges durch die Stadt. Das Spalier ist dünn, Maria trägt Trauerkleidung, sie wirkt blass und bedrückt.

In der Kirche St. Jean leistet sie den Eid, dessen Text neben dem Üblichen – die Rechte der Kirche zu wahren, die Witwen und Waisen zu schützen – auch Zündstoff enthält: sie wird die »Freiheiten [sic!], Bräuche und Rechte des Landes achten ... alle den Bürgern ... seit 1450 auferlegten Lasten annullieren«. Tiefer wurde kaum jemals zuvor ein Herrscher des Mittelalters gedemütigt, von denen ja jeder einzelne sich im Besitz der absoluten Gottesgnade wähnte.

Ähnlich ergeht es ihr in Holland und in Seeland. Zwar wird ihr gehuldigt, doch auch dort fordert ihr die Eidesformel weitest reichende Zugeständnisse an die einzelnen Bürger und die Selbstständigkeit der Provinzen ab.

Kaum nach Gent zurückgekehrt, erwartet sie neue Unbill: Es ist durchgesickert, dass die Herzogin, beraten von ihrem Kanzler und einem Grafen d'Humbrecourt, hinter dem Rücken der Generalstände eine Geheimbotschaft an den französischen König gerichtet hat – und das unmittelbar, nachdem sie geschworen hatte, sich aller politischen Aktivitäten zu enthalten.

Der Inhalt des Briefes an Ludwig XI. ist nicht bekannt. Allein die Tatsache, dass Maria eigenmächtig gehandelt hat, wird als schweres Vergehen, als Treu- und Eidbruch empfunden. Noch wagt es niemand, die Hand gegen die Person der jungen Fürstin zu erheben, aber ihre Minister werden zur Verantwortung gezogen – ohne dass man Maria vorher die Erniedrigung erspart hätte, durch ein von ihr persönlich erlassenes Dekret eine Untersuchungskommission einzusetzen.

Wir kennen weder die Berichte der Kommission, noch gibt es Aufzeichnungen über den unmittelbar darauf folgenden Prozess im Genter Rathaus. Es ist aber überliefert, wie Maria außer sich geriet, als sie erfuhr, dass ihre beiden Getreuen wegen Hoch- und Landesverrates zum Tode verurteilt worden waren.

Nur in leichter Hausgarderobe, ein Kopftuch nachlässig übers Haar geschlungen, rennt sie vom Schloss zum Rathaus, stürzt laut schreiend in den Verhandlungssaal und pocht auf das ihr noch immer zustehende Recht der Begnadigung. Sie stößt auf taube Ohren, macht auf dem Absatz kehrt, stürmt auf den Balkon und wendet sich an das Volk direkt. Es kommt auf dem Rathausplatz zu Gebrüll, zu Tumulten, zu »Hoch«- und »Nieder«-Rufen und das Gericht beschließt angesichts der gespannten Lage, sich noch einmal zu beraten. Tags darauf begibt sich eine Delegation ins Schloss um Maria mitzuteilen, dass das Urteil der Schöffen als bindend betrachtet werde.

Hugonet und d'Humbrecourt werden auf dem Rathausplatz im Beisein einer unübersehbaren Menge enthauptet. Zuvor hat man ihnen die Ordensketten des Goldenen Vlieses heruntergerissen um ihre Schande vollständig zu machen.

Die Hinrichtung der Minister war erst der Anfang von Marias weiterer Schmach. Die Unruhen flammten auch in anderen Städten auf und bald hallte durch ganz Flandern der Kampfruf: »Lasst die Burgunder baumeln!« Das schrie das Volk eines Landes, das noch immer Burgund hieß! Gemeint waren (zunächst noch) nur die Französisch sprechenden Angehörigen des Hofes, gemeint war nicht explizit die Herrscherfamilie. Dennoch: Margarete von York wurde aus Gent gewiesen und Maria unter Hausarrest gestellt, ihre gesamte Dienerschaft ausgewechselt, ihre Post überwacht. Nur ihre alte Hofdame, Frau von Haleweyn, eine Flämin, durfte bei Maria bleiben. Wem sie näher stand, ihrer Herrin oder ihrem Volk, bleibt offen.

Nur einmal darf Maria für kurze Zeit ihr Gefängnis verlassen, um in Brügge den Amtseid abzulegen und die Huldigung der Bürger zu empfangen. Fast wäre es nicht dazu gekommen, denn Anhänger und Gegner der Herzogin geraten sich dermaßen in die Haare, dass nur die Bürgerwehr, rasch eingreifend, Blutvergießen verhindern kann. Ohne Zwischenfälle verläuft die Vereidigung im Rathaus. Wie gehabt muss Maria den Bürgern weitreichende Vorrechte einräumen und – in einem hastig zugefügten neuen Paragrafen – eine Generalamnestie für jegliche Aufrührer verkünden.

Niemand spricht mehr von einer Vermählung Marias mit Erzherzog Maximilian. Das Heiratskarussell beginnt sich mit neuer Heftigkeit zu drehen.

Ludwig XI. beginnt über Marias Kopf hinweg mit den Generalständen über deren Verbindung mit dem Dauphin zu verhandeln. Der Herzog von Kleve wirbt bei Maria direkt für seinen Sohn Johann. Maria lässt ihn kalt abfahren: »Wenn mein Vater mir ihn als Gatten vorgeschlagen hätte, hätte ich vielleicht gehorcht. Jetzt bin ich meine eigene Herrin und sehe keine Veranlassung, mir derartige Gewalt anzutun.« Sie kannte diesen Johann von Kindesbeinen an und war dem ungehobelten Burschen niemals gewogen. Außerdem: Das winzige Herzogtum Kleve hatte der allseits bedrängten Maria nicht das Geringste zu bieten.

Plausibler klang schon der Plan von Marias Stiefmutter, Margarete von York. Wenn die Herzogin Margaretes und des englischen Königs Bruder, den Herzog von Clarence, zum Manne nähme, könnte sie Hilfe aus England erwarten. Die Idee wurde dann doch fallen gelassen. Man wollte den französischen König, der nach wie vor den Erzfeind jenseits des Kanals fürchtete, nicht allzu sehr reizen. Und außerdem: Der blutrünstige Eduard IV. ließ ohnehin nur ein Jahr später Bruder Clarence meuchlings vom Leben zum Tode befördern.

Auch von einem weiteren Kandidaten wurde Maria durch dessen jähes Ende befreit. Es war die Bürgerschaft von Gent, die auf eine Verbindung Marias mit dem Herzog von Geldern drängte. Dieser war stets ein wütender Widersacher von Marias Vater gewesen und hatte sich schon frühzeitig auf die Seite von Karls bürgerlichen Gegnern geschlagen. Maria fürchtete und hasste diesen »wilden Mann, dieses Monstrum« und sie muss sehr erleichtert gewesen sein, als man ihr mitteilte, dass Adolf von Geldern gefallen war.

Ihre einzige, ihre letzte Hoffnung blieb Maximilian. Sein Bildnis hatte ihr, darüber besteht kein Zweifel, ausnehmend gut gefallen und sie hoffte, dass hinter dem jungen hübschen Prinzen die Macht des Kaisers und des Reiches stünde. Es ist heute noch ein Rätsel, wie es ihr gelungen ist, an ihren Bewachern vorbei einen Brief an Maximilian zu schmuggeln. Ein weiteres kleines Wunder, dass das Schreiben erhalten geblieben ist:

Der liebe Cousin, so schreibt sie, möge wissen, dass es ihr fester Wille sei, die Vereinbarungen ihres Vaters einzuhalten und ihm, Maximilian, eine treue Gemahlin zu werden. »Ich bin sicher, dass Sie mir gegenüber dieselben Empfindungen hegen. Der Bote, der Ihnen diesen Brief überbringt, wird Ihnen berichten, wie ich hier behandelt werde ... Ich flehe Sie an, säumen Sie nicht, kommen Sie mir und meinen Ländern zu Hilfe. Wenn Sie nicht kommen, könnte ich gezwungen werden, Dinge zu tun, die gegen meinen Willen sind ...«

Das ist kein Hilferuf, das ist ein Hilfe*schrei*, dem eine weitere Botschaft, diesmal aus der Feder der Margarete von York aus ihrem Witwensitz in Malines, zusätzlich Nachdruck verleiht. Der Kaiser, bislang mangels Mitteln unfähig, der Schwiegertochter in spe zu Hilfe zu kommen, sieht sich nun gezwungen, rasch zu handeln. Eilig wird eine Delegation nach Flandern in Marsch gesetzt, die eine Eheschließung per procurationem inszenieren soll. Das heißt, ein Stellvertreter soll für Maximilian das Ehegelöbnis leisten – ein damals weit verbreiteter Brauch, um Heiraten zügig abzuschließen, ehe Dritte sie verhindern könnten. Maximilian wird baldmöglichst nachfolgen, das heißt, sobald ein, zwei Hindernisse beseitigt sind, von denen die Braut aber nichts weiß, außer dass die Ungarn gerade wieder einmal in Österreich eingefallen sind ...

Der kaiserlichen Abordnung gehören hohe Beamte, kirchliche Würdenträger sowie der Herzog von Bayern an. Sie treffen bei sinkender Nacht in Brügge ein. Die Herren sind aufs Höchste verdutzt, als sie im Schein Hunderter Fackeln von der Bevölkerung wohlwollend, ja freudig empfangen werden. Vereinzelt ertönen sogar Hochrufe aus der Menge: »Es lebe der Kaiser! Es lebe Erzherzog Maximilian!«

Wie der Delegationsleiter Dr. Heßler später nach Wien berichtet, war die Stimmung mit einem Mal vollkommen umgeschlagen. Die Menschen begannen sich vor der Landgier des Franzosenkönigs immer mehr zu fürchten. Sie erhofften Sicherung des Friedens und, vor allem, Sicherung der Geschäfte und des Wohlstands durch einen starken Mann an Marias Seite. Dass der »starke Mann« gerade erst 18 Jahre zählte, wurde weniger in Betracht gezogen als die Tatsache, dass er immerhin der Sohn des deutschen Kaisers war.

Maria empfängt noch in derselben Nacht ihre Retter im Prinsenhof, und als Dr. Heßler sie fragt, ob sie gewillt sei, zu ihrem Heiratsversprechen zu stehen, antwortet sie mit fester Stimme: »Ja. Mein Herr

Vater hat die Verbindung zwischen mir und dem Sohn des Kaisers für gut befunden und ich will keinen anderen als diesen zum Gemahl nehmen.«

Die Hochzeit per procurationem vollzieht sich am 21. April 1477 nach dem immer gleichen, streng vorgeschriebenen Ritus. Die Braut und der Stellvertreter des Bräutigams, es ist dies der Herzog von Bayern, legen sich, selbstverständlich vollkommen bekleidet, auf ein Prunkbett. Das linke Knie des Herzogs ist entblößt, berührt aber nicht das Schwert, das zwischen dem Mann und der Frau liegt. Das Paar erhebt sich in Sekundenschnelle. Die Ehe gilt als geschlossen.

Das gleiche Schauspiel wird tags darauf noch einmal den Honoratioren von Gent geboten, damit nur ja keine Eifersüchteleien gegen Brügge aufkommen könnten.

Die Genter und die Brügger, die ganzen Niederen Lande waren es zufrieden: Die feindselige Haltung gegenüber »den Burgundern« wich zaghafter Hoffnung, dass nun mit dieser Ehe alles anders, alles besser werden würde.

Es lag zu einem nicht unwesentlichen Teil am französischen König, dass Marias Untertanen ihre Haltung radikal geändert hatten. Um einem möglichen Einmarsch der kaiserlichen Truppen zuvorzukommen, war Ludwig XI. in Brabant und in Luxemburg eingefallen und seine Truppen gebärdeten sich keineswegs wie die großspurig angekündigten Befreier von der burgundischen Unterdrückung. Vielmehr fielen sie wie entfesselte Bestien über die Bevölkerung her, raubten, plünderten, vergewaltigten.

Als blanker Hohn wurde die Grußadresse des Siegers an die Besiegten empfunden, in der es unter anderem hieß: »Meine Freunde, wenn ich in dieses Land komme, ist es zu Eurem und zum Besten des Fräuleins von Burgund, meiner geliebten Cousine. Sie ist schlecht beraten, wenn sie mir kein Vertrauen schenkt.« Und dann schoss er auch noch eine gewaltige verbale Breitseite gegen Marias zukünftigen Gemahl ab: »Er entstammt einem Haus, dessen Prinzen die geizigsten der Welt sind. Er wird das Fräulein von Burgund nach Deutschland bringen, in ein raues, abweisendes, trostloses Land. Wenn meine Cousine klug wäre, nähme sie den Dauphin zum Mann. Das wäre auch für Euer Land von Vorteil. Ihr sprecht französisch. Ihr braucht einen französischen Prinzen, nicht einen deutschen ...«

Auf ihren deutschen Prinzen musste Maria länger warten, als ihr lieb war. Zwei erhebliche Hindernisse standen seiner zügigen Abreise im Wege. Das eine war des Vaters Finanzschwäche. Das andere war er selbst. Maximilian konnte nicht einsehen, warum er überstürzt in ein wildfremdes Land reisen sollte, um eine wildfremde Frau zu heiraten. Maximilian war zum ersten Mal in seinem Leben verliebt.

Er war zwar erst 18, dennoch hatte es in seinem jungen Leben allerlei zärtliche Begegnungen mit willigen Mädchen gegeben. Was ihm jetzt mit der Gewalt eines Naturereignisses widerfuhr, war das Neue, das Einzige, das Einmalige, dem sich kein junger Mensch so leicht entziehen kann. Sie hieß Rosina von Kraig, war eine Hofdame seiner Schwester Kunigunde und sie hatte gar nichts mit denen gemein, die er abschätzig als »Bettweib« oder »Büberin« zu bezeichnen pflegte.

Sie war die echte Dame seines Herzens, er leistete ihr, wie es sich für einen jungen Ritter gehörte, eifrigen Minnedienst bei Turnier und Tanz, er wollte nicht von ihr lassen. Der Vater musste seine ganze Autorität einsetzen um den Jungen endlich auf den Weg nach Burgund zu bringen. Aber noch lange, nachdem er Maria geheiratet und in der Fremde Fuß gefasst hat, wird er in Briefen an seinen Freund Polheim von Rosina schwärmen und sie dessen Schutz anempfehlen. Wir werden auf das Thema Rosina zurückkommen müssen, wenn wir uns mit der als einmalig beschriebenen Liebe zwischen Maximilian und Maria befassen.

Die Zähmung des störrischen Prinzen hat den Kaiser einige Kraft gekostet. Nicht viel leichter war es, das nötige Geld für die Reise zur Braut zu beschaffen, denn Maximilian sollte ja nicht als der »Bettelprinz« dastehen, als den ihn der französische König zu verspotten beliebte.

Friedrich III. war, gemessen an burgundischen und französischen Vorgaben, ein armer Schlucker. Oft konnte er gar keinen eigenen Hofstaat halten, nistete sich auf Burgen und Schlössern des Hochadels ein mit dem Versprechen, »später« für Kost und Quartier aufzukommen. Aus »später« wurde leider allzu oft ein »nie«.

Um Maximilian standesgemäß auszustatten, wurden Steuerschulden rigoros eingetrieben, einige Burgen verpfändet und die Augsburger Fugger-Quelle aufs Neue angezapft.

Am 21. Mai 1477 wurde der Prinzenzug endlich auf die Reise geschickt, ließ aber sehr viel an Glanz zu wünschen übrig. Friedrich sandte darum der Hochzeitskavalkade Eilboten voran, um von den am Wege liegenden Fürsten- und Erzbistümern angemessene Unterstützung zu erbitten, was keine allzu gute Idee war: Die hohen Herren meinten, dass diese Heirat ausschließlich Habsburg zum Vorteil gereiche, sie hätten nichts damit zu schaffen. Weniger knauserig zeigten sich die Städte und Gemeinden, die sich den auch auf sie fallenden Glanz des Kaisersohnes einiges kosten ließen.

Nachdem sich unterwegs einige junge Aristokraten auf eigene Rechnung dem Zug angeschlossen hatten, traf Maximilian, nun schon mit 600 Berittenen, am 3. Juli in Köln ein. Dort erwartete ihn eine unliebsame Überraschung. Eine Gesandtschaft des französischen Königs wünschte ihn zu sprechen, um ihm klarzumachen, dass »das Fräulein von Burgund« nicht ohne Zustimmung ihres »lieben Cousins« heiraten dürfe. Sie sei erstens von französischem Königsgeblüt und zweitens Burgund noch immer französisches Kronlehen.

Maximilian lehnte es ab, die Delegation überhaupt zu empfangen. Und der Herzog von Jülich, an den sich die Franzosen dann mit ihrem Ansinnen wandten, wies sie gehörig in die Schranken: »Verlassen Sie die Stadt so schnell wie möglich, ansonsten könnte ich Ihre Sicherheit nicht gewährleisten.«

Vier Wochen lang hielt sich Maximilian in Köln auf – und das hatte einen sehr peinlichen Grund: Der Erzherzog war zahlungsunfähig, konnte nicht mehr für den Unterhalt seines Gefolges aufkommen. Neue Mittel waren nicht in Sicht, die Gläubiger begannen lästig zu werden.

So musste sich der in der Bischofsstadt gestrandete Bräutigam zu einem demütigenden Schritt bequemen: Über Mittelsmänner ließ er in

Gent nachfragen, ob man ihm nicht aus seiner Bedrängnis helfen könnte. Es waren nicht die Bürger von Gent, welche die stattliche Summe von 100 000 Talern aufbrachten, es war die gute Margarete von York. Sie sorgte auf diese Weise nicht nur für Maximilian und seine Mannen, sondern auch dafür, dass ihre geliebte Stieftochter Maria angemessene Brautgeschenke bekam.

Aller Geldsorgen ledig reist Maximilian frohen Mutes weiter, nun auch begleitet von den Mainzer und Trierer Kurfürsten, den Markgrafen von Brandenburg und Baden, dem Herzog von Sachsen. Nein, das ist nun ganz gewiss nicht mehr der Bettelzug eines Bettelprinzen. Maximilian kann sich überall sehen lassen!

Nach kurzem Aufenthalt in Löwen (Jubel und »Viva Maximilien«-Rufe) endlich feierlicher Einzug in Brüssel am 11. August 1477. Es ist nicht bekannt, wer hier werbewirksam Regie geführt hat – über die Maßen beeindruckend ist sie auf jeden Fall: Zum Zeichen der Trauer um Karl den Kühnen haben alle Teilnehmer an dem Zug unauffällige, fast uniform wirkende Trauerkleidung angelegt. An der Spitze, deutlich abgesetzt von der dunklen Masse, reitet Maximilian ein, auf einem Schimmel, im silberglänzenden Harnisch, das lange blonde Haar im Wind flatternd – eine strahlende Erscheinung, wie ein direkt vom Himmel herabgestiegener Erzengel. Bestaunt, beklatscht, bejubelt.

Der Auftritt in Brüssel hat seine tiefe Wirkung nicht verfehlt. Die Kunde von der fabelhaften Erscheinung des Prinzen ist ihm nach Gent vorausgeeilt und dort wird er bereits wie der lang ersehnte Erlöser empfangen – wofür es einen ziemlich einleuchtenden Grund gibt: Französische Truppen sind bis Tournai vorgestoßen, es steht zu befürchten, dass sie in die flandrischen Kerngebiete weitermarschieren.

Gent hat sich aufs Festlichste herausgeputzt. Riesige Teppiche hängen über die Fassade des Rathauses, Blumen und Fahnen überall, ein gewaltiger Triumphbogen und ungezählte Transparente. »Glorreicher Prinz, kämpfe für uns, auf dass wir nicht untergehen. – Du bist unser Prinz, befiehl und wir werden dir folgen.« Die ansonsten so herrisch selbstbewussten Bürger müssen gewaltige Franzosen-Angst verspürt haben, dass sie sich zu dermaßen demütigen Bitten herabließen.

Durch ein Fackelspalier wird Maximilian zum Schloss geleitet. Auf dem Vorplatz empfangen ihn Marias Hofdamen; über eine Freitreppe schreitet endlich *sie* herab und, wie wir vermuten dürfen, nicht weniger aufgeregt als er. Sie hat Tränen in den Augen, als sie mit leiser Stimme auf Deutsch die Worte sagt, die man ihr eingelernt hat: »Sei willkommen, edelstes deutsches Blut, nach dem sich mein Herz so lange gesehnt hat.« Er starrt sie an und sagt nichts. Zaghaft bietet sie ihm die Wange zum Kuss.

Am Rande bemerkt: Die beiden unterhielten sich zu Anfang in Latein, das sie beide leidlich beherrschten. Sie konnte überhaupt nicht Deutsch, sein Französisch war miserabel. Aber er lernte es rasch und beherrschte es neben der flämischen Landessprache bald fließend. Maria hat nie Deutsch gelernt.

Zurück zum festlichen Empfang. Margarete von York geleitet das Paar in den Zeremoniensaal, wo der von den Hofkanzleien ausgehandelte Ehekontrakt zu unterzeichnen ist. Die Brautleute haben an dessen Formulierung nicht mitgewirkt. Sie wurden erst gar nicht gefragt.

Maximilian überreicht Maria sein Hochzeitsgeschenk, einen prachtvollen Brillanten – vermutlich aus der großzügigen Spende der Margarete von York bezahlt.

Maria hält, so bedeutet ihm Margarete von York, eine Gegengabe, eine Blume, bereit. Wo? Natürlich an der Dame selbst, so will es das burgundische Liebesprotokoll. Wo also ist die Blume? Rein äußerlich ist nichts zu bemerken. In den weiten Ärmeln? Nein, da ist sie nicht. Maximilian stockt – was tun? Es ist nun nicht so, dass der heißblütige junge Mann nicht schon manchem Fräulein die Corsage aufgenestelt hätte – aber die Herzogin von Burgund? Schickt sich das denn?

Es ist ausgerechnet der Erzbischof von Trier, der dem Jungen aus der tödlichen Verlegenheit hilft und ihn fröhlich ansporn, das Mieder aufzuhaken. Gespanntes Kichern ringsum, dann hat er es mit nervösen Fingern geschafft. Eine rosa Nelke kommt zum Vorschein. Und was hat die zu bedeuten? Auch das weiß der Erzbischof: Die Nelke ist Sinnbild der ehelichen Liebe und Treue.

Am nächsten Morgen, Dienstag, dem 18. August 1477, findet in der Schlosskapelle die Trauung der beiden jungen Leute statt, die einander gerade erst 13 oder 14 Stunden kennen. Maria ist in weißen Atlas gekleidet, über und über mit Gold bestickt, um die Schultern trägt sie ein weites Hermelincape, auf den offen fließenden kastanienbraunen Haaren die juwelenblitzende Herzogskrone. Auch der blonde Bräutigam im silbernen Harnisch kann sich sehen lassen.

Die Trauung nimmt der päpstliche Legat vor, nachdem er die vom Heiligen Vater gegebene Heiratsdispens verlesen hat. Wir haben es bereits erwähnt: Maria und Maximilian sind durch Mutter beziehungsweise Großmutter entfernt blutsverwandt.

Beim Ringwechsel – man trägt den Ehering nach burgundischer Sitte am Mittelfinger – gelobt Maximilian das Übliche: Fürsorge und Treue, bis der Tod ihn scheidet, Maria holt ein wenig weiter aus. Sie betont ausdrücklich zu befolgen, »was zwischen deinem und meinem Vater in Bezug auf meine Länder und Provinzen vereinbart worden ist«. Das höfisch-zeremonielle »Sie« entfällt in diesem Text, da er lateinisch abgefasst ist. Der Hinweis auf die Absprache der Väter hebt ausdrücklich den politischen Aspekt dieser Verbindung hervor, der in der Trivialliteratur zugunsten eines süßlich verkitschten Bildes von »Liebe auf den ersten Blick« meist außer Acht gelassen wird.

Das närrische Nachspiel folgt auf dem Fuß. Maximilian gibt seiner Frau 13 Goldstücke, womit er symbolisiert, dass er gewillt sei, seiner Unterhaltspflicht nachzukommen. Er, der das Geld für die Brautfahrt buchstäblich zusammengebettelt hat, ihr, der reichsten Braut Europas. Herzliches Schmunzeln ist angebracht.

Margarete von York rettet die ein wenig heikle Situation, indem sie Maximilian spontan umarmt und küsst, zufrieden, dass »das Glück nun besiegelt ist«. Wie es weiterging, erfahren wir aus dem autobiografischen Roman »Weißkunig«, den Maximilian als alter Mann verfasst hat und in dem er sich noch wehmütig glücklicher Stunden entsinnt, die mit »essen und trincken allerköstlichst zugerichtet« waren sowie »mit manicherlay saitenspil und seltsam new gesang wunderplich frewd« bereitet haben.

Über die Hochzeitsnacht und deren vorangegangenen Zeremonien schreibt Maximilian nichts. Aus anderen Quellen wissen wir, dass Braut und Bräutigam vom jeweiligen Gefolge zum Brautgemach geleitet und nach streng vorgeschriebenen Regeln ins Bett gebracht wurden. Die schreckliche Unsitte, zwei Zeugen hinter einem Vorhang zu platzieren um zu erfahren, ob die Ehe auch wirklich vollzogen wurde, kam erst viel später am französischen Hof auf.

Ausführlich werden Maximilians Berichte erst über die Tage nach der ersten Nacht: »vil täg mit rennen und stechen und thurnieren und anderen ritterspilen« hätten er und seine Frau »... mit vil grosser frewd ... kurzweil getrieben«.

Worüber im »Weißkunig« nichts zu finden ist, was aber zu allerlei üblem Gerede Anlass gegeben hat, war der Eifer, mit dem Maria ihren Mann zunächst einmal von Kopf bis Fuß neu einkleidete. Er scheint, außer seiner prächtigen Rüstung, nicht viel Vorzeigbares besessen zu haben, denn bereits vor der Hochzeit schickte sie ihm einen kostbaren Samtrock mit feinster Gold- und Silberstickerei. Eine Menge eleganter Kleidungsstücke kam in den nächsten Tagen und Wochen dazu.

Die offizielle Begründung lautete, dass die Herzogin ihren Mann nach der landesüblichen Mode gekleidet sehen wollte. Jeder aber wusste, dass er so gut wie keine standesgemäße Garderobe gehabt hatte. Umso erstaunlicher sein erlesener Geschmack, der ihm zu einer Truhe voll üppigstem Pelzwerk und feinsten Brokaten aus den Florentiner Webereien verhalf. Damals schon begann sich eine seiner bemerkenswerten Fähigkeiten abzuzeichnen: das Geld anderer Leute mit leichter Hand nonchalant auszugeben.

Aufschlussreich sind die Briefe Maximilians an seinen Freund Sigmund Prüschenk, die, in einer Mischung aus kindlichem Stolz und knabenhaftem Staunen, Aufschluss geben über die faszinierenden Wunder der neuen Heimat. So große Städte! So prächtige Schlösser! So aufregende Jagden! Die Turniere! Die Maskenfeste!

Es ist auch erstaunlich, wie rasch sich der bislang unbekümmerte Junge aus der Provinz an das starre burgundische Hofzeremoniell gewöhnt, wie er es sogar *genießt*, sich als Mittelpunkt förmlich-steifer Ehrerbietung zu fühlen. Wo ist der lässige, auf strenge Vorschriften

Maria von Burgund

pfeifende Knabe geblieben, der einstmals voller Übermut die Außenwand des Ulmer Domes hochgeklettert ist, ein anderes Mal sein Haupt in das weit aufgesperrte Maul eines Löwen gesteckt hat? Maximilian selbst führt die »Verfeinerung« der Sitten so weit, dass er sich selbst seinen Jagdgesellen nicht mehr so zeigt, wie ihn Gott geschaffen hat. Ein grünes Häuschen muss immer dabei sein, damit er intime Bedürfnisse abgeschirmt vor neugierigen Blicken erledigen kann.

Über seine Frau berichtet er: Maria sei »ein schöns, froms, tugendhafftig weib ... von leib viel kleiner den die Rosina [sic!] und schneeweis, ein prauns haar, ein kleins naßl, praun und graube augen gemischt ... daz unter heutel an augen ist etwas herdann gesenkt, gleich als sie geschlaffen hiel, doch es ist nit wohl zu merckhen. der mund ist etwas hoch, doch rein und rot ...«

Also: Eine hinreißende Schönheit, als die sie spätere Autoren gern bezeichnen, war Maria bestimmt nicht, auf ihre Weise jedoch attraktiv, wenn Maximilian auch nicht auf ihre leicht hängende Unterlippe einging. Eine solche hatte er selbst.

»Hetten wir fried, wir säßen im Rosengarten«, meint Maximilian im Zusammenhang mit der latent schwelenden Kriegsgefahr, und dieser blumige Satz war es vor allem, der Generationen von Geschichtsschreibern und nach süßen Romanzen süchtigen Lesern die Vorstellung suggerierte, dass Maria und Maximilian das ideale Paar gewesen wären, eingebettet in eine überirdische Liebe.

Der Ursprung dieser Legenden liegt offensichtlich in der damals üblichen Verherrlichung der Herrschenden, die, Göttern gleich, vom Alltag des gemeinen Volkes abgehoben, im siebenten Himmel schwebten und durch und durch perfekt zu sein hatten. In Wahrheit wissen wir über diese »Jahrhundertliebe« sehr wenig. Wir wissen nur, dass es sich um zwei Jugendliche mit gesundem sexuellem Appetit gehandelt hat, die bis zur letzten Konsequenz aufeinander angewiesen waren. Maria brauchte einen tatkräftigen Beschützer um das väterliche Erbe zu retten, Maximilian brauchte ihr Geld und ihren Besitz um in der Welt überhaupt etwas zu gelten.

Es mag schon sein, dass Maximilian Marias leibhaftige Erfüllung aller jungfräulichen Liebesträume dargestellt hat. Ähnliche exklusive Gefühle bei Maximilian sind zu bezweifeln. Zu häufig wird in seinen Briefen die ferne Rosina erwähnt und selbst in der nur weniger als fünf Jahre währenden Ehe mit Maria dürfte er es mit der Treue nicht sehr genau genommen haben. »Maximilian hatte zahlreiche uneheliche Kinder und, wie es scheint, nicht nur aus der Zeit seiner Witwerschaft«, lesen wir in der ausführlichsten Maximilian-Biografie (fünf dicke Bände) aus der Feder des renommierten Historikers Hermann Wiesflecker.

Einen winzigen Einblick in die Intimsphäre des ehelichen Lebens gewährt ein anderer Brief Maximilians: »Mein gemahl ist eine ganze weidmännin mit valcken und hundten. Sie hat ein weiß windtspiel daß laufft vast bald [sehr schnell] daß liegt zue meisten all nacht bey uns« ... ob im Bett oder davor, wird verschwiegen.

Gut möglich, dass das »windtspiel« das eheliche Lager geteilt hat, denn Maria war eine geradezu närrische Tierfreundin. Immer hatte sie ein Rudel Hunde um sich, ganz zu schweigen von ihren Lieblingsfalken, die in den Stuben frei umherflattern durften. Stundenlang beschäftigte sich die Herzogin mit den Vögeln, um sie zahm und gehorsam zu machen. Von ihrer Menagerie war schon die Rede, der wurde schließlich sogar ein Elefant zugesellt.

Die Frage, wie es denn bei der ständigen Anwesenheit von so vielen Tieren um die Hygiene bestellt gewesen sein mag, beantwortet sich rasch. Der Hof zog, wie damals allgemein üblich, mit fast dem gesamten Hausrat und allen dienstbaren Geistern von Schloss zu Schloss, um einerseits in allen Landesteilen wenigstens für einige Zeit präsent zu sein, andererseits, weil es angenehmer war, in frisch gereinigten als in abgewohnten und mit allerlei Unrat übersäten Räumen zu leben. So logierte das Paar abwechselnd in Gent, Brügge, Brüssel, Lille und Mecheln.

Bereits eine Woche nach der Hochzeit wurde Maximilian als Mitregent inthronisiert und die Genter Stadtväter leisteten den Untertanen-Eid – nicht ohne sich vorher ausdrücklich noch einmal ihre von der Herzogin ertrotzten Privilegien bestätigen zu lassen. Aus diesem feierlichen Anlass wurde eine goldene Gedenkmünze mit dem Doppelporträt des jungen Paares aufgelegt. Auf der Rückseite stand der Wahlspruch: »Wir legen unser Schicksal in Gottes Hand.« Ein kluges Lebensmotto: Wer denn, wenn nicht der liebe Gott, sollte den beiden Kindern auf dem Thron helfen?

Mit den Generalständen wird ein Vertragswerk abgeschlossen und auch in diesem werden einmal gewährte Vorrechte expressis verbis bestätigt. Maria erkämpft jedoch eine spezielle Klausel, die den zukünftigen Kindern das volle Erbrecht an den burgundischen Ländern sichert. Das heißt, Maximilians Nachkommen, also die *Habsburger*, werden über Burgund gebieten wie über Österreich oder Tirol oder Krain. Später tut Maria noch ein Übriges und bestimmt ihren Gemahl zum alleinigen und rechtmäßigen Erben, falls sie kinderlos sterben sollte. Was immer passiert: Habsburg gewinnt ein reiches Land.

Ludwig XI. kommentiert diese weit tragende Entscheidung auf seine Weise: Ab nun nennt er die Nachbarn nur mehr »Herzog und Herzogin von Österreich«, was gar nicht freundlich gemeint ist, denn kommende Konflikte sind unausweichlich. Maximilian hat in seiner Regierungserklärung zwar zugesichert, dass Burgund alle gegenüber Frankreich eingegangenen Verpflichtungen auch weiterhin einhalten werde. Mit der Annexion der südburgundischen Gebiete allerdings ist er nicht einverstanden und behält sich weitere Schritte vor.

Nicht einmal ein Jahr lang war dem jungen Paar relative Ruhe gegönnt. Während dieser Zeit wurde Maximilian von erfahrenen Mitarbeitern seiner Frau in die speziellen Geheimnisse der Landespolitik eingeweiht und büffelte nebenbei die beiden Landessprachen. Schwiegermutter Margarete erteilte ihm Englischunterricht.

Zeit der Muße muss dennoch geblieben sein, denn wir hören ausführlich von Jagden, Bällen, Turnieren, Banketts und wir lesen, dass Maria ihren Mann dazu brachte, mit ihr auf Schlittschuhen (aus Pferdeknochen gefertigt) über die zugefrorenen Kanäle und Grachten zu gleiten – was ihm um ein Haar das Leben gekostet hätte. Er brach einmal im Eis ein, geriet unter die Eisdecke und konnte nur mit Mühe gerettet werden.

Seine Begeisterung für das Eislaufen flaute nachhaltig ab. Umso lieber spielte er mit seiner Frau Schach, las mit ihr gemeinsam. Ritterromane waren in der jungen Zeit des Buchdrucks hoch beliebt, aber sie interessierten sich auch für die klassische Literatur, die beide im lateinischen Originaltext lasen. Innig verband sie die Liebe zur Musik. Maria spielte Klavichord, Max begleitete auf der Laute.

Gehegt und gepflegt wurde die Hofkapelle, deren geistlichen und weltlichen Gesängen das Ehepaar hingebungsvoll lauschte. Nach dem Vorbild dieser burgundischen hat Maximilian später seine eigene Hofkapelle geschaffen, nebst eigenem Knabenchor, auf den die Wiener Sängerknaben ihr mehr als 500-jähriges Bestehen zurückführen können.

Enge Beziehungen unterhielten Maria und Maximilian auch zu den berühmten Meistern der flämischen Malerschule van Eyck, Roger van der Weyden und Hans Memling. Experten vermuten, dass Memling auf seinem Gemälde »Die Vermählung der heiligen Katharina« das Antlitz der Maria von Burgund verewigt hat. Ganz sicher wird das nie feststellbar sein, da es kein schlüssig nachweisbares Porträt der Herzogin gibt. Sie starb zu jung um ein viel beachtetes Objekt der Hofmalerei zu werden – ganz im Unterschied zu Maximilian, von dem es Unmengen von Abbildern gibt, darunter eines aus der Meisterhand Albrecht Dürers.

Im Frühjahr 1478, kurz nachdem Maximilian in den Orden vom Goldenen Vlies aufgenommen und zugleich auch zum Großmeister dieses exklusivsten europäischen Adelszirkels erhoben worden ist, schlägt Frankreich zu. Mit Mühe gelingt es Maximilian, ein kunterbunt zusammengewürfeltes Heer aus Freiwilligen und Söldnern aufzustellen. Vom Reich kommt keine Hilfe. Burgunds Städte und Generalstände zeigen sich mehr als knauserig. Maria muss, im wahrsten Sinn des Wortes, das Familiensilber und einiges Goldgeschirr veräußern, um die Truppe auf den Weg zu bringen.

Maximilian, der 19-jährige Feldherr, schlägt sich geschickt und tapfer, überraschend schnell wird ein Waffenstillstand ausgehandelt. Er kann zu seiner Frau eilen, die am 22. Juni 1478 im Prinsenhof zu Brügge einen Knaben geboren hat. Man gibt ihm den Namen Philipp, den sein Urgroßvater »der Gütige« getragen hat. Ihn selbst wird man später »der Schöne« nennen – wir werden im nächsten Kapitel viel mehr über ihn erfahren. Großvater Kaiser Friedrich III. und Großonkel König Eduard IV. von England haben die Patenschaft übernommen – sie werden bei der Taufe durch Gesandte vertreten – und Marias Patenonkel, der böse König Ludwig XI. von Frankreich, hat ein besonders infames »Taufgeschenk« ausgeheckt.

Durch seine ungezählten Agenten und Agents provocateurs lässt Ludwig die Fama verbreiten, Maria hätte keinem Sohn, sondern einer Tochter das Leben geschenkt. Margarete von York vermag das Gerücht eindeutig zu widerlegen. Nach der Taufe trägt sie den Säugling vor das Kirchenportal, schält ihn aus seinem Wickelkissen und zeigt ihn in seiner eindeutigen Männlichkeit dem neugierigen Volk. Freudengeheul angesichts eines winzigen Hautsäckchens ...

Maximilian stößt erst kurz nach der Taufe zu seiner Familie. Aber noch ehe er es sich daheim gemütlich macht, setzt er neuerlich eine höchst publikumswirksame Geste. Noch in voller Kriegsrüstung spaziert er mit dem Sohn, seinem »Gesellen«, wie er ihn von nun an nennt, auf dem Arm langsam durch die Stadt. Das Volk ist gerührt und es lässt sich nicht lumpen, spendiert ein Taufgeschenk von 14000 Goldstücken. Was mit dem Gold geschieht, ist in den Chroniken nicht vermerkt. Man darf wohl vermuten, dass es in die leere Kriegskasse fließt.

Denn der nächste offene Krieg lässt nicht lange auf sich warten. Im Sommer 1479 fallen französische Truppen in der Picardie ein, erleiden jedoch neuerlich eine Niederlage. Der nun 20-jährige Maximilian hatte sich bravourös in die Schlacht gestürzt, in der ersten Reihe gefochten und seine Kampfgefährten mitgerissen. Doch wieder ist der darauf folgende Waffenstillstand brüchig.

Schon wenige Monate später greifen Frankreichs Truppen Luxemburg an, und als Maximilian die Generalstände um Geldhilfe bittet, erleidet er eine niederschmetternde Abfuhr. Die Herren aus Flandern und den Niederlanden haben schon immer den Standpunkt vertreten, dass das von Philipp dem Guten eroberte Luxemburg im Grunde genommen gar nicht zum burgundischen Reich gehöre, es sei ein lästiges Anhängsel und brauche keine Verteidigung. Das Herzogspaar möge gefälligst selbst für diesen Krieg aufkommen, sich von der Überzahl seiner schmarotzenden Höflinge trennen.

Auch vom Reich kommt keine Unterstützung. Luxemburg, Burgund seien eine Angelegenheit Habsburgs, das Reich habe damit nichts zu tun, wird auf dem Reichstag von Nürnberg postuliert. Maria bleibt nichts anderes übrig, als sich von ihrer kostbaren Gemäldesammlung zu trennen (Maximilian: »Das tut sehr wehe«). Sie wird später versteigert – und so kommt es, dass man heute die wichtigsten flämischen Meister in London bewundern kann.

Während der Wintermonate herrscht Waffenruhe, Maximilian ist daheim – diesmal in Brüssel –, als am 10. Januar 1480 sein zweites Kind zur Welt kommt, eine Tochter, die auf den Namen der Stiefgroßmutter Margarete getauft wird.

Ebenfalls in Brüssel wird im nächsten Jahr, am 2. September 1481, ein weiterer Sohn geboren und auch er erhält einen beziehungsvollen Namen: Franz. So hieß sein Taufpate, Herzog Franz von Bretagne.

Die Bretagne war damals noch ein selbstständiges, unabhängiges Herzogtum und darum wegen seiner strategisch wichtigen Lage an der Westflanke Frankreichs ein bedeutender Bündnispartner für Burgund. Dass ausgerechnet dieses Kind schon wenige Tage nach der Geburt stirbt, können abergläubische Menschen (mit heutigem Wissen) als böses Omen deuten: Sieben Jahre später wird Herzog Franz ebenfalls unter der Erde liegen, wird das Schicksal mit Franzens Tochter Anna und mit Maximilian ein absurdes Spiel treiben, das mit dem Untergang der Bretagne endet ...

Am 10. Februar 1482 lädt Maximilian zu einem Großen Lanzenstechen auf dem Marktplatz zu Brüssel. Es ist dies die wohl brutalste Sportart der zu Ende gehenden Ritterzeit. Maximilian bevorzugt sie dennoch vor allen anderen, nicht achtend der zahlreichen Leicht- und Schwerverletzten, die er mit roher Gewalt vom Pferd gestochen hat.

Fein herausgeputzt sitzen die Damen auf den Tribünen, belohnen mit heftigem Applaus den »Mut« ihrer Ritter, allen voran Maria. Denn Maximilian ist, wie immer, der Größte, der Stärkste, der Verwegenste. Sie ist sichtbar glücklich. Wer kann denn ahnen, dass es ihr letzter öffentlicher Auftritt ist? Sechseinhalb Wochen später ist sie tot. Zugrunde gegangen bei ihrem Lieblingssport.

Die Reiherbeize (auch Falkenjagd genannt), von Ende Dezember bis Anfang Juni zu Pferde abgehalten, war ein grausames oder aber, wenn perfekt betrieben, edles und elegantes Jagdvergnügen. Maria war darin eine Meisterin. Stunden- und tagelang befasste sie sich mit ihren Falken, bis diese nur noch auf ihre Stimme hörten, nur ihr gehorchten.

Der Falke saß, die Augen mit einem Käppchen verdeckt, auf ihrer Schulter. Während sie im Schritt dahinritt, stöberten Jagdhunde die Reiher aus dem Schilf von Tümpeln und Weihern auf. In dem Augenblick, da die Reiher in die Luft stiegen, nahm die Jägerin dem Falken die Kappe ab und ließ ihn auf sein Opfer los. Im Galopp verfolgte sie das faszinierende Schauspiel der kämpfenden Vögel. Manchmal siegte der Falke, indem es ihm gelang, sich von oben auf den Reiher hinabzustürzen und ihm den Todesstoß zu versetzen, manchmal war der Reiher erfolgreich, wenn er es fertig brachte, den Falken mit seinem langen spitzen Schnabel aufzuspießen. Die hohe Kunst der Reiherbeize bestand nun darin, den Falken durch bloßen Zuruf zu bewegen, vom Gegner zu lassen und zur Herrin zurückzukehren. Darin war Maria unübertroffen und sie besaß die ungeteilte Anerkennung ihrer Jagdgefährten.

Für den 6. März ist wieder Reiherbeize angesagt. Der Morgen ist frisch und sonnig. Vorfrühling liegt in der Luft. Maria, im eleganten Reitrock aus grünem Samt, galoppiert in lachender Vorfreude den anderen davon, auf der Schulter ihren Lieblingsfalken, zu ihren Füßen der neben dem Pferd herhechelnde Windhund. Endlich der langersehnte, prickelnde Augenblick: Ein Reiher erhebt sich aus dem Moor, Maria lässt den Falken los, feuert ihn an, beobachtet, während sie ihnen nachgaloppiert, den tänzerischen Kampf der beiden Vögel, wie sie es Dutzende Male, Hunderte Male zuvor getan hat.

Dutzende Male, Hunderte Male ist es gut gegangen, dieses eine Mal nicht. Das Pferd stolpert über einen Baumstumpf, wirft die Reiterin ab, die bleibt bewusstlos am Rande eines Tümpels liegen – so leblos, wie erst fünf Jahre zuvor ihr Vater in einem Moor bei Nancy gelegen ist.

Wenig später wird sie gefunden und dem ersten Schrecken folgt Erleichterung. Die Herzogin ist nicht tot, sie gibt schwache Lebenszeichen. Man trägt sie in ein nahes Bauernhaus, bettet sie neben dem offenen Kamin auf Kissen. Endlich trifft Maximilian ein. In diesem Augenblick kommt sie zu sich, lächelt schwach und flüstert: »Bitte beruhigen Sie sich. Es ist nichts. Es wird nichts weiter passieren.« Sie ist offensichtlich schmerzfrei. Noch ist sie schmerzfrei.

Vorsichtig wird Maria in den Prinsenhof nach Brügge transportiert und von mehreren Ärzten untersucht. Große Ratlosigkeit: Die junge Frau weist keine äußerlichen Verletzungen auf, doch bald setzen starke Unterleibsschmerzen ein, was niemanden verwundert, denn es ist bekannt, dass die Herzogin am Beginn einer Schwangerschaft steht. Helfen kann ihr niemand. Das weiß auch sie und sie bereitet sich gewissenhaft auf das baldige Ende vor. Gefasst und in Würde zu sterben gehört zum Ehrenkodex des mittelalterlichen Menschen.

Maria lässt die Ritter des Goldenen Vlieses an ihr Bett rufen, anempfiehlt Mann und Kinder deren Fürsorge und ritterlichen Treue. »Das ist mein Wunsch und mein letztes Gebet«, sagt sie und die hohen Herren sinken in die Knie, schwören Treue für immerdar.

In ihrem Letzten Willen setzt sie die Kinder zu Gesamterben ein. Bis zur Volljährigkeit Philipps soll Maximilian die Regentschaft übernehmen.

Am 27. März 1482, genau drei Wochen nach dem verhängnisvollen Unfall, spürt sie ihre Lebenskraft schwinden. Sie verlangt die Letzte Ölung, sammelt die Ordensritter, Mann und Kinder um sich, nimmt Abschied von jedem Einzelnen, bittet – auch dies ein festgeschriebenes Ritual – um Verzeihung »sollte ich Ihnen jemals Kummer gemacht haben«, und empfiehlt ihre Seele dem Allerhöchsten. Eine Stunde vor Mitternacht tut sie ihren letzten Atemzug.

»Der jung Kunig trueg gross laid um seinen gemahl, den sy heten aneinander gar lieb gehabt«, schreibt Maximilian in seinem autobiografischen Werk »Weißkunig«.

Tage- und nächtelang hatten Menschenmassen stumm vor dem Schloss ausgeharrt. Als der Bote auf die Straße gerannt kam und schrie: »La dame est morte« (die Dame ist tot), erhoben sich schrille Entsetzensschreie und lautes Wehklagen.

Drei Tage lang war der Leichnam aufgebahrt. Tausende zogen weinend am weißen Sarg vorbei, der am 3. April 1482 in der Liebfrauenkirche beigesetzt wurde.

Dem Trauerzug voran schritten Wappenherolde, dann kam Maximilian, den kleinen Philipp an der Hand. Den noch nicht Vierjährigen hatte man in das Ornat eines Ritters des Ordens vom Goldenen Vlies gekleidet, in den der Knabe an seinem dritten Geburtstag aufgenommen worden war. Es war vor allem der Anblick des kleinen Kindes in der feierlichen Tracht, der die Menschen am meisten zu Tränen rührte.

Hinter Maximilian und Philipp in langem Zuge die Vertreter des Hochadels aus ganz Europa, die Priesterschaft, die Damen und Herren des Hofstaates, alle in gespenstische, lange schwarze Gewänder und spitz zulaufende »Trauerkappen« gehüllt, dann Mönche und Nonnen. Schließlich eine unübersehbare Menge des »gemeinen Volkes«, das am Ende der Zeremonien voll und ganz auf seine Rechnung kam. Speisen und Getränke wurden unter freiem Himmel reichlich verabreicht. Jeder, der sich bereit erklärte, für das Seelenheil der Herzogin zu beten, erhielt eine Münze. Alle, alle waren sie bereit ...

Alle. Das Volk, ach das Volk, diese unberechenbare Masse. Gestern haben sie das Betgeld genommen, vorgestern um Maria, den armen Witwer, die armen Kinder geweint. Und es ist noch nicht einmal fünf Jahre her, da schrien sie: »Vive Maximilien!« Und beteuerten auf Spruchbändern: »Du bist unser Prinz, befiehl und wird werden dir folgen«. Vergessen, verweht, verhallt ...

Angestachelt und bestochen von den Agenten Ludwigs XI. schließen die Generalstände und die Bürger an Maximilian vorbei einen »ewigen Frieden« mit Frankreich und dieser unheilige Pakt wird auch gleich mit einem Menschenopfer besiegelt: Maximilians dreijährige Tochter Margarete wird nach Frankreich ausgeliefert, um den Dauphin Karl zu heiraten – denselben Karl, den der französische König vor gar nicht so langer Zeit Margaretes Mutter zugedacht hatte. Als Mitgift erhält der Franzose den ganzen südlichen Teil Burgunds, den er ohnehin schon längst in Besitz genommen hat.

Nicht genug damit: Die Repräsentanten der Generalstände verweigern Maximilian die Gefolgschaft und nehmen auch noch Philipp in ihre »Obhut« – so wie sie es einstmals mit dessen Mutter getan haben. Da nicht alle Bürger mit den Maßnahmen der Wortführer einverstan-

Maximilian im Krönungsornat

den sind, kommt es im ganzen Land zu schweren Auseinandersetzungen, zu bürgerkriegsähnlichen Zuständen. Erst als Frankreich durch den plötzlichen Tod Ludwigs XI. mehr oder weniger handlungsunfähig ist, als England und die Bretagne Maximilian Waffenhilfe zusagen, lenken seine Untertanen ein. Er bekommt seinen Sohn zurück und wird, widerwillig, als Regent anerkannt.

1486 wird Maximilian auf Betreiben seines Vaters, Kaiser Friedrich III., in Aachen zum römischen König gewählt, somit potentieller Nachfolger des Kaisers.

Mehr Ansehen mag der Königstitel bringen, Kraft verleiht er seinem Träger nicht. Das erweist sich knapp zwei Jahre später, als es zu einem neuen, diesmal lebensgefährlichen Konflikt mit den eigenen Bürgern kommt. Frankreich, wieder hochaktiv, verspricht Flandern die Errichtung einer eigenen Republik und es gibt prompt gegen Maximilian gerichtete Kundgebungen in Gent.

Maximilian hält sich zu dieser Zeit in Brügge auf. Als er mit einer ihm treu ergebenen kleinen Truppe ausrücken will, um die Genter zur Räson zu bringen, schlägt man ihm das Stadttor vor der Nase zu und nimmt ihn gefangen. Er wird zunächst im Hause eines Gewürzkrämers festgehalten, dann auf das Schloss Kranenburg gebracht und hinter vergitterten Fenstern vom 5. Februar bis zum 16. Mai 1488 schwerst bewacht.

In den Gassen der Stadt kommt es zu wilden Ausschreitungen, der Pöbel plündert, Anhänger Maximilians werden gelyncht, einige seiner engsten Berater festgenommen. Während einer Folter auf dem Marktplatz »gestehen« sie, was man von ihnen hören will, und werden an Ort und Stelle hingerichtet. Maximilian wird gezwungen, der Tortur zuzusehen und anschließend auf seinen Sohn und auf die Regentschaft zu verzichten.

Es gelingt ihm, einen Brief an den Vater aus seinem Gefängnis zu schmuggeln: Er fürchte ständig, umgebracht zu werden. Mehrfach habe er von seinem Fenster aus auf ihn zielende Armbrustschützen gesehen, möglicherweise seien Speisen vergiftet gewesen, nach deren Genuss ihm sterbensübel geworden war.

Anna von Bretagne

Europa reagiert auf den Hilferuf mit allerlei Säbelgerassel – wie ernst es gemeint ist, weiß niemand. Der Papst droht den Aufständischen mit Kirchenbann, Spanien lässt die Flotte ausrücken, England verspricht eine Intervention, ein deutsches Heer soll ausrücken. In Wirklichkeit geschieht so gut wie nichts.

Maximilian resigniert. Er ist bereit, alle Forderungen der Generalstände und der Bürger anzunehmen. Sie werden seinen Sohn behalten und erziehen, sie werden die Regentschaft führen. Der König wird mit einem Schmerzensgeld von 50000 Talern abgefunden. Wenige Monate später verlässt er das Land.

Sein Lebenszentrum wird nun Innsbruck, »das Herz des Reiches«, wie er es einmal genannt hat. Sein Onkel Sigmund (der Mann mit dem Papagei), leichtlebig, verschwenderisch, hoch verschuldet, hat ihn adoptiert und damit die Last des Regierens und Wirtschaftens auf die Schultern des Jüngeren geladen.

Das Kapitel Burgund scheint für Maximilian im Augenblick abgeschlossen. Das Land ist durch seinen Sohn Philipp, den die Untertanen als »ihren Prinzen« voll und ganz anerkennen, ohnehin für Habsburg gesichert.

Der junge König wendet sich anderen hochfliegenden Plänen zu. Er will den ungarischen König Matthias Corvinus beerben, der augenblicklich in Wien residiert sowie weite Teile Niederösterreichs besetzt hält und auf den Tod krank darniederliegt. Die Aussichten stehen nicht einmal so schlecht, denn es gibt Verträge, wonach Habsburg Ungarn erhält, sobald Matthias stirbt.

Das Augenmerk Maximilians zielt auch in die Gegenrichtung. Er möchte Anna von Bretagne heiraten, ganz offensichtlich in der Absicht, Frankreich von Westen her in die Zange zu nehmen.

Die Bretagne, einstmals von Kelten besiedelt, die vor dem Ansturm der Angeln und Sachsen von der britischen Insel geflohen waren – daher der Name Bretagne –, war ursprünglich ein eigenes Königreich gewesen, stets auf seine Selbstständigkeit gegenüber Frankreich bedacht. Frankreich hingegen hatte verständliches Interesse, sich das Land einzuverleiben, war es doch durch Jahrhunderte Aufmarschgebiet der Engländer gegen Frankreich.

Immer wieder kam es zwischen den beiden Ländern zu kriegerischen Auseinandersetzungen. Am 27. Juli 1488 verlor Herzog Franz II. von Bretagne eine entscheidende Schlacht gegen Frankreich – derselbe Franz, der Taufpate von Maximilians früh verstorbenem Sohn

Franz gewesen war. Herzog Franz starb am 9. September 1488. Seine einzige Tochter Anna, erst zwölf Jahre alt, war die Alleinerbin und damit eine erstrebenswerte Partie sowohl für Maximilian als auch für den jungen französischen König Karl VIII. Der erste war Witwer und einer Heirat mit Anna stand nichts im Wege. Karl hingegen war bereits mit Maximilians Tochter Margarete verlobt, das Mädchen wurde am französischen Hof zur künftigen Königin erzogen.

Also trat Frankreich an Anna mit dem Vorschlag heran, einen Cousin des Königs zu ehelichen. Aber die Kleine sagte laut und vernehmlich nein – obwohl ihre Berater, längst vom französischen Hof gekauft, ihr aufs Heftigste zuredeten.

Anna war trotz ihres kindlichen Alters eine bemerkenswerte Persönlichkeit, war extrem kleinwüchsig, hatte, nach einer Verletzung bei der Geburt, einen leicht schleifenden Gang, doch ihr Gesicht war süß, die Haarpracht aufsehenerregend und, vor allem, ihr Verstand brillant. Weit über ihr Alter gereift, verblüffte sie durch scharfes logisches Denken und eherne Zielstrebigkeit.

Den Franzosen gibt sie einen Korb, den Antrag Maximilians nimmt sie sofort an. Dieser König, vermutlich kommender Kaiser des Heiligen Römischen Reiches, scheint ihr der beste Garant für das Fortbestehen der bretonischen Eigenstaatlichkeit. Welch ein tragischer Irrtum!

Im Juli 1490 treffen Maximilians Unterhändler in der Bretagne ein, bereits am 19. Dezember wird die nun 14-jährige Anna mit dem 31-jährigen König Maximilian in der Kathedrale zu Rennes getraut und sofort zur »Römischen Königin« gekrönt. Der Bräutigam ist allerdings bedauerlicherweise nicht zur Stelle. Er muss sich, nach dem Tod des Matthias Corvinus, mit den Ungarn herumschlagen, die nicht gewillt sind Maximilian zu ihrem König zu machen, und statt dessen den Bruder des polnischen Königs auf den Thron heben.

Während in Rennes die Hochzeitsglocken läuten, führte Maximilian in Ungarn Krieg, kam bis fast vor Budapest – und dann liefen ihm die Söldner einfach davon. Er konnte sie nicht bezahlen.

Mit der Ehe hatte es trotzdem seine Richtigkeit. Maximilian ließ sich – wie schon einmal bei der Hochzeit mit Maria – von seinem Freund Polheim vertreten; der bestieg mit Anna das Brautbett, zeigte ihr das nackte Knie und die Ehe galt als vollzogen. Sämtliche Höfe Europas wurden von dem Ereignis durch Eilboten verständigt.

Frankreichs Rache war fürchterlich. Mit geballter Heeresmacht fielen die Nachbarn über die Bretagne her, Annas Hilferufe an den Gemahl verhallten nahezu ungehört. Ihm fehlten die Mittel für eine schlagkräftige Armee, das Reich war nicht bereit, ihn zu unterstützen. Alles, was er schickte, war ein müdes Häuflein von Söldnern, die, da ohne Sold, geschlossen zu den Franzosen überliefen.

Im Oktober 1491 standen die Franzosen vor Rennes. Von ihren Beratern, die geschlossen wie ein Mann in feindlichen Diensten standen, wütend bedrängt ergab sich Anna schließlich der Übermacht. Ihre Soldaten, nebst deutschen und englischen Söldnern, wurden sofort in französische Dienste genommen und fürstlich gelohnt.

Das Friedensangebot war in seiner Perfidität leicht durchschaubar. Anna sollte die Bretagne ohne Wenn und Aber an Frankreich ausliefern. Sie selbst bekäme dafür freies Geleit zu ihrem Gemahl sowie eine ansehnliche Abfindung für ihr verlorenes Land. Die Höhe der Summe wäre noch auszuverhandeln. Sollte sie jedoch Herrin der Bretagne bleiben wollen, müsste sie einen nahen Verwandten des französischen Königs heiraten. Die Ehe mit Maximilian sei ohnehin nicht vollgültig, da noch nicht vom Papst bestätigt. Anna lehnte entrüstet ab. Sie sei mit einem *König* verheiratet und nicht gewillt, sich mit einem Grafen oder Herzog abspeisen zu lassen.

Anna wandte sich nochmals an Maximilian und ließ ihm bestellen, dass sie von ihren eigenen Leuten verkauft und verraten worden und daher gezwungen gewesen sei, sich dem Feind zu ergeben. Eine Antwort bekam sie nicht.

Wundert sich jemand, dass sie den französischen König Karl VIII. – der noch immer mit Maximilians Tochter Margarete verlobt war! – zu einer Aussprache empfing? Drei Tage später war sie mit dem 21-Jährigen verlobt. Im Dezember wurde geheiratet und am 27. Februar 1492 die junge Frau zur Königin von Frankreich gekrönt. Die päpstliche Dispens für diese skandalöse Verbindung kam erst ein halbes Jahr später, aber sie kam.

Was nun folgte, war eine der ersten umfassenden Propagandaschlachten der Geschichte. Die beiden Streitparteien boten alles auf, um den jeweils anderen als Schurken dastehen zu lassen. Millionen von Flugblättern flatterten über halb Europa. Frankreich verkündete, die Heirat sei der einzige Weg gewesen, einen weltweiten Kriegsbrand zu verhindern, Maximilian, zutiefst beleidigt, ließ verbreiten, seine Frau sei gewaltsam entführt und mit Brachialgewalt zur Ehe gezwungen worden. So wurde der »Brautraub von der Bretagne« geschichtsnotorisch, obwohl in Wirklichkeit von einem Raub nicht die Rede sein konnte.

Die Wogen der Empörung schlugen allerorten hoch, der »Raub des Fräuleins von Britannien« erregte die Gemüter von Hoch und Niedrig, Maximilian selbst verstieg sich zu der Klage, dass »nur unser Herr Jesus mehr Schmach erleiden musste« als er selbst. Zu einer Intervention kam es dennoch nicht.

Erst als sich die Franzosen weigerten, Margarete, die verstoßene Braut des Königs, und, vor allem, die Mitgift herauszugeben, kam es zum offenen Kampf. Maximilian bekam seine Tochter, er bekam die Mitgift zurück. Von der »geraubten« Braut Anna von Bretagne war nicht mehr die Rede. Maximilian strebte bereits ein neues Ziel an. Ein neues Land, eine neue Braut und sehr viel Geld. Bianca Maria Sforza, Nichte des regierenden Herzogs von Mailand, war die Auserwählte.

Kaiser Friedrich III. wäre vermutlich lieber gestorben als seinem Sohn die Heirat mit der Nachfahrin von Bauerngesindel und Räuberhauptleuten zu gestatten. Maximilian hingegen sah die Dinge pragmatisch. Bianca Maria war, nach seiner verblichenen Gemahlin Maria von Burgund, die reichste Braut Europas und er brauchte, wie immer und mehr denn je, Geld, soviel er kriegen konnte. Zum Glück (?) starb Friedrich zeitgerecht (1493), sodass der Heimholung des Mailänder Goldschatzes nichts mehr im Wege stand.

Die bekannte Ahnenreihe der Sforza war zu jener Zeit erst lächerliche hundert Jahre alt und ging auf einen gewissen Muzio Attendolo zurück, der Ende des 14. Jahrhunderts, kaum zwölf Jahre alt, von daheim durchbrannte. Sein Vater war ein armer, mit 21 Kindern geschlagener Bauer aus der Gegend von Ravenna und Muzio hoffte auf ein besseres Leben, wenn er sich einem durchs Land vazierenden Haufen von Söldnern anschloss. Die verkauften dem Meistbietenden ihre Kampfkraft, und wenn sich keiner fand, der sie bezahlen konnte oder wollte, bestritten sie ihren Lebensunterhalt durch Raub, Mord und Totschlag.

Muzio war ein anstelliges Bürschchen, aber stolz und widerborstig. Er sagte auch hohen Vorgesetzten seine Meinung lauthals ins Gesicht, was ihm den Spitznamen »Sforza«* eintrug, womit, was der Junge damals noch nicht ahnen konnte, ein furchterregender Geschlechtername kreiert worden war.

Muzio machte, indem er sich zusammen mit einigen seiner Brüder einem richtigen Condottiere und seiner wohl organisierten Armee anschloss, sehr rasch Karriere. Sein Spitzname »Sforza« wurde zum Markenzeichen für einen exzellenten Kriegsmann. Der Geburtsname Attendolo geriet bald in Vergessenheit.

Sforza wurde Condottiere einer eigenen Truppe, diente mit steigendem Erfolg einmal den Mailändern, dann wieder Florenz, Neapel oder dem Papst – was damals durchaus üblich war –, heftete Ruhm und sogar ein Adelswappen an seine Fahnen, verdiente mehr als so mancher Fürst und konnte es sich leisten, seine Kinder, die er von diversen angetrauten und nichtangetrauten Gefährtinnen bekam, wie Prinzen und Prinzessinnen erziehen und ausbilden zu lassen. Er selbst hat niemals schreiben und lesen gelernt.

Sein genaues Geburtsdatum ist nicht bekannt, sein Sterbedatum sehr wohl: Er ertrank am 4. Januar 1424, als er versuchte seinen Pagen aus den reißenden Fluten eines Hochwasser führenden Flusses zu retten.

Sforzas ältester Sohn Francesco war gerade 23 Jahre alt, als er die Nachfolge des Vaters antrat. Im Laufe der Zeit wurde er zum schlag-

---

* von »sforzare« = erzwingen, ertrotzen

kräftigsten, berühmtesten und gesuchtesten Condottiere ganz Italiens, wo zu dieser Zeit buchstäblich jeder gegen jeden mit ständig wechselnden Koalitionen Krieg führte. Francesco Sforza konnte für seine Dienste verlangen, was er wollte (Geld, Grund- und Landbesitz, ganze Städte und Landstriche) – er bekam es anstandslos. Je mehr er davon hatte, desto weniger bedeutete es ihm.

So verwundert es nicht, dass Filippo Maria Visconti, Herzog von Mailand, ihm schon etwas Besseres bieten musste, als er Sforza in seine Dienste nehmen wollte. Der Condottiere stand im Solde von Mailands Erzrivalen, der Republik Venedig, die ihn mit Gold und Ehrungen geradezu überschüttete. Visconti hatte etwas zu bieten, das die Venezianer nicht hatten. Er offerierte Sforza seine – damals gerade siebenjährige – Tochter Bianca Maria zur Ehefrau und die Aussicht auf das Erbe Mailands. Sforza war zu diesem Zeitpunkt zwar noch verheiratet, aber praktischerweise starb seine Frau zeitgerecht, wodurch der Handel reibungslos zustande kommen konnte, sobald Bianca Maria ehetauglich war.

Es würde zu weit führen, all die Zwischenfälle und Hindernisse aufzuzählen, die sich Sforza in den Weg stellten, ehe er Herzog wurde (zum Beispiel hatte sich Mailand nach Viscontis Tod zur Republik erklärt). 1450 war es jedenfalls so weit und der Sohn eines armen Bauernburschen konnte sich mit Purpur und Krone schmücken.

Sforza stellte nun glanzvoll unter Beweis, dass in ihm mehr steckte als ein Haudegen und Schlagetot. Er erwies sich auch als brillanter Diplomat, bescherte ganz Italien einen viele Jahre dauernden Frieden und leitete in seinem Herzogtum – das sich vom heutigen Tessin über die Lombardei bis weit südlich von Parma erstreckte – eine wirtschaftliche und kulturelle Hochblüte ein.

Um das Maß seines Erfolges voll zu machen, zeigte sich Bianca Maria als eine kluge, liebevolle Ehefrau, eine wertvolle Beraterin. »Ich habe Gott für vieles zu danken«, sagte er einmal, »aber der größte Segen war eine unvergleichliche Frau.« Was ihn nicht hinderte, sich zahlreiche Mätressen zu halten: Neben acht ehelichen hat er an die zwanzig uneheliche Kinder gezeugt – jedes einzelne voll anerkannt und zusammen mit den legitimen Sprösslingen am Mailänder Hof erziehen lassen. Er starb am 8. März 1466 im Alter von 65 Jahren.

Galeazzo Maria, Francescos erstgeborener Sohn, war 22 Jahre alt, als er das reiche Erbe seines Vaters antrat. Ein gut aussehender, hochgebildeter junger Mann. In der kurzen Zeit seines Lebens wurde sein Hof zu einem glänzenden Zentrum der Renaissancekultur, durchaus ebenbürtig dem der Medici in Florenz. Nicht zu übersehen war jedoch jener Teil seines Charakters, der auf das Erbgut der durch und durch verderbten Visconti zurückzuführen war: grausam, verschlagen mit einem deutlichen Hang zum Sadismus, sexuell unersättlich.

Eine seiner ersten Untaten richtete sich gegen die eigene Mutter, die es gewagt hatte, ihm einige Male zu widersprechen. Er verbannte sie aus der Stadt, wenige Monate später starb sie.

Noch heute erzählt man sich in Mailand mit wohligem Schauder, wie Galeazzo Maria einen Priester einsperren und verhungern ließ, weil der ihm den Tod noch vor seinem elften Regierungsjahr vorausgesagt hatte. Nachdem er sich über Gebühr lang mit einer Geliebten des Herzogs unterhalten hatte, wurden einem jungen Aristokraten beide Hände abgehackt. Ein Pietro Doga wurde bei lebendigem Leibe begraben, einem Giovanni da Verona schnitt man die Hoden ab – was Letztere verbrochen haben sollen, ist nicht überliefert.

1467 heiratet Galeazzo Maria die Prinzessin Bona von Savoyen, die weder schön noch reich, aber mit dem französischen König Ludwig XI. eng verwandt war – eine Beziehung, auf die der Mailänder Wert legte. Bona gebar ihm vier Kinder: 1469 Gian Galeazzo, 1470 Ermes, am 5. April 1472 Bianca Maria, Maximilians spätere Ehefrau, und schließlich, ein Jahr später, die zweite Tochter, Anna.

Über die Kindheit Bianca Marias wissen wir – abgesehen von einer Ausnahme, von der bald die Rede sein wird – so gut wie nichts. Das verwundert nicht weiter, denn im Mailänder Castello wuchs eine schier unübersehbare Schar von Herzogskindern auf und alle wurden mehr oder minder gleich behandelt, das heißt von gewissenhaften Lehrern sehr sorgfältig erzogen und geschult, ohne dass auf das einzelne besonders individuelles Augenmerk geworfen worden wäre.

Da gab es noch Kinder des alten Herzogs Francesco aus seinen zahlreichen außerehelichen Beziehungen, da kamen die vier ehelichen und mindestens fünf illegitimen Sprösslinge Galeazzo Marias hinzu. Die Kinder waren nicht um ihrer selbst willen, sondern nur als politische (Tausch-)Objekte interessant. Bianca Maria hat es als Erste erfahren, wenn auch bestimmt nicht bewusst wahrgenommen.

Sie wird am 2. Januar 1474 in Mailand mit dem neunjährigen Philibert von Savoyen ferngetraut, der bereits Throninhaber ist. Im Castello zu Mailand findet aus diesem Anlass eine feierliche Zeremonie statt, an welcher der gesamte Hof, das diplomatische Corps und zahlreiche illustre Gäste teilnehmen. Es ist nicht bekannt, ob man die 22 Monate alte Braut auch dorthin geschleppt hat. Sicher bleibt ihr der Tag in Erinnerung. Man wird ihr oft genug erzählt haben, wie just während der feierlichen Festrede des Bischofs von Turin eine Bogenstütze des Saales einstürzte und die ganze Gesellschaft schreiend auseinander stob.

Galeazzo Maria war ein sehr abergläubischer Mensch – man denke an die Ermordung des Priesters, der ihm ein kurzes Leben prophezeit hatte. Nachweislich aber sind auch – ein makabrer Zufall – viele der ihn betreffenden Voraussagen eingetroffen.

Was mag er sich gedacht haben, als die Hochzeitszeremonie für Bianca Maria so abrupt endete? Hat er geahnt, dass diese Ehe nie zustande kommen würde? Philibert von Savoyen starb jedenfalls im Alter von nur 17 Jahren und Bianca Maria war für eine neue Verbindung frei. Aber da war Galeazzo Maria selbst schon längst unter der Erde.

Anfang Dezember 1476 hält sich der Herzog samt Familie in seinem Jagdschloss in Abbiategrasso auf, als sich am Himmel ein feuriger Komet zeigt – ein ganz, ganz schlimmes Vorzeichen. Dazu trifft, fast gleichzeitig, die Nachricht ein, dass in Mailand das Schlafzimmer Galeazzo Marias aus unbekannter Ursache vollkommen ausgebrannt sei – ein noch übleres Omen. Spontan befiehlt der Herzog über Weihnachten in Abbiatograsso zu bleiben, entscheidet sich aber anders, nachdem er eine Nacht darüber geschlafen hat.

Auf der Heimreise kreisen, wie aus dem Nichts erschienen, drei riesige Raben über dem Haupt des Herzogs. Einen Moment macht er Anstalten, das Pferd zu wenden, lässt es dann aber sein.

Die Weihnachtstage verlaufen im Castello ungestört. Für den Stefanitag ist, wie seit langem Tradition, ein Besuch des gesamten Hofes, angeführt vom Herzog, in der Kirche San Stefano angesagt. Galeazzo Maria bekommt es auf einmal mit der Angst zu tun. Er bittet Monsignore Branda-Castiglioni, der in San Stefano das Hochamt abhalten soll, dieses im Castello zu tun. Der Geistliche lässt sich entschuldigen. Er fühle sich nicht wohl, er könne nicht kommen.

Nun passiert etwas Erstaunliches: Wohl um zu beweisen, dass er ganz und gar nicht abergläubisch und feig sei, legt der Herzog zum Gang in die Kirche nicht wie üblich seinen Silberharnisch, sondern einen weichen, purpurfarbenen Samtwams an.

Die Kavalkade des Herzogs, der Herzogin und ihres Gefolges begibt sich gemessenen Schrittes nach San Stefano, betritt, dicht gedrängt, die Kirche, als gleichzeitig drei junge Männer aus dem Dunkel auftauchen, sich blitzartig über den Herzog stürzen und ihn in Sekundenschnelle niedermetzeln – ehe die Leibgarde überhaupt noch begriffen hat, was eigentlich geschieht.

Im Tumult der schreiend flüchtenden Menschen gelingt es den dreien zunächst zu entkommen. Der Erste wird im Vorraum der Kirche bereits eingeholt, der Zweite verfängt sich in den weiten Röcken dreier verschreckter, nahe beieinander stehender Frauen, stürzt, wird, noch den blutigen Dolch in der Hand, überwältigt und auf der Stelle tot geschlagen. Man fesselt den Leichnam und schleift ihn, an ein Pferd gebunden, durch die Straßen der Stadt, bis nichts mehr als ein blutiger Fleischklumpen von ihm übrig ist.

Der Hauptschuldige und Initiator des Attentats, Girolamo Olgiati, wird erkannt, wie er sich als Handwerker verkleidet und mit einer Matratze auf den Schultern aus der Stadt schleichen will. Er legt ein volles Geständnis ab, in dem er bekennt: »... das heilige Werk, für das ich sterbe, beruhigt mein Gewissen ... Nein, ich bereue nicht ...« Oligiati wird gefoltert, ohne Gerichtsverhandlung hingerichtet. Sein Kopf ist, auf einer Lanze aufgesteckt, noch wochenlang am Stadttor zu besichtigen.

Die Motive der drei jungen Attentäter, eine explosive Mischung aus Rachsucht, gekränktem Stolz und Idealismus, werden erst nach und nach bekannt. Einer von ihnen gehörte zu der von den Sforzas ins Abseits gedrängten Adelsklasse, des anderen Schwester hatte der Herzog mehrfach vergewaltigt und alle drei hingen der Utopie einer Republik nach, in der alle Menschen Brüder werden und ewige Gerechtigkeit herrschen sollte. Sie waren überzeugt, dass nach Galeazzo Marias Tod das Volk wie ein Mann aufstehen und das Joch des Emporkömmlings abwerfen würde. Das Gegenteil war der Fall: Weinend zogen die Menschen am Sarg ihres Herzogs vorbei, schluchzten und wimmerten: »Duca, duca.«

Bianca Maria, des Herzogs Tochter, war, noch nicht vierjährig, zur Halbwaise geworden. Nur weitere vier Jahre später wird ihr auch die Mutter abhanden kommen und das Mädchen nur noch als Spekulationsobjekt im europäischen Kräftemessen wahrnehmbar sein.

Nach dem Tod ihres Mannes führte Herzoginwitwe Bona die Regentschaft für ihren siebenjährigen Sohn Gian Galeazzo. Aber sie war leider, wie Zeitzeugen berichten, eine »Frau von geringem Verstand«. Sie scheiterte am Ehrgeiz ihres Schwagers Lodovico und an ihrer eigenen Kopflosigkeit.

Nachdem er seine älteren Brüder ausgetrickst hatte, riss Lodovico die Regentschaft an sich: Bona hatte sich in einen ihrer Dienstboten, Antonio Tassino, von Beruf Fleischvorleger, verliebt. Sie war dem viel jüngeren Mann vollkommen hörig, machte eine Dummheit nach der anderen und alle waren heilfroh, als Lodovico die Zügel in die Hand nahm. Tassino wurde mit einer hübschen Summe abgefunden und zum Schweigen gebracht, Bona 1480 auf den Landsitz Abbiategrasso verbannt.

Lodovico Sforza, 29 Jahre alt, ist nun der neue Herr in Mailand. »Lodovico – qui?« (Lodovico – wer?) wird man dort wohl bei dieser Namensnennung gefragt. »Il Moro« muss man dann hinzufügen und jedermann weiß sofort, wer gemeint ist: »Il Moro« – als solcher ist er auch in die offizielle Geschichtsschreibung eingegangen, obwohl niemand genau sagen kann, woher dieser Spitzname eigentlich kommt.

Die einen meinen, von einem auffälligen Muttermal in Form einer Maulbeere (Morus), die anderen verweisen auf Lodovicos dunklen Teint.

Wie dem auch sei, il Moro war ein bedeutender Staatsmann, ein kluger Wirtschaftslenker, ein Kunstliebhaber von hohen Graden, dem es gelang, Leonardo da Vinci für viele Jahre an seinen Hof zu binden: als Festungsbauer, als Waffen- und Brückenkonstrukteur, als Arrangeur und Ausstatter grandioser Feste und, natürlich, als Maler, Stichwort: »Das letzte Abendmahl.«

Mailand stand zu il Moros Zeiten in einer Hochblüte, die es nach ihm nie mehr erreichte, was wohl auch damit zusammenhing, dass er den größten Staatsschatz Europas besessen hat. Wenn die im Nachhinein angestellten Berechnungen stimmen, war sein Jahreseinkommen ebenso hoch wie das des englischen und nur halb so hoch wie das des französischen Königs, der aber ein um vielfach größeres Reich regierte. Mehr als eine Million Dukaten sollen später allein in die Taschen Maximilians geflossen sein, eine Summe, die damals das Vorstellungsvermögen des einfachen Untertans um ein Vielfaches überstieg.

Viel Geld, viel Ehr'. Obwohl il Moros Nichte Bianca Maria, den damaligen Standesregeln entsprechend durchaus nicht »ebenbürtig« war, bewarben sich zahlreiche Fürsten mit tadellosem Stammbaum um die begehrenswerteste Partie seit Maria von Burgund. Von Philibert von Savoyen haben wir schon gehört. Er starb lange vor seiner Zeit.

Der nächste Kandidat war Albert von Bayern. Das Geschäft kam nicht zustande. Der Bayer hat übrigens später unter zweifelhaften, um nicht zu sagen betrügerischen Umständen Maximilians Schwester Kunigunde geehelicht.*

Die Heiratsverhandlungen mit Johann Corvinus, dem Sohn des Ungarnkönigs Matthias Corvinus, gelangten knapp ins Endstadium. Gaben und Gegengaben waren bis zur letzten Einzelheit ausziseliert:

---

* Siehe: Thea Leitner »Habsburgs verkaufte Töchter«.

Als Mitgift für den Bräutigam 100000 Dukaten sowie eine Aussteuer im Wert von 50000 Dukaten; für die Braut – das Herzogtum Österreich als Morgengabe! Matthias Corvinus regierte damals ja, sehr zum Missvergnügen Habsburgs, in Wien und konnte leicht das Herzogtum Österreich vergeben. Doch wieder kam es anders: Matthias Corvinus starb, die Nachfolge seines Sohnes Johann war gänzlich ungesichert. Il Moro trat im Namen seiner elfjährigen Nichte Bianca Maria von dem Vertrag zurück. Im Gespräch waren ferner König Wladislaw II. von Polen, Johann, der Bruder des Kurfürsten von Sachsen, sowie der Herzog von Geldern.

Eines war all diesen Brautwerbern gemeinsam: Sie taten von sich aus den ersten Schritt, um an die Mailänder Geldtöpfe heranzukommen. Bei Maximilian war es umgekehrt. Es war il Moro, der die Verhandlungen anbahnte, und nicht einmal die Idee dazu stammte von ihm selbst. Einer seiner Minister schlug dem Herzog vor, Maximilian diskret auf das Mailänder Goldtäubchen hinzuweisen. Il Moro war entzückt: Die Verbindung mit dem Hause Habsburg würde die Sforza vom Stallgeruch der Bauern-Abkömmlinge befreien und er verdoppelte das Angebot der Mitgift auf 200000 Dukaten. Unter der Hand hielt er seinen Mittelsmann an, auf Eile zu drängen: Bianca Maria war mittlerweile 18 Jahre alt geworden, war also, den damaligen Vorstellungen entsprechend, fast schon eine alte Jungfer.

In der Tat schien Maximilian die Vorstellung, abermals eine reiche Braut heimzuführen, gar nicht ungelegen gekommen zu sein. In größter Heimlichkeit wurden die ersten Verhandlungsfäden gesponnen – Kaiser Friedrich III. durfte natürlich kein Sterbenswörtchen über das Werben seines Sohnes um diese »unmögliche« Braut erfahren. Aber schon bald schickte Maximilian den Kurfürsten von Sachsen *inkognito* nach Mailand. Er sollte die Zukünftige kritisch in Augenschein nehmen. Der Kurfürst mischte sich einige Male unter die Gläubigen, wenn Bianca Maria zur Kirche ging. Es gelang ihm sogar, ein in Kohle gezeichnetes Porträt des Mädchens aufzutreiben.

Maximilian scheint einigermaßen zufrieden über den Bericht seines heimlichen Kundschafters gewesen zu sein und das Feilschen ging nun richtig los. Der König versprach, il Moro als Herzog von Mailand offiziell zu bestätigen, unter großzügiger Umgehung des eigentlichen Thronerben, Bianca Marias Bruder Gian Galeazzo.

Auch hatte Maximilian keinerlei Skrupel, die Mitgift-Forderung auf 400000 Dukaten hinaufzulizitieren: 25000 bei Vertragsabschluss, 75000 zwei Monate nach Ratifizierung, 100000 nach der Eheschließung, 100000 innerhalb eines Jahres nach Vollzug der Ehe, 100000 nach Belehnung mit dem Herzogtum Mailand. Die Gesamtsumme entsprach ziemlich genau allen Jahreseinkünften Maximilians aus dem Reich und aus seinen österreichischen Besitzungen zusammengenommen.

Was die übrige Ausstattung, nämlich Hausrat, Bekleidung, Schmuck betraf, erwies sich Maximilian als großzügig. Er verlangte nichts Konkretes, er überließ es »dem Ehrgefühl des Herzogs«, diese Werte selbst zu bestimmen.

Ebenso vage umschrieb Maximilian die von ihm zu erbringenden Leistungen. Er würde Bianca Maria lebenslang einen ihrem Stande gemäßen Unterhalt gewähren sowie die Einkünfte aus den Herrschaften Klosterneuburg, Leoben, Judenburg und Bardenone. Dieses windige Vertragswerk hat der ehr- und machtbesessene Herzog bedenkenlos unterzeichnet. Ausbaden musste es dann ohnehin seine Nichte.

Wie dringend Maximilian nach dem Mailänder Geld lechzte, ist schon daraus ersichtlich, dass er sich noch zwei Tage vor Unterzeichnung des Vertrages von den Fuggern 6000 Dukaten leihen musste.

Am 19. August 1493 starb Kaiser Friedrich III.; das einzige ernst zu nehmende Hindernis für diese Mesalliance war dahin. Bereits am 30. November – also noch mitten während des Trauerjahres – wurde geheiratet, in Mailand, und so, wie es Maximilian bei allen Eheschließungen gehalten hat, ohne Bräutigam. Eine Hochzeit per procurationem also.

Maximilians Abgesandte erschienen als Einzige in Trauerkleidung – ansonsten aber war diese Hochzeit eines der aufwändigsten Feste, das Mailand jemals erlebte.

Alle italienischen Staaten schickten Abordnungen, selbstverständlich auch die meisten europäischen, mit Unmengen kostbarer Geschenke. Am meisten bewundert wurden die Gaben der russischen Delegation, die seltsamerweise eher kriegerische Angebinde mitbrachte: Pfeile, Bogen, kostbar gezierte Köcher, einen skythischen Dolch, seltene Edelsteine, 200 Wieselfelle und – »den Zahn eines [unidentifizierten] Ungeheuers, länger als ein Männerarm«.

Zur Feier des Tages war die Stadt so geschmückt, dass sie wie verkleidet wirkte: künstliche Säulen, mit Efeu umwunden, die Häuser von Tapisserien verdeckte und überall frische Blumen. Dicht an dicht drängten Tausende am Straßenrand, neugierig, aufgeregt, jederzeit zum Jubeln bereit.

Der Festzug machte sich um neun Uhr vom Castello auf den Weg. Voran marschierten die Höflinge, die mailändischen Fürstlichkeiten, dann, in einer vergoldeten, von vier Schimmeln gezogenen Kutsche, die Braut in leuchtendem Karmesinrot, ihrer Lieblingsfarbe. Die Toilette hatte eine lange Schleppe und extravagante, flügelförmige Ärmel. Auf dem Kopf trug Bianca Maria ein Diadem mit Perlen und Brillanten. Dem Brautgefährt folgten die verschiedenen Regierungsdelegationen, den Schluss bildeten zwölf Wagen mit Damen.

Auch den Dom hatte man im Inneren fast gänzlich verkleidet, Samt und Seide, Blumen und Teppiche verfremdeten das herrliche Gebäude auf seltsame Weise. Das Kirchenschiff war dermaßen überfüllt, dass beängstigendes, dampfendes Gedränge entstand.

Nach der Messe nahm der Erzbischof von Turin die feierliche Trauungszeremonie vor, wobei Christoph von Baden den Bräutigam vertrat. Sollte der Erzbischof dazu etwas gesagt haben – verstehen konnte man es auf keinen Fall, denn in dem Augenblick, da er Bianca Maria eine Krone aufsetzte, begannen die Glocken zu läuten, Trompeten zu schmettern und Kanonen vor dem Dom Salut zu schießen.

Im Wagen war sie gekommen, zu Pferde, überdacht von einem hermelinverbrämten Baldachin, begab sich die Neuvermählte, frisch Gekrönte zurück zum Castello, wo bis in die Nacht getafelt, getanzt und gefeiert wurde.

Nebstbei drängten Scharen neugieriger Gäste zu jenem Saal, in dem auf langen Tafeln die Brautaussteuer zur Schau gestellt war. Sie repräsentierte einen Wert von 400 000 Dukaten – Maximilian hatte richtig kalkuliert, als er an das »Ehrgefühl des Herzogs« appelliert hatte.

Da gab es einen ganzen langen Tisch voller Geschmeide. Zum Glück ist die vollständige Liste der einzelnen Gegenstände erhalten, jeder minutiös beschrieben wie für eine Versteigerung. Zum Beispiel: »Ein Halsband mit viereckigem wunderschönem Smaragd, einem ebensolchen Rubin und einer herrlichen Perle, die herabhängt und in zwei Füllhörner mit einer Krone gefasst ist. Füllhorn und Krone sind aus 46 Diamanten gefertigt. Auf dem Halsband sind 30 längliche Perlen aufgereiht, der Wert beträgt 6300 Dukaten.« So geht es fort, Seite um Seite, Zeile für Zeile.

Silbergeräte für den Speisetisch, Silber- und Goldgerät für den Altar, Kleidung für geistliche Herren. Die Garderobe der Braut: jeder Einzelposten beschrieben, aus Samt und Seide und Brokat, jedes Kleid mit Perlen und Edelsteinen bestickt, Pelze und Gürtel mit Goldschnallen, Hauben und Haarnetze, 72 Paar Schuhe aus Seide, Samt und Leder, Bettwäsche, dazu fünf Überdecken aus Goldbrokat, Vorhänge, gold- und silberbestickte Frisiermäntel, Kämme aus Elfenbein.

Hunderte Tischtücher, Tausende Handtücher, Servietten, Ballen von Leinen, 24 Schweißtücher, 6 silberne Fingerhüte, 9000 Nähnadeln. Bianca Marias liebster Zeitvertreib war das Sticken, worin sie eine staunenswerte Meisterschaft und großen Ideenreichtum bewies, und offenbar nahm man an, dass im barbarischen Norden die filigranen Nadeln, mit denen sie zu arbeiten pflegte, nicht verfügbar sein würden.

Üppigste Ausstattung für den Reitsport (nicht weniger als 24 reich dekorierte Sättel), Teppiche, Tapisserien und, nicht zu vergessen, drei schwere silberne Nachttöpfe.

Wo all die Pracht und Herrlichkeit hingekommen ist? Zerrissen, zerschlissen, zerstört, verkauft, in alle Winde zerstreut. Am betrüblichsten ist das im Hinblick auf das wertvollste Stück dieser einmaligen Aussteuer: ein Gemälde von Leonardo da Vinci, darstellend die Madonna mit dem Kinde. Davon erhalten sind nur noch ein paar flüchtige Kohle-

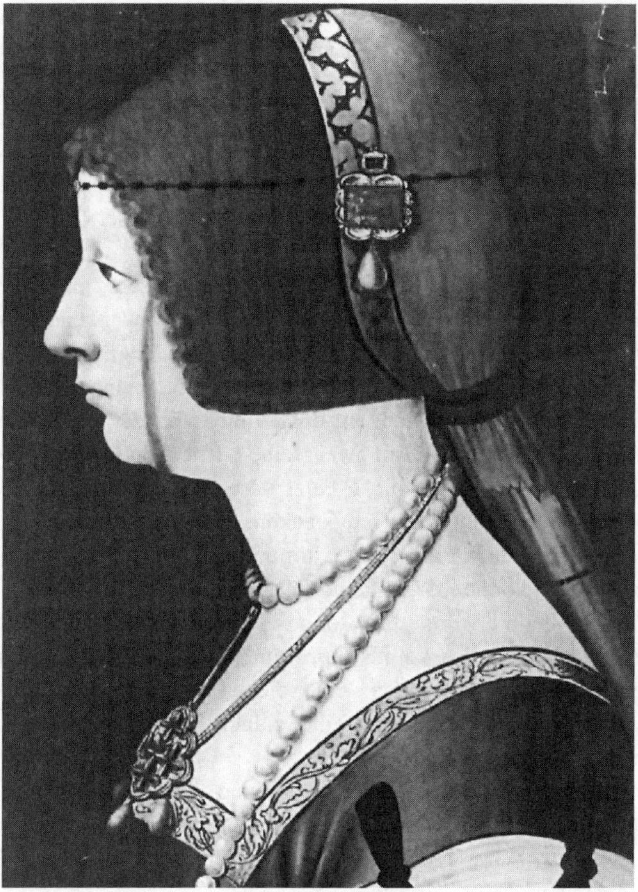

Bianca Maria Sforza

skizzen aus der Hand des Meisters. Das Bild selbst gelangte nach Maximilians Tod in den Besitz seines Enkels, Kaiser Karl V. Um 1633 wird es zum letzten Mal in Spanien erwähnt. Seither ist es verschollen.

Schon fünf Tage nach der Hochzeit zieht Bianca Maria nach Norden, mit großem Gefolge auf insgesamt 600 Pferden. 70 Maultiere schleppen den Brautschatz über die bereits tief verschneiten Alpen. Es ist eine mühselige, gefährliche Expedition, die allen Teilnehmern das Letzte abfordert. Während einige ihrer Hofdamen mehrfach schlapp machen – eine muss sogar nach Mailand zurückgeschickt werden, weil sie den Strapazen nicht gewachsen ist –, hält sich Bianca Maria tapfer und sogar frohgemut. Volle zehn Tage ist die Kolonne unterwegs, über Como, das Veltlin, Stilfser- und Wormserjoch bis nach Mals (heute in Südtirol gelegen).

Es muss ein gewaltiges Unterfangen gewesen sein, dieser strapaziöse Ritt über handtuchbreite Saumpfande, auf schwankenden, strauchelnden Pferden, und wenn es gar nicht mehr anders möglich war, zu Fuß, stundenlang in Schneesturm und Eiseskälte. Bianca Maria hätte sich auch tragen lassen können, doch immer wieder lesen wir: Sie marschierte auf ihren eigenen zwei Beinen. Mit welchem Schuhwerk? Der Körper war gewiss in dicke Pelze verpackt – aber die Füße? Und die Hände? Sie in einen Muff zu stecken, das ging gewiss nicht, denn Bianca Maria brauchte die Arme, um auf schmalen, vereisten Wegen balancieren zu können. Welch eine Leistung!

Sie muss halb erfroren, halb tot gewesen sein, als sie endlich eines der Zelte erreichte, das Voraustrupps unterwegs aufgebaut hatten und in dessen dünnem Schutz ein Schüsselchen glühender Holzkohle die Illusion von Wärme erzeugte, ein Schluck heißen Weines die verkrampften Glieder löste ...

In den größeren Orten der Täler (Como, Sondrio, Münster) wird die junge Königin mit Pomp und Ehren empfangen. Man bietet ihr an Bequemlichkeit, was nur aufzutreiben ist, und ab Mals gibt es sogar eine weich gepolsterte Kutsche.

Der Bischof von Chur und zahlreiche Edelleute erwarten sie bereits. Eitelfritz von Zollern hält eine wohlgesetzte Rede und erklärt, »mit welchem Verlangen« der König seine Braut erwarte, die er »zum Liebsten in der Welt« auserkoren hätte. Zollern hebt ausdrücklich hervor, dass Bianca Maria »durch Klugheit, Bescheidenheit und Freundlichkeit, vor allem aber durch ihre Nachkommenschaft« dem Reich und dem Hause Habsburg »zum Nutzen gereichen« werde. Wir erinnern uns: Maximilian hat von seiner zukünftigen Braut nicht nur einen gehörigen Batzen Geldes, sondern auch wenigstens noch einen Sohn erwünscht. Das erste Begehr hat sie glänzend erfüllt, am zweiten wird sie elendiglich scheitern ...

In Mals nimmt Bianca tränenreich von ihrem Bruder Ermes Abschied, der sie bis hierher begleitet hat. Doch schon am Abend lacht sie wieder, tanzt vergnügt: Ein Mädchen auf der Reise in das größte Abenteuer seines Lebens. Einer von Maximilians Hofleuten, der sie zum ersten Mal sieht, bezeichnet sie als »hübsch gewachsen, anmutig, vornehm«. Der König werde »sicher Gefallen an ihr finden«.

Diese Beschreibung widerspricht ganz und gar den kurzen Erwähnungen, die Bianca Maria in den meisten Maximilian-Biografien findet, wo sie als dick, plump und teiggesichtig geschildert wird. Träge, oberflächlich, gefräßig, unintelligent, desinteressiert, politisch ungeschickt. Je abschätziger man sie darstellt, desto leichter wird dem Leser suggeriert, die Haltung des weitestgehend glorifizierten »Letzten Ritters« gegenüber dieser »minderklassigen« Frau zu verstehen und zu verzeihen.

Niemals jedoch wird erwähnt, wie sie war, bevor sie in diese unglückselige Ehe hineinverhandelt wurde. Eine außerordentliche Schönheit, das war sie gewiss nicht. Ihre Nase war zu groß, das Kinn ein wenig zu kurz, doch immer wird ihr zarter, taufrischer Teint gerühmt. Ihre sehr dunklen Augen sollen strahlend, wenn auch nicht von großer Tiefe gewesen sein, ihr honigfarbenes Haar, das ihr in Kaskaden über den Rücken fiel, war Aufsehen erregend. Ein schmaler Körper, grazile Bewegungen.

Sie war keine Intellektuelle wie Maria von Burgund, die Maximilian immer als die einzige große Liebe seines Lebens bezeichnet hat, sie war ein schlichtes, ein wenig naives Gemüt, das einen sonnigen vertrauensseligen Eindruck machte, als sie in Mals eintraf – wo ihr auch gleich der erste Dämpfer versetzt wurde.

Es war fix geplant, dass Bianca Maria von Mals über Bregenz nach Freiburg im Breisgau weiterreisen und dort ihrem Mann begegnen sollte. Tatsächlich wurden bereits in allen Dörfern und Städten, durch welche die Braut fahren würde, kostspielige Vorbereitungen getroffen – bis Maximilian neue Order gab. Nicht Freiburg, sondern Augsburg sollte die Stätte des ersten Treffens sein. Aber auch daraus wurde nichts. Bianca Maria landete, gänzlich im Ungewissen, wann sie nun endlich ihren Mann sehen würde, in Innsbruck, am Hofe des Erzherzogs Sigismund und seiner Frau Katharina. Es begann die erste von vielen, vielen Wartezeiten.

Bis heute ist absolut rätselhaft, was Maximilian *wirklich* davon abgehalten haben mag, Bianca Maria endlich mit seiner leiblichen Anwesenheit zu beglücken. Die Gründe, welche die verschiedenen Kommentatoren abgeben, sind allesamt fadenscheinig: Er habe noch mit den Trauerfeierlichkeiten für den verstorbenen Kaiser zu tun – dessen Tod immerhin fast fünf Monate zurücklag. Er mache sich Sorgen wegen der Gefahr eines Türkeneinfalls. Er müsse in Wien bleiben, weil es Gerüchte gäbe, dass die Franzosen in Italien einmarschieren wollten – und was dergleichen mehr ist. Auf drängende Anfragen des Mailänder Gesandten schob er »wichtige Arbeiten« vor – welcher Art diese waren, ließ er im Dunkeln. Das Volk bildete sich seine eigene Meinung: Der König hätte es sich anders überlegt und grüble über Möglichkeiten nach, wie er die Mitgift behalten und die Braut wieder heimschicken könnte.

Noch ist Bianca Maria arglos und nimmt mit kindlicher Freude an all den Festen und Unterhaltungen teil, die ihr Sigismund und Katharina bieten. Sie ist eine leidenschaftliche und ausgezeichnete Tänzerin, staunend vermerkt ein Gast, dass diese »welschen Mädchen auf Eiern tanzen könnten, ohne sie zu zerbrechen«.

Es gibt allerlei Spaß und Mummerei und Riesengelächter, wenn die »welschen« Damen die deutsche Tracht anlegen und die deutschen Fräulein die italienische.

Dazu muss man wissen, dass in der Mode nördlich und südlich der Alpen ein erheblicher Unterschied bestand. Die Italienerinnen bevorzugten fließende Schnitte, weiche Stoffe in leuchtenden Farben, die Deutschen kleideten sich in Wolle, Leinen und Filz, grau und braun getönt, die Röcke in schwere Falten gelegt. Nicht sehr elegant, dafür aber warm – man bedenke, dass die Raumtemperatur im Winter bestenfalls 10 bis 15 Grad erreichte. Die Italienerinnen trugen auf dem Kopf feingesponnene Netze, oft mit Edelsteinen bestickt, die Deutschen schwere, auf feste Ringe gearbeitete Hauben.

Bianca Maria und Katharina freunden sich rasch an. Sie seien »gut gespillen«, schreibt der von Zollern – wenn es auch beträchtliche Verständigungsschwierigkeiten gibt. Die eine kann nicht Italienisch, die andere nicht Deutsch. Alle Sorgfalt der Welt hat man aufgewandt, um die Braut rundherum prächtig auszustatten – sie wenigstens die Grundbegriffe ihrer neuen Landessprache zu lehren ist niemandem eingefallen. Trotz allem: Die beiden Frauen verständigen sich gestikulierend und kichernd, wiederholt wird ausdrücklich Bianca Marias froher Sinn bei Tanz, Kartenspiel und Schlittenfahrten erwähnt.

Nur einmal sieht man sie mit verweinten Augen aus ihren Gemächern kommen. Angeblich sei ihr hinterbracht worden, dass Maximilian eine Geliebte und mit dieser eine Tochter habe. Das war vielleicht nur Hofklatsch und vielleicht hat sie geweint, weil ihr die Wartezeit schon zu lang war.

Am 13. Januar 1494 reist der Mailänder Gesandte Erasmo Brascha nach Wien und überreicht Maximilian einen kurzen Brief seiner Frau, in dem sie »Seine Majestät« in »demütiger Liebe« bittet, sich »gnädig anzuhören«, was Brascha mündlich zu bestellen habe. Zu sagen hat dieser lediglich, dass die Königin den König bittet, möglichst bald zu ihr zu kommen.

Es ist übrigens ein typisches Charakteristikum im Verhalten Bianca Marias ihrem Mann gegenüber, dass sie es von Anfang an niemals wagt, ihm brieflich ihre persönlichen Anliegen mitzuteilen. In den Schreiben, die uns bekannt sind, geht es immer um alltägliche Dinge. Was sie für sich allein wünscht und was sie bewegt, versucht sie Maximilian stets über Mittelsmänner beizubringen.

Jaja, antwortet Maximilian dem Gesandten, in vier bis fünf Tagen werde er abreisen, und in einem Brief an Bianca Marias Onkel, il Moro, beteuert er, dass er seine Frau »von Herzen liebe«. Was ihn nicht hindert, weitere sechs Wochen verstreichen zu lassen, ehe er endlich aufbricht. Bianca Maria und ihr Hofstaat werden nach Hall befohlen, wo am 9. März 1494 das erste Treffen und anschließend sogleich das Beilager stattfinden werden.

Wir sind natürlich ahnungslos, wie sich eine italienische Fürstentochter der Renaissancezeit ihre Hochzeitsnacht vorgestellt haben mag, würden aber mit ziemlicher Sicherheit behaupten: So, wie sie Maximilian abgewickelt hat, ganz bestimmt nicht.

Sie treffen fast gleichzeitig in Hall ein. Maximilian um sieben Uhr abends, Bianca Maria in Begleitung von Sigismund und Katharina eine Stunde später. Die Stadt ist in heller Aufregung. Niemand weiß genau, warum das große Ereignis ausgerechnet in Hall stattfinden soll, wo man auf so viele hohe Gäste kaum vorbereitet ist. (Zahlreiche Bürgerinnen müssen mit Bettwäsche aushelfen.) Warum eigentlich nicht in der Residenz in Innsbruck? Es ist einer von Maximilians bizarren Einfällen, die meist überraschend kommen und selten durchschaubar sind.

Das erste Rendezvous des Paares findet im Schloss statt. Aus den dürren Augenzeugenberichten wissen wir nur, dass die junge Frau vor ihrem Gemahl in die Knie sank und er sie »mit eigener Hand« empor hob und freundlich begrüßte. Er nimmt sie am Arm, begleitet sie in ihr Zimmer. Er begibt sich in seine »Herberge« (?) und schickt seiner Frau eine schriftliche Einladung zum Festmahl, das, so wird erzählt, in »heiterer Stimmung« verläuft.

Und jetzt kommt es:

Bianca Maria zieht sich zurück. Maximilian bleibt seelenruhig sitzen. Und sitzt und sitzt und sitzt. Unterhält sich mit Christoph von Baden, mit dem Bischof von Brixen, mit dem Gesandten Brascha und einigen anderen Herren. Es wird »verhandelt« (worüber?), die Freundschaft zwischen Österreich und Mailand besprochen. Und gleich im *Nebenzimmer* sitzt?, liegt? die Braut. Wartend.

Gegen *fünf Uhr früh* bequemt sich Maximilian ins Brautgemach. Am Morgen habe er sich, so schreibt Brascha, »ein wenig später« als üblich erhoben. Wenn man bedenkt, dass Maximilian seinen Tag um sechs Uhr früh zu beginnen pflegte, kann man die recht kurze Zeitspanne ermessen, in der das Paar die Schlafstatt geteilt hat. Maximilian begibt sich in seine *Herberge* und lässt Bianca Maria durch ihren Sekretär bestellen, sie möge die Messe in ihrem Zimmer feiern. Rund 14 Tage später erhält Maximilian die ihm für den Vollzug der Ehe zugesagte Summe bar auf die Hand …

Zwei Tage bleiben die jungen Eheleute samt Anhang in Hall, ehe sie sich nach Innsbruck begeben. Dort wird der Ehebund nochmals eingesegnet und ausgiebig gefeiert. Die meisten deutschen Fürsten bleiben den Festlichkeiten fern: Die Braut ist nicht fein genug.

Die ersten Berichte nach Mailand klingen ermutigend: Brascha schreibt dem Herzog, Maximilian verhalte sich seiner Gemahlin gegenüber »liebevoll«, er habe ihr auch schon ein Schmuckstück und Brokat für ein neues Kleid geschenkt. Bianca Maria schwärmt, dass Maximilians »Tugenden größer [seien] als ihr Ruf«. Da es undenkbar scheint, dass Bianca Maria auch nur über einen Hauch von Ironie verfügt haben könnte, muss man wohl annehmen, dass sie sich wohlgesetzter Floskeln bediente, wie sie damals zum selbstverständlichen Repertoire der halbwegs Gebildeten gehörten.

Wie stark ihr der Unterschied zwischen den Höfen in Innsbruck und Mailand von Anfang an bewusst war, ist schwer abzuschätzen. Früher oder später muss sie ihn mit einiger Verwunderung registriert haben.

Das Castello in Mailand war eine Stadt in der Stadt, teils frühmittelalterliche Burg, teils prachtvoll möbliertes Renaissancepalais inmitten leuchtender Gärten. Die Innsbrucker Burg war eng und düster, mit dunkel getäfelten kleinen Räumen, von entsetzlich rußenden, hausgemachten Unschlittkerzen mühsam beleuchtet. Wachskerzen, wie sie in Mailand gang und gäbe waren, wurden in Tirol nur an hohen Feiertagen verwendet.

Das Essen war derb und eintönig, bestand meist aus Fleisch und da vorwiegend vom Wild. Maximilian selbst erlegte Unmengen davon und alle Untertanen waren angehalten, das von ihnen geschossene bei Hof abzuliefern, denn allein der Herrscher besaß das Jagdrecht. Da die oft lang gelagerten Tierleichen einen penetranten Hautgôut verströmten, wurde an scharfen Gewürzen nicht gespart.

In Mailand schlief man in aus Seide oder feinstem französischem Leinen gefertigter Bettwäsche, in Innsbruck waren über Strohsäcken Hirschhäute gespannt, das Bettzeug bestand aus Barchent. Man kann sich vorstellen, wie hämisch der Hofklatsch reagierte, als ruchbar wurde, dass Bianca Maria sich nächtens in ein dünnes Leinengewand hüllte, das, Gipfel der Frivolität, mit schwarzen Musselinrüschen besetzt war. Eine anständige Frau schlief selbstverständlich in voller Unterwäsche-Montur!

Man ist kaum ein paar Tage in Innsbruck, schon verschwindet Maximilian von der Bildfläche. Weder seiner Frau noch sonst jemandem bei Hofe hat er Bescheid gegeben und Bianca Maria wird sich daran gewöhnen müssen, dass das eben seine Art ist. »Wir ahnen nicht, wohin die Majestät sich wenden wird, und wir erfahren es zumeist erst dann, wenn er bereits auf dem Pferde sitzt«, wissen wir aus der Feder eines Mercurin de Gattinara.

Das Geheimnis ist bald gelüftet: Maximilian ist seiner Leidenschaft, dem Jagen, nachgegangen, das bei ihm mit der Zeit die Form einer Manie angenommen hat. Er hält nicht weniger als 1500 Jagdhunde, und als Bianca Maria sich darüber einmal lustig macht, kommt es zu einer Auseinandersetzung. In den ersten Monaten ihrer Ehe soll Bianca Maria ihrem Mann gelegentlich widersprochen haben, doch das hat sich bald gelegt. Sie betrug sich, wie wir einem Zeitzeugenbericht entnehmen, ihrem Mann gegenüber »ernst und bescheiden«. Was ihr aber auch nichts genützt hat ...

Der Haarriss in dieser erst jüngst vollzogenen Ehe ist so fein, dass er unbemerkt bleibt. Er wird vollends zugedeckt durch die Ende des Monats März begonnene (Hochzeits-)Reise in die Niederlande – eine Ortsbezeichnung, die zunehmend an die Stelle von »Burgund« tritt, nachdem die südlichen Kernlande dieses Reiches den Franzosen in die Hände gefallen sind.

Bianca Maria macht am Hof von Mecheln gute Figur, sie fällt auf durch »fröhlich Rede und Ergötzung« (so ein Anonymus), ihre Toiletten, ihr Schmuck machen großen Eindruck. Mit ihren Stiefkindern und der berühmten Margarete von York scheint sie vorzüglich zu harmonieren. Maximilians Sohn Philipp ist jetzt 16 Jahre alt und offiziell zum Regenten der Niederlande bestellt, seine Schwester Margarete 14. Schon in zwei Jahren werden beide in den heiligen Stand der Ehe treten – ein folgenreiches Ereignis, das im nächsten Kapitel ausführlich zu besprechen sein wird.

Am Anfang ihres Aufenthaltes in den Niederlanden scheint sich alles um die neue Königin zu drehen. Sie wird von einem Fest zum anderen gereicht, gerät aber allmählich aus dem Mittelpunkt des turbulenten Geschehens an die Peripherie, wofür es mancherlei Gründe gibt: Es hieß, sie sei schwanger, aber das Gerücht verstummte bald und man sah sie tagelang mit rot geweinten Augen herumgehen. Maximilian verhieß ihr mehrmals, sie offiziell krönen zu lassen, von Aachen als Ort der Zeremonie war bereits die Rede, aber bald wurde nicht mehr darüber gesprochen. Dies vor allem, weil es keinen Ansprechpartner mehr gab. Maximilian reiste ab, versprach, seine Frau bald nach Worms nachkommen zu lassen – und ließ nichts mehr von sich hören.

Der große König verhält sich genau so, wie es kleine Schuldner seit eh und je gehalten haben: Er stellt sich tot, denn er kann den Unterhalt für seine Frau und ihr Gefolge nicht bezahlen. Sie sitzen in ihren Herbergen in Mecheln fest und Philipp scheint nicht gesonnen, seiner Stiefmutter unter die Arme zu greifen. Einige Hofleute verkaufen ihren Schmuck, um sich wenigstens Essen leisten zu können. Endlich, im April 1495 – dreizehn Monate nach der Abreise aus Innsbruck – verlangt Maximilian eine Aufstellung der Schulden, versichert, dass er bald bar bezahlen werde, aber es geschieht nichts.

Aus Sorge, dass auch seine Frau ihre kostbaren Pretiosen veräußern müsste, arbeitet er einen abenteuerlichen Plan aus: Er will sie samt Geschmeide nächtens »entführen« lassen, doch auch dieses Vorhaben scheitert – am Geldmangel.

»Zu unser lieben gemahel hofes notdurfft« gelingt es ihm schließlich, den Fuggern einen größeren Geldbetrag zu entlocken und wenigstens seine Frau freizukaufen. Der größte Teil ihres Gefolges muss in den Niederlanden zurückbleiben, wobei die wütenden Gläubiger mehrmals drohen, die ganze Gesellschaft festzunehmen und in den Schuldturm zu werfen. Es dauert bis zum Sommer 1495, bis alle freigekauft sind.

In Worms findet ein Reichstag statt, politische Geschäfte aller Art werden abgewickelt, auch fürs Vergnügen bleibt Zeit genug. Wir sehen Bianca Maria auf der Ehrentribüne, wenn sich Maximilian dem so geschätzten Hauen und Stechen hingibt und, wie üblich, aus den ritterlichen Raufereien als glanzvoller Sieger hervorgeht.

Statt aber in freudigem Stolz zu strahlen, macht die Königin einen niedergeschlagenen Eindruck und wieder einmal sind ihre Augen verdächtig rot. Ob das mit jenem festlichen Mahl zusammenhängt, bei dem sie, wie es sich gehört, zur Rechten Maximilians thront, während zu seiner Linken eine auffallend hübsche Person sitzt, mit der er sich lebhaft unterhält. Wer sie ist? Ach – eine Bekannte aus fernen Jugendtagen in Wiener Neustadt. Kraig heißt sie angeblich. Rosina von Kraig.

»Es haben sich die Edelleute mit Saufen und Fressen ziemlich säuisch gehalten«, vermerkt der Stadtschreiber von Worms in grämlichem Ton. Und mit dem Bezahlen wird es wohl auch nicht so weit her gewesen sein. Maximilian jedenfalls ist nicht imstande, die Kosten für seinen und den Hofstaat seiner Frau zu bestreiten. Er verfährt nach bewährtem Rezept, reist ab und lässt seine Frau sozusagen als Pfand zurück. Wochenlang. Monatelang.

Gegen Weihnachten erkrankt sie so schwer, dass Maximilian sich veranlasst sieht, seinen Leibarzt Dr. Luppin zu ihr zu befehlen, aber der weiß sich auch keinen Rat. Maximilian selbst kommt nicht nach Worms.

Anfang 1496 ist Bianca Maria wieder genesen, mit oder ohne Arzt, und sie hofft ihrem Mann nach Frankfurt am Main folgen zu dürfen, wo neuerlich ein Reichstag abgehalten wird. Sie hofft vergeblich. Ende Mai wird die Lage so prekär, dass die Bediensteten keine Verpflegung mehr erhalten, verzweifelt schreibt Bianca Maria Bettelbriefe nach allen Seiten – sie bleiben fruchtlos. Die Misere ist erst dann – fürs Erste – beseitigt, als Maximilian selbst nach Worms kommt und dem Bangen um die nächste Mahlzeit ein Ende macht.

Sobald das erledigt ist, entschwindet er wieder – diesmal in Richtung Italien, und Bianca Maria wünscht nichts sehnlicher als ihn begleiten zu dürfen um endlich die Heimat wieder zu sehen. Doch er befiehlt ihr zu bleiben, wo sie ist.

Angeblich soll sie einmal versucht haben aus Worms zu fliehen, um zu ihrem Mann zu reiten. Doch dieses Gerücht, das sich lange Zeit hartnäckig gehalten hat, findet in seriösen Quellen keine Bestätigung. Bemerkenswert ist allerdings, dass diese Fama überhaupt entstehen konnte. Die Umstände, unter denen Bianca Maria in Worms zu vegetieren gezwungen war, ließen es durchaus logisch erscheinen, dass sie eines Tages wagen würde, ihr Schicksal selbst in die Hand zu nehmen.

Das aber lag nicht in Bianca Marias Charakter. Sie versuchte vielmehr, wer weiß zum wievielten Mal, über einen Zwischenträger das Herz ihres Mannes zu erweichen und schrieb einem Vertrauten Maximilians, dem Freiherrn Veit von Wolkenstein, einen langen Brief:

»Bianca Maria, von Gottes Gnaden Königin, zu allen Zeiten Mehrerin des Reiches etc. Edler, lieber Getreuer, wir wissen, dass du bei unserem gnädigen Herrn Gemahl alles tust, damit seine königliche Majestät wieder zu uns kommt oder seine königliche Majestät uns wieder zu sich befiehlt, was wir mit großer Dankbarkeit zur Kenntnis nehmen. Wir bitten dich von ganzem Herzen, du mögest dich noch einmal aufs Äußerste bemühen, damit seine königliche Majestät baldigst wieder zu uns kommen oder uns zu ihm befehlen wird. Wir vertrauen dir, dass du in deinen Bemühungen nicht nachlassen wirst. Damit erlangst du unser Wohlwollen und wir werden dir das nie vergessen.«

Ein Antwortschreiben des Veit von Wolkenstein ist nicht bekannt, sehr wohl aber, dass seine Interventionen, wenn er die überhaupt nochmals getätigt hat, fruchtlos blieben. Bianca Maria muss weiterhin in Worms ausharren, unglücklich, verbittert und nicht nur von der ständigen Geldknappheit belastet.

Zank und Hader, Intrigen, Bosheiten und Sticheleien gibt es unter den Hofleuten; die deutschen und die italienischen waren einander von Anfang an spinnefeind. Die zunehmende Existenzangst hat die

Situation noch verschärft. Wer monatelang seinen Lohn nicht erhält, wer oftmals nicht weiß, ob er am nächsten Tag überhaupt satt zu essen hat, wird übellaunig und aufsässig.

Bianca Maria schließt sich immer enger an ihre alte Kammerfrau Violanta Caima an, die sie seit Mailänder Kindertagen kennt und der sie blindlings vertraut. Violanta scheint jedoch in der Tat eine verschlagene Person gewesen zu sein. Sie stand offenbar als Spitzel in neapolitanischen Diensten und versuchte über Bianca Maria in der Politik mitzumischen – ein sinnloses Unterfangen, denn die Königin besaß nicht den geringsten Einfluss.

Eines Tages muss Violanta Hals über Kopf den Hof verlassen und bald darauf wird das gesamte »welsche Pack« – so Bianca Marias Hofmeister Nikolaus von Firmian in einem Brief an Maximilian – nach Mailand zurückgeschickt. Vor allem hatte Firmian erregt, dass die Italiener höchst detailfreudig über die verschiedenen betrüblichen Vorkommnisse bei Hofe nach Mailand berichteten. Dort wisse man schon besser Bescheid über die Interna als in Deutschland, klagte Firmian.

Bianca Maria hat keinen Menschen mehr, mit dem sie sich in ihrer Muttersprache unterhalten kann. Über ihre flehentlichen Bitten wird schließlich ein Fräulein Waltenhof in Dienst genommen, die ein paar Brocken Italienisch beherrscht.

In der darauffolgenden Zeit ist wenig über Bianca Maria zu erfahren. Sie hält sich meist in Innsbruck auf, manchmal sogar in Gesellschaft des Gemahls, mit dem sie dann regelmäßig den Tisch, aber immer seltener das Bett teilt. Es ist offensichtlich, dass er die Hoffnung auf weitere Kinder aufgegeben hat. Als »Unfruchtbare« stigmatisiert, spielt sie in Maximilians Leben so gut wie keine Rolle mehr.

Bis sich ab dem Jahre 1498 die Ereignisse zu überstürzen beginnen: Zum ersten und zum letzten Mal wird Bianca Maria, wenn auch peripher, in die kriegerischen Aktivitäten ihres Mannes eingebunden; es gibt fundierte Gerüchte über eine mögliche Scheidung des Paares; bald darauf setzt der unaufhaltsame Abstieg des Hauses Sforza ein. Bianca Maria wird ihrer letzten Rückendeckung beraubt.

Sie befindet sich im Sommer 1498 in Freiburg, als sie von Maximilian die Order erhält, ihn in Köln zu treffen. Nachdem schon alle Reisevorbereitungen getroffen sind, kommt der Gegenbefehl, denn es sähe gar nicht gut aus, wenn die Königin »flichtiglich darfon« zöge.

Was ist geschehen? Die Schweiz, seit geraumer Zeit um vollkommene Eigenständigkeit bemüht, ist im Begriff, die letzten losen Fäden zu lösen, die sie noch an das Reich binden (es geht um gewisse Rechts- und Steuerbelange). Das Imperium schlägt zurück, es kommt zum so genannten »Schwäbischen Krieg«, den, um eine lange Geschichte kurz zu machen, Maximilian und das Reich verloren haben. Die Schweiz geht von da an ihren eigenen Weg.

Welche Rolle ist nun Bianca Maria zugedacht, abgesehen davon, dass sie um der guten Nachrede willen nicht »flichtiglich darfon« ziehen darf? Sie soll den Gemahl in den vom Krieg gefährdeten Gebiet vertreten und, vor allem, dazusehen, dass Geld in die wie immer leere Kriegskasse fließt.

Tatsächlich stürzt sie sich mit einem Elan, den ihr niemand zugetraut hätte, in die neue, ungewohnte Aufgabe. Sie schreibt Bettelbriefe an die reichen Städte des Gebietes, erlässt feurige Aufrufe, denn die Schweizer hätten des Königs Lande »ohne Recht und Billigkeit« überfallen. Die Sturmglocken sollen geläutet und »alles Kriegsvolk« nach Freiburg entsandt werden.

Die großen Städte (Kolmar, Straßburg, Basel) antworten ausweichend. Sie wollen lieber versuchen Frieden zu stiften als Geld und Soldaten aufbringen. Die ganze Mission, so begeistert und tatkräftig Bianca Maria sie in die Wege geleitet hatte, bleibt ohne wesentlichen Erfolg. Dies wird umgehend ihrer mangelnden politischen Erfahrung zugeschrieben. Dass Maximilian mehr als einmal in seinem Leben auf dieselbe Weise gescheitert ist, bleibt unerwähnt.

Ein weiterer Grund, Bianca Maria zu tadeln: In diesen schwierigen Zeiten der Krise hat sie auch noch »persönliche« Angelegenheiten wahrgenommen, statt sich voll und ganz in den Dienst der Sache Maximilians zu stellen. Was wurde ihr angekreidet? Schriftlich hat sie den Onkel il Moro gebeten, einer ihrer nach Mailand vertriebenen Hofdamen beizustehen, denn, so schreibt sie, »wir schulden denen

Hilfe, die uns treue Diener waren«. Eine noble, für sie selbst sehr demütigende Geste, denn sie muss zugeben, dass sie nicht einmal imstande ist, ihre treue Dienerin selbst zu entlohnen.

An ihrer fatalen Lage ändert sich nichts. Wieder einmal bleibt sie während der folgenden Monate samt Gefolge schuldenhalber in Freiburg hängen, während jenseits der Mauern dieser kleinen Stadt ihre ganze Welt in Scherben zu gehen beginnt.

Am 7. April 1498 ist Frankreichs Karl VIII. gestorben – genau jener Karl, der zunächst mit Maximilians Tochter Margarete verlobt gewesen war und ihm dann die bereits angetraute Anna von Bretagne »geraubt« hat. Anna ist nun also Witwe – wer wird der nächste Gemahl? Kardinal Peraudi, päpstlicher Legat am Hofe Maximilians, hat eine Idee: Man könnte doch die bereits einmal geschlossene Ehe reaktivieren, Maximilian sollte Anna heiraten und damit endlich einen Fuß in das ewige Feindesland, in die Bretagne nämlich, setzen. Bedenken, dass Maximilian ja noch immer mit der ungeliebten Bianca Maria verheiratet ist, gibt es kirchlicherseits nicht. Der Bischof von Gurk hat emsig in den Archiven geforscht und schon einen Präzedenzfall gefunden, wonach der Papst eine königliche Ehe wegen Unfruchtbarkeit der Frau für ungültig erklärt hat.

Es gibt keine Unterlagen über die Einstellung Maximilians in dieser Angelegenheit. Dass man diesen hinterhältigen Plan überhaupt an ihn herangetragen hat, lässt allerdings wenig Zweifel aufkommen: Niemand fädelt eine solche Intrige ein, wenn schon von vornherein deren Fehlschlag sicher ist.

Das gegen Bianca Maria gerichtete Komplott war ohnedies zum Scheitern verurteilt, denn in Frankreich hatte Karls Vetter als Ludwig XII. den Thron bestiegen und der beherrschte das Spiel der feinen Kabale wesentlich besser als Maximilian. Ludwig selbst wollte die Witwe samt dazugehörender Bretagne ehelichen, aber auch er war durch kirchlichen Segen an eine nun überflüssig gewordene Frau gebunden. Ein leicht zu beseitigendes Hindernis!

Papst Alexander VI. aus dem berüchtigten Haus der Borgia annullierte diese Ehe und erntete reichen Dank. Des Papstes leiblicher

Sohn, der Blutsäufer Cesare Borgia, bekam eine Cousine des französischen Königs zur Frau, wurde zum Herzog von Valence erhoben und erhielt auf Lebenszeit eine stattliche Rente. Eigentlich trug Borgia zu jener Zeit noch den Purpur eines Kardinals, aber freundlicherweise entließ ihn der päpstliche Vater aus dem Schoß der Mutter Kirche. Unmoralisch? Aber nicht doch! Es war ja das Zeitalter jenes unseligen Papsttums, dessen augenfälligste Merkmale Machtgier, Hurerei und Vetternwirtschaft waren.

Mit der Bretagne jedoch ist Ludwigs Landhunger noch lange nicht befriedigt. Nach weiten Gebieten Italiens steht ihm der Sinn – nicht mehr und nicht weniger als Mailand und Neapel begehrt er zu besitzen. Seine Großmutter war eine geborene Visconti und auch nach Neapel hat er enge verwandtschaftliche Bindungen. Schon bei der Thronbesteigung eignet er sich die Titel eines Herzogs von Mailand und den eines Königs von Neapel an.

Ludwig XII. setzt seine Pläne, sich der ihm »zustehenden« Länder zu bemächtigen, schleunigst in die Tat um. Mit einer starken, wohlgerüsteten Armee beginnt er seinen Italienfeldzug. Das erste Opfer ist Mailand. Dort hat man so lange in Frieden gelebt, dass es mit der Verteidigung im Argen liegt. Il Moro ist kein begnadeter Kriegsheld wie Vater und Großvater. Er flieht am 2. September 1499 mit 2000 Mann und seinem beträchtlichen Staatsschatz nach Innsbruck, hoffend, dass er mit Maximilians Hilfe siegreich zurückkehren werde.

Am 5. Oktober trifft der Mailänder mit seinen beiden Söhnen Massimiliano und Francesco in Tirol ein. Doch wenn er sich einen herzlichen Empfang erhofft hatte, wird er bitter enttäuscht. Maximilian denkt nicht daran, den Onkel seiner Frau und großherzigen Spender von deren Mitgift in irgendeiner Weise zu unterstützen. Er fordert, im Gegenteil, ständig Geld von ihm. Erstens weil die Unterbringung der zahlreichen Gäste ihn teuer zu stehen kommt (was stimmt, denn die Abrechnungen des überforderten Schatzmeisters sind noch vorhanden), zweitens beruft er sich auf angeblich verbindliche Zusagen des Herzogs, ihm Geld zu leihen. (Stimmt wahrscheinlich nicht. Es gibt keinerlei Beweise.)

Bianca Maria wird währenddessen noch immer in Freiburg von einer wütenden Gläubigerschar festgehalten. Sie bittet die Majestät, den König und Gemahl, nach Innsbruck kommen zu dürfen, um endlich ihre Verwandten wieder zu sehen, und außerdem möchte sie »nirgendwo lieber als bei ihm [Maximilian] sein«. Maximilian lässt ihr mitteilen, dass er noch immer nicht in der Lage sei, sie auszulösen, aber sie möge sich keine Sorgen machen, ihre Familie sei in Innsbruck gut aufgehoben.

Als am 20. März 1500 endlich das Geld eintrifft, um sie aus ihrer unfreiwilligen Gefangenschaft zu erlösen, ist es zu spät. Ihr Onkel befindet sich längst wieder in Italien und auf dem Weg in seinen Untergang. Sie wird ihn nie mehr sehen.

Und das kam so: Am 16. Oktober 1499 zog Ludwig XII. mit großem Gepränge in Mailand ein, verjagte die Witwe von Bianca Marias früh verstorbenem Bruder Gian Galeazzo und sperrte dessen achtjährigen Sohn Francesco, den eigentlichen Erben des Herzogtums, in ein französisches Kloster. Dort starb er, 21 Jahre alt, unter ungeklärten Umständen.

Angst und Schrecken verbreitend stürmten die Franzosen bis Neapel, das sie ebenfalls okkupierten, und sie führten sich überall auf wie die Berserker. Verzweifelte, erschütternde Briefe und Hilferufe erreichen il Moro in Innsbruck. Mit eigenen Mitteln und ohne Hilfe Maximilians gelang es ihm, eine beachtliche Truppe aus Schweizer und deutschen Söldnern zusammenzustellen. Ende Januar 1500 brach er auf, sein Herzogtum zurückzuerobern.

Am 10. April 1500 fiel er in französische Hände – durch Verrat eines bestochenen Schweizer Söldners. Er starb nach achtjähriger Gefangenschaft in dem kleinen Schlösschen von Loches in der Tourraine, 57 Jahre alt. Kurz vor seinem Tod hat er in die Kerkermauer einen Spruch geritzt: »Nicht weise ist, wer dem Glück traut.«

Gimpflicher erging es seinem Neffen Ermes, der ebenfalls in französische Gefangenschaft geraten war. Mit großem diplomatischem Geschick – das ihr immer abgesprochen wurde – glückte es Bianca Maria, dem Bruder die Freiheit zurückzugeben. Ihr diesbezüglicher

Maximilian mit seinen beiden Frauen Bianca Maria Sforza (Mitte) und Maria von Burgund

Briefwechsel mit Ludwig XII. liegt leider nicht vor. Ihr letzter Triumph wurde durch hämische Kommentare der Zeitgenossen geschmälert: Es sei kein Kunststück, Ermes freizuweinen, denn der junge Mann sei politisch bedeutungslos gewesen und durch die Ankunft des Ermes und seines Gefolges in Innsbruck wäre die schmale Kasse des Hofes zusätzlich stark belastet worden. Dieses Problem löste sich, erfreulich für die Kasse, binnen dreier Jahre von selbst. Ermes starb, 33 Jahre alt, von niemandem betrauert als von seiner Schwester.

In den nächsten Jahren bis zu ihrem Tod und, symbolisch gesprochen, auch darüber hinaus, fügte Maximilian seiner Frau – gezielt oder aus purer Gleichgültigkeit – eine nicht abreißende Folge von

Kränkungen und Verletzungen zu, sodass man sie immer öfter »mit wainetten Augen« umhergehen sah.

Sie wurde immer stiller, fand keine Freude mehr an der geliebten Stickerei, gab sich stumpfsinnigem Kartenspiel hin, hockte teilnahmslos in den dunkelsten Zimmerecken herum, aß übermäßig, wurde schwammig und bleich. Wiederholt hat man sie dabei ertappt, wie sie, in ihr Zimmer verkrochen, einen vollgefüllten Teller auf den Knien, mit bloßen Händen irgendwelche Speisen wahllos und gierig in sich hineinschaufelte.

Schließlich flüchtete sie sich in die Religion, ließ einen seit Kindertagen verehrten Pater aus Mailand kommen, mit dem sie stundenlang betete. Sie entwickelte einen bizarren Kult um echte und falsche Reliquien, der sogar dem Papst bekannt wurde und dessen heftige Missbilligung hervorrief.

Was mag sie gefühlt haben, als 1500 das heute weltberühmte »Goldene Dachl« in Innsbruck fertiggestellt war? Es ist kein Dach an sich, sondern schützende Wölbung über einem kleinen Balkon, von dem aus die hohen Herrschaften Turniere, Mummenspiele und sonstige Festlichkeiten auf dem davor liegenden Platz beobachten konnten. Das auf der Stirnseite des Erkers angebrachte Relief zeigt Maximilian, die Krone auf dem Haupt, und mit einer zarten, intimen Geste berührt er die Fingerspitze seiner neben ihm stehenden Frau Bianca Maria. Gleich an ihrer Seite aber keine andere als die unvergleichliche, in der Erinnerung Maximilians zur Vollkommenheit verklärte Maria von Burgund. Wir dürfen als gesichert annehmen, dass der Künstler nicht ohne ausdrückliche Weisung des Königs beide Frauen, die verehrte tote und die verachtete lebende, nebeneinander gestellt hat.

Nicht allein die längst verblichene Burgunderin gibt Anlass zu ständig bohrender Eifersucht. Maximilians zahlreiche »Bettweiber« und »Büberinnen« müssen Bianca wesentlich größere Pein bereitet haben.

Eindeutig geht aus allen Berichten über Maximilians Leben hervor, dass er seine Liaisons taktvoll und verschwiegen betrieb. Doch so diskret kann kein Mann der Öffentlichkeit sein, dass nicht doch das eine oder andere durchsickert, um vom heimlichen Klatsch ans Ohr der betrogenen Ehefrau gebracht zu werden. Noch dazu bediente sich Maximilian, ein Mann von striktem Standesbewusstsein, niemals der Frauen und Mädchen unterer Schichten. Er fand seine willigen Gefährtinnen in den eigenen Kreisen. Und: »Es ist nie gehört worden, dass er eine Jungfrau ihrer Ehre beraubte«, berichtet ein vor Hochachtung bebender Zeitgenosse.

Acht uneheliche Kinder sind bis heute aktenkundig, darunter zwei Söhne, Georg und Cornelius, die als erste in der Geschichte der Habsburger vom Vater anerkannt und den Adelstitel »de Austria« erhielten. Georg, 1505 als Sohn einer flandrischen Aristokratin in Gent geboren, machte Karriere als Diplomat und Geistlicher, Cornelius, 1507 als Sohn einer Salzburgerin zur Welt gekommen, wurde Jurist und stand ebenfalls im diplomatischen Dienst Habsburgs.

Von diesen beiden Söhnen erfährt Bianca Maria vielleicht nichts, sie sind fern und zur Zeit ihres Todes (1511) noch ganz klein. Ein ständiger Dorn im Auge wird ihr aber Margarete sein, die nur wenige Kilometer außerhalb Innsbrucks auf Schloss Thaur residiert, wo Maximilian häufig zu Gast ist und, so ein Biograf, »unbeschwerte Stunden erlebt« – ganz gewiss nicht in Gesellschaft seiner Frau Gemahlin.

Margarete, nicht zu verwechseln mit seiner ehelichen Tochter gleichen Namens, ist mit dem Schlossverwalter Johann von Hilla verheiratet, der den absonderlichen Spitznamen »Knyepiss« führt. Sie hat einige Kinder und für alle zusammen sorgt Maximilian aufs Rührendste.

Bianca Maria hingegen mangelt es ständig am Nötigsten. Das lässt sich einwandfrei durch ihre und auch durch Briefe des Haushofmeisters Firmian belegen. Woran sich auch nichts ändert, nachdem Maximilian 1508 in Trient feierlich zum Kaiser proklamiert worden ist. Bianca Maria ist, schon wie selbstverständlich, nicht dabei, denn sie wird (zum wievielten Male?) als Pfand in Konstanz zurückgehalten. Maximilians Versprechen, sie werde ihn im darauffolgenden Jahr zur Krönung nach Italien begleiten dürfen, bleiben schon aus dem Grunde leer, als es gar nicht dazu kommt.

Überhaupt werden die Begegnungen des Paares immer rarer, was

Firmian sehr bedauert: Wenn Bianca Maria ihren Mann sieht, legt sie, wie er in einem Brief berichtet, ihre ständige Misslaune ab und wird schlagartig freundlich. Doch das geschieht kaum mehr. Bianca Maria reist zwar rastlos durch die Lande in der Hoffnung, ihren Mann zu treffen – aber immer ist er gerade abgereist oder noch nicht angekommen. Seine Anweisungen sind entweder unklar, er trifft vielleicht spontan eine ganz andere Entscheidung oder Bianca Maria kann nicht zu ihm fahren, weil man ihr das Bettzeug und die halbe Garderobe weggepfändet hat. Kniefällig bittet sie einmal ihren Mann, ihr wenigstens ein paar Ballen Leinen für Bettwäsche zukommen zu lassen. Ein anderes Mal fleht sie die Majestät an, ihr Nadelgeld nicht schon wieder für die Bedeckung seiner eigenen Schulden einzubehalten.

Die Höhe ihrer monatlichen Zuwendungen schwankte stark, zwischen 200 und 500 Gulden, sehr oft wurden sie überhaupt nicht ausgezahlt – aber da erging es ihr nicht besser als den Hofbediensteten, die oft monatelang auf ihr Gehalt warten mussten. Und wenn sie es endlich erhielten, waren sie nicht sicher, ob sie nicht von den oberen Chargen angepumpt wurden oder das Geld für die Bedürfnisse des Hofes einbringen mussten. Mehr als einmal hat der Küchenmeister die Hofgesellschaft vor Hunger bewahrt, indem er aus eigener Tasche Essenszutaten kaufte.

Nicht nur am Essen mangelt es oft. Um die Bekleidung steht es auch nicht gut. Firmian beschwert sich bei seinem Herrn, dass die Damen des Hofes seit mehr als drei Jahren keine neue Garderobe erhalten haben. Sie besitzen nicht einmal mehr warme Wintersachen.

Auf dem Weg nach Innsbruck muss Bianca Maria einmal auf Befehl ihres Mannes innehalten, weil er dort eine hochrangige französische Delegation empfängt. Seine Frau darf den Gästen nicht unter die Augen kommen, weil ihre Garderobe gar nicht »gut gestuffirt« sei.

Im Frühjahr 1505 wird Bianca Maria erneut von einer schweren Krankheit heimgesucht, sodass sie, laut Firmian, mehrmals »in Blödigkeit« (Fieberfantasien) verfällt. Das komme daher, dass sie den Anordnungen der Ärzte nicht Folge leiste. Welcher Art deren Therapievorschläge waren, ist ebenso wenig bekannt wie die Art der Krankheit selbst. Doch wenn man bedenkt, dass damals Aderlässe, Abführ- und Brechmittel die meistverordneten Arzneien waren, lässt sich die Widerspenstigkeit der Patienten verstehen.

Dass sich ihr Befinden nicht und nicht bessert, dass es nach wenigen Wochen zu einer noch schwereren Attacke des geheimnisvollen Leidens kommt, mag auch daran gelegen sein, dass es an ordentlicher Verpflegung fehlt. Firmian schreibt Maximilian wiederholt, dass »unnser allrgd. fraw in ir krankheit solhn manl der lifrung und ander notdurfft« leiden müsse. Diese Hinweise mögen Erfolg gezeitigt haben, denn Bianca Maria wird schließlich doch wieder halbwegs gesund. Ohne Ergebnis bleibt Firmians Anregung, seine Majestät möge doch der Frau Gemahlin einmal »ein klains briffl« schreiben.

Das langsame Sterben der Bianca Maria beginnt etwa Ende November 1510. Der genaue Zeitpunkt lässt sich nur undeutlich anhand zweier Briefe bestimmen. Maximilian schreibt, seine Frau sei »eine gute [lange] Zeit« darniedergelegen, und ein Hans Kaspar von Lauenburg berichtet am 3. Dezember 1510, die Kaiserin werde zusehends schwächer und habe auch »vil verkehrung im Wesen rechter Vernunft« – sie scheint also wieder von Fieberfantasien heimgesucht worden zu sein.

Tatsächlich ist Bianca Maria schon Monate vor ihrem Tod erschreckend abgemagert, ihr prächtiges Haar grau und stumpf geworden. Als sie dann fieberte, stellten die Ärzte fest, sie hätte die »däuung« (Verdauung) verloren und das sei vom »zuvielen essen der schnecken« gekommen – Bianca Marias Lieblingsgericht. Der Todeskampf dauerte fünf Tage, bis die arme Seele in der Silvesternacht endlich erlöst war. Die Todesstunde scheint nicht exakt bekannt zu sein, denn das Sterbedatum wird in manchen Quellen mit 31. Dezember 1510, in anderen mit 1. Januar 1511 angegeben.

Nicht nur der genaue Zeitpunkt ihres Ablebens ist unklar. Die ganze Krankheitsgeschichte gibt Rätsel auf. Einerseits war Bianca Maria schon lange vor Ausbruch des Leidens zaundürr geworden, andererseits scheinen die Ärzte eine akute Lebensmittelvergiftung angenommen zu haben: »zuviel essen der schnecken«. Eine solche Vergiftung zieht sich aber normalerweise nicht über Wochen hin, das hohe Fieber lässt mehrfach andere Deutungen zu – eventuell Typhus oder Ruhr. Vielleicht trifft die Diagnose eines Laien am ehesten den wahren Kern. Abt Gubertus, ein Kenner des Hof- und Bianca Marias Ehelebens, meinte, sie sei an Mangel von Liebe zugrunde gegangen.

Der Kaiser wird umgehend vom Tod seiner Frau verständigt, gleichzeitig werden aber bereits in aller Eile die Bestattungszeremonien in Angriff genommen. Niemand scheint angenommen zu haben, dass sich Maximilian die Mühe nehmen werde, von Freiburg im Breisgau nach Innsbruck zu reisen, um an den Feierlichkeiten teilzunehmen. So ist es auch. Er gibt Anweisung, in allen Sachen zu handeln, »die nach irs gemahels abgang notdurfftig sein«.

Man soll in der Kirche zu Stams, wo Bianca Maria bestattet wird, einen Gedenkstein errichten, eine weitere figürliche Ausstattung gibt es nicht, abgesehen von einem schlichten Kreuz. Maximilian nimmt auch nicht an den zur damaligen Zeit üblichen Trauergottesdiensten am 30. Tag nach dem Hinscheiden teil.

Erst Jahrzehnte nach ihrem Tod wird Bianca Maria den Nachkommen ihres hoffnungslos geliebten Ehemanns von erheblichem Nutzen sein. Auf die Heirat der Sforza-Tochter mit Maximilian gründeten sich die Ansprüche Habsburgs auf Mailand und die reiche Lombardei. Das Land ging 1535 an die spanische Linie und 1714 an Österreich. Nach 1859 wurde es Bestandteil des endlich vereinigten italienischen Staates.

Weltreich zufällig erheiratet

Johanna von Kastilien 1479–1555 ⚭ Philipp I. 1478–1506

Gedankenlos werden manche Klischees von Generation zu Generation weitergegeben. Niemand findet es der Mühe wert nachzufragen, was denn nur wirklich dahinter stecken mag. Nehmen wir zum Beispiel die beiden Hauptpersonen dieses Kapitels: Philipp, zu dem jedem, auch dem seriösesten Historiker, automatisch »der Schöne« einfällt, auch Johanna, die in alle Ewigkeit mit dem Beinamen »die Wahnsinnige« behaftet ist.

Betrachten wir die zahlreichen Porträts des Mannes, dann können wir keine Spur von außergewöhnlicher Schönheit entdecken. Aber vielleicht waren die ästhetischen Vorstellungen vor einem halben Jahrtausend ganz andere. Wenn nicht, dann ist es durchaus möglich, dass Philipp, vor allem mit Charme gesegnet, eine innere Schönheit ausstrahlte, die seine Zeitgenossen so faszinierte, dass sie ihm den schmückenden Beinamen gaben.

Wesentlich komplizierter liegen die Dinge bei der Frau, die im Zeiten-Gedächtnis als eine total Verrückte hängen geblieben ist. Gewiss, sie war heißblütig, exzentrisch, unberechenbar und aufbrausend. Aber wirklich wahnsinnig von Anfang an und nicht (vielleicht) erst am Ende ihres turbulenten Lebens – im Spannungsfeld zwischen Liebe und skrupelloser Machtpolitik der sie umgebenden und beherrschenden Männer? Diese Frage ist einer näheren Untersuchung wert; wobei jedoch, über jeden Zweifel erhaben, feststeht, dass Johannas Lebens- und Leidensgeschichte einen einzigartigen Fall von sexueller Hörigkeit darstellt.

Sie wurde in eine große Zeitenwende der Geschichte hineingeboren, an der gewaltigen Bruchlinie zwischen Mittelalter und Neuzeit. Sie war hautnah dabei, als Granada, die letzte Festung der Mauren in Spanien, fiel. Sie war dabei, als in grausamen Schauprozessen Hunderte zu Folter und Flammentod verurteilt wurden. Sie war dabei, als Kolumbus ihren Eltern nach seiner Rückkehr aus »Indien« (Amerika) Papageien und rothäutige Menschen mit buntem Federschmuck vorführte.

Das alles ließ sie seltsam unberührt. Wie eine Traumwandlerin taumelte sie dem alles verzehrenden Brennpunkt ihres Lebens entgegen. Wenige Wochen des Glücks. Endlose Jahre der Seelenqual. Mehr als die Hälfte ihres langen Lebens in Gefangenschaft ...

Nirgendwo in Europa war der Umbruch so deutlich fühlbar wie in Spanien, das durch viele Jahrhunderte am Rande des Kontinents so gut wie unbeachtet war.

Ursprünglich von Iberern bewohnt, daher der Name »Iberische Halbinsel«, wurde diese ständig von fremden Völkerschaften bedroht und beherrscht. Die Kelten waren da, die Phönizier, die Griechen, die Karthager und die Römer. Diese kolonisierten und romanisierten das gesamte Gebiet, ehe sie Anfang des 5. Jahrhunderts von germanischen Stämmen besiegt und vertrieben wurden. Rund zwei Jahrhunderte hielt sich das Reich der Westgoten, bis dann einer ihrer Stammesführer, hoffnungslos zerstritten mit den anderen, die Mauren (arabischstämmige Moslems) aus Marokko für eine Entscheidungsschlacht zu Hilfe rief.

Das war keine sehr gute Idee. 711 setzten die ersten Mauren in Gibraltar ihren Fuß auf spanischen Boden, breiteten sich wie ein Flächenbrand aus – und blieben für sieben Jahrhunderte.

Nur im Norden des Landes hatten sich ein paar kleine Fürstentümer gehalten, die im 13. Jahrhundert wie David gegen Goliath ihre zähe, allen Rückschlägen trotzende »Reconquista« (Wiedereroberung) begannen. Obwohl auch die Spanier nicht vor Querelen inner-

Philipp »der Schöne«

halb der eigenen Reihen gefeit waren, drangen sie Schritt für Schritt vor. Der endgültige Sieg gelang ihnen, nachdem die beiden größten Territorien, Aragón und Kastilien, sich durch eheliche Bande zusammengeschweißt und gemeinsam mit den anderen einen mächtigen, unbesiegbaren Block geschaffen hatten.

Ferdinand von Aragón und Isabella von Kastilien hießen die beiden rettenden Erzengel. Aber um ein Haar wäre es gar nicht zum schicksalsentscheidenden Zusammenschluss ihrer beiden Königreiche gekommen, weil es provinziell eigensüchtige Kleingeister gab, die diesen zu verhindern suchten.

So ereignete sich 1469 das groteske Zerrbild einer königlichen Hochzeit in einer halbverfallenen Scheune, vollzogen von einem verdatterten, aus dem Schlaf gerissenen Mönchlein. Der Bräutigam hatte sich, als Schäfer getarnt, durchs Gebüsch herbeigeschlichen, die Braut war als Bauernmädchen verkleidet.

Dann aber zogen die beiden mit der geballten Kraft zweier starker Persönlichkeiten gemeinsam los. Machtwillig, wagemutig, schlau, gerissen, politisch weit vorausblickend, skrupellos, nationalstolz. Das Ziel: ein mächtiges, geeintes Spanien, eine starke, gleichberechtigte Stimme im Chor der europäischen Völker.

Sie einten unter der gemeinsamen Krone die verschiedenen kleinen Duodezfürstentümer, schufen eine ordentliche Verwaltung, errichteten ein modernes Bildungssystem.

Im Januar 1492 fiel Granada, staunend dürfen wir Königin Isabella bewundern: eine spanische Amazone, hoch auf ihrem gelb-rot drapierten Ross, mitten im Getümmel, auf den Lippen den Schlachtruf: »Vamos por Dios, nuestro señor Jesus Christus y Santa Maria!« (Auf im Namen Gottes, unseres Herrn Jesus Christus und der heiligen Maria.)

Schon sechs Monate später schicken sie und ihr Gemahl den Fantasten Kolumbus auf die gewagte und kostspielige Suche nach dem Seeweg zu den Reichtümern Indiens. Denn, wir dürfen nicht vergessen: Spanien war ein ausgepowertes Land, die breite Masse der Bevölkerung lebte in verzweifelter Armut. Daran sollte sich, im Grunde genommen, nie etwas ändern, trotz aller Reichtümer, die später aus »Indien» (Amerika) zufließen würden.

Was nach Beendigung der Reconquista folgte, war eines der grausamsten Kapitel der spanischen Geschichte. Nicht nur die Mauren wurden vertrieben, wenn sie nicht den katholischen Glauben annah-

Ferdinand und Isabella, vom Papst mit dem Titel
»Katholische Könige« ausgezeichnet

men. Auch den Juden ging es an den Kragen. Sie stellten eine sehr starke Minderheit dar, die eine führende Rolle im Handel, im Finanzwesen, in der Beamtenschaft spielte. Unter den Mauren hatten sie unbehelligt ihre Talente entfalten können. So, wie die Mauren auch den katholischen Spaniern größte Toleranz angedeihen ließen. Die »Ungläubigen« (Nicht-Moslems) mussten nur mehr Steuern zahlen als die Moslems. Das war alles an Repression.

Unter Ferdinand und Isabella, die von Papst Alexander VI. dafür auch umgehend den Titel »Katholische Könige« verliehen bekamen, mussten alle Landeskinder dem einen, einzigen Glauben angehören – unter dem Motto »Das christliche Spanien den christlichen Spaniern«. Wenn sie sich weigerten, wurden sie aus dem Land vertrieben und durften nur mit sich nehmen, was sie auf dem Leib trugen.

Die meisten Moslems konvertierten, 100 000 Juden jedoch verließen das Land. Aber die, welche sich für den Glaubenswechsel entschieden hatten, waren noch schlimmer dran. Unter der Beschuldigung, ihrer Religion im Geheimen anzuhängen, wurden Tausende von der Inquisition gefoltert und in absurden Prozessen zum Tod auf dem Scheiterhaufen verurteilt.

Was heute nur noch den wenigsten bekannt ist: Die schreckliche Inquisition war zwar ein kirchliches, aber kein eigenständig agierendes Instrument. Sie stand unter Kontrolle und Befehl des Königspaares, das sich von Rom emanzipiert und im Katholizismus eine *politisch* verfügbare Staatsreligion geschaffen hatte. So ist es nur logisch, dass das Vermögen der vertriebenen und ermordeten Juden und Mauren nicht in die Kassen der Kirche floss, sondern in die der königlichen Finanzprokuratur.

Zurück aus den weithin publiken historischen Ereignissen in die Privatheit der königlichen Familie. Die zuvorderst gestellte Frage, ob Ferdinand und Isabella in ihrer Ehe glücklich waren, muss selbstverständlich verneint werden. Fürstenehen waren Zweckbündnisse, niemals auf persönliches Wohlbefinden ausgerichtet – sieht man von wenigen Ausnahmen ab, die an den Fingern einer Hand abzuzählen sind.

Ein häufig beobachtetes Phänomen, dass sich die Frau dann doch in den aus politischen Gründen geheirateten Mann verliebt, stellte sich auch bei Isabella ein. Eine Zeit lang soll sie, so wird übereinstimmend berichtet, zwischen lautstarken Wutausbrüchen und tränenreicher Niedergeschlagenheit schwankend, auf die Treu- und Lieblosigkeit ihres Mannes reagiert haben. Bald aber bündelte sie ihre ganze

Energie auf das politische Geschäft, für das sie hochbegabt war, und nahm die Eskapaden ihres Mannes nicht mehr zur Kenntnis.

Immer wieder haben Zeitgenossen, später Historiker, Isabellas Tochter Johanna angekreidet, dass sie nicht dem Beispiel ihrer Mutter gefolgt war und, wie es einer gehorsamen Ehefrau ziemt, großzügig über die Erotomanie ihres Mannes hinweggesehen hatte. Eines wird dabei nicht bedacht: Johanna besaß nur sehr wenig positive, dafür sehr viel negative Energie – und Politik war ihr zeitlebens gleichgültig.

Isabella und Ferdinand haben sich jedenfalls arrangiert und gemeinsam regiert unter ihrer Devise: »Tanto monta, monta tanto Isabel con Fernando« (Isabella und Ferdinand steigen zu gleicher Größe empor) – meines Wissens das erste Gleichberechtigungs-Signal der Weltgeschichte.

Im Zeitraum zwischen 1470 und 1485 wurden dem Paar fünf Kinder geboren, leider im nach damaliger Weltsicht völlig falschen Verhältnis eins zu vier. Ein Knabe, Juan, und vier Mädchen: Isabella, Johanna, Maria und Katharina. Johanna kam am 14. November 1479 zur Welt. Wie üblich in der Berichterstattung jener Tage, wissen wir, da sie »nur« ein Mädchen war, herzlich wenig über die Zeit vor ihrer Vermählung mit Philipp dem Schönen, dem Sohn von Kaiser Maximilian I.

Sie soll das hübscheste und zugleich das schwierigste der Königskinder gewesen sein. Sehr klein, sehr zart, mit bleicher Haut und großen dunklen Augen. Immer verschlossen und abweisend. Mundfaul, in sich gekehrt. Lag es bereits in ihrem Charakter? Lag es in früh prägenden, einschneidenden Erlebnissen, die einem sensiblen Kind mehr zusetzen als einem robuster veranlagten? Man weiß es nicht.

Wie hat sich jene verheerende Feuersbrunst auf sie ausgewirkt, als sie, noch nicht 13, in einem Zelt untergebracht, mit der ganzen Familie an der Belagerung von Granada teilnahm und plötzlich von Flammen eingeschlossen war – gerettet in letzter Minute? Was haben die von hasserfüllten Parolen widerhallenden Ketzerprozesse, stundenlang in der glühenden Hitze öffentlicher Marktplätze abgehalten, in der kindlichen Seele angerichtet? Was empfand sie wirklich, als Kolumbus vor versammelter Hofgesellschaft seinen ersten überwältigenden Bericht erstattete und alle, alle schluchzend in die Knie sanken? Auch sie warf sich zu Boden. Aber sie blieb stumm.

Die Infantinnen und der Infant genossen eine vorzügliche Erziehung durch hervorragende Lehrer – alle fünf sprachen fließend Latein – und vor allem durch Geistliche. Die Ausübung der religiösen Pflichten spielte eine zentrale Rolle im Leben der Kinder. Musik wurde auch unterrichtet, es war Johannas Lieblingsfach. Sie spielte ausgezeichnet Gitarre – schon als Mädchen.

Die monarchische Familie lebte im krassen Gegensatz zu anderen europäischen Fürsten in spartanischer Bescheidenheit. Es gab, wie damals allgemein üblich, keinen festen Wohnsitz. Man zog im Rhythmus von Wochen oder Monaten kreuz und quer durchs Land von Burg zu Burg und übernachtete auf den langen, beschwerlichen Wegstrecken mehr als einmal in elenden Herbergen.

Bar jeden höfischen Gepränges waren die Mahlzeiten bescheiden, die Kleider aus Wolle oder Leinen genäht. Seide und Samt sowie Schmuck zierten nur rare Festtage.

Kaum anzunehmen, dass Johanna jemals elterliche Liebe erfahren hat. Isabella und Ferdinand waren dabei, ein Weltreich aufzubauen. Für die Kinder waren ausschließlich Erzieher und Bediente zuständig. Wir können nur vermuten, dass die beiden maurischen Sklavinnen, die Johanna zugeteilt waren, ihr wenigstens einen Hauch von menschlicher Wärme vermittelt haben: Herzzerreißend waren Johannas Schmerz und Entsetzen, als ihr Mann, Jahre später, die beiden treuen Dienerinnen davonjagte.

In einer Zeit, da auf die Persönlichkeit von Kindern nicht geachtet wurde, war es selbstverständlich, dass auch das Wohlbehagen von Erwachsenen nicht die geringste Rolle spielte, sobald es um politische, materielle und sonstige Vorteile für Familie und Staat ging.

Johanna und ihre Geschwister wurden bereits als Kinder »vergeben«. Isabella, die Älteste, heiratete dann, einer langen Tradition folgend, den portugiesischen Thronfolger. Die Blutsbande zwischen Spanien und Portugal waren mittlerweile so eng geworden, dass diese einem Inzest bedenklich nahe kamen.

Johanna »die Wahnsinnige«

Isabella wurde nach nur acht Monaten Witwe, verfiel exzessiver Frömmigkeit und heiratete den Cousin ihres verstorbenen Mannes, König Manuel den Großen, erst dann, als er ihr versprochen hatte, auch in seinem Lande den Juden den Garaus zu machen.

Johanna und ihr ein Jahr älterer Bruder, der Thronfolger Juan, wurden den Kindern des späteren Kaisers Maximilian I. versprochen: Philipp und Margarete. Um die Liste zu vervollständigen: Johannas Schwester Maria wird nach dem Tod von Isabella den Portugiesen-König Manuel ehelichen, die jüngste, Katharina, nach England vermählt. Zunächst heiratet sie den Prinzen von Wales, Arthur, der bald stirbt, dann wird Bruder Heinrich sie ehelichen. Heinrich VIII., der notorische Blaubart. Mehr über sie im folgenden Kapitel.

Johanna ist 13, als sie zum ersten Mal erfährt, wer ihr zum Gemahl bestimmt ist. Anzunehmen, dass man ihr auch ein Bildnis des 14-Jährigen gezeigt hat. Ein hübscher blonder Junge, hoch gewachsen, muskulös, mit auffallend langen, schmalen Fingern.

Vermutlich waren seine Zähne damals noch halbwegs in Ordnung – sie wurden später schaurig schlecht – und vom leichten Fettansatz um die Leibesmitte, hervorgerufen durch unmäßiges Essen und Trinken, war gewiss noch nichts zu sehen.

Die Verhandlungen zwischen den Katholischen Königen und Maximilian waren im November 1495 abgeschlossen. Gleich darauf erhielt Johanna ein artiges Brieflein ihres Verlobten, worin er ihr in ziseliertem Latein mitteilte, dass er »vor Verlangen brennt«, mit ihr vereint zu sein, und »großen Schmerz empfindet«, weil er noch immer von ihr getrennt ist. »Euer heiß liebender Philipp« vergaß auch nicht ausdrücklich zu erwähnen, dass er sich »eine zahlreiche Nachkommenschaft« wünsche.

Der italienische Humanist Petrus Martyr, der an spanischen Universitäten lehrte und uns tiefe Einblicke in die spanisch-österreichischen Beziehungen gewährt, schildert Philipp als einen Mann, der schlichtweg die Erfüllung aller weiblichen Träume darstellte.

Wesentlich differenzierter sieht ihn der spanische Historiograf Jeronimo Zurita: Philipp sei fröhlich und freundlich, ein geschickter Jäger und Tänzer, doch lässig und wenig interessiert an ernsthafter Arbeit. Ein italienischer Zeitgenosse nennt Philipp »unstetig und launenhaft«. Gomez de Fuensalida, spanischer Diplomat in den Niederlanden, bemerkt: »Er ist gut, aber gänzlich willensschwach, ganz und gar seinen Günstlingen verfallen ... die ihn von Bankett zu Bankett, von einem Weib zum anderen schleppen ... denn in gewissen Trieben des Leibes ist er unersättlich.«

Philipp war durch und durch französisch erzogen, liebte Frankreich und betrieb, unter dem Einfluss seiner Ratgeber Frans von Busleyden und Willem van Croy, sehr zum Missfallen seines Vaters, eine überaus frankreichfreundliche Politik. Von Anfang an musste er zornig und verbittert gewesen sein, dass ihn der Vater zur Ehe mit einem Mädchen zwang, dessen Eltern – aus Gründen, die mit unserer eigentlichen Geschichte nichts zu tun haben – eine verbissen antifranzösische Haltung einnahmen und nur selten das Kriegsbeil gegen den Nachbarn begruben ...

Im Frühsommer 1496 sammelte sich der Hof in der Burg von Almazan um, begleitet von der Blüte des spanischen Adels und der höchsten Geistlichkeit, den Weg nach Norden anzutreten. Über den Ebro und das kantabrische Gebirge ging es nach Laredo.

Dort wartete eine imposante Flotte von 110 Schiffen und mehreren Tausend Soldaten. Die Brautfahrt Johannas sollte vor allem eine Machtdemonstration gegenüber Frankreich werden. Zufällig sind die Ladelisten erhalten und geben Auskunft über das gewaltige Ausmaß der Expedition: 20000 Maß Wein, 2000 Zentner (umgerechnet) getrocknetes Rindfleisch, 400 Zentner gepökeltes Schweinefleisch, 12000 Stück getrockneter Kabeljau, 100000 gesalzene Heringe, 300 Zentner Stockfisch.

Johannas Mutter und sämtliche Geschwister sind mit von der Partie auf dem wie üblich beschwerlichen Weg nach Laredo. Man reist zu Pferd und auf dem Maultier, geht zu Fuß und schwankt in Sänften, hält Rast in Burgen, Herbergen oder, wenn es nicht anders geht, in Bauernhäusern, die niedrigen Chargen auf freiem Feld.

Am 22. August 1496 werden die Segel gesetzt. Königin Isabella ist buchstäblich bis zum letzten Augenblick in der Kabine Johannas geblieben und verlässt sie unter Tränen. Es ist das erste Mal, dass man die Königin weinen sieht.

Was die Mutter der Tochter noch zu sagen hatte, das wissen wir nicht. Doch wir wissen, wie Mütter sind: Es wird Anweisungen, Gebote, Warnungen sonder Zahl für dieses merkwürdig verschlossene, unreife Kind gegeben haben. Vor allem den Ratschlag, wenn nicht gar Befehl, sich in allen Belangen an zwei von Isabella sorgfältig ausgewählte Männer zu wenden: an den Beichtvater Don Diego de Villaescusa und an den Schatzmeister Martin de Moxica. Johanna weint nicht nach dem Fortgang der Mutter. Sie verkriecht sich in ihrer Kabine und hüllt sich in Schweigen.

Wie die meisten Seereisen zur damaligen Zeit war auch die Brautfahrt Johannas ein Albtraum, der das junge Mädchen mit schwerer Seekrankheit heimsuchte und einige Schiffe auf den Grund des Meeres schickte, darunter auch jenes, das Johannas kostbarste Ausstattungsstücke und ihren Schmuck beförderte. Sie nahm es kaum zur Kenntnis. Die Seekrankheit war abgelöst worden durch eine hochfiebrige Erkältung und das arme Kind hustete sich fast die Seele aus dem Leib.

Einen rauschenden Empfang gab es nicht für die spanische Braut im Hafen von Arnemuiden auf der Insel Walcheren. Keine Spur vom Bräutigam. Die Gesellschaft wird über Middelburg und Bergen op Zoom nach Antwerpen geleitet. Auch dort kein Lebenszeichen von Philipp. Johanna muss weiter das Bett hüten. Den ersten Lichtblick in diesem entsetzlich kalten, dunklen, verregneten Land bildet das Auftauchen von Johannas zukünftiger Schwägerin Margarete, die ab nun nicht mehr von ihrer Seite weicht.

Noch immer hustend reist Johanna weiter nach Mecheln und dort endlich trifft sie am 18. Oktober 1496 den Verlobten. Wo er so lange verblieben ist? Die Chroniken geben keine Auskunft. Jedenfalls kommt er aus Innsbruck angeritten und es mag schon sein, dass ihn unterwegs die eine oder andere Versuchung davon abgehalten hat, schnurstracks in die Arme seiner Braut zu eilen, nach der er angeblich »vor Verlangen brannte«.

Er kann, das ist mehrfach belegt, seit seinem 14. Lebensjahr keiner Verlockung widerstehen, der arme Junge. Mit seinen nun 18 Lenzen ist er ein abgebrühter Roué, der schon starker Reize bedarf, um richtig in Wallung zu geraten: Der Anblick des blassen, schüchternen und sehr kindhaften Mädchens aus fremden Landen löst augenblicklich ein solches Begehren aus, dass er alle Regeln des primitivsten Anstands und burgundischen Hofzeremoniells beiseite schiebt. Sofort muss ein Priester her, sofort muss der Ehebund abgesegnet werden. Ehe die Hofgesellschaft sich noch von Verblüffung und Entsetzen erholt hat, ist das Paar im Schlafgemach verschwunden.

Durch alle Berichte über diese skandalöse Hochzeit zieht sich die augenzwinkernd schlüpfrige Legende, dass *beide*, Johanna und Philipp, auf der Stelle von heftigster Leidenschaft füreinander entbrannt seien, dass *beide* den kirchlichen Segen befohlen hätten, um sich sofort lustvoll aufeinander zu stürzen.

Mag sein, dass Johanna sogleich Gefallen an Philipp gefunden hat. Gewiss aber war das in strengster katholischer Zucht und Leibfeindlichkeit aufgewachsene und – damaliger Sitte entsprechend – nicht einmal aufgeklärte Mädchen keineswegs erpicht darauf, das Bett mit einem Wildfremden nach nur wenigen Minuten Bekanntschaft zu teilen. Es muss ein furchtbarer Schock für sie gewesen sein.

Was sich auch immer in dieser Nacht ereignet haben mag – dort geschah höchst wahrscheinlich die Initialzündung zu jener sexuellen Hörigkeit, die verhinderte, dass Johanna sich jemals zu einer reifen, eigenständigen Persönlichkeit entwickeln konnte. Sie wurde zum willigen Werkzeug für Philipps Wünsche und wagte nur selten, gegen ihn aufzubegehren. Wenn sie es tat, hatte das schlimme Folgen.

Große Hochzeit wurde dann in Antwerpen gefeiert, mit burgundischem Gepränge und flämischer Lebensfreude. Zugleich hat man Margarete Johannas Bruder Juan per procurationem angetraut. In Gesellschaft der spanischen Granden, die Johanna nach Flandern eskortiert hatten, brach sie in ihre neue Heimat auf. Wenige Monate später war sie schon Witwe. Ihr Mann, Infant Juan, der erste Anwärter auf den spanischen Thron, war, erst 19 Jahre alt, plötzlich und unerwartet verschieden. Es heißt, er hätte sich an seiner stattlichen blonden Frau »zu Tode geliebt« ...

Johanna und Philipp residierten vorwiegend in Mecheln. Das heißt, meist sitzt Johanna allein daheim, beschäftigt sich mit ihren Volieren, spielt Gitarre und wartet. Philipp hat viel zu tun, muss in allerlei Geschäften ständig unterwegs sein, wobei allerdings weder die Jagd noch das Ballspiel und mancherlei andere Vergnügungen zu kurz kommen. Es ist ein offenes Geheimnis, dass er nicht nur eine neue, ständige Geliebte hat, sondern auch jedes Blümlein mitnimmt, das lockend seinen Wegrand ziert.

Was weiß Johanna? Vermutlich nichts, ganz einfach, weil sie nichts wissen will. Heftiges Murren allerdings unter ihrem spanischen Gefolge. Sie verstehen die Sprache nicht, sie vertragen die schwere Kost nicht, sie leiden unter dem für ihre Verhältnisse arktischen Klima. An ein einfaches, strikten und frommen Regeln folgendes Hofleben gewöhnt, können sie nicht fassen, wie man hier die Zeit mit lockerem Luxus und lauten Festen vertrödelt.

Und, was das Schlimmste ist, sie bekommen kein Geld zwischen die Finger. Der von Königin Isabella so hochgerühmte Schatzmeister Martin de Moxica hat sich, sehr zu seinem Vorteil, auf Philipps Seite geschlagen. Nicht nur, dass er Johannas Hofleute nicht entlohnt, lässt er auch jeden Escudo, der aus Spanien für ihre Privatschatulle einlangt, in die seines neuen Herrn fließen. Bei dieser Konstellation versteht es sich fast von selbst, dass Johanna nichts vom dem Nadelgeld sieht, das ihr laut Ehevertrag zusteht.

Irgendwann muss Johanna doch Einwände erhoben haben: Mit einem Schlag wird praktisch ihr gesamter spanischer Hofstaat entlassen und nach Hause geschickt, abgesehen von zwei oder drei unwichtigen Fräulein und den beiden maurischen Sklavinnen. Haushofmeisterin wird Gräfin d'Haleweyn, eine nun würdige Matrone, der wir bereits im vorangegangenen Kapitel begegnet sind. Sie war es, die Maria von Burgund erzogen und dann auch den mutterlosen Philipp betreut hat. Grenzen- und bedingungslos ist die Anhänglichkeit an »ihren« Prinzen.

Auch auf Señor de Moxica scheint absoluter Verlass zu sein. Er bleibt Schatzmeister. Der neue flämische Hofstaat Johannas wird anstandslos korrekt bezahlt.

Eine weitere Schikane hält Philipp bereit: Alle Post aus Spanien geht zuerst über seinen Schreibtisch. Es war nie festzustellen und wird es nie mehr sein, ob und welche Briefe Johanna vorenthalten wurden.

Eines ist gewiss. Sie schreibt keine Zeile an ihre Eltern. Wie denn auch? Was soll sie berichten? Dass der Mann, den sie liebt, sie betrügt, bespitzelt und von ihrer vertrauten Umgebung isoliert? Soll sie einbekennen, dass sie ihn brennend begehrt und sofort dahinschmilzt, wenn er auch nur ein freundliches Wort an sie richtet?

Aus dieser Perspektive ist auch zu verstehen, dass sie sich ihrem von der Mutter mitgegebenen geistlichen Beistand verweigert und zwei französische Mönche, deren Ruf nicht der beste ist, zu Beichtvätern erkürt. Sie werden das Wirrwarr ihrer Liebes- und sonstigen Gefühle wahrscheinlich besser verstanden und milder beurteilt haben als der im Geist der Inquisition streng urteilende spanische Pater.

Nur zu verständlich, dass die Sorge der Katholischen Könige in dem Maße steigt, in dem es keinerlei Echo auf ihre drängenden Briefe an Johanna gibt. (Zwischenfrage: Hat sie die überhaupt erhalten?) Es ist nicht das Bangen um Johanna allein, das Königin Isabella veranlasst, einen zuverlässigen Beobachter nach Mecheln zu schicken um herausfinden zu lassen, was dort eigentlich vorgeht. Nachdem ihr einziger Sohn, Juan, gestorben ist, war die älteste Tochter Isabella, Ehefrau des portugiesischen Königs Manuel, die nächste Anwärterin auf den Thron. Aber auch Isabella musste bei der Geburt ihres ersten Kindes, ein Sohn namens Miguel, ihr Leben lassen.

Ein Säugling von zartester Gesundheit hat nun Anspruch auf den spanischen Thron. Und was, wenn auch er dahingeht? Dann ist Johanna an der Reihe. Johanna ist nun nicht nur die *Tochter*, die zur Beunruhigung Anlass gibt, es ist die *politische Person*, an deren Wohl und Wehe vielleicht die Zukunft eines im Entstehen begriffenen Weltreiches hängt.

Prior Tomas de Matienzo wird in Mecheln reserviert empfangen. Bei seiner ersten Begegnung mit Johanna müssen auf Philipps Befehl drei ihrer flämischen Hofdamen zugegen sein. Aber was immer Johanna mit dem Geistlichen besprochen haben mag, die Damen haben es ohnehin nicht verstanden.

Auch beim nächsten Treffen unter vier Augen hält Johanna Distanz. Sie hat vermutlich begriffen, dass der Prior ausgeschickt wurde, ihr Leben und ihre Beziehung zu Philipp auszuspionieren. Die junge Frau spielt dem Prior etwas vor. Im ersten Bericht an Königin Isabella vermeldet Matienzo denn auch nur, dass die Erzherzogin »reizend aussieht«, sie sei »guten Mutes« und »so hochschwanger, dass es Ihren königlichen Hoheiten wohl gefiele, falls Sie sie besuchen kämen ...«

Durch die Geburt ihres ersten Kindes bedingt kommen Johannas Gespräche mit dem Prior ins Stocken. Sie wird am 15. November 1498 Mutter einer kleinen Tochter namens Eleonore, Grund genug, glücklich zu sein. Ein Knabe hätte es selbstverständlich werden sollen. Johanna bekommt den Ärger ihres Mannes drastisch zu spüren. Er besucht sie nicht einmal am Wochenbett.

Matienzo hat indessen Zeit und Ruhe, sich ein bisschen umzuhören. Er leidet wie alle Spanier. Scheußliches Wetter, scheußliches Essen, schrecklich laute, dicke Leute, die nicht einmal Spanisch können.

Nach angemessener Zeit nimmt er seine Unterredungen mit Johanna wieder auf. Sechs Monate nach seiner Ankunft in Mecheln verfasst er einen langen, ausführlichen Bericht an seine Königin, den wir mit Schaudern und Entsetzen zur Kenntnis nehmen. Unter anderem heißt es darin:

»Die Erzherzogin ist längst nicht mehr Herrin ihres Hauses. Die Verwaltung haben der Fürst von Chinay und die Gräfin d'Haleweyn übernommen. Die Infantin würde sehr wohl die Hofhaltung selbst befehligen, aber sie fügt sich darein, um ihrem Gemahl gehorsam zu sein, der sie vollkommen beherrscht. Mehr als einmal hat sie versucht, wieder die Oberhand zu gewinnen, hat Beschwerde geführt, weil die wenigen Spanier, die ihr noch geblieben sind, unter den unwürdigsten Bedingungen leben müssen. Doch alle Gelder, die Eure Majestät geschickt haben, sind in die Kassen der Flamen geflossen, mit eingeschlossen die Summen, die Ihr zur Geburt der Prinzessin Eleonore geschickt habt. [Schatzmeister] Moxica ist ein Verräter, er tut nur, was der Erzherzog ihm befiehlt. Bislang hat er sich gesträubt, mich überhaupt zu empfangen. Die Infantin selbst ist dermaßen in Geldnöten, dass sie nicht einmal ein Almosen verteilen kann. Sie traut sich aber nicht aufzubegehren, weil sie vor ihrem eigenen Schatzmeister Angst hat.«

An anderer Stelle weiter: »Eure Tochter ist von allen Nachrichten aus Spanien abgeschnitten, selbst Euren Botschafter kann sie nicht sehen und sie scheint nicht zu merken, dass man sie isoliert um sie besser bevormunden zu können ... Dona Juana ist vollkommen verblendet ... Ihre Gedanken kreisen einzig und allein um ihren Gemahl, den sie wie einen Abgott liebt. Wenn es nur den Anschein hat, dass eines meiner Worte ihm nicht behagt, weist sie mich sofort aus dem Gemach ... Der Prinz ist ihr durchaus nicht treu. Weiß die Erzherzogin nichts von seinen Ausschweifungen oder will sie nichts wahrnehmen? Jede Gewissheit würde sie zusammenbrechen lassen. Der Gemahl behandelt sie äußerst schlecht. Sie ist meist allein und die Geburt ihrer Tochter Eleonore hat die Gewohnheiten des Prinzen nicht verändert. Er gebietet über Eure Tochter wie über eine Dienerin ...«

Matienzo beklagt sich auch ausführlich darüber, dass Johanna nur noch selten die Messe besuchte und sich die Beichte von zwei französischen Mönchen abnehmen ließe – was von denen zu halten sei, das wisse man ja. Darüber hinaus habe er Johanna Vorhaltungen gemacht, dass sie niemals ihren Eltern schriebe, und ihr Kaltherzigkeit vorgeworfen. Darauf habe sie geantwortet: »Im Gegenteil, Vater. Ich habe ein sehr gefühlvolles Herz. Wenn mir bewusst wird, wie weit ich von Heimat und Eltern entfernt bin, dann muss ich heftig weinen.«

Die Katholischen Könige unternahmen zunächst nichts. Offensichtlich hatten sie sich entschlossen, den weiteren Verlauf der Dinge abzuwarten. Die entwickelten sich allerdings so, dass der Unmut von Ferdinand und Isabella weiter und weiter wachsen musste.

Zunächst kristallisierte sich heraus, dass Philipp seine Annäherung an Frankreich stetig vorantrieb. Und dann, 1498, erreichte seine Hoffart einen neuen Höhepunkt. Das Schlimmste war eingetreten: Der kleine Portugiesenprinz Miguel starb, nur ein Jahr alt. Johanna, die vor ihrer Verheiratung den Titel einer Prinzessin von Kastilien getragen hatte, war mit einem Schlag die Thronerbin Spaniens und seiner unermesslich reichen überseeischen Eroberungen.

Auf der Stelle nahm Philipp den Titel eines Prinzen von Kastilien an und belegte damit seine Ansprüche auf ein Welterbe, von dem er vor seiner Eheschließung mit Johanna nicht einmal zu fantasieren gewagt hätte. Der Thron stand zum Greifen nahe, es sei denn, es sei denn ... Ferdinand und Isabella bekämen noch einen Sohn. Doch diese Gefahr konnte Philipp frohen Mutes vergessen. Ferdinand war 48 Jahre alt, Isabella gar schon 49.

Dafür gab es im eigenen Haus freudig begrüßten Nachwuchs. Am 24. Februar 1500 gebar Johanna einen Sohn unter den bizarrsten nur denkbaren Umständen.

Sie war hochschwanger. Sie hasste lärmendes Getümmel flämischer Art. Dennoch bestand sie starrköpfig darauf, mit ihrem Mann den großen Ball im Genter Prinsenhof zu besuchen, der alljährlich den Höhepunkt des Karnevals darstellte. Sie hatte auch einen triftigen Grund dafür und dieser war ihr namentlich bekannt: Susanne von Limburg. Anscheinend war sie nicht gewillt, die Funktion der Ballkönigin an die augenblickliche Favoritin Philipps abzutreten.

Mit ihrem dicken Bauch eine ebenso groteske wie bemitleidenswerte Figur (Schwangere pflegten damals die Öffentlichkeit zu meiden), zog sie am Arm ihres Mannes in den Festsaal ein, nahm ächzend auf einem für sie vorbereiteten Thronsessel Platz.

Sie sieht angegriffen aus. Hat sie Schmerzen? Sie sagt nichts. Erhebt sich plötzlich schwer, wankt, von einer Hofdame gestützt, aus dem Saal. Erreicht gerade noch einen kleinen Nebenraum. Auf einem Leibstuhl sitzend gebiert sie binnen weniger Minuten das Kind, das als Kaiser Karl V. Weltgeschichte machen wird.

Wenige Wochen nach der Geburt empfängt Johanna Besuch aus der Heimat. Der Bischof berichtet nach seiner Heimkehr, dass die Ankunft des Erzherzogs Karl im ganzen Land überschwänglich gefeiert werde, dass sich aber um dessen Mutter niemand weiter gekümmert habe. Sie lebe, so schrieb er, »in stiller Zurückgezogenheit und in ärmlichen Verhältnissen« – was immer das bedeuten mag.

Kaum hatte sich Johanna erholt, begannen ihre Eltern zu drängen, sie und Philipp mögen nach Spanien kommen, und dies nicht nur aus Sorge um das Wohlergehen der Tochter. Es gab zwingende politische Gründe: Die Cortes, die Standesversammlung aus Granden, Geistlichen und einflussreichen Bürgern, besaßen wesentlich mehr Einfluss und Vorrechte als ähnliche Institutionen in den anderen europäischen Staaten. Erst wenn die Cortes Johanna als Thronfolgerin anerkannte, bestätigte und vereidigte, waren ihre Ansprüche voll gesichert. Eile war geboten.

Doch Philipp, der sich zwar Prinz von Kastilien nannte, schien sich keineswegs als solcher zu fühlen. Unter den durchschaubarsten Vorwänden zögerte er die Abreise immer wieder hinaus, schuf schließlich selbst einen unwiderlegbaren. Johanna wurde erneut schwanger. Es verstand sich von selbst, dass man die Geburt des dritten Kindes abwarten musste, ehe die Reise gewagt werden konnte.

Den allerorts kursierenden Gerüchten, warum die Spanien-Fahrt immer wieder verschoben worden war, trat Johanna selbst aufs Schärfste entgegen. Sie ließ verlauten, dass sie »darauf brennt«, in die Heimat zurückzukehren. Sie werde alle Lügenmäuler, die Böses über sie und ihren Gemahl in Umlauf brächten, »aufs Schärfste bestrafen«. Der spanische Gesandte wich dieser Drohung elegant aus, indem er nun nicht mehr Philipp, sondern dessen Berater und Favoriten diskriminierte: »Da ihr Glück in den Lastern der Gurgel und allen anderen besteht, fürchten sie, in Spanien auf ihre Annehmlichkeiten verzichten zu müssen, und versuchen die Reise mit allen Mitteln zu vereiteln.«

Am 18. Juli 1501 gebar Johanna ihre Tochter Isabella. Erst vier Monate später brachen sie und Philipp nach Spanien auf, und zwar auf dem Landweg über Frankreich. Zufällig herrscht augenblicklich Friede zwischen Frankreich und Spanien, zufällig hat Ludwig XII. eine warmherzige Einladung an Philipp ausgesprochen und zufällig hat Philipp seinen gerade achtzehn Monate alten Sohn Karl dem Franzosen für dessen einzige Tochter Claude versprochen.

Wir können nachvollziehen, dass Johanna diese Reise durch Frankreich mit gemischten Gefühlen angetreten hat: Ihr Vater und

Ludwig sind erbitterte Gegner und Philipp hat sie ganz bestimmt nicht um Rat oder gar ihre Einwilligung gefragt, als er Karl mit Claude verlobte.

Wie üblich gestaltet sich die Fahrt zu einem gewaltigen Umzug mit Dutzenden Gepäckwagen voller Möbel, Teppichen, Bildern, Geschirr und Tafelsilber. 100 Damen und Herren des Hofes, mehr als 200 Bedienstete. Hinzu gesellen sich von der Grenze an 400 Mann wohlbewaffneter französischer Ehreneskorte. Sie geleitet die Gäste zur Residenz Ludwigs XII. in Blois, etwa auf halbem Wege zwischen Mecheln und der spanischen Grenze. Ludwig hat dort ein prächtiges Schloss errichten lassen. Der Hof hält sich die meiste Zeit des Jahres dort auf.

Wenige Meilen vor der Stadt werden Philipp und Johanna von den höchsten Würdenträgern des Landes feierlich begrüßt und anschließend vom französischen Königspaar im Schloss empfangen.

»Welch ein schöner Prinz«, ruft Ludwig beim Anblick Philipps, umarmt ihn heftig und küsst ihn auf beide Wangen. Als er dasselbe bei Johanna tun will, versinkt sie in einen tiefen Hofknicks – Ludwig küsst ins Leere. Sie richtet sich auf. Er versucht erneut, sie zu küssen. Sie macht Anstalten, sich seiner Umarmung zu entwinden, doch er hält sie eisern fest und platziert schließlich doch einen Kuss auf ihrer Wange. Man ist peinlich berührt.

Widerstandslos lässt sich dann Philipp von der Königin Anna von Bretagne, der verflossenen Braut (Gemahlin?) seines Vaters, küssen. Johanna leistet bei dieser Zeremonie keinen Widerstand mehr. Anschließend zeigt man ihr die zukünftige Schwiegertochter, die zweijährige Claude. Ob und wie sie sich dazu geäußert hat, ist unbekannt.

Von französischer Seite sehr kritisch vermerkt wird dafür Johannas Auftritt beim allgemeinen Kirchgang in der Kathedrale zu Blois am nächsten Tag. Als eine Hofdame der Anna von Bretagne ihr diskret ein Beutelchen mit Münzen für den Opferstock zustecken will, verkündet Johanna laut und bis in die hintersten Bänke vernehmbar, sie hätte selbst Geld für den Klingelbeutel. Sie zöge es vor, in ihrem eigenen Namen zu spenden.

Nach dem Hochamt verlassen Ludwig und Philipp, Seite an Seite, als Erste die Kathedrale, auffällig rasch gefolgt von Anna von Bretagne. Sie verabsäumt es demonstrativ, Johanna, die ja schließlich der Ehrengast ist, den Vortritt zu lassen. Worauf Johanna eine Weile, eine sehr lange Weile, wie angewurzelt stehen bleibt und erst dann majestätisch aus dem Gotteshaus schreitet, als die ihrer harrende Hofgesellschaft bereits unruhig zu werden beginnt. Eindeutig ist sie die »Siegerin« in diesem kindischen Streit der Herrscherinnen, der verdächtig an den Zank von Kriemhild und Brünhild vor dem Wormser Dom aus der Nibelungensage erinnert.

Ansonsten gibt es keine Nachricht über Johannas Aufenthalt am französischen Hof, wo sie sich offenbar nicht besonders beliebt gemacht hat. Philipp und Ludwig hingegen weichen keinen Augenblick voneinander, als wären sie die besten Freunde seit urdenklicher Zeit. Ihre Hauptbeschäftigungen sind die Jagd und das Kartenspiel. Über mögliche amouröse Abenteuer der beiden Herren schweigt die Geschichte.

Endlich geht es weiter und am Fuße der Pyrenäen gibt es einen längeren Halt: Die Gepäckwagen werden entladen, Stück für Stück wird auf Maultierrücken über das Gebirge geschleppt. Auch die hohen Herren müssen sich auf die Lasttiere bequemen, die hohen Damen werden, so lange wie möglich, in Sänften transportiert. Manchmal aber müssen sie zu Fuß gehen.

Der erste größere Ort auf spanischem Boden, Fuenterrabia, bereitet Ende Januar 1502 einen tosenden Empfang, wobei die Gäste einen Vorgeschmack auf die merkwürdigen Sitten des Landes erhalten: Johanna und Philipp werden mit Kniefall und Handkuss begrüßt, kein weibliches Wesen befindet sich im Empfangskomitee.

Verblüffung in Burgos. Die Stadttore sind nach alter Sitte verschlossen, die zukünftigen Herrscher müssen die Rechte und Privilegien der Stadt ausdrücklich bestätigen, ehe man sie einlässt. Und dann schleppt man die Gäste noch zu einem Stierkampf. Die Begeisterung hält sich in Grenzen.

Die Stimmung sinkt von Tag zu Tag. Die flämischen Damen und

Herren weisen schon nach kurzer Zeit die ihnen ungenießbar erscheinende spanische Kost zurück. Das grässliche Olivenöl! Der Wein, der nach dem Leder der Schläuche schmeckt! Das Naschwerk, übersüßt und mit rohen Eiern zubereitet! Überdies gibt es jede Menge Zank und Hader zwischen den flämischen und den spanischen Dienern, gelegentlich geraten sie einander sogar buchstäblich in die Haare.

Und dann wird der Herr auf der Weiterreise auch noch krank! Für zwei Wochen bleibt der ganze Konvoi in einem winzigen Dörfchen namens Olias hängen. Philipp, ein erwachsenes Mannsbild von immerhin schon 24 Jahren, liegt mit Masern darnieder. Die in solchen Fällen häufig auftretenden Folgen bleiben glücklicherweise aus. Er ist weiterhin voll zeugungsfähig. Johanna durchlebt glückliche Tage: ein Mann, der ans Bett gefesselt ist, kann nicht auf Abwege geraten. Sie pflegt ihn mit Hingabe und Inbrunst.

Am 9. Mai 1502 dann endlich Toledo! König Ferdinand reitet Tochter und Schwiegersohn bis vor die Tore der Stadt entgegen, Isabella empfängt das Paar auf einem Thron sitzend im Festsaal der Burg. Philipp, nun schon mit den Landessitten vertraut, kniet vor der Schwiegermutter und küsst ihr die Hand. Als Johanna es ihm gleichtun will, erhebt sich Isabella spontan, schließt die Tochter, die sie seit sechs Jahren nicht gesehen hat, unter Tränen in die Arme.

Die Katholischen Könige und das habsburgische Erzherzogspaar bilden einen in die Augen springenden Gegensatz. Die jungen Leute sind nach der neuesten Mode in prächtige Gewänder gehüllt, mit kostbarem Schmuck behängt. Jedoch: »... von den Kleidern des Königs [Ferdinand] und der Königin [Isabella] schweige ich lieber«, notiert Philipps Kammerherr Antoine de Lalaing, »denn sie tragen nur ärmliche Wollstoffe.« Niemals ist der Gegensatz zwischen der Lebensführung an den beiden Höfen krasser zum Ausdruck gekommen als bei diesem ersten Empfang.

Monsieur de Lalaing hätte, was die Ausrichtung der folgenden Feierlichkeiten betraf, vermutlich noch viel mehr Anlass zur Kritik gefunden, hätten sie, wie geplant, stattgefunden. Doch aller Festestrubel versiegte mit einem Schlag, als die Nachricht eintraf, dass Johannas

Schwester Katharina, mit Arthur, dem Prinzen von Wales, verheiratet, Witwe geworden war. Stille Trauer und endlose Gedenkmessen waren angesagt. Philipp entwich, sooft es ihm nur irgend möglich war, nach Aranjuez zur Jagd statt sich das Haupt mit Asche zu bestreuen.

In einer nüchternen Amtshandlung und nicht in einer rauschenden Zeremonie wurden Philipp und Johanna von den Cortes als Thronfolger von Kastilien bestätigt – mit einem winzigen Schönheitsfehler. Die Gesandten von Aragón, Sizilien (das damals zu Spanien gehörte), Valencia, Mallorca und Barcelona beschränkten sich darauf, Johanna den Treueid zu leisten. Philipp wurde nur als Prinzgemahl anerkannt. Sollte Johanna vor ihm sterben, würde er aus ihrem Tod keine Vorteile ziehen können. Ein weiterer Zusatz: Wenn Königin Isabella vor Ferdinand dahingeht, dieser nochmals heiratet und einen Sohn zeugt, wäre dieser allein erbberechtigt.

Ähnlich verlief dann die Vereidigung Johannas und Philipps auf den Thron von Aragón in Saragossa. In Aragón galt das salische Erbrecht, das die weibliche Thronfolge überhaupt ausschloss. Nach langem Hin und Her rang Ferdinand den dortigen Cortes die Zustimmung einer Thronbesteigung durch Johanna ab. Sie müsste aber einem Sohn Ferdinands, sollte er jemals noch einen bekommen, den Vortritt lassen.

Bereits im Mai, unmittelbar nach seiner Abreise aus Toledo, schreibt Philipp einem Vertrauten nach Brüssel, er sei froh, diese grässliche Stadt hinter sich zu haben. Er werde alles daran setzen, sobald wie möglich die Heimreise anzutreten.

Es steht zweifelsfrei fest: Philipp war enttäuscht von der Heimat seiner Frau, deren Sprache er nicht verstand, er fühlte sich eingeengt, überwacht; von den fremden Sitten und Gebräuchen abgestoßen. Hinzu kam, dass kurz hintereinander sein Hofmarschall, sein erster Stallmeister, sein Mundschenk und ein Hofbeamter unter ungeklärten Umständen zu Tode kamen; durch die schreckliche spanische Kost, wie in Philipps Umgebung gemunkelt wurde.

Philipp hatte nur eines im Sinn: fort, so bald wie möglich fort! Dringende Staatsgeschäfte vortäuschend rüstete er zur Abreise und es kam deswegen mit seiner Schwiegermutter zu schweren, weithin hörbaren Auseinandersetzungen. Sie hielt ihm vor, dass Johanna, bereits wieder in anderen Umständen, nicht reisefähig sei, er möge doch die Geburt des Kindes abwarten. Außerdem müsse er sich in dem Land einleben, das er später einmal zusammen mit seiner Frau regieren sollte.

Philipp berief sich schließlich auf einen heiligen Eid, den er seinen Landsleuten geschworen und ihnen versprochen hätte, unmittelbar nach seiner Amtseinführung als Thronfolger (Prinzgemahl) heimzukehren. Ferdinand hielt sich aus dem Diskurs heraus und Isabella willigte schließlich in Philipps Abschied ein. Johanna sollte ihm in angemessener Frist nach der Entbindung folgen.

Mitte Dezember 1502 macht sich Philipp auf den Weg, geht zunächst nach Frankreich und schließt dort, hinter dem Rücken seiner Schwiegereltern, einen »Friedensvertrag« zwischen Spanien und Frankreich ab, verschachert Länder, die ihm gar nicht gehören. Penibel wird festgelegt, welchen Teil Italiens die französische Prinzessin Claude in die Ehe einbringen wird und welchen Philipps Sohn Karl, damit beide Territorien zu einem geschlossenen Königreich vereinigt werden. Hirngespinste, die aber in Spanien helle Empörung auslösen.

Dann eilt Philipp weiter – nein, nicht nach Mecheln, sondern nach Innsbruck zu seinem Vater Kaiser Maximilian I. Dort frönt er der Gamsjagd sowie anderen lange entbehrten Vergnügungen. Es wird bis zum Oktober 1503 währen, ehe er wieder in heimischen Gefilden eintrifft.

Johanna ist im sechsten Monat schwanger, als Philipp sie verlässt. Sie schließt sich in ihren Gemächern ein und weint. Nur hin und wieder empfängt sie Vater oder Mutter, sonst will sie niemanden sehen. Es sei fast unmöglich, sie »aus ihren trüben Gedanken herauszureißen«, schreibt Petrus Martyr.

Am 10. März 1503 kommt Johannas zweiter Sohn zur Welt. Nach dem Großvater heißt er Ferdinand. Erst nach seinem 15. Lebensjahr wird er Spanien verlassen und in die österreichischen Erblande einziehen. Dieser durch und durch »spanische« Habsburger wird einmal, nach seinem Bruder Karl, die Kaiserkrone tragen.

Johanna ist nun nicht mehr zu halten. Stürmisch drängt sie darauf, den vergötterten Gemahl baldmöglichst wieder zu sehen. Ein schwieriges Unterfangen, denn der Landweg ist diesmal verschlossen. Spanien hat, wie zur Demonstration gegen Philipps eigenmächtige Verhandlungen mit Ludwig XII., auf italienischem Boden einen Krieg gegen Frankreich begonnen. Die Franzosen sind, wieder einmal, die Feinde Johannas – aber keineswegs die ihres Mannes. Komplizierter kann eine zugleich private wie politische Konstellation gar nicht sein.

Königin Isabella mischt sich ein. Eine Seefahrt sei um diese Jahreszeit zu gefährlich. Johanna möge warten.

Welche verschiedene tiefere Gründe für oder gegen Johannas jähen Aufbruch ausschlaggebend und wie diese miteinander verquickt sind, liegt im Dunkeln.

Erster Anstoß war gewiss ein Brief Philipps, dessen Inhalt aber niemals bekannt wurde. Es wird vermutet, dass Philipp keineswegs aus überschwänglicher Sehnsucht seine Frau zur raschen Heimkehr aufgefordert hat, sondern aus taktischen Überlegungen, nachdem bekannt geworden war, dass Königin Isabellas Gesundheit sehr angegriffen sei. Philipp musste sich fragen, ob nicht sein Schwiegervater, im Fall von Isabellas Tod, Johanna ausschalten und die ganze Macht an sich reißen würde.

Einiges, was Philipp nicht wissen konnte, spricht für diese Annahme. Aus dem Bericht des spanischen Historiografen Francisco Lopez de Gomora erfahren wir, es sei zu einem schweren Zerwürfnis zwischen Johanna und ihrem Vater gekommen. Es hätte sie aus der Heimat getrieben »nach all dem, was er ihr angetan hat«.

Vermutlich hat es mehrere Auslöser für diese Entzweiung gegeben, aber nur einer ist wirklich klar. Ferdinand schickte zwei seiner Hofärzte zu Johanna, die sie beobachten und über ihren Gesundheits(Geistes-?)-Zustand urteilen sollten.

Sie verfassten eine »Diagnose«, in der es unter anderem heißt: »Sie schläft schlecht, isst wenig, zuweilen überhaupt nichts. Sie ist sehr betrübt und sehr mager. Manchmal will sie nicht [mit uns] sprechen … Freundlichen Bitten ist sie nicht zugänglich … Wenn man es mit Gewalt versucht, dann ist sie derart verstimmt, dass es peinlich ist, es überhaupt zu versuchen.« Vieles spricht dafür, dass dies ein reines Gefälligkeitsgutachten war. So jedenfalls sieht es der amerikanische Historiker R. B. Merriman, Autor des Standardwerkes »The Rise of the Spanish Empire«.

Es war offenbar dieser Befund, der Königin Isabella veranlasste, alles zu unternehmen, um Johanna an der Abreise aus der Festung La Motta in Medina del Campo zu hindern. Sie sandte den Bischof von Cordoba, Don Juan de Fonseca, aus mit dem Befehl, die Reise der Tochter, wenn es denn sein müsste, gewaltsam zu unterbinden.

Johanna lässt sich von den Argumenten des Bischofs nicht beeindrucken. Sie besteht darauf, mit dem Säugling, dessen Amme, fünf Hofdamen und einem Dutzend Diener die nicht ungefährliche Expedition zu wagen.

Zu allem entschlossen, bereits in Reisekleidern, verlässt sie ihr Zimmer. Als der Bischof sie daran hindern will, reißt sie sich los und stürmt zum äußeren Burgtor. Ehe sie dort ankommt, hat es der Bischof verschließen lassen, worauf sie ihm »sehr gemeine Worte« an den Kopf wirft, wie ein Mann namens Padilla berichtet.

Der beleidigte Bischof lässt nun auch das innere Tor verrammeln, sodass Johanna gezwungen ist, die ganze kalte Nacht im Wächterhäuschen auszuharren. Sie entwickelt »den rabiaten Zorn einer punischen Löwin«, schreibt Petrus Martyr, von dem wir allerdings nicht wissen, ob er dies selbst beobachtet oder nur durch Hörensagen erfahren hat. Als ihre Wut verraucht ist, gibt Johanna auf.

Vom so genannten »Skandal von Medino del Campo« nahm das Gerücht seinen Ausgang, dass Johanna nicht ganz richtig im Kopf sein könne. Wenn mit einer Frau das Temperament durchgeht, ist sie verrückt. Damals wie heute. König Ferdinand widersprach diesen Diffamierungen niemals öffentlich. Vielleicht hat er sie auch heimlich und behutsam gefördert, sodass die Cortes einen Zusatz zum Erbfolgegesetz in Erwägung zu ziehen begannen. Demnach sollte im Fall von Johannas »Geistesabwesenheit« ein anderer Regent bestellt werden …

Endlich zum vergötterten Gemahl zurückgekehrt, gelangte Johanna in die zweite und dritte Etappe ihres Leidensweges. Der schweigenden Duldung folgten die lärmende Empörung gegen Philipps schamlos ausgelebte Treulosigkeit und dann der Rückzug in die Isolation. Dadurch wurde sie zum willkommenen Werkzeug im Ränkespiel zwischen Ehemann und Vater.

Was immer sich Johanna erhofft haben mag, nachdem Philipp sie so dringend zur Heimkehr aufgefordert und sie diese durch ihren verzweifelten Ausbruchsversuch aus Medino del Campo zu erzwingen versucht hatte – die Enttäuschung nach ihrer Ankunft hätte nicht böser sein können.

De facto hatte eine üppige Blondine, von der nur der Vorname Beatrice überliefert ist, Johannas Platz an der Seite Philipps eingenommen. Johannas stürmische Reaktion auf diese Demütigung erreichte, in vielerlei Versionen gegossen, sämtliche europäische Höfe und löste, je nach Einstellung zum Hause Habsburg, Spott, Mitgefühl oder Empörung aus.

Aus dem dichten Geflecht von Übertreibungen und genussvollen Ausschmückungen kristallisiert sich folgendes Szenario heraus: Johanna betritt einen Salon (Saal), in dem sich einige (viele) Angehörige des Hofstaates befinden. Beatrice erschrickt beim Anblick Johannas, versucht einen Zettel (Brief) in ihrem Dekolleté zu verstecken. Johanna bemerkt das, stürzt auf Beatrice zu, aber ehe sie der Hofdame das Corpus delicti (ein Schreiben Philipps?) entreißen kann, steckt Beatrice das Papier in den Mund, zerkaut es und schluckt es hinunter. Worauf Johanna die Rivalin ohrfeigt und ihr die dicken Zöpfe abschneidet, ehe jemand eingreifen kann. Woher sie plötzlich die Schere gezaubert hat, das bleibt im Dunkeln.

Philipp muss unter den Anwesenden gewesen sein. Einmal heißt es, er hätte seine Frau angebrüllt und, nachdem sie zurückgeschrien hätte, sie links und rechts ins Gesicht geschlagen. Padilla hingegen behauptet, Philipp hätte seine Frau wortlos zu Boden gedroschen, sodass sie mehrere Tage lang das Bett hüten musste.

Wie dem auch sei. In der öffentlichen Meinung stand eindeutig Philipp als Held des Tages da, wohingegen man sich Johannas Verhalten nur mit einem Ausbruch von Wahnsinn erklären konnte. Umgekehrt hätte die Sache natürlich ganz anders ausgesehen. Wehe, Johanna hätte sich einen Liebhaber zugelegt und Philipp diesen getötet – selbstverständlich wäre auch in diesem Fall das Recht auf seiner Seite gestanden.

Von da an eskaliert der Ehekrieg. *Sie* verfolgt ihn mit ihrer rasenden Eifersucht, einer »rage d'amour«, wie es im Bericht eines Höflings heißt. *Er* treibt sich Nacht für Nacht mit seinen Kumpanen herum, besucht mit ihnen, derselben Quelle folgend, »lieux dissoluz« (verrufene Orte). *Sie* entlässt ihre Hofdamen, sofern sie jung und hübsch sind. *Er* jagt ihre beiden alten, ihr blind ergebenen maurischen Sklavinnen davon, denen er zur Last legt, seine Frau verhext zu haben. Wie sonst könnte sie so verrückt sein, sich täglich die Haare waschen zu lassen?

Es kommt zu fürchterlichen Szenen zwischen dem Ehepaar. Hemmungslos schreien sie einander, auch in Gegenwart Dritter, nieder. Aber Philipp bleibt immer der Stärkere. Wenn es ihm zu bunt wird, sperrt er seine Frau für zwei, drei Tage in ihrem Zimmer ein. Sie donnert zwar mit einem Stock wütend auf den Fußboden –, sein Schlafzimmer liegt direkt unter dem ihrigen – aber das wird nur als Zeichen ihres verwirrten Geistes wahrgenommen.

Das Paar zeigt sich nur noch ganz selten gemeinsam bei offiziellen Anlässen – und dann sieht man Johanna gar nicht mehr. Sie bleibt in ihren Gemächern, spricht kaum, zieht sich immer mehr in sich selbst zurück. Es scheint, als hätte Philipp gesiegt. Er beginnt an der Gestaltung seiner Zukunft zu arbeiten.

Mittlerweile ist nämlich seine Schwiegermutter, Königin Isabella gestorben und sie hat ein für Philipp niederschmetterndes Testament hinterlassen. Mit keiner Silbe wird der Schwiegersohn darin erwähnt. Vielmehr bestimmt Isabella ausschließlich Johanna zur Herrscherin über Kastilien, König Ferdinand zu deren Stellvertreter. Ausdrücklich wird angeordnet: Kein außerhalb des Landes Geborener darf ein hohes Amt im Staat bekleiden, kein Nicht-Spanier Einkünfte von Staat oder Kirche beziehen.

Philipp meint besonders schlau zu sein, als er Martin de Moxica (ausgerechnet den Verräter Moxica!) beauftragt, ein Verzeichnis aller von Johanna begangenen »Wahnsinns«-Taten zusammenzustellen. Er übermittelt die Liste seinem Schwiegervater in der Annahme, Ferdinand werde angesichts dieser »Beweise« seine Tochter kaltstellen und Philipp durch die Cortes zum Regenten bestimmen lassen. Armer Philipp! Ferdinand war der um Klassen gerissenere Intrigant.

Zur Illustration müssen hier zwei erhellende Fakten erwähnt werden. Es war Machiavelli, der Ferdinand als den gelehrigsten seiner Schüler bezeichnete; und auf die Klage Ludwigs XII., Ferdinand hätte ihn schon zwei Mal schmählich hintergangen, äußerte der Beschuldigte lakonisch: »Ludwig irrt. Es war mindestens zehn Mal.«

Was also stellt Ferdinand mit dem ominösen Bericht Philipps über Johannas Wahnsinn an? Er selbst ist es, der sich auf Grund dieser Unterlagen von den Cortes zum Regierungschef in Kastilien bestellen lässt. Und er setzt noch eine weitere Kabale drauf.

Er schickt einen Sonderbotschafter, einen Mann namens Conchillos, zu Johanna. Ausführlich berichtet er von Philipps hinterhältigen Machenschaften und überredet sie, die Regentschaft ihres Vaters für die Dauer ihrer Abwesenheit durch Schrift und Siegel zu bestätigen, was sie auch tut.

Sie wird es schnell bereut haben. Philipp nämlich erfährt durch seine Zuträger von dem Komplott, lässt Conchillos foltern, bei Wasser und Brot in den Kerker werfen und Johanna von jedem Kontakt zur Außenwelt abschließen. Ihr Wutausbruch ist phänomenal. Aber er nützt natürlich nicht das Geringste.

Was nun geschieht, klingt viel zu fantastisch, um auch nur im Entferntesten glaubwürdig zu sein, gäbe es nicht das Dokument, das die nächste Rochade Philipps schwarz auf weiß belegt. Ihm wird offensichtlich bewusst, dass er nur dann den Schwiegervater aus der Regierung Kastiliens verdrängen kann, wenn Johanna als geistig gesund gilt, und zögert keinen Augenblick, die entsprechenden Schritte zu tun.

Nur zu genau weiß er, wie er sie dahin bringt, wo er sie haben will.

Plötzlich wird er der denkbar zärtlichste Ehemann, zum regelmäßigen Besucher ihres Schlafzimmers. Dann schreibt sie einen Brief an Philipps Gesandten in Spanien.

In ausführlichen und bewegten Worten beklagt sie sich, dass man in der Heimat Gerüchte über sie verbreite, wonach sie wahnsinnig sei. In der Tat aber sei sie, so wie ihre Mutter, »der Herr nehme sie in seiner Gnade bei sich auf«, von starker Eifersucht befallen, werde aber, so wie die Mutter, mit der Zeit von diesem Übel geheilt werden.

Es sei ihr zu Ohren gekommen, dass ihr Vater »einige Klagen über mich geäußert hat«, doch sei er durch böswillige Falschmeldungen irregeleitet worden. Er hätte sicher nicht die Absicht, sie von der Regierung auszuschließen. »Ich glaube das nicht, da seine Hoheit so groß und katholisch ist und ich, seine Tochter, so gehorsam bin.«

Sie bittet den Gesandten, jedermann klarzumachen, dass sie gewillt sei, »mit meinem Herrn, dem König, meinem Gemahl«, weiterhin die Herrschaft zu teilen, und fügt hinzu: »Ich hoffe, dass wir bald dort [in Spanien] sein werden, wo meine guten Untertanen mich gewiss gerne sehen werden …«

Dieser Text klingt sehr direkt und sehr vernünftig, aber man weiß nicht, wer ihn verfasst hat. Geschrieben wurde das Dokument von einem Sekretär – was damals üblich war –, unterschrieben ist es eindeutig von Johanna selbst. Freiwillig? Unter Zwang? Wer kann es wissen?

Mit einem Schlag wird nun auch König Ferdinand bewusst, dass nur eine psychisch intakte Johanna ihm wirklich nützlich sein kann, und er postuliert: »Was ist von einem Mann wie Philipp zu erwarten, dessen antispanische Berater ihn dazu gebracht haben, die eigene Gemahlin, Kastiliens legitime Königin, für wahnsinnig zu erklären und wie eine Gefangene zu halten?« Mehr noch: Johanna schwebe in akuter Lebensgefahr, sie könne jeden Augenblick einem Giftanschlag zum Opfer fallen.

Philipps geplante Gegenattacke geht ins Leere. Johanna widersteht seinen hinter geheuchelten Zärtlichkeiten verborgenen Intrigen. Sie weigert sich, einige in ihrem Namen verfasste Aufrufe an die Cortes in Kastilien zu unterzeichnen, die schwere Anschuldigungen gegen den Vater enthalten. Diesmal zieht sie sich freiwillig in ihre Gemächer zurück. Sie will mit niemandem reden. Auch nicht mit Philipp.

Ferdinand zieht einen neuen Trumpf aus dem Ärmel, der ein zweifacher ist. Er heiratet! Der Fünfzigjährige ehelicht eine junge Frau. Sie kann ihm noch einen Sohn schenken, der sowohl Johanna wie auch Philipp auszuschalten vermag. Seine Auserwählte, die 23-jährige Germaine de Foix, Cousine Ludwigs XII., garantiert eine neue »ewige« Freundschaft zwischen Spanien und Frankreich. Philipp ist mit seiner Frankreich-Politik fürs Erste aus dem Spiel.

Philipps Replik ist matt und lahm. In einem Brief an die Cortes beschuldigt er den Schwiegervater, Gerüchte über Johannas Wahnsinn ausgestreut zu haben, um Tochter und Schwiegersohn vom Thron fern zu halten. Er werde samt Gemahlin baldmöglichst nach Spanien kommen, um wieder klare Verhältnisse zu schaffen.

So bald wird er nicht reisen. Ferdinand wird es zu verhindern wissen. Seinen geliebten Cousin, den französischen König, bewegt er dazu, Philipp und den Seinen die Durchreise zu verwehren, und bald sieht es sogar nach Krieg aus. Philipp setzt seine Flotte unter Segel, Ferdinand beginnt auch zu rüsten, aber das Patt endet mit einem Kompromiss.

Im November wird der Vertrag von Saragossa abgeschlossen, worin festgehalten ist, dass alle mit gleichen Rechten über Kastilien herrschen sollen. Johanna als Königin, Philipp als König, Ferdinand als »Statthalter auf Lebenszeit«. Am Ende des Vertrages, in einer Geheimklausel, dokumentieren die beiden Männer fugenlose Übereinstimmung. Im Fall von Johannas »Abwesenheit, Widersetzlichkeit oder Regierungsunfähigkeit« genügt auf jeglichem Dokument die Unterschrift der zwei Herren …

Am 17. September 1505 hat Johanna ihr fünftes Kind zur Welt gebracht, eine Tochter namens Maria. Anfang 1506 bricht das Ehepaar nach Spanien auf. Zu Schiff – um diese Jahreszeit der helle Wahnsinn! Nur eine Person übersteht die übermenschlichen Strapazen, die katastrophalen Zwischenfälle dieses Unternehmens mit beispielhaftem Mut und großer Gelassenheit: die »wahnsinnige« Johanna.

Aufbruch von Vlissingen aus mit dem ganzen Hofstaat und 1500 Mann am 17. Januar 1506. Die Fahrt beginnt, wie könnte es anders sein, mit einem Riesenkrach. Johanna, immer auf der Hut vor möglichen Rivalinnen, sieht etwas, das keineswegs für ihre Augen bestimmt war: Klammheimlich soll ein Trüppchen hübscher junger Weibsbilder an Bord eines Schiffes geschleust werden, »Sängerinnen und Tänzerinnen« zur Unterhaltung der Hofgesellschaft auf der langen Reise, wie eilfertig versichert wird. Johanna kann dem Plan ganz und gar nichts abgewinnen. Die Mädchen müssen schleunigst wieder an Land gebracht werden.

Die stattliche Flotte ist erst einen Tag unterwegs, als sie in einen der um diese Zeit üblichen, diesmal besonders heftigen Kanalstürme gerät und das Flaggschiff mit dem königlichen Paar zu kentern droht. Nur dem beherzten Eingreifen eines jungen Matrosen, der dreimal über Bord springt, um gefährlich behindernde Taue zu durchtrennen, ist es zu verdanken, dass das Schiff heil durch die tosenden Wasserfluten gelangt.

Ein Anonymus schildert eine rührende Szene: »Während der König jammerte, saß die Königin auf dem Boden zwischen seinen Beinen. Sie hoffte, dass sie zusammen mit dem König zu Tode kommen würde, wenn es denn sein sollte, dass er stürbe. Da sie einander umarmt hielten, wollten sie im Tode nicht geschieden sein, wie sie im Leben nicht geschieden waren.« Sie sei zu jeder Zeit »gelassen und mutig« gewesen, schreibt der venezianische Gesandte nach Hause.

In einem anderen Bericht heißt es: »Als man sich in schlimmster Gefahr befand, ließ sich der König in einen Ledersack einnähen und diesen aufblasen … Auf den Rücken wurde ›Philipp‹ gemalt … Die Königin setzte sich indessen auf eine Kiste und verspeiste eine Mahlzeit … Ihr war nicht ängstlich zu Mute und sie sagte, sie wisse von keinem König, der je ertrunken sei. Indessen übergaben sich viele und beschmutzten sich selbst. Einer hat einen anderen vollgepisst und sagte: ›Verzeihen Sie, aber aus lauter Angst pisste ich mir in die Hose.‹«

Nachdem Johanna in aller Ruhe fertig gespeist hat, lässt sie sich ihre Staatsrobe anlegen, in einen Ledersack eine große Summe Geldes einnähen und erklärt, wenn man ihre Leiche finde, solle sie wenigstens ein anständiges Begräbnis bekommen.

Endlich an der englischen Küste angetrieben, werden die Schiffbrüchigen von den Einheimischen, die nicht wissen, wen sie vor sich haben, feindselig behandelt. Man lässt sie erst gar nicht an Land und das bisschen Essen, das man ihnen schließlich bringt, kostet Wucherpreise.

Der böse Spuk findet erst ein Ende, nachdem Heinrich VII., durch Eilboten verständigt, erfährt, welch erlauchte Hoheiten es an seine Küste verschlagen hat. Ein adeliges Komitee wird sofort ausgesandt, die Verwandten zu empfangen. Schließlich ist ja Johanna die Schwester von Heinrichs VII. Schwiegertochter.

Katharina von Aragón ist jetzt 21 Jahre alt, mit 16 hat sie den englischen Thronfolger Prinz Arthur geheiratet und mit 17 war sie bereits Witwe. Sie führt ein Mauerblümchendasein am englischen Hof, keusch und sittsam wartend, bis ihr Schwager Heinrich, neuer Prinz von Wales, der spätere Heinrich VIII., reif für die Heirat ist. Heinrich VII. hat es so bestimmt, aus einem überaus banalen wie triftigen Grund: Er hat keine Lust, Katharinas Mitgift zurückzuzahlen. Sie wird noch eine Weile der zweiten Hochzeit harren müssen. Der junge Heinrich ist eben erst 14 geworden.

Während Philipp, das wiedergewonnene Leben in vollen Zügen genießend, sich am Hof des englischen Königs in einen Strudel von Festen und Feiern stürzt, zieht sich Johanna, eben noch den süßen Liebestod vor Augen, von dem wilden Treiben zurück. Wie viel Zeit sie mit ihrer Schwester verbringt, die sie seit zehn Jahren nicht gesehen hat, ist nicht überliefert.

Sehr wohl bekannt aber wird, wie Philipp sich von seinem gerissenen Gastgeber über den Tisch ziehen ließ. Nicht nur luchste der ihm einen Handelsvertrag ab, der nur England, nicht aber Philipps Heimat erhebliche Vorteile bescherte; er brachte ihn auch dazu, ihm seinen ärgsten ehemaligen Rivalen um den Thron auszuliefern. Der Herzog von Suffolk war seinerzeit vor Heinrich geflohen und hatte von Philipp feierlich das »Asyl auf Lebenszeit« zugesprochen erhalten. In Ketten wurde er nach England zurückbefördert, wo ihn das Schafott erwartete. So viel zu Philipps heiligen Schwüren …

Drei Monate wurden mit Vergnügungen aller Art, hauptsächlich auf Schloss Windsor, vertändelt, ehe Philipp sich aufraffte, die Weiterreise ins ungeliebte Spanien anzutreten.

Die Hafenstadt Loredo war das offizielle Reiseziel. Klammheimlich wurde dann am 26. April 1506 in Coruña an Land gegangen. Denn Philipp war gewarnt worden, er wäre »mit allem volck verraten, verkauft und gefangen gewest oder … gar erslagen«, wie wir aus der Feder des Grafen Fürstenberg, Kommandant der Leibwache, erfahren.

Ob dies nur ein böses Gerücht war oder ob Ferdinand wirklich die Absicht hatte, den Schwiegersohn zu »verraten, verkaufen oder erslagen«, bleibe dahingestellt. Philipp jedenfalls muss mit sehr konkreten Vorstellungen nach Spanien gekommen sein, wie er seinerseits den Schwiegervater verraten und verkaufen könnte.

Ihm oder, wahrscheinlicher, seinen hoch professionellen Beratern war seit langem klar, dass es in Kastilien nach dem Tod der Königin Isabella an allen Ecken und Enden gärte, nachdem das Herrscherpaar die jahrhundertelange Vorherrschaft des Hochadels gebrochen und zahllose Burgen geschleift hatte.

Unmittelbar nach seiner Ankunft nahm Philipp Verhandlungen mit den missgestimmten Aristokraten auf. Nachdem er sie auf seine Seite gezogen hatte, erklärte er alle mit Ferdinand getroffenen Absprachen für null und nichtig.

Ferdinand tat daraufhin – scheinbar – gar nichts. Aber unbemerkt ließ er eine Truppe bestausgebildeter Agents provocateurs in Kastilien einsickern, die systematisch das Misstrauen schürten, das zwischen den Einheimischen und den Fremden herrschte. Die führten sich nämlich auf wie eine Besatzungsmacht, ohne Rücksicht auf landesübliche Sitten und Gebräuche. Merkwürdig sei doch auch, verbreiteten die Spitzel, dass man Königin Johanna kaum zu sehen bekäme.

Dann tat Ferdinand den nächsten Schritt. Was er vorerst nur flüstern ließ, hielt er dann, Buchstaben für Buchstaben, in einer Proklamation fest. Er wurde dabei so deutlich, dass dieses Dokument im Grunde genommen als Aufruf zu Philipps Sturz verstanden werden konnte.

Ferdinand erklärte, Philipp hielte seine Frau gefangen, sie würde »sehr schlecht« behandelt und es sei ihm, Ferdinand, nicht einmal geglückt, seine Tochter zu treffen. Philipp hätte »Unmassen von fremdem Kriegsvolk« mitgebracht, um die Macht an sich zu reißen. Im Schlusssatz forderte Ferdinand die patriotischen Granden auf, sich ihm anzuschließen, um »die Rechte und die Würde der legitimen Königin« zu sichern und die Alleinherrschaft Philipps zu verhindern.

Die Kampfansage zeigte kaum Wirkung. Nur wenige der Edelleute liefern zu Ferdinand über. Das Gros hielt weiter zu Philipp, wohl in der Annahme, dass sie mit dem unerfahrenen Herrscher leichtes Spiel haben und solcherart ihre alten Rechte zurück erobern könnten.

Was nun folgte, ist ein perfektes Lehrstück ausgefuchster Perfidie. Ferdinand verbündete sich *scheinbar* mit Philipp, um sich mit ihm die Macht zu teilen, unter ausdrücklicher Ausschaltung Johannas! In dem diesbezüglichen Pakt heißt es, Johanna habe nicht die Absicht, sich an den Regierungsgeschäften zu beteiligen. Sollte sie es dennoch tun, würde das den Untergang des Landes bedeuten, wegen ihrer »Leiden und Zustände«, die »aus Gründen des Anstands« nicht näher erläutert werden könnten.

So weit das Dokument, das nichts anderes als Johannas totale Entmündigung belegt. Oder doch nicht ganz? Ferdinand, der Vorzugsschüler Machiavellis, hat nämlich, ehe er den Vertrag mit seinem Schwiegersohn abschloss, eidesstattlich festgehalten, dass er zu ebendiesem Abkommen erpresst worden sei. In Wahrheit denke er nicht daran, auf seine und die Rechte seiner Tochter zu verzichten. Dazu wörtlich:

»Mein Schwiegersohn will die gesamte Herrschaft über diese Gebiete [Kastilien] an sich reißen und … [hält aus diesem Grunde] seine Frau, meine Tochter, gefangen.« Er beraube sie somit aller ihrer Rechte als »Eigentümerin jener Gebiete«. Er, Ferdinand, erkläre an diesem 27. Juni 1506 in der Stadt Villafila, dass er den Vertrag mit Philipp zwar unterzeichne, jedoch nicht gewillt sei, ihn auch einzuhalten.

Die Kinder Johannas (von links nach rechts) Ferdinand, Karl,

Eleonore, Isabella (Elisabeth), Maria und Katharina

Wie es um Johanna zu dieser Zeit wirklich bestellt war, ist vom heutigen Standpunkt aus schwer zu beurteilen. Aus damaliger Sicht hat sie sich in der Tat absonderlich aufgeführt, wenn wir dem Zeugnis eines anonymen Berichterstatters glauben wollen, der Philipp und Johanna auf ihrem 600 Kilometer langen Ritt nach Burgos begleitet hat.

Diese »tugendsame, schöne und junge Königin« sei »ziemlich eifersüchtig, wegen der Jugend des Königs, aber auch wegen der ... Ratgeber, mit denen er sich umgibt«. Die Königin sei »so eifersüchtig, dass sie diese Passion nicht unterdrücken kann ... und sie zur schlechten Angewohnheit geworden ist«. Johanna hat alle weiblichen Wesen aus dem Tross entfernt. »Sie sorgt für sich selbst wie eine arme Dienerin. Sie folgt ihrem Mann durch das ganze Land in der Gesellschaft von bis zu 20000 Männern als einzige Frau. Es ist befremdend, eine so vornehme Frau und Königin über wohlhabende Reiche ohne weibliche Begleitung unterwegs zu sehen.«

Eine andere, weniger blumige Quelle vermerkt hingegen nüchtern, sie sei zwar »aufbrausend und sehr launenhaft«, gleichzeitig aber »zielstrebig und umsichtig«.

Das, was wir heute vielleicht als Marotte bezeichnen würden, ist für Philipp Anlass genug, seine Frau nun tatsächlich und offiziell für verrückt zu erklären. Er beabsichtigt, sie an einem sicheren Ort zu verwahren, ist sich aber seiner Sache doch nicht ganz sicher. Also wendet er sich an eine Reihe führender Granden. Die sollen ihre ausdrückliche Zustimmung zu dieser Maßnahme geben. Einige stimmen (bestochen?) zu, andere nicht. Vor allem der Vornehmste unter ihnen, Don Enrique de Cabera, verlangt nachdrücklich die Königin selbst zu sprechen. Davor denke er nicht daran, einem derart folgenschweren Schritt zuzustimmen.

Insgesamt zehn Stunden lang innerhalb von drei Tagen hat sich der Admiral eindringlich mit Johanna beschäftigt. Er zeigte sich zwar verwundert, dass sie sich, ganz unpassend für eine Königin, erhoben hat, um ihn zu begrüßen, auch ihre auffallend schlichte Garderobe und das halb verdunkelte Zimmer haben ihn irritiert; doch was ihr Verhalten betraf, habe er nicht die geringste Abweichung von der Normalität feststellen können. Sie habe ihm klar, deutlich und immer sinnvoll auf seine Fragen geantwortet.

Hierauf zieht Philipp das Ansinnen, seine Frau einzusperren, zurück. Erneut trifft er sich mit seinem Schwiegervater. Die beiden Männer demonstrieren Freundschaft und Einigkeit. Aber als Ferdinand seine Tochter zu sehen wünscht, wird ihm dies ohne Angabe von Gründen verwehrt.

Mit dem üblichen Gepränge wird das Paar beim Einzug in Valladolid empfangen. Vom routiniert jubelnden Volk unbemerkt hat Johanna im ständigen Guerillakrieg mit ihrem Mann diesmal einen kleinen Triumph errungen. Bislang hat sich Philipp, umgeben von seiner waffenstrotzenden Leibgarde, immer und überall in den Vordergrund gedrängt, alle Huldigungen auf seine Person gezogen, als wäre er der ganz und gar allein Herrschende. Diesmal hat Johanna listig vorgesorgt: Sie lässt die Standarte ihres Mannes einfach einziehen, nur die Ihrige allein wird dem Festzug voran getragen.

Die nächste Blamage erleidet Philipp vor der Cortes. Wochenlang hat er – wie wir wissen, vergeblich – versucht, Johanna für geisteskrank erklären zu lassen. Und nun bietet sie, wenn auch wie immer herausfordernd einfachst angezogen, das Inbild einer souveränen Herrscherin.

Von jedem Einzelnen der Cortes-Mitglieder lässt sie sich Ausweise und Vollmachten vorlegen, stellt kurze, gezielte Fragen, um sich der Loyalität des Mannes zu vergewissern. Erst dann nimmt sie mit großer Würde den Treueid entgegen.

Was Philipp angestellt hat, um ihren Elan zu lähmen, wird man erst Monate später an den langsam schwellenden Rundungen ihres Leibes feststellen können. Für einige Zeit teilt er wieder das Lager mit ihr und selig, benebelt, verzaubert im Glück schwimmend lässt sie ihn dann nach Gutdünken schalten und walten. Sehr zum Nachteil des Landes, dessen Königin sie ist.

Philipp besetzt alle wichtigen Posten mit seinen Landsleuten, gewährt immense Pfründen, entwickelt einen prangenden und protzenden Lebensstil, der seinen spanischen Untertanen von Herzen zuwiderläuft. Nebstbei ist es ihm auch glücklich gelungen, die Kirche gegen sich aufzubringen. Dennoch herrscht Ruhe im Lande. Es ist die Ruhe der Angst vor Philipps moderner, schlagkräftiger Streitmacht.

Einen Monat lang bleiben Philipp und Johanna in Valladolid, dann machen sie sich in Richtung Burgos auf den Weg. Dabei kommt es zu einem dramatischen Zwischenfall, als Johanna sich weigert, die kleine Stadt Cogeces zu betreten, in deren Mittelpunkt sich eine stark befestigte Burg befindet. Sie steigt vom Pferd, nicht bereit, sich auch nur einen Schritt von der Stelle zu bewegen.

Es gibt, wieder vor allen Leuten, lärmenden Streit zwischen den Eheleuten. Erst als Philipp zustimmt, um Cogeces einen Bogen zu machen, besteigt Johanna ihr Pferd und reitet weiter. Um diese vermeintliche Laune zu begreifen, muss man wissen, dass es erneut zu schweren Verstimmungen zwischen dem Paar gekommen ist. Johanna scheint befürchtet zu haben, dass ihr Mann sie in der Burg von Cogeces festsetzen wollte. Unser getreuer Berichterstatter Petrus Martyr schreibt, es sei ungewiss, ob sie von sich aus Verdacht geschöpft oder ob sie von dritter Seite einen Wink erhalten hatte.

Am 7. September 1506 Einzug in Burgos im Angesicht der bei solchem Anlass üblichen Menschenmassen. Nichts liegt außerhalb der Norm. Philipp ist guter Dinge, Johanna verhält sich neutral. Dass König Ferdinand sich wenige Tage zuvor auf eine Inspektionsreise nach Italien begeben hat, wird nicht sonderlich beachtet.

Erst spätere Kommentatoren, welche die tragischen Ereignisse rund um den 22. September 1506 zu durchleuchten versuchen, finden die zeitliche Übereinstimmung von Ferdinands plötzlicher Abreise und Philipps plötzlichem Tod zumindest erwähnenswert. Hat Ferdinand seine Hand im Spiel gehabt und für ein sicheres Alibi gesorgt? Oder war alles nur Zufall?

Über die Krankheit des bis dahin kerngesunden 28-Jährigen gibt es einen ausführlichen, sehr einleuchtend klingenden Bericht des Dr. de la Parra. Er war unmittelbarer Zeuge des Geschehens. Seine Ausführungen lassen auf ein ganz natürliches Ende des jungen Mannes schließen, vermutlich hervorgerufen durch irgendeine Infektion.

Die Tatsache allerdings, dass de la Parra der Leibarzt König Ferdinands war und diesem bis zur Selbstaufgabe ergeben, lässt die Ereignisse in einem anderen Licht erscheinen. Vor allem dann, wenn man sich ein Schreiben zu Gemüte führt, das Philipp bereits drei Monate vor seinem Tod von seinem Gesandten beim Heiligen Stuhl erhalten hatte.

Der Diplomat warnt ihn nachdrücklich vor einem Giftanschlag auf Befehl König Ferdinands. Auf einem Kapitel der Franziskaner, »die überall hinkommen«, hätte er, zwar »nur in Deckworten, doch deutlich genug«, erfahren, dass »es keinen Fürsten auf der Welt gibt, der mehr gefährdet ist als Ihr«. Philipp möge doch strikt dafür sorgen, dass nur Leute seines Vertrauens Zugang zur Küche bekämen, dass nur ein einziger Mann ihn bei der Tafel bediene. Unter keinen Umständen möge die Hoheit außer Haus speisen, »weil die Gerichte von König Ferdinand Euch gar nicht gut bekommen würden …«

Hier muss kurz innegehalten werden, um klarzustellen, dass Giftmorde damals in den höchsten Kreisen, und nicht nur dort, an der Tagesordnung, hervorragende Persönlichkeiten immer und überall gefährdet waren. Andererseits kamen in jenen Tagen auch viele junge gesunde Menschen durch heute harmlose Krankheiten mangels medizinischer Möglichkeiten wesentlich häufiger zu Tode. Allein die Kindersterblichkeit betrug damals grob geschätzt 50 Prozent. Fazit: Nicht jeder unerwartete Todesfall wurde durch Gift verursacht, aber auch hinter jedem »natürlichen« Tod konnte ein Anschlag stehen.

In diesem Licht müssen wir sowohl den Brief von Philipps Gesandten aus Rom als auch den Befund des Dr. de la Parra betrachten. Letzterer schreibt: »Zwei oder drei Tage, ehe er krank wurde, hat der König mit Hingabe Pelota [Kugelspiel, ähnlich wie Boule] an einem kühlen Ort gespielt … Donnerstag war der König nicht ganz wohl. Man glaubt nun, er hätte damals schon Fieber gehabt … [aber] er sprach nicht darüber mit seinen Ärzten … er ging wie sonst zur Jagd … Freitag sagte er auch nichts, obwohl er wieder fieberte. Er aß … und hatte aber kaum Appetit. Der Samstag verlief gleichermaßen bis zum Mittag. Dann erlitt er einen Schüttelfrost, dass er es nicht mehr verheimlichen konnte. Er ließ seine Ärzte rufen und erzählte ihnen … was er bisher für sich behalten hatte … Diesen Samstag fieberte er auch noch sehr hoch. Sonntag fieberte er noch immer und bekam an der Seite starke Schmerzen. Auch erbrach er blutig.«

Nachdem man ihn zur Ader gelassen hatte, sank das Fieber. Am Sonntag stieg es wieder beträchtlich an. Montag ebenfalls Fieber, starke Schwellung des Gaumenzäpfchens, sodass er, laut de la Parra, »kaum seinen Speichel schlucken sowie nur mit Mühe sprechen konnte … Er sagte, das sei das Einzige, woran er leide, das Einzige, wovon man ihn befreien müsste.«

Am nächsten Tag schwitzte Philipp übermäßig und »infolge dieses Schweißausbruches haben sich am ganzen Körper kleine Pusteln von roter und schwarzer Farbe gebildet … Er war bewusstlos in einer Art von Dämmerschlaf. Man konnte ihn niemals ganz erwecken oder zu sich bringen.«

Am achten Tag seiner Erkrankung verabreichte man dem König die Letzte Ölung. De la Parra war anwesend: »Fünf Stunden bin ich an seiner Seite geblieben und dann weggegangen in der Überzeugung, dass er höchstens bis zu dem Augenblick aushalten könnte, da der übliche Schüttelfrost kommen würde. Man sagte mir, er hätte um zwei Uhr zu Mittag an diesem Freitag sein Leben ausgehaucht …«

Ein langer, höchst bemerkenswerter Absatz in diesem Bericht befasst sich mit dem Verhalten Johannas während der Krankheit ihres Mannes. Sie habe sich buchstäblich Tag und Nacht an seiner Seite befunden, alle Anordnungen für seine Pflege getroffen, sei ruhig und gleichermaßen freundlich zu jedermann gewesen. Er sei noch niemals zuvor einer Frau begegnet, die in einer solch schwierigen Lage dermaßen überlegen und beherrscht gehandelt hätte, schreibt der Arzt mit spürbarem Respekt.

Ein anderer, anonymer Zeuge wird noch ausführlicher und schildert minutiös, wie Johanna, die während der ganzen Zeit kaum ein Auge zugetan hätte, nicht von Philipps Seite wich. Noch als er in den letzten Zügen lag, versuchte sie ihn mit sanften Worten zu ermutigen und seine Medizin zu nehmen. Als er dies verweigerte, kostete sie selbst davon, um ihm wie einem kleinen Kind einzureden, dass das Tränklein angenehm schmeckte.

Philipp stirbt am 22. September 1506. Wenige Wochen später kursiert in Deutschland ein Flugblatt, in dem es heißt, dass man an Philipps Hals »ein gswer« (Geschwür) gefunden hätte und »Doctors sagen uns ganz fürwar das es war ein vergifft leber«.

So widersprüchlich die Berichte wirklicher oder angeblicher Zeugen über Johanna nach Philipps Tod sein mögen, eines steht fest: Niemand hat sie weinen sehen. Sie befahl, dem Toten ein hermelinbesetztes Staatsgewand anzulegen, eine Haube aus rotem Brokat auf die blonden Locken zu setzen, ein goldenes Kruzifix um seinen Hals zu hängen und ihn auf einem Paradebett aufzubahren.

Wer dann veranlasst hat, den Toten von dort zu entfernen, ihn, ein schrecklicher Anblick, auf einen Thron zu setzen, von schwarz gewandeten Mönchen umringt, die mit hohlen Stimmen pausenlos Klagelieder sangen, das weiß man nicht. Ebenso wenig bekannt ist, wer dann die Überführung in das Karthäuserkloster Miraflores, etwa fünf Meilen außerhalb von Burgos, veranlasste. Immerhin war doch allgemein bekannt, dass Philipp den Wunsch geäußert hatte, in der Kathedrale von Granada beigesetzt zu werden. Statt dessen begrub man ihn unter größter Geheimhaltung in Miraflores.

Man scheint Johanna überhaupt nicht davon unterrichtet zu haben, denn in einer Zeugenniederschrift heißt es: »… sobald sie in Erfahrung bringen konnte, dass ihr Mann ins Kloster Miraflores gebracht wurde, wollte sie auch dahin gehen.«

In diesen Tagen hatte sie nur noch Sinn für den Toten. Sie kümmerte sich vor allem um die Ausstattung und Gestaltung ihrer Trauerkleidung, die Granden aber, die Entscheidungen in dringenden Staatsgeschäften von ihr erwarteten, ließ sie erst gar nicht vor. »Als schwangere Witwe zurückgeblieben, sitzt sie, das Kinn auf die Hand gestützt, schweigend, am liebsten im Dunklen«, schreibt Petrus Martyr.

Fünf Wochen lang lässt sie niemanden an sich heran. Dann erwacht sie zu befremdlichem Tun. Sie begibt sich nach Miraflores, nimmt, scheinbar gelassen, an einer Messe teil, steigt dann hinab zur

Gruft ihres Mannes. Sie befiehlt den Sarg zu öffnen, den Leichnam aus den ihn umhüllenden Tüchern zu wickeln, kniet nieder und beginnt dessen Füße zu küssen. Küsst und küsst und küsst. Macht keine Anstalten, sich jemals wieder aus dem Grabgewölbe fortzubewegen. Leise Mahnungen, gutes Zureden, nichts nützt. Bis zwei starke Männer sie gewaltsam hochreißen. Sie leistet keinen Widerstand.

So erschreckend Johannas Verhalten am Grab ihres Mannes war, so wenig deutet ihr unmittelbar darauf folgendes auf einen plötzlichen Wahnsinnsausbruch. Mit Gelassenheit und Würde nimmt sie die Ergebenheitsadressen der vielen Menschen entgegen, die sich vor dem Kloster versammelt haben, nachdem ruchbar geworden ist, dass sich die Königin zum ersten Mal wieder öffentlich zeigt.

In den folgenden Tagen trifft sie eine Reihe von politischen Entscheidungen: Sie entlässt Cisneros, den Erzbischof von Toledo, der während ihrer Zurückgezogenheit ein Entmündigungsverfahren gegen sie eingeleitet hat, und informiert sich über die triste Lage der Staatsfinanzen und die Entwicklung in den überseeischen Kolonien.

Sie hört, und das wird ihr zum Verhängnis, häufig auf die Anregungen von Philipps ehemaligen Beratern. Sofort heißt es, sie sei gar nicht fähig, selbstständig zu urteilen, sie stünde unter dem aus der Ferne gelenkten Einfluss ihres Schwiegervaters, Kaiser Maximilian I.; sie beabsichtige, sich mit dem Deutschen Reich gegen den Vater zu verbünden. Der Verdacht, dass Ferdinand die Stimmung gegen seine Tochter durch Agenten angeheizt hat, ist niemals ausgeräumt worden. Allerdings scheinen ihre nun folgenden Entschlüsse jenen Recht zu geben, die sie schon lange für verrückt gehalten haben.

Die Ursachen für Johannas bizarres Verhalten im Kloster von Miraflores waren noch einigermaßen einleuchtend erklärt worden: Sie hätte, nicht ganz zu Unrecht, befürchtet, dass Philipps Leichnam von dessen Landsleuten entführt worden wäre, und sich vergewissern wollen, ob dies stimmte. Beim Anblick des geliebten Toten sei sie, von maßloser Trauer überwältigt, dem irrationalen Zwang gefolgt, Philipps Füße zu küssen.

Das Gebaren, das die Witwe aber nun an den Tag legte, ließ auch bei den Wohlwollendsten Zweifel aufkommen. Dass sie Burgos ziemlich überhastet verließ, war noch einzusehen. Einige Fälle von Pest waren bekannt geworden. Johanna musste um ihr und um das Leben ihres ungeborenen Kindes bangen. Nachvollziehbar auch ihr Wunsch, nach Torquemada zu übersiedeln, etwa 50 Meilen von Burgos entfernt, ein Städtchen mit angenehmen Unterkünften und gesundem Klima.

Sie reist mit ansehnlichem Gefolge. Gut. Sie nimmt genügend Dienerschaft mit. Gut. Es fehlt nicht an Verpflegung und Bekleidung. Auch gut. Aber: Sie nimmt auch den Leichnam ihres Mannes mit, um, wie sie erklärt, ihn höchstpersönlich nach Granada zu überführen.

Zuvor hat es noch eine sehr, sehr hässliche Szene im Kloster von Miraflores gegeben. Die Mönche weigerten sich das Grab zu öffnen. Johanna machte einen derartigen Skandal, dass man eilends den Bischof von Burgos herbeiholte. Der versuchte seiner Königin klarzumachen, dass es von Gesetzes wegen nicht gestattet sei, einen Toten früher als sechs Monate nach seinem Hinscheiden zu enterdigen. Johanna schrie den Bischof an wie einen dahergelaufenen Vagabunden und geriet dermaßen außer sich, dass eine Fehlgeburt zu befürchten war. Der Bischof gab nach. Das Grab wurde geöffnet, der Sarg herausgenommen und auf einen Leichenwagen gehoben.

»Eine Stunde, nachdem die Sonne gesunken war, zog die Königin mit der Leiche ihres Mannes ab, die gar nicht nach Parfum duftete«, schreibt einer der Hofleute über die gespenstischen Ereignisse. Die Königin befiehlt, nur nachts zu reisen, tagsüber hält man sich in Klöstern auf. Der Sarg wird jeweils in der Nähe des Altars abgestellt.

Manchmal lässt ihn Johanna öffnen, um mit sanfter Hand über die verwesenden Gebeine zu streichen in der aberwitzigen Hoffnung, ihren Mann dadurch wieder zum Leben zu erwecken. Ein Mönch in Miraflores hat ihr prophezeit, dass Philipp bei regelmäßiger Berührung wieder von den Toten auferstehen werde. Es hätte schon ähnliche Wunder gegeben. Johanna hat ihm geglaubt, fest auf ihn vertraut. Aber unser Zeuge schreibt: »Infolge dieses törichten Verhaltens, das die Königin zeigte, waren sich alle einig, das sie gänzlich den Verstand verloren hätte.«

Es wäre zu hinterfragen, ob wirklich *alle* diese Meinung teilten. Denn an sich war der Glaube an Prophezeiungen, Hexerei, geheimnisvolle Vorzeichen und Phänomene sowie ähnlichen Hokuspokus damals so verbreitet, dass es eigentlich ein Wunder gewesen wäre, wenn sich Johannas Zeitgenossen über ihren Wunderglauben gewundert hätten.

Nach einer schweren Entbindung – eine Tochter namens Katharina wird am 14. Januar 1507 geboren – liegt Johanna, überaus geschwächt, länger als üblich im Wochenbett. Als einige Fälle von Pest in Torquemada auftreten, weicht sie samt Kind und Gefolge und Sarg in den Flecken Hormillos aus. Sie sondert sich weiterhin ab, spricht kaum, interessiert sich für nichts, ausgenommen ihr Baby. Nur manchmal glimmt ein Funken von Anteilnahme auf, wenn abends musiziert wird. Sie liebt Musik, so wie Philipp, so wie dessen Eltern Maximilian und Maria von Burgund Musik geliebt haben.

Während Johanna von ihrer anhaltenden Trauer wie gelähmt ist, gerät das führerlose Königreich in schwere Bedrängnis. Philipps Landsleute verlassen in Panik scharenweise das Land, nicht ohne vorher an sich zu raffen, was ihnen in die Hände gerät. Auf diese Weise lösen sich Philipps Silberschatz und sein gesamtes Geschmeide in Luft auf.

Die Pest wächst sich zur Epidemie aus, Tausende sterben. Raub und Plünderung gehören zum Alltag. Private Milizen bilden sich, um das Schlimmste zu verhindern, gehen dann, zu allem Übel, auch noch gegeneinander los. Chaos und Anarchie beginnen sich breit zu machen.

Und was tut Ferdinand, um seiner Tochter beizustehen? Ferdinand tut zunächst gar nichts. Er lässt die Zeit für sich arbeiten. Je bedrohlicher und unübersichtlicher die Lage wird, je größer das Unbehagen über Johannas Teilnahmslosigkeit, desto günstiger seine Aussichten, als Retter aus der Not in Kastilien aufzutreten.

Er kommt im Juli 1507 angeritten und er kommt nicht allein, sondern in Begleitung einer ansehnlichen Heeresmacht. Nicht gerade triumphal, aber doch mit Erleichterung wird er von den Granden und der Bevölkerung empfangen. Als man Johanna die Nachricht von der bevorstehenden Ankunft des Vaters überbringt, lässt sie eine Dankesmesse lesen.

Die Begegnung zwischen Vater und Tochter verläuft nicht stürmisch, aber durchaus herzlich. Sie kniet, wie es sich gehört, nieder, um ihm die Hand zu küssen; er hebt sie, wie es der Brauch will, liebevoll auf und schließt sie in die Arme. Er lässt sich nicht anmerken, was er über ihr Äußeres denkt. Sie leidet ganz offensichtlich an Magersucht und legt keinerlei Wert auf ihre Garderobe.

Aber ebenso offensichtlich ist sie ganz bei Sinnen. Während der Mahlzeiten unterhält sie sich angeregt mit der ganzen Tischgesellschaft. Später zieht sie sich mit ihrem Vater und seinem engsten Kreis zurück. Die Konferenz dauert nicht sehr lang. An deren Ende hat Johanna dem Vater die gesamten Regierungsgeschäfte offiziell übergeben, was ihn im Gegenzug dazu veranlasst, ihr in aller Förmlichkeit zu bescheinigen, dass sie in jeder Minute ihres Zusammenseins ihrer Sinne mächtig gewesen sei.

Johanna ist nun fast ein Jahr verwitwet und es nimmt nicht wunder, dass sich ein Bewerber um diese ausgezeichnete Partie einstellt. König Heinrich VII., Schwiegervater von Johannas Schwester Katharina, hält bei König Ferdinand um die Hand von dessen Tochter an. Was immer der Engländer über Johannas geistige Verfassung gehört haben mag, es wird ihn nicht weiter gestört haben angesichts der Tatsache, dass Spanien auf dem besten Weg ist, eine Universalmacht zu werden. Johanna hat auf das Angebot nicht reagiert.

Sie hat damals scheinbar eine besonders schwierige Phase durchgemacht. Meist saß sie auf dem Fußboden, wo sie auch – wenn überhaupt – ihre Mahlzeiten einnahm. Was besonders und mit großer Empörung vermerkt wurde: Sie besuchte nicht einmal mehr die tägliche Messe. So jedenfalls lesen wir es in einem Bericht an König Ferdinand, der damit eine willkommene Handhabe erhielt, seine Tochter »zu ihrem eigenen Schutz«, wie er sagte, »unter schweren Drohungen«, wie wir bei Petrus Martyr lesen, festnehmen zu lassen.

Ein dichter Cordon Schwerbewaffneter wurde um die kleine Stadt Arcos gezogen, in der sich Johanna eben aufhielt. Nur mit königlicher Sonderbewilligung durfte der Ort betreten oder verlassen werden. Es gibt nicht eine einzige Nachricht darüber, wie Johanna ihre Verhaftung aufgenommen hat. Demgegenüber existieren zahlreiche Hinweise, dass Ferdinand sich zu diesem drastischen Schritt entschlossen hat, nachdem es im Lande wieder unruhig geworden war und die akute Gefahr bestand, dass die aufgebrachten Untertanen sich ihrer Königin bemächtigen und die Wortführer der Cortes sie wieder in ihre Herrschaftsrechte einsetzen könnten.

Man brachte Johanna samt ihrer Tochter und Philipps Sarg nach Tordesillas nahe Valladolid, was nichts Gutes verhieß. Im dortigen Schloss waren schon lange vor ihr zwei Königinnen von der Außenwelt abgeschlossen worden. Eleonore, die Gemahlin von Johann I. von Kastilien, saß dort seit 1384 fest, 1430 wurde eine weitere Eleonore, diesmal die von Aragón, dort eingesperrt. Sie blieben bis zu ihrem Tod gefangen. Johanna wird es um keinen Deut besser ergehen.

Philipp wurde im Kloster zu Tordesillas zur Letzten Ruhe gebettet. Johannas lange Reise mit dem geliebten Leichnam war zu Ende. Der schaurige Mythos, wonach sie mit dem Toten »kreuz und quer ruhelos durch ganz Spanien« unterwegs gewesen wäre, entpuppt sich bei näherem Hinsehen als Humbug. In Wirklichkeit hat sie sich nur in einem Umkreis von maximal hundert Kilometern von Burgos entfernt bewegt, da festgehalten von Schwangerschaft und Kindbett, dort vertrieben durch das plötzliche Auftreten der Pest.

Widersprüchlich und schwer überprüfbar sind die spärlichen Nachrichten aus den ersten Jahren von Johannas Gefangenschaft. So viel ist gewiss, dass ein Mann namens Luis Ferrer, Kommandant der Garnison von Tordesillas, ihr Kerkermeister wurde. Er legte Johanna das strenge Korsett einer genau einzuhaltenden Tagesordnung an: Aufstehen, Messe, Frühstück, Zusammensein mit Katharina, Mittagessen, Ruhepause, Freizeit zum Lesen oder Gitarre spielen, Messe, Abendessen. Unmittelbar darauf: Nachtruhe.

Johanna widersetzt sich dem Kommando, weigert sich aufzustehen, sich waschen und ankleiden zu lassen, verschüttet absichtlich Essen und Trinken über ihr Gewand. Zwei mannskräftige Weiber bringen sie, über Ferrers Befehl, zur Räson.

Ein anonymer Zeuge behauptet, Johanna hätte sich vollkommen

unauffällig verhalten, wenn man sie in Ruhe ließ; einmal sei es ihr gelungen, das Fenster zu erreichen und um Hilfe zu schreien. Daraufhin hätte man sie in ein anderes Gemach verlegt, dessen Fenster in den Innenhof gingen.

Ferdinand hat, bis zu seinem Tod im Jahre 1516, seine Tochter nur zweimal besucht, ließ sich aber regelmäßig über ihren Zustand unterrichten. Man teilte ihm mit, sie esse und schlafe, wann es ihr passte, sei mürrisch, sähe »liederlich« aus, man müsse sie »mit Gewalt« zu den täglichen Verrichtungen zwingen.

Ferdinand herrschte weiterhin diktatorisch über Kastilien, immer wieder flackerten örtliche Unruhen auf. Je unbeliebter er sich beim Volke machte, desto mehr schenkte es jenen Männern und Frauen Glauben, die behaupteten, Johanna kurz vor ihrer Verhaftung gesehen und gesprochen zu haben. Sie hätte unendlich traurig und deprimiert gewirkt, aber immer vernünftig gesprochen.

Für kurze Zeit kehrte gespannte Ruhe im Lande ein, als bekannt wurde, dass Ferdinands Frau, Germaine de Foix, ein Kind erwartete. Und als es tatsächlich ein Knabe war, mit dem sie niederkam, schienen alle Probleme gelöst: Er allein würde der Erbe Spaniens werden. Doch wie gewonnen, so zerronnen. Der Prinz starb, Ferdinand blieb an der Macht, Johannas Schicksal besiegelt.

Daran änderte sich auch nichts, nachdem Ferdinand am 23. Januar 1516 im Alter von 64 Jahren gestorben war – angeblich an einer Überdosis von Potenzmitteln. Zwar kam es anschließend zu einem Aufstand der Garnison von Tordesillas; die Männer versuchten den Kerker Johannas zu stürmen, um sie zu befreien. Doch sie wurden von einer Elitetruppe, den »Monteros de Espinos«, niedergeschlagen. Selbst diesen Männern schien das brutale Regiment Ferrers über Johanna unannehmbar und sie jagten ihn davon.

Was sollte nun weiter geschehen mit der einzigen, rechtmäßigen Königin von Spanien, Süditalien und den Kolonien in Übersee? Mehr denn je waren die meisten ihrer Untertanen überzeugt, sie werde widerrechtlich gefangen gehalten, und die Behörden wurden mit einer Flut von Protestschreiben und Petitionen zugunsten Johannas überschwemmt. Ihr Schicksal lag jetzt in der Hand ihres ältesten Sohnes Karl, eines Knaben von sechzehn Jahren, der im fernen Mecheln am Hofe seiner Tante Margarete residierte.

Ursprünglich soll Ferdinand beabsichtigt haben, seinen zweiten Enkel, Ferdinand, zum Nachfolger zu bestimmen. Der Junge war an seinem Hof erzogen und bereits im Alter von zehn Jahren zum Gouverneur von Kastilien ernannt worden.

In Ferdinands Testament fand sich jedoch kein diesbezüglicher Hinweis, sodass Karl der einzig mögliche Erbe war. Denn seine Mutter spielte, als ob sie bereits gestorben wäre, keine Rolle mehr. Weder in Ferdinands Testament noch in seinen Briefen an Karl wurde sie jemals auch nur erwähnt.

Über ihren Kopf hinweg setzte die Cortes Kardinal Cisneros, Erzbischof von Toledo, zum Regenten von Kastilien ein. Statthalter von Aragonien wurde der Erzbischof von Saragossa. Sie sollten bis zur Ankunft Karls die Regierungsgeschäfte führen.

Kardinal Cisneros, ein Intimfeind Johannas, hatte noch zu Philipps Lebzeiten deren Entmündigung betrieben, um, wie es heißt, auf dem Umweg über den schwachen Philipp selbst an der Macht teilzuhaben. Er wurde, wie wir uns erinnern, von Johanna nach Philipps Tod schmachvoll entlassen. Nun war Cisneros Stunde der Rache gekommen. Augenblicklich ernannte er Luis Ferrer erneut zu Johannas Kerkermeister. Überraschenderweise erlitt der Kardinal eine Absage.

Ferrer, zutiefst gekränkt über seine schmähliche Vertreibung aus Tordesillas, reichte den endgültigen Abschied ein. In einem langen, gewundenen, von Zweideutigkeiten und Anspielungen strotzenden Brief beteuerte er, Opfer einer Intrige geworden zu sein. Er hätte nichts als seine Pflicht getan, als er den strikten Weisungen König Ferdinands folgte und Johanna »wie in einem strengen Kloster« hielt.

Das allein schon bedeutet nichts Gutes. Darüber hinaus gibt es aber immer noch einen heftigen Gelehrtenstreit um eine Stelle im Text, aus dem sich möglicherweise herauslesen lässt, dass die Gefangene wiederholt gefesselt und manchmal sogar gefoltert worden sein soll.

Nun also: Karl ante portas!

Johannas und Philipps ältester Sohn hat sich noch als reifer Mann bitter darüber beklagt, wie dürftig man ihn auf seine großen Aufgaben vorbereitet hätte. Er litt, wie sein Großvater Kaiser Maximilian I., als Kind an einer deutlich vernehmbaren verbalen Ausdrucksschwäche, die er erst viel später durch harte Selbstdisziplinierung beseitigen konnte. Seine beiden Landessprachen, Französisch und Niederländisch, beherrschte er mühsam und stammelnd. Deutsch und Spanisch hatte man ihm erst gar nicht beizubringen versucht.

Der blasse, unsichere Knabe (mit dem Aussehen eines Greises, berichtet Petrus Martyr) wurde 15-jährig für majorenn erklärt und übernahm, zumindest pro forma, die Regierungsgeschäfte. In der Tat waren es jedoch seine mächtigen Erzieher und Berater, die ihm zu tun hießen, was *sie* für richtig hielten. Erst sehr spät hat er sich von ihnen emanzipieren und ein eigenes politisches Profil erlangen können. Eine Entwicklung, die seinem früh verstorbenen Vater, Philipp dem Schönen, versagt geblieben ist.

Es war darum bestimmt nicht Karl selbst, der, noch ehe er nach Spanien aufbrach, den in seinem und seiner Mutter Namen regierenden Kardinal Cisneros mit einem bemerkenswert kaltschnäuzig formulierten Brief aus seinen Diensten entließ. Ganz offensichtlich wollten die neuen Herren sich durch nichts und niemanden präjudizieren lassen. Dem Kardinal blieb der Anblick dieses demütigenden Schreibens erspart. Er starb wenige Tage, ehe es ihn erreichte.

Im Frühjahr 1517 brach Karl mit großer Begleitung, an der Spitze sein ehemaliger Erzieher und jetzige Oberstkämmerer Wilhelm Croy de Chièvres, auf, um zu Schiff in ein Land zu reisen, das er noch nie zuvor gesehen hatte und dessen König er bald sein würde.

Begleitet wurde Karl auch von seiner älteren Schwester Eleonore. Die 19-Jährige sollte mit Portugals König Manuel verheiratet werden, der schon zwei ihrer Tanten, Johannas Schwestern Isabella und Maria, verschlissen hatte.

Es war eine imposante, mit aller Pracht eines reichen Landes ausgestattete Flotte, die an der spanischen Küste um ein Haar Schiffbruch erlitt und schließlich in einem winzigen, namenlosen Nest strandete.

Zu Tode erschrocken nahm die gesamte Bevölkerung Reißaus. Die Leute glaubten an einen feindlichen Angriff.

Erst nach und nach wagten sich die verschüchterten Menschen aus ihren Verstecken. Die hohen Herrschaften aus dem wohlhabenden Norden glaubten einer Sinnestäuschung zu unterliegen: ärmliche, zerlumpte, ungewaschene Gestalten, allesamt ohne Schuhwerk, die in hinfälligen Hütten vegetierten. Quartier für die vornehmen Herrschaften? Quartier – nun ja – eben in den Hütten auf blankem Boden und, wenn es gut geht, ein Häufchen stinkenden Strohs unter den Kopf. Verpflegung? Oliven, ein bisschen Öl, bröckelndes Brot, sonst nichts.

Eineinhalb Monate mühsamer Reise, teils zu Fuß, teils auf Pferde- oder Eselsrücken nach Tordesillas. Entlang der kaum vorhandenen Straßen nichts als Not und Elend. Menschen, die noch in Höhlen vegetieren. Spanien war ein bitterarmes Land. Amerikas Reichtum hatte noch nicht aufs Mutterland durchgeschlagen. Die breite Masse erreichte der Goldstrom – wenn überhaupt – als Letzte.

Der Besuch Karls und Eleonores in Tordesillas wird minutiös vorbereitet und dient keineswegs dem Zweck, Mutter und Kinder endlich in Liebe zu vereinen, sondern vielmehr der möglichst raschen und möglichst reibungslosen Ausschaltung Johannas.

Zunächst berät sich de Chièvres ausführlich mit dem Beichtvater und dem Kämmerer der Königin über die schlaueste Vorgangsweise. Dann bittet er um eine Audienz bei Johanna, sagt ihr unumwunden, dass ihre Kinder, die sie seit zwölf Jahren nicht gesehen hat, in Spanien sind. Ehe sie sich dessen richtig bewusst werden kann, wird die Tür aufgerissen. In deren Rahmen Karl und Eleonore, in perfekter höfischer Demutshaltung. Eine zweite Ehrenbezeugung auf halbem Weg, die dritte unmittelbar vor Johannas Angesicht. Ist sie schockiert? Nein, viel eher freudig überrascht. Alle Etikette missachtend, schließt sie die beiden in die Arme, stammelt: »Seid ihr es wirklich, meine Kinder. Wie groß ihr geworden seid!«

Karl, unbewegt, sagt die Rede auf, die man ihm einstudiert hat, auf Französisch, denn Spanisch kann er ja nicht: »Madame, Ihre untertanigsten Kinder sind erfreut, Sie in guter Gesundheit anzutreffen, und bitten Sie, Ihnen ihre Ergebenheit bezeigen zu dürfen.«

Nun kommt er offenbar doch, der Schock. Johanna murmelt: »Ihr müsst von der langen Reise müde sein. Es wird euch gut tun, wenn ihr euch zurückzieht und ein wenig ausruht.« – Hastiger Abgang Karls und Eleonores.

Während die beiden stante pede nach Valladolid weiterreisen, bedrängt, umschmeichelt, umgarnt der gerissene de Chièvres noch stundenlang die Königin. In einem perfekten diplomatischen Eiertanz gelingt es ihm, ihr eine völlige Verzichtserklärung zugunsten Karls abzuluchsen, ohne mit einem Wort zu erwähnen, dass ihr Vater gestorben ist. Auch den nächsten Schlag hat er schon vorbereitet. Man wird Johanna ihr Ein und Alles, ihre jetzt zehnjährige Tochter Katharina, wegnehmen!

Wenn schon die Lebensumstände ihrer Mutter sie nicht berührt haben, über die ihrer Schwester waren Karl und Eleonore doch entsetzt. Eine hochwohlgeborene Prinzessin, Infantin von Spanien, wie ein kleines Tier gefangen gehalten, zerlumpt, ungepflegt wie Johanna. Außer der Mutter nur eine alte, halb blöde Dienerin zur Gesellschaft.

Katharinas einzige Zerstreuung bestand darin, vom Fenster aus auf der Straße spielenden Kindern zuzunicken, zuzuwinken und sie zu bitten, sich nicht allzu weit zu entfernen, damit sie, Katharina, nicht ihres Vergnügens beraubt würde. Es gibt keine konkreten Hinweise, dass Katharina in irgendeiner Weise schulisch gebildet worden wäre.

Dieser Zustand musste geändert werden, und zwar sofort. Und zwar so, dass Johanna nichts davon merkt und womöglich wieder einmal einen unziemlichen Skandal veranstalten könnte. Was nun inszeniert wurde, war eine der schmierigsten Tragikomödien der Weltgeschichte. Katharina wird entführt, gekidnappt, wie man das heutzutage nennt.

Da man Katharinas Zimmer nur durch das der Mutter erreichen kann, bohrt ein Kammerdiener namens Bertrand in mehreren Nachtschichten ein Loch durch die Wand zwischen Flur und dem Gemach des Mädchens.

Als es so weit ist und vor dem Haus eine Eskorte samt Sänfte wartet, kriecht Bertrand um ein Uhr nachts durch das Loch, weckt die alte Dienerin, hält der zu Tode erschrockenen Frau den Mund zu. Erklärt ihr, dass Katharina im Auftrag des Königs nach Valladolid gebracht werden soll.

Dann wird das Kind munter gemacht. Bertrand erzählt ihr dieselbe Geschichte, aber das Unerhörte passiert: Katharina weigert sich mitzukommen. Bertrand wird energisch, beruft sich auf den Befehl des Königs. Schluchzend folgt ihm die Kleine durch das Loch in der Wand, wird zur Sänfte geleitet und nach Valladolid in die Obhut ihrer Schwester gebracht.

Wir können uns ausmalen, was geschah, als Johanna am nächsten Tag das Zimmer ihrer Tochter leer fand – ob wir die gepeinigte Frau nun für verrückt halten oder nicht. Das ganze Haus hallte wider von ihren Schreien und Wehklagen. Sie beruhigte sich erst ein wenig, nachdem Bertrand ihr vorgelogen hatte, er wisse nicht, was nächtens vorgegangen sei, der König jedoch werde dafür sorgen, dass Katharina zurückkäme.

Wer oder was Karl bewogen haben mag, seine Schwester schon nach wenigen Tagen wieder nach Tordesillas bringen zu lassen, ist nicht dokumentiert. Hat ihn das Leid der Mutter doch angerührt, ist ihm bewusst geworden, wie grausam er an ihr gehandelt hat? Wenn man Karls sonstiges Gebaren seiner Mutter gegenüber analysiert, scheint dieser unvermutete Anfall von Gefühl und Nachgiebigkeit eher unwahrscheinlich. Vielleicht aber hat Katharina so trotzig aufbegehrt, mit solcher Heftigkeit nach der Mutter verlangt, dass man lieber dem Kind nachgegeben hat anstatt, Gott behüte, die Mutter nach Valladolid zu holen. Oder waren ganz andere Gründe ausschlaggebend? Darüber ist nichts bekannt.

Das Ergebnis dieser barbarisch-tolldreisten Geschichte ist, dass Katharina ab nun nicht mehr in Lumpen gehen muss. Sie erhält anständige Garderobe sowie eigene Dienerschaft. Dafür erleidet Johanna Strafverschärfung. Ihr neuer Kerkermeister wird der Schlossvogt Marquis de Denia.

Indes etablierten Karl und die Seinen ihre Herrschaft in Spanien:

ein perfektes Lehrstück arroganter Machtpolitik. Alle wichtigen Posten wurden mit den eigenen Landsleuten besetzt. De Chièvres leitete, mit einem fürstlichen Salär von 4000 Dukaten verwöhnt, alle Finanzgeschäfte. Seinem erst *zehnjährigen* Neffen wurde das Amt des jüngst verblichenen Erzbischofs von Toledo zugeschanzt.

Der Dümmste und politisch Unerfahrenste musste bald merken, dass Karl, der noch immer einen Dolmetsch brauchte, um sich mit seinen Landeskindern zu verständigen, nicht zu deren Wohl, sondern zum eigenen und dem seines Klüngels regierte. Immer drängender, immer lauter wurde die Frage, warum sich Johanna den Regierungsgeschäften fern hielt, ob sie nicht zum Verzicht gezwungen worden wäre, wie es überhaupt um sie stünde. War sie nun wahnsinnig oder nicht? Die meisten Spanier sind auch heute noch fest überzeugt, dass sie es nicht war.

Im Auftrag der Cortes reiste der Erzbischof von Saragossa, interimistischer Regent über Katalonien und Halbbruder Johannas aus einer Beziehung ihres Vaters mit einer Hofdame, nach Tordesillas, um sich an Ort und Stelle über Johannas Befinden zu unterrichten. Man hat ihn erst gar nicht vorgelassen.

Nach endlosen Debatten und feierlichen Beteuerungen Karls, keine Landfremden mehr in hohe Ämter zu setzen, willigte die Cortes ein, ihn als Herrscher anzuerkennen, *zusammen mit seiner Mutter*, wie es ausdrücklich hieß. Unter Eid hatte Karl versprochen, sie »sofort nach ihrer Genesung« wieder in alle ihr zustehenden Rechte einzusetzen.

Don Fernando Marquis de Denia, der neue Mann an der Spitze der Zivil- und Militärverwaltung von Tordesillas, hat offenbar ganz andere Weisungen erhalten. Seine Befugnisse über die Gefangene waren praktisch unbegrenzt. Nur er bestimmte, wer zu ihr vorgelassen, wessen Post ihr ausgehändigt werden durfte. Es steht eindeutig fest, dass er die meisten ihrer Briefe, die nach draußen gehen sollten, niemals weiterbefördert hat.

Wir kennen ein Schreiben Denias an Karl, in dem er akribisch festhält, wie er Johanna methodisch von der Außenwelt abgeschnitten hat. Unter anderem heißt es darin:

»Sie hat mir gesagt, ich soll sie hinausnehmen. Immer, wenn sie mich darum bat, habe ich gesagt, dass das Wetter nicht gesund sei … aber ich würde es ihr schon sagen, wenn das Wetter wieder besser sei … Auch will sie einige Granden kommen lassen, weil sie sich beklagen möchte … wie man sie hier behandelt und festhält und weil sie über die [Regierungs-]Geschäfte Bescheid wissen möchte. Ich habe ihr gesagt, dass die Granden daran nichts ändern können, weil der Katholische König und die Granden … die betreffenden Maßnahmen selbst angeordnet hätten … *Eure Hoheit kann beruhigt sein, denn mit Gottes Hilfe wird nichts geschehen, was nicht in Eurem Interesse liegt.*«

Denia beschreibt weiter, wie Johanna sich Tag für Tag vollständig ankleidet, eine Haube auf den Kopf, Handschuhe an den Händen, bereit, endlich einmal aus dem Zimmer zu kommen, um draußen ein bisschen frische Luft zu schnappen. Sie wartet vergeblich.

Eines Tages gerät sie in Wut. Denia: »Am Abend vor Sankt Jakob hat sie zwei Frauen verletzt, und zwar mit zwei Töpfen, die sie ihnen an den Kopf geworfen hat … Sie hat sich aber gleich darauf entschuldigt … Das Einzige, was sie wollte, war, nach draußen zu gehen.« Schließlich gibt sie auf. Sie bleibt im Bett, den Kopf zur Wand gedreht und lässt das Essen unangetastet.

Karls Antwort auf Denias Schreiben ist kurz und bündig: Er wünscht unter keinen Umständen, dass seine Mutter ihr Zimmer verlässt.

Eine weitere Einschränkung, die Johanna allerdings nur indirekt betrifft, wird über Denias Ersuchen vorgenommen. In Zukunft sollen nur noch ältere, unverheiratete Frauen dem Dienstpersonal zugeteilt werden. Das geschieht aus folgendem Grund: Man kann zwar Ortsfremden, wie etwa dem Erzbischof von Saragossa, den *Zutritt* zur Stadt verwehren, man kann aber den Bediensteten kaum das vorübergehende *Verlassen* des Sperrbezirks verweigern.

In letzter Zeit, schreibt Denia, haben sich die Ausgangsansuchen der Frauen besorgniserregend erhöht. Sie wollen zu Hochzeiten, zu Taufen, zu Begräbnissen, zu Vettern und Basen, sie kommen mit allen möglichen Leuten unkontrolliert zusammen. Sie können wissentlich oder unwissentlich Dinge ausplaudern, die niemanden etwas angehen. Zu seiner Bestürzung hat Denia erfahren, dass der »Rat von Kastilien«, ein Angehöriger des Höchstgerichtes, durch den Verwandten einer Kammerfrau über Intima aus dem Leben der Gefangenen informiert worden sei. Nun wird der Ring um Johanna noch enger geschlossen.

Der Groll gegen den Herrscher wächst, der seine Mutter kein einziges Mal besucht und der sichtlich ganz anderes im Kopf hat als das Wohl des spanischen Volkes. Er wird 1519 – mit Hilfe riesiger aus dem Land gepresster Bestechungssummen – zum römisch-deutschen Kaiser gekürt. Dieses Ereignis setzt zwar halb Europa in Aufregung, lässt die Spanier aber unberührt. Sie brauchen einen König, der im Land für Ruhe, Ordnung und wirtschaftliche Blüte sorgt, und nicht einen, der in unfassbar fernen Regionen eine undurchschaubare Politik betreibt und ruinöse Kriege führt.

Immer wieder sprechen Delegationen der großen Städte und Gemeinden vor. Sie protestieren gegen die drastischen Steuererhöhungen, gegen die Vetternwirtschaft des Herrn de Chièvres, gegen die bevorstehende Abreise Karls nach Deutschland, gegen die Beschneidung ihrer weitreichenden Vorrechte. Diese gehen zurück auf ferne germanische Stammesregeln, tragen deutlich demokratische Züge und müssen für den von mitteleuropäischen Feudalverhältnissen geprägten Herrscher geradezu anarchische Züge tragen.

Es kommt zu stürmischen Auseinandersetzungen zwischen den Bürgern und dem Souverän, der sich letzten Endes jegliche Einmischung durch die Gemeinden und darüber hinaus sogar Beratungen der Städte untereinander bei hoher Strafe verbietet. Karl ringt sich nur das vage Versprechen ab, spätestens in drei Jahren zurückzukommen. Nachdem er Adrian von Utrecht zum Reichsverweser eingesetzt hat, bricht er am 19. Mai 1520 in Richtung Deutschland auf.

Unmittelbar darauf entflammt der erste spanische Bürgerkrieg. In seinem Feuerschein wird noch einmal die Figur der anscheinend gesunden Königin Johanna von Kastilien und Aragón sichtbar. Aber ihre Kräfte reichen nicht mehr aus, die Gunst der Stunde zu nutzen.

Karl hat Spaniens Staub noch nicht von den Füßen geschüttelt, als sich das Volk, quer durch alle Stände und Parteiungen und mit ausdrücklichem Segen der Kirche gegen ihn und seinen ausländischen Machtapparat erhebt.

Der Aufstand beginnt fast gleichzeitig in den Städten Toledo, Salamanca und Zamora, andere folgen stürmisch und alle schließen sich unter der Führung des Bischofs Don Antonio de Acuna zu einem Schutz-und-Trutz-Bündnis zusammen, dessen Ziel es ist, Karl zur Rücknahme seiner restriktiven Anordnungen gegen Städte und Gemeinden zu bewegen, die landfremden Berater zu entlassen und die Steuern zu senken.

Noch ist kein Blut geflossen, noch der Städtebund nicht mehr als lose formiert, als die Regierungstruppen zuschlagen. Sie legen die Stadt Medina del Campo in Schutt und Asche, nachdem sie Haus für Haus geplündert haben. Drei Tage und drei Nächte brennt die Stadt, mehr als 700 Häuser fallen den Flammen zum Opfer, ungezählte Männer, Frauen und Kinder büßen mit ihrem Leben die falsche Entscheidung des Stadtrates: Er hatte sich geweigert, die in den Waffenschmieden von Medina del Campo hergestellten Rüstungsgüter herauszugeben.

Die Verwüstung der friedlichen Stadt löst Entsetzen und Empörung aus, lässt die Revolte auf das ganze Land übergreifen. Die Städte verbinden sich zur »Santa Junta de las Comunidades« (Heilige Liga der Gemeinden), stellen eine Armee auf die Beine und bilden eine Gegenregierung. Der Oberbefehlshaber der revolutionären Streitkräfte, Don Juan de Padilla, reitet nach Tordesillas, um von Johanna die Legalisierung der neuen Ordnungsmacht zu erbitten.

Er kommt zu spät. Schon vor ihm sind reguläre Truppen eingetroffen, finden aber die Stadttore versperrt. Tordesillas steht auf Seite der Aufständischen. Nur der Vorsitzende des Rates von Kastilien, Bischof Rojas, und einige hohe Beamte dürfen passieren. Johanna soll ihre Zustimmung zu drakonischen Maßnahmen gegen die Rebellen geben.

Sie war seit mehr als einem Jahrzehnt eingesperrt. Sie hatte nur ihren Kerkermeister, ihren Beichtvater und ein paar Bedienstete zu

Gesicht bekommen. Sie war nie aus dem Gemäuer herausgelassen worden. Sie wusste nicht, dass ihr Vater und ihr Schwiegervater, Kaiser Maximilian I., gestorben waren, dass ihr Sohn Karl jetzt die Kaiserkrone trug. Sie hatte keine Ahnung, dass ihr Land in Flammen stand und eine ganze Stadt verwüstet worden war.

Und da erschienen mit einem Mal streng und düster blickende Männer vor ihr, verlangten Entscheidungen und Unterschriften auf Papiere, die eine unvorstellbare Welle von Gewalt gegen die eigenen Untertanen auslösen würden.

Sie sagt nein. Sie sagt: »Jahrelang hat man mich betrogen und in die Irre geführt.« Die neue Wendung käme ihr wie ein wilder Traum vor. Sie müsse ihre Gedanken sammeln, alles genau überlegen und werde erst dann Entschlüsse fassen. So spricht eine Frau, der man immer wieder Wahnsinn bescheinigt und die man wie eine gemeingefährliche Irre weggesperrt hat.

Am nächsten Tag verhandeln Rojas und seine Männer stundenlang mit Johanna. Vergeblich. Sie lässt zwar für die Herren Sitzgelegenheiten herbeischaffen, die es in ihrem ärmlichen Gemach nicht gegeben hatte, weigert sich aber, auch nur ein einziges Papier zu signieren. Sie mit Gewalt zu zwingen, wie es offenbar bei früheren Gelegenheiten immer wieder geschehen ist, das wagt denn doch niemand.

Verdrossen machen sich die Granden zurück auf den Weg nach Valladolid um zu beraten, wie nun weiter vorgegangen werden sollte. Die Soldaten werden aus Tordesillas abgezogen – was sich als ein Fehler erweisen wird. Einen Tag später marschiert Don Juan de Padilla mit einer Abteilung der Liga-Truppen durch das weit geöffnete Stadttor, enthusiastisch begrüßt von den Einwohnern.

In einer ausführlichen Niederschrift schildert ein hoher, leider namenloser Offizier die Begegnung mit Johanna. Das Papier ist von einigen anderen Offizieren sowie etlichen Bediensteten der Königin mit unterzeichnet; sie beschwören, dass es die Wahrheit und nichts als die reine Wahrheit enthält:

»Wir sind in Tordesillas angekommen und Ihre Hoheit hat uns sehr munter empfangen. Sie sprach länger mit uns, als sie es je in den letzten Jahren getan hat, wie uns das Personal versichert. Wir haben viele Dinge mit Ihrer Hoheit beredet und sie hat uns immer in freundlichem Ton geantwortet.«

Der folgende Dialog wird wörtlich wiedergegeben.

Johanna: »Ich bin in Ihrer Schuld für die guten Dienste, die Sie mir leisten und die Sie weiter für mich leisten werden.«

Offizier: »Señora, es wäre wichtig, wenn Ihr Eure Absichten darlegen wolltet, denn Städte und Gemeinden haben sich zusammengeschlossen zu Euren Diensten. Hättet Ihr die Güte, uns zu befehlen, wie die Dinge Eurer Meinung nach abgewickelt werden sollten.«

Johanna: »Bleibt hier in meinen Diensten, bestraft die Übeltäter, lasst mich alles wissen. Ich schulde Ihnen viel.«

Don Juan de Padilla hat die Königin in allen Einzelheiten über die missliche Lage im Land informiert und sie antwortet ihm darauf: »Hätte ich davon gewusst, ich wäre hinausgegangen und hätte versucht, all diese Missstände abzustellen. Aber man hat mich ja nicht einmal aus dem Zimmer gelassen.« Dafür hat, wie wir wissen, der Marquis de Denia schon gesorgt. Logischerweise ist es Padillas erste »Amtshandlung«, den Mann sofort festnehmen zu lassen.

Aus allen Teilen des Landes strömen Abordnungen herbei, um der Königin zu huldigen. Die provisorische Regierung erhebt Tordesillas zu ihrem vorläufigen Amtssitz. Der kleine, verschlafene Ort, mit einem Mal zum Mittelpunkt der halben Welt geworden, quillt über von hektischem Gedränge und dauerndem Trubel. Wie lange wird Johanna diesem ungewohnten und daher beängstigendem Treiben gewachsen sein?

Zunächst einmal gibt sie eine Art »Regierungserklärung« ab, in der sie ihre Gefangenschaft nur kurz erwähnt, dabei aber ihren Vater ausdrücklich in Schutz nimmt und die Verantwortung auf Germaine de Foix schiebt, die »der böse Geist« König Ferdinands gewesen sei. Auch stellt sie sich energisch vor ihren Sohn Karl und bezichtigt die mit ihm gekommenen »Ausländer«, das Land ins Unglück gestürzt zu haben. Mit dem Vorgehen des Städtebundes erklärt sie sich »zufrieden«, der »handelt, wie es seine Pflicht ist«. Alles, was in ihren Kräften steht, wird sie tun, aber »... nicht so viel, wie ich gerne möchte, weil ich meinem Herzen Ruhe verschaffen muss«.

Als Adrian von Utrecht, der für Karl die Stellung hält, von den Ereignissen in Tordesillas erfährt, schreibt er einen Brandbrief an den Kaiser, in dem er weitschweifig die prekäre Lage schildert und pessimistisch hinzufügt: »Nur von Gott kann noch Hilfe kommen, sonst ist es um Eure Herrschaft geschehen.« Johanna, »in der Gewalt der Städte«, sei »nicht mehr bei Verstand, ... aber das Volk nimmt sich von ihren Worten das, was ihm genehm ist und seinen Ansichten dient«.

Der liebe Gott hat die Gebete des Kardinals erhört. »Deutsche, Franzosen und, wenn notwendig, Türken« (sic!) möge seine Majestät ins Land bringen, um die Aufständischen niederzuschlagen, schreibt einer von Karls Beratern. Doch das ist eigentlich gar nicht mehr nötig. Die Revolution bricht von innen her in sich zusammen. Und das liegt zu einem Gutteil bei Johanna.

Von den stürmischen Ereignissen bis an den Rand ihrer Nervenkraft gedrängt, fordert sie keine größeren Delegationen mehr zu empfangen, sondern jeden Abgeordneten einzeln. Dadurch ziehen sich die Verhandlungen quälend in die Länge, wobei die Königin auch noch verlangt, bis zur letzten Kleinigkeit Bescheid zu bekommen.

Jedes Mal, wenn sie endlich einen Entschluss gefasst hat und man ihr ein entscheidendes Dokument vorlegt, zögert sie zu unterschreiben. Vielleicht, wie manche Historiker glauben, weil ihre geistige Kapazität wirklich eingeschränkt war, vielleicht, wie andere mutmaßen, weil sie im Innersten davor zurückschreckte, ihrem eigenen Sohn Schaden zuzufügen.

Überdies verzetteln sich die Mitglieder der Junta in endlosen Debatten über unwichtige Einzelheiten und die Vorgangsweise in entscheidenden Fragen. Das Geld wird knapp, die gemieteten Söldner laufen in Scharen davon.

Als es längst zu spät ist und die Regierungstruppen bereit zur letzten Schlacht, rekrutieren sich – mit den denkbar unzulänglichsten Mitteln – Bürgerwehren. Der Bischof von Zamora, von der Junta zum Primas von Spanien erhoben, schart mit feurigen Appellen einen wilden Haufen von Priestern und Mönchen hinter sich, kaum bewaffnet, aber berstend von Tatendrang und Heldenmut. Wer kann es sich verkneifen, in diesem Zusammenhang an den armen Don Quijote zu denken …

Am 21. April 1521 kommt es nahe Toro zu einer Entscheidungsschlacht und wie nicht anders zu erwarten, erleiden die Revolutionäre eine vollkommene Niederlage.

Hunderte der Anführer enden auf dem Schafott, Tausende, auch jede Menge Gottesmänner, werden für lange Jahre hinter Gitter gesteckt. So auch Johanna, die Tordesillas bis an ihr Lebensende nicht verlassen darf. Dringende Bitten an ihren Sohn Karl, den Kaiser, ihr wenigstens den sadistischen Kerkermeister Marquis de Denia zu ersparen, werden abgewiesen.

Zuletzt wagt noch der Admiral von Kastilien einen Vorstoß. Er hat sich viele Stunden lang mit Johanna unterhalten und meint, man könnte sie aus ihrer »zeitweise trüben Stimmung« herausholen, wenn man ihr nur ein wenig Ablenkung und Bewegungsfreiheit verschaffte. Karl bleibt unnachgiebig. Denia kehrt triumphierend nach Tordesillas zurück. Er wird Rache nehmen. Nicht nur an Johanna, sondern auch an der kleinen Katharina!

»Ich werde sehr streng bewacht, damit ich nichts anderes schreibe als das, was ihm [dem Marquis de Denia] genehm ist«, heißt es in einem Brief aus Tordesillas an Kaiser Karl V. »Ich habe Ihnen einige Briefe geschrieben, und zwar so, wie es der Marquis und die Marquise zu lesen wünschen.«

Dieses an den strengen Wachen vorbeigeschmuggelte Papier stammt nicht aus der Feder Johannas, sondern aus der von Katharina. Johanna hatte keine Möglichkeit, auch nur die kleinste Notiz zu verfassen. Man hatte ihr Feder, Tinte und Papier einfach weggenommen.

Katharina teilt die Gefangenschaft der Mutter bis zu ihrem achtzehnten Lebensjahr. Dann wird sie eilig aus dem Kerker geholt, fein herausgeputzt und mit dem portugiesischen König Johann III. verheiratet werden, weil es Karl ins politische Konzept passt.

In dem Text Katharinas an den kaiserlichen Bruder heißt es weiter:

»Bitte sorgen Sie doch dafür, dass man die Königin nicht daran hindert, auf den Gang zu gehen, von wo aus man den Fluss sehen kann, oder in den Saal. Mögen Sie auch befehlen, dass die Töchter der Marquise nicht vor der Königin hergehen, wenn sie in mein Zimmer kommen möchte.«

Das heißt: Johanna konnte keinen einzigen Schritt allein tun, überall hin wurde sie von der Marquise und deren Töchtern begleitet, wenn nicht gar daran gehindert, sich dorthin zu begeben, wohin sie wollte. Die ganze Familie de Denia war offensichtlich pausenlos damit beschäftigt, Johanna einzuengen und ihr das Leben zu vergällen.

Katharina erging es nicht viel besser. Bitter beklagte sie sich beim Bruder, dass sie nur noch »in Lumpen« ginge, nicht das geringste persönliche Eigentum besäße. Die Denias ließen es an der mindesten Höflichkeit fehlen, die ihr, der Schwester des Kaisers und Königs, zustünde.

Katharinas Bitten bewirkten nichts. Der Kaiser ist wütend auf seine Mutter, weil sie, wie er schreibt, die »Landesverräter« in Tordesillas empfangen und mit ihnen zusammengearbeitet hat. Das ist eine bemerkenswerte Feststellung. Sie besagt nichts anderes, als dass Karl seine Mutter im Grunde für zurechnungsfähig gehalten haben muss. Wäre er von ihrem »Wahnsinn« überzeugt gewesen, hätte er sie wohl nicht so leicht für ihr Tun und Lassen verantwortlich machen können.

Geradezu absurd ist der Vorwurf an die Schwester, mit den »Landesverrätern« freundlichen Umgang gepflogen zu haben. Sie war ein *Kind*, ein Kind von 14 Jahren, das man wie ein Tier eingesperrt und das dann zum ersten Mal lockeren Umgang mit den verschiedensten Menschen hatte, die ihr noch dazu mit Respekt und Hochachtung entgegenkamen.

Gnädigere Aufnahme als Katharinas Bericht fand jener des Marquis de Denia, in dem er die Majestät bat, dafür zu sorgen, dass Katharina ihm, Denia, und seiner Gemahlin »besser gehorcht«. Über Johanna schreibt der Marquis, wie sich wohl von selbst versteht, nur Abträgliches. Sie schwanke zwischen Zornesausbrüchen und Teilnahmslosigkeit, gelegentlich müsse sie zum Essen gezwungen werden. Einige Male sei sie schreiend aus ihrem – stets verdunkelten! – Zimmer geflohen und hätte mit Gewalt zurückgebracht werden müssen.

Nachdem ihr letztes bisschen Glück zerstört, nachdem Katharina ihr weggenommen worden war, verfiel sie zusehends in Apathie. Einen Beleg gibt es allerdings, dass sie nicht ganz verrückt gewesen sein muss. Kurz nach Katharinas Verschwinden besuchte der Admiral von Kastilien die Königin. Sie habe ihm auf alle Fragen plausibel geantwortet und bitter geklagt »über die Art und Weise, wie der Marquis sie behandelt«. Schon wenn sie aus der Ferne seine Stimme hörte, bereite ihr das »fast mehr Verdruss als die Trennung von ihrer Tochter«.

Aus späteren Jahren gibt es eine Reihe von authentischen Angaben, aus denen hervorgeht, dass Johannas Umgebung alles getan hat, um ihre Wahnvorstellungen – wenn es denn je wirklich welche gegeben hat – zu verstärken.

Viel hatte sich im Laufe der Jahre in der großen fernen Welt zugetragen. Karl V. hatte 1525 Isabella von Portugal geheiratet, die ihm zwei Jahre später einen Sohn gebar, den späteren Philipp II. 16-jährig war Philipp mit Maria von Portugal verheiratet und zum spanischen Regenten bestimmt worden, da der Kaiser anderweitig mit der europäischen (Kriegs-)Politik beschäftigt war. Karls kürzeste Abwesenheit von Spanien betrug neun Monate, die längste 14 Jahre.

Philipp, einem strenggläubigen Katholiken, war zu Ohren gekommen, dass seine Großmutter, die »wahnsinnige« Johanna, äußerst nachlässig in der Erfüllung ihrer religiösen Pflichten wäre. Er sandte Francisco de Borja, General des Jesuitenordens (und später heilig gesprochen) nach Tordesillas, um diesen Gerüchten nachzugehen. Der detailfreudige Brief des absolut unverdächtigen Zeugen de Borja an Philipp enthält einige recht interessante Beobachtungen.

Sie hätte, so berichtet der Jesuit, bei langen, eindringlichen Unterhaltungen aufmerksam zugehört und sinnfällige Antworten gegeben. Woraus er dann überraschenderweise den Schluss zieht, sie sei »schwachen Geistes«.

Auf die Vorhaltungen, der Religion zu wenig Beachtung zu widmen, rechtfertigt sie sich und meint, so Borja, wörtlich: »Sie würde alles tun, wenn ihre Umgebung dies nur zuließe. Kaum lese sie im Gebetbuch, hätte man ihr dieses weggenommen, sie beschimpft und über ihr Beten gespottet. Ihre Heiligenbilder würden bespuckt … [Auch] hat sie erzählt, dass Frauen einfach zu ihr in die Stube kommen und sie als Hexe verunglimpften. [Tatsächlich hat man Johanna mehrmals einem Exorzismus unterzogen.] Während dieses einstündigen Gespräches schweifte sie niemals vom Thema ab und machte ausschließlich zweckdienliche Einwürfe … Sie sagte, sie würde gerne beichten und zur Kommunion gehen, wenn man die Hindernisse aus dem Weg räumte.«

Später scheint sie gelegentlich wirklich Wahnvorstellungen gehabt zu haben, denn sie berichtete einem weiteren geistlichen Beistand, den ihr der Enkel schickte, sie hätte mehrmals Hexen gesehen, die sie bedrohten. Da war sie aber bereits mehr als vierzig Jahre in Einzelhaft. Etwa zur gleichen Zeit berichtet ein Dr. Torres, der, aus Portugal heimgekehrt, Johanna besuchte, dass sie ihn eindringlich nach Katharina befragt und ihm konzentriert zugehört hätte.

Wie auch immer das geistige Befinden gewesen sein mag – mit dem körperlichen ging es etwa ab ihrem 60. Lebensjahr rapide bergab. Eines ihrer Beine wurde von einer akuten Lähmung befallen, sodass sie das Bett nicht mehr verlassen konnte. Ob sie nun tatsächlich als Folge ihrer angeblichen Weigerung, sich waschen zu lassen, oder weil man sich zu wenig um sie kümmerte, einen blutigen und eitrigen »Ausschlag« bekam (vermutlich Decubitus, also Wundliegen), lässt sich nicht feststellen. Die wunden Stellen wurden mit glühenden Eisen ausgebrannt und ihr darauf folgendes bestialisches Gebrüll als neuerlicher Wahnsinnsausbruch gewertet.

Wieder »Schreie des Irrsinns«, als man ihr das kranke Bein zu Heilzwecken in fast kochendes Wasser steckte. Die dadurch entstandenen Verletzungen vereiterten und wurden brandig.

Anfang 1555 wird Johannas Zustand so kritisch, dass ihre Enkelin Johanna, eine Tochter ihres Sohnes Karl, ans Krankenbett eilt, in ihrem Gefolge ein Tross von Ärzten und Geistlichen. Johanna dreht sich mürrisch und mühsam zur Seite. Sie will nicht mit der Enkelin sprechen, die sie nie zuvor gesehen hat.

Gnädiger gesinnt ist sie dem Jesuiten de Borja, den sie schon Jahre zuvor kennen gelernt und der ihr Vertrauen gewonnen hat. Sie scheint sich über seinen Besuch zu freuen und bittet ihn spontan um Vergebung für all die vielen Fehler, die sie im Laufe ihres Lebens gemacht hat, und »die Verirrungen meines Geistes«. Offensichtlich um zu überprüfen, ob sie wirklich bei klarem Verstand ist, bittet Borja sie, die zwölf Glaubensartikel aufzusagen. Sie tut es rasch, flüssig und ohne Fehler.

Schon will er ihr die Kommunion spenden, als ihn wieder Zweifel befallen. Ist sie nun wahnsinnig oder nicht? Darf man sie am Sakrament teilhaben lassen? Der Jesuit fühlt sich überfordert und delegiert die Entscheidung an Pater Domingo de Soto, einen Experten in diffizilen Glaubensfragen und Beichtvater Karls.

Soto trifft am 11. April 1555 in Tordesillas ein, begibt sich sofort zu der Kranken. Zunächst examiniert er sie im Beisein einer ganzen Schar von Geistlichen, die er dann aber aus dem Zimmer weist, um sich allein mit der Königin zu unterhalten. Zwar bestätigt er, dass Johanna sehr wohl zurechnungsfähig sei, verweigert ihr aber dennoch die Kommunion. Johanna erhält nur die Letzte Ölung.

Sie ist hellwach, aber sterbensmatt, als sie de Borja bittet, ihr das Glaubensbekenntnis vorzusprechen. Es ihm nachzusagen fehlt ihr die Kraft. Mit den geflüsterten Worten: »Jesus, steh mir bei« verabschiedet sie sich am 12. April 1555 aus dieser Welt, 75 Jahre alt, davon 46 in Gefangenschaft.

Wie der Leichnam ihres bis zum Wahnsinn geliebten Mannes Philipp wird auch der ihre mehrfach auf die Reise geschickt. Man begräbt sie zunächst im Kloster Santa Clara in Tordesillas. 19 Jahre später verfügt Philipp II. die Überführung der sterblichen Überreste seiner Großmutter in den Escorial, überlegt es sich dann aber anders. Ihre letzte Ruhestätte hat Johanna an der Seite ihres Mannes in Granada gefunden.

Zu guter Letzt eine rhetorische Frage: Wusste Johanna auch nur annähernd, was aus ihren sechs Kindern geworden war, von denen vier, Maria, Karl, Eleonore und Isabella in Flandern, zwei, Ferdinand und Katharina, in Spanien aufgewachsen sind?

Mit an Sicherheit grenzender Wahrscheinlichkeit nicht. Man wird es ihr ebenso verschwiegen haben wie den Tod des Vaters und ihres Schwiegervaters. Als deutliches Zeichen ihres Irreseins wurde wiederholt vermerkt, dass sie ständig nach den beiden Männern fragte, ehe sie im Laufe des Bürgerkrieges die Wahrheit erfuhr.

Viel wäre zu erzählen gewesen über die Kinder. Eleonore wurde, wie bereits kurz erwähnt, mit König Manuel von Portugal vermählt, der schon zwei ihrer Tanten überlebt hatte. Früh verwitwet wurde sie von ihrem Bruder Karl mit seinem Todfeind, Franz I. von Frankreich, verheiratet, mit dem er in ständiger Fehde lag. Sie wurde so unglücklich, wie eine Frau nur unglücklich sein kann.

Dass Karl Kaiser geworden war, wurde ihr im Bürgerkrieg klar. Über das schreckliche Geschick ihrer Tochter Isabella hat man sie gewiss nicht unterrichtet. 14-jährig wurde das Mädchen mit dem Wüstling und Blutsäufer Christian II. von Dänemark vermählt. Isabella war erst 23, als ihr Mann vom Thron gestürzt und das Königspaar mit drei kleinen Kindern nach den Niederlanden vertrieben wurde. Sie starb zwei Jahre später in Gent.

Ferdinand machte eine außerordentliche Karriere. Durch Heirat und Erbschaft wurde er König von Böhmen und Ungarn und – ein Jahr nach Johannas Tod – Kaiser, nachdem sein Bruder Karl sich aus der Politik zurückgezogen hatte.

Maria heiratete Ferdinands Schwager Ludwig von Ungarn, nach dessen Tod wurde sie Statthalterin der Niederlande.

Allein Katharinas Lebensweg war Johanna einigermaßen vertraut. Das Mädchen war ja lange genug mit ihr eingesperrt gewesen. Fraglich ist nur, ob sie realisieren konnte, dass Katharinas Tochter Maria aus der Ehe mit Johann III. von Portugal, ihren, Johannas, Enkel Philipp II. ehelichte und Mutter des unglücklichen Don Carlos wurde.

Am allerwenigsten aber wird Johanna bewusst geworden sein, dass ihr bereits jung verwitweter Enkel Philipp II. nur ein Jahr vor ihrem Tod Maria Tudor zur Frau nahm, die Tochter aus der Verbindung ihrer jüngsten Schwester Katharina von Aragón mit dem skandalumwitterten König Heinrich VIII. von England. Dies war eine der kuriosesten in der an kuriosen Verbindungen nicht eben armen Geschichte des Hauses Habsburg.

Ein Habsburger wird englischer König! Darüber mehr im nächsten Kapitel.

Rechnung nicht aufgegangen

Maria Tudor 1516–1558 ⚭ Philipp II. 1527–1598

»Philipp und Maria von Gottes Gnaden *König und Königin von England*, Frankreich und Neapel, Jerusalem, Irland, Beschützer des Glaubens, Prinzen von Spanien und Sizilien, *Erzherzöge von Österreich*, Herzöge von Mailand, Burgund und Brabant, *Grafen von Habsburg*, Flandern und Tirol.«

Diese Titel-Litanei, verlesen am 25. Juli 1554 in der Kathedrale zu Winchester (England), war die in Worte gegossene Erfüllung eines Herzenswunsches von Kaiser Karl V.; das Produkt des ehrgeizigsten Planes habsburgischer Heiratspolitik – und des kläglichst gescheiterten: die Weltmacht Spanien durch eheliche Bande verknüpft mit England, das, was Karl allerdings noch nicht ahnen konnte, selbst knapp vor dem Sprung zur Universalherrschaft stand.

Wäre der Verbindung zwischen Maria Tudor und Philipp von Habsburg (später Philipp II.) nur ein einziger lebensfähiger Erbe beschert gewesen, das Antlitz der Erde sähe heute weiß Gott ganz anders aus. Wie? Nun – der Fantasie sind keine Grenzen gesetzt …

Habsburgs Ehen wurden im Allgemeinen bereits sorgfältig geplant, wenn die Kandidaten noch im Säuglingsalter standen. Aber als Philipp am 21. Mai 1527 in Valladolid geboren wurde, war noch nicht darauf zu spekulieren, ihn auf Englands Thron zu setzen.

Philipps Vater war Kaiser Karl V., seine Mutter Isabella von Portugal, eine Cousine ersten Grades von Karl. Dessen Mutter war Johanna »die Wahnsinnige«, deren Schwester Maria die Mutter von Karls Frau Isabella. Das Paar hatte drei Kinder, den Thronerben Philipp und nach ihm zwei Mädchen.

Philipps Ankunft in dieser Welt wurde mit dem bei solchen Anlässen üblichen Getöse zelebriert, doch mitten in die Tauffeierlichkeiten platzte eine so schreckliche Nachricht, dass mit einem Schlag alle Festlichkeiten abgebrochen wurden. Die Truppen Kaiser Karls V., des »Katholischen Königs« von Spanien, waren im berüchtigten »Sacco di Roma« über die Heilige Stadt hergefallen und hatten den Papst aus der Engelsburg verjagt. »Die Plünderungen Roms in den barbarischen Zeiten Alarichs und Geiserichs waren menschlich zu nennen im Vergleich zu den Gräueln, welche das Heer Karls V., beging«, schreibt ein Historiograf.

Wenn wir heute an Philipp II. von Spanien denken, dann schiebt sich unweigerlich das von Schiller in »Don Karlos« gezeichnete Bild eines schwermütigen, düsteren und unbarmherzigen Mannes vor unsere geistigen Augen und wir realisieren gar nicht, dass es aus dramaturgischen Gründen verzeichnet ist.

Bei genauerer Betrachtung sehen wir zunächst einen aufgeweckten blondgelockten Knaben, der die ungeteilte Zuneigung eines ganzen Volkes genießt, begeistert begrüßt und beklatscht, wenn er an der Seite seiner Mutter durch die Straßen der Stadt kutschiert wird oder, später von Betreuern begleitet, ausreitet.

Diese Mutter muss, glaubt man den Bildern und den mit ihrem Relief geprägten Münzen, eine wunderschöne, anmutige und freundliche Frau gewesen sein und Philipp wurde das in Herrscherhäusern rare Glück zuteil, die ersten Lebensjahre ständig in ihrer Nähe verbringen zu dürfen. Sie und eine portugiesische Edeldame waren mit Hingabe um ihn bemüht. Die beiden waren es, die ihm angenehme Manieren vorlebten und beibrachten. Philipp hat zeitlebens Frauen, gleich welchen Standes, Höflichkeit und Respekt gezollt, was seine zweite Ehefrau, Maria Tudor, derlei gesittete Umgangsformen von ihrem Vater Heinrich VIII. ganz und gar nicht gewöhnt, für Liebe halten wird …

Den Vater bekam Philipp so gut wie nie zu Gesicht. Der jagte kreuz und quer durch Europa, in allen Himmelsrichtungen mit dem Kriegshandwerk beschäftigt, dennoch für den Knaben eine wenn auch ferne Ikone, deren Wort Befehl war.

Sechsjährig bekam Philipp einen eigenen Hofstaat mit ausschließlich männlichen Erziehern, von denen einer, bestimmt zum Vorteil des Kindes, aber zum Ärger des Vaters, die Zügel nicht sehr straff gezogen haben dürfte. Karl bemängelte, dass dieser Philipp »zu viel entgegenkommt«, und als besagter Lehrer auch noch Philipps Beichtvater wurde, meinte Karl: »Hoffentlich ist er in Gewissensfragen nicht so milde wie beim Lernen.«

Ein anderer, der sich vorwiegend um die körperliche Ertüchtigung des Prinzen zu kümmern hatte, entsprach ganz den Vorstellungen des Vaters, gewiss nicht denen des Sohnes, der sich über den Mann beschwert zu haben scheint. Karl antwortet: »Wenn er sich so gerade heraus Euch gegenüber gebärdet, dann tut er es aus Zuneigung für Euch. Würde er … Eure Wünsche erfüllen, wäre er wie all die anderen, Ihr hättet keinen … der Euch die Wahrheit sagt.« Dieser Erzieher war dennoch wenig erfolgreich. Philipp war und blieb ein Stubenhocker; der Jagd und dem Pferdesport konnte er zum Unterschied von den meisten anderen Adelssprösslingen nicht allzu viel abgewinnen.

Dafür war er ein ausgezeichneter Schüler, besonders begabt für Mathematik und Latein, mit einem lebhaften Interesse für die schönen Künste. Die von ihm angeregten Baudenkmäler legen noch heute ein beredtes Zeugnis dafür ab.

Er war erst zwölf, als die heiß geliebte Mutter starb. Von da an traten jene Wesenszüge hervor, die ihn eher ernst und introvertiert erscheinen ließen. Er sei, so schreibt der österreichische Diplomat Adam von Dietrichstein, recht umgänglich, aber »er kans nit also erzaigen, wie ers im Hertzen hat«.

Karl ernennt den 16-Jährigen bereits zum Regenten in Spanien. Dort herrscht zwar, ganz anders als im übrigen Europa, tiefster Frieden, doch liegen manche Dinge im Argen. Denn Karl zieht aus dem Land Unmengen Geldes für seine zahlreichen Kriege; auch mehr junge Spanier, als dem Land gut tut, werden auf die verschiedenen Schlachtfelder geworfen. Der Regent sieht sich zunehmend den Klagen der störrischen Cortes ausgesetzt.

Dem Halbwüchsigen stehen zwar erfahrene Ratgeber zur Seite,

doch Karl richtet eine unmissverständliche Botschaft an den Sohn: »Die Granden werden Eure Gunst anstreben und versuchen, durch Euch das Land zu beherrschen. Wenn Ihr aber so regiert, wird das Euer Untergang sein.« Weniger verklausuliert lautet die Botschaft: Sei auf der Hut, mein Sohn!

Philipp wird sich danach richten.

Da Philipp nun schon regierte, schien es an der Zeit, ihm eine passende Braut zu verschaffen. Karls erste Wahl fiel auf eine Prinzessin von Navarra, jenem Pufferstaat zwischen Spanien und Frankreich, der eine herausragende strategische Bedeutung besaß. Doch zu seinem Ärgernis kam dem Kaiser sein Intimfeind, Frankreichs Franz I., zuvor und »erwarb« die Goldene Braut für seinen bourbonischen Vetter, dessen Sohn Heinrich IV. der erste Bourbone auf dem Thron Frankreichs werden sollte.

Die zweite Wahl fiel, wieder einmal, auf eine Portugiesin und damit, wieder einmal, auf eine nahe Blutsverwandte: Prinzessin Maria war die Tochter von Karls jüngster Schwester Katharina. Wir besinnen uns auf Katharina, die ihre Kindheit mit Johanna »der Wahnsinnigen« in Tordesillas verbracht hat. Und Marias Vater, König Johann III. von Portugal, wiederum war der Bruder von Philipps Mutter Isabella. Wir sagten es schon einmal: Näher am Inzest ist kaum möglich.

Beide Brautleute waren eben 16 Jahre alt. Das Paar wurde am 12. November 1543 in Salamanca getraut und residierte in Valladolid. Dieser durch mehrfache Inzucht schwer vorbelasteten Ehe entspross ein einziger Sohn und der war, wie eigentlich nicht anders zu erwarten, wie er war: der unglückselige Don Carlos. Wenige Tage nach der Niederkunft ist die junge Mutter tot. Angeblich, weil sie zu früh und zu gierig an einer Zitrone gelutscht hat.

Ob aus Trauer über das frühe Hinscheiden seiner als bildhübsch geschilderten Gemahlin oder weil er schon von Haus aus kein Kostverächter war, so wie sein Vater Karl V., so wie sein Großvater Philipp der Schöne, so wie sein Urgroßvater Kaiser Maximilian I. – so führt Philipp wie diese alle nun ein stürmisches und abwechslungsreiches Liebesleben.

Das Sexualleben der Prominenz war damals wie heute ein interessantes Gesprächsthema, wobei es auch, damals wie heute, zu den seltsamsten Erfindungen, Spekulationen und Ausschmückungen kam. Lange Zeit hieß es, Philipp sei vor seiner Ehe, also bereits als 15-Jähriger, mit seiner späteren Mätresse, einer Isabel de Osorio, heimlich verheiratet gewesen, was natürlich blanker Humbug war. Aber damals wie heute gab es Leute genug, die sich das Geschwätz nicht nur anhörten, sondern ihm auch Glauben schenkten – sogar in manchen früheren Geschichtsbüchern.

Allzu viel Zeit für die angenehmen Seiten des Herrscherlebens blieb Philipp allerdings nicht. Wie schon Vater und Großvater musste er sich immer wieder mit der widerspenstigen Cortes herumschlagen. Es nützte auch nicht viel, dass er einige Mitglieder, nämlich die Spitzen des Adels, an den Hof zog und in ein zunehmend von lähmenden Vorschriften überfrachtetes Protokoll (»Spanisches Hofzeremoniell«) einzwängte.

Die Hoffnung, dass die Cortes dadurch weniger aufbegehren würde, erfüllte sich nicht. Vor allem lösten 1548 Philipps Vorbereitungen für einen längeren Auslandsaufenthalt helle Empörung aus. Der Kaiser wünschte, dass Philipp alle Ecken und Enden seines Reiches kennen lernte, die Cortes aber fand, dass dessen Platz in Spanien und sonst nirgendwo zu sein hätte, wenn schon so viel Geld und so viele Soldaten für Kriegszüge irgendwo im fernen Europa abgezogen würden.

In einer geharnischten Petition lesen wir: »Es herrscht große Armut, weil so viel Geld aus dem Land gebracht wird. Es fehlt an Gold und Silber. Wir sind überzeugt, dass unsere Königreiche ganz und gar zu Grunde gerichtet werden, wenn unsere Fürsten weiterhin außer Landes sind.«

Die Bittschrift bewirkte nichts. Philipp setzte seine Schwester Maria und deren Gemahl Erzherzog Maximilian zu Regenten ein und machte sich am 1. Oktober 1548 auf die weite Reise.*

---

* Auch Maria und Maximilian waren aufs engste verwandt. Der junge Mann, später Kaiser Maximilian II., war der Sohn von Karls Bruder Ferdinand, nach der Abdankung Karls Kaiser Ferdinand I.

Der Prinz reiste zunächst ins Herzogtum Mailand, dann ins Königreich beider Sizilien, damals spanische Hoheitsgebiete und die Besuche wurden ein Erfolg. Philipp zeigte sich beflissen und freundlich und was die Hauptsache war, sehr, sehr großzügig mit Geschenken und Vergünstigungen aller Art.

Nicht so gut lief es in den Niederlanden und in Deutschland, die beide schon in heftigsten Religionswirren lagen. Der katholische Prinz, dem weder Land noch Leute, weder Klima noch Speisen behagten, bemühte sich zwar um gutes Einvernehmen, doch er wirkte eher verkrampft, was auf Seiten seiner Untertanen von Anfang an Ablehnung auslöste. Das gespannte Verhältnis wird sich niemals mehr lockern und in späteren Jahrzehnten tiefgreifende historische Veränderungen provozieren. Stichwort: Abfall der Niederlande – die uns aber weiter nicht zu interessieren haben, denn sie ereignen sich lange, nachdem diese Geschichte zu Ende gegangen ist.

1551, rund drei Jahre nach seiner Abreise, kehrt Philipp nach Spanien zurück, um viele Erfahrungen reicher, belastet mit neuer Würde und Bürde: Der Vater, weiterhin und mehr denn je durch Religionskämpfe in Deutschland gebunden, stattet den Sohn per Dekret »mit absoluter Macht und königlicher Majestät« aus. Das heißt, Philipp ist nun nicht mehr nur Regent an Vaters statt, sondern selbst und allein verantwortlich, eine Aufgabe, die er »mit großer Tugend und edlem Charakter« erfüllen werde, »mit aufrichtiger Liebe zu seinem Königreich«, wie der Kaiser nicht zu betonen vergisst.

Zwei Jahre lang kann sich Philipp einer gewissen Unabhängigkeit vom fernen Vater erfreuen, bis ihn dieser wieder in die Pflicht ruft. Philipps achtjähriger Sohn Don Carlos gibt zu Sorge reichlich Anlass. Es wird immer offensichtlicher, dass das Kind schwer in seiner Entwicklung gestört ist und sicher niemals ein vollwertiger Ersatz für den Vater auf dem Thron sein kann – wenn er das Erwachsenenalter überhaupt erreichen wird.

Darum ist naheliegend, dass Philipp baldmöglichst für weiteren (männlichen) Nachwuchs sorgen, das heißt zunächst einmal heiraten muss. Die Braut ist leicht zu finden. Im portugiesischen Königshaus mangelt es nicht an Auswahl, und dass es traditionsgemäß wieder eine Portugiesin sein wird, das steht fest.

Oder doch nicht? Am 6. Juli 1553 stirbt, erst 16 Jahre alt, Englands König Eduard VI., und Karl V., der alte Fuchs, wittert erheblich bessere Chancen. Eduards Nachfolgerin wird nämlich dessen Halbschwester Maria und die lebt erfreulicherweise noch im Stand der Jungfernschaft. Welch eine Partie für Philipp! Dass Maria Philipps Tante und satte neun Jahre älter ist als der potentielle Bräutigam, das scheint den Kaiser keinen Augenblick gestört zu haben. Solche Lappalien waren bei politischen Ehe-Allianzen noch nie von Gewicht.

Während Philipp nichts ahnend an den Heiratsverhandlungen mit den Portugiesen feilt, streckt Karls Gesandter Simon Renard bereits seine Fühler aus und hat erste Gespräche mit der neuen englischen Königin. Diese werden so diskret geführt, dass Philipp erst durch einen Brief des Vaters davon erfährt. Der Kaiser schreibt, er hätte selbst daran gedacht, Maria zu freien, doch sei er nicht mehr in der Lage »weitere Verpflichtungen auf mich zu nehmen«. Als nächster Kandidat um die Hand der englischen Königin käme demnach kein anderer als Philipp in Frage.

Philipps Antwort auf diesen Vorschlag, der wohl viel eher ein Befehl ist, legt für zweierlei Zeugnis ab: für den bedingungslosen Gehorsam des Sohnes und für seinen nüchternen politischen Realitätssinn.

Nach der höflichen Einleitung: »... ich möchte die Hand Eurer Majestät küssen, denn ich begreife durchaus die Vorteile, die aus dieser Sache [!] erwachsen können«, legt er des Langen und Breiten dar, dass er ohnehin drauf und dran war, die Unterhandlungen mit Portugal abzubrechen. Es hatte sich nämlich herausgestellt, dass der portugiesische König empörenderweise die Mitgift der zukünftigen Braut um jene Summe beschneiden wollte, welche die Spanier bei der Mitgift für Philipps Schwester Johanna schuldig geblieben waren, als sie den Kronprinzen Portugals ehelichte. Dieses Geschäft war demnach kein glänzendes und konnte leichten Herzens vergessen werden.

Glänzender hingegen die Aussichten, eine *Königin* zu ehelichen, ausgestattet mit beträchtlichen privaten und staatlichen Mitteln und mit *politischen* noch dazu, was im ewigen Kampf Spaniens gegen Frankreich von unschätzbarem Vorteil war. Ganz zu schweigen von der Aussicht, England, das unter Heinrich VIII. von Rom abgefallen war, wieder in den Schoß der allein selig machenden Kirche zurück zu führen.

Philipp an Karl: »Ihr wisst, dass mein Wille der Eurige ist, vor allem in einer Angelegenheit von so großer Tragweite. Möge Eure Majestät alles so bestimmen, wie es am vorteilhaftesten ist.«

Sobald die Heiratsverträge unter Dach und Fach waren – über die Einzelheiten wird später zu berichten sein –, begann man mit den Reisevorbereitungen, die durch eine winzige Szene in ein erhellendes Licht getaucht werden.

Während einer von Philipps öffentlichen Generalaudienzen, zu denen jedermann Zutritt hatte, warf sich ihm eine Frau zu Füßen und flehte ihn an, ihren Mann als Diener nach England mitzunehmen. Er selbst könnte sich nicht so recht dazu entschließen, während sie nichts lieber täte, als in das neue Königreich zu fahren. Philipp wandte ein, dass diese Reise unter Umständen kein Hochzeits-, sondern ein Kriegszug werden könnte und die gute Frau möge sich das alles noch einmal reiflich überlegen.

Wie diese spezielle Angelegenheit ausgegangen ist, das wissen wir nicht. Dokumentiert jedoch ist eine ungeheure allgemeine Aufbruchstimmung unter Philipps Gefolge. Jeder drängte, ins ferne England mitkommen zu dürfen, gleichgültig, ob es sich um einen Küchenburschen oder einen Adeligen handelte, und die Familien sollten am besten gleich mitfahren.

Diese ungehemmte Reise- und Abenteuerlust hatte ihre Wurzeln in den zahlreich kursierenden Gerüchten, dass England ein reiches Königreich sei, wo man, ohne viel selbst zu tun, ein bequemes Leben führen könnte. Woher diese falschen Meldungen kamen, lässt sich nicht mehr feststellen. Es ist aber anzunehmen, dass schlichte Gemüter dem Wunschtraum nachhingen, es würden in England ähnlich paradiesische Zustände herrschen wie in den neuen spanischen Kolonien, wo das Gold doch auf der Straße lag und die Eingeborenen die Sklavenarbeit leisteten.

Philipp hat es nicht eilig, nach England zu gehen. Dieses und jenes kommt dazwischen, unter anderem die überraschende Ankunft seiner Schwester Johanna, dieselbe, die mit dem portugiesischen Thronfolger verheiratet und deren Mitgift Spanien schuldig geblieben war. Es scheint ihr nicht gut in Portugal zu gefallen und man wird sie miserabel behandelt haben. Denn kaum war ihr Angetrauter gestorben, kaum hatte sie, wenige Monate nach seinem Tod, einen Sohn geboren, bat sie ihren Bruder flehentlich, sie wieder in der Heimat aufzunehmen.

Philipp war es recht. Schließlich konnte sie, nachdem seine Schwester Maria ihrem Mann nach Österreich gefolgt war, an seiner statt die Regierungsgeschäfte übernehmen. Er reiste ihr bis an die Grenze Portugals entgegen, dort nahm er sie am 10. Mai 1554 in Empfang. Die Geschwister ritten gemeinsam nach Tordesillas, wo Johanna ihre Großmutter, Johanna »die Wahnsinnige«, besuchte, wie wir im vorangegangenen Kapitel berichteten. Dass auch Philipp die alte Dame beehrt hätte, ist nirgendwo ausdrücklich dokumentiert. In Tordesillas trennten sich die Wege. Johanna begab sich nach Valladolid, Philipp brach in Richtung England auf.

Begleitet von einem Riesenkrawall stach Philipp am 13. Juli 1554 von La Coruña aus in See. Sämtliche Kanonen feuerten einen so gewaltigen Abschiedssalut, dass das Städtchen in den Grundmauern erbebte. Nicht weniger als 125 Schiffe nahmen an der Fahrt teil, ein beeindruckender Flottenverband, der den misstrauischen Engländern den Eindruck einer geplanten Invasion vermitteln musste, wenn man bedenkt, dass die berühmte Armada, die 1588 gegen die Insel zog, auch nicht mehr als 130 Kriegsschiffe umfasste.

Mit von der Partie waren mehrere hundert Personen, Adelige, Diener, 300 Mann Leibwache, das gesamte Küchenpersonal, Musiker, Handwerker und zahlreiche Geistliche. Das Gepäck war, wie man sich vorstellen kann, enorm. Die meiste Tonnage beanspruchte natürlich Philipp selbst mit seinen prächtigen Möbeln, prunkvollen Gewändern und Rüstungen, Tafelsilber, Kirchengerät, Geschmeide für den eigenen Gebrauch und für großzügige Geschenke, ganz zu schweigen von den Kisten voller Goldstücke.

Nach einer ruhigen Überfahrt landen die Spanier am 20. Juli 1554 in Southampton. Fünf Tage später wird Philipp mit einer ihm gänzlich unbekannten Frau verheiratet sein, die noch dazu seine Tante ist.

Wer ist diese Maria Tudor? Ein Monster, wie manche ihrer Zeitgenossen behaupten, die ihr den Beinamen »Bloody Mary« (Maria »die Blutige«) geben? Eine unbedeutende Fußnote in der Weltgeschichte? Eine mutige Kämpferin? Eine von Kindheit an gestörte und zerrissene Seele? Eine Treibende und zugleich Gejagte? Mannigfach und grundverschieden sind die von ihr überlieferten Bilder, je nachdem, ob von Freundes- oder Feindeshand gezeichnet. Wir wollen versuchen, diese Bilder übereinander zu legen und zu durchleuchten. Vielleicht kommt die wahre Maria Tudor zum Vorschein.

Maria Tudors Wesen und Charakter definieren sich zweifelsohne aus dem Geschick ihrer Mutter. Was der vom Vater angetan wurde, betraf gleichermaßen die Tochter, wobei erschwerend hinzu kommt, dass Maria den Vater abgöttisch liebte. Auch von ihm empfing sie alle Liebe dieser Welt – später aber allen Hass dieser Welt, der sich gleichermaßen über sie und ihre Mutter ergoss. Die Mutter ist daran zugrunde gegangen, die Tochter hat mit Mühe überlebt und für ein paar kurze Jahre erstaunliche Zeugnisse von Mut, Kraft und Entschlossenheit abgelegt, eindeutig Erbteile des Übervaters Heinrich VIII.

Nun also zur Mutter. Katharina von Aragón, jüngste Schwester von Johanna »der Wahnsinnigen«, war eine der vielen weiblichen Figuren, die rücksichtslos auf dem Schachbrett der Weltpolitik hin und her geschoben wurden. Man hat – wie im vorangegangenen Kapitel kurz erwähnt – die 16-Jährige nach London verschickt, wo sie den ein Jahr älteren Arthur Prinz von Wales, Sohn König Heinrichs VII., ehelichte. Nach wenigen Monaten war der junge Mann dann tot.

Vermutlich hätte Katharina, eben 17 Jahre alt und kaum des Englischen mächtig – das sie nie perfekt erlernen wird – nichts sehnlicher gewünscht als schleunigst nach Hause zurückkehren zu dürfen. Davon aber war nicht im Entferntesten die Rede.

Katharina von Aragón

Sie bekam den Titel »Prinzessin-Witwe« verpasst, der nichts besagte und nichts bedeutete, außer dass sie praktisch mittellos war, auf das Gnadenbrot ihres Schwiegervaters angewiesen. Der wollte sie unter keinen Umständen ziehen lassen, sonst hätte er ihre reiche Mitgift zurückgeben müssen. Und er hatte ja noch einen Sohn. Heinrich,

Prinz von Wales, war zwar erst neun Jahre alt, aber schließlich würde auch dieser Knabe binnen weniger Jahre zum heirats- und zeugungsfähigen Mann heranwachsen …

Die Zeit des Wartens auf eine neue Ehe verbrachte Katharina abseits des höfischen Getriebes mit seinen üppigen Festen, zu denen kein Mensch sie einlud, im Kreise ihrer wenigen spanischen Hofleute. Ihr Trost, ihre Zuflucht wurde die Religion.

Nach sieben Jahren wurde sie aus der Versenkung hervorgeholt. Heinrich VII. war gestorben, Heinrich VIII., siebzehn Jahre alt, heiratete auf der Stelle die neun Jahre ältere Schwägerin. Ein nicht nur wegen des Altersunterschiedes ziemlich ungleiches Paar. Sie war klein und neigte zur Rundlichkeit, er ein Hüne von einem Meter sechsundachtzig, sportlich wohlgeformt vom Scheitel bis zur Sohle. Sie verschreckt, verschüchtert, fast mundtot, er sprühend vor Witz und Lebenslust.

Ein Hindernis galt es noch vor der Hochzeit zu überwinden. Nach damaligem kanonischem Recht durfte ein Mann nicht die Witwe seines Bruder heiraten und Heinrich betrieb mit all der ihm innewohnenden Energie die Erlangung einer päpstlichen Dispens. Katharina, die Fromme, leistete ihm dabei beachtliche Schützenhilfe, indem sie schwor, die Ehe mit Arthur sei gar nicht vollzogen worden. Wahr oder nicht – die Dispens war danach nur noch eine Formsache. Nicht sehr viel später wird ihre Umgebung staunend begreifen, dass dieses arme, bemitleidenswerte Hühnchen eigentlich eine hochintelligente Frau ist.

Das junge Paar hatte keinen festen Wohnsitz, sondern zog, wie damals üblich, von Schloss zu Schloss, von Burg zu Burg. Nur selten hielt es sich in London auf, das damals ein eher ungemütlicher Ort gewesen sein muss. Gerade in jenen Jahren gab es eine stetig ansteigende Landflucht. Die Stadt von mittlerer Größe, von festen Mauern umgeben, war in kurzer Zeit dermaßen übervölkert, dass sie in großen Teilen verslumte. Alljährlich wüteten Seuchen, die man heute nicht einmal mehr dem Namen nach kennt und denen Unzählige zum Opfer fielen. Eine davon, die mit enormen Fieberschüben binnen weniger Stunden zum Tode führte, hieß kurz und bündig »sweat« (Schweiß), womit schon alles gesagt war.

Heinrich VIII.

Unmittelbar nach der Hochzeit wurde Katharina schwanger, verlor das Kind aber schon nach wenigen Wochen – wofür sich Heinrich auf seine Weise »rächte«, indem er sich ohne den leisesten Anflug von Scham eine prächtige Geliebte zulegte.

Reuig, glücklich, ausgelassen vor Freude und Stolz, kehrte er in die Arme seiner Gemahlin zurück, nachdem sie am Neujahrstag des Jahres 1511 den erwünschten Sohn geboren hatte, den Herzog von Richmond und Sumerset, der als Heinrich IX. seinem Vater als englischer König nachfolgen würde. Die Dankgottesdienste, die Feiern zu Ehren des kleinen Prinzen schienen kein Ende nehmen zu wollen – bis sie dann doch schlagartig abgebrochen wurden. Das Baby war, acht Wochen alt, gestorben.

Sieht man von Heinrichs ständig wechselnden Flirts und Liaisons ab, verlief die Ehe in erstaunlicher Harmonie. Heinrich bemerkte mit ehrlichem Respekt, dass seine Frau ihre Schüchternheit verloren und sich zu einer beachtenswert scharfsinnigen und zielstrebigen Person entwickelt hatte. Ihr konnte er beruhigt die Regierungsgeschäfte überlassen, wenn er, meist um Kriege zu führen, außer Landes weilte. Der große Erasmus von Rotterdam nannte die englische Königin »ein Wunder ihres Geschlechtes«. Sie sei nur »aus Versehen« als Frau geboren worden, »in ihrem Körper schlägt das Herz eines Mannes«.

Katharina erlitt, kurz hintereinander, noch zwei Fehlgeburten (möglicherweise weil ihr Mann syphilitisch war), worauf sie auf Gedeih und Verderb allen möglichen Ärzten und Wunderheilern ausgeliefert wurde, deren grausame Manipulationen sie mit Geduld und Demut über sich ergehen ließ. Denn nach damaligen Vorstellungen war es allein die Schuld der Frau, wenn es mit dem Nachwuchs nicht klappte. Kein Wort des Protestes, als man ihr vorschrieb, den Urin trächtiger Ziegen zu trinken oder mittels eines Röhrchens Dampf in ihr Leibesinnere zu pressen.

Es grenzt an ein Wunder, dass sie dennoch erneut schwanger wurde und am Montag, dem 18. Februar 1516, ein gesundes Kind zur Welt brachte. Es war zwar ein Mädchen, aber die Freude darüber, dass die kleine Maria sich nicht gleich wieder aus dieser Welt verabschiedete, überwog die elterliche Enttäuschung bei weitem.

Nachdem Heinrich sich mit der betrüblichen Tatsache, nur eine Tochter bekommen zu haben, abgefunden hatte, sorgte er sofort für eine standesgemäße Hofhaltung Marias, die mehrere Dutzend Personen umfasste, darunter zwei Beichtväter, eine Haushofmeisterin und einige Hofdamen.

Maria war zweieinhalb Jahre alt, als man sie zum ersten Mal verlobte, und zwar mit Franz, dem ältesten Sohn des französischen Königs. Der Dauphin sollte Maria an ihrem 14. Geburtstag heiraten. Zwischen den alten Erbfeinden Frankreich und England wurde ein Generalfriede geschlossen und im Verlobungskontrakt sicherte Heinrich seiner Tochter das Erbrecht zu: Zum ersten Mal in der englischen Geschichte sollte es einer Frau erlaubt sein, die Krone zu tragen, gäbe es keinen Sohn. Heinrich konnte das Versprechen leichten Herzens geben, denn Katharina war wieder schwanger – diesmal würde sie, *musste* sie einen gesunden Jungen zur Welt bringen.

Aber auch diese Schwangerschaft endete vorzeitig. Das Mädchen, das Katharina im achten Monat gebar, war nicht lebensfähig. Einen Sohn hingegen bescherte dem König, fast gleichzeitig, eine seiner Mätressen, Elisabeth Blount. Sie wurde mit einem Kammerherrn verheiratet. Das Kind nahm ihr Heinrich weg, um es bei Hofe aufziehen zu lassen …

Noch einmal kurz zurück zur Verlobung Marias mit dem Dauphin, die mit dem üblichen Pomp zelebriert wurde. Die Zweieinhalbjährige hatte man in steifen Goldbrokat gesteckt, ihr auf die blonden Locken ein keckes Häubchen gesetzt und sie ließ das ganze Brimborium mit engelsgleicher Geduld über sich ergehen. Heinrich war stolz auf sie: »Sie hat kein einziges Mal geweint«, erzählte er jedem, der es hören wollte, und sie machte nicht ein einziges Mal Anstalten, den protzigen Verlobungsring, den man ihr an den winzigen Ringfinger gesteckt hatte, abzuziehen oder zu belutschen.

Es steht außer Frage, dass Heinrich seiner Tochter sehr zugetan war. Zwar sah er sie meist nur zu hohen Festtagen, denn er und seine Frau führten eine vom Kind getrennte Hofhaltung, doch wenn er mit ihr zusammentraf, überschüttete er sie mit Liebe und Aufmerksamkeit, kroch auch schon einmal mit ihr auf dem Boden herum. Am liebsten trug er sie auf dem Arm, heischte von jedermann Bewunderung für seine – wie er sie nannte – »Perle, die kostbarste Perle meines Königreiches«.

Die französische Verlobung ist längst wieder in die Brüche gegangen, als ein neuer Freier auftaucht. Es ist niemand Geringerer als Marias Cousin, Kaiser Karl V., der in seinem Krieg gegen Frankreich einen potenten Bundesgenossen braucht. Der Kaiser ist 21 Jahre alt, Maria fünf, und Karl zeigt sich entzückt von der munteren Kleinen, als er in London Visite macht. Ziemlich genau beschrieben hat Spaniens Botschafter das Kind, das er als »ausgesprochen hübsch und sehr groß für sein Alter« bezeichnete. Sie spiele schon ausgezeichnet auf dem Virginal (Vorläufer des Cembalos) und »tanzt zierlich, dass es eine Erwachsene nicht besser könnte«.

Natürlich ist die Braut noch viel zu jung, um ihrem kaiserlichen Verlobten häufig Gesellschaft zu leisten. Der zieht es vor, sich mit seinem zukünftigen Schwiegervater beim Reiten, Jagen und Tennisspielen zu vergnügen. Die Interessen der beiden jungen Männer liegen ziemlich gleichauf, es trennt sie ja nur ein Altersunterschied von knapp acht Jahren.

Schwierig gestalten sich hingegen die Verhandlungen über den Verlobungsvertrag. Karl fordert kategorisch, dass Maria bereits im folgenden Jahr nach Brüssel gebracht und zur zukünftigen Kaiserin erzogen werden sollte. Doch Heinrich will sein Herzblatt nicht so frühzeitig aus den Augen verlieren. Nach langem Hin und Her einigt man sich, dass die Prinzessin mit zwölf Jahren an den Hof des zukünftigen Ehemanns übersiedeln soll.

Auch wird festgeschrieben, Marias Erziehung auf ihren künftigen Status auszurichten, was sich, rein äußerlich, schon darin dokumentiert, dass sie ab sofort in spanische Tracht gekleidet wird. Sie wirkt wie für einen Kostümball herausgeputzt. Ob ihr das gefallen hat oder nicht, das wissen wir nicht.

In jedem seiner Briefe an Heinrich erkundigt sich Karl nach »meiner Liebsten, der zukünftigen Kaiserin«, und er nimmt lebhaften Anteil an ihren schulischen Fortschritten, die erfreulicherweise zufriedenstellend sind, obwohl die Kleine ein gigantisches Pensum zu bewältigen hat.

Im Unterricht wird ausschließlich Latein gesprochen, daneben

Griechisch, und sie muss von einer in die andere Sprache übersetzen. Auf dem Lehrplan stehen auch noch Französisch, Italienisch und Spanisch, das sie ausschließlich mit der Mutter spricht. Englisch ist dem Alltag vorbehalten.

Das Bildungskorsett ist eng geschnürt. Nur ausgewählte Lektüre ist zugelassen, Ritterromane, wie sie damals gerade in Mode kommen, stehen als »liberi pestiferi« auf dem Index. Platon, Cicero, Plutarch muss das Kind lesen und zur »Unterhaltung« »Utopia« von Thomas Morus – übrigens nach anfänglichen schweren Bedenken, denn das ist ja nun wirklich ein sehr moderner Autor.

Nirgendwo steht geschrieben, dass ein kleines Mädchen sich spielerisch amüsieren darf, Kartenspiele sind sogar ausdrücklich verboten, dafür muss das Kind in seiner Freizeit ein kleines Gartenstück kultivieren. Doch es gibt auch Lichtblicke.

Schon mit sechs Jahren ist Maria eine ausgezeichnete Reiterin, sie wird bereits in die hohe Kunst des Jagens eingeführt. Wie ihr Vater liebt sie Musik über alles und er sorgt dafür, dass sie eine sorgfältige Ausbildung erhält. Sie beherrscht mehrere Instrumente, absolut perfekt ist sie auf dem Virginal. Heinrich lässt kaum eine Gelegenheit aus, die kleine Künstlerin sich vor Besuchern produzieren zu lassen.

1525, Maria ist neun Jahre alt, schickt sie, natürlich auf Befehl des Vaters, ihrem kaiserlichen Bräutigam einen wertvollen Smaragdring und dazu die Botschaft, sie erflehe Gottes Gnade, dass Seine Majestät aufrichtig zu ihr halten, so, wie sie ihm in alle Ewigkeit in unwandelbarer Treue zugetan sein werde. Karl, der kleinen Braut keineswegs in unwandelbarer Treue zugetan, bedankt sich höflich für das schöne Angebinde, er werde den Ring »der Prinzessin zuliebe« stets am kleinen Finger tragen.

Vergebliche Liebesmüh, Karl hat seine Heiratspläne längst geändert, er wird sehr bald die portugiesische Prinzessin Isabella heiraten und schon 1527 Vater eines Sohnes werden: Philipp, Marias späteren Ehemann …

Welche Motive Heinrich dazu bewegen, just zu diesem Zeitpunkt seine Tochter offiziell zur Thronerbin und damit zur Prinzessin von

Wales zu erklären, ist unbekannt. Sicher waren es verwickelte dynastische Pläne, welche die väterliche Fürsorge in den Hintergrund gerückt haben.

Der König lässt, alle Gefahren missachtend, die Neunjährige nach Ludlow Castle in Wales bringen, in diese keltische Unruheprovinz, die damals noch nicht vollständig von England unterworfen, jederzeit zu Aufruhr und Krawall bereit ist. Nur ganz selten, und dann nur unter schärfster Bewachung, wagen sich Maria, ihre Erzieher, Betreuer, Begleiter und Diener aus dem schrecklich kalten und finsteren Schloss heraus. Vermutlich sind alle heilfroh, dass sie das feindliche Territorium schon eineinhalb Jahre später verlassen dürfen, nachdem es erneut zu bedrohlichen Unruhen und antienglischen Ausschreitungen gekommen ist.

Da nun Karl eine andere genommen hatte, gab es erneut Heiratsgespräche mit Frankreich. Zur Diskussion standen König Franz I., 34 Jahre alt und soeben verwitwet, oder der Dauphin Franz, der schon einmal mit Maria verlobt gewesen war. Letzten Endes kam keine der Verbindungen zustande. Es sollte fast zwei Jahrzehnte dauern, ehe die Prinzessin endlich unter die Haube kam. Zwei Jahrzehnte voller kurzer Freuden und maßloser Schmerzen, Demütigungen, zerstörter Hoffnungen und zuletzt doch noch glanzvoller Siege über ein scheinbar aussichtsloses Geschick.

Heinrich erweckte den Eindruck, als hätte es ihm schier das Herz gebrochen, so lange von seiner geliebten Tochter getrennt gewesen zu sein. So jung sie war, sie durfte immer öfter und immer länger an seiner Seite sein, beim Tanzen, beim Jagen, beim Festefeiern. In diesen entscheidenden Jahren der Adoleszenz muss sich die emotionale Bindung an den Vater endgültig verfestigt haben – ein Mann wie kein zweiter, voller Charme und Witz, perfekt in allem, was er anging. In lauten Jubel brach sie aus, wenn er wieder einmal einen glanzvollen Turniersieg errungen hatte. Die Mutter blieb in diesen Jahren eine eher blasse, doch sehr geliebte Figur im Hintergrund.

Marias Glück zerbrach in dem Augenblick, da der Vater beschloss, sich nach 18-jähriger Ehe von seiner treuen Weggefährtin und Ehefrau Katharina zu trennen. Weil er, wie er sagte, Gewissensbisse hatte, weil England einen männlichen Erben brauchte, wie er vorgab. Tatsächlich aber, und das wusste jedermann, um seine Mätresse Anna Boleyn heiraten zu können.

Natürlich glaubte kein Mensch, dass Heinrich plötzlich nach so langer Zeit von Skrupeln befallen worden war, weil er die Witwe seines Bruders geheiratet hatte. Eher mochte noch durchgehen, dass er sich von Herzen einen Sohn wünschte. In der Tat aber war Anna Boleyn die eigentliche Triebkraft in dieser hochherrschaftlichen Schmierenkomödie um eine de facto unmögliche Scheidung.

Wetterwendisch und liebedienerisch spielte die ganze Hofkamarilla mit. Noch lange ehe das skandalöse Scheidungsverfahren in Gang kam, wurde Anna Boleyn umworben und umschmeichelt, als wäre sie bereits die regierende Königin. An seiner Tochter Maria schien Heinrich nicht mehr den geringsten Gefallen zu finden, nie mehr nahm er sie zur Jagd mit, zu Festlichkeiten wurde sie nicht mehr eingeladen. Katharina verließ ihre Gemächer ohnehin nicht mehr.

Während die Affäre bereits an allen europäischen Höfen und von Kirchenrechtlern emsig diskutiert wurde, äußerte sich Papst Klemens VII., oberster Hüter der heiligen Glaubenssätze, überhaupt nicht. Er wollte es sich mit keinem verderben. Nicht mit Kaiser Karl V., dem Neffen von Heinrichs Gattin Katharina, nicht mit Heinrich selbst, der bis dahin ein wackerer Mitstreiter gegen den aufkommenden Protestantismus gewesen war, ausgezeichnet mit dem vom Heiligen Stuhl verliehenen Ehrentitel »Verteidiger des Glaubens«.

Was in den nächsten Jahren folgte, war der blanke Terror gegen Katharina und ein entsetzliches Wechselbad der Gefühle für Maria, deren kindliche Liebe gleichermaßen Vater wie Mutter galt.

Findige, dem König ergebene Spitzenmänner des englischen Klerus hatten dubiose, mehrfach deutbare Paragrafen des Kirchenrechtes entdeckt, die es Heinrich angeblich gestatteten, ans Ziel seiner Wünsche zu kommen. Katharina müsste nur aus freien Stücken ins Kloster gehen, dann wäre die Ehe getrennt. Diesen Schritt versuchte man ihr schmackhaft zu machen mit dem Versprechen, dass ihre Rechte und

Einkünfte unangetastet blieben. Sie müsste nur auf die Person ihres Gemahls verzichten. Katharina sagte laut und deutlich nein. Dann kam das abenteuerliche Angebot einer Ehe zu dritt – Katharina schrie nochmals nein.

Sie erlangte eine Audienz beim königlichen Gemahl, flehte ihn auf Knien an Erbarmen zu üben. Er warf sie hinaus. Auf der Straße erwartete sie eine Menschenmenge, jubelte ihr demonstrativ zu. Heinrich drohte ihr daraufhin mit einer Anklage wegen Hochverrats und Volksaufwiegelung.

Hohe Kirchenfürsten, an ihrer Spitze der Erzbischof von Canterbury Thomas Cramner, versuchten sie zu überzeugen, dass sie in eine Trennung einwilligen *müsste*, denn Gott selbst hätte sie aus seiner Gnade entlassen, indem ER die Früchte ihres Leibes so oft vorzeitig vernichtet hätte. Katharina weigerte sich, diese bizarre Auslegung des göttlichen Willens zu akzeptieren.

Daraufhin entfernte Heinrich seine störrische Frau endgültig aus seiner Umgebung. Katharina wurde in ein Schloss in Hutingfordshire verbracht, und zwar so überfallsartig, dass sie kaum das Nötigste zusammenpacken lassen konnte. Heinrichs Geliebte übersiedelte sofort in die Gemächer der verbannten Königin, zog deren Kleider an und behängte sich mit deren Schmuck.

Wenigstens war es Maria noch erlaubt, ihre Mutter gelegentlich zu besuchen. Es zeugt von Katharinas Seelengröße, dass sie die Tochter anhielt, dem Vater trotz allem den ihm gebührenden Respekt entgegenzubringen. Das dürfte Maria nicht allzu schwer gefallen sein, denn der sprunghafte Vater ließ sie von Zeit zu Zeit an sich heran, überschüttet sie mit kostbaren Geschenken – um sich dann wieder abrupt von ihr abzuwenden. Es war kein Geheimnis, dass Anna Boleyn nicht abließ, gegen die Königin und gegen Maria zu hetzen.

Endlich, 1533, wurde die Scheidungsaffäre schlagartig durch das Parlament gelöst, nachdem der Papst sich noch immer nicht zu einer Entscheidung durchgerungen hatte. Die Abgeordneten votierten mit großer Mehrheit für ein Gesetz, das alle wichtigen kirchlichen Belange der Oberhoheit des Heiligen Stuhls entzog und dem englischen

Staat zuschlug. Ab nun gab es in England eine katholische Kirche, die nicht mehr eine heilige römische war. Ein Jahr später wird sich Heinrich selbst zum Oberhaupt erheben.

Die Scheidung wurde danach sofort vollzogen. Anna Boleyn, im sechsten Monat schwanger, heiratete den König und wurde feierlich gekrönt. Nach der Zeremonie wurde die neue Herrscherin vor der Kirche mit Schmährufen empfangen, wobei »verdammte Hure« noch einer der zahmsten war. Anna ließ das unberührt. Heinrich mutmaßte einen von seiner geschiedenen Frau und seiner Tochter angezettelten Affront.

Am 7. September 1533 gebar Anna eine Tochter, die spätere Königin Elisabeth I. Die Herolde, die das für den König nur halb freudige Ereignis unters Volk brachten, verkündeten im gleichen Atemzug, dass Maria nicht mehr die Prinzessin von Wales und Elisabeth die neue Thronfolgerin sei.

Katharina musste ab sofort wieder den Titel »Prinzessin-Witwe« führen. Es wurde ihr untersagt, Besuche zu empfangen – auch nicht den der eigenen Tochter. Sie haben einander nie mehr wieder gesehen.

Wenn es einen kleinen Trost für sie gab, dann war es die Zuneigung der Bevölkerung, die sie stürmisch begrüßte, sofern sie sich einmal außerhalb der Schlossmauern blicken ließ. Doch das hatte bald ein Ende. Per königlichen Dekret wurde unter Androhung hoher Strafe verboten, über die neue Königin auch nur zu reden sowie der alten oder »Lady Mary« die Reverenz zu erweisen.

»Lady Mary, Tochter des Königs«, lautete Marias neuer Titel. Sie wurde auf den Rang einer Hofdame zurückgestuft und hatte im Gefolge ihrer kleinen Schwester Dienst zu versehen. Das Zimmer, das man ihr zuwies, war nicht mehr als ein besserer Abstellraum. Als sie es zum ersten Mal betrat, »brach sie in Tränen aus«, berichtet ein Zeuge.

Baby Elisabeth genoss bereits alle Privilegien einer königlichen Hoheit. Wenn sie gefüttert wurde, saß sie, allen sichtbar, auf einem Podium, zu ihren Füßen das Personal an langen Tischen, ganz hinten Maria. Beim ersten Mal ließ sie ihre Speisen unberührt. Königin Anna erteilte scharfe Anweisungen, dass Maria in Gegenwart Elisabeths essen *müsse*, wollte sie nicht streng bestraft werden. Maria aß, aber sie schrie ihre Proteste hinaus.

Als sie mehrfach den Hofknicks verweigerte, wenn ihre Schwester vorbeigetragen wurde, ließ ihr Anna sämtliche Hofkleider und alle Pretiosen wegnehmen – um sie dann selbst zu tragen.

Um das wandelnde Ärgernis namens Maria endlich aus den Augen zu bekommen, unternahm Heinrich einige Versuche, sie zu vermählen. Er verhandelte mit Schottland, ein Herzog von Kleve war im Gespräch und auch Herzog Francesco Sforza, dem wir bereits im ersten Kapitel dieses Buches begegnet sind. Er war der Sohn von Herzog Ludovico Sforza, genannt »il Moro«, und damit zugleich Cousin von Bianca Maria, der unglücklichen Gemahlin von Kaiser Maximilian I.

Keiner der Kandidaten ließ sich selbst durch die Aussicht auf eine fette Mitgift zu einer Ehe mit Maria überreden, der nun einmal dank der eigenwilligen Scheidungs- und Erbfolgepolitik ihres Vaters der unauslöschliche Makel einer illegitimen Geburt anhing.

Nicht nur diese beleidigenden Abfuhren müssen den stolzen Fürsten erzürnt haben. Auch seine Tochter brachte ihn zu wiederholten Malen zur Weißglut, indem sie sich hartnäckig als »Prinzessin von Wales« und ihre Mutter als »Königin von England« bezeichnete und auf der Straße mit sichtbarem Genuss Ovationen der Bürger entgegennahm. »Sie ist meine ärgste Feindin«, tobte er einmal; sie habe nichts anderes im Sinn als seine eigenen Untertanen gegen ihn aufzuhetzen. Sie – die einstige »Perle von England«.

Heinrich ließ seiner Tochter in groben Worten bestellen, dass er sie unverzüglich in den Tower sperren würde, sollte sie nicht einen heiligen Eid auf das Gesetz schwören, das Elisabeth zur Thronerbin bestimmt und sie selbst zum Bastard gemacht hatte.

Maria äußerte sich nicht. Aber zwei Tage später wurde sie so schwer krank, dass an ihrem Aufkommen gezweifelt wurde. Nach langem Zögern ließ sich Heinrich herbei, ihr seinen Leibarzt Dr. Bull zu schicken, der eine überraschend moderne Diagnose stellte. Die Patientin, die an rasenden Kopfschmerzen und Dauererbrechen litt, könne nur »durch hingebungsvolle Pflege geheilt« werden. Hauptbedingung sei, ihr »die Last der Angst vor des Königs Strafandrohung« zu nehmen. Heute würde man sagen, dass Marias Leiden psychosomatischer Natur waren.

Katharinas flehende Bitten, die Betreuung der Tochter übernehmen zu dürfen, erlitten eine schroffe Abfuhr. Nach ein paar Wochen kam Maria wieder auf die Beine, obwohl sie sich so sehr gewünscht hatte, »endlich zu sterben, um von allen Qualen erlöst zu werden«, wie es im Brief einer Hofdame heißt.

Vermutlich besserte sich Marias Zustand in dem Augenblick, da ihr klar wurde, dass die Ehe ihres Vaters und seiner neuen Frau längst nicht mehr der Himmel auf Erden war. Heinrich hatte wieder begonnen sich mit neuen Gespielinnen zu vergnügen. Mit angehaltenem Atem lauschte die Dienerschaft den lauten Eifersuchtskrachs, die aus den königlichen Privatgemächern drangen. Vollends in Rage geriet Heinrich, nachdem ihm seine Frau einige Monate lang eine neue Schwangerschaft vorgegaukelt hatte, um ihre Ehe zu retten.

Kein Zweifel, der liebenswürdige junge Mann, der Heinrich einmal gewesen war, hatte sich im Laufe der Jahre zu einem brutalen Machtmenschen entwickelt, der buchstäblich über Leichen ging und seinen sadistischen Neigungen freien Lauf ließ.

Das bekamen vor allem die Geistlichen zu fühlen, die sich weigerten, seine Scheidung von Katharina und ihn selbst als obersten Kirchenherrn anzuerkennen. Man henkte sie, angetan mit vollem Ornat, löste die noch zuckenden, atmenden Leiber vom Strick, schnitt ihnen die Herzen heraus, hackte ihnen die Köpfe ab. Die Häupter wurden an den Stadttoren aufgespießt, die verstümmelten blutigen Körper durch die Straßen geschleift. Ob Mönch, ob Priester, ob Kardinal – Heinrich kannte keinen Unterschied und kein Erbarmen.

Unter den Menschen, die zum großen Teil noch der alten Religion anhingen, lösten die bestialischen Hinrichtungen Wut und Empörung aus. Es gab einzelne Anzeichen, dass führende Lords zum Aufruhr rüsteten. Heinrich hatte rasch die dafür Verantwortlichen gefunden: Maria und Katharina.

»Solange die beiden nicht ins Jenseits befördert sind, wird es keine Ruhe geben«, erklärte er im Kronrat. »Wenn Gott die beiden längst zu sich genommen hätte, würde kein Mensch an des Königs zweiter Ehe Anstoß nehmen«, echote sein Staatssekretär Thomas Cromwell. »Sie [Maria] wird mein Untergang sein, wenn wir sie nicht loswerden«, klagte Königin Anna.

Maria konnte keine Beteiligung an den insgeheim geplanten Erhebungen nachgewiesen werden. Dennoch wurde sie vom Hof verbannt und in einem weit entlegenen Landsitz unter Verschluss gehalten. Ihre beste Freundin, eine Gräfin Salesbury, jedoch endete auf dem Schafott.

Die Gefahr, in der Katharina und Maria schwebten, blieb Kaiser Karl V. nicht verborgen. Die von ihm angeordneten Versuche, beide Frauen außer Landes zu schmuggeln, mussten scheitern. Sowohl Mutter wie auch Tochter waren, in getrennten Wohnsitzen, schärfer bewacht als der englische Kronschatz.

Ein Teil des Problems, nämlich jenes, das den Namen Katharina trug, löste sich von selbst. Die abgesetzte und verstoßene Königin starb am 7. Januar 1536. Als sie ihr Ende kommen fühlte, schrieb sie noch einen Brief an Heinrich, in dem sie ihm »alles« verzieh und ihn bat, der gemeinsamen Tochter ein guter Vater zu sein. »Ich schwöre, ich habe Euch über alles geliebt«, hieß es zum Schluss.

Der Verdacht, dass sie vergiftet worden wäre, ist niemals ganz verstummt, da über ihren Tod so gut wie keine Einzelheit bekannt gegeben wurde.

»Gott sei Dank, jetzt sind wir alle Sorgen los«, jauchzte Heinrich, als man ihm die Freudenbotschaft überbrachte. Er ordnete aus Anlass der »Befreiung Englands« eine Reihe rauschender Feste und Turniere an und er kleidete sich demonstrativ in leuchtendes Sonnengelb, auf dem Barett eine kecke kleine Reiherfeder.

Sein Hochgefühl war nur von kurzer Dauer. Wenige Tage nach Katharinas Hinscheiden erlitt Anna eine Fehlgeburt. Das Schlimmste daran: Es wäre ein Knabe gewesen.

Was immer Anna ihrer Vorgängerin und deren Tochter angetan,

wie sehr man sie dafür verachtet hatte – nun begann sich Mitleid ihr gegenüber zu regen, als Heinrich plötzlich verlauten ließ, seine Frau sei eine Hexe. Sie hätte ihn gegen seinen Willen zu Scheidung und Hochzeit getrieben. Ein wahrer Engel hingegen, in Heinrichs Augen, sei Annas liebreizende junge Hofdame namens Jane Seymour.

Annas Schicksal war besiegelt. Sie musste aus dem Weg geräumt werden, koste es, was es wolle. Es kostete ihr Leben. Da beim besten Willen kein auch nur annähernd gesetzlicher Grund für eine Trennung gefunden werden konnte, wurde die Königin verleumderisch des mehrfachen Ehebruchs bezichtigt. Mit einem ihrer Liebhaber hätte sie Pläne zur Ermordung des Königs geschmiedet. Da dies alles Heinrich noch nicht zu genügen schien, wurde ihr auch noch vorgeworfen, mit ihrem Bruder Inzest getrieben zu haben. Selbst der Verdacht, dass Heinrich gar nicht Elisabeths Vater wäre, wurde geäußert.

Anna, ihr Bruder und vier ihrer angeblichen Liebhaber wurden nach einem grotesken Prozess zum Tode verurteilt und endeten unter dem Beil des Henkers. Das war am 19. Mai 1536.

Elf Tage später heiratete Heinrich Jane Seymour, Glück für ihn, Segen für Maria. Ihre neue Stiefmutter, die nur sieben Jahre älter war als sie selbst, setzte sich mit der ihr eigenen sanften Beharrlichkeit für die Verfemte ein. Als sei nichts geschehen, wurde Maria im Rahmen eines kleinen Festaktes wieder bei Hofe eingeführt und, Zeichen allerhöchsten Wohlwollens, sie bekam den ganzen Schmuck und den ihrer Mutter zurück, mit dem sich Anna Boleyn widerrechtlich gebrüstet hatte.

Vater und Tochter hatten einander mehr als fünf Jahre lang nicht gesehen. Nun stand dem König statt der schlacksigen Halbwüchsigen eine erwachsene Frau von 21 Jahren gegenüber. Es muss ihn wie ein Schlag getroffen haben, seinem eigenen Jugendbildnis, nur kleiner, zarter als er selbst, und eben weiblich, zu begegnen. Sein heller Teint, seine hohe Stirn, seine kurzsichtigen, leuchtend grau-grünen Augen und, die größte Überraschung: seine tieftönende, tragende Stimme. Das war das Erstaunlichste an Maria. Ihr weibliches Geschlecht war eindeutig, ihre Stimme die eines Mannes. Eine Laune der Natur, die ihr später einmal sehr hilfreich sein wird.

Alles Friede? Alles Freundschaft? Alles Harmonie? Nichts dergleichen. Heinrich wurde zum Kummer seiner Frau, zu Marias Entsetzen, noch unberechenbarer, noch rigoroser, noch erbarmungsloser in seinen Maßnahmen. Zum Beispiel erfand er, anscheinend aus heiterem Himmel, ein neues Erbfolgerecht, das sowohl Maria als auch ihrer Halbschwester Elisabeth jeglichen Thronanspruch verwehrte. Vermutlich hat er aus seiner soeben geschlossenen Ehe einen Sohn erhofft, sich aber für alle Fälle einen Ausweg offen gelassen: Er selbst, er allein werde nach eigenem Gutdünken bestimmen, wer ihm nachfolgen sollte.

Ein Paragraf in diesem Machwerk hat Maria besonders getroffen. Er besagte aufs Neue, dass sie – wie auch Elisabeth – unehelicher Abkunft wären. Maria wurde gezwungen, dies mit ihrer Unterschrift anzuerkennen und zu bestätigen. So lange hat sie sich heftig geweigert dies zu tun, bis ihr von wohlmeinenden Seiten, darunter vom Gesandten ihres Vetters, des Kaisers, klargemacht wurde, dass sie mit ihrem Leben spiele, falls sie sich nicht beuge.

Wie von einem bösen Dämon getrieben begnügte sich Heinrich nicht mehr damit, einzelne Geistliche zu verfolgen. Es setzte nun eine Massen-Treibjagd auf alles streng Katholische ein. Der König ließ sämtliche Klöster schließen, Mönche und Nonnen buchstäblich auf die Straße setzen, ihre Häuser und Kirchen schleifen – viele dieser Ruinen ragen noch heute gespenstisch in die liebliche englische Landschaft – und die beträchtlichen Vermögenswerte der Kirche beschlagnahmen. Sie fanden rasch neue Besitzer unter Heinrichs Günstlingen, auf deren Gefolgstreue er sich von da an beruhigt verlassen konnte.

Widerstand regte sich aber in allen Gesellschaftsschichten, auch denen der so genannten niedrigen Stände. Aber gegen die geballte Macht des Königs, der von ihm beschenkten Lords und ihrer Büttel waren sie machtlos. Hunderte Gläubige wurden ohne Prozess hingerichtet. Merkwürdige Inkonsequenz Heinrichs: Seiner Tochter Maria gestattete er ungehindert den katholischen Glauben beizubehalten – mit eigenem Hauskaplan sogar!

Als hätte der Himmel bei all diesen Schand- und Missetaten diskret zur Seite gesehen, erfüllte er am 12. Oktober 1537 Heinrichs brennendsten Wunsch: Königin Jane gebar einen Sohn. Die Mutter des kleinen Eduard starb drei Tage später.

Heinrichs Trauer suchte den ihm gemäßen Ausdruck: Die Mätressenwirtschaft erlebte eine neue Hochblüte. Nach drei Jahren heiratete Heinrich VIII. auf Anraten des Kronrates und seines Staatssekretärs Thomas Cromwell aus strategisch-politischen Gründen Anna, die Tochter des Herzogs von Kleve, von der er sich aber in freundschaftlichem Einvernehmen nach ein paar Monaten scheiden ließ. Auf der Strecke blieb Cromwell, die Triebfeder dieser Verbindung. Er wurde unter nichtigem Vorwand abgeurteilt und hingerichtet.

Ehefrau Nummer fünf wurde die blutjunge Hofdame der Ehefrau Nummer vier, Katharina Howard mit Namen. Die war, um es unverblümt zu sagen, ein schamloses Luder. Sie tanzte mit ihren rasch wechselnden amourösen Gefährten dem verliebten königlichen Tölpel so lange auf der Nase herum, bis auch selbst er dahinterkam – allerdings erst nach zwei Jahren. Sie wurde dann aber sehr schnell um einen Kopf kürzer gemacht.

Maria hatte während dieser turbulenten Zeit kaum Kontakt zum Vater. Sie lebte, zusammen mit ihren Stiefgeschwistern, auf verschiedenen Schlössern, beschäftigte sich mit den Kindern, jagte, ritt, musizierte, las Berge von Büchern. Glücklich war sie nicht, vor allem deswegen, weil ihr immer schmerzlicher bewusst werden musste, dass weit und breit kein Prinz in Sicht war, bereit sie aus ihrer trostlosen Isolation zu erlösen.

Zwar gab es von Seiten Heinrichs ein paar halbherzige Versuche, seine Tochter an den Mann zu bringen, doch die gingen aufs Neue ins Leere. Das Brandmal der Illegalität haftete ihr unauslöschbar an. An mangelnden äußerlichen Reizen scheint es nicht gefehlt zu haben, wenn auch viele Männer bemängelten, dass sie mit ihren schmalen Hüften und flachem Busen zu wenig weiblich wirkte. Dennoch: »Sie ist eine der Schönsten des Landes«, schreibt der französische Botschafter Charles de Marillac über die 25-Jährige. »Mit ihren frischen, lieblichen Farben sieht sie wie höchstens achtzehn oder zwanzig aus.«

Maria war in diesen Jahren zwei Mal ernstlich krank, litt wieder an Migräne und Essstörungen, verfiel in schwere Depression. In dem Augenblick allerdings, da der Vater geruhte sich ihr, und sei es nur für kurze Zeit, zuzuwenden, blühte sie auf, war heiter und kerngesund. Ihre Bindung an den Mann, der ihr und ihrer Mutter so viel Leides angetan hatte, war tief und unerschütterlich.

Nach Katharina Howards gewaltsamem Tod waren Maria einige Jahre der Ruhe beschieden. Endlich wieder war sie die »Perle«, die an Vaters Seite mit Würde und sichtlicher Genugtuung eine Zeit lang die Rolle der Ersten Dame des Landes erfüllen durfte. Nur eineinhalb Jahre später vermählte sich Heinrich aufs Neue. Katharina Parr, 31 Jahre alt, zweifach verwitwet, war eine ansehnliche und überaus kluge Frau. Offen und freundlich ging sie auf ihre Stiefkinder zu, wurde von allen dreien akzeptiert.

Diese Phase des allseitigen Einvernehmens endete abrupt, als Heinrich VIII. am 18. Januar 1547 im Alter von 56 Jahren starb, nicht ohne vorher die Bestimmungen über die Thronfolge abermals abgeändert zu haben. Selbstverständlich rangierte sein neunjähriger Sohn Eduard an erster Stelle. Sollte er kinderlos sterben, würden ihm Maria und nach dieser Elisabeth folgen – beide nun wieder voll legitimiert. Wer konnte ahnen, dass es dann doch wieder blutige Turbulenzen um die Thronfolge geben würde?

Der kleine Eduard VI., der mit großer Zuneigung an seiner ältesten Schwester hing, war natürlich noch nicht regierungsfähig. Heinrich hatte in seinem Letzten Willen einen sechsköpfigen Vormundsrat bestimmt, an dessen Spitze Eduards Onkel Eduard Seymour, Herzog von Somerset, stand, ein fundamentalistischer Protestant. Nun wurden aus der Kirche noch die letzten Spuren des Katholizismus getilgt, die Heiligen abgeschafft, die Messe in der hergebrachten Form verboten, eine neue Liturgie in die englische Sprache gegossen. Es gab nur mehr drei Sakramente.

Thomas Cramner, Erzbischof von Canterbury – er hatte die allem Kirchenrecht Hohn sprechende Scheidung von Heinrich und Katharina vorangetrieben – schuf ein »Common Book of Prayer«, das für alle

Eduard VI.

Gläubige verbindlich wurde. Ein »Treason Act« verfügte für Widersetzlichkeit gegen die neuen religiösen Richtlinien die Todesstrafe.

Eine neue Welle der Katholikenhatz brandete über das Land. Es dauerte nicht lange, bis die Scheiterhaufen zu lodern begannen für alle, die dem Papst anhingen, dem »leibhaftigen Satan«, wie er in der neuen Sprachregelung genannt wurde.

Maria sträubte sich die revidierte Religionsordnung anzuerkennen und ließ demonstrativ täglich drei Mal die Messe nach altem Ritus lesen. Wohl oder übel musste man ihr zunächst ihren Willen lassen, denn der Knaben-König hing mit hartnäckiger Liebe an ihr. Vorsichtshalber schob man sie auf einen entlegenen Landsitz ab.

Obwohl sie mehr oder weniger in Isolationshaft gehalten wurde, schien das Volk in ihr eine Bastion des Widerstandes gegen die neue Religionstyrannei zu erblicken. In ihrem Namen, wenn auch absolut ohne ihr Zutun, kam es in manchen Grafschaften zu bewaffneten Erhebungen. Sie wurden in einem Meer von Blut erstickt. Es gibt keine genauen Zahlen – aber mindestens Hunderte, manche sprachen von bis zu 3000 Opfern, mussten ihr Leben lassen.

Inzwischen war es im Beraterstab von Eduard VI. zu tiefgreifenden Zerwürfnissen gekommen, die mit der in dieser Zeit üblichen Gewalt endeten. Eduards Onkel, der Herzog von Somerset, und sein Bruder wurden hingerichtet. John Dudley, Herzog von Northumberland, riss die Macht an sich, ein »unerschrockener Soldat Christi« und »Blitzstrahl gegen den Papst«, wie er von seinen protestantischen Glaubensbrüdern genannt wurde.

Eine der ersten Weisungen Northumberlands zeigten die Richtung seiner Politik: Elisabeth wurde »mit höchstem Pomp und in höchstem Triumph« (so ein Historiograf) an den Hof geholt und rangmäßig ihrem königlichen Bruder gleichgestellt. Das junge Mädchen, das nie mit dem katholischen Glauben in Berührung gekommen war, hatte das »Common Book of Prayer« anstandslos angenommen. Zur Belohnung wurde sie nun schrittweise zur möglichen Nachfolgerin ihres Bruders aufgebaut, sollte dieser kinderlos sterben. Und Maria? Es gab Maria ja noch immer, nach dem Willen ihres Vaters Zweite in der Thronfolge. Was tun mit Maria? Sie schwebte, wieder einmal, in höchster Lebensgefahr!

Auch ihr Onkel und ehemaliger Bräutigam, Kaiser Karl V., musste sich ernsthaft Sorgen um sie machen. Er plante zunächst sie nach Flandern in Sicherheit bringen zu lassen. 1550 wurden zwei Entführungsversuche generalstabsmäßig in die Wege geleitet, doch die scheiterten an unvorhersehbaren Zwischenfällen.

Obwohl Marias Gegner niemals etwas über ihre Fluchtpläne erfahren hatten, wurde sie noch mehr als ein Jahr lang von Hunderten Soldaten umringt auf ihrem Landsitz gefangen gehalten. Dann erst wagte man sie wieder nach London bringen zu lassen, wo der Hof residierte, in der irrigen Annahme, dass ihre Popularität mittlerweile geschwunden wäre. Ein ziemlich peinlicher Irrtum, wie sich bald herausstellen sollte.

Nachdem sie das Gefängnis verlassen hatte, eilte ihr die Kunde von ihrer baldigen Ankunft in London wie ein Lauffeuer voraus. »Die Menschen liefen meilenweit um sie zu sehen und ihr zu zeigen, wie sehr sie sie liebten«, heißt es in einem zeitgenössischen Bericht. Sie säumten die Straßen, schrien und trampelten vor Begeisterung und nicht wenige hielten, welch ein Kapitalverbrechen, Rosenkränze in die Höhe.

Nach diesem für die Regierung alarmierenden Zwischenfall wurden Maria erneut die Daumenschrauben angesetzt: Entweder sie unterschrieb ihr Einverständnis mit der neuen Religionsordnung oder sie würde so enden wie die anderen Ketzer auch, nämlich auf dem Scheiterhaufen.

Auf Befehl seiner Erzieher und Berater lud König Eduard sie zu einem Gespräch und bat sie inständig nachzugeben. Er versprach, alles würde anders werden in dem Augenblick, da er wirklich regieren dürfte. Maria blieb unnachgiebig.

Nicht auszudenken, was tatsächlich mit ihr geschehen wäre, hätte nicht Kaiser Karls Botschafter ein Ultimatum seines Herrn überreicht: Sollte Maria nur ein Haar gekrümmt werden, würde er England den Krieg erklären. Das half.

Der Krieg kommt doch. Der Bürgerkrieg, ausgelöst durch einen Todesfall.

Nachher haben sich verschiedene Leute der schlimmen Vorzeichen erinnert. Der Geist Heinrichs VIII. sei durch die Westminster-Abtei geflogen. Die Erde hätte gegrollt. In Oxfordshire sei ein Kind mit zwei Köpfen zur Welt gekommen. Unter den Fenstern der Maria Tudor sei ein Rudel schwarzer Wölfe vorbeigezogen …

König Eduard VI. stirbt am 16. Juli 1553, 16 Jahre alt. »Vergiftet«, raunt die Fama. Der Bericht des französischen Gesandten Antoine de Noailles klingt schon wesentlich plausibler: »Die Lunge ist ihm zerborsten.« Eduard hat an schwerer Tuberkulose gelitten und in den letzten Monaten seines Lebens ist er nur mehr ein willenloses, fieberglühendes, hustendes, blutspuckendes Häuflein Elend. Dennoch ersinnt er, angeblich aus eigenem Impuls, ein neues Thronfolgegesetz, das er mit eigener Hand niederschreibt. Demnach gehen seine beiden älteren Schwestern leer aus, Jane Grey, seine Nichte zweiten Grades, soll nach ihm die Krone tragen.

Diese kuriose Verfügung zwingt uns, einen kurzen Blick auf die Familiengeschichte der Tudors zu werfen. Heinrich VIII. hatte eine Schwester, verheiratet mit einem Charles Brandon. Deren Tochter Frances, also Eduards VI. Cousine, war mit Heinrich Grey, Herzog von Suffolk, verheiratet. Aus dieser Verbindung stammten drei Töchter, deren älteste Lady Jane war, gleichaltrig mit Eduard.

Eduards neue Thronfolge-Ordnung sah vor, dass ausschließlich eventuelle *männliche Nachkommen* dieser drei Mädchen Englands Krone tragen dürften. Doch Eduards Tutor, der Herzog von Northumberland, auf dessen Betreiben dieses Dokument zustande gekommen war, hatte es entscheidend korrigiert. Demnach war mit einem Schlag Lady Jane Grey zur alleinigen Thronfolgerin bestimmt – ob mit oder ohne männlichen Nachkommen.

Northumberland wusste genau, was er zu welchem Zeitpunkt tat. Unmittelbar nachdem Eduard, halb von Sinnen, die Unterschrift unter das Papier gesetzt hatte, verheiratete Northumberland seinen 17-jährigen ältesten Sohn Guilford Dudley mit Jane Grey. So machte er sich zum Schwiegervater der künftigen Königin, so wollte er, der schon bislang in des Königs Namen mit eiserner Faust über England geherrscht hatte, seine Macht behalten.

Eduards Leiche ist noch nicht unter der Erde, da wird, nur vier Tage nach seinem Tod, Jane Grey im Tower hastig und ohne jedes Zeremoniell zur Königin von England gekrönt. Und dann geschehen zwei völlig unvorhersehbare Ereignisse fast gleichzeitig.

Die unscheinbare kleine Königin, die nicht viel älter aussieht als eine 13-Jährige, weigert sich, ihren Gemahl Guilford Dudley ebenfalls krönen zu lassen, wie das der Schwiegervater von ihr fordert. Guilford könne, wenn er es unbedingt wolle, sofort zum Herzog erhoben werden. Aber König? Nein, niemals.

Northumberland und der von ihm beherrschte Kronrat haben sich noch nicht von dem Schrecken dieser Böses verheißenden Insubordination erholt, als sie die zweite bedrohliche Botschaft ereilt. Ein Handschreiben Marias, in dem sie den Raub der Krone durch Jane Grey aufs Schärfste verurteilt. Sie, Maria, allein hätte Anspruch auf die Nachfolge ihres Bruders.

Dann geht alles sehr, sehr schnell. Wie einst ihre berühmte Großmutter, die glorreiche Isabella von Kastilien, schwingt sich Maria aufs Pferd, galoppiert von Dorf zu Dorf, von Stadt zu Stadt und schart mit unglaublicher Geschwindigkeit ein Heer von fast 20000 Mann um sich – wenn auch die Bezeichnung »Heer« eine eher euphemistische Umschreibung für einen recht wild und bunt zusammengewürfelten Haufen darstellt. Die meisten Männer sind nur mit Sensen und Dreschflegeln bewaffnet, aber binnen weniger Tage und nach ein paar blutigen Scharmützeln laufen große Teile der regulären Truppe zu Maria über.

Wo immer sie auftaucht, in Scharen strömen die Menschen herbei, die so lange unter dem Joch des korrupten und machtgierigen Northumberland gelitten haben. »Es lebe die gute Königin Maria«, schreien die Leute und machen Anstalten, jeden abzuschlachten, der nicht ihre Meinung teilt.

Guilford Dudley, von den meisten seiner Mannen bereits verlassen, ergibt sich, noch ehe es zu einem richtigen Kampf kommt. Schon am 3. August 1553, drei Wochen nachdem »Königin Jane« gekrönt worden ist, zieht Maria, eine strahlende Siegerin, in London ein. Sie wird ehrerbietig empfangen und begrüßt vom Lord Mayor, dem gesamten Kronrat, auch von ihrer Schwester Elisabeth und einer vor Begeisterung überschäumenden Volksmenge. »Die Straße waren voller jauchzender und vor Freude weinender Leute, wie man es noch nie vorher gesehen hat«, heißt es in einem Kommentar.

Noch einmal schlagen ihr die Wogen der Sympathie entgegen, als sie feierlich zur ersten weiblichen Regentin in der Geschichte Englands gekrönt und gesalbt wird, ein Umstand, der Frankreich gar nicht zupass kommt. Mit dem bestechlichen Northumberland hatten die Franzosen leichtes Spiel gehabt. »Er [Northumberland] hat in diesem Unternehmen einen entscheidenden Punkt außer Acht gelassen«, schreibt Antoine de Noailles, »er hätte nämlich Madame Maria sofort verhaften lassen müssen.«

Der Herzog wird auf der Stelle festgenommen und auch Sohn und Schwiegertochter wandern vorübergehend in den Tower. Die beiden Halbwüchsigen kommen – vorerst – glimpflich davon, weil sie glaubwürdig beteuern, zu ihren Taten vom Herzog gezwungen worden zu sein.

Northumberland wird in einem langwierigen und mit großer Fairness geführten Prozess des Hochverrats überführt und zum Tode verurteilt. Er legt ein umfassendes Geständnis ab. Dass der Kronrat mit allen seinen Schritten einverstanden gewesen sei, wird von diesem entschieden zurückgewiesen. Das Gericht glaubt den ehrenwerten Männern.

Das Urteil lautet auf Hängen. Anschließend soll, dem strikten Gesetz für Hochverrat folgend, der Tote gevierteilt und die Reste des Kadavers sollen durch die Straßen Londons geschleift werden. Maria wandelt das blutrünstige archaische Prozedere in »Tod durch Köpfen« um.

Auf den Stufen des Schafotts, angesichts des unmittelbar bevorstehenden Endes und da es ihm überhaupt nichts mehr nützen kann, schwört der Herzog der Ketzerei ab, bekennt sich wieder zum katholischen Glauben und fordert seine Landsleute auf, es ihm gleichzutun. Die Antwort auf die Frage, ob er sich seinerzeit aus purem Opportunismus auf die Seite der Protestanten geschlagen oder erst in allerletzter Stunde zum alten Glauben zurückgefunden habe, ist sein Geheimnis geblieben.

Der Jubel, die Erleichterung bei Marias Thronbesteigung sind begreiflich, bedenkt man, dass ihre Vorgänger, der eigene Vater eingeschlossen, ein Regiment der Verschwendung, des Terrors und der Repression geführt haben. Das Land ist wirtschaftlich ausgeblutet. Wie immer dann, wenn ein markanter Wechsel eintritt, erwarten die Menschen wahre Wunder. Die neue Königin wird gar zur »heiligen Maria« hochgelobt.

Mehr belastet als unterstützt von einem Kronrat und einem Parlament, deren Mitglieder aus Wendehälsen, treuen, aber machtgierigen Anhängern und verkappten Feinden bestehen, verfolgt Maria zwei Hauptziele: die zerrütteten Finanzen zu sanieren und den katholischen Glauben wieder zur Staatsreligion zu machen. Dem ersten kommt sie ziemlich nahe. Das Pfund erholt sich langsam, aber stetig, die Wirtschaft beginnt zu florieren.

Das zweite Ziel hätte vermutlich nicht einmal ihre legendäre Großmutter Isabella, die Siegerin über die Mauren und Protektorin des Christoph Kolumbus, erreichen können. Marias durch eine katastrophale Kindheit und Jugend unterminierten Kräfte sind den ihr entgegenwirkenden Mächten kaum gewachsen: den übertriebenen Erwartungen ihrer Landsleute, dem kleinen, aber harten und schlagfertigen Kern gewaltbereiter Protestanten und der gigantischen goldbestückten Propagandamaschinerie Frankreichs. Letzten Endes aber wird sie am Widerstand des Volkes gegen ihre Ehe mit dem verhassten habsburgischen Ausländer scheitern.

Maria geht die Rückführung zum alten Glauben zunächst sehr behutsam an. Nachdem der Papst den Bannfluch von dem Ketzerland gelöst hat, erlässt sie eine Proklamation, worin sie den Untertanen Glaubensfreiheit bis zur endgültigen Entscheidung durch das Parlament gewährt. Sie würde, so heißt es, »niemanden zwingen, die Messe zu besuchen«, verlangt aber, dass »wer immer es wünscht, es ungehindert tun kann«.

Das Parlament beschließt im Oktober 1553 die Wiedereinführung der lateinischen Messe, die Abschaffung der Priesterehe. »Non-conformity« bleibt straffrei. Thomas Cramner, der vom Katholizismus abgefallene Erzbischof von Canterbury, Verfasser des »Common Book of Prayer« und Mit-Initiator der Scheidung von Heinrich VIII.

und Katharina, wird seines Amtes enthoben und zieht sich unbehelligt ins Privatleben zurück.

Erster Widerstand beginnt sich zu regen, als demonstrativ die unter Heinrich VIII. zerstörten Kirchen und Klöster instand gesetzt werden sollen. Die Gemüter beruhigen sich wieder, nachdem feststeht, dass niemand daran denkt, der Kirche ihre Vermögenswerte zurückzugeben.

Indes beginnt man sich in einflussreichen Kreisen allerorten den Kopf über das Privatleben der 36-jährigen Königin zu zerbrechen. »Das schwere Amt des Regierens kann von einer Frau nicht erfüllt werden«, philosophiert Simon Renard. Diese Meinung wird von etlichen Herren vorbehaltlos geteilt, umso mehr, als die Königin jetzt eine durchaus begehrenswerte Partie ist.

Das erste Eheangebot kommt von Emanuel Philibert, Herzog von Savoyen. Erzherzog Ferdinand, König von Böhmen und Ungarn (später Kaiser Ferdinand I.) und Karls jüngerer Bruder, lässt auch nicht lange auf sich warten. Er bietet Maria seinen zweiten Sohn, der ebenfalls Ferdinand heißt, zur Ehe an. Ferdinand der Ältere beschreibt den 25-Jährigen als Ausbund fürstlicher Vollkommenheit, der Junge empfinde »die größte Zuneigung« für die englische Königin (die, wie wir bereits wissen, seine Tante ist), nichts würde ihn glücklicher machen als ihr Jawort.

Letzterer Satz ist eine so dreiste wie offenkundige Lüge. Ferdinand junior ist zu dieser Zeit bereits seit sechs Jahren mit der bürgerlichen Philippine Welser liiert, die er später auch heiraten wird. Maria hat auf diese dubiose Werbung gar nicht geantwortet.

Was haben diese Randfiguren denn überhaupt zu bieten gegen Kaiser Karl V., den mächtigsten Mann dieser Erde? Durch Simon Renard unterbreitet er Maria den Vorschlag, sie möge sich mit seinem Sohn Philipp vermählen. Er lässt bestellen, dass er, der schon einmal mit ihr verlobt war, zunächst selbst an eine Heirat gedacht hätte, doch fühle er sich zu alt und bitte daher für seinen Sohn um ihre Hand.

»Ich versichere Euch«, schreibt Renard dem Kaiser nach seinem ersten Besuch bei Maria, »sie begann zu lachen, nicht nur einmal. Sie

Philipp II., gemalt von Tizian

lachte mehrmals, als ich ihr den Antrag überbrachte, und sie gab mir zu verstehen, wie angenehm er ihr war.«

Beim nächsten Zusammentreffen allerdings quälen Maria Bedenken. Wie werden ihre Untertanen auf die Heirat reagieren? Jedermann weiß um deren tief verwurzelten Fremdenhass; am wenigsten können sie, aus welchem Grund auch immer, die Spanier leiden. Renard beruhigt sie. So schlimm werde es schon nicht werden. Er hat, was sie nicht weiß, bereits seine Vorkehrungen getroffen und den einflussreichsten Persönlichkeiten des Landes überzeugende »Geschenke« zukommen lassen.

Ein weiterer Einwand Marias: Sie könnte als Königin unmöglich ihr Land verlassen. Würde Philipp nach England übersiedeln? Renard beruhigt. Dieses Detail könnte man später zur allseitigen Zufriedenheit ausverhandeln.

Und schließlich: Maria hat eigentlich beschlossen, jungfräulich bis ans Ende ihrer Tage zu bleiben. Sie ist 37, der Zukünftige 28, wie sollte das gut gehen? Geschmeidige Antwort Renards: Philipp hätte schon lange, ehe sein Vater diese Verbindung anbahnte, beschlossen, um Marias Hand anzuhalten, »beeindruckt von ihren hervorragenden Eigenschaften«.

Wie Renard dem Kaiser weiter referiert, ergriff Maria in diesem Augenblick seine Hand, bat ihn eindringlich ihr zu bestätigen, dass Philipp tatsächlich die wunderbaren Eigenschaften besitze, von denen der Botschafter ihr vorgeschwärmt hat. Wenn sein Wort ihr genüge, erwidert Renard, wolle er beschwören, dass »Philipp all die Tugenden sein Eigen nennt, die man sich von einem Fürsten wünschen kann«. Maria drückt seine Hand und seufzt: »Das ist gut.«

Marias Befürchtungen bestätigen sich in dem Moment, da ihre Heiratsabsichten publik werden. Abwehr regt sich im Allgemeinen gegen die Spanier (hochmütig, faul, grausam, liebestoll) wie gegen Philipp im Besonderen. Ihm wird unterstellt, England erobern und die Inquisition einführen zu wollen. »Lieber tot als unter spanischer Herrschaft«, verkünden die Protestanten.

Eine Abordnung des Parlaments bittet Maria, ihre Entscheidung noch einmal zu überdenken, vermag sie aber nicht umzustimmen, denn inzwischen ist etwas geschehen, das sie selbst wohl nie für möglich gehalten hätte: Sie hat sich zum ersten Mal in ihrem Leben verliebt und denkt nicht daran, von dieser Liebe zu lassen.

Maria ist hingerissen von dem strahlenden jungen Mann, dessen von Tizian gemaltes Bildnis ihr (leihweise!) zur Ansicht überlassen worden war. »Sie sah es mit großer Begeisterung«, schreibt Renard, »aber noch begeisterter hätte sie ihn sofort in Wirklichkeit gesehen«. Dass er, angeblich wegen Arbeitsüberlastung, keinen Antrittsbesuch bei ihr machen kann, muss sie schmerzlich kränken.

Ungeachtet aller von außen kommenden Irritationen schreiten die Verhandlungen über den Ehekontrakt zügig voran, wobei Maria und ihre Berater erhebliches Geschick beweisen. Philipp werden so gut wie keine Privilegien eingeräumt, außer dem ziemlich nebulosen Paragrafen, dass er als »König von England« seiner Gemahlin bei der Wahrnehmung ihrer Regierungsgeschäfte zur Seite stehen soll. Ausdrücklich wird festgehalten, dass Philipp England in keinen seiner Kriege hineinziehen darf.

Worauf es dem Kaiser, der ja im Hintergrund die Fäden zieht, vor allem ankommt und weswegen er den übrigen Punkten des Vertrages wenig Beachtung schenkt, das sind die Bestimmungen über die Erbfolge. Der älteste Sohn des Paares wird England und die Niederlande erhalten. Bekommen die beiden nur eine Tochter, so wird diese englische Königin, Philipps Sohn Carlos erbt die Niederlande. Stirbt jedoch Carlos ohne männlichen Erben, dann geht das ganze spanische Reich, eingeschlossen die überseeischen Besitzungen sowie Süditalien und das Herzogtum Mailand an Marias und Philipps Nachkommen.

Der Kaiser wird mit dem Arrangement wohl hoch zufrieden sein. Philipp ist es nicht. Kaum hat er seine Unterschrift unter das Dokument gesetzt, da widerruft er es in einem Geheimpapier. »Bei Gott, unserem Herren, bei der heiligen Maria und beim Zeichen des Kreuzes« schwört er, dass »dieser Ehekontrakt ungültig ist und keine bindende Kraft« für ihn hat. Er werde sich nur so lange an ihn halten, wie es in seinem eigenen Interesse liege.

Im Übrigen geht er auf alle Bedingungen des Vaters ein, nur »ausgewähltes und zuverlässiges Personal« mit nach England zu nehmen, das den Engländern »mit Respekt und Hochachtung« begegnen soll, und er wird »seine Gemahlin liebevoll behandeln, in der Öffentlichkeit wie im privaten Bereich«.

Im Januar 1554 trifft eine Delegation, geleitet von Philipps Freund Lamoral Graf Egmont, Prinz von Gavre, in London ein, um den Vertrag zu ratifizieren und die Ehe per procurationem zu vollziehen.

Die Herren, die Maria nur von wenig aussagekräftigen Bildern kennen, sind überrascht vom Anblick einer kleinen, drahtigen, schlanken Person, die ihnen mit großer Würde entgegentritt, jeden Einzelnen mit klarem, forschendem, sehr direktem Blick in Augenschein nimmt und mit dieser außergewöhnlich volltönenden, tiefen Stimme anspricht.

Noch mehr verblüfft sie Marias erste unmissverständliche Ansprache, in der sie betont, dass ihr »oberster Herr und Gebieter« ihr Königreich sei. Niemals werde sie den auf dieses Land abgelegten Eid brechen. Eine kluge Rede, die ihren Gegnern den Wind aus den Segeln nehmen soll, indem Maria kundtut, niemals als »gehorsame Ehefrau« Politik im Interesse fremder Mächte machen zu wollen. Der Geist ist willig, doch, ach, das Fleisch wird später einmal schwach werden …

Der Ehevertrag wird am 5. Januar 1554 unterzeichnet. Einen Tag später legt sich Graf Egmont, wie es der Brauch vorschreibt, an Marias Seite auf ein Prunkbett, womit die Ehe als vollzogen gilt. Der Bräutigam an Philipps statt wird 14 Jahre später von ebendemselben Philipp des Hoch- und Landesverrats beschuldigt, zu Tode gebracht werden …

Das Brautbett ist, bildlich gesprochen, noch warm, als der Sturm losbricht, mit allen Mitteln von Frankreich angefacht, das sich nun von Habsburg auf lebensbedrohende Weise eingekesselt fühlt.

Agenten dieses erzkatholischen (!) Landes schwärmen in alle Richtungen über ganz England aus, um in düstersten Farben das bevorstehende Schreckensregiment Philipps an die Wand zu malen. Mit Feuer, Schwert und Inquisition würde er das Volk wieder »unter die Knute des Papstes« zwingen und, Schrecken aller Schrecken, der Kirche nun doch wieder ihre konfiszierten Güter zurückerstatten.

Von den Franzosen bezahlt, rekrutieren Sir Thomas Wyatt und Jane Greys Vater, der Herzog von Suffolk, Truppen, um die Braut des Habsburgers vom Thron zu stürzen und deren Schwester Elisabeth an ihre Stelle zu setzen. Dass der Herzog von Suffolk an dem Komplott mitwirkt, ist auf den ersten Blick durchaus verständlich. Immerhin war es ja seine Tochter Jane Grey, die von Maria vom Thron verjagt worden war. Um die wilden Ambitionen von Sir Thomas Wyatt zu begreifen, muss man wissen, dass dieser ein Cousin der schmählich verstoßenen und hingerichteten Anna Boleyn ist, somit ein Onkel der jungen Elisabeth, die beide Männer auf den Thron heben wollen.

Elisabeth hat, wie sich später herausstellen wird, von den Umsturzplänen gewusst, diese zwar nicht unterstützt – aber auch nicht verraten. Elisabeth und Maria stehen einander schon seit Jahren misstrauisch bis feindlich gegenüber. Maria hat ihre 17 Jahre jüngere Schwester nie voll akzeptiert. Es blieb ihr unvergessen, dass Elisabeths Mutter Anna Boleyn ihre, Marias, Lebenskatastrophe und die ihrer Mutter Katharina von Aragón ausgelöst hat. In Marias Augen ist und bleibt Elisabeth ein ekelhafter kleiner Bastard; es stehe ja nicht einmal eindeutig fest, ob sie überhaupt die Tochter Heinrichs VIII. sei.

Als Maria die ersten Nachrichten über die bevorstehende Revolte erreichen, wendet sie sich hilfesuchend an ihren Schwiegervater und Cousin Kaiser Karl V., doch der ist, wie fast immer, bar aller Mittel. Mit großer Anstrengung gelingt es ihm, bei den Bankhäusern in Antwerpen die gewaltige Summe von einer Million Taler aufzutreiben. Doch letzten Endes hätte es des Geldes gar nicht bedurft. Weder die französische noch die niederländische Flotte, die bereits vor der Kanalküste kreuzen, haben Anlass und Gelegenheit, in das Geschehen einzugreifen.

Maria nimmt ihr Schicksal selbst in die Hand, als die Aufständischen, rund 4000 Mann unter der Führung von Thomas Wyatt, sich London nähern.

Die Stadt ist für den Überall schlecht gerüstet. Marias Berater beschwören sie nach Windsor auszuweichen. Doch während die Hochzeitsdelegation unter dem großen Feldherrn Graf Egmont schleunigst die Stadt verlässt, bleibt Maria, wo sie ist, aufs Grimmigste entschlossen die Putschisten niederzuringen.

Ihr erster Weg führt sie ins Rathaus. Im Festsaal haben sich die Bürgervertreter versammelt, kopf- und ratlos. Maria springt aufs Podium und hält mit ihrer wundervollen, weit tragenden Baritonstimme eine mitreißende Ansprache, der die Männer in atemloser Spannung lauschen.

Sie sei gekommen, sagt sie, um klarzumachen, dass die Verräter und Rebellen sich nicht nur gegen ihre Person, sondern damit gegen das ganze Volk erhoben hätten. »Aber, liebe Leute, wie ihr alle wisst, bin ich eure rechtmäßige Königin und durch meine Krönung wurde ich mit dem Königreich vermählt.«

Nicht aus »Wollust und Eigennutz« hätte sie sich zu einer Heirat entschlossen, sondern »um eine Frucht meines Leibes zu hinterlassen, die euch dermaleinst regieren soll«. Wenn sie im Entferntesten befürchten müsste, dass diese Ehe ihrem Königreich oder dem Geringsten ihrer Untertanen schaden könnte, würde sie für immer jungfräulich bleiben.

»Und nun, liebe Leute«, schließt sie, »nehmt Eure Herzen in die Hand! Steht auf gegen die Rebellen, eure und meine Feinde! Fürchtet sie nicht, ich habe auch keine Angst!«

Ein Augenblick der atemlosen Stille, dann tosender Applaus. Hochrufe, »God save the Queen«, sogar eine vereinzelte Stimme, krähend: »… und auch Prinz Philipp.« Maria hat, buchstäblich aus dem Stegreif, ein rhetorisches Meisterstück geliefert, das seinesgleichen sucht, vielleicht, später einmal, bei Shakespeare zu finden sein wird. »Noch niemals gab es eine standhaftere Frau als diese Königin«, meint Simon Renard zutiefst beeindruckt.

Als die Rebellen am 3. Februar 1554 bis ins Stadtinnere vordringen, wogen wilde Kämpfe in den engen, verwinkelten Gassen hin und her. Die Bürger haben den Vorteil der Ortskenntnis, die Angreifer die besseren Waffen.

Die Stimmung unter den Verteidigern droht zu kippen, als ein braver Handelsmann, von einer gegnerischen Pfeilspitze in die Nase getroffen, in hysterisches Angstgeschrei ausbricht und Panik sich breit zu machen beginnt. »Alles verloren, flieht, flieht«, schreien einige Verteidiger und machen Anstalten, das Hasenpanier zu ergreifen. Doch sie werden aufgehalten und nehmen wieder am Kampf teil.

Das Zentrum des Widerstandes ist eindeutig Maria. »Manchmal schien es, als wollte sie sich selbst in den Kampf stürzen«, notiert Renard. So weit ist es zwar nicht gekommen, aber von ihrem Auslug am Tower aus – hinter sich die weinenden, kreischenden, händeringenden Hofdamen – feuert sie die Kämpfer ununterbrochen an und sie mag Gott in diesem Augenblick für ihr durchdringendes Männerorgan gedankt haben.

Eine überraschende Entscheidung trifft sie, die unter Umständen verheerende Folgen hätte. Sie verbietet, die Kanonen auf eine bedrohliche Schar von Angreifern zu richten, die sich am jenseitigen Ufer der Themse zusammengerottet haben. Es könnten, so meint sie, zu viele Unschuldige getroffen werden.

Am frühen Abend ist dann alles vorbei. Wyatt und der Herzog von Suffolk sind in Gefangenschaft geraten. Kopflos geworden ergeben sich die übrigen Rebellen. Die Rädelsführer werden in rasch aufeinander folgenden Prozessen abgeurteilt und dem Scharfrichter übergeben. Die Güter Wyatts, der eindeutig Urheber und logistischer Kopf des hochverräterischen Unternehmens gewesen ist, werden eingezogen.

Nach Brauch und Tradition wären seine Frau und seine fünf Kinder auf die Straße geworfen und zum Betteln gezwungen worden. Maria jedoch setzt der unglücklichen Familie eine Pension aus, die ihr ein bescheidenes Überleben ermöglicht.

Auch der Herzog von Suffolk, sein Schwiegersohn Guilford Dudley und dessen Frau Jane Grey, die für ein paar Tage Königin von England gewesen war, müssen diesmal dran glauben – obwohl Janes Beteiligung an dem Aufstand nicht eindeutig nachgewiesen werden kann. Eindeutig belastet ist Marias Schwester Elisabeth. Sie hat gewusst, was vor sich geht, aber sie hat den Mund gehalten. Dafür wird sie drei Monate lang in den Tower gesperrt. Wenn es jemals auch nur einen Funken von Zuneigung zwischen den Schwestern gegeben haben sollte – nun ist er für immer erloschen.

Die »kleinen Leute« unter den Rebellen werden an Händen und Füßen gefesselt. Man legt ihnen Henkersstricke um den Hals und treibt sie unter dem Geschrei und den Schmährufen des Pöbels durch die Straßen zum Tor des Westminster-Palastes.*

Dort erwartet sie Maria. Sie lässt die Männer niederknien, ihnen Fesseln und Schlingen abnehmen und – verkündet eine bedingungslose Generalamnestie für »die armen Irregeleiteten«. Schock, Verwirrung, Überraschung, grenzenlose Erleichterung, donnerndes Hurrageschrei und wieder aus inbrünstiger Herzenstiefe: »God save the Queen.«

Kaum ist diese tödliche Gefahr überwunden, wird es hoch an der Zeit, sich den angenehmen Seiten des Daseins zuzuwenden. Maria stürzt sich mit solcher Rastlosigkeit in die Vorbereitungen für die im Sommer geplante Hochzeit, dass Frankreichs Botschafter sie hämisch als eine »arme, liebestolle Person« verhöhnt.

Liebestoll oder nur verliebt – die ganze Affäre hat einen empfindlichen Schönheitsfehler: Maria hat noch keine Zeile ihres Verlobten, de jure bereits Angetrauten, erhalten. Als Graf Egmont ihr nach der symbolischen Eheschließung vorschlug, ihrem Gemahl nun zu schreiben, hat sie das entschieden abgelehnt mit der einleuchtenden Begründung, dass es eigentlich Sache des Mannes wäre, als Erster zur Feder zu greifen.

Philipps Schweigen ist in der Tat höchst merkwürdig, denn er ist bekanntermaßen ein höflicher, in allen Finessen der Etikette versierter Mann. Selbst wenn ihm das Bildnis Marias nicht gefiel – und es kann ihm nicht gefallen haben, denn auf dem Porträt seines Hofmalers Anthonis Mor sieht sie keinen Tag jünger aus, als sie in Wirklichkeit ist –, also selbst dann wären wenigstens ein paar Zeilen geboten gewesen.

Wenn wir uns erinnern, dass Philipp in einem Geheimdokument den Heiratspakt sofort widerrufen, das heißt auf seine Art zurechtgebogen hat, dann müssen wir annehmen, dass er die ganze Angelegenheit als ein ausschließlich hartes, politisches Geschäft betrachtete, das keiner Ergänzungen und Erläuterungen bedurfte. Der Vater hatte ja alles bereits geregelt.

---

* Heute steht an dessen Stelle das Parlament.

Maria Tudor, gemalt von Anthonis Mor

Offensichtlich peinlich berührt von der Taktlosigkeit des Neffen hat Philipps Tante Maria, Karls Schwester und Statthalterin der Niederlande, schließlich eine lebhafte Korrespondenz mit der englischen Cousine begonnen und sie mit allerlei Geschenken verwöhnt. Zum Beispiel wurde eine ansehnliche Menge von Wildschweinfleisch, dick in Eis verpackt, über den Kanal geschickt, eine Lieblingsspeise Marias, die in England schwer zu haben war. Auch Philipps Tizian-Porträt, das Maria nicht behalten durfte, kam von der Base aus Brüssel.

Philipp hat sich dann endlich doch besonnen. Er schickte der fernen Gemahlin zunächst eine Kollektion überirdisch schönen und überirdisch teuren Schmucks, darunter eine lange Halskette aus Brillanten, als Anhänger ein haselnussgroßer Solitär von erlesenen Perlen umrahmt. Die Gaben müssen Eindruck gemacht haben, denn Maria war genauso versessen auf Geschmeide wie ihr seliger Vater. Es gab an ihrem Körper kaum eine sichtbare Hautstelle, die nicht auf irgendeine Weise aufs Kostbarste beringt, bekrönt, behangen war.

Dann kam endlich auch ein Brief. Ein paar dürre Worte, die Philipps baldige Ankunft in Aussicht stellten. Da war er aber bereits schon fast in Southampton.

Am 21. Juli 1554 also treffen die Spanier nach glücklich überstandener Seereise in dem englischen Hafen ein. Von Kopf bis Fuß in schwarzen Samt gekleidet, auf dem Haupt hohe Hüte mit Reiherfederschmuck, schreiten Philipp und seine engsten Vertrauten, darunter Graf Egmont, gravitätisch von Bord.

Die Herren werden von einer Abordnung der Königin empfangen, Philipp erhält zwei imponierende Willkommensgaben: den Hosenbandorden, der ihm an Ort und Stelle ums Bein geschlungen wird, und einen prachtvollen Schimmel.

Drei Tage bleibt er in Southampton. Es werden erste politische Gespräche mit den Mitgliedern des Kronrates geführt, wobei Philipp nachdrücklich versichert, er sei nicht auf die Insel gekommen um sich zu bereichern oder sonst welche Vorteile zu erstreben. Er hätte, das schwöre er bei Gott, genug eigenes Vermögen und reiche Länder, und pathetisch fügte er hinzu, er sei nur hier, um der Gemahl Königin Marias zu werden, wie der Allmächtige es in seiner unermesslichen Güte bestimmt hat.

So entgegenkommend Marias Abgesandte sind, so abscheulich abweisend ist die Witterung. Strömender Regen und peitschender Sturm verwandeln die fein herausstaffierten spanischen Herren während ihres 20-Kilometer-Rittes von Southampton nach Winchester in einen ziemlich traurigen, nassgeschrumpften Haufen. Mit sichtlicher Ungeduld lassen sie die ausschweifenden Begrüßungsansprachen des Bürgermeisters und die Ehrenbezeugungen der Stadträte über sich ergehen.

Fast fluchtartig eilen sie zum erzbischöflichen Palais, wo man sie untergebracht hat, ein karges, kühles Gebäude, kaum möbliert, aber immerhin prasseln in den Räumen freundliche Feuer in den offenen Kaminen.

Irritierend allerdings die Anwesenheit von ausschließlich englischem Personal, dem man in aller Eile und nicht eben perfekt die Regeln des spanischen Zeremoniells beigebracht hat, Handkuss eingeschlossen. Die spanische Dienerschaft hat man weit verstreut in verschiedenen Bürgerhäusern einquartiert. Philipp mag sich gefragt haben, ob es wirklich sehr klug war, seine Leibwache auf dem Schiff zurückzulassen, aus Rücksicht auf die englischen Befürchtungen, er plane eine Invasion.

Nachdem die Herren sich umgezogen und wieder ihr respektables Aussehen erlangt haben, werden sie aus dem erzbischöflichen ins königliche Palais geführt, aber nicht, wie anzunehmen gewesen wäre, einfach über die Straße, sondern durch eine Seitenpforte und quer durch den dunklen Park mit seinen regentriefenden Bäumen. Eine Erklärung dafür gibt es nicht.

Maria erwartet die Gäste in einem riesigen Festsaal, in dem zwei Feuerstellen vergeblich gegen Kälte und klamme Feuchtigkeit ankämpfen. Die Spanier kommen aus dem Frieren nicht heraus.

Die Königin steht an der Stirnseite des Saales, klein, mager und sehr weiß im Gesicht. Ein böser Geist muss ihr eingeflüstert haben, sich in tristes Schwarz zu kleiden, schmal geschnitten, hoch geschlossen, auf dem Kopf eine monströse schwarze Haube. »Sie sieht genau so aus wie das, was sie ist, nämlich Philipps Tante«, lästert einer der Begleiter im Brief nach Hause. »Noch älter, als wir erwartet hatten«, mokiert sich ein Zweiter und ein Dritter bemerkt: »Schmal, fahl und schlaff.«

Gelungen hingegen Marias Einfall, sich im Kreis von sehr betagten Herren und überreifen Damen zu positionieren. Dadurch wirkt sie doch ein wenig jünger und frischer.

Als Philipp den Raum betritt, das lebende Abbild des schönen Tizian-Jünglings, vergisst Maria königliche Hoheit und höfische Etikette, läuft ihm entgegen wie ein aufgeregt glückliches Kind, weiß im Augenblick eigentlich gar nicht was zu tun, küsst sich nervös die eigene (!) Hand und nimmt errötend den Wangenkuss des fremden jungen Mannes entgegen, der jetzt der Ihrige ist.

Laut Protokoll soll dem Paar Zeit eingeräumt werden, ein persönliches Gespräch zu führen, doch statt dessen geschieht etwas für die Engländer Überraschendes. Philipps Adjutant, Graf Feria, tritt vor, entrollt eine mit dem kaiserlichen Siegel beglaubigte Urkunde und verliest sie mit feierlich erhobener Stimme: Der Kaiser hat seinem Sohn das Königreich Neapel abgetreten, ihn somit zum König und zum gleichrangigen Partner der englischen Königin erhoben. Sie muss sich nicht länger mit einem spanischen Prinzen und österreichischen Erzherzog begnügen.

Nach Sekunden der gebührenden Ergriffenheit nehmen Philipp und Maria unter einem Baldachin auf erhöhten Thronsesseln Platz, außer Hör-, aber nicht außer Sichtweite des Hofstaates. Philipp tut genau das, was man sich von einem Latin Lover erwarten darf. Er beginnt lebhaft zu plaudern, scheint einige amüsante Dinge zu erzählen. Maria, vorerst verkrampft und steif, beginnt sich zu entspannen, redet auch, nein, beginnt richtig zu schwatzen und lacht einige Male herzlich auf.

Sie unterhalten sich auf Französisch, denn im Spanischen will es nicht so recht vorangehen. Maria hat von ihrer Mutter eine andere Mundart gelernt als Philipp von der seinen. Die verschiedenen spanischen Dialekte sind noch nicht zu einer allgemein verständlichen Hochsprache verschmolzen.

Als Philipp, wie es der Anstand gebietet, sich nach einer Weile verabschieden will, lässt Maria es nicht zu. Sie fasst ihn an der Hand – shocking! –, fordert ihn zum Sitzenbleiben auf. »Kein Wunder«, schreibt einer unserer Gewährsleute, »sie ist heilfroh, dass sie ihn kriegt, diesen galanten Mann, der weiß, wie man den Damen schöntut.«

Als dann endlich doch geschieden wird, bringt Maria ihm noch schnell bei, wie man auf Englisch »Good night my Lords« sagt – aber bis er zu den Herren kommt, hat er es schon wieder vergessen, kehrt zu Maria zurück. Kichernd sagt sie ihm noch einmal die Floskel vor – und was dann herauskommt, klingt so ähnlich wie »godei lallos«. Alle sind hingerissen.

Nicht weniger als sieben Bischöfe vollziehen am nächsten Morgen – es ist der Namenstag von Spaniens Landespatron St. Jakob – die Trauungszeremonie an dem ungleichen Paar. Sie wieder im unkleidsamen Schwiegermutter-Schwarz, gemildert durch Kaskaden von Juwelen, er, ein Bildnis prangender Jugend, in strahlend weißem Seidenatlas.

Zu Beginn wird die Litanei beider Titel verlesen, die am Anfang dieses Kapitels steht (König und Königin von England, Erzherzöge von Österreich, Grafen von Habsburg etc.) und dann, in englischer Sprache, dass es jeder Untertan genau mitbekommt, Philipps Erhebung zum König von Neapel.

Die heilige Handlung verläuft nach dem in allen katholischen Ländern üblichen Schema, mit einer kleinen, nur in England üblichen Abweichung. Auf dem Weg zum Altar wird Maria von zwei sehr jungen Männern begleitet; sobald sie die Ringe mit ihrem Mann gewechselt hat, nehmen sie zwei langjährige Eheveteranen in Empfang. Sie ist damit symbolisch von der Jungfrau zur Ehefrau geworden.

Beim anschließenden Festmahl (30 Gänge) setzt es einen Affront für die Spanier, der vorübergehend ihr Blut in Wallung bringt. Dass das Paar auf einer Empore sitzt, während alle anderen Gäste unten stehen müssen, das ist durchaus in Ordnung. Dass aber Maria einen deutlich prächtiger geschnitzten Sessel innehat als Philipp, dass ihr auf Goldgeschirr, ihm aber nur auf Silber serviert wird, das löst Empörung aus. Ist ein König von Neapel denn weniger wert als eine Königin von England?

Es gibt auch Differenzen höchst simpler Natur. Die englischen und die spanischen Hofleute sind in gemischter Reihe platziert, wodurch die ganze Gesellschaft das absurde Bild einer stundenlangen Pantomime bietet. Keiner versteht die Muttersprache des anderen, das verbindende Französisch scheint bei allen ziemlich mangelhaft zu sein. Dennoch kommen einander just während dieses Festes ein Spanier, nämlich der Graf von Feria, und eine Engländerin, Lady Jane Dormer, so nahe, dass daraus eine höchst erfolgreiche Ehe- und Lebensgemeinschaft ersprießt.

Auch beim Tanz nach dem Essen gibt es Schwierigkeiten. Keiner kennt die Figuren des anderen, bis Maria, eine leidenschaftliche und ausgezeichnete Tänzerin, anordnet »auf deutsche Art«, die allen wenigstens halbwegs geläufig ist, das Tanzbein zu schwingen. Hier zeigt sich die königliche Tante ihrem Gemahl, dem königlichen Neffen, weit überlegen. Während sie sich aufs Zierlichste und Anmutigste bewegt, kommt er über leicht hölzernes Zappeln nicht hinaus.

Um neun Uhr wird das Paar ins gemeinsame Schlafgemach geleitet, dessen furchterregend großes Himmelbett zuvor noch ausgiebig von sämtlichen Bischöfen gesegnet und mit geweihtem Wasser besprengt worden ist. Philipp wie auch Maria noch in voller Hochzeitsmontur lassen sich als Erstes ein Mahl servieren – trotz der 30 Gänge vom Mittag!

Nachdem sich die Tür hinter den Jungvermählten geschlossen hat, zerstreut sich die Schar ihrer Begleiter rasch. »Was in dieser Nacht geschah, das wissen nur die beiden«, schreibt der spanische Diplomat Ruy Gomez de Silva, dem wir viele Einzelheiten aus dem königlichen Alltag zu verdanken haben. Er fährt fort: »Wenn sie uns einen Sohn schenken, dann wird unsere Freude vollkommen sein.«

Bereits um sieben Uhr früh verlässt Philipp das Brautzimmer. Er bestellt ein ausgiebiges Frühstück, arbeitet eine Weile an seinem Schreibtisch, besucht die Messe und nimmt anschließend das Mittagessen ein. Allein.

Dass die Ehe zwischen dem strahlend jugendlichen Mann und der eher unscheinbaren, leicht verblühten Frau gut gehen könnte, wird von den meisten bezweifelt. Schon nach wenigen Tagen heißt es, Philipp vernachlässige seine Frau, vergnüge sich mit hübschen englischen Fräuleins, Maria peinige ihn mit dramatischen Ausbrüchen von Eifersucht. Der Ursprung dieser Diffamierungen liegt schon damals zutage. Er sprudelt aus französischen Quellen und die zahllosen Gegner der englisch-spanischen Verbindung tragen das Ihre dazu bei.

Auch Gomez hat am Anfang so seine Bedenken: »Die Königin sieht viel älter aus, als wir angenommen hatten. Würde sie nur spanische Tracht tragen, dann fiele es nicht so auf, wie alt und wie dürr sie ist … Es wird für ihn [Philipp] Gottes Beistand bedürfen, diesen bitteren Kelch zu leeren«, ätzt Gomez, um sich dann gleich selbst zu beruhigen: Philipp hätte nicht »um der Lust des Fleisches willen« geheiratet, sondern tue sein Möglichstes, diese Verbindung nicht nur »ertragbar«, sondern »einigermaßen zufriedenstellend« zu gestalten.

Vier Wochen später schreibt Gomez erstaunt, die Beziehung des Paares sei »herzlich«, Philipp scheine die körperlichen Mängel seiner Frau gar nicht wahrzunehmen und Maria sei »die glücklichste Frau, die man sich nur vorstellen kann«. In der Tat gibt Philipp ihr nicht den geringsten Anlass zur Klage, schenkt ihr Aufmerksamkeit und zuvorkommende Höflichkeit, weicht ihr nicht von der Seite. In einem Brief an den kaiserlichen Vetter gerät sie darob in romantisches Schwärmen über ihren »Herrn und Gebieter … dessen Gegenwart ich mehr ersehne als die jedes anderen menschlichen Wesens«.

Die Flitterwochenseligkeit währt fast einen Monat, ehe König und Königin ihren offiziellen Einzug in London halten; der verläuft mit allem Pomp, mit Fahnenschwingen, Trompetenstößen, Blumengirlanden, Teppichdraperien und Volksauflauf in der damals gängigen Inszenierung. Ein weniger erfreuliches Requisit hat man allerdings zuvor geflissentlich entfernt: die am Stadttor aufgespießten Köpfe der Aufständischen um Thomas Wyatt.

Begeisterung lösen bei den Schaulustigen 97 weit geöffnete Truhen aus, die im Festzug mitgeführt werden. Sie sind vollgefüllt mit gleißenden Goldstücken aus Spaniens neuen Kolonien. Der Anblick erweckt das Gefühl, soll es sichtlich erwecken, dass England mit der spanischen Heirat seiner Königin an der Schwelle zu einem Goldenen Zeitalter stehe.

Ein Londoner Bürger namens John Elder gibt sich denn auch in seinen Tagebuchaufzeichnungen ausführlich diesen Träumereien auf eine rosige Zukunft hin und Philipp erscheint ihm demgemäß in einem geradezu verklärten Licht: »Sein Antlitz ist ebenmäßig, die Stirne klar, die Augen sind grau und er zeigt eine sehr männliche Haltung. Der Kopf ist schmal, der Gang aufrecht, der Schritt fest … Kopf- und Barthaare sind blond [»yellow« = gelb, heißt es wörtlich]. Der Mann ist an allen Gliedmaßen gleichermaßen wohlgestaltet, eine perfekte Schöpfung der Natur. Ich glaube, dass er großen Verstand und ein freundliches Wesen hat.«

Das Wohlwollen ist trügerisch, der Friede fragil. So harmonisch das Zusammenleben zwischen Philipp und Maria zu verlaufen scheint, so problematisch wird es zwischen den übrigen Spaniern und Engländern. Das liegt einerseits an der erzwungenen Untätigkeit von Philipps Hofstaat, andererseits an der nie nachlassenden Fremdenfeindlichkeit der Engländer. Die wird ständig angeheizt durch gezielte französische Desinformationen, wonach bereits eine riesige Invasionsflotte vor der Küste kreuze. Philipp ziele darauf ab, die ganze Insel sich und dem Papst untertan zu machen.

Darüber hinaus finden sie die Spanier protzig, hochnäsig, affig gekleidet. Die Spanier, ohnehin unter Küche und Klima des Gastlandes leidend, mokieren sich über die Bärbeißigkeit der Briten, ihre miserablen Manieren, ihren ungeheuren Bierkonsum. Laufend kommt es zu Reibereien zwischen Angehörigen der voneinander so verschiedenen Nationen, die sich zunächst in einigermaßen zivilisierten Grenzen halten.

Zu einem gröberen Zwischenfall kommt es, als zwei spanische Ordensritter mit auffällig auf den Wämsern applizierten Kreuzen durch die Stadt spazieren und von einer sich rasch zusammenrottenden Menge als »Papisten« angepöbelt, schließlich tätlich angegriffen werden. Die Ritter ziehen ihre Degen und schlagen wild um sich. Die Menge stiebt auseinander. Verletzt wird niemand, aber die Wut auf die Spanier steigt.

Als ein Diener des Herzogs von Alba nahe der Westminster-Abtei überfallen wird, gibt er einen Schuss ab, ungezielt. Einer der Angreifer wird verletzt. Es kommt zu einer wilden Prügelei zwischen Spaniern und Engländern, Messer werden gezückt, Degen geschwungen – ein halbes Dutzend Tote bleibt auf der Walstatt.

Vor der Kirche von Kingston upon Thames, in der Mitglieder von Philipps Hofstaat die Messe feiern, wird ein Diener von mehreren Männern attackiert. Der Mann setzt sich mit dem Dolch zur Wehr, wird daraufhin zu Tode getrampelt. Der aufgebrachte Pöbel macht Anstalten, die Kirche zu stürmen mit dem drohenden Kampfruf, alle darin betenden Papisten würden auf der Stelle umgebracht. Jemand hat geistesgegenwärtig die Tore geschlossen und verrammelt. Ehe es der wütenden Meute gelingt, die Türen aufzubrechen, stürmen Männer von Philipps Leibwache herbei und bereiten dem Aufruhr ein Ende.

»Es gibt große Gauner unter den Engländern«, beklagt sich Gomez, »sie rauben und stehlen am hellichten Tag.« Er ist Opfer eines Raubes geworden, ebenso wie der Marques von Villena, dem sein gesamtes Silbergerät abhanden kommt. Auch Philipp bleibt nicht ungeschoren. Auf dem Transport zwischen zwei von Marias Landsitzen verschwinden fünf Kisten mit teurer Garderobe und Tafelsilber spurlos.

Da die Spanier im Ruf stehen, über unermessliche Reichtümer zu verfügen, wagen sie sich kaum mehr auf die Straße aus Angst, überfallen zu werden. Mit der Zeit bilden sich wohlorganisierte Räuberbanden, die ständig auf der Lauer liegen, um spanische Reisegesellschaften auf den Landstraßen auszuplündern.

Am Odium, im Gold zu schwimmen, ist Philipp allerdings nicht ganz unschuldig. Zu offen hat er beim Einzug in London mit seinen Schätzen geprahlt. Auch Marias Schatzmeister scheint der Ansicht zu sein, dass in Spanien das Gold so haufenweise herumliege wie der Sand am Strand von Dover.

Zu Philipps böser Überraschung werden ihm die Kosten für *beide* Haushalte, für seinen eigenen und für den Marias, angelastet, und das obwohl Philipps Gefolge unterbeschäftigt ist, denn alle Dienste werden von Engländern wahrgenommen. Die betreffenden Klauseln im Ehevertrag – das ist den Unterhändlern des Kaisers offenbar entgangen – geben keine klare Auskunft über die finanzielle Zuständigkeit der Vertragspartner. So hält man sich denn an Althergebrachtes: Der Mann ist das Oberhaupt der Familie, er hat für alle Kosten aufzukommen. Punktum!

Philipp sitzt in der selbst gestellten Falle. Wohl oder übel muss auch er sich an die Anweisungen halten, die er seinen Untergebenen erteilt hat, damit nur ja keiner bei den Engländern anecken kann.

Aus dem empörten Brief eines kleinen Hofbeamten erfahren wir dazu Einzelheiten: »Es gibt keinerlei Gerechtigkeit für uns. Seine Majestät hat uns verboten, eigenmächtig und aufsässig zu sein, wir dürfen keine Streitereien beginnen und niemanden aufreizen. Wir sollen schmähliche Angriffe hinnehmen und uns so verhalten, als würden wir nichts spüren. Die Engländer halten uns für Feiglinge und machen mit uns, was sie wollen …«

Alles Ungemach scheint vergessen in dem Augenblick, da Marias Ärzte, Ende September 1554, der Königin eine Schwangerschaft bescheinigen. Jubel erfasst den englischen wie den spanischen Hof, aber auch, und das ist seltsam, das ganze Land. Aus welchem Grund die »kleinen Leute«, die mit ihren Kinderscharen zumeist kaum über die Runden kommen, in Begeisterungstaumel verfallen, sobald sich ein Königsspross anmeldet, das ist kaum zu begreifen. Es sei denn, dass das überwiegend arme und auf jeden Fall unterprivilegierte Volk sich der vagen Hoffnung hingibt, unter einem neuen Souverän würde sich alles zum Besseren wenden.

Wie dem auch sei – Marias Schwangerschaft löst eine einschneidende Neuerung aus, auf die schon der Kaiser hingezielt hat, als er dem Sohn nahe legte, die Regierungsgewalt schrittweise an sich zu bringen, aber unter strikter Wahrung des Eindrucks, dass Maria und der Kronrat allein bestimmten.

Marias Gemahl, so schreibt der Botschafter Savoyens, sei zwar nicht offiziell gekrönt »er übt [jedoch] jetzt dieselbe Autorität aus wie die Könige vor ihm auf dem englischen Thron«. Mit dem Bekanntwerden von Marias Schwangerschaft wird nicht einmal mehr der Schein ihrer Souveränität gewahrt. Alle Münzen mit ihrem Bildnis werden eingezogen und durch solche mit dem Doppelkonterfei des Herrscherpaares ersetzt. Und was noch viel schwerer wiegt, kein Dokument aus der königlichen Kanzlei ist gültig ohne die Unterschrift *beider* Herrscher.

Von großer Tragweite ist auch die Rückkehr des ehemaligen Erzbischofs von Canterbury, Kardinal Reginald Pole; er war vor Heinrich VIII. nach Rom geflohen, seine gesamte Familie der Rache des Königs anheim gefallen, die meisten endeten auf dem Schafott. Pole, ein alter, vergrämter, starrsinniger, aber dennoch höchst charismatischer Mann, übt starken Einfluss auf Maria aus, die er, da Gott sie nun einmal zum Weib erschaffen hat, für gänzlich unfähig hält ein Land zu regieren.

Wir wissen nicht, was in den langen Stunden gesprochen wird, die Pole mit der Königin allein zubringt, doch ist klar, dass er ihr wichtigster Berater wird, auch im Kronrat das große Wort führt und selbst im Parlament flammende Reden hält.

So geschehen am 28. November 1554 in Whitehall, wohin beide Häuser des Parlaments einberufen worden sind, um über die Haltung der Regierung in der akuten Religionsfrage zu beraten. Spannung und Nervosität sind die vorherrschenden Gefühle und es kommt zu einem kopflosen Tumult, als die Königin auf ihrem Thronsessel zusammensackt und aus dem Saal getragen werden muss. Sie kann sich nicht mehr allein fortbewegen, sie wirkt wie gelähmt. Nach einer Weile wird sie wieder hereingeführt, ihre Bewegungen gleichen denen einer Gliederpuppe. Mit ausdruckslosem Gesicht sitzt sie dann neben ihrem Mann, als begreife sie gar nicht, was um sie herum vorgeht.

Was den plötzlichen Zusammenbruch herbeigeführt hat, das ist nicht klar. Kardinal Poles Rede, in der er sich mit der bevorstehenden Rekatholisierung des Landes befasst, ist im Großen und Ganzen moderat und rhetorisch außerordentlich geschickt aufgebaut.

Während er sich über Einzelheiten der bevorstehenden Maßnahmen unscharf ausdrückt, wird er am Schluss sehr konkret im Hinblick auf die Rückerstattung der Kirchengüter. Die unzweideutige Nachricht lautet, dass diese auf jeden Fall bei ihren neuen Besitzern verbleiben. Dankbar sinken die Herren Abgeordneten in die Knie und es fällt ihnen gar nicht schwer, die vom Kardinal übermittelten Segenswünsche des Heiligen Vaters mit gebührender Demut entgegenzunehmen.

Weniger einsichtig ist, wieso und warum die Abgeordneten dann ein weiteres Gesetz passieren lassen, das dem gesamten Justizwesen zur Schande gereicht. Es besagt, dass Ketzer, durch die kirchlichen Stellen nach den barbarischen Gepflogenheiten der Inquisition verurteilt, von den weltlichen Behörden ihrer Strafe überantwortet werden sollen. Wie sich wenig später herausstellen wird, muss die weltliche Gerichtsbarkeit die Fackel entzünden, wenn ein kirchliches Gericht einen Häretiker zum Tod auf dem Scheiterhaufen verurteilt. Die kirchliche Weste bleibt rein, die des staatlichen Büttels ist mit Blut befleckt.

Dass die Reichen nicht länger um das ihnen überlassene Kirchengut bangen müssen, ist die eine Seite der Medaille. Die andere betrifft die breite Masse des Volkes, das panische Angst vor einer gewaltsamen Rekatholisierung hat, bis zur Weißglut angeheizt von der üblichen französischen Gräuelpropaganda und den protestantischen Widerstandszellen im eigenen Land sowie jener in deutschem und französischem Exil. Neuerlich kommt es zu wüsten Ausschreitungen, Messen werden gesprengt, Priester überfallen, Flugzettel und Maueranschläge hetzen gegen Spanier, Papisten und eine hilflose Königin. Tote Katzen und Hunde, mit Miniatur-Messgewändern bekleidet, werden an die Kirchentüren genagelt.

Der in den folgenden Monaten einsetzende Terror geht von einem Gesetz aus, das am 22. Januar 1555 im Parlament beschlossen wird. Es trägt den Titel »For the Punishment of Heretics« (über die Bestrafung von Ketzern) und soll, so die euphemistische Umschreibung, »der Wiederherstellung von Recht und Gesetz dienen«. In Wahrheit stellt es ein kaltes Machtinstrument zur Festigung des katholischen Glaubens als Staatsreligion dar. Wer von der rechten Lehre abweicht, hat den Tod auf dem Scheiterhaufen zu gewärtigen.

Autoren des Gesetzes sind die Bischöfe Stephen Gardiner und Edmond Bonner, die ihrer Glaubenstreue wegen unter Heinrich VIII.

lange Zeit im Kerker geschmachtet hatten. Ihre Rachegelüste sind verständlich, wenn auch nicht verzeihlich, wobei ihnen wenigstens zugute zu halten ist, dass sie zwar den Feuertod, aber nicht die im übrigen Europa weit verbreitete Folter einführen.

Unmittelbar darauf finden die ersten Ketzerprozesse statt, ab Februar flammen die Scheiterhaufen. Eines der ersten Opfer ist ein Bischof, der nicht von seiner Ehefrau lassen will.

Die Aktionen waren chaotisch, nicht koordiniert, gerieten im Laufe der Zeit außer Kontrolle. Schuldige »Ketzer« wurden in den Tod geschickt, unschuldige Bauern und Handwerker, irgendwo am Rande der Insel, die nicht einmal vom Hörensagen wussten, dass es seit Jahren Religionskämpfe gab, konnten unversehens unter die Räder geraten. Die absurde Tollheit erreichte ihren Höhepunkt mit der Bestimmung, die Leichen von *posthum* der Ketzerei verdächtigen Menschen auszugraben und wenigstens ihre Skelette dem Scheiterhaufen zu überantworten.

Rachsüchtige kleine Priester kühlten ihre Mütchen an unbotmäßigen Schäfchen. Es blühten Verrat und Denunziation. Alte Fehden wurden über die Blutgerichte abgewickelt, echte Landesverräter, denen unter jedem Regime die Todesstrafe gedroht hätte, zu Märtyrern stilisiert.

Beispielsweise geriet Thomas Cramner, ehemaliger Erzbischof von Canterbury, zum Ober-Märtyrer, ein eiskalter Opportunist, Urheber all der religiösen Wirrnisse. Er war es, der Heinrichs VIII. Scheidung vorangetrieben, letzten Endes ermöglicht und dadurch den Bruch mit Rom herbeigeführt hatte, er war der Verfasser des berüchtigten »Common Book of Prayer«, das jedermann bei Androhung der Todesstrafe anerkennen musste. Auf dem Weg zum Richtblock allerdings sank er in die Knie und beteuerte im Herzen immer ein guter Katholik gewesen zu sein.

Wenn von der ersten englischen Königin die Rede ist, dann fällt automatisch der schmähende Beiname »blutig« (bloody Mary). Dass ihr bis heute – sieht man von wenigen Ausnahmen ab – keine Gerechtigkeit widerfahren ist oder zumindest eine Differenzierung ihres Tuns und Lassens, das geht vor allem auf die Herren John Foxe und John Knox zurück, die beide während Marias Regierungszeit auf das Festland emigriert waren und von dort aus gewaltige Drohungen gegen die Königin losließen. Sie standen auch nicht an kundzutun, dass sie nach ihrer Rückkehr alle Katholiken bei lebendigem Leibe rösten würden.

Der Protestantenführer Foxe veröffentlichte kurz nach Marias Tod sein berühmtes »Buch der Märtyrer«, das mit seinen schamlosen Fälschungen und grotesken Übertreibungen bis fast auf unsere Tage so etwas wie eine zweite Bibel in Englands nicht katholischen Haushalten gewesen ist. John Knox, der »schottische Calvin«, der es auch noch mit Maria Stuart und Elisabeth I. zu tun hatte, legte in seinen Schriften alles Unheil dieser Erde den Frauen auf dem Thron zur Last.

»Die Zahl der Opfer [in England] scheint gering, verglichen mit denen auf dem Festland«, lesen wir bei dem amerikanischen Historiker Conyers Read in seiner Studie über Maria, »aber sie war gewaltig in England. In der Tat war es unerhört für englische Verhältnisse. Darum schuf sie in der Vorstellung der Engländer eine stereotype Vorstellung von Rom und seinen Methoden, welche … Jahrhunderte nicht ausrotten konnten.«*

Die Wut und die Abneigung der Menschen bündelten sich auf die Person Marias, auf die Katholikin, auf die mit Spanien Verbundene. Sie vergaßen und verdrängten, dass weder Marias Vater noch deren Schwester zimperlicher waren bei der Durchsetzung ihrer Macht und der Vernichtung ihrer Feinde. Keinem halbwegs vernünftigem Menschen fiele es ein, von »bloody Henry« oder »bloody Elizabeth« zu reden.

Die englischen Ketzerverbrennungen (etwa 300 an der Zahl, an die später im »Buch der Märtyrer« ungeniert eine Null angehängt wurde) geschahen, und das darf nicht aus den Augen verloren werden, in vollem Einverständnis mit, zum Teil auch über Initiative von Parla-

* Zum Vergleich: Nur 17 Jahre später werden in Frankreich rund 30 000 Protestanten hingemetzelt.

ment und Kronrat. Auch Philipp, der Mann aus dem Zentralland der Inquisition, ließ keinen Zweifel an seinem vorbehaltlosen Einverständnis.

Nur von Maria, die stets *allein* für die Flammenopfer verantwortlich gemacht wird, ist seltsamerweise keine einzige mündliche oder schriftliche Äußerung zu dem blutigen Thema bekannt. Das Wenige, das wir wissen, fand eine andere Ausdrucksform, stimmt nachdenklich und wirft Fragen auf. Was hat den Schock bei der Parlamentsdebatte vom November 1554 ausgelöst? Wieso verfiel sie ausgerechnet Anfang Februar 1555, als das Wüten der Gegenreformation begann, in eine derart tiefe Depression, dass sie tagelang nicht ansprechbar war?

Dahin die Euphorie über die Schwangerschaft, die am 28. November 1554 mit landesweiten Gottesdiensten und flehentlichen Gebeten um einen *männlichen* Erben kundgetan worden war. »Die Königin ist bei ausgezeichneter Gesundheit, sieht viel besser aus als zur Zeit ihrer Hochzeit«, hat Gomez damals geschrieben. Weiter: »Sie ist schon sichtbar stärker geworden, biegt den Leib nach vorn, sodass alle die Schwangerschaft sehen können.«

Ende März 1555 zieht sich Maria nach Schloss Hampton Court zurück, um dort in aller Ruhe ihre schwere Stunde zu erwarten, die von den Ärzten für den 9. Mai errechnet worden ist. Alle Vorbereitungen sind beendet, Ärzte, Hebammen, Ammen stehen bereit, sogar das Taufkleid ist schon fertig genäht.

Woher das Gerücht kommt, weiß man nicht. Am Morgen des 30. April ist es plötzlich da, wird geglaubt und mit Freuden aufgenommen: die Königin sei in der Nacht von einem gesunden Knaben entbunden worden. Vorübergehend vergessen der Zorn auf die Herrscherin, man trinkt den freigiebig ausgeschenkten Wein, man entzündet Freudenfeuer, Kanonendonner macht die frohe Kunde unüberhörbar. Sogar der Kaiser im fernen Brüssel wird unterrichtet und vernimmt die Botschaft mit bewegter Anteilnahme.

Am nächsten Tag ist alles anders. Aus Hampton Court verlautet, dass die Königin noch nicht geboren habe, und »alle Leute sind schrecklich traurig und enttäuscht«, vermeldet der venezianische Gesandte nach Hause.

Die Stimmung ist gedämpft. Sie wird nicht besser, als die Nachricht vom Tod Johannas der »Wahnsinnigen«, Philipps Großmutter, zugleich Marias Tante, eintrifft. Die nun anbefohlene Hoftrauer unterbindet selbst die harmloseste Kurzweil, endlose Messen und Gebetsstunden lassen die Zeit des Wartens auf das königliche Baby noch bleierner wirken.

Maria nimmt an den Trauer- und Gedenkfeiern nicht teil. Sie bleibt meist in ihren Gemächern, spricht nur das Nötigste, wirkt bis zur letzten Nervenfaser angespannt. Der Verdacht, dass sie gar nicht schwanger sei, wird immer häufiger hinter vorgehaltener Hand ausgesprochen und weiter geleitet. Ein Höfling hat sie beobachtet, wie sie auf einem Schemel zusammengesunken saß, die Beine hochgezogen – eine für eine Hochschwangere unmögliche Haltung. Andere haben sie »leichtfüßig wie ein junges Mädchen« durch den Garten gehen gesehen – auch dies nicht typisch für eine schwerleibige Frau.

Andererseits hat Maria mehrfach behauptet, Kindesbewegungen gefühlt zu haben. Dass ihre Brüste stark geschwollen sind und die Warzen eine milchige Flüssigkeit abgesondert haben, müssen sogar die Hebammen bestätigen, die bereits seit einiger Zeit Zweifel an der Schwangerschaft vorgebracht haben, sehr zum Ärger der Ärzte. Sie weisen das Weibergewäsch barsch zurück, bestehen auf der Richtigkeit ihrer Diagnose. Ihre Majestät ist guter Hoffnung, daran ist nicht zu deuteln.

Nach dem 7. Mai dann ein neues Gerücht: Die Königin hätte eine Fehlgeburt erlitten, schwebe in Lebensgefahr. Kurz darauf zeigt sich Maria dem Hof. Sie scheint schwach, aber durchaus gesund. Der Körperumfang ist noch immer enorm.

Die Ärzte errechnen zwei neue mögliche Geburtstermine: Am 23. Mai, allerspätestens um den 4. Juni herum, wird das Kind das Licht der Welt erblicken. Atemlose Spannung, als der erste Leibarzt, Dr. Calagila, am 21. Mai feierlich kundtut, dass die Entbindung unmittelbar bevorstehe. Der Fötus hätte sich bereits nach unten gesenkt, der Leib ihrer Majestät sei schmaler geworden. Es verstreicht der 21. Mai, der 22., der 23. – nichts geschieht. Der Arzt schweigt. Von Maria ist nichts zu sehen, nichts zu hören.

Sie hat sich in ihrem Zimmer eingeschlossen, öffnet nur, um die Mahlzeiten entgegen zu nehmen. Dennoch wissen wir von ihrer unsagbaren Pein, denn ihr Gebetbuch ist erhalten geblieben. Die beiden Seiten, die Bitten um eine glückliche Niederkunft enthalten, sind verschmiert, geknittert und von den vielen darauf geflossenen Tränen verhärtet.

Philipp hat eine strenge Nachrichtensperre über Hampton Court verhängt, um so wilder wuchern die Gerüchte landesweit. Es heißt, die Königin sei tot, Elisabeth werde bald den Thron besteigen, eine Invasion der Spanier stünde unmittelbar bevor. Zusammenstöße zwischen Anhängern und Gegnern der beiden Fürstinnen, zwischen Engländern und Spaniern sind die Folge. Als dann, wie auf einen Schlag, wieder die Scheiterhaufen zu lodern beginnen, scheint eine allgemeine Revolte knapp bevorzustehen. Sie wird im Keim erstickt.

Nichts dringt von Hampton Court nach draußen, nichts scheint aber auch hineinzudringen. Dort wartet man auf ein Kind, das nicht und nicht kommen will. Die Geistlichen veranstalten eine Bittprozession, die rund um das Haus geführt wird, Priester an der Spitze, gefolgt von psalmodierenden Mönchen und der Gebete murmelnden Hofgesellschaft. Zum ersten Mal seit längerer Zeit zeigt sich Maria am Fenster. Sie lächelt, sie winkt.

Die Gebete scheinen erhört worden zu sein. Nach exakt drei Tagen verspürt die Königin die ersten Wehen, das ganze Schloss gerät in Aufruhr – doch nach ein paar Stunden ist es schon wieder vorbei. Keine Wehen, kein Kind.

Keine Wehen, kein Kind. Maria flieht in die Unwirklichkeit einer Traumwelt. Sie lässt Geburtsanzeigen schreiben, die an den Papst, an die Fürsten Europas verschickt werden sollen, nur Datum, Geschlecht und Name des Kindes sind ausgespart, um dann eingefügt zu werden, sobald das große Ereignis eingetreten ist. Maria unterschreibt jedes

Blatt mit eigener Hand. Wir dürfen vermuten, dass die anwesenden Schreiber unmerklich die Köpfe geschüttelt haben.

Dann ein makabrer Zwischenfall: Ein Abgesandter des Königs von Polen trifft ein, den man nach der ersten, falschen Geburts-Nachricht auf die Reise geschickt hat. Er versteht kein Englisch, die Engländer und Spanier verstehen kein Polnisch, der Emissär baut sich feierlich auf, hält eine Ansprache in Lateinisch: Gratulation zur Geburt des Thronerben. Gequältes Gelächter der Zuhörer, Ratlosigkeit beim polnischen Boten ...

Ende Juni ist Maria im elften Monat »schwanger«. Ärzte und Hebammen geben keine Kommentare mehr ab, Maria liegt noch immer auf den Knien und weint in ihr Gebetbuch um ein Wunder. Wann genau sie aufgegeben hat, ist ungewiss. In den ersten Tagen des Monats August übersiedelt der Hof plötzlich in ein anderes Schloss, die Königin, sichtbar erschlankt, nimmt die Regierungsgeschäfte wieder auf. Über die Beendigung der seltsamen Schwangerschaft, die, was hin und wieder vorkommt, nur eine scheinbare gewesen ist, wird kein einziges offizielles Wort verloren.

Philipp war enttäuscht und wohl auch zornig über das Ausbleiben des ersehnten Nachwuchses. In der letzten Phase des langen Wartens hätte er sich, so verriet ein Eingeweihter, sogar mit einer Tochter zufrieden gegeben. Nun aber traf er hastig Anstalten für eine rasche Abreise nach Brüssel. Dafür gab es eine Reihe von schwerwiegenden Gründen.

Die Differenzen zwischen Spaniern und Engländern hatten ein unerträgliches Ausmaß erreicht. Täglich gab es Überfälle und Prügeleien mit schließlich Dutzenden Toten.

Außerdem war der Gemahl der Königin so gut wie bankrott. Die Belastungen durch die beiden aufwändigen Hofhaltungen hatten sein Barvermögen aufgezehrt. Von den Engländern war kein Penny zu erwarten. Er musste auf den Kontinent, um in den Habsburg wohlgesonnenen Bankhäusern Anleihen aufzunehmen.

Den Damen und Herren seines Gefolges ging es nicht besser. Deren Lage wurde noch dadurch erschwert, dass ihnen die Engländer mit unverschämt überhöhten Preisen das Weiße aus den Augen zu nehmen versuchten. Alle, alle brannten darauf, mit ihrem Herrn die Insel zu verlassen.

Die gewichtigste Ursache für Philipps Reiselust war der Wunsch seines Vaters, ihm baldmöglichst die Herrschaft zu übergeben. Kaiser Karl V. war schon 55 Jahre, für damalige Verhältnisse sehr alt, von endlosen Kriegszügen ausgelaugt, von schwerer Gicht und stetig düsterer werdender Melancholie geplagt.

Nur ungern sah Maria den Geliebten scheiden. Was sie empfunden haben mag, als er selbstherrlich die Regierungsschäfte für die Zeit seiner Abwesenheit regelte, wissen wir nicht. Er bestimmte Kardinal Pole zu seinem persönlichen Vertreter und wies in seiner Abschiedserklärung den Kronrat an, dem Bischof »in allen Belangen zu folgen«, sich seinen Ratschlägen und Meinungen nicht zu widersetzen. Die Rede war kurz und einprägsam. Maria wurde darin nicht einmal erwähnt.

Sie begleitete ihn bis Greenwich, von wo Philipp am 29. August 1555 zu Schiff die Themse hinunter abreiste. Sie winkte ihm nicht nach, sie wirkte wie versteinert. Doch kaum in ihrem Zimmer angekommen, brach sie in haltloses Schluchzen aus, wie wir den indiskreten Erinnerungen einer Hofdame entnehmen.

Über Philipps Rat (Befehl?) quartierte sich nach dessen Abschied Kardinal Pole in unmittelbarer Nachbarschaft von Marias Gemächern ein, um ihr jederzeit tatkräftig zur Seite stehen zu können – und er erlebte eine ärgerliche Überraschung. Die Königin schien seine Nähe zu schätzen, hörte seine Ratschläge aufmerksam an – und sie tat dann genau das, was *sie* wollte. Wie Pole in seinen Briefen an Philipp ausführte, traf sie alle Entscheidungen nach eigenem Ermessen, unterschrieb Gesetzesvorlagen nach ihrem Gutdünken.

Sie arbeitete tagsüber bis zum Umfallen, nachts schlief sie kaum. Die Trennung von Philipp belastete sie, und die meisten dunklen Stunden verbrachte sie damit, ihm endlose Briefe zu schreiben, auf die aber nur dürre Antworten folgten. Geschäftsmäßige Routinebriefe, die sich häufig um einen ganz bestimmten Punkt drehten: Wann denn endlich seine, Philipps, Krönung zum englischen König vollzogen werden würde.

Er habe die Königin, schreibt Venedigs Gesandter Giovanni Michiel, »mit Tränen in den Augen« getroffen, sie hätte ihm erzählt, seit Wochen nichts von ihrem Gemahl gehört zu haben.

Philipp schob den Zeitpunkt seiner Rückkehr immer weiter hinaus, und er gab auch glaubwürdige Gründe dafür an. Nachdem ihm sein Vater am 25. Oktober 1555 das Regiment abgetreten hatte, musste Philipp alle größeren Städte Flanderns und der Niederlande besuchen, um die Huldigung seiner Untertanen entgegenzunehmen. Verletzend deutlich wurde er, nachdem Maria ihm geschrieben hatte, dass im Augenblick eine Krönung nicht möglich sei. Da erwiderte er unmissverständlich, es fordere seine Würde, die Regierung unumschränkt mit ihr zu teilen, eher bestünde kein Anlass, nach England zu reisen.

Durchaus mit der Würde des Gemahls einer englischen Königin schien ihm allerdings vereinbar, sich nicht nur nächtelang mit flandrischen Schönen zu amüsieren, sondern sich dann auch noch eine offizielle Geliebte zuzulegen. Seine englischen Gefolgsleute waren »not amused«, unterließen es aber, Maria über das Treiben des angebeteten Gemahls zu unterrichten. »Es hätte ihr das Herz gebrochen«, schrieb einer von ihnen. Doch man kann sicher sein, dass sie es auf die eine oder andere Weise doch erfahren hat. Französische Agenten gab es an allen Ecken und Enden, und nichts musste ihnen willkommener sein als der englischen Königin das Herz zu brechen.

Der französische Gesandte François de Noailles mit seinen unerschöpflichen Reserven an Schmier- und Bestechungsgeldern war es auch, der mithalf, die Stimmung gegen Maria in allen Gegenden der Windrose und in allen Gesellschaftsschichten weiter aufzustacheln. Es wurde als unumstößlich sicher und eindeutig belegbar dargestellt, dass Philipp nur darum so lange in Flandern weilte, um eine gewaltige Armee aus Deutschen, Spaniern und Flamen auf die Beine zu stellen, die England überfallen und die Krone endgültig in seine Gewalt bringen sollte.

Flugzettel überschwemmten das Land, in denen die Königin und ihr Gemahl aufs Unflätigste beschimpft und aufs Ordinärste verspottet, die von ihnen veranlassten Gräueltaten ins Monströse überzeichnet wurden. Mit wohligem Schauder wurde die Geschichte einer jungen Frau vernommen, die auf dem Weg zum Scheiterhaufen ein Kind geboren, das man mit ihr zusammen in die Flammen geworfen hätte.

Ein sorgfältig ausgefeilter Plan zum Sturz Marias und zur Inthronisierung ihrer Schwester Elisabeth wurde inzwischen in aller Stille ausgearbeitet. Ein Sir John Dudley aus dem Clan, der schon einmal Maria an den Rand des Untergangs gedrängt hatte, sammelte in Frankreich unter geflüchteten Protestanten Mitstreiter. Sie wollten eine kleine, schlagkräftige Truppe formieren, über den Kanal setzen, um sich dort mit einer heimlich ausgehobenen Armee zu vereinigen. Dudley rechnete mit einer Schar von 20000 Mann, die auf dem Weg nach London zu einer gewaltigen Heerschar anwachsen und die Hauptstadt im Sturm nehmen könnte.

Der Plan stand und fiel mit seiner Finanzierbarkeit. Frankreich war zwar gewillt mit Ideen sowie einigen Schiffen beizustehen, aber nicht größere Summen für Waffen und Soldaten lockerzumachen. Dudley hatte, unterstützt von Männern, die über das nötige Wissen verfügten, den Raub des englischen Staatsschatzes ins Auge gefasst.

Die Vorbereitungen für das waghalsige Unternehmen waren bereits weit fortgeschritten, als es einer der potenziellen Mittäter mit der Angst zu tun bekam. Er lief zu Kardinal Pole, beichtete alles, was er wusste – und kam mit dem Leben davon. Nur wenige unbedeutende Mitwisser konnten ausgeforscht werden und wurden hingerichtet. Die Rädelsführer in England blieben unentdeckt und Dudley samt Genossen saßen ohnehin im sicheren Frankreich.

Die herbste Enttäuschung für Maria: Auch zwei Männer ihrer nächsten Umgebung sind in das Komplott verstrickt. Sie ist zutiefst schockiert, wirkt angespannt und nervös, tiefes Misstrauen gegen alle und jede überfällt sie. Ihre Wachen werden mit streng ausgewählten Männern verstärkt, nicht einmal in ihr Schlafzimmer wagt sie sich allein, zwei ihrer Hofdamen müssen es ständig mit ihr teilen.

»Ich bin von Feinden umringt und kann keinen Schritt tun, ohne mein Königreich zu gefährden«, schreibt sie an Philipp. Doch der zeigt sich nicht beeindruckt, macht keine Anstalten, ihr zu Hilfe zu eilen. In ihrer Not wendet sie sich an den kaiserlichen Schwiegervater. Die Majestät möge ihre Kühnheit verzeihen, aber sie bitte ihn in aller Demut, ihrem Gatten zu gestatten (!) zu ihr zurückzukehren. Er möge »die unaussprechliche Traurigkeit, die mir die Abwesenheit des Königs bereitet«, in Betracht ziehen.

Eine Antwort Karls V. ist nicht bekannt, auch nicht, ob er Philipp gebeten oder angewiesen hat, Maria beizustehen. Selbst wenn er es getan hätte – Philipp ist nicht mehr der junge, unerfahrene Mensch, der dem leisesten Wink des Vaters blindlings gehorcht. Er ist Spaniens König, Herr über seine Beschlüsse und die Botschaft nach London lautet weiterhin: Er werde anreisen, sobald es ihm seine nicht näher beschriebenen Vorhaben und Verpflichtungen gestatten.

Ein letzter Versuch, ihn umzustimmen, schlägt kläglich fehl. Maria schickt ihm einen persönlichen Botschafter. Sir John Mason schildert Philipp in drastischen Worten Marias prekäre Lage und erhofft Erfolg durch ein letztes Argument, das so triftig allerdings nicht ist. Die 40-Jährige lässt bestellen, dass »noch nicht alle Hoffnung auf einen Erben geschwunden« sei.

Philipp kommt dann doch, nicht um ein Kind zu zeugen, nicht um die englische Krone zu erlangen. Er kommt, weil er Geld, Waffen, Krieger, Schiffe braucht, die er ultimativ fordert. Wenn Maria seiner Bitte nicht Folge leiste, käme er niemals mehr nach England. Maria, »fast wahnsinnig vor Liebe und Sehnsucht«, wie der venezianische Gesandte berichtet, stimmt sofort zu. Philipp soll alles haben, was er braucht.

Der König ist tief in kriegerische Auseinandersetzungen verwickelt. Seine Truppen stehen vor Rom, was Papst Paul IV., einen engen Verbündeten Frankreichs und inbrünstigen Hasser des Hauses Habsburg, dazu veranlasst, den »Katholischen König« Philipp II. zu exkommunizieren, »diesen Unruhestifter, dessen Infamie noch die seines Vaters, Kaiser Karls V. übersteigt«, tobt der Heilige Vater.

Diese päpstliche Bannbulle ist in allen katholischen Ländern kund und wissen zu tun – auch in England. Man kann sich ausmalen, mit welchem Herzweh und welchen Gewissensqualen Maria die Unterdrückung dieser Bulle veranlasst. Aber sie tut es. Irdische Liebe geht hier vor Glaubensgehorsam. Eine Ketzerei?

Der Krieg Spaniens gegen Frankreich ist unausweichlich geworden. Dafür braucht Philipp die Unterstützung Englands, womöglich verbunden mit einer Kriegserklärung an Frankreich. Im Ehevertrag ist zwar ausdrücklich festgeschrieben, dass Philipp das englische Königreich unter keinen Umständen in seine Kriege mit hineinziehen darf, doch das kümmert ihn wenig. Hat er nicht gleich nach Vertragsabschluss seinen Widerruf festgehalten? Eben.

Und auf Maria kann er bauen, sie wird ihn niemals im Stich lassen. Freudig schließt sie den Gemahl am 18. März 1557 endlich wieder in die Arme und sie hat bereits ausgezeichnete Vorarbeit geleistet. Kriegsschiffe sind bereit zum Auslaufen, die Garnison von Calais, das noch zu England gehört, ist in Alarmbereitschaft, 6000 Mann Infanterie und 600 Kavalleristen warten auf den Einsatzbefehl.

Philipp allerdings stellt die Loyalität seiner ihm blindlings ergebenen Ehefrau auf eine harte Probe. Unklugerweise, um nicht zu sagen skrupellos, hat er seine augenblickliche Geliebte, eine Herzogin von Lothringen, mit nach London gebracht. Bei den ihm zu Ehren gegebenen Empfängen und Festen platziert er die Schöne häufig zu seiner Linken, während Maria mit angespannter Miene zu seiner Rechten thront. Sofort überkommt uns ein Déjà-vu: Wir entsinnen uns der peinlichen Szene, wie sich Philipps Urgroßvater, Kaiser Maximilian I., ungeniert zwischen seine Frau Bianca Maria Sforza und seine Jugendliebe Rosina von Kraig setzte. Man sieht den alten Spruch bestätigt, wonach der Apfel nicht weit vom Stamm fällt.

Englische Quellen schweigen nobel zu der Affäre, französische berichten umso detaillierter über heftige Ausbrüche von Eifersucht seitens der Königin. Sie finden ihr schnelles Ende, nachdem die Herzogin ziemlich überstürzt aus London abgereist ist.

Von dieser Last befreit trifft Maria mit neu entflammter Energie Kriegsvorbereitungen, nachdem sie in den Monaten vor Philipps Heimkunft den Eindruck erweckt hatte, sich nur noch mit Mühe auf den Beinen halten zu können. Ihre alten Übel, Migräne, Schlaf- und

Appetitlosigkeit, Depression, hatten ihr arg zugesetzt. Die Ärzte hatten diese Leiden noch verschlimmert, indem sie die Patientin durch ständige Aderlässe fast zum Ausbluten brachten.

Maria sieht zwar noch immer erbarmungswürdig aus, tiefe Falten durchziehen ihr weißes Gesicht, doch ihre Entschlossenheit, Philipp beizustehen, kennt keine Grenzen. Durch Schmeicheleien und Drohungen bringt sie die Mitglieder des Kronrates dazu, Geld und Material zu besorgen, die Steuerschraube anzuziehen und der Prägung von minderwertigen Münzen zuzustimmen.

England steht gewissermaßen Gewehr bei Fuß, als sich, dem Himmel sei Dank, auch der äußerliche Anlass findet, tatsächlich den Krieg zu erklären. Im Norden des Landes ist unter der Führerschaft eines gewissen Thomas Stafford ein bewaffneter Aufstand gegen die, wie es in den Proklamationen heißt, »teuflische, der englischen Krone unwürdige Königin« ausgebrochen, und zwar nachweisbar über Initiative und mit Unterstützung durch die französische Krone. Der Aufstand wird niedergeschlagen, die Kriegsdeklaration erfolgt am 5. Juni 1557.

Philipp ist mit seiner Gemahlin höchst zufrieden und geruht die karge Zeit, die nicht mit dem Planen künftiger Heldentaten erfüllt ist, ausschließlich mit ihr zu verbringen. Sie wird das Glück dieser letzten Wochen teuer bezahlen müssen.

10 000 Mann Infanterie, 10 000 Berittene stehen Philipp nun zur Verfügung und eine mit 800 000 Kronen wohlgefüllte Kriegskasse. Am 6. Juli 1557 schifft er sich in Dover ein. Maria hat ihn bis zur Reling begleitet, während der vier Tage währenden Reise aus London in den verschiedenen Unterkünften Tisch *und Bett* mit ihm geteilt.

Wunschtraum, Wahrheit oder Wunder? Im September fühlt sie sich guter Hoffnung, wartet aber bis Dezember, ehe sie es ihrem Mann mitteilt. Sie hätte sich, so schreibt sie, »ganz sicher« fühlen wollen. Die Niederkunft würde von den Ärzten für März vorausberechnet.

Ob Philipp diese Botschaft ernst nimmt oder nicht – jedenfalls *will* er sie glauben, sie erhellt ihm ein wenig die trüben Tage, da in Frankreich eine Niederlage nach der anderen folgt. Am 1. Januar 1558 fällt die Festung Calais, das Herzstück Englands auf dem Kontinent. Was nicht für möglich zu halten ist, nun trifft es ein: Selbst die königstreuesten unter Marias Untertanen, ihre ergebensten Bewunderer und Anhänger, können ihrer Wut, ihres Zorns und ihrer Enttäuschung kaum Herr werden. Wie viele mögen ihr aus vollem Herzen die Pest an den Hals gewünscht haben?

Genugtuung und Revanche werden die wenigsten von ihnen erleben: In 30 Jahren wird der Untergang der als unbesiegbar geltenden »Armada« Philipps, des gewesenen Königs von England, just von Calais aus seinen Anfang nehmen …

Ungefähr zu der Zeit, da die Hiobsbotschaft vom Fall der Festung Calais eintrifft und die allseitige Ablehnung der Königin ihrem Höhepunkt zustrebt, wird allen Menschen, die ihre fünf Sinne beieinander haben, klar, dass Marias grotesk anschwellender Leib keinen gesunden Embryo, sondern wahrscheinlich eine kranke Geschwulst birgt. Nur sie selbst klammert sich noch an die Schimäre, fühlt aber gleichzeitig intuitiv, dass ihre Tage gezählt sind.

Anfang März verfasst sie ihren Letzten Willen und bestimmt darin ausdrücklich »die Frucht meines Leibes« als Universalerbin. Als Nächster wird ihr »Herr und von ganzem Herzen geliebter Gemahl« aufs Reichlichste bedacht, schließlich eine Reihe von geistlichen Orden, vor allem im Hinblick auf deren karitative Tätigkeit, und zuletzt das Gefolge.

Als in den späten Sommermonaten wieder einmal das gefährliche Sweat-Fieber grassiert, wird auch sie angesteckt, legt sich ins Bett und wird es nicht mehr verlassen. Manchmal verliert sie das Bewusstsein ganz, manchmal ist es so getrübt, dass sie nicht mehr fähig ist sich in der Realität zurechtzufinden. »Die Wahrheit ist, dass ihr Lebenslicht früher oder später verlöschen wird«, schreibt ein Diplomat, »ihre Ängste scheinen sie mehr zu quälen als ihre tatsächliche Krankheit, so schwer diese auch sein mag.«

In einem wirr gehaltenen Anhang zu ihrem Testament hält sie fest, dass es »keine Frucht meines Leibes« geben wird. Die Frage ihrer Nachfolge lässt sie offen, Elisabeths Name scheint in dem Papier nicht auf.

Philipp, der voraussichtlich bald Witwer sein wird, blickt der traurigen Tatsache furchtlos ins Auge und trifft zielgerechte Vorbereitungen. Am 9. November besucht der Graf von Feria Maria und überbringt ihr eine persönliche Botschaft ihres Mannes. Sie ist nicht mehr imstande, Philipps Zeilen selbst zu entziffern, der Graf muss sie ihr vorlesen, mehrmals. Sie bricht in lang anhaltendes Schluchzen aus und dann bleibt Feria noch bei ihr, redet gütlich und geduldig auf sie ein.

Er kann mit dem Ergebnis seines Krankenbesuches zufrieden sein, ebenso wie sein Herr. Maria hat sich bereit erklärt, ihre Schwester ausdrücklich zur Thronfolgerin zu bestimmen. In einer Botschaft an Elisabeth bittet sie diese, ihre Schulden zu begleichen, die durch den Krieg gegen Frankreich entstanden sind, den katholischen Glauben nicht anzutasten sowie ihre Diener nach Möglichkeit zu übernehmen oder sonstwie zu versorgen.

Darüber hinaus überlässt sie der Schwester auf der Stelle ihren gesamten und wie einen persönlichen Schatz geliebten Schmuck, verbunden mit einem weiteren Anliegen: Elisabeth möge doch, im Interesse des Landes, sobald wie möglich heiraten. Gut gemacht, Feria. Maria ist ihm arglos in die Falle getappt.

Was Maria nicht im Entferntesten ahnen konnte: Feria hat in London eine zweite, weit diffizilere Mission zu erfüllen. Philipps Gesandter soll herausfinden, ob Elisabeth bereit wäre, den zukünftigen Witwer ihrer Schwester zu ehelichen. Die Antwort ist kurz und klar: Elisabeth lässt ausrichten, sie würde nicht so verrückt sein wie ihre Schwester und einen Ausländer heiraten.

Um Maria ist es mittlerweile immer stiller geworden. Einer nach dem anderen stehlen sich ihre Höflinge aus dem St.-James-Palast, wo Maria im Sterben liegt, um sich Elisabeths kleinem Hofstaat in Schloss Hatfield, Hertfordshire, anzudienen. Maria merkt es nicht einmal. Sie dämmert teilnahmslos vor sich hin und ihr leiser Tod am 17. November 1558 wird zunächst gar nicht wahrgenommen. Man hielt sie für schlafend. Darum ist die genaue Stunde ihres Todes nicht bekannt.

Als einer der Ersten ist Elisabeths Kammerherr Nicholas Throckmorton am Sterbelager, nestelt der Verblichenen hastig den Ehering vom Finger um ihn, wie eine Trophäe des Sieges, seiner Herrin zu überbringen. Die neue Königin hält einen Augenblick lang den Atem an, dann fällt sie auf die Knie und schreit: »Das ist Gottes Geschenk, das ist wunderbar!«

Wie von Zauberhand gezogen, beginnen wenige Stunden später alle Glocken zu läuten, alle Kanonen zu donnern, Freudenfeuer werden entzündet, Tische auf die Straßen getragen, an denen getafelt, die neue Königin gefeiert und auf ihr Wohl angestoßen wird.

Andere nehmen sich keine Zeit für frohe Feste. Sie haben Wichtigeres zu tun. Sie stürmen die katholischen Kirchen, schlagen das Gestühl in Trümmer, zerreißen Messgewänder, zerstechen Bilder und zertrampeln oder stehlen die Messgeräte. Nebenbei werden auch noch einige Priester und Mönche hingeschlachtet. Mit dem Schutz der katholischen Kirche, um den Maria ihre Schwester so flehentlich gebeten hat, hat das neue Regime wenig im Sinn. Im Gegenteil.

Marias Bestattung findet ohne den ansonsten üblichen Aufwand statt, weder Philipp noch Elisabeth nehmen daran teil. Nur ein paar ihrer Allergetreuesten folgen dem Sarg. Der Bischof von Winchester, der Philipp und Maria getraut hat, hält einen warmherzigen Nachruf, in dem er ausführlich auf Marias Stärken und Verdienste eingeht, ihre Tapferkeit in kritischen Situationen lobt, ihr soziales Gewissen, das den Armen, Alten und Kranken zugute kam. Ihre Kompromisslosigkeit den katholischen Glauben betreffend streift er nur am Rande.

Elisabeth I. lässt den Bischof am nächsten Tag unter Hausarrest stellen. Die komplette Demontage einer durch ein unglückseliges Schicksal und von einer übergroßen Liebe Getriebenen beginnt gleichzeitig mit der Montage eines Horror-Zerrbildes, das als »Bloody Mary« in den Geschichtsbüchern festgeschrieben wird.

Das weltpolitische Nachspiel zur privaten Tragödie der Maria Tudor begann zwei Jahre später und sollte sich über Jahrzehnte hinziehen.

König Philipp II. von Spanien machte Königin Elisabeth I. von

England einen neuerlichen, diesmal offiziellen Heiratsantrag, mit dem er das Versprechen verband, Calais für England zurückzugewinnen. Sie überlegte eine Zeit lang, war zunächst nicht ganz abgeneigt, lehnte dann aber doch ab mit dem Hinweis auf das Heiratsverbot zwischen Schwägerin und Schwager, das schon die Ehe ihres Vaters mit Katharina von Aragón belastet hatte.

Aus der Fast-Verlobung entwickelte sich im Laufe der Jahrzehnte eine unüberbrückbare Feindschaft. Mit der Vernichtung der spanischen Armada durch die aufstrebende Seemacht England 1588 begann der langsame Niedergang von Habsburgs Herrschaft in Spanien. Sie erlosch im Jahre 1714 (Ende des Spanischen Erbfolgekrieges) für immer.

Damit war Karls V. kühner Plan eines Universalreiches, den er mit der Eheschließung seines Sohnes und der englischen Königin in die Wege leiten wollte, endgültig zunichte geworden.

Verwandtschaftliche Beziehungen der »Goldenen Bräute«

(vereinfacht dargestellt)

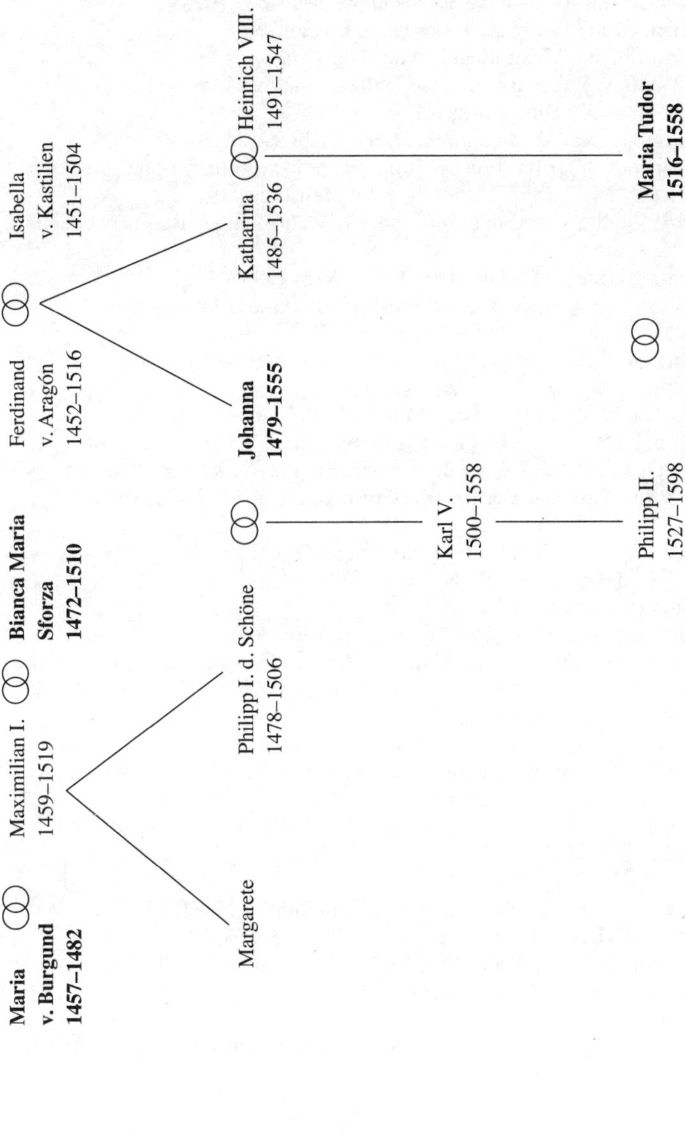

Literatur (eine Auswahl)

Brouwer, Johan: Johanna die Wahnsinnige, München 1978
Chapman, Hester: The Last Tudor King, London 1958
Dericum, Christa: Maximilian I., München 1979
Elton, Geoffry: England Under the Tudors, London 1955
Erickson, Carolly: Bloody Mary, London 1995
Fritz, Monika: Kaiser Maximilian I. und Innsbruck, Innsbruck 1968
Gatt, Anneliese: Der Innsbrucker Hof zur Zeit Maximilians I., Innsbruck 1980
Grill, Heinz: Maximilian I. und seine Zeit, Innsbruck 1977
Hermary-Vieille, Catherina: Johanna die Wahnsinnige, Bergisch-Gladbach 1994
Hamann, Brigitte (Hg.): Die Habsburger, Wien 1988
Hochrinner, Heidemarie: Bianca Maria Sforza, Graz 1966
Imann, Georges: Jeanne la Folle, Paris 1947
Leitich, Ann Tizia: Der Kaiser mit dem Granatapfel, Wien 1966
Lila, Jahn: Bianca Maria Sforza, Mailand 1941
Loades, David M.: Maria Tudor, München 1982
Morrison, N. Brysson: The Private Life of Henry VIII., London 1964
Merriman, R. B.: The Rise of the Spanish Empire, New York 1936
Niederkorn, Christine: Der Hof Kaiser Maximilians I., Graz 1985
Petrie, Charles: Philipp II., Stuttgart 1965
Pfaundl, Ludwig: Johanna die Wahnsinnige, Freiburg 1930
Pfaundl, Ludwig: Philipp II., München 1938
Pierson, Peter: Philipp II., Graz 1985
Prescott, H. F. M.: A Spanisch Tudor, New York 1940
Riddley, Jasper: The Life and Times of Mary Tudor, London 1973
Roschitz, Eva: Das System der habsburgischen Heiraten, Graz 1972
Scheller, Klaus: Die Sforza, Stuttgart 1980
Vossen, Carl: Maria von Burgund, Stuttgart 1982
Wiesflecker, Hermann: Maximilian I., Wien 1971–1986

Bildnachweis:

Bildarchiv der Österreichischen Nationalbibliothek: 54, 57, 99
Kunsthistorisches Museum Wien: 45, 73, 97, 103, 173, 207
Museum Santa Cruz Toledo: 130, 131
Museo Nacional del Prado Madrid: 199
Privatarchiv: 89
The Royal Collection © 2000 Her Majesty Queen Elizabeth II.: 175, 191

Personenregister